中国社会科学院登峰战略优势学科（产业经济学）阶段成果

产业发展的热点与焦点问题［2020］

HOTSPOTS AND FOCUSES ON INDUSTRIAL DEVELOPMENT (2020)

中国社会科学院工业经济研究所《产业经济学》学科组◎著

经济管理出版社
ECONOMY & MANAGEMENT PUBLISHING HOUSE

图书在版编目（CIP）数据

产业发展的热点与焦点问题.2020/中国社会科学院工业经济研究所《产业经济学》学科组著.—北京：经济管理出版社，2021.5

ISBN 978-7-5096-8027-8

Ⅰ.①产… Ⅱ.①中… Ⅲ.①产业发展—中国—2020—文集 Ⅳ.①F269.2-53

中国版本图书馆 CIP 数据核字（2021）第 103502 号

组稿编辑：杜　菲
责任编辑：杜羽茜
责任印制：黄章平
责任校对：张晓燕

出版发行：经济管理出版社
　　　　　（北京市海淀区北蜂窝8号中雅大厦A座11层　100038）
网　　址：www.E-mp.com.cn
电　　话：（010）51915602
印　　刷：唐山昊达印刷有限公司
经　　销：新华书店
开　　本：880mm×1230mm/16
印　　张：24
字　　数：729千字
版　　次：2021年7月第1版　2021年7月第1次印刷
书　　号：ISBN 978-7-5096-8027-8
定　　价：98.00元

·版权所有　翻印必究·

凡购本社图书，如有印装错误，由本社读者服务部负责调换。
联系地址：北京阜外月坛北小街2号
电　话：（010）68022974　邮编：100836

前　言

本书是中国社会科学院登峰战略优势学科（产业经济学）的阶段性成果，共收录了2020年中国社会科学院工业经济研究所学者以第一作者身份发表在《中国人口·资源与环境》《数量经济技术经济研究》《经济管理》《中国软科学》等核心期刊及以上的31篇代表性文章，是汇编而成的产业经济学领域优秀论文集。

按照文章主题内容进行归纳梳理后，本书共分为三个专题：中国经济发展回顾与展望、经济高质量发展与生态环境保护、新兴产业培育与公共卫生事件应对。其中，"专题一：中国经济发展回顾与展望"主要从新型工业化、产业扶贫、工业用地配置、经济体制改革、工业品供求格局等视角描绘新中国成立70年来或"十三五"时期的主要成就，系统总结成功经验，展望未来，提出经济发展的重点和主要路径；"专题二：经济高质量发展与生态环境保护"立足于高质量发展的内涵，从产业结构转型升级、人力资本相对超前投入、企业研发投资行为、区域协同发展、高水平对外开放等多个视角进行理性探索，并围绕环境问责与投诉、自然资源资产负债表、包容性绿色增长等绿色发展领域前沿问题展开深度剖析，为协同推动我国经济高质量发展与生态环境保护提供科学支撑；"专题三：新兴产业培育与公共卫生事件应对"则聚焦到新基建、区块链、宅经济以及以新型冠状病毒肺炎疫情为代表的公共卫生事件应对等热点问题的深度剖析。

对于政府、行业、企业及研究机构而言，希望本书会对我国产业经济学前沿与热点问题探讨有所裨益，并有效促进产业经济学研究成果的交流与分享。

目 录

专题一 中国经济发展回顾与展望

新工业化与"十四五"时期中国制造业发展方向选择 ……………………………………… 3
传统制造业优化升级:"十三五"回顾与"十四五"展望 …………………………………… 14
"十四五"时期工业投资的影响因素、主要任务与政策取向 ……………………………… 27
中国产业扶贫"十三五"进展与"十四五"展望 …………………………………………… 39
"十四五"时期高质量发展视角下的工业用地配置优化 …………………………………… 49
"十四五"时期电力工业高质量发展的方向与路径 ………………………………………… 59
中国经济社会发展"十三五"时期回顾与"十四五"时期展望 …………………………… 71
新中国 70 年经济体制变革的统一逻辑 ……………………………………………………… 86
新中国 70 年工业品供求格局的历史演变与改革方向 ……………………………………… 97
2019 年中国工业经济运行分析及 2020 年展望 …………………………………………… 106

专题二 经济高质量发展与生态环境保护

产业结构转型升级与经济高质量发展 ……………………………………………………… 119
供给侧结构性改革对中国经济的影响 ……………………………………………………… 133
粘性、不确定性与中国企业研发投资行为 ………………………………………………… 145
美国制造业复兴困境与启示:保护主义政策失灵的现实考察 …………………………… 161
工业发展如何破解产业扶贫的困境?——基于南康家具产业"产业+就业"扶贫模式的研究 … 174
人力资本相对超前投入及对经济增长的影响 ……………………………………………… 185
外出务工经历与返乡农民工创业成功率 …………………………………………………… 205
基于选择实验法的雾景景观价值评估分析 ………………………………………………… 216
"大雄安"区域产业生态的构建研究 ……………………………………………………… 229
"一带一路"产能合作新进展与高质量发展研究 ………………………………………… 239
环境问责与投诉对环境治理满意度的影响机制研究 ……………………………………… 250
自然资源资产负债表研究现状、评述与改进方向 ………………………………………… 263
贫困地区的包容性绿色增长何以可能?——基于江西省信丰脐橙产业的案例 ………… 278

专题三 新兴产业培育与公共卫生事件应对

面向智慧社会的"新基建"及其政策取向 …………………………………… 289
"新基建"赋能中国经济高质量发展 …………………………………………… 304
中国信息基础设施建设：成就、差距与对策 ………………………………… 315
区块链助推实体经济高质量发展：模式、载体与路径 ……………………… 326
全球新能源汽车产业竞争格局研究 …………………………………………… 335
宅经济：内涵、演进与驱动因素 ……………………………………………… 348
突发公共卫生事件智能化应对：理论追溯与趋向研判 ……………………… 359
新型冠状病毒肺炎疫情对中国经济的影响评估与财政支出对策 …………… 367

专题一

中国经济发展回顾与展望

新工业化与"十四五"时期中国制造业发展方向选择

中国社会科学院工业经济研究所课题组

摘 要：在新一轮科技革命和产业变革的推动下，制造业发展的绿色化、智能化、服务化和定制化趋势不断凸显。为顺应新技术革命及工业发展模式变化趋势，需要对传统工业化理论进行修正和创新。其中，对工业化水平的判断标准从三次产业比重标准为主回归到工业技术水平本身，并且把数字化、网络化、智能化作为判别现代化工业水平的关键标准。新工业化理论要用知识密集型复杂劳动取代简单劳动成为生产函数中的劳动要素投入，并把数据作为新的重要生产要素纳入分析框架，同时还要把资源与环境、温室气体减排作为生产函数的硬约束。比较中国、美国、日本制造业智能化、服务化、绿色化发展水平，结果显示，与发达国家相比，中国工业化水平差距较大。"十四五"期间，中国制造业的发展要由规模扩张转向增强数字化和智能化技术创新及应用、产业升级要指向现代产业体系构建、结构调整重点是促进产业融合发展、发展空间优化要转向全球价值链构建。

关键词：新工业化；新技术革命；制造业发展方向

从世界近现代发展历程看，工业化在各国经济发展中发挥着决定性作用。从20世纪30年代末开始，国外经济学家对欠发达国家的工业化目标、路径和政策设计做了大量研究。其中，结构主义视角的工业化理论影响最为深远（Moshe and Chenery，1989），其强调发展中国家普遍存在二元经济、结构性通货膨胀等妨碍经济起飞的障碍，并且认为结构刚性（Structural Rigidity）使得市场和价格机制难以有效发挥其资源配置作用，因此需要政府采取措施来克服结构性障碍，从而促进经济发展（Chenery，1975）。为了将这些理论付诸实践，Kuznets（1971）、Chenery等（1986）等经济学家通过历史统计分析与比较分析，提出了划分工业化阶段的标准，指出人均收入水平的变动、三次产业产值结构和就业结构的变动、工业内部机构的变动是衡量工业化阶段演进的三个最主要指标。尽管20世纪80年代以来，新发展经济学（Stiglitz，1986）以及基于新古典范式的新制度经济学（North，1981）、新政治经济学（Storm，2017）、新结构经济学（林毅夫，2010）等理论流派，均对结构主义视角的传统工业化理论有所批判和超越，但到目前为止，学者们尚未提出不同于传统的基于结构主义视角的工业化阶段判别标准。

---

* 本文发表在 *China Economist* 2020年第4期。

[作者简介] 课题组组长：史丹；课题组成员：李晓华、李鹏飞、邓洲、渠慎宁、李鹏。史丹，中国社会科学院工业经济研究所所长、研究员、博士生导师、管理学博士；李晓华，中国社会科学院工业经济研究所研究员、博士生导师、经济学博士；李鹏飞，中国社会科学院工业经济研究所研究员、经济学博士；邓洲，中国社会科学院工业经济研究所副研究员、经济学博士；渠慎宁，中国社会科学院工业经济研究所副研究员、经济学博士；李鹏，中国社会科学院工业经济研究所助理研究员、经济学博士。

应当说，改革开放以来，中国借鉴传统工业化理论的合理成分，并结合中国国情，通过促进产业结构调整等方式，有力推动了工业化进程。但是，时移世换，与传统的工业化阶段判别标准所分析的20世纪50～80年代相比，当前及未来一段时期，中国工业化面临的环境及所要实现的目标都大不相同。就外部环境而言，"二战"以来欠发达国家的工业化面临的是技术前沿相对稳定、全球化逐步推进的国际环境，而在当前，新一轮科技和产业革命扑面而来，过往的全球化模式又面临深度调整；从工业化目标看，传统工业化理论研究的基本上都是欠发达国家的追赶过程，并把"以日益增长的本国物质、人力和技术投入不断使制造业活动复杂化和深化"作为工业化成功的衡量标准（Lall，1991）。然而，在发达国家竞相"再工业化"的背景下，中国作为发展中国家丝毫不能沉醉于表面的"成功"工业化之中。面向未来的中国工业化新征程，迫切需要工业化新理论的指导。本文拟在分析新技术革命对工业发展模式的影响、阐述传统工业化理论不足的基础上，论述新工业化理论的创新点，探索构建用于判别新工业化水平的指标体系，并提出"十四五"时期中国制造业发展的新方向及支撑措施。

一、新技术革命对工业发展模式的影响

近年来，以新一代信息技术、新材料、新能源、生命科学等领域的科技爆发为主要特点的新一轮科技革命和产业变革正在全球兴起。制造业发展呈现出绿色化、智能化、服务化和定制化的趋势，这四个趋势性变化标志着新工业革命的开始，并从根本上改变着传统工业的生产模式、产业形态和组织方式，同时也包括对传统工业化的反思和修正。

第一，绿色化是新工业化区别于传统工业化的价值观。制造业发展的绿色化是指制造业向能源和资源节约、环境友好和低温室气体排放方向的转变。绿色化的趋势，一方面源于技术创新引发的生产方式、商业模式等变革，这不但提高了高耗能、高污染、资源型行业能源转化效率和资源利用效率，而且将促使各个制造业部门、制造业产业链的全流程和全生命周期的每个环节普遍采用更加绿色的生产设备、生产工艺和发展方式；另一方面源于世界各国对制造业的原材料、生产工艺、最终产品、环境影响、回收循环等提出更高的环境标准，绿色发展越来越成为共识。绿色化的趋势既会促进节能环保产业成为主导产业，也会使制造业的环境成本有所增加。对于那些缺乏绿色制造技术的企业来说，环境成本的增长可能会抵消已有成本优势（史丹，2018）。

第二，智能化是迈向新工业化阶段的关键变量。新一代信息技术的发展使制造业向数据驱动、实时在线、智能主导的智能化方向发展。在人工智能技术的赋能下，生产设备和产品将具有自感知、自学习、自决策、自执行、自适应的能力。制造业的智能化将会重构制造业的生产方式、价值流程，使制造业提高研发与生产效率、加强市场反应、改善用户服务。智能化还将使制造业结构发生根本性的变化，形成一批以软件和数字传输、集成分析为主的战略性新兴产业，一些传统产业也会因数字赋能而焕发生机。制造业的竞争优势因此向人力资本和知识密集方向转变（李晓华，2019）。例如，食品制造业，印刷业和记录媒介的复制，家具制造业和纺织服装、鞋、帽制造业等劳动密集型行业，在高度自动化生产范式下正演变为对劳动力依赖度较低的资本密集型行业。

第三，服务化是新工业化的主要业态。信息网络技术为制造企业在生产分工的基础上向客户端延伸创造了条件。制造业正在由以产品为中心向以客户为中心、由加工组装为主向以产品服务包集成、由一次性交易产品向长期提供服务、由以产品为价值来源向以"产品＋服务"的组合为价值来源的方向转变，基于产品的集成化、定制化服务日益成为制造企业竞争力的重要来源（刘尚文、李晓华，2019）。在制造业服务化背景下，三次产业结构等用以衡量工业化阶段演进的指标的有效性大为降低。

第四，定制化是新工业化重要的价值创造。标准化、批量化生产是传统工业化提高效率的主要途径，新工业革命使得企业同时具备低成本、大规模和极端个性化的定制化制造两个条件。向特定客户精确提供高度定制化的产品使得制造企业能够扩展个性化的市场需求，获得更多订单和提高效益。个性化定制市场是在传统的排浪式消费需求之后制造业扩展市场规模、形成竞争新优势的"金矿"。

二、传统工业化理论的不足与修正

建立在传统工业技术基础之上的工业化理论，对新工业化呈现出的新的发展特征及其演进水平缺乏理论解释，工业化理论创新明显滞后于新工业化发展，主要表现在以下几个方面：

一是传统工业化水平判定标准不能合理地确定产业融合趋势下的工业化水平。传统的产业结构研究有一个前提假设，即产业间的界限是清晰的，不同产业部门之间比重关系的变化是产业结构升级的显著特征。随着产品复杂程度的不断提高，科技革命对产业的影响不仅表现在单项技术的突破上，更多体现为多项技术的组合创新，在传统产业分类的边缘地带和多个产业交融地带滋生、壮大，并逐渐形成新的产业门类。产业的融合不仅体现在细分产业间，如信息技术产业与传统产业的融合，而且体现在三次产业之间，如制造业的服务化、农业的工业化。产业融合发展的现状对基于清晰的产业边界、根据三次产业结构划分工业化阶段的传统工业化理论形成挑战。传统工业化理论也无法解释发达国家再工业化现象，同时也难以用三次产业结构标准来分析产业融合发展条件下工业化水平和发展阶段。

二是传统工业化分工理论难以解释生产组织网络化与平台化。在19世纪下半叶兴起的第二次工业革命中，所有权与经营权分离的现代企业出现，成为社会生产的最主要组织形态。云计算、大数据、物联网、移动互联网、人工智能、区块链等新一代信息技术大幅度降低了市场交易成本，本身不直接提供商品和服务但聚合社会资源的互联网平台大量涌现，企业的边界日益模糊化，原有的竞争对手或者不同产业的企业因为技术、产品或业务的横向联系形成了新型竞争协同的网络关系。依托互联网平台、开源社区，大量分散化的小微企业、个人参与到产品和服务的研发和生产过程中，社会生产由原来企业进行决策、组织的科层制、中心化转向自组织、扁平化、分布式协同。

三是传统产业布局理论无法解释产业布局虚拟化。传统工业化理论认为，企业在特定地理范围的高度集聚或产业集群能够降低运输成本和交易成本，深化分工、促进创新，成为竞争优势的重要来源。新一代信息技术发展所形成的新型通信手段、互联网平台极大地降低了物流和运输成本、交易成本、信息匹配和选择成本、集聚的拥塞效应，集聚的知识溢出不再依赖于地理邻近性，进而使产业集聚的范围、内容和形式发生重大改变，传统的地理空间集聚的重要性下降，基于互联网的新一代信息技术与实体经济深度融合的"虚拟集聚"的影响力不断凸显（王如玉等，2018）。虚拟集聚的出现可能会影响到产业梯度转移规律，人才、技术等高端要素资源将进一步向发达地区聚集，使欠发达地区失去发挥低要素价格优势参与产业分工、推进工业化的机会，有可能在低收入国家过早出现"去工业化"，形成新的发展鸿沟。

四是传统生产理论、分配理论未能体现数据的贡献。在人类工业化进程中，劳动、资本、土地、知识、技术、管理等先后成为重要的生产要素。随着新一代信息技术特别是大数据、人工智能技术的发展，对数据的实时采集、深度挖掘、高效使用能够节约资源、提高效率、降低成本、拓展服务，数据成为价值的重要来源和竞争力的重要决定因素。数据一方面进入生产函数，成为关键生产要素，另一方面作为价值创造的重要来源，也参与到"由市场评价、按贡献决定报酬"

的分配之中。

为了适应工业发展新趋势，需要对传统工业化理论进行修正和创新。只有这样，才能对工业化发展方向形成正确的引领。

第一，对工业化水平的判断标准从三次产业比重标准为主回归到工业技术水平本身。按传统工业化理论，工业化进入中后期的重要标准之一是工业增加值在GDP中的占比逐步下降，在一个完整的工业化过程中，工业增加值在GDP中的占比呈现倒"U"形变化。随着工业增加值占比的下降，服务业的增加值占比上升，这一趋势是客观的。但是，服务业占比的高低并不能完全反映工业化水平的高低。另外，对于已进入工业化中后期、完成传统工业化的国家如何发展工业，传统工业化理论并没有给出方向。我国目前已经建成了一个门类比较齐全的工业体系，但是从工业技术水平来看，我国仍处于全球工业化水平的第三、第四方阵，中国工业化进程仍然任重道远。因此，判断工业化发展阶段要回归到工业技术本身。技术水平包括基础技术、应用技术和前沿技术。技术水平的判别远比产业结构分析复杂，需要运用经济学、工程技术学和基础科学等方法综合分析。因此，工业化发展阶段不应只是一个经济学的概念，从工业发展新趋势来看，经济学家们借助产业结构的演变分析工业化发展阶段具有很大局限性和片面性。

第二，数字化、网络化、智能化成为判别现代化工业水平的核心技术。工业革命以来，随着技术的发展，工业生产先后经历了机械化、电气化、自动化三个阶段，其关键技术分别是机械加工技术、能量转换技术、计算机技术。新一代信息技术是新工业革命最重要的主导技术，云计算、大数据、物联网、人工智能、区块链等新技术在制造业的应用场景被不断挖掘，制造业整体上沿着数字化、网络化和智能化的方向转型升级。因此，判断一个国家和地区工业现代化水平，需要更多地考察其数字化和智能化的程度。数字化、智能化和网络化技术业已成为工业现代化的关键技术，工业现代化是经济现代化的基础。国际金融危机以后，发达国家重新聚焦实体经济，纷纷实施"再工业化"战略，加强运用新技术的前瞻性布局，谋求占领全球产业竞争的战略制高点。反观一些发展中国家，在工业化中后期由于未能坚持发展制造业，推动制造业的转型升级，经济现代化进程严重受阻。

第三，知识密集型复杂劳动逐步取代简单劳动成为生产函数中的劳动要素投入，并且数据成为新的重要生产要素。劳动力是经济系统基本的投入要素之一，传统的工业化理论中将劳动力要素认定为是无差异的。在新工业革命条件下，机器人、人工智能将会取代重复性的体力和脑力劳动，大量的简单劳动岗位将消失，但知识密集型和创造性的工作对经济发展的推动作用将愈发突出，适应新工业革命时代的高端人才存在巨大缺口。劳动力的质量而不是简单的人口数量和劳动力规模成为决定工业化水平的关键投入。此外，随着信息技术深入发展和深度应用，数据已经成为生产经营活动必不可少的新生产要素。能否掌握数据资源并将其有效转化为生产要素，已经成为衡量一个企业甚至一个国家竞争力水平高低的重要因素。但数据创造价值的功能并不能直接实现，数据要素也不能直接参与价值分配，而是要经过数据创造、加工并传输给数据要素使用者后，才能创造价值、参与价值分配。由此可见，如何促进数据要素有效参与价值创造和分配，是新工业化理论区别于传统工业化理论的重要内容。

第四，工业文明与生态文明相融合，除了传统生产函数理论的技术约束外，资源与环境、温室气体减排成为生产函数的硬约束。传统经济发展理论认为，缺乏生态约束条件将造成能源资源的过度开发和使用。气候变化引发人们对传统工业化理论的深刻反思和批判，《联合国气候变化框架公约》的出台与各国面临减排责任与义务使得经济发展不再完全是经济理性的，而是要服从于人类可持续发展的生存理性。经济发展使得人类以前所未有的速度扩展人类活动的领域，大自然则以自然灾害、传染性疾病"报复"人类，使人类付出经济损失或人口减少的代价。建立在生态文明下的工业发展，非常重要的三点是：①工业生产的能量由化石能源为主向清洁可再生能源为主转变，污染物排放要尽可能降低；②由自然资源加工而成的工业产品能够回收与再利用；③工业生产对自然界的扰动要可修复，例如，开采地下资源对地表植被的破坏要在最短的时间内修复。绿色低碳能源产业、资源回收利用产业、生态环保产业是工业现代化的重要组成部门，这三个产业的发育程度也是判别现代工业化水平的重要标准。

三、新工业化水平的评价指标体系

为了对新工业化进程的智能化、服务化、绿色化、定制化特征进行综合评价，在遵循科学性、合理性、代表性等原则的基础上，本文构建用于评价新工业化水平的综合指标体系。具体而言，该指标体系包含18项基础指标，各子指标数量分布情况见表1。

表1 评价新工业化水平的指标体系

二级指标	基础指标	单位	属性
智能化	ICT投资占非住宅固定资产形成额的比重	%	正指标
	软件和数据库投资占非住宅固定资产形成额的比重	%	正指标
	ICT中间品投入占产出的比重	%	负指标
	ICT中间服务投入占产出的比重	%	正指标
	制造业中间投入品中ICT的占比	个/百人	正指标
	每百人员工拥有的机器人存量		正指标
	工业领域人工智能PCT专利申请量	件	正指标
服务化	服务要素在制造业投入中的比重	%	正指标
	服务产出在制造业产出中的比重	%	正指标
	基于制造业出口的服务投入增值率	%	正指标
绿色化	单位工业增加值能源消耗量	吨标准煤/万元	负指标
	单位工业增加值CO_2排放量	吨/万元	负指标
	可再生能源消费占终端能源消费总量的比重	%	正指标
	资源回收利用产业在制造业产值中所占比重	%	正指标
	绿色专利在专利授权中的比重	%	正指标
定制化	用户定制订单占总订单的比重	%	正指标
	大规模个性化定制标准数量	个	正指标
	客户定制服务平台数量	个	正指标

从智能化的维度看，信息和通信技术（Information and Communications Technology，ICT）、人工智能技术在制造业的广泛应用是制造业实现智能化发展的主要基础。由此，选取ICT投资占非住宅固定资产形成额的比重、软件和数据库投资占非住宅固定资产形成额的比重、ICT中间品投入占产出的比重、ICT中间服务投入占产出的比重、制造业中间投入品中ICT的占比、每百人员工拥有的机器人存量、工业领域人工智能PCT专利申请量7项指标作为衡量智能化水平的二级指标。

就服务化而言，制造业服务化水平不仅体现在内部服务的效率水平，还包含了与产品相关的外部服务对用户的重要程度。因此，从要素使用与产出提供两个方面讲，制造业服务化直观上可分为投入服务化与产出服务化。此外，中国作为贸易大国,基于制造业出口的服务投入增值率可视为反映制造业服务化水平的一个指标。所以,选取服务要素在制造业投入中的比重、服务产出在制造业产出中的比重、基于制造业出口的服务投入增值率3项指标作为衡量服务化水平的二级指标。

关于绿色化发展,不但要从能源要素投入的角度考察能源强度、可再生能源消费量占比等指标,还要考虑碳排放、资源回收利用及绿色技术创新等方面的情况。因此,以单位工业增加值能源消耗量、可再生能源消费占终端能源消费总量的比重、单位工业增加值 CO_2 排放量、资源回收利用产业在制造业产值中所占比重、绿色专利在专利授权中的比重5个二级指标来衡量绿色化发展水平。

从定制化看,新工业化背景下的消费升级尤其是可被制造业感知和数字化的个性化需求促使许多制造行业的生产模式由规模化向定制化转型。要实现大规模定制,除了要求企业自身的快速生产能力外,也需要企业具备对市场需求快速灵活的反应能力,及时捕捉消费者需求,缩短产品设计和生产周期。因此,选取用户定制订单占总订单的比重、大规模个性化定制标准数量、客户定制服务平台数量3个指标来衡量定制化水平。

在确定18项基础评价指标后,需要采用合理的方法进行综合评价。目前,常用的指标合成方法主要有两种:一是基于专家经验对各指标进行打分赋权的主观评价法;二是根据变量变动的特征来确定权重的客观评价法。相较于前者,后者能更好地根据数据的自身特征来客观反映指标的变动状况,主要包括因子分析法、主成分分析法、熵值法等。然而,这些方法在进行多指标跨期比较时,均存在不足。为此,采用郭亚军(2002)提出的"纵横向"拉开档次法予以客观评价,该方法能够有效弥补传统截面评价方法在实现跨期比较中的不足。

在进行评价前需对各指标进行无量纲化处理,以消除由于指标量级不同而造成的较大误差。设 $p_{ij}(t_k)$ 表示位于时间 t_k 的第 i 个评价对象的第 j 个指标,$\max_j$ 和 $\min_j$ 分别表示第 j 个指标的最大值和最小值,对正向指标和逆向指标使用极差法分别进行如下处理:

$$p'_{ij}(t_k) = \begin{cases} (p_{ij}(t_k) - \min_j)/(\max_j - \min_j), & p_{ij}(t_k)\text{为正向指标} \\ (\max_j - \min_j)/(\max_j - p_{ij}(t_k)), & p_{ij}(t_k)\text{为逆向指标} \end{cases} \quad (1)$$

假定对包含 n 个评价对象的 m 个评价指标进行系统综合评价,时序设为 T。则基于"纵横向"拉开档次法的线性综合评价函数可表示为:

$$q_i(t_k) = \sum_{j=1}^{m} s_j p_{ij}(t_k) \ (i=1,2,\cdots,n; j=1,2,\cdots,m; k=1,2,\cdots,T) \quad (2)$$

其中,$q_i(t_k)$ 为第 i 个评价单元在时期 t_k 的综合评价值,s_j 为各指标权重。确定 s_j 的权重的具体原则是尽可能反映出各评价指标的差异,即使得综合评价值 $q_i(t_k)$ 的离差平方和 $\sigma^2 = \sum_{k=1}^{T}\sum_{i=1}^{n}(p_i(t_k) - \bar{p})^2$ 达到最大。

根据郭亚军(2002),对原始数据标准化后有:$\bar{p} = \frac{1}{T}\sum_{k=1}^{T}\left[\frac{1}{n}\sum_{i=1}^{n}\sum_{j=1}^{m}s_j p_{ij}(t_k)\right] = 0$。因而,$\sigma^2 = \sum_{k=1}^{T}\sum_{i=1}^{n}p_i(t_k)^2 = \sum_{k=1}^{T}S^T H_k S = S^T\sum_{k=1}^{T}H_k S$。其中,$S^T = [s_1, s_2, \cdots, s_m]^T$ 为权重矩阵。$H = \sum_{k=1}^{T}H_k$ 表示 m 阶实对称矩阵。进一步地,H 可表示为 $H = P_k^T P_k$,P_k 为 $n \times m$ 阶矩阵。

$$P_k = \begin{pmatrix} q_{11}(t_k) & \cdots & q_{1m}(t_k) \\ \vdots & \ddots & \vdots \\ q_{n1}(t_k) & \cdots & q_{nm}(t_k) \end{pmatrix}, k=1,2,\cdots,T \quad (3)$$

最后,以综合评价值总离差和取最大值为条件,将权重矩阵的特征向量 S 限定为:$S \times S^T = s_1^2 + s_2^2 + \cdots + s_m^2 = \|S\| = 1$。由此得到的特征向量 S 即为权重系数。

限于数据的可获取性,本文不对上述指标体系进行综合评价和指数合成,只选取部分二级指标进行国别层面的比较,以期在一定程度上反映当前中国的新工业化水平。具体而言,是用数字经济占 GDP 比重、中国制造业中间投入品中信息业的占比这两个指标从智能化视角衡量新工业化水平，用制造业中间投入的服务占比衡量服务化趋势下的新工业化水平，并用能源强度、可再生能源消费占比这两个指标从绿色化视角衡量新工业化水平。

首先，从智能化的角度衡量，中国的新工业化水平低于美国、日本。许宪春和张美慧（2020）利用2012~2017年中国投入产出表的测算结果发现，虽然近年来中国数字经济发展较快，2017年中国数字经济占GDP的比重为6.46%，但与美国相比仍然存在一定差距，仅为美国数字经济规模的58%左右。特别是，中国的制造业信息化、数字化程度低于发达国家。利用投入产出表数据计算的结果显示，2017年中国制造业中间投入品中信息业的占比仅为0.36%，而同年美国这一指标的值为0.56%，日本在2015年就已达到0.6%。因此，"十四五"时期，要加大新基建的建设力度，更有效地推动智能制造。

其次，从服务化的视角衡量，中国的新工业化水平显著低于美国和日本。在服务化发展背景下，制造业中间投入品中服务的占比是衡量新工业化水平的重要标准。以投入产出表为基础计算的结果显示，2017年中国制造业的中间品投入中有16.50%来自服务业，分别低于美国和日本0.69个和2.11个百分点（见图1）。

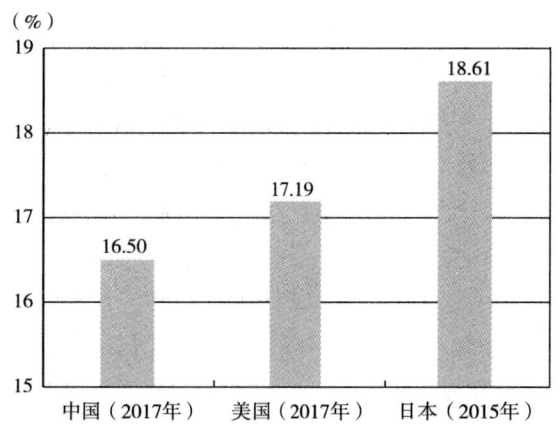

图1 中国、美国和日本制造业中间投入的服务占比

资料来源：中国国家统计局《中国2017年投入产出表》，美国经济分析局《美国2017年投入产出表》，日本总务省《日本2015年投入产出表》。

最后，从绿色化的角度衡量，中国的新工业化水平与美国、德国、日本互有高低。近年来，中国积极推进能源生产和消费革命与生态文明建设，节能减排工作取得了显著成效，绿色发展水平大幅提升。然而，从国别比较的结果看，中国的能源强度仍然显著高于发达国家。根据世界银行数据，2015年，中国能源强度为6.69兆焦耳/按2011年不变美元价格计算的购买力平价GDP，比德国、日本、美国分别高86%、79%、24%（见图2）。另外，在可再生能源消费占终端能源消费总量的比重这个指标上，中国仅稍落后于德国，但大幅领先美国、日本（见图3）。

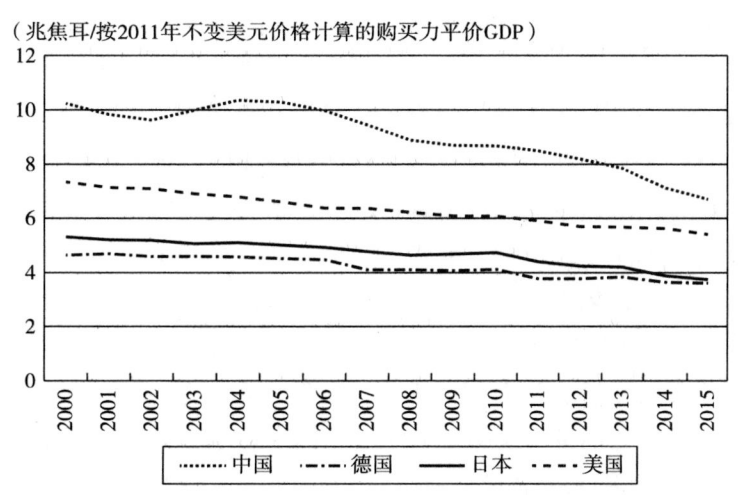

图2 2000~2015年中国、美国、德国、日本能源强度比较

资料来源：世界银行世界发展指标数据库。

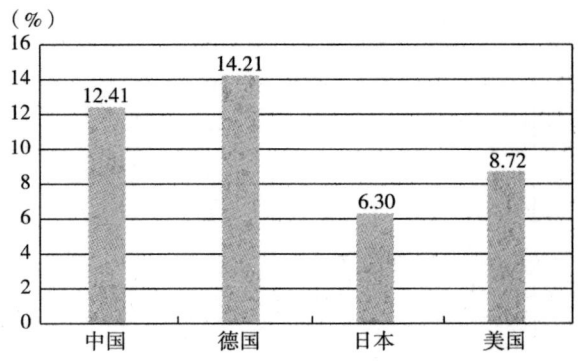

图3 中国、美国、德国、日本可再生能源消费
占终端能源消费总量的比重比较

资料来源：世界银行世界发展指标数据库。

四、"十四五"时期中国制造业发展的新方向

按照传统工业化理论和工业化水平判别方法，会得出中国工业化水平进入中后期阶段的结论。这会使人认为，制造业发展地位下降具有其必然性和合理性。如果这成为社会共识，会使产业结构加速早熟，同时也会让制造业发展失去方向（史丹、白骏骄，2019）。我们要深刻认识到，本轮新技术革命使全球进入了全然不同以往的工业化过程，其主要特征是能源基础不同、生产要素不同、生产方式不同、发展理念不同。基于新技术革命的新工业革命将改变已有的工业格局和竞争优势，因此世界各国都在部署本国的工业发展战略。按照新工业化理论，新一轮工业化中，中国与发达国家在某些方面都处于起步阶段，但中国在产业融合、绿色化、数字化方面落后发达国家，因此，"十四五"时期中国制造业应顺应新工业革命的趋势，瞄准以下四个重大方向，在产业融合、数字化、智能化、绿色化等方面加紧抢跑，力争占领新兴制造业的产业链高端。

第一，由规模扩张转向增强智能化创新技术应用。"十四五"期间，制造业的发展要依靠技术创新特别是数字化、智能化技术创新的带动，以发展质量提升弥补发展速度减缓的负面影响。从结构的角度看，制造业实现高质量发展的重点包括过程质量提升和结果质量提升。其中，过程质量提升是指制造业的运营过程中减少和优化要素投入，降低对环境社会的不良影响。在资源和能源投入方面，降低一次能源消耗的比重，采用更环保的生产装备和工艺，减少污染物的排放；在资本和技术投入方面，不断提高制造业研发投入强度，重点推进制造业数字化、智能化改造，实现创新驱动制造业的发展；在劳动力投入方面，加强职业培训和终身学习，实现制造业劳动生产率的明显提升和制造业人力资本的明显增加。结果质量提升是制造产品和服务的附加值和科技含量明显提升，先进制造业的比重明显提高。

第二，产业升级指向现代产业体系构建。从整个国民经济的层面看，按照传统的统计口径，作为主要物质产品生产部门的制造业在中国经济由大变强的过程中需要保持与经济发展水平相适应的比重，扭转和抑制"脱实向虚"的趋势。通过传统产业转型升级、新兴产业培育壮大，制造业占GDP的比重在"十四五"期间应保持在27%以上。我国制造业在大多数细分领域都实现了从0到1的突破，但高精尖产品的技术水平、产品性能、稳定性、可靠性和使用寿命等方面整体上与世界领先水平存在性能差距。基础不牢、缺乏核心技术成为制约我国制造业高质量发展的瓶颈，也使我国在国际经贸冲突中处于被动地位。推动制造业高质量发展，需要找准关键"痛点"下功夫，加强在核心基础零部件、关键基础材料、先进基础工艺、产业技术基础以及工业软件等方面的产业基础能力建设，打响中国品牌，补齐我国制造业的短板，构建现代化产业体系。

第三，结构调整重点在产业融合发展。传统的产业政策和规划的目标是调整优化产业间的比重关系，但所谓"高技术产业""新兴产业"或者"数字经济"本身难以划定边界，目标的制定和实现标准模糊不清。在新工业革命背景下，"十四五"时期的制造业结构调整应当更加注重制造业与其他产业的融合发展，而不是一些特定制造业部门产值比重的提高。一是推进制造业与数字经济深度融合。积极推动数字技术在制造业的应用场景创新、试点，将制造业和互联网产业各自的竞争优势进行融合，大力发展智能制造、工业物联网系统、工业大数据，成为全球领先的"智能+制造"应用国。二是推进制造业与服务业深度融合。将先进制造业和现代服务业作为制造业与服务业深度融合创新实践的触发点，重点支持高端装备制造、电子信息制造、新能源汽车、生物医药等先进制造业与软件和信息服务业、金融业、科技研发和科技服务业等现代服务业间的深度融合。

第四，发展空间优化转向全球价值链构建。近年来，中西部地区以劳动力为代表的要素价格与东部发达地区的差距不断缩小，中西部地区招商引资形势日益严峻，巨大的政策"透支"招商使得部分中西部城市在产业发展的同时并没有实现财政收入的增加和民生的改善，还浪费了珍贵的土地和资本资源。中国制造业的发展已经到了必须"走出去"实现全球布局的阶段。"十四五"时期，制造业区域结构调整的重点除了继续优化各个产业部门在国内不同发展水平区域间的布局，更要通过国际产能合作、对外直接投资来加强和优化中国制造企业在全球的布局，逐步构架由中国参与的、区别于发达国家过去仅仅利用当地廉价劳动力资源的、最大程度实现双边或多边共赢的国际制造业分工新框架。

五、支撑中国制造业沿着新方向发展的政策措施

一是提高全社会对制造业的重视程度，打造中国特色"制造文化"。制造业是立国之本、强国之基、富国之源，肩负创造物质财富的历史责任，是科技创新和民生发展的坚实基础，也是创造精神财富的实践源泉。在新科技革命和产业革命浪潮中，我国要进一步缩小与世界领先水平的差距，其根本还是制造业的发展和升级。"十四五"期间，国家战略设计、产业政策制定和实施都要赋予制造业重要的战略地位，地方主导产业选择和规划中，要根据自身特点和基础重视传统制造业的转型升级和新兴制造业的培育。通过教育和宣传，不断提高制造业部门对人才市场、资本市场的吸引力，通过统筹协调、部门协同和各级联动，推动政策、资金、技术、人才等要素向制造业汇聚。

二是大力实施创新驱动发展战略，建设"制造强国"。加强基础研究和原创型创新，强化制造业正向设计能力，聚焦电子信息、生物医药、新材料、新能源等具有使能作用的基础技术研发，奠定制造业未来竞争力发展技术基础。继续实施国家制造业创新中心等工程，聚焦战略性、引领性、重大基础共性需求，建成一批高水平制造业创新中心。加强应用基础研究，拓展实施国家重大科技项目，加大关键核心技术攻关和成果转化力度，培育一批创新型领军企业。继续实施工业强基工程，构建体系化、长效化推进机制，突破重点领域发展的基础瓶颈。

三是推进教育改革，转变劳动力成本优势为人力资源竞争优势。教育改革既要为制造业技术进步和产业发展提供足够的人才支持，又要树立制造业在国民经济中起基础作用的思想认识。教育的目标由知识的传授转变为能力的培养，技术进步会逐步替代很多传统岗位，仅仅掌握知识不能应对未来人工智能社会的挑战，创造能力、创新能力、创意能力的培养应该成为教育改革的重要方向。教育的重点环节由课堂教育延伸到职业培训，制造业的智能化、融合化、国际化发展需要大量复合型人才，具体到每一种应用场景，课堂教育都难以提供相应的教学和实践，需要专业化、定制化、细分化的职业教育来满足复合型人才培养的需求。

四是优化制造业发展环境。全面推进依法行政，深化"放管服"改革，强化涉企收费目录清单管理，最大限度降低制度性交易成本和企业税费负担。加强知识产权保护，激发创新创业活力，引导技术创新成果在制造业中的产业化。保障能源、土地要素供给，进一步改革优化税收制度，降低制造业发展成本。打破各种行业壁垒、地区壁垒，形成工业品全国统一市场，实现要素价格

的合理化、促进制造业要素的自由流动。

五是升级制造业基础设施。进一步完善交通基础设施，重点改善制造业中间品运输、危化品运输、货运航空、管道运输、冷链运输、长江珠江黄金水道运输的硬件设施和软件系统，运用信息技术大力提升交通设施的使用效率，提高运输安全，大幅降低物流能耗和成本。通过新型基础设施建设，大力推进5G、物联网在智能制造中的应用。加强与周边国家和"一带一路"国家基础设施的接驳，推进跨境公路、跨境铁路、跨境高速铁路、跨境管道、跨境通信光缆的规划建设。

六是进一步引导金融业服务制造业发展。不断增强金融业自身竞争力，提高金融业运营效率，降低制造业投融资成本，建立与国际接轨的国内统一的信用评判体系，降低金融风险。不断增强制造业自身的融资能力，拓宽制造业融资渠道，提高制造业资本效率。根据制造业发展的总体思路，着重引导金融业服务传统制造业的改造升级、新兴技术的产业化项目和优势制造业部门的国际市场开拓。

七是全方位推进实施"智能+制造"，培育制造业的数字化比较优势。根据智能技术发展趋势，调整电子信息制造业发展重点，加快培育具有未来竞争力的新兴产业部门。根据不同制造业特征、发展阶段和现阶段发展需求，推广智能工业装备、智能工业软件，提高制造业生产效率和资本效率，促进制造业高质量发展。利用智能技术再造制造业生产组织方式，在车间层面，提高生产的柔性化程度；在价值链层面，实现制造与研发、营销的同步；在区域层面，形成虚拟的产业集群。利用智能技术推动制造业业态创新，促进制造业的数字化发展和服务化发展。

八是推动国内外制造业协作，开辟制造业对外开放新格局。坚持"引进来"和"走出去"并重，推进重点产业领域国际化布局。健全产业安全审查机制和政策法规体系，营造稳定公平透明可预期的营商环境。积极引导外资投向高端制造领域，鼓励其我国设立全球研发机构。深化技术和产能国际合作，建设一批境外合作园区。以数字经济发展与"智能+制造"为契机，以工业生产贸易推动与周边国家的合作，带动制造业网络的形成、产业链的对接，重点形成与南亚、东南亚的信息网络和制造业供应链体系。

九是大力发展中小微企业，注重民营经济在制造业中的作用。积极推动构建"亲""清"新型政商关系，将支持民营企业发展实体经济、开展技术创新等工作情况纳入干部考核内容。对民营企业内部的新型产业技术研发机构，在承担政府科研项目、人才引进、职称评审、建设用地、投融资等方面，实施与国有科研机构同等的支持政策。完善制造业中小微企业公共服务平台网络，建立中小微企业信息互联互通机制，为制造业中小微企业提供创业创新、投融资等专业化服务。

十是促进制造业产业转移，实现东中西高水平对接。以深化"放管服"改革、创新园区管理模式和运行机制、健全完善绩效激励机制为重点，通过赋予中西部地区各级经济开发区更大改革自主权，持续改善中西部地区承接产业转移环境，增强中西部地区的内生产业发展动力，以优良的产业发展环境和强大的产业配套能力，吸引聚集各类生产要素，促进东中西部地区良性互动，逐步形成基于互补性区域优势的产业布局体系。依托西部地区沿边重点口岸城镇区位和资源优势，以试点建设自贸区、综合保税区为抓手，更大力度推进西部地区对外开放，改善西部地区的加工贸易配套条件，促进加工贸易在从东部地区向西部地区转移过程中实现转型升级。

参考文献

[1] Chenery H. 1975. The Structuralist Approach to Development Policy. American Economic Review, 65 (2): 310 - 316.

[2] Chenery H, Robinson S, Syrquin M. 1986. Industrialization and Growth. New York: Oxford University Press.

[3] Kuznets S. 1971. Economic Growth of Nations: Total Output and Production Structure. Cambridge, Massachusetts: Harvard University Press.

[4] Lall S. 1991. Explaining Industrial Success in the Developing World. UK: Macmillan Education.

[5] North D. 1981. Structure and Change in Economic

History. New York: W. W. Norton & Company.

[6] Stiglitz J. 1986. The New Development Economics. World Development, 14 (2): 257-265.

[7] Storm S. 2017. The Political Economy of Industrialization. Development and Change, 48 (1): 1-19.

[8] Syrquin M, Chenery H. 1989. Three Decades of Industrialization. The World Bank Economic Review, 3 (2): 145-178.

[9] 郭亚军. 一种新的动态综合评价方法 [J]. 管理科学学报, 2002 (2): 49-54.

[10] 李晓华. 数字经济新特征与数字经济新动能的形成机制 [J]. 改革, 2019 (11): 40-51.

[11] 林毅夫. 新结构经济学：重构发展经济学的框架 [J]. 经济学（季刊）, 2010 (1): 1-32.

[12] 刘尚文, 李晓华. 中国服务型制造的发展现状、问题与对策 [J]. 中国浦东干部学院学报, 2019, 13 (3): 121-128.

[13] 史丹. 绿色发展与全球工业化的新阶段：中国的进展与比较 [J]. 中国工业经济, 2018 (10): 5-18.

[14] 史丹, 白骏骄. 产业结构早熟对经济增长的影响及其内生性解释——基于互联网式创新力视角 [J]. 中央财经大学学报, 2019 (6): 105-118.

[15] 王如玉, 梁琦, 李广乾. 虚拟集聚：新一代信息技术与实体经济深度融合的空间组织新形态 [J]. 管理世界, 2018 (2): 13-21.

[16] 许宪春, 张美慧. 中国数字经济规模测算研究——基于国际比较的视角 [J]. 中国工业经济, 2020 (5): 23-41.

China's Manufacturing amid New Industrialization in the 14th Five-Year Plan Period

Research Group of the Institute of Industrial Economics (IIE)

Abstract: Driven by a new round of technological and industrial revolution, China's manufacturing industry is heading towards green, intelligent, service-based and customized development. In light of the new technological revolution and evolving industrial development model, we need to revise and breathe new life into the traditional industrialization theory. When assessing a country's industrial development, we should use the level of industrial technology, instead of the proportion of primary, secondary and tertiary industries, as the key criterion. In addition, the level of modern industrial development should be determined according to the degree of digital, network-based, and smart features. The new industrialization theory should employ knowledge-intensive complex labor to replace simple labor as the labor factor input in the production function, and include data as a new factor of production in the analytical framework. We should also define natural resources and the environment and greenhouse gas emissions as hard constraints of the production function. In the comparison of smart, service-based and green development levels of China's, the U. S.' and Japan's manufacturing sectors, our results suggest that China lags far behind developed countries in terms of the level of industrial development. During the 14th Five-Year Plan period, China's manufacturing industry should shift from quantitative expansion to digital and smart innovations and applications, modernize the industrial system, promote industrial integration, and broaden its horizon from domestic regional planning to the global value chain.

Key Words: New Industrialization; New Technology Revolution; Manufacturing Outlook

传统制造业优化升级："十三五"回顾与"十四五"展望

梁泳梅

摘　要："十三五"时期，我国传统制造业在优化升级方面取得了较大进展，绿色化生产步伐加快，生产更加节能与环保；扎实去除落后产能，产品不断向高端化推进；研发投入增长较快，新产品不断出现；智能生产初步显现。但是，传统制造业的创新能力仍然较弱，创新环境尚需完善，低成本优势减弱。在逆全球化风险加大的背景下，国内产业链安全和稳定受到挑战。"十四五"时期，为推动传统制造业优化升级，需要深化自主创新，抓住"双循环"所带来的产业升级空间，促进新一代信息技术与制造业融合发展、传统制造业优化升级与"一带一路"深度融合，加快实现传统制造业低碳化和清洁化。为此，需要不断增加研发投入，激发人才创新活力，提高产品标准体系，推动制造业的高质量发展。

关键词：传统制造业；优化升级；绿色生产；智能生产；自主创新

一、引言

"十三五"期间，中国经济建设取得巨大成就，经济保持中高速增长，同时，供给侧结构性改革深入推进，制造业增加值中传统制造业①份额缩减，新兴产业发展壮大。从2016~2019年规模以上工业增加值同比增速来看，新兴产业增速普遍较高，传统制造业增速普遍较低，纺织业、皮革及制鞋业、服装业、造纸、黑色金属冶炼及压延加工业等的增长速度放慢尤其明显（见图1），可见我国制造业结构在不断优化。

产业升级不仅对新兴产业十分重要，对于传统制造业也非常关键。传统制造业是制造业的重要基础，其结构优化对于制造业整体升级具有非常重要的意义。"十三五"期间，在传统制造业内部，产业优化升级也在持续进行。本文主要梳理"十三五"时期我国传统制造业优化升级的进展，关注在当前形势下传统制造业优化升级面临的挑战，探索"十四五"时期传统制造业优化升级的思路与重点工作，最后提出相应的政策建议。

---

* 本文发表在《当代经济管理》2020年第11期。

［作者简介］梁泳梅，中国社会科学院工业经济研究所副研究员、博士。

① 目前，学界对于传统制造业并未给出明确的定义，从多数的文献和政府文件来看，一般认为，传统制造业是除了高新技术产业以外的制造业，如纺织服装制造业、家具制造业、造纸和纸制品业、橡胶和塑料制品业、金属冶炼和压延加工业、金属制品业等。

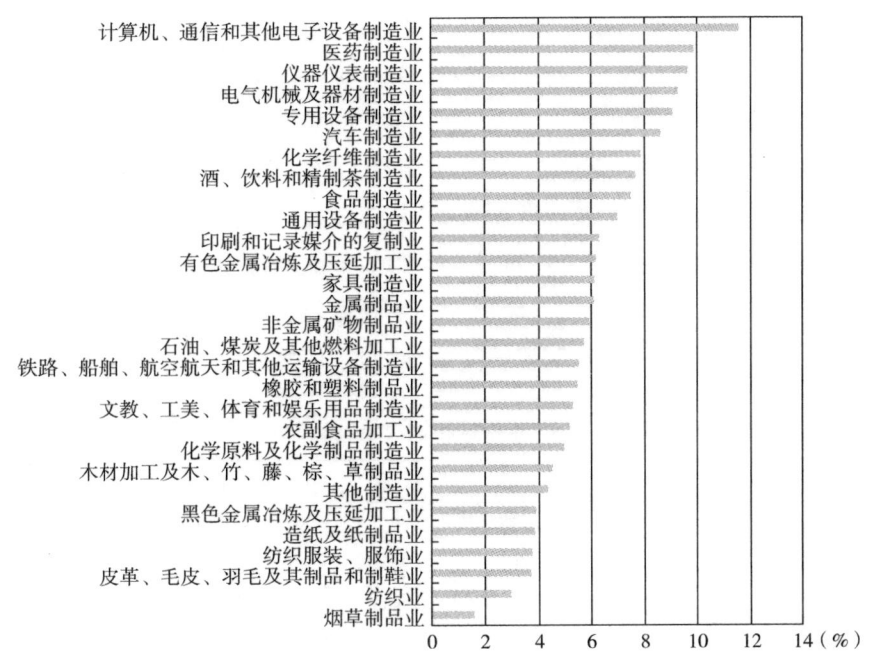

图1 2016～2019年规模以上工业增加值累计同比增速

资料来源：根据统计公报数据整理而得。

二、"十三五"时期传统制造业优化升级的进展

我国传统制造业整体的生产技术还有待提高，但是传统制造业中的龙头企业已经在某些领域实现了生产技术的突破，有些甚至达到了世界先进水平。整体来看，"十三五"时期传统制造业的优化升级主要体现在以下几个方面：

（一）绿色化生产步伐加快

传统制造业优化升级的一个重要方向是绿色化。"十三五"期间，环境影响评价制度进一步完善，高耗能、高污染和资源型行业准入条件不断修订。同时，节能减排工作组织领导机制进一步健全，各级人民政府对本行政区域节能减排负总责，政府主要领导是第一责任人。国务院每年组织开展省级人民政府节能减排目标责任评价考核，将考核结果作为领导班子和领导干部年度考核、目标责任考核、绩效考核、任职考察、换届考察的重要内容。

在节能环保标准日趋严格的背景下，传统制造业企业尤其是大型企业有很强的动力改善能耗效率，控制污染排放，企业节能减排工作水平与质量进一步提升。调查显示，"十三五"以来，近九成企业每年均能完成节能减排年度目标，有九成企业节能减排的组织与制度建设"力度更大、更加成熟规范"，85%的企业对节能减排技术和设备的投资额"继续增加"。[①] 许多企业尤其是龙头企业在节能减排方面取得了较大的成效，通过一系列技术攻关和创新，实现了绿色化优化升级。

钢铁制造业是典型的高耗能、高污染的传统制造业。"十三五"期间，钢铁行业在优化升级方面取得很大进展，在降低能耗、实现绿色化的同时提升了产品质量。例如，宝武特种冶金有限公司等单位联合开发的高品质特殊钢绿色高效电渣重熔关键技术，节能减排和提效降本效果显著，被国内60多家钢铁企业应用后累计节电25.65亿千瓦时，折合减少二氧化碳排放25.58亿千克。[②] 2018年，中钢协会员钢铁企业外排二氧化硫同比

---

① 顾源："十三五"以来中国企业节能减排状况调查报告 [EB/OL]．[2019-01-24]．http://www.xinhuanet.com/energy/2019-01/24/c_1124035320.htm.

② 国家科学技术奖励办公室．提名国家科技进步一等奖：高品质特殊钢绿色高效电渣重熔关键技术的开发和应用 [EB/OL]．[2019-04-04]．https://www.sohu.com/a/305798296_313737.

下降 5.67%，烟尘同比下降 4.92%，工业粉尘同比下降 6.06%，吨钢耗新水同比下降 5.14%，吨钢综合能耗同比下降 2.13%。①

废钢综合利用方面，许多钢铁企业建立了废钢铁回收加工中心，回收利用社会废钢铁资源。如表1所示，2016~2018年，我国废钢消耗量从9010万吨增加至18777万吨，提升8.4%；废钢消耗占粗钢产量的比重从11.1%提升至20.2%。同时，更节能环保的电炉炼钢工艺快速发展，部分高炉—转炉工艺转变成电炉炼钢工艺，转炉钢生产的粗钢产量占全部粗钢产量的比重从2016年的92.8%下降至2018年的90.2%，电炉钢比重从7.2%上升至9.8%，有效地提高了钢铁行业的整体节能环保水平。当然，中国的废钢比与世界主要废钢消耗大国相比还比较低，落后于美国、欧盟、俄罗斯等经济体（见表2）。

表1 2016~2018年中国粗钢产量及废钢的利用情况

年份	粗钢产量（万吨）	其中转炉钢			其中电炉钢			废钢消耗合计（万吨）	废钢比（%）
		产量（万吨）	废钢单耗（千克/吨）	废钢消耗量（万吨）	产量（万吨）	废钢单耗（千克/吨）	废钢消耗量（万吨）		
2016	80837	74993	72	5404	5844	617	3606	9010	11.1
2017	83173	75424	128	9672	7749	661	5119	14791	17.8
2018	92826	83683	152	12717	9143	663	6060	18777	20.2

资料来源：中国废钢铁应用协会。

表2 2018年世界主要废钢消耗经济体与中国废钢比 单位：%

国家	中国	欧盟	美国	日本	俄罗斯	土耳其	韩国
废钢比	20.2	55.9	69.4	35.0	42.5	80.8	41.3

资料来源：《中国钢铁工业年鉴2019》。

但是，传统制造业绿色化存在不均衡发展的现象。根据中国企业联合会、中国企业家协会等共同完成的《"十三五"以来中国企业节能减排状况调查报告》，样本企业中有约10%的企业不能确保每年完成节能减排年度计划；约有30%的企业节能减排工作落实不够扎实，至今仍不掌握本企业在节能减排领域的主要指标以及与行业内企业对比情况。②

（二）扎实去除落后产能，向产品高端化推进

淘汰落后产能一直是"十三五"时期传统制造业优化升级的一项主线工作。对于钢铁行业而言，更是如此。国务院印发实施《关于钢铁行业化解过剩产能实现脱困发展的意见》，组织开展了淘汰落后、违法违规建设项目清理、联合执法三个专项行动，严格控制新增产能，加快淘汰落后产能，有序引导过剩产能退出。2016年钢铁行业退出产能超过6500万吨；2017年，"地条钢"全面取缔，压减粗钢产能5000万吨左右；2018年压减粗钢产能3500万吨以上，一大批"散乱污"企业出清，提前完成5年化解过剩产能1亿~1.5亿吨的上限目标③。2019年，钢铁企业兼并重组继续稳妥推进，中国宝武与马钢集团重组为中国宝武，大冶特钢重组为中信特钢。

在去除落后产能的同时，产品高端化也被提上了日程。我国钢铁产量居全球首位，在普通钢产品产能过剩的同时，存在高端特殊钢短缺的情况。"十三五"期间，许多大型钢铁企业在坚决去除落后产能的同时，在积极推进产品高端化方面发力。例如，宝武特种冶金有限公司、舞阳钢铁有限责任公司和东北大学等单位联合开发的高品质特殊钢绿色高效电渣重熔关键技术，被国内60多家企业应用，生产出高端模具钢、轴承钢、

---

① ③ 中国钢铁工业年鉴委员会.2018年钢铁行业运行情况［M］//中国钢铁工业年鉴2019，北京：冶金工业出版社，2019.
② 顾源."十三五"以来中国企业节能减排状况调查报告［EB/OL］．［2019-01-24］．http://www.xinhuanet.com/energy/2019-01/24/c_1124035320.htm.

叶片钢、特厚板、核电主管道等产品，满足了大飞机、先进能源、石化和军工国防等领域对高端材料的需要，有力支持了我国高端装备制造业发展并保障国家安全。① 又如，河钢邯钢在国内首次引进国外百米重轨在线淬火技术，通过不断的研发试制，攻克和掌握了 70 多项核心技术并拥有 40 多项专利技术，成为少数可以生产百米重轨的国内钢铁企业，而且技术装备处于国际领先水平。2019 年，河钢邯钢钢轨被上海、西安等 8 个铁路局的 12 条铁路主线和成都等 9 个城市的地铁大量使用。同时，河钢邯钢还开发出了多类符合欧美标准的钢轨产品，并出口巴西、巴基斯坦等国家。

除钢铁行业之外，纺织与服装制造业等其他传统制造业也积极向产品高端化迈进。近年来，越来越多的发展中国家进入纺织服装制造业，成为中国在世界市场上的强有力的竞争对手。中国的纺织服装制造业开始积极地向高端攀升，通过"科技 + 品牌"方式，不断加大技术研发投入，开发高新技术产品，获得了新的国际竞争优势。例如，位列中国制造业 500 强的如意集团，每年的科研投入达到销售额的 5%，其成功研发出的高效纺纱技术被纺织界命名为"如意纺"，在西方发达国家申报了 30 多项专利。凭借核心技术及高科技产品，如意集团生产的高级西装，每套销售价格可高达 7 万元人民币，产品附加值提升了 35%。② 印染纺织业的盛虹集团，秉承"不搞重复建设、不做常规产品、不采用常规生产技术"的思路，通过持续技术创新，把超细纤维单丝细度做到了世界上工业化纺丝的极限并很快实现量产，目前其超细纤维的年产量已超过欧美日韩等国家和地区的总和，居全球第一位。③

（三）研发投入增长较快，新产品不断出现

近年来，传统制造业越来越重视研发投入，研发经费快速增长。其中，黑色金属冶炼及压延加工业的研发经费投入最高，从 2016 年的 537.7 亿元增长到 2018 年的 706.9 亿元，增长了 31%。金属制品业、橡胶和塑料制品业、造纸及纸制品业、食品制造业等传统制造业，"十三五"期间研发经费投入也增长较快（见图 2）。

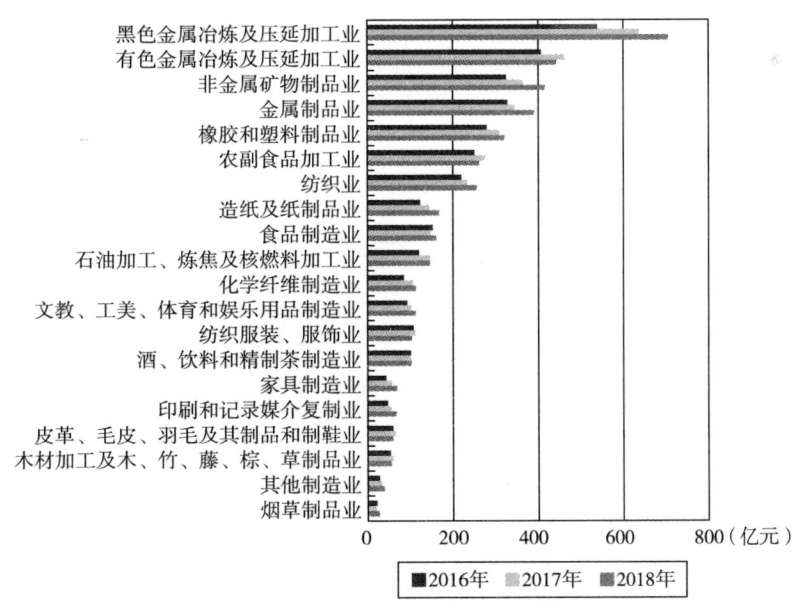

图 2　传统制造业的研发经费投入

资料来源：Wind 资讯。

---

① 国家科学技术奖励办公室. 提名国家科技进步一等奖：高品质特殊钢绿色高效电渣重熔关键技术的开发和应用 [EB/OL]. [2019 - 04 - 04]. https://www.sohu.com/a/305798296_313737.
② 韩维正. 中国纺织服装工业前景可期 [N]. 人民日报（海外版），2019 - 04 - 05（010）.
③ 赵永新. 传统纺织变身"高大上" [N]. 人民日报，2020 - 02 - 17（019）.

研发投入的大幅提升，促进了关键环节的技术难题被攻克，传统制造业的技术不断进步，新产品也不断出现。其中，黑色金属冶炼及压延加工业尤其是钢铁产业的新产品开发项目最多，2018年高达67027项。另外，有色金属冶炼及压延加工业、金属制品业、农副食品加工业、食品制造业、酒饮料和精制茶制造业等行业每年开发的新产品也比较多（见表3）。

表3 传统制造业新产品开发项目数　　　　单位：项

年份	2016	2017	2018
黑色金属冶炼及压延加工业	47952	58584	67027
有色金属冶炼及压延加工业	37274	44181	53128
金属制品业	31838	39780	46597
农副食品加工业	28763	34054	37432
食品制造业	16586	21437	28036
酒、饮料和精制茶制造业	15070	20128	24521
烟草制品业	13037	15367	17285
木材加工及木、竹、藤、棕、草制品业	8639	9982	12781
纺织业	9649	11323	11862
纺织服装、服饰业	7751	9083	10364
皮革、毛皮、羽毛及其制品和制鞋业	8349	9272	9760
造纸及纸制品业	6618	7877	9383
印刷和记录媒介复制业	5648	7279	8612
石油加工、炼焦及核燃料加工业	3406	4537	5761
化学纤维制造业	2801	4061	5210
橡胶和塑料制品业	2681	3609	4463
家具制造业	3381	4082	4372
文教、工美、体育和娱乐用品制造业	2685	3316	4036

资料来源：Wind资讯。

新产品的开发给企业带来了很大的经济收益。其中，黑色金属冶炼及压延加工业（主要是钢铁行业）的新产品销售收入最高，2018年达到9574.8亿元。从2016~2018年的新产品销售增长情况来看，增长最快的是非金属矿物制品业，增幅达到44.8%；其后是印刷和记录媒介复制业、造纸及纸制品业和黑色金属冶炼及压延加工业，增幅分别为43.3%、39.3%和34.5%（见图3）。

（四）智能生产初步显现

传统制造业优化升级的另一个主要方向是与互联网融合发展。"十三五"期间，传统制造业越来越多地出现了智能车间、智能工厂，生产技术也不断提高。根据工业和信息化部公布的2016~2018年智能制造试点示范目标名单（见表4），传统制造业中采用智能制造的企业并不在少数，几乎所有的传统行业都有相关企业采用了智能制造，包括食品制造业（例如德宏后谷咖啡有限公司的速溶咖啡智能制造试点示范、光明乳业股份有限公司的乳制品智能制造试点示范）、家具制造业（例如佛山维尚家具制造有限公司的全屋家居大规模个性化定制试点示范、曲美家居集团股份有限公司的家具大规模个性化定制试点示范）、酒、饮料和精制茶制造业（例如劲牌有限公司的保健酒智能制造试点示范）、制鞋业（例如浙江奥康鞋业股份有限公司的高端皮鞋智能制造试点示范）、造纸和纸制品业（例如福建恒安家庭生活

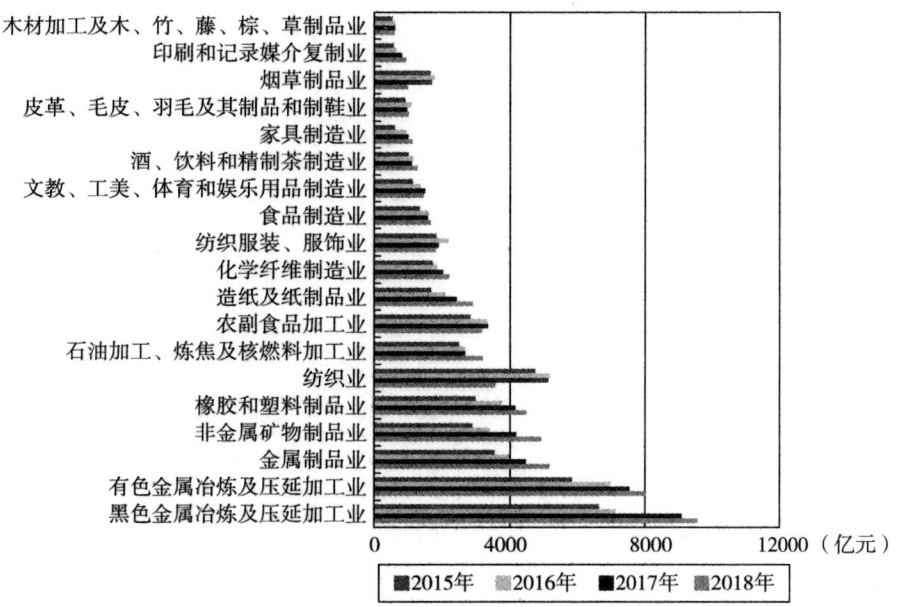

图 3　传统制造业新产品销售收入

资料来源：Wind 资讯。

用品有限公司的生活用纸智能制造试点示范），金属制品业（例如山东胜通钢帘线有限公司的高精特种钢丝智能制造试点示范），有色金属冶炼和压延加工业（例如江西铜业股份有限公司的铜冶炼智能工厂试点示范），橡胶和塑料制品业（例如双星集团有限责任公司的绿色轮胎智能制造试点示范）等。其中，钢铁行业是数量比较多的，包括鞍钢股份有限公司的钢铁厚板智能制造试点示范、南京钢铁股份有限公司的钢铁板材智能制造试点示范、衡阳华菱钢管有限公司的无缝钢管智能工厂试点示范等。纺织服装行业采用智能制造的企业也非常多，例如华纺股份有限公司的连续印染数字化车间试点示范、山东如意科技集团有限公司的纺织智能工厂试点示范等。

表 4　工业与信息化部公布的 2016～2018 年智能制造试点示范项目

评选年度	项目名称	申报单位
2018	家具大规模个性化定制试点示范	曲美家居集团股份有限公司
2018	钢铁厚板智能制造试点示范	鞍钢股份有限公司
2018	乳制品智能制造试点示范	光明乳业股份有限公司
2018	钢铁板材智能制造试点示范	南京钢铁股份有限公司
2018	坚果智能制造试点示范	洽洽食品股份有限公司
2018	涤纶短纤数字化车间试点示范	福建经纬新纤科技实业有限公司
2018	白酒大规模个性化定制试点示范	山东景芝酒业股份有限公司
2018	连续印染数字化车间试点示范	华纺股份有限公司
2018	纺织智能工厂试点示范	山东如意科技集团有限公司
2018	高性能铝合金智能制造试点示范	山东南山铝业股份有限公司
2018	帽类产品智能制造试点示范	青岛前丰国际帽艺股份有限公司
2018	针织服装智能制造试点示范	武汉爱帝集团有限公司
2018	无缝钢管智能工厂试点示范	衡阳华菱钢管有限公司

续表

评选年度	项目名称	申报单位
2018	高档纸制品包装智能制造试点示范	中荣印刷集团股份有限公司
2018	高性能混凝土智能工厂试点示范	贵州兴达兴建材股份有限公司
2018	特色食品智能制造试点示范	麦趣尔集团股份有限公司
2017	婴幼儿奶粉及液态奶智能制造试点示范	石家庄君乐宝乳业有限公司
2017	白酒智能制造试点示范	河北衡水老白干酒业股份有限公司
2017	不锈钢冷连轧数字化车间试点示范	山西太钢不锈钢股份有限公司
2017	钢铁冷轧数字化车间试点示范	宝山钢铁股份有限公司
2017	食醋酿造智能工厂试点示范	江苏恒顺醋业股份有限公司
2017	纺纱数字化车间试点示范	江苏大生集团有限公司
2017	高端皮鞋智能制造试点示范	浙江奥康鞋业股份有限公司
2017	全屋家具大规模个性化定制试点示范	梦天木门集团有限公司
2017	白酒智能制造试点示范	安徽迎驾贡酒股份有限公司
2017	坚果智能制造试点示范	安徽詹氏食品股份有限公司
2017	棉纺智能工厂试点示范	安徽华茂纺织股份有限公司
2017	高精特种钢丝智能制造试点示范	山东胜通钢帘线有限公司
2017	高端纺织服装个性化定制试点示范	山东南山纺织服饰有限公司
2017	服装网络协同制造试点示范	迪尚集团有限公司
2017	轮胎智能工厂试点示范	青岛森麒麟轮胎股份有限公司
2017	全屋家具大规模个性化定制试点示范	河南省大信整体厨房科贸有限公司
2017	水泥智能工厂试点示范	天瑞集团郑州水泥有限公司
2017	家纺智能工厂试点示范	湖南梦洁家纺股份有限公司
2016	钢铁企业智能工厂试点示范	河北钢铁股份有限公司唐山分公司
2016	水泥智能工厂试点示范	唐山冀东水泥股份有限公司
2016	氧化铝智能工厂试点示范	山西复晟铝业有限公司
2016	乳制品智能制造试点示范	内蒙古蒙牛乳业（集团）股份有限公司
2016	针织品智能柔性定制平台试点示范	宁波慈星股份有限公司
2016	服装大规模个性化定制试点示范	浙江报喜鸟服饰股份有限公司
2016	纺织服装网络协同制造试点示范	泉州海天材料科技股份有限公司
2016	生活用纸智能制造试点示范	福建恒安家庭生活用品有限公司
2016	铜冶炼智能工厂试点示范	江西铜业股份有限公司
2016	绿色轮胎智能制造试点示范	双星集团有限责任公司
2016	保健酒智能制造试点示范	劲牌有限公司
2016	全屋家居大规模个性化定制试点示范	佛山维尚家具制造有限公司
2016	速溶咖啡智能制造试点示范	德宏后谷咖啡有限公司

资料来源：根据工业与信息化部公布的材料整理。

另外，在2019年工业互联网试点示范项目中，也有不少传统制造企业的身影。例如，中天钢铁集团有限公司的"5G+工业互联网"试点示范项目（优特钢制造项目）、鞍钢股份有限公司的钢铁全流程质量大数据集成解决方案、中国贵州茅台酒厂（集团）有限责任公司的标识解析试点示范项目（酱香酒行业标识解析集成创新应用）、宁夏建材集团股份有限公司的基于工业互联网平台提升建材工业智能化管理的解决方案、内蒙古煤易通科技有限公司的基于工业互联网平台的煤炭智慧运销解决方案,等等。

以"互联网+"、人工智能为代表的新兴技术,从两个维度推动了传统制造业的优化升级。第一个维度是推动传统制造业的技术进步,使企业更容易采用智能生产、智能制造模式,从而提升产品质量的稳定性。第二个维度是优化企业生产经营管理模式。企业有可能采取柔性制造模式,既有利于满足消费者的个性化需求,实现大规模个性化定制,扩大产品市场,也有利于减少库存,降低管理成本,提升资本有效利用率。例如,山东海思堡服装服饰集团股份有限公司通过打造全球服装个性化定制网络协同制造服务平台,将海量个性化需求与大规模定制精准对接,使产品研发周期缩短90%以上,运营成本降低30%以上,库存周转率提升20%以上,产品毛利率提升50%以上。

三、当前传统制造业优化升级面临的挑战

虽然"十三五"期间,传统制造业升级取得了较大进步,但仍面临着较大的挑战。从外部因素来看,主要是国际环境的变化和新冠肺炎疫情的影响。从内部因素来看,主要是传统制造业的创新能力仍然较薄弱,低生产成本的比较优势正在逐步减弱。

(一)外部环境复杂严峻

当今世界正经历百年未有之大变局,我国传统产业所面对的外部环境也日益险峻,主要表现如下:

第一,逆全球化不断抬头,技术引进难度增大。经济全球化遭遇逆流,保护主义、单边主义抬头。中国是全球化生产网络的重要组成部分,产业升级也得益于全球范围内技术、产品等要素的自由流动。在当前阶段,技术引进仍是我国技术进步的重要途径,外商投资带来的技术转移、进口先进生产设备、关键工业半成品和元器件等带来的生产率提高和产品质量提升等,均是我国制造业技术引进的有效方式。中国企业通过技术引进、消化、吸收后,形成为我所用的新技术,从而实现技术积累与进步。有实证研究表明,2001~2015年技术引进对中国经济增长和产业升级的促进作用比自主研发更显著。但是,随着某些发达国家对我国的技术封锁力度加大,下一阶段我们技术引进的难度将明显增大。尤其是,最近美国方面试图与中国进行技术"脱钩",将部分中国科技企业和科研教育机构列入所谓的"实体清单",限制本国甚至其他国家对中国出口关键技术和产品,对中国企业进行封锁和断供,打压中国产业升级和发展。而且这个"实体清单"还在不断增加,从高科技产业的华为技术有限公司,到传统制造业的阿克苏华孚纺织有限公司,再到传统服务行业的快急送物流(中国)有限公司等许多企业都被涉及,高校和科研机构甚至个人也无法幸免。这表明,中国企业要想从发达国家引进核心技术的途径已经基本被封闭。

第二,新冠肺炎疫情导致世界经济更加低迷。新冠肺炎疫情在全球蔓延大半年后依然十分严重,每日新增病例数不断刷新纪录。新冠肺炎疫情给本来就复苏艰难的世界经济以更沉重的打击,导致世界经济持续低迷。根据世界银行的推算,2020年全球将有92.9%的经济体出现经济衰退,是1871年以来最严重的一次全球经济大衰退[1]。IMF则预测,2020年世界经济将萎缩4.4%,其中发达经济体衰退5.8%,新兴市场和发展中国家经济将衰退3.3%[2]。世界经济低迷进一步导致国际贸易和投资大幅萎缩。根据WTO的预测,2020年世界商品贸易额将下降9.2%,亚洲出口贸易降幅将达4.5%,进口贸易下降4.4%[3]。世

---

[1] 参见Lacy Hunt在《霍伊辛顿管理季刊》2020年第3期发表的研究报告《2020年第二季度回顾》。
[2] 国际货币基金组织. 世界经济展望[R]. 2020.
[3] WTO. Trade shows signs of rebound from coronavirus, recovery still uncertain [R/OL]. https://www.wto.org/english/news_e/pres20_e/pr862_e.htm.

界各国为了恢复经济，必然首先采取更有利于本国经济和就业的刺激政策，增加内需，减少进口，这对于以出口为主的传统制造业也是不小的挑战。

（二）创新发展基础仍然较薄弱

传统制造业的创新基础仍然较为薄弱，主要表现在以下两个方面：

第一，传统制造业的产业创新生态系统仍然不够完善，许多企业尤其是中小企业的创新能力仍然较弱。虽然"十三五"期间，我国企业创新能力有了明显提高，但与发达国家相比，我国企业普遍还存在研发投入不够、技术创新能力不强等问题。即便是在"十三五"时期做得比较好的节能减排环节，也依然存在着传统制造业技术能力不足的问题。《"十三五"以来中国企业节能减排状况调查报告》显示，企业进一步开展节能减排工作面临的最大困难是企业自身的专业知识储备不够，缺乏相应的新技术，无法很好地满足越来越高的国家能耗与环保标准。① 而创新能力不足的深层次原因是研发投入有限。当前，我国研发投入最重要的主体是企业。2017年，我国全社会科技创新研发经费支出1.76万亿元，其中近80%是企业投入。② 而在企业中，高新技术企业又是研发投入主体，2017年我国13.6万家高新技术企业的研发投入达到9000亿元，占全国企业研发经费投入的68%。③ 相比之下，传统制造企业的研发投入规模较小，中小型企业的研发投入更是有限。

第二，传统制造业基础研发能力相对较弱，导致关键技术供给不足。我国制造业企业在"十三五"时期创新能力不断提升，在许多生产技术上都有了突破。下一阶段，能否在关键核心技术创新领域实现普遍突破，成为传统制造业全面优化升级的决定性因素。而关键技术的突破，很大程度上又依赖于整个国家的基础研究和应用研究，这方面我们仍然与发达国家有较大差距。相关文献研究表明，与美国、欧盟、日本等发达国家或地区相比，中国的研发投入水平较低，而且研发投入中用于基础研究的比例更低，更侧重于试验发展（曹艳华，2012；宋吟秋，2012；陈实等，2012）。另外，我国的基础研究、应用研究主要由研究机构和高校完成，试验发展主要由企业完成，而美国基础研究、应用研究与试验发展三类活动的主要实施机构分别是高校、企业、企业（赵建斌，2008）。可见，中国企业在应用研究方面参与较少，能否全面激发民营企业和中小微企业的创新动力，在诸多关键核心技术创新领域实现全面突破，将是"十四五"期间传统制造业能否进一步优化升级的关键。

（三）低成本优势减弱

我国具有较强国际竞争力的传统制造业，基本上以劳动密集型产业为主。竞争优势的主要来源是相对丰富的劳动力资源和相对较低的生产成本。但是，我国传统制造业的比较优势正在逐步减弱，典型代表是纺织服装业，主要表现在以下两个方面：

第一，人口老龄化导致劳动力资源逐渐紧缺。我国在2000年左右迈入人口老龄化社会，65岁及以上人口占总人口的比重为7.0%，2018年则达到了11.9%。与此同时，15~64岁的经济活动人口占总人口的比重从2000年的74.5%下降至2018年的71.2%，部分地区和行业已经出现了招工不足和招工困难的现象。劳动力成本不断攀升，已高于越南等发展中国家。例如，2016年中国制造业人均工资5127.86元/月，约相当于772美元/月，而越南当年的劳动力成本是239美元/月，柬埔寨的最低工资是140美元/月④。

第二，生产资料成本上升。首先，越南的工业电价、水价平均仅为国内的一半左右。其次，对于棉花等纺织服装业重要原材料，中国设置了

---

① 顾源. "十三五"以来中国企业节能减排状况调查报告［EB/OL］.［2019-01-24］. http：//www.xinhuanet.com/energy/2019-01/24/c_1124035320.htm.

②③ 2018年我国企业科技创新投入近两万亿元——企业创新能力明显提升［EB/OL］.［2019-05-25］. http：//www.gov.cn/zhengce/2019-05/25/content_5394640.htm.

④ 揭秘越南、缅甸、柬埔寨、孟加拉东南亚四国2018年最低工资标准：孟加拉最低！对中国出口大增230%［EB/OL］.［2019-02-17］. https：//m.sohu.com/a/295206603_777000/.

进口配额限制，而越南等发展中国家取消了进口配额限制，一定程度上使得我国在棉花等原材料成本上与其他国家相比处于劣势。最后，部分发展中国家为了吸引外资，在土地使用和税收征收上也有许多优惠政策，如中国在越南和柬埔寨投资的纺织企业，在达到一定条件后能享受7年的企业所得税减免政策，而在中国则大多需要承担15%~25%的所得税。生产资料成本的不断上升，进一步减弱了中国传统制造业的比较优势，这也是许多传统制造业企业将部分产能转移到国外尤其是东南亚地区的原因。

四、"十四五"时期传统制造业优化升级的思路和重点工作

党中央提出，从2020年开始，在全面建成小康社会的基础上，再奋斗15年，基本实现社会主义现代化。因此，"十四五"时期是承上启下的关键阶段。在这个阶段，传统制造业应直面挑战，通过深化自主创新，培育新的竞争优势，借助构建新发展格局的机遇，实现进一步转型升级。

（一）深化自主创新

自主创新是增强企业核心竞争力、实现企业高质量发展的必由之路。自主创新不仅对新兴产业十分重要，对于传统制造业更加重要。许多高端制造业在通过自主创新攻克核心技术时，通常会受到一些关键材料、基础性工业材料的制约。这些关键材料和基础性工业材料，许多是由传统制造业提供的。因此，在很大程度上，传统制造业是制造业的重要基础，传统制造业自主创新对于制造业整体升级具有非常重要的意义。只有在传统制造业能够通过自主研发掌握更多的核心技术和前沿技术后，新兴产业和高端制造业才能有更坚实的发展基础。

深化传统制造业自主创新，一方面，要创造更好的创新环境，鼓励企业加大研发投入，更加重视研发环节。在微观层面上，企业要做好人才甄选和培育工作，对本企业技术研发团队充满信心。在宏观层面上，要对中国工业发展、对中华民族创造力充满自信心，这样才能给企业创造更好地坚持自主创新的社会环境。另一方面，要坚持更加开放，鼓励更多具有高技术的跨国企业来华投资，建立更具竞争力的中国市场和更有吸引力的国际人才市场，提升对引进技术的消化吸收再创造能力，全面提升传统制造业的自主创新能力。

（二）抓住"双循环"机遇

针对当前的国际国内复杂形势，党中央提出要推动形成"以国内大循环为主体、国内国际双循环相互促进"的新发展格局。这一战略选择为传统制造业转型优化升级提供了更大的发展空间。

在新发展格局中，满足国内需求是发展的出发点和落脚点。在我国进入高质量发展阶段后，人民群众对美好生活的要求更高了。传统制造业是满足人民美好生活物质需要的主要供应者，国内需求的品质提升对生产消费品的传统制造业提出了更高要求。传统制造业需要进一步优化产品结构，开发生产出更多品质更高、更符合人民群众生活个性化要求的产品。国家也需要制定更高的产品标准体系，进一步激发企业生产高品质产品的积极性。过去以出口为导向的传统制造业，应该更积极地开拓国内市场，抓住国内消费升级带来的机遇，更好地联通国内市场和国际市场，利用国际国内两个市场、两种资源。

对于生产中间品的传统制造业而言，新发展格局要求其更加关注产业链的稳定性和完整性，通过技术改造和技术创新，在产业链供应链的关键环节提高市场占有率。目前，我国制造业在产业链的许多关键环节上还受制于人，要攻克这些环节，需要新兴高端制造业和传统制造业一起发力，传统制造业要提供更多高质量的基础材料，高端制造业要提供更有技术含量的解决方案。

（三）深化新一代信息技术与制造业融合发展

互联网、大数据、人工智能是新一代信息技术的核心，也是新一轮科技革命的核心。未来一段时间，新一代信息技术仍将快速发展。在"十三五"期间，传统制造业的智能制造、数字化生产以及与"互联网+"的融合已经初见端倪，虽

然还没有全面开花，但已经有效提升了传统制造业的生产效率。"十四五"期间，传统制造业优化升级的重点应放在加快新一代信息技术和传统制造业融合发展上。

一方面，要加强新型基础设施建设，包括以5G网络、工业互联网等为代表的网络基础设施，以数据中心、大数据平台、人工智能等为代表的数据智能基础设施，以支撑软件、开源平台等为代表的生态系统基础设施，以及将大数据、人工智能等技术应用于传统基础设施转型升级的融合基础设施，以便更好地为产业升级提供支撑平台。

另一方面，要深化工业互联网的行业应用，尤其是推出更多的针对中小企业的数字化、网络化和智能化服务措施。目前，我国企业数字化转型的比例只有25%，低于欧洲的46%和美国的54%，超过55%的企业尚未完成基础的设备数字化改造，制造业的数字化率不到50%。许多传统制造业存在大量的中小企业，因此，只有加快传统制造业里中小企业的数字化、网络化、智能化转型，才能更好地提高传统制造业与新一代信息技术融合的整体水平，这就需要优化中小企业数字赋能生态，培育面向中小企业的数字化服务商，精准地为中小企业提供新技术服务帮扶。

（四）更加低碳化和清洁化

绿色发展是我们必须坚持的新发展理念。推进传统制造业更加低碳化和清洁化，意味着传统制造业能够为人们提供更多的绿色产品，更好地满足不同主体多样化的绿色消费需求。"十三五"期间，传统制造业出现了绿色化趋势，但是，粗放的生产方式仍然没有得到根本转变，还有不少传统制造业企业存在着高能耗、高排放的情况。因此，实现绿色、低碳、循环可持续发展，促进传统制造业更加低碳化和清洁化，仍然是传统制造业在"十四五"时期优化升级的方向。

推进传统制造业更加低碳化和清洁化，一方面，要提升生产制造的环保标准，将传统制造业升级与坚决打好打胜污染防治攻坚战相结合，分行业实施精细化管理和监督，推进绿色发展的政策创新，更好地运用包括市场机制等在内的方式引导传统制造业继续实行节能降耗、实行清洁生产、发展循环经济，把绿色低碳发展作为传统制造业优化升级的价值方向和硬约束。另一方面，要大力增加绿色低碳技术供给，促进绿色技术、工艺发展，既可以为传统制造业技术改造提供支撑，更好地挖掘节能减排潜力，又可以提高传统制造业的附加价值，甚至促进传统制造厂商转型升级为绿色技术提供商。

（五）传统制造业优化升级与"一带一路"融合

"十四五"时期，传统制造业的优化升级需要与"一带一路"建设相融合，进一步融入全球产业链和价值链体系，以应对逆全球化不断加大的风险，突破美国等发达国家的技术封锁和限制，维护我国产业链安全。同时，要进一步推进高水平高标准的对外开放，加强与德国、日本、韩国等发达国家的国际合作，推行新的进口替代战略和全球产业链布局新格局。

"一带一路"倡议的实施有助于推动中国企业向价值链高端环节攀升。有研究表明，在欧美日主导的全球价值链中，中国始终被"锁定"在中低端环节，高端环节缺乏发展空间；而在"一带一路"价值链中，中国将更多地承担价值链中的高附加值环节。传统制造业要更主动地参与到国际合作中，抓住"一带一路"沿线国家加快工业化的历史机遇，在提升自身产品质量和强化制造技术的基础上，构建以我为主的全球价值链分工新体系。建设良好的内外双循环系统，对内培育若干个世界级的先进制造业集群，建设面向全世界又兼顾国别特色、与中国产业互补性强的国际合作产业园区；对外建设境外经贸合作园区，积极构建由中国企业主导和引领的跨境产业链，进一步巩固和提升中国在重要产品国际产业链中的地位。

五、政策建议

针对当前传统制造业优化升级存在的困难和挑战，为了更好地推动其转型升级，有如下建议：

首先，增加研发投入力度。一方面，需要从

国家整体层面上加大研发投入总量，加大对基础研究和共性技术的研发投入。另一方面，通过多元化方式为企业增加研发投入提供支持，鼓励企业提升创新能力，例如，对企业研发投入资金给予税收优惠，引进风险投资基金，通过改革创业板、完善科创板将社会资金有效转化为企业的研发投入。

其次，激发人才创新活力。人才是制造业转型升级的关键，传统产业优化升级，既需要科研人才，又需要高技能人才（主要包括技能劳动者中取得高级技工、技师和高级技师职业资格的人员）。在科研人才的保障方面，应建立灵活的科研人才管理机制，提高人才配置效能，创新人才鼓励和激励机制，通过项目补助、平台资助、人才奖励等方式激发科研人才创造力。另外，对于传统制造业而言，更要重视对高技能人才的培养。针对高技能人才尤其是青年高技能人才短缺的现状，要着力完善技术工人培养、使用、评价、激励、保障措施，推动技工院校改革，增加对技工院校的经费支持。通过税收补贴、专项补助等方式鼓励企业积极培育高技能人才，加大职业教育力度，培育更多的企业定向技能人才。进一步深化校企合作，形成职业技术学校和企业之间良性互动的技能人才培训机制。

最后，政府应不断提高产品标准体系，推动制造业的高质量发展。一方面，强化环境保护管理，进一步提高治理标准，完善污染物排放监测，增强绿色发展推动力。另一方面，强化质量标准体系建设，既着力于提高产品质量，更着力于优化产业链分工，提升我国在全球制造业中的话语权和竞争力。

参考文献

[1] 刘凤军. 河钢邯钢百米重轨助力国家铁路建设复工复产[N]. 中国工业报，2020－04－07（004）.

[2] 杨秋云. "两化融合"为传统企业插上"转型"翅膀[N]. 淄博日报，2020－05－13（001）.

[3] 杨丽君. 技术引进与自主研发对经济增长的影响——基于知识产权保护视角[J]. 科研管理，2020，41（6）：9－16.

[4] 韩建飞，张淑翠，张厚明. 我国与世界主要国家制造业成本比较及对策研究[J]. 发展研究，2019（2）：38－40.

[5] 韩维正：中国纺织服装工业前景可期[N]. 人民日报（海外版），2019－04－05（010）.

[6] 魏龙，王磊. 从嵌入全球价值链到主导区域价值链——"一带一路"战略的经济可行性分析[J]. 国际贸易问题，2016（5）：104－115.

[7] 赵建斌. 基于活动类型视角的中国R&D经费国际比较研究[J]. 科学管理研究，2014，32（6）：119－123.

[8] 曹艳华，闫澍. 发达国家科技投入的国际比较及对我国的启示[J]. 科技管理研究，2012，32（24）：21－24.

[9] 宋吟秋，吕萍，黄文. 中美两国R&D经费支出结构的比较[J]. 科研管理，2012，33（4）：102－107.

[10] 陈实，章文娟. 中国R&D投入强度国际比较与分析[J]. 科学学研究，2013，31（7）：1022－1031.

Upgrading of traditional Manufacturing Industry: Review of the 13th Five-Year Plan and Prospect of the 14th Five-Year Plan

Liang Yongmei

Abstract: During the 13th Five-Year Plan period, the traditional manufacturing industry has made great progress in upgrading. The pace of green production is accelerating, and production is more energy-saving and environmentally friendly; Low-efficiency capacity has been steadily eliminated, and products been continuously promoting high-end; R&D investment has increased rapidly, technological progress has been more obvious, and new products have been emerging constantly; intelligent production is initially appearing. However, the innovation capabilities of traditional manufacturing industries are still weak, and the industrial innovation ecosystem is still not perfect; the comparative advantages of low cost and abundant labor are declining. Under the premise of increasing risks of anti-globalization, the security and stability of the industrial chain are challenged. During the 14th Five-Year Plan period, the main idea of upgrading traditional manufacturing is to deepen independent innovation and seize the industrial upgrading opportunities brought by the dual circulation development pattern. We will further deepen the integration of the new information technology and the manufacturing industry, the upgrading of the traditional manufacturing industry and the deep integration of "Belt and Road Initiative", and the traditional manufacturing industry will be more low-carbon and clean. So, it is necessary to continuously increase R&D investment to enhance the innovation capability of traditional manufacturing industry and conquer more core technology, and then strengthen the guarantee of talent construction. The government should continuously improve the standard system to promote the high-quality development of the manufacturing industry.

Key Words: Traditional Manufacturing Industry; Industrial Upgrading; Green Production; Intelligent Production; Independent Innovation

"十四五"时期工业投资的影响因素、主要任务与政策取向

刘 勇

摘 要："十三五"以来，在党中央的坚强领导下，我国经济实力、科技实力、综合国力跃上新的台阶，经济运行总体平稳，经济结构持续优化。在工业投资领域，增长平稳、结构优化的特征进一步凸显，对经济转型和产业转型升级的支撑作用不断强化。"十四五"时期，工业投资面临一系列新影响和新挑战，包括世界经济衰退与全球化不确定性加大；超大规模市场优势对工业发展的战略影响更加突出；科技创新催生新发展动能，产业转型升级进程全面加速；资源环境约束依然严峻，绿色发展潜力巨大；改革开放持续深入推进，在更大程度上调动和激发投资活力。中国以往依靠低成本优势融入全球垂直分工体系，实现产业大规模快速扩张的发展模式已不可持续。推动经济持续稳定增长的不再是投资强刺激，而是知识创新及其派生的技术进步。工业投资的基本思路与重点任务是把做实做强做优实体经济作为主攻方向，坚持调结构、促转型的投资导向，积极扩大先进制造业和战略性新兴产业投资，加大技术改造投入力度、牵引带动传统产业转型升级，加大企业创新研发投入和关键核心技术攻坚力度，围绕国内国际双循环，努力提高产业链供应链稳定性和现代化水平。在政策取向上，应以深化改革为根本动力，通过优化投资环境、改善要素供给、强化金融支持、提升技术支撑，充分激发工业投资特别是民间投资的活力与潜力，引导投资更多投向重点领域和薄弱环节，用增量撬动存量，以高质量、高效率的投资推动高质量、高效益的工业发展。

关键词："十四五"时期；工业投资；重大影响；重点任务；政策取向

"十四五"时期是我国全面建成小康社会、实现第一个百年奋斗目标之后，乘势而上开启全面建设社会主义现代化国家新征程、向第二个百年奋斗目标进军的第一个五年。面对一系列深刻、重大的新影响和新挑战，厘清新形势下工业投资的发展思路，明确重点任务，正确把握政策取向，不仅是提高投资质量与效率的前提和保障，也是加快发展现代产业体系，推动经济体系优化升级的内在要求。

一、"十三五"时期我国工业投资发展的态势与特征

"十三五"以来，全球经济与贸易低速增长、不确定性增加，经济下行压力加大。在党中央的坚强领导下，我国经济实力、科技实力、综合国力跃上新的台阶，经济运行总体平稳，经济结构持续优化。工业投资也经历了深刻的转型与变革，

---

* 本文发表在《学习与探索》2020年第12期。

[作者简介] 刘勇，中国社会科学院工业经济研究所研究员、博士生导师。

增长平稳、结构优化的特征进一步凸显,对经济转型和产业升级的支撑作用不断强化。

(一) 投资增速稳中有进

"十二五"期间,受外需大幅萎缩、国内重化工业化进程趋缓等因素影响,新一轮产能过剩不期而至,工业投资增速持续显著下滑(见图1)。2016 年,工业投资增速降至3.6%,比2011年下降23.3 个百分点。其中,民间工业投资和民间制造业投资增速降幅更甚,分别从2012 年的26.6%和27.2%降到3.2%和3.6%。工业投资占全社会固定资产投资的比重也由2012 年的42.3%一路降至2017 年的36.8%(见图2)。"十三五"中期,在一系列调控政策的作用下,工业投资增速明显回升①。2018 年,工业投资和制造业投资分别增长6.5%和9.5%,较2017 年回升2.9 个和4.7 个百分点。民间投资增长8.7%;制造业实际利用外资达到412 亿美元,比上年增长22.9%,占比达到30.5%。2019 年,受中美贸易摩擦升级、内需不足、工业品价格降幅扩大等因素影响,工业生产增速放缓,企业盈利空间下降,工业投资增速又出现回落。2019 年,工业投资增长4.3%,比上年回落2.2 个百分点。其中,制造业投资增长3.1%,同比下降6.4 个百分点。从企业注册类型来看,2019 年,民间投资增速同比增长4.7%,增速较2018 年减少4 个百分点,较国有控股投资低2.1 个百分点。民间投资增速下滑除了基数原因,很大程度上受外部经济环境

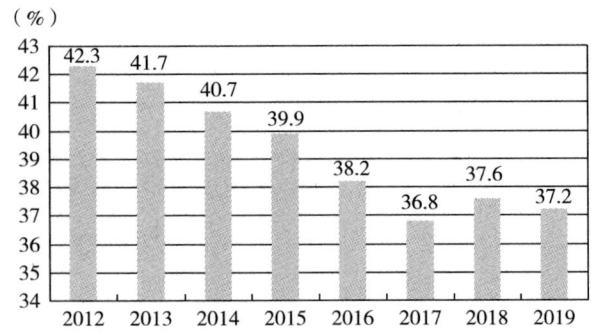

图2 2012～2019 年工业投资占全社会固定资产投资(不含农户)比重

资料来源:国家统计局网站。

不确定性增加、经济下行压力增大等因素影响。"十三五"以来,民间投资占固定资产投资的比重已由2015 年的64.2%降至2019 年的56.4%。这种走势本质上是经济下行时期市场主体基于产能过剩严重、市场环境偏紧的谨慎反应和选择,从供给侧构成了经济新常态下的结构性变化。

(二) 投资结构持续优化,新动能的支撑作用不断加大

"十三五"期间,虽然工业投资增速放缓,但是投资结构呈现不断优化的发展态势(见图3)。一方面,通过加大技术改造投资力度,积极建设检验检测等公共服务平台,健全技术改造的服务体系,有力推进制造业转型升级。2018 年,全国技术改造投资增长12.8%,占比达45.1%,比上年提高1.1 个百分点。2019 年,制造业技术改造投资增长7.4%,增速较全部制造业投资高4.3 个百分点。需要指出的是,工业技改投资不是扩大产能、扩大规模等外延式的投资增长,而是改善产品结构、产业结构、转换升级向价值链的中高端迈进方面的投资②。另一方面,高新技术产业投入保持较快增长。2018 年,高技术制造业投资增长16.1%,高于制造业平均水平6.6 个百分点,占制造业投资的比重升至14.5%,比2017

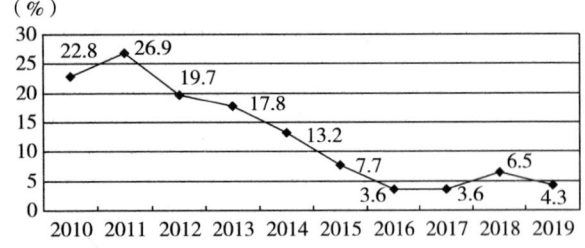

图1 2010～2019 年工业投资增速(按当年价计算)

资料来源:国家统计局网站。

---

① 工业投资增速明显回升的原因主要有以下几点:一是营商环境持续改善,特别是一系列鼓励民间投资、支持民营企业政策的落地实施,吸引国内外更多企业和项目投资;二是去产能工作的推进提高了相关行业产能利用率,结合需求因素带动PPI 恢复性走高,改善了企业盈利水平;三是降本增效强化了企业转型升级的动力;四是对外开放实现新突破,吸引外资大量进入制造业。

② 刘坤. 工业经济运行总体呈现"稳""进"态势 [N]. 光明日报, 2019 - 01 - 30 (010).

年提高1个百分点。2019年，高技术制造业投资增长17.7%，高于全部制造业投资14.6个百分点。其中，医疗仪器设备及仪器仪表制造业投资增长36.4%，电子及通信设备制造业投资增长18.7%，计算机及办公设备制造业投资增长18.7%，医药制造业投资增长8.4%。2020年上半年，尽管受到新冠肺炎疫情的严重影响，高技术制造业投资仍然增长5.8%，其中医药行业投资增幅甚至达到10%以上。投资结构的优化调整有力促进了转型升级和创新驱动，新动能对工业经济的支撑作用不断加大。2016~2019年，高技术制造业增加值年均增长11.2%，明显高于6.0%的整体工业增速，占规模以上工业增加值比重由12.4%升至14.4%。

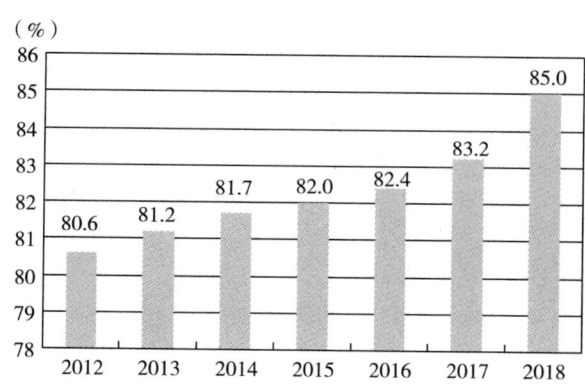

图3　2012~2018年制造业投资占工业投资比重

资料来源：国家统计局网站。

（三）产能过剩治理有一定进展，工业经济效益结构性改善趋势凸显

2017年底，中央提出"深化供给侧结构性改革，大力破除无效供给，把处置僵尸企业作为重要抓手，推动化解过剩产能"。2018年，全国工业产能利用率为76.5%，比2016年提高3.2个百分点；2019年，工业产能利用率进一步升至76.6%。其中，采矿业、原材料行业分别为74.4%、76.9%，均升至近七年的最高点；钢铁行业达到80.0%。但是，部分行业产能过剩的情况仍然比较严峻，煤炭开采和洗选业、化学原料和化学制品制造业、非金属矿物制品业的产能利用率分别为70.6%、75.2%、70.3%（见表1）。此外，部分新能源汽车、LED、机器人等战略性新兴产业由于缺乏核心技术，盲目低端化扩张，也出现产能过剩的现象。上百个城市有新能源汽车项目落地，20多个城市有芯片产业项目布局，共有65个机器人产业园在建或已建成，有些欠发达、产业基础不强的县也在布局机器人产业园①。

表1　2019年工业产能利用率　　单位：%

行业类别	产能利用率	比上年增减
工业	76.6	0.1
其中：采矿业	74.4	2.5
制造业	77.1	0.2
电力、热力、燃气及水生产和供应业	72.1	-1.3
其中：煤炭开采和洗选业	70.6	0.0
石油和天然气开采业	91.2	2.9
食品制造业	72.9	-2.4
纺织业	78.4	-1.4
化学原料和化学制品制造业	75.2	1.0
医药制造业	76.6	-1.0
化学纤维制造业	83.2	1.4
非金属矿物制品业	70.3	0.4
黑色金属冶炼和压延工业	80.0	2.0
有色金属冶炼和压延工业	79.8	1.0
通用设备制造业	78.6	1.3
专用设备制造业	78.5	-0.3
汽车制造业	77.3	-2.5
电气机械和器材制造业	79.4	1.4
计算机、通信和其他电子设备制造业	80.6	1.2

资料来源：国家统计局网站。

---

① 刘立峰. 2018年投资形势分析及未来前景展望[EB/OL]. [2018-12-27]. http://www.sohu.com/a/285009456_692693.

从工业经济效益看，结构分化趋势开始显现。2018年，全国规模以上工业企业利润总额为66351.4亿元，比上年增长10.3%，增速较上年减少10.7个百分点（见图4）。依据国家统计局计算，石油天然气开采业、非金属矿物制品业、黑色金属冶炼和压延加工业增长37.8%；化学原料和化学制品制造业，酒、饮料和精制茶制造业等5个行业合计对规模以上工业企业利润增长的贡献率为77.1%。2019年，规模以上工业企业实现利润61995.5亿元，比上年下降3.3%，且下半年降幅较上半年增加0.7个百分点。这也是自2014年以来，工业企业利润再度转为负增长。尽管工业企业效益总体水平有所下降，但效益状况呈现结构性改善。高技术制造业和战略性新兴产业实现利润分别比上年增长4.8%和3.0%，占全部规模以上工业利润的比重各提高1.2个和1.6个百分点，呈现较快增长态势。从企业类型来看，私营企业和小型企业利润比上年分别增长2.2%和5.0%，明显好于规模以上工业企业的平均水平。

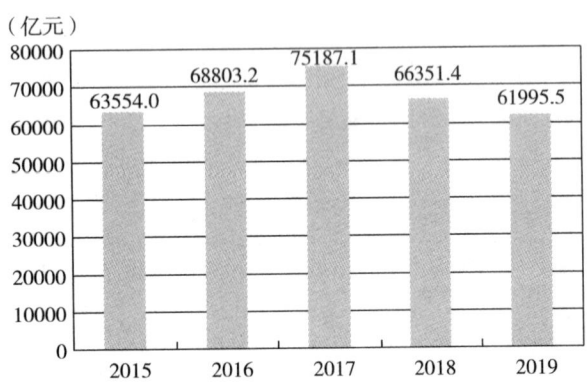

图4　2015～2019年全国规模以上工业企业利润总额

资料来源：国家统计局网站。

（四）投资结构的区域分化更为明显

"十二五"中后期，全国不同地区工业投资增速的差距开始拉大。2013～2015年，东部地区和中部地区工业投资年均增速分别为15.2%和15.6%，各高于全国平均水平2.5个和2.9个百分点；西部地区年均增长10.6%，东北三省负增长0.5%，各低于全国平均水平2.1个和13.2个百分点。"十三五"以来，各地区间工业投资增长的结构分化态势进一步延续。2016～2018年，全国工业投资年均增长4.5%，东部地区和中部地区分别达到5.5%和9.0%，西部地区和东北三省仅为0.8%和-10.5%（见表2）；最高最低增速之差与全国平均增速的比值高达4.33，远高于2013～2015年的1.26。2015～2018年，东部地区和中部地区占全国工业投资比重分别由42.3%和28.7%升至43.5%和32.6%，西部地区则由20.8%降至18.7%，东北三省降幅更大，由8.2%降至5.1%（见图5）。从主要行业看，东部地区和中部地区在制造业投资上，与西部地区和东北三省的分化更为突出；东中部地区占全国制造业投资的比重达到79.3%，高出2015年3.9个百分点，更高出2012年8.7个百分点。不同地区间投资增速差距持续扩大的原因在于：一是在工业增长越来越转向转型升级和创新驱动的背景下，地区间创新要素集聚以及创新能力差异对工业投资特别是制造业投资的影响趋于显著，这也是导致区域新旧动能转换不平衡的深层次原因；二是对市场化程度不断提高的工业投资而言，营商环境的重要性日渐突出；三是已有产业结构的牵制和拖累，如东北经济发展高度依赖资源产业和重工业，导致现代服务业发展滞后、产业结构单一化和增长方式粗放化，在客观上助推了产能过剩，加剧了地区间投资结构的分化。

表2　2016～2018年各地区工业投资年均增长速度

单位：%

各地区	工业	采矿业	制造业	电热气水生产供应业
全国平均	4.5	-9.0	5.7	1.3
东部地区	5.5	-8.5	5.8	5.7
中部地区	9.0	-10.8	10.0	8.9
西部地区	0.8	-6.2	4.8	-7.5
东北三省	-10.5	-17.4	-11.6	5.1

资料来源：根据历年《中国统计年鉴》计算获得。

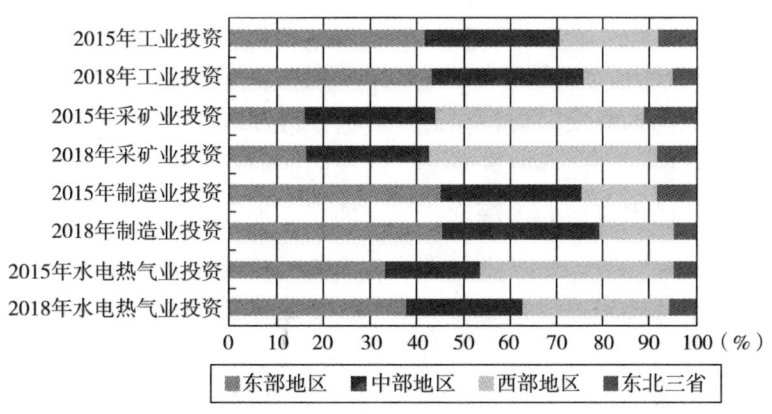

图 5 工业投资的区域构成

资料来源：根据历年《中国统计年鉴》计算获得。

（五）投资体制和政策环境进一步改善

"十三五"以来，投资体制改革重心不断转向投融资体制，而且与供给侧结构性改革协同推进。2016年《中共中央、国务院关于深化投融资体制改革的意见》作为我国历史上第一份由党中央、国务院印发实施的投融资体制改革文件，确定了投融资体制改革的顶层设计，新一轮投融资体制改革全面展开。改革的总体思路是着力推进结构性改革尤其是供给侧结构性改革，充分发挥市场在资源配置中的决定性作用和更好发挥政府作用；进一步转变政府职能，深入推进简政放权、放管结合、优化服务改革，建立完善企业自主决策、融资渠道畅通、职能转变到位、政府行为规范、宏观调控有效、法治保障健全的新型投融资体制。

围绕营造公平竞争环境、加快审批流程和进度等，投资体制改革得以深入推进。2018年5月，国务院常务会议提出，采取措施将企业开办时间和工程建设项目审批时间压减一半以上，并在北京、天津、沈阳等16个地区开展试点，精简工程建设项目审批全过程和所有类型审批事项。之后，国务院提出持续推进外资领域"放管服"改革，进一步下放外资审批权限。同年9月，国务院又提出要深化"放管服"改革，在负面清单之外，外资与内资一视同仁，实行各类所有制企业一致的市场准入标准。

2018年11月初，习近平总书记在民营企业座谈会上发表重要讲话，充分肯定了民营经济的重要地位和作用。随后，国务院常务会议提出，加大金融支持缓解民营企业"融资难、融资贵"问题。中央各部委从融资、税负、营商、准入等环节相继出台一大批政策，扶持企业投资与发展。地方省级政府也纷纷出台激发民营经济活力的政策措施。2019年10月，国务院发布《优化营商环境条例》，首次对优化营商环境的目标、范围、原则进行了明确界定，聚焦企业反映集中的"准入不准营"，市场退出障碍，"融资难、融资贵"，审批手续多、时间长，执法检查过多过频等痛点难点问题，从体制机制层面作出了明确规定，为优化营商环境提供了重要制度保障。这些实质性的改革进展给企业和社会投资者带来了极大的便利。

二、"十四五"工业投资面临的重大影响与挑战

当前，世界正经历百年未有之大变局，新一轮科技革命和产业变革深入发展，国际力量对比深刻调整，和平与发展仍然是时代主题，人类命运共同体理念深入人心，同时国际环境日趋复杂，不稳定性不确定性明显增加。我国以往依靠低成本优势融入全球垂直分工体系，实现产业大规模快速扩张的发展模式已然不能复制。总体判断，"十四五"期间工业投资面临以下一系列新影响

和新挑战。

（一）世界经济衰退与全球化不确定性加大

新冠肺炎疫情在全球范围内暴发，对世界经济造成重大冲击，使得本就脆弱的经济复苏形势急转直下。特别是美国经济已因疫情陷入深度衰退，严重威胁世界经济的恢复态势。新兴市场国家和发展中国家由于缺少必要的医疗设备和财政资源支持，疫情之后的经济恢复更为艰难。长远来看，疫情对全球化短期的冲击正在转变为长期的影响。疫情中断了全球产业链的正常运行，而全球产业链上下游"串联式"的加工贸易特点，又使得单独某一环节重启并不能带来整体的恢复，而是需要等到整个上下游所有环节都恢复正常。产业区域化在一定程度上代替全球化将越来越成为现实和可能。保护主义、单边主义进一步蔓延，贸易和投资争端趋于加剧，全球产业格局和供应链配置面临深刻调整，金融稳定受到冲击，国际经济运行风险和不确定性显著上升。出口紧缩与国内去产能、去杠杆等产生叠加效应，对部分对外依存度较高的地区、园区和企业形成一定的转型压力和风险。发达国家对我国芯片、集成电路、高端软件等"卡脖子"技术的封锁力度加大，加大了产业链安全风险，也为关键领域技术突破提供机遇。纺织服装等传统产业领域有可能出现部分企业加速向外转移，部分跨国公司订单转移或考虑产能外转，布局新建海外工厂，对稳固产业链带来影响和冲击。

（二）超大规模市场优势对工业发展的战略影响更加突出

经过改革开放40多年的发展，中国不仅是"世界工厂"，还已成为全球最大的市场。党中央审时度势，提出构建以国内大循环为主体、国内国际双循环相互促进的新发展格局这一重大战略构想。"十四五"时期，工业发展必须牢牢把握扩大内需这个战略基点，充分利用完备的工业体系，发挥巨大的市场优势和创新潜能，使生产、分配、流通、消费更多依托国内市场。特别是要通过对接内需增长动力，提升供给体系对国内需求的适配性，形成需求牵引供给、供给创造需求的更高水平动态平衡。其机理表现为依靠居民收入水平提高、消费结构升级、人口结构变化和城镇化快速发展等内需变化，带动吸引外向型企业进行市场转型，从单纯的"成本管控 + 接单出口"，转向提高产品附加值、培育品牌和掌控渠道；引导传统产业突破和颠覆原有产业边界和运行机理，刺激新产业、新业态、新产品在分化中孕育、成长等。在超大规模国家基础上形成的超大规模市场优势，作为我国工业新的比较优势，与飞速发展的信息化、网络化结合，将成为推动重大技术进步和结构变迁的主要力量[①]。

（三）科技创新催生新发展动能，产业转型升级进程全面加速

产业转型升级是最新科技成果（如信息、生物、循环利用等）对已有技术路线、生产工艺和商业模式等的渗透、颠覆和改造过程。经过多年积累，我国资金、人才和研发机构等创新要素的总量已居世界前列，整体创新能力大幅提升，国民经济各领域各环节的技术突破进一步加快，部分领域取得重大创新成果，战略高技术捷报频传[②]。"十四五"期间，随着新一代信息技术与制造业深度融合，特别是5G和区块链技术的成熟应用，数据作为日益重要的生产要素，极大促进智能制造、创新设计等新的制造模式以及服务外包、电子商务、移动支付等新的商业模式快速发展。工业互联网作为新工业革命的关键支撑和深化"互联网 + 先进制造业"的重要基石，将有力带动工业经济由数字化向网络化、智能化深度拓展。生物技术向农业生产、工业制造、医疗健康等领域广泛渗透，引发产业形态和发展机理深刻变革。新能源和节能环保技术突破，引致低碳经

[①] 盛朝迅. "十四五"时期我国产业高质量发展环境将面临深刻变化［J］. 中国发展观察，2019（21）：32 - 35.
[②] 2019年全社会研发支出达2.17万亿元，占GDP比重为2.19%；科技进步贡献率达到59.5%；世界知识产权组织（WIPO）评估显示，我国创新指数位居世界第14。参见：科技部. 2019年全社会研发支出达2.17万亿元［EB/OL］.［2020 - 05 - 19］. http://scitech.people.com.cn/n1/2020/0519/c1007 - 31715277.html.

济不断成为拉动经济增长的重要引擎。生物、能源、材料等多学科间将更广泛渗透、交叉、融合，引发新的技术变革和产业革命，新兴产业之间以及与传统产业之间的界限越发模糊而融合互补性日益增强，为推动传统产业转型升级和战略性新兴产业快速发展奠定了坚实的基础。

（四）资源环境约束依然严峻，绿色发展潜力巨大

我国工业总体上尚未摆脱低成本、高投入、高消耗、高排放的发展方式，导致资源和能源大量消耗、环境严重污染和效率低下，资源环境对经济社会发展的约束愈发显著。打破资源环境瓶颈约束的根本在于转换发展模式，依靠在市场、技术、产品、工艺、管理等多维度上的创新探索，实现以质量和效益为基础的绿色转型发展。这不仅是构建高质量现代化经济体系的必然要求，也是解决生态环境问题的根本之策。从产业体系看，"十四五"绿色发展的实质就是要实现经济生态化和生态经济化。目前，我国已经成为全球第一大煤炭生产国和第二大石油消费国，推动资源能源节约发展、保护生态环境、发展循环经济等所涉及的信息产业、智能化应用、新材料、节能环保、清洁能源、生态修复、生态技术、循环利用等领域将迎来快速发展机遇。以节能环保装备、产品和服务业为例，预计到2025年产业规模可突破10万亿元；根据国家可再生能源中心数据，2025年风能、太阳能等新能源产业产值规模有望达到5万亿元左右，成为带动经济绿色转型的重要力量。

（五）改革开放持续深入推进，在更大程度上调动和激发投资活力

习近平总书记多次强调，改革开放是中国的基本国策，也是今后推动中国发展的根本动力。"十四五"期间，政府将拿出更大的勇气、更多的举措破除深层次体制机制障碍，更加突出市场在资源配置中的决定性作用，更好地发挥政府作用，营造长期稳定可预期的制度环境。在投资领域，一方面，继续推进土地、金融、国资、生态等基础性要素配置市场化，通过平等充分竞争，激发和保护各类投资主体勇于创新、追求卓越的精神。另一方面，全面提高对外开放水平，建设更高水平开放型经济新体制；积极参与全球经济治理体系改革，推动完善更加公平合理的国际经济治理体系；推动与周边地区及"一带一路"沿线国家开放合作，争取同大部分新兴经济体、发展中大国、主要区域经济体和发达国家建立自由贸易区，有助于更好地利用国内国际两个市场、两种资源，更好地引进外商直接投资，为产业高质量发展拓展新的空间。

但同时，也要看到，"十四五"时期，工业投资仍存在若干固有问题的困扰。

一是国内外市场需求遭遇多重变化和限制，全球产业格局和供应链配置面临调整，叠加经济下行压力，抑制企业投资意愿。目前，淘汰落后产能的任务依旧艰巨，不仅煤炭、钢铁等传统产业的落后产能没有出清，一些战略性新兴产业也出现产能过剩。国内外市场需求遭遇多重变化和限制，能源原材料成本上升，生产经营面临困难增多，必然对企业的投资意愿构成较大抑制。

二是市场主体活力不强，企业投资能力有待提升。长期以来，企业投资能力的不足在一定程度上被经济高速增长所掩盖。企业在经济上行期往往会投资冲动，大量进行过度扩张甚至多元化投资；而在下行期则会因草率投资而引发资金链绷紧、断裂以致陷入困境。对于大多数企业来说，从以往依赖劳动力和资源的粗放发展转向依赖技术和创新的集约发展，本身就是对企业战略理念、治理结构、管理规范等的巨大挑战。

三是企业技术创新能力普遍不足，难以适应转型升级的需要。受产权保护、竞争秩序和产业链分工等因素影响，企业技术创新水平较低，大多停留在跟进模仿或低水平开发阶段，自主创新能力匮乏。另外，现有的产业共性技术支撑体系远不能满足转型升级对共性技术的巨大需求。特别是中小企业集中的行业，技术改造异常艰难。

四是高素质人才短缺。随着传统产业改造升级和创新加快，企业生产一线的劳动力需求结构已经发生变化，需求重点从一般的操作工转向高素质的技术工人和管理人员。从东南沿海地区看，技能型和管理型人才短缺对转型升级已经构成明显制约。传统产业中大多数企业并不在一二线城市，所在城市对于高素质人才的吸引力较弱，人才缺乏对企业转型升级形成了比较明显的制约。

五是生产要素流动不畅，市场配置资源功能难以有效发挥。以金融为例，以价格形成为主要形式的市场运行动力生成机制不健全，特别是纵向信号传导渠道的断裂，形成了事实上的"信用双轨制"，一部分企业融资难、融资贵，另一部分企业能以明显低价获得稀缺要素，必然导致成本软约束，助推盲目过度投资和产业资本"脱实向虚"。

三、"十四五"工业投资的基本思路与重点任务

"十四五"时期，高质量发展已成时代主题，推动我国经济持续稳定增长的不是投资强刺激，而是知识创新及其派生的技术进步。工业投资发展的基本思路与重点任务应当是紧紧抓住供给侧结构性改革这一主线，坚持把做实做强做优实体经济作为主攻方向，坚持调结构、促转型的投资导向，积极扩大先进制造业和战略性新兴产业投资，加大技术改造投入力度、牵引带动传统产业转型升级，加大企业创新研发投入和关键核心技术攻坚力度，围绕国内国际双循环，努力提高产业链供应链稳定性和现代化水平。

（一）积极扩大先进制造业和战略性新兴产业投资

制造业是振兴实体经济的主战场。发展先进制造业是我国补齐产业基础能力短板、抢占未来产业制高点的重要途径，也是参与国际竞争的先导力量[①]。"十四五"时期，需在现有产业基础上厘清先进方向，努力扩大高技术或高端制造业投资，优化供给结构，培育新的增长动能。积极发展新一代信息技术、高端装备、智能网联及新能源汽车、新能源、生物医药及高性能医疗器械、新材料、节能环保等新科技驱动的战略性新兴产业，推动先进技术、前沿技术的工程化转化和规模化生产，在抢占新兴产业发展先机的同时，力争形成一批不可替代的拳头产品。加速培育应用数字技术的智能制造业，着力企业的提升系统集成能力、智能装备开发能力和关键部件研发生产能力，以机器人及其关键零部件、高速高精加工装备和智能成套装备为重点，大力发展智能制造装备和产品。针对内需消费升级，还要重点发展下一代移动通信终端、超高清视频终端、可穿戴设备、智能家居、消费级无人机等新型信息产品，以及虚拟现实、增强现实、智能服务机器人、无人驾驶等前沿信息消费产品。

（二）加强基于自主创新的研发投入强度，尽快突破一批关键核心技术

当前，国内关键基础材料、核心基础零部件、先进基础工艺、产业技术基础等关键核心技术受制于人，已越来越成为制约我国经济高质量发展的瓶颈。习近平总书记指出："关键核心技术是要不来、买不来、讨不来的。只有把关键核心技术掌握在自己手中，才能从根本上保障国家经济安全、国防安全和其他安全。"企业是技术创新的主体，掌握关键核心技术，企业责无旁贷。事实表明，一些领域的关键核心技术研究难以取得突破，一个重要原因就在于企业技术创新能力不强[②]。"十四五"期间，要充分发挥市场的牵引作用和企业在技术创新中的主体作用，由企业牵头研发具有市场竞争力的关键核心技术，使企业成为创新要素集成、科技成果转化的生力军；通过聚焦集成电路芯片、生物科技、航空航天、核心部件等一批"卡脖子"关键前沿技术短板，以更大力度加大研发创新投入，全面加强核心技术攻关，加快研究实施关键零部件、核心技术的可替代性措施，努力在自主可控方面实现历史性突破。

---

① 当前，我国先进制造业大致由两部分构成：一部分是传统制造业吸纳、融入先进制造技术和其他高新技术，尤其是信息技术后，提升为先进制造业，如数控机床、海洋工程装备、航天装备、航空装备等；另一部分是新兴技术成果产业化后形成的、带有基础性和引领性的产业，如增量制造、生物制造、微纳制造等。

② 李国杰. 把关键核心技术掌握在自己手中 [N]. 人民日报，2019-08-08（017）.

充分发挥集中力量办大事的制度优势，强化创新协同与配合，创造有利于新技术快速大规模应用和迭代升级的独特优势，加大技术成果转化应用投资，加速成果转化，提升产业链水平。

（三）加大有效技改投入力度，着力牵引推动传统产业转型升级

技术改造投资具有投入少、产出多、周期短、效益高等特点，能使已有项目"老树发新芽"。"十四五"期间，通过结构性调整和技术改造，提升传统产业技术能力，使发展重心转向高附加值的产业领域或产业链环节，不仅有利于增强企业的市场竞争力，也有利于夯实实体经济之基。加大技改投资力度，除保持必要的投入强度外，关键在于把握好投资的方向，引导企业把资金实实在在地投向新技术、新工艺、新设备、新材料等领域。通过设备更新改造，尤其是以信息化、自动化、智能化、供应链管理为重点的技术改造，强化企业在核心基础零部件（元器件）、关键基础材料、先进基础工艺、产业技术基础等方面的技术水平和能力；通过重新梳理战略理念以及导入新技术、新工艺、新装备和网络技术，实现流程创新、产品创新和模式转变，以更多符合市场需要的高附加值产品来取代传统的落后产品。聚焦延链、补链、强链，加快推动传统制造业智能化、数字化、高端化、绿色化改造项目，加快互联网、大数据、人工智能和实体经济深度融合的步伐，培育新增长点、形成新动能。

（四）聚焦双循环推进全产业链投资，提高产业链供应链稳定性与竞争力

内需的崛起和高级化是促进工业投资稳定增长的重要支撑。对两头在外的外向型企业来说，抓住内需消费升级的历史机遇，摆脱对国际市场的过度依赖，必须进行深刻的转型，锻长板、补短板。锻长板是强化既有成本领先优势，弱化外需增长停滞的不利影响；把握内循环替代时机，巩固、改善、创新产业链、供应链。补短板是通过加大研发和设计投入、建设自主营销体系，使业务范围从低端加工制造环节，向"微笑曲线"两端高附加值的研发、设计、品牌、营销、再制造等环节延伸拓展，乃至进行全产业链扩展；淘汰市场衰退、需求下降的产品和技术，转向需求增长较快、需求收入弹性较高、发展潜力较大的产品和领域。在产业层面，要注重发挥超大规模的市场优势，鼓励和引导优势企业进一步强化全产业链特征，推动产业基础高级化和产业链现代化；积极吸引和对接全球创新资源，通过国际产能合作、绿地投资、跨国并购等优化全球布局，提升跨国合作创新水平和协作制造能力。

（五）大力促进融通创新投资，塑造产业链价值链创新合力

融通创新与传统技术创新的不同在于它更强调创新链条前后端联系的紧密性、知识分享的动态性和风险共担的多元性。"十四五"时期，融通创新不仅是企业构建创新生态系统的重要抓手，也是提高创新绩效、分担创新风险的重要基础。推动大中小企业和各类主体融通创新，主要有以下几个方面：一是促进基础研究、应用研究与产业化更好对接，鼓励更多企业进入基础研究，打通创新链；二是强化大中小微企业和高校院所、企业、创业者之间紧密协同的纽带，更好地衔接创新链和产业链；三是联结创新供给与需求，使创新和生产更多从"刚性"走向"柔性"、从排浪式走向定制化，把创新链和产业链真正转换为价值链。要特别注重发挥龙头企业的带动作用，吸引产业链上下游企业集聚，依托产业链补链和服务链升级，形成和完善互促共生的产业生态圈，促进协同创新，发挥产业链价值链创新合力。

四、促进工业投资高质量、高效率发展的政策取向

"十四五"时期，促进工业投资发展应以深化改革为根本动力，围绕市场主体最关心、最希望解决的问题，通过优化投资环境、改善要素供给、强化金融支持、提升技术支撑，充分激发工业投资特别是民间投资的活力与潜力，引导投资更多地投向重点领域和薄弱环节，用增量撬动存量，以高质量、高效率的投资推动高质量、高效

益的工业发展。

（一）深化市场化改革，不断优化投资环境

目前，民间投资已分别占到工业投资和制造业投资的80%和87%，投资主体的市场化程度已经达到较高水平。"十四五"时期，要进一步明晰政府和市场的界限，打造市场化、法治化、国际化投资环境。要完善政府经济调节、监管和公共服务职能以及政绩评价体系。加强社会信息体系建设，特别是加强政府诚信建设，提高政府的规范性和公信力。推进简政放权，全面实施市场准入负面清单制度。坚持竞争中性，保障各种所有制主体依法平等使用资源要素、公开公平公正参与竞争，引导企业依靠技术进步和创新而不是寻租获利。加快推进土地、劳动力、资本、技术、数据等要素市场化配置改革，健全市场运行机制，通过市场竞争形成价格，让市场机制的优胜劣汰功能在更大程度上引导、激励投资活动。严格保护市场主体经营自主权、财产权等合法权益，加强产权和知识产权保护，形成长期稳定发展预期，鼓励创新、宽容失败，营造激励企业家干事创业的浓厚氛围。

（二）弘扬企业家精神，提振投资信心与能力

企业投资的本质是企业发展战略的选择及执行能力。企业家以什么理念办企业，以什么方式获取利润，决定了企业和投资项目的战略远见，乃至企业技术水平、管理能力和产品质量①。"十四五"时期，要特别重视弘扬企业家精神与企业创新文化。企业家要做创新发展的探索者、组织者、引领者，勇于推动生产组织创新、技术创新、市场创新，重视技术研发和人力资本投入，有效调动员工创造力，努力把企业打造成为强大的创新主体。因此，要最大限度地发挥好政策协同效应、法律法规保障效应以及环境生态效应，消除企业家"不敢投"疑虑，增强投资信心。以培养企业家精神为重点，针对不同层级的民营企业家、企业管理人员开展专题培训，帮助企业家提升爱国意识、拓展世界眼光、提升战略思维、增强创新精神。鼓励企业参与组建多种形式的产业联盟，以资本为纽带、以项目为载体、以技术为平台、以上下游企业为链条，加强资源整合与创新协同，提升整体的投资能力。

（三）破解融资难融资贵，拓宽制造业和中小微企业融资渠道

立足实体经济需求加快金融创新，整合金融资源，提高融资效率，引导金融企业加大绿色金融、供应链金融、动产抵押和贸易融资等金融产品创新，增加制造业中长期贷款、技改贷款和信用贷款，推动股权投资、债券融资等向制造业倾斜，扩大知识产权质押融资。依托"投保联动""银保合作"等方式，发挥融资担保、保险增信和出口信用保险功能。建立小微企业信用保证基金，加强信贷投放支持中小微实体企业，鼓励金融机构直接对接中小微企业。做强政府产业基金，发挥财政资金"酵母"和"杠杆"作用，建立完善重大产业、重大项目和重点企业的产融对接机制，更好地吸引社会投资，放大投资效果，推动产业与金融融合发展。强化中小企业基础性工作，完善金融综合服务平台，健全政策性融资担保和增信体系，优化金融生态。支持优质制造企业发行债券和票据融资，支持优质企业挂牌上市，提高直接融资比例。

（四）构建多层次、全产业的人才供应链，缓解人才短缺对工业投资的内在束缚

技术工人队伍是支撑中国制造、中国创造的重要基础。"十四五"时期，要着力构建以企业家群体为核心、以企业管理团队和科技研发团队为支撑、以技术工人为基础的企业人才供应链。以用工制度等改革创新，推动构建高素质员工队伍。加快推进产教融合，完善校企合作育人、协同创新体制机制，推行"专业对接产业、专业链对接产业链、学校办学对接区域经济"的模式与做法，着力培养高素质技术技能人才和创新创业人才。通过完善人才政策体系，加快人才发展平

---

① 企业能否通过创新以获得领先优势，与企业家的战略抱负及领导素质紧密相关。近年来，很多民间投资遭遇滑铁卢式的失败，与以企业家战略思维为主的投资能力不足有很大关系。从本质上讲，没有真正落后的产业，只有落后的观念、标准、技术和管理。

台建设，加大子女入学、住房保障、薪酬奖励、出入境便利等保障服务力度，促进人才资源与实体经济、科技创新深度融合。建立人才信息库，激发各类社会专业技术人才创新创业活力。完善社会化职业技能培训、考核、鉴定、认证体系，提高劳动者职业技能和岗位转化能力。加强职业素质培养，引导企业制定技术工人培养规划和培训制度，鼓励企业职工带薪培训。

（五）加快建设共性技术供给体系，强化对工业投资的技术支撑能力

"十四五"时期，加快建设符合企业需要的行业共性技术供给体系，是促进工业有效投资、推动企业转型升级的重要保障和支撑。聚焦战略性、引领性、重大基础共性需求，建成一批高水平制造业创新中心，优化完善产业关键共性技术布局，集中资金、人才、设施等资源开展协同创新，注重将应用技术作为主攻方向，坚持市场化主体运作以提高创新资源的配置效率①。在中小企业比较集中的地区，结合区域产业基础以及产业集群发展特点，由市场主导和政府引导相结合，建设一批机制灵活、面向市场的新型研发机构，进一步提升产业技术基础公共服务平台、试验检测类公共服务平台、产业大数据公共平台的服务水平，强化产业共性技术对企业投资的支撑能力。

参考文献

［1］中国社会科学院工业经济研究所课题组：《"十四五"时期中国工业发展战略研究》，《中国工业经济》2020年第2期。

［2］中国社会科学院工业经济研究所课题组：《"十四五"时期我国工业的重要作用、战略任务与重点领域》，《经济日报》2020年7月13日。

［3］刘勇：《以高质量投资推动工业高质量发展》，《经济日报》2019年12月19日。

［4］盛朝迅：《"十四五"时期我国产业高质量发展环境将面临深刻变化》，《中国发展观察》2019年第21期。

［5］李国杰：《把关键核心技术掌握在自己手中》，《人民日报》2019年8月8日。

［6］刘坤：《工业经济运行总体呈现"稳""进"态势》，《光明日报》2019年1月30日第10版。

Major Impacts, Main Tasks and Policy Orientation of Industrial Investment in the 14th Five-Year Plan Period

Liu Yong

Abstract: Since the 13th Five-Year Plan period, under the strong leadership of CPC Central Committee, Chinese economy has completed the smooth growth, and the trends of high quality development has become clear gradually. Industrial investment, with clearer features of steady growth and structural optimization, has been playing a more and more important supporting role for the transformation and upgrade of economy and industry. In the 14th Five-Year Plan period, industrial investment will be faced with a series of new impacts and challenges including: ① there will be more uncertainty of world economic recession and stagnation of globaliza-

---

① 这类创新中心的主要任务是突破制约行业发展的共性和关键技术；促进行业新型通用技术的转移扩散和首次商业化应用；开展行业前沿基础性技术的研发与储备；做好行业共性技术输出和人才培养。

tion; ②the strategic influence of advantage of extra large market on industry development will be more predominant; ③ new energy of development has been stimulated by technical innovation, while the industrial upgrading has been accelerated; ④ restraints from resources and environment is still rigorous, and green development has great potential; ⑤ deepening reform and opening up will inject new vitality and impetus into industrial investment. Previously, China integrated itself into the global vertical division system and expanded fast with the low cost advantages. Yet, this model is not sustainable. It' not the strong spur of investment, but knowledge innovation and its following technical advancement that initiates a continual and smooth growth of economy. During the 14th Five – Year Plan period, the basic approach and key tasks of industrial investment would be as follows: targeting at making real economy solid, strong and optimized; sticking to the direction of adjusting structure and promoting economic transformation; actively expanding the investment on advanced manufacturing industry and strategic emerging industries; enhancing the investment on technical reconstruction for pulling and promoting traditional industry transformation and upgrade; increasing firm' R&D input and investment on researching those key and core technologies; raising the stability and level of modernization of industrial supply chain focusing on the economic circulation between domestic and international. Finally, this paper put forward such policy orientations as fully arousing the vitality and developing potentiality of industrial investment with the basic motive of deepening reform by optimizing investment environment, improving the supply of key elements, strengthening financial support and technical support, guiding more investment into key areas and weak links in order to develop high quality and effectiveness industry.

Key Words: 14th Five – Year Plan Period; Industrial Investment; Major Impact; Main Task; Policy Orientation

中国产业扶贫"十三五"进展与"十四五"展望

李 钢 李 景

摘 要： 产业扶贫是中国贫困人口脱贫增收和贫困地区同步小康的关键之举。在全面建成小康社会之际，产业扶贫深受学界和社会的重视。本文首先回顾了"十三五"时期产业扶贫在贫困地区产业结构调整、贫困人口就业、贫困地区基础设施改善、扶贫企业发展和贫困地区生态改善五个方面取得的成效。其次根据"十三五"时期产业扶贫中存在的贫困户难以进入产业链制约产业稳定益贫、多元主体带贫能力不足制约产业有效带贫和利益联结机制不健全制约扶贫产业长效抑贫等问题，对"十四五"时期产业扶贫面临的乡村振兴政策、区域协调政策、城乡融合发展趋势和消费环境变化带来的机遇以及新旧问题交织带来的挑战进行了分析。最后根据上述研究，提出了进一步促进产业扶贫发展的政策建议。

关键词： 产业扶贫；全面建成小康社会；"十四五"规划

产业扶贫是如期打赢脱贫攻坚战的有力支撑，也是扶贫成果可持续的重要举措。截至2018年，全国22个扶贫任务重的省份和832个贫困县全部编制产业扶贫规划或方案，贫困地区累计实施扶贫产业项目98万个，建成扶贫产业基地近10万个，832个贫困县已初步形成特色主导产业1060个，涵盖5大类28个特色产业，基本形成"一县一特"的产业发展格局[①]。2019年底，中国农村贫困人口减少1109万，贫困发生率降至0.6%[②]。产业扶贫作为中国贫困人口脱贫增收和贫困地区同步小康的关键举措，在全面建成小康社会之际，深受学界和社会的重视。如图1所示，在理论方面，产业扶贫研究对产业扶贫模式、运行机制的关注较多，在实践方面，以往的研究更加关注地区个案分析以及阶段性成效与问题。本文将聚焦以下几个问题：产业扶贫在"十三五"时期取得了哪些进展？中国产业扶贫实施过程中存在哪些问题？"十四五"时期产业扶贫面临哪些机遇和挑战？这些问题的梳理和探索，将为产业扶贫的实践提供重要借鉴。

---

* 本文发表在《当代经济管理》2020年第11期。

[作者简介] 李钢，中国社会科学院工业经济研究所中国经济学人编辑部副主任、研究员、经济学博士；李景，中央民族大学经济学院法学硕士。

① 数据来源：农业农村部新闻办公室、中华人民共和国农业农村部网站。
② 数据来源：《2020年国务院政府工作报告》。

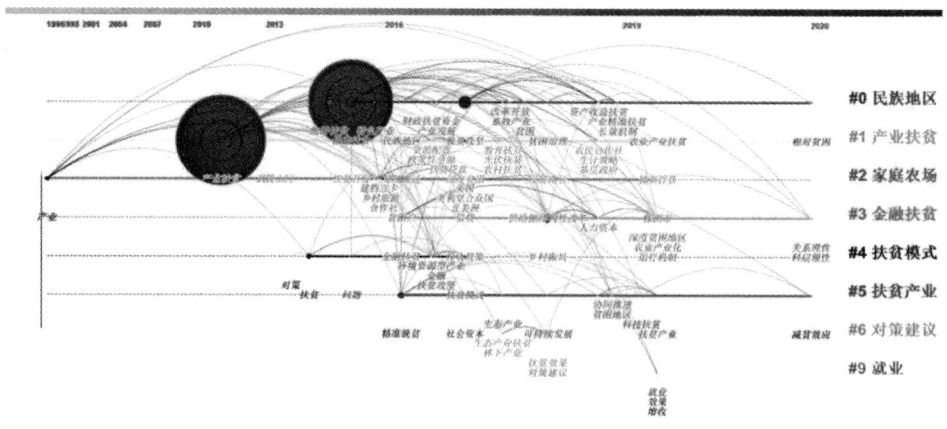

图 1　产业扶贫研究关键词共视聚类图谱

注：为保障研究分析的学术性和有效性，关键词共视聚类图以 1999 年至 2020 年 5 月 10 日国内 CNKI 数据库收录的 559 篇以"产业扶贫"为主题的核心期刊和 CSSCI 来源期刊论文为样本，借助知识网络分析工具 CiteSpace 软件绘制。

一、"十三五"时期中国产业扶贫成效的总体判断

2016 年 11 月 23 日，国务院发布《关于"十三五"脱贫攻坚规划的通知》（以下简称《通知》）。《通知》提出"十三五"时期重点实施的产业扶贫工程有农林种养产业扶贫工程、农村三次产业融合发展试点示范工程、贫困地区培训工程、旅游基础设施提升工程、乡村旅游产品建设工程、休闲农业和乡村旅游提升工程、森林旅游扶贫工程、乡村旅游后备箱工程、乡村旅游扶贫培训宣传工程、光伏扶贫工程、水库移民脱贫工程、农村小水电扶贫工程等。《通知》明确指出，农林产业扶贫、电商扶贫、资产收益扶贫、科技扶贫是产业发展脱贫的重要内容。产业扶贫是指以市场为导向，以经济效益为中心，以产业发展为杠杆的扶贫开发过程，是促进贫困地区发展、增加贫困农户收入的有效途径，是扶贫开发的战略重点和主要任务。目前对产业扶贫可以有两种理解：一是窄口径的理解，既把产业扶贫仅理解为第一产业，即通过特色农业发展扶贫；二是产业扶贫还可以作为宽口径的理解，可泛指通过发展产业（包括三次产业及其互融合）来带动当地经济的发展，帮助贫困人口脱贫。本文主要是从后一种宽口径理解产业扶贫。产业扶贫成效明显提升，贫困地区农民可支配收入保持较快增长，2019 年前三季度达到 8163 元，同比增长 10.8%，实际增速比全国农村快 1.6 个百分点[①]。"十三五"时期中国产业扶贫主要从产业结构、就业创业、基础设施建设、扶贫企业和生态环境方面对贫困地区发展状况起到了较大的改善。

（一）产业扶贫是贫困地区产业结构转型的推动器

产业扶贫推动了贫困地区产业结构转型，带动了中国农村地区的产业结构转型。产业结构的合理化不仅能促进本地区农村减贫，还可以通过空间溢出效应促进邻近地区农村减贫；产业结构的高度化也有助于本地区和相邻地区的农村减贫。产业扶贫促进了"三区三州"深度贫困地区农业产业结构优化。云南省迪庆藏族自治州香格里拉市上江乡以蚕桑产业与食用菌产业融合发展，截至 2018 年实现桑蚕种养殖带动农户 126 户，加工成品蚕丝被实现经济收入 400 多万元。产业扶贫还促进了集中连片贫困地区以特色产业带动相关

---

① 产业扶贫取得重大进展　67% 脱贫人口通过产业带动实现增收 [EB/OL]．[2019 - 12 - 20]．http：//www.gov.cn/xinwen/2019 - 12/20/content_ 5462683. htm.

产业的结构调整进程。如贵州省代表性的贫困县印江苗族土家族自治县创新山地农业发展模式，积极融合现代农业发展新理念、新技术和新方法，发展立体农业，促进"三产融合"，大力发展农特色产品加工业，增加农产品附加值，构建了从生产到简单加工、深加工、包装、储运、销售、服务等现代农业产业链。

（二）产业扶贫是贫困人口创业就业的有效途径

产业扶贫为贫困人口就业创业提供了平台，使贫困人口可以实现当地就业，不仅提高了收入也提高了幸福感。产业扶贫既能吸引外出务工人员返乡，又为老弱病残致贫人员提供了就业机会。截至2019年，全国92%的贫困户已参与到产业发展中[①]。武陵山区大部分农民通过"双向选择"，产业扶贫在烟叶农场、基础设施建设、特种种养、旅游观光中实现了100%带动就业，不仅解决了原来从事农业生产村民的就业问题，也吸引了外出务工村民返乡就业，保证了扶贫成绩的可持续发展。食用菌种植产业具有劳动强度低、劳动力需求大的特点，吸纳年老、病残贫困人口就业的能力较强，河北易县因病、因残致贫人口依靠食用菌产业彻底摆脱了完全靠政府救济生存的境况；内蒙古大兴安岭东麓扎兰屯市蘑菇气镇的食用菌产业于2018年、2019年连续两年带动130户左右贫困户就业；贵州省全省食用菌产业2018年共带动19万贫困人口发展，占全省脱贫人口的12.8%[②]。2017年，江西全省通过发展乡村旅游安排68万个就业岗位，助推45万农民致富增收，带动了3.3万建档立卡贫困户、10万建档立卡贫困人口实现脱贫[③]。可见扶贫产业在贫困地区的开展，切实解决了因客观原因或主观意愿无法离乡外出务工的贫困劳动力就业问题。

（三）产业扶贫是贫困地区基础设施建设的关键助力

产业扶贫促进了农村基础生产设施的改善，改善了贫困地区的道路、农田水利等农业基础设施等。基础设施建设程度是检验贫困地区脱贫成效的重要指标，贫困地区的发展条件和生活条件有赖于生产设施及公共服务设施的改善。如表1所示，2013～2018年，农村贫困地区基础设施成效显著，不仅提高了交通通达性、公共服务建设均等性，而且通过教育、卫生事业的长期建设目标，为贫困人口提供了把握发展机会的能力，降低了贫困地区人民自身发展的脆弱性和生产生活贫困风险。

表1 2013～2018年贫困地区农村基础设施和公共服务情况   单位：%

年份	2013	2014	2015	2016	2017	2018
所在自然村通公路农户比重	97.8	99.1	99.7	99.8	99.8	99.9
所在自然村能接收有线电视信号的农户比重	79.6	88.7	92.2	94.4	96.9	98.3
所在自然村主干道路硬化的农户比重	88.9	90.8	94.1	96.0	97.6	98.3
所在自然村能乘坐公共汽车比重	56.1	58.5	60.9	63.9	67.5	71.6
所在自然村通宽带的农户比重	—	—	71.8	79.8	87.4	94.4
所在自然村垃圾能集中处理的农户比重	29.9	35.2	43.3	50.9	61.4	78.9
所在自然村有卫生站的农户比重	84.4	86.8	90.4	91.4	92.2	93.2
所在自然村上幼儿园便利的农户比重	71.4	74.5	76.1	79.7	84.7	87.1
所在自然村上小学便利的农户比重	79.8	81.2	81.7	84.9	88.0	89.8

资料来源：国家统计局《2019年中国农村贫困监测报告》。

---

① 产业扶贫取得重大进展 67%脱贫人口通过产业带动实现增长［EB/OL］.［2019-12-20］. http://www.gov.cn/xinwen/2019-12/20/content_5462683.htm.

② 李玉琢，姜峰，郑金超. 蘑菇产业富了蘑菇气［N］. 内蒙古日报，2020-01-08（004）；菌子丰收了，"菌"俏产业脱贫路［N］. 贵州日报，2019-09-25（T07）.

③ 乡村旅游渐成江西旅游业主角［EB/OL］.［2017-12-13］. http://www.jiangxi.gov.cn/art/2017/12/23/art_393_214520.html.

（四）产业扶贫是扶贫企业自身发展带动者

扶贫企业是产业扶贫的重要参与主体之一，产业扶贫企业的良好发展关乎贫困人口的脱贫稳定性。2018年，中国832个贫困县已累计培育市级以上龙头企业1.44万家，平均每个贫困县17家；发展农民合作社68.2万家，直接带动627万贫困户、2198万贫困人口[①]。农夫山泉在信丰县的产业扶贫投资使企业与贫困地区得到双赢发展。信丰县立足资源禀赋优势，在合理的开发范围内将红壤资源转化经济优势，大力发展脐橙产业；全民平等参与，资源收益又惠及广大贫困人民，促进社会包容性。农夫山泉和信丰政府联手打造了中国赣南脐橙产业园，农夫山泉在信丰总投资超过10亿元，脐橙分选、榨汁及终端品灌装生产线和中国赣南脐橙产业园的投资建设，对延长信丰脐橙产业链条、加快脐橙产业绿色转型升级、带动农户增收提供强大保障和引领示范作用。由于较好地解决了利益分配机制，该项目不仅增加了当地农户收入，帮助当地一些贫困户脱贫，而且农夫山泉建成目前全国乃至亚洲规模最大的果品加工厂以及脐橙标准种植园，引进了国际先进的榨汁生产线和鲜果分选流水系统，建立了日处理原料5000吨的橙深加工生产线，陆续推出农夫山泉17.5°橙、常温NFC橙汁和17.5°NFC橙汁三款产品，打通了脐橙种植、加工和销售的全产业链，也取得了较好的经济效益。

（五）产业扶贫是贫困地区生态改善的间接保障

产业扶贫促进了贫困地区生态改善，使一些贫困地区实现了"既要金山银山，又要绿水青山"。中国生态脆弱区多是贫困地区，生态脆弱是贫困的结果也是贫困的原因。从农村产业扶贫模式来看，主要分为七种类型：特色种养、乡村休闲旅游、资产收益、电商产业、光伏产业、生态农业以及边境贸易扶贫模式，产业扶贫精准度和科学度的不断提高，扶贫产业选择也更关注对农业生态环境的保护。如光伏产业扶贫对生态脆弱区生态的保护性发展，光伏产业发展既增加了贫困农户的资产收益途径，又有效减少了生态脆弱区对生态的过度利用，改善了贫困人口脱贫但仍然生活难以增收的生态脆弱区的矛盾状况。江西省将生态产业融入产业扶贫的实践，已脱贫摘帽的8个县均是利用林业资源优势突破了生态脆弱与扶贫开发的对立关系，实现贫困人口的脱贫致富。亿利资源集团将生态治沙与扶贫紧密结合，自1988年开始改造沙漠，向贫困宣战，依靠"政府政策性支持、企业产业化投资、农牧民市场化参与、生态持续化改善"的思路，先后建成达特拉循环经济工业园、库布其生态工业园、生态光伏基地、库布其国家沙漠公园旅游基地、中草药基地等多个产业基地，被联合国确立为全球沙漠生态经济示范区。

专栏：以来料加工推动包容性增长——浙江遂昌服装业的实践

丽水市是浙江省辖陆地面积最大的地级市，属海峡西岸经济区长三角经济区。2015年，丽水市委、市政府开展了全面进村入户的调查，摸清全市贫困人口现状的工作，最终确定全市年人均纯收入在1500元以下的农村贫困人口75095户、181392人，占农业总人口的8.7%，其中年人均收入在1000元以下的特困户有31907户、62864人。从调查摸底情况来看，丽水市农村低收入人群主要包括以下四种：一是居住在生产生活条件恶劣乡村的农民。山高路远、居住分散、交通不便、信息闭塞等因素造成当地大部分家庭收入主要来源于第一产业，比例高达85%，贫困劳动力外出务工仅占贫困

[①] 数据来源：《中国农村贫困监测报告2019》。

劳动力总数的23%。二是缺乏劳动力（包括残疾人）和自身素质很低的农民。丧失劳动能力和家庭缺少劳动力的占贫困户总数的51.1%，文盲半文盲人口总数占贫困户总数的37.4%，小学文化程度占38.8%。三是脱贫基础不稳定而因病返贫的农民。特别是地质灾害频发地区、大中水库库区贫困的状况较为突出。全市因病致贫的有1.38万户，占全市贫困户的18.3%，因病因残丧失劳动力返贫的占29.73%。四是因生产发展资金短缺而难以脱贫的农民。在丽水，这样的农户约占总贫困户数的11.8%。由于难以筹集发展资金，所以即便有了较好的致富门路，也有心无力。丽水市妇联与遂昌县政府通力合作，一起支持以遂昌县建明制衣厂和巾帼服装厂为代表的来料加工的发展。

建明制衣厂是丽水市遂昌县规模较大的20多个来料加工企业中较有代表性的一个。该厂由经纪人潘建明创建于2008年9月，效益最好的年份拥有六七个加工点。最高峰曾经雇佣100多人，一年发放工资多达150万元，其对于当地贫困农户的扶贫带动效应直接而明显。建明制衣厂坐落于镇政府对面一座租赁来的三层楼房，这个加工点雇用了近60名工人。

巾帼服装厂的厂长，也就是"经纪人"傅国军，他在创建巾帼制衣厂之前是一名裁缝。巾帼服装厂从"散户"的来料加工开始做起，所谓的"散户"来料加工是指由经纪人从上游公司那里拿来订单及原材料，然后将原材料分发给村里的农户，由其加工后再收回交给上游公司。这种来料加工的品种多为制作比较简单的饰品、玩具等，由于方式灵活，制作简单，可以充分利用农户尤其是广大农村妇女的农闲时间，因此在丽水市遂昌县广大农村十分普遍。在完成一定的资金积累后，傅国军建立了集中加工点，开始接单做高附加值的产品，订单主要来自于丽水、上海、杭州等地的名牌。与散户相区别的是，集中加工点采取流水线生产的办法，生产过程比较标准化，生产的产品也比较复杂。

建明制衣厂和巾帼服装厂的生产组织过程是典型的来料加工模式。具体来说，经纪人从市场上获得订单，然后在加工点组织劳动力生产。取得订单后在就近村庄中获取劳动力，集中组织生产。建明制衣厂和巾帼服装厂的工人主要是附近村子的村民（主要是妇女），几乎没有外地人；工人按照计件制的办法计算工资。由于用工制度灵活，从而已经建立了有弹性的员工管理机制。工人是工厂的工人，在上下班之余还可以带孩子（有些来料加工厂甚至允许工人带孩子来上班），甚至在农忙的时候还会参与农业生产。针对员工的实际，企业采取了设立200元全勤奖的办法，鼓励工人按时上下班。应该说，以建明制衣厂为代表的来料加工企业在管理方面存在着极富人性化的弹性，而正是这种弹性使得本地丰富的劳动力资源能最大限度地融入到企业生产之中。

目前以建明制衣厂和巾帼服装厂为代表的来料加工模式取得了一定的成效。首先，解决了劳动力富余问题，改变了农民就业渠道，提高了农村人口的收入。丽水市来料加工点得以覆盖到188个乡镇（街道）、2297个行政村。来料加工改变了依赖外出打工的农村传统就业格局，极大缓解了农村富余劳动力就业压力，催生了扶贫机制的创新。其次，创新了企业经营方式，帮扶了农民致富。制约贫困落后地区发展的重要因素就是缺乏资金，而来料加工企业不需要特别多的启动资金。采取来料加工企业只管生产加工一个环节，省去了原材料采购和市场开拓而需要的大量费用。提升了地方产业发展，带动了一批地方能人。随着来料加工业的兴起，来料加工经纪人也应运而生。截至2012年，丽水市各地活跃着657名一级经纪人，他们不仅培养带动了2000多名二级经纪人，还将丽水来料加工业的发展模式从"做来料加工"过渡到了"为来单加工"。现在丽水市已经有100多名经纪人创办了加工企业，而他们大多将来料加工业务下放到周围乡村，设立村级加工点，使来料加工业的发展在丽水城乡形成了良性循环。

资料来源：以来料加工推动贸易与减贫的结合——浙江遂昌建明制衣厂和巾帼服装厂的实践［EB/OL］．［2019-12-13］．http://south.iprcc.org/#/casestudies/caseDetails?id=383&fid=230.

二、"十三五"时期中国产业扶贫中存在的问题

产业扶贫之所以取得多方面进展，源自产业扶贫不同于传统产业扶贫的转变，但在产业扶贫开拓产业融合模式、产业经营者参与模式、产业脱贫长效机制等特色的过程中，也发现了一些暂时难以解决的问题。

（一）贫困户难以进入产业链制约产业稳定益贫

产业扶贫从传统农林种养殖向"三次产业融合"转变，贫困户进入产业链的机会增多，但缺乏稳定、规范的途径。产业扶贫的目的是实现贫困户的脱贫增收，贫困户如何进入产业扶贫链条是产业扶贫的关键环节。自20世纪80年代开始，中国产业扶贫在实践探索中形成了多产业、长链条、多路径的产业选择。从产业类型来看，产业扶贫的主要发展模式有两类，一类是以传统的农林种养殖为基础的产业扶贫，另一类是以自然资源与人文资源为基础的旅游产业扶贫。"十三五"时期，多地的产业扶贫注重将贫困地区农业资源与旅游资源相结合，利用旅游资源投入与产出更加合理、产业链长的特点，在贫困农村地区开展乡村旅游，将农业和农产品加工业在农产地联结起来，使当地农户有机会参与这一产业链的多个环节，降低其返贫风险。但由于缺乏系统组织和特色挖掘，难以达到稳定益贫的效果。一是经营主体方面，在乡村旅游快速发展的催促下，贫困主体没有足够时间获得资金或从业技能，只能零散经营或从事收入较低的岗位，且没有稳定收益和能力，在乡村旅游的利益分配环节不是真正的受益者。二是在推动主体上，面临脱贫攻坚时间节点的接近，尚未完成脱贫任务的地区为学习率先脱贫地区的经验，而引入与当地特色资源不匹配或与邻近地区同质的产业扶贫项目，并没有起到促进经济增长和农业结构调整的显著作用，反而会导致产能过剩，价格波动过大，造成贫困户或企业等市场主体的经济损失。

（二）多元主体带贫能力不足影响产业有效带贫

产业扶贫模式从政府主导向多元主体参与合作转变，但不同地区经营主体的带贫能力有待提升。产业扶贫的经营主体及其参与度是产业扶贫增效的关键。中国产业扶贫模式已经实现政府主导到政府引导的转变，"十三五"时期中国产业扶贫在政府引导下探索出企业与社会组织等多元主体经营的贫困治理模式。理论上，多元主体模式能够最大程度带动贫困户参与其中；实际上，龙头企业、专业合作社、致富带头人、基层党组织相互组合已成为中国各地的扶贫产业的典型组织模式，因此扶贫产业参与主体的带贫能力是该模式成功与否的关键。作为市场主体的企业、培训主体的农业科技部门、生产主体的后续产业链条与作为流通主体的销售服务等多元主体，是促使产业透过村庄到农户，将贫困户的土地、资本和劳动力等生产要素与扶贫产业有机结合的衔接者。贫困地区引进的这些经营主体能力不一，有些经营主体在订单生产、土地流转、就业务工、生产托管、股份合作、资产租赁等带贫环节不能够兼顾自身收益与贫困户参与者收益，导致贫困户在扶贫产业中返贫风险的增大。

（三）利益联结机制不健全影响扶贫产业长效抑贫

"十三五"时期产业扶贫注重扶贫长效机制的建立，但完善的利益联结机制难以短期形成。"十三五"时期的产业扶贫关注到参与产业的各个主体间利益分配，着重强调如何延长产业扶贫的成效，首先表现在对构建产业扶贫的利益联结机制的重视。贫困户参与产业链条较为普遍的方式是贫困户通过承包流转给合作社、企业等，将各自拥有的土地、劳动力要素与其他主体建立利益联系。贫困户将承包地流转给合作社、企业或大户后，面临着与其他主体的利益联结方式水平较低、缺乏市场机制为基础的利益联结机制的不灵活的问题，"十三五"时期产业扶贫过程中更注重完善的产业体系在脱贫增收中的长效作用，以纵向的产业延伸和横向的产业融合，构建更为

紧密和更为稳定的产业体系。在将电商化、品牌化、信息化等产业特点融为一体的同时，贫困户所面对的带贫主体就更加复杂，如果不能对产品信息、种植管理、市场流向的整个过程建立起一条透明化的追溯渠道，就难以纠正利益分配中"一发了之""一股了之"的问题，给产业扶贫长效抑贫埋下隐患。

（四）"三区三州"仍是产业扶贫攻坚难点

"三区三州"的52个未摘帽县和1113个重点贫困村面临的产业发展难题极具特殊性，产业扶贫的有效经验在此难以正常开展。一是艰苦的地理条件无法改善，如青藏高原高寒地区自然灾害无法改变、怒江州位于两山之间土地匮乏，这都导致当地农业效率难以提高。二是基础设施建设难度大，远离经济中心的"三区三州"受交通成本等影响，第二产业和第三产业落地实施难度大，因此缺少带动贫困人口致富增收的机会。三是贫困人口的自我发展能力需要进行长期的人力资本培育过程，在通过转移支付解决当地"两不愁、三保障"等问题后，还需为贫困人口找到创收途径，解决当地贫困人口在教育、健康方面的自足问题。

三、"十四五"时期产业扶贫的机遇与挑战

基于现行贫困标准而言，2020年底中国实现贫困人口全面脱贫，随着贫困标准的不断提高，相对贫困将长期存在。相对贫困是长期的、主观的贫困，不是物质和经济权力的缺失，而是社会发展和分配不平衡的产物，表现为人们对社会权利的不断追求。全面建成小康社会后，相对贫困群体将取代绝对贫困群体成为主要贫困人群。届时，产业扶贫将面临着政策环境和市场环境带来的机遇与挑战。

（一）政策环境与消费环境为"十四五"时期产业扶贫提供机遇

一是乡村振兴中的产业兴旺、乡村治理相衔接，为产业扶贫巩固长效机制带来机遇。产业扶贫结合贫困地区特色探索出了多元有效的扶贫模式，实现了常态贫困人口的脱贫增收，乡村振兴战略中的"产业兴旺"将在产业扶贫攻坚成效的基础上，推动农业产业现代化发展，最终实现脱贫攻坚中的产业扶贫和乡村振兴中的"产业兴旺"的有效衔接，同时为提升动态贫困人口的发展能力提供长效途径。乡村振兴中乡村治理与产业扶贫一样，其目标任务的完成，离不开政府、贫困户等多个主体的共同参与。产业扶贫与乡村治理相结合，有利于营造合作氛围，提升贫困主体的参与度、主体意识、沟通意识和规则性意识，实现地方政府、企业、合作组织和贫困户等参与主体的多元互动，有利于各主体间实现合理的分权与分工，建立有效的沟通机制，推动乡村治理模式的创新，才能保证产业扶贫的可持续发展，真正解决相对贫困人口对美好生活的追求与产业资本追求利润最大化的本质属性之间的矛盾。

二是城乡融合发展趋势为产业扶贫创新城乡产业互动的利益联结机制带来机遇。相对贫困相对于绝对贫困，具有机会贫困、能力贫困的特点。国际劳工组织社会和经济问题的特别顾问雷蒙德·托雷斯（Raymond Torres）表示："现在，世界上约有30%的穷人，他们只占有世界上2%的收入。只有通过提高就业者的就业质量和创造新的体面工作，我们才能永久摆脱不稳定的生活条件，以及改善那些贫困工薪阶层和他们家人的生活水平。"产业扶贫应把握城乡融合的机遇，既要遵循国家产业结构发展规律，也要兼顾城乡相对贫困人口的发展需求。继续实行精准识别机制，在城乡之间建立机会平等的要素市场，既要发展现代化农业，为有能力从事技术性农业生产的劳动力提供社会化服务；又要将低碳、共享经济等新模式与实体产业相融合，使城乡从事简单化劳动的劳动力有机会向第三产业转移。因此，产业扶贫要实现协调农业、农民融入现代经济部门，引导贫困人口靠近市场，利用县城和小城镇的产业集聚吸纳劳动力，遏制贫困的乡城转移，还要在具体实践中探索出行之有效的城乡产业利益联结机制。

三是国家主体功能区的实施、区域协调发展为产业扶贫的产业升级提供机遇。各地要根据自己主体功能区的定位，选择适合自己发展的产业。空间协调是"十四五"时期经济社会高质量发展攻破难点的总体思路之一。空间协调要根据各地的比较优势，促进产业间的相互融合。中美贸易摩擦不断激化以来，特别是2020年新冠肺炎疫情的暴发，使大家认识到产业链完整的重要性。促进产业向中西部地区转移，不仅是中国经济发展的需要、扶贫的需要，也是保证中国产业链安全的需要。可以预计，产业扶贫在"十四五"时期对于促进中西部贫困地区的脱贫将起到更大的作用。

四是消费需求多元化、新技术新设备逐渐普及为产业扶贫的产业选择提供机遇。随着小康社会的全面建成和绝对贫困的消除，休闲文化、康养文化将加速消费市场需求的多元发展，产业扶贫中成效显著的特色产业将获得更大的开拓空间，有望在农业供给侧结构性改革的深入推进下形成快速增收的新型业态和新兴产业。同时，新技术新设备在农业生产和产品销售等环节的逐渐普及，将缩减生产成本、缩短销售流程，减少相对贫困人口参与产业扶贫的中间环节，分配程序更加简明化，相对贫困人口在产业选择过程中获得更大的自主选择机会和权利，为其增收增添更大的选择性和便捷性。

（二）新旧问题交织是"十四五"时期产业扶贫面临的挑战

"十四五"时期产业扶贫的主要任务是发挥保障脱贫成果常态化和持续化的压舱石作用，面临着防范风险的重要挑战。"十三五"时期产业扶贫中存在的问题和新的经济环境变化都是"十四五"时期产业扶贫需要防范的风险来源。

一是如何有效解决"十三五"时期产业扶贫的遗留问题。"十三五"时期产业扶贫极大改善了贫困户生产生活状态，这一探索过程中所发现的问题，不仅仅是"十三五"时期的阶段性问题，更是中国反贫困事业所面临的长期问题，在短期内是难以解决的。事实上，贫困户进入产业链的规范化途径、产业扶贫主体的带贫稳定性、扶贫产业各参与者间的利益联结规范和"三区三州"贫困人口的长期创收途径方面所面临的困境，都反映出产业扶贫的返贫风险防控体系建设有待提升这一长期共性问题是下一阶段产业扶贫中亟须持续关注的重要部分。因此，"十三五"时期产业扶贫问题在对"十四五"时期产业扶贫带来挑战的同时，也为未来产业扶贫过程中建立更加完善的返贫风险防控体系指明了建设方向，使产业扶贫遗留问题的解决值得期待。

二是消除疫情对产业扶贫的短期影响后，消费市场和经营市场的长期变化趋势不容忽视。2020年，产业扶贫在应对疫情影响方面，已经开展多种措施重点解决贫困地区滞销卖难农产品应急销售、农资调配和市场供应以及扶贫产业用工难等问题，但疫情对消费者消费习惯、企业经营模式、就业格局的影响还在逐渐变化的过程中。例如，疫情带来的"无人化餐饮革命"对无人化或无接触服务的需求的趋势与产业扶贫中旅游餐饮服务业的吸纳贫困户就业任务之间的矛盾、"云生活"的持续普及所带来的线上办公、线上销售等模式外溢到扶贫产业的趋势与贫困人口就业技能之间的矛盾，是否会进一步上升为结构性失业。各个领域的供需矛盾问题，将对扶贫产业的经营与消费市场带来挑战，因此，未来益贫产业的培育方向既要关注新型贫困人口的发展诉求，又要关注新型企业的发展需求，保证两者的有效衔接。

三是人口结构和产业结构的变化给产业扶贫中的产业选择和带贫方向带来挑战。中国老龄化速度要远快于其他国家，到2055年中国的老年人口抚养比将超过发达国家。受人口老龄的影响，产业将逐步改变劳动密集型和重化工业发展方式，逐步进入资本密集、技术密集和知识密集发展阶段，原来产业扶贫中土地、劳动力、资源、能源等传统要素对贫困地区经济的拉动能力下降，更多地受到科技、人才、信息等新兴要素的影响。产业扶贫为适应产业结构的变化，需借助科技和信息的流动，将农民和农村纳入国家产业升级体系中；扶贫产业选择要与国家产业链紧密衔接，发展高质量的扶贫产业。

四、促进"十四五"期间产业扶贫发展的建议

未来产业扶贫的产业选择、产业扶贫模式和机制等是影响产业扶贫绩效的重要环节，受中国人口结构、减贫目标和产业结构发展趋势的影响。中国扶贫事业将由主要解决绝对贫困向缓解相对贫困转变，由主要解决农村贫困向统筹解决城乡贫困转变。产业扶贫作为可持续发展的扶贫手段，将与乡村振兴中城乡融合机制目标相结合，将城市相对贫困人口纳入产业扶贫的帮扶范围之中。合适的产业扶贫机制、利益联结机制和扶贫产业选择是协调未来减贫任务与中国产业结构、人口结构变化的探索方向。

基于对产业扶贫目标和经济发展的展望，对下一阶段把握产业扶贫重点给出了以下具体建议：

（1）产业扶贫需将城市贫困人口纳入反贫困体系，建立城乡融合的产业扶贫机制，实现产业扶贫与乡村振兴深度融合。扶贫赋予人民均等发展权力最基本的是扶贫体系要涵盖贫困人口，新时期扶贫产业要在原有的基础上注重为城市人口参与扶贫产业提供途径，防范由于随着年龄结构的变化趋势，农村贫困劳动力进城务工成为城市相对贫困人口，这种贫困转移造成对贫困人口的忽略和乡村扶贫产业参与度低的问题。乡村振兴的制度保障是建立健全城乡融合发展体制机制和政策体系，产业扶贫可借助乡村振兴实施过程之中小城镇对城市和乡村的过渡，搭建城乡扶贫产业联系网络，为贫困人口提供就近就业机会，降低贫困人口远距离异地转移造成的老龄化致贫风险。

（2）产业扶贫选择要向科技化、信息化、高质化发展。相对贫困地区要同步产业结构升级中第三产业快速发展的进程，在产业扶贫中促进乡村旅游、电商等产业的发展，保持产业的益贫能力，或发展针对现代化农业生产的服务业，使贫困地区参与到国家产业结构调整中。同时，加强贫困农村地区年轻人才的技术培训，提升贫困人口职业培训的实用性和精准性，根据产业发展需求，提升贫困人口相应的就业水平，使之参与到乡村旅游、电商和现代化农机代理服务等产业发展环节中，既能防止贫困人口生产能力与经济社会发展需求脱节，又能为贫困地区留住年轻人才。

（3）增加贫困人口收益途径。为应对人口老龄化和产业升级并行带来的老弱人口发展能力与产业高级劳动需求的错配问题，产业扶贫需要针对返贫风险大或发展能力弱的群体提供参与机会。例如，鼓励弱势贫困群体以集体资产参与产业项目，实施资产收益扶贫，产业扶贫企业建立信贷委托经营机构，并在实施过程中建立所有权、经营权、收益权分权归属和扶贫项目收益差异化分配机制。将产业扶贫加入到老弱病残群体开发式扶贫体系之中，可以改善弱势劳动群体无法依靠产业就业脱贫的困境，在福利制度兜底保障的基础上增强老弱病残贫困人口的脱贫长效性。

（4）完善返贫风险保障机制和产业扶贫金融保险制度。一是对于相对贫困发生率集中的地区，将具体贫困因素纳入产业扶贫风险保障的分配权重的考虑范围，增强贫困地区产业对多元扶贫主体的吸引能力；二是给予参与产业扶贫的经营主体和市场主体提供可靠的金融保险支持，增强扶贫产业的带贫能力和发展积极性；三是给予相对贫困人口参与扶贫产业的风险保障，保障相对贫困人群在参与扶贫产业链条的过程中有更大的自主选择权利、在与其他参与主体进行利益分配时免于遭受大损失。从地区、企业、个人三个方面形成互相补充的风险防范体系，提升产业扶贫对返贫风险的防范能力。

参考文献

[1] 谭昶、吴海涛、黄大湖：《产业结构、空间溢出与农村减贫》，《华中农业大学学报（社会科学版）》2019年第2期。

[2] 王明月、罗勇、周自玮：《云南省产业扶贫现状及问题分析——以怒江傈僳族自治州、迪庆藏族自治州为例》，《云南农业大学学报（社会科学版）》2019年第

[3] 黄承伟、邹英、刘杰：《产业精准扶贫：实践困境和深化路径——兼论产业精准扶贫的印江经验》，《贵州社会科学》2017年第9期。

[4] 张跃平、徐传武、黄喆：《大推进与产业提升：武陵山区扶贫的必由之路——以湖北省恩施州望城坡等地的扶贫实践为例》，《中南民族大学学报（人文社会科学版）》2013年第5期。

[5] 陈素梅、李钢：《贫困地区的包容性绿色增长何以可能？——基于江西省信丰脐橙产业的案例》，《企业经济》2020年第10期。

[6] 莫光辉：《精准扶贫视域下的产业扶贫实践与路径优化——精准扶贫绩效提升机制系列研究之三》，《云南大学学报（社会科学版）》2017年第1期。

[7] 郭晓鸣、虞洪：《具有区域特色优势的产业扶贫模式创新——以四川省苍溪县为例》，《贵州社会科学》2018年第5期。

[8] 钟海燕、郑长德：《"十四五"时期民族地区经济社会发展思路研究》，《西南民族大学学报（人文社会科学版）》2020年第1期。

[9] 陆旸：《"十四五"时期经济展望》，《中国金融》2019年第10期。

[10] 张琦、孔梅：《"十四五"时期我国的减贫目标及战略重点》，《改革》2019年第11期。

Chinas Poverty Reduction through Industrial Development Progress and Prospects

Li Gang, Li Jing

Abstract: Poverty reduction through industrial development has been a key measure for reducing poverty in China and achieving moderate prosperity in poor regions. Firstly, during the 13th Five–year Plan period (2016–2020), China has made progress in reducing poverty through industrial development in the following five aspects: The adjustment of industrial poverty structure in poor areas, the employment of poor people, the improvement of infrastructure in poor areas, the development of poverty alleviation enterprises, and the improvement of ecological environment in poor areas, Secondly, poverty reduction through industrial development is an essential step of targeted poverty reduction, and is conducive to building a moderately prosperous society in all respects by eradicating absolute poverty, expediting development in poor regions, and promoting equal access to social services. During the 14th Five–year Plan period (2021–2025), China should link poverty reduction with industrial development and countryside governance as part of its plan to revitalize the countryside; improve the long term mechanisms for poverty reduction through industrial development; promote integrated industrial development in urban and rural areas and empower the relatively poor to participate in income distribution; and implement the strategy of poverty reduction in coordination with national efforts to promote balaneed regional development. Lastly, this paper puts forth policy advice on further efforts to reduce poverty through industrial development.

Key Words: Poverty Reduction Through Industrial Development; Complete the Building of a Moderately Prosperous Society; The 14th Five–Year Plan

"十四五"时期高质量发展视角下的工业用地配置优化

周 麟

摘 要: "十四五"时期,随着中国经济高质量发展的纵深推进,以供给侧结构性改革为主线,以资源要素配置优化为中心,以实体经济为着力点的发展模式转型进入深水区。工业用地作为供给侧的关键生产要素,也是实体经济的重要空间载体,其合理、高效配置不仅关乎中国实体经济由大到强蜕变,关乎国土空间开发保护与城镇空间结构优化,还关乎城市品质提升与创新转型。面对当前工业用地配置存在的区域配置规模不经济、配置效益备受争议、数字化监管程度不高等一系列关键问题,本文认为,应四级联动,对配置规模与结构进行精明调控;应分段施策,对配置底线与效益进行精准管控;还应刚柔相济,对配置规则与模式进行精细把控,通过多维度、多尺度工业用地配置优化,为"十四五"时期推动中国经济高质量发展提供产业空间保障。

关键词: "十四五"时期;高质量发展;工业用地;配置优化

一、引言

以土地为中心的城镇化与工业化进程是诸多发展中国家的必经之路,中国也不例外。1990～2018年,中国建设用地规模由11608平方公里增至55156平方公里,增幅达到375%。其中,工业用地扮演着重要角色,其占国有建设用地比重长期保持在20%以上,东莞、深圳、唐山等工业重镇甚至突破30%。相应地,工业用地配置规模也一直处于高位,2007～2018年全国配置规模超过15000平方公里,占国有建设用地配置总量25%以上。"加快改革土地管理制度,要使优势地区有更大发展空间",是2019年12月习近平总书记在《求是》杂志发表的《推动形成区域互补高质量发展的区域经济布局》中提出的重要论断[1]。学者认为,每一宗工业用地配置意味着至少一个工业项目的引入[2],这不仅有机会为经济增长注入产业新动能,为地方政府贡献涓流式税收,而且其所带来的固定资产投资、就业岗位及配套基础设施建设也将有力助推城市与区域发展[3-5]。

"十四五"时期,随着中国经济高质量发展的纵深推进,以供给侧结构性改革为主线,以资源要素配置优化为中心,以实体经济为着力点的发展模式转型进入深水区,特别是在加快构建"双循环"新发展格局的大背景下。作为供给侧的基础生产要素,以及实体经济的核心空间载体,工业用地配置面临新形势、新挑战与新任务。2020年3月30日,中共中央、国务院出台的

---

* 本文发表在《中国软科学》2020年第10期。
[作者简介] 周麟,中国社会科学院工业经济研究所助理研究员、博士。

《关于构建更加完善的要素市场化配置体制机制的意见》明确提出应推进土地要素市场化配置，并着重强调应深化产业用地市场化配置改革。在此基础上，本文围绕"十四五"时期高质量发展视角下的工业用地配置优化议题展开多维度、多尺度探讨，这不仅有助于从供给侧为实体经济在新一轮科技革命与产业变革中由大到强蜕变提供土地视角的决策参考，还将为工业用地配置相关政策制定提供一定的科学依据。

二、工业用地配置优化：供给侧结构性改革的重要环节

工业用地配置作为中央与地方政府推动经济增长的重要工具[5-6]，具有丰富的经济含义。"十四五"时期，如何促进工业用地在不同产业、区域间的有效分配，引导土地集约节约高效利用与内涵式发展，优化产业空间组织模式，尽快建立与高质量发展相匹配的要素配置模式，是供给侧结构性改革的重要环节。

（一）护航实体经济，创造高质量工业发展空间

作为实体经济引擎，中国工业经济在近年来成绩斐然，工业增加值于2018年首次突破30万亿元，221种工业产品产量位居世界第一，并在数字经济、轨道交通等领域趋向技术赶超[7]，但"大而不强、广而不精"的状况依旧普遍，部分关键产品与先进技术仍需借助外力[8]，且面临发达经济体再工业化战略与发展中经济体要素成本优势的"双重挤压"[9]。2020年，中国已基本实现工业化，但深化工业化进程的任务远未结束[10]，推动创新转型、冲破"过度去工业化"迷雾、解决新市民就业问题以及向全球价值链高端攀升等新征程任重道远。"十四五"时期，作为工业项目，特别是新项目的源点，工业用地配置亟须适应新局面，通过由规模至上、引资底线竞争向效益优先、引资优胜劣汰转型，从供给侧护航实体经济，保障产业链、供应链安全稳定，创造高质量工业发展空间。

工业用地配置优化与不同区域、类型工业经济的发展路径紧密相关。第一，现阶段，工业经济的区域分异明显，但即便是实力最强、产业链最为齐全的东南沿海地区，大多数产品仍处于全球价值链中下游[8]，创新能力与国际产业分工地位亟待提升。高质量发展视角下，如何基于自身资源禀赋与产业基础，因地制宜设定工业用地配置标准与准入体系，推动不同区域、城市深化工业化进程；如何以优势互补、供需匹配为导向，区域统筹调控工业用地配置指标，是从供给侧推动区域产业结构转型升级的突破口。第二，以智能制造、数字经济等前瞻技术为核心的高技术产业正在成为中国抢占实体经济前滩，获取全球科技竞争主动权的助推器[11]，无论区位、开发标准还是配套设施，高研发与高人才占比的特征都使相关企业对工业用地配置的需求较以往有所不同。高质量发展视角下，有必要以更好地满足产业创新转型与新技术落地需求为目标，设立更有利于创新型企业发展的土地"游戏规则"，为创新驱动发展与创新型国家建设提供产业空间支撑。第三，以劳动密集型与资源密集型产业为支柱的规模化制造是中国工业经济的累积优势，但如今面临增速放缓、产能落后与能耗过高等严峻挑战。高质量发展视角下，将工业用地配置视为实体经济关卡，从供给侧倒逼企业发展转型，这将在一定程度上推动规模化制造体系重构与价值提升。

（二）落实国土空间开发保护要求，优化城镇空间结构

"十四五"时期，作为国土空间的重要组成部分，工业用地配置是否合理、高效，关乎生态文明建设与整个国土空间体系构建。以长江经济带为例，作为全国国土空间的战略支撑轴线，也是工业体系最为完备的区域，其沿江遍布环境风险企业，废水、氨氮排放量占全国比重均超过40%。究其原因，是土地资源配置不合理，刚性约束缺失，长期以来，长江沿线、港口乱占滥用、占而不用、多占少用、粗放利用问题突出，大量污染产业遍布，部分地区甚至有超过50%的重化工产能沿江布局[12-14]。因此，优化工业用地配

置，从源头上调控产业布局，在过程中实时监测土地利用情况，以刚性约束落实国土空间开发保护要求迫在眉睫。

与此同时，工业用地配置优化是促进城镇空间结构优化的重要路径。总的来说，以土地为中心的城镇化与工业化进程助推了中国经济增长奇迹，但也对城镇空间结构带来了一些负面效应，如城市无序蔓延、生态空间破碎化、产业园区遍地开花等，工业用地配置则是之中的"风暴眼"[15-16]。随着国土空间规划体系的构建，城镇空间与城镇开发边界被纳入"三区三线"管控体系，城镇空间发展模式由以增量扩张为主转向以增量提质与存量盘活并重，少数超大、特大城市甚至提出减量发展理念。在此背景下，如何以土地配置与利用方式调整为契机，通过构建相对应的政策组合，提高土地集约节约利用程度，提升集聚经济效应，是城镇空间结构优化的核心议题。

（三）提升城市品质，推动城市创新转型

"十四五"时期，提升城市品质与推动城市创新转型对于塑造城市竞争力至关重要[17]，工业用地配置优化则是两者在供给侧的交汇点之一。首先，生产方式转型、生活水平提升与消费观念转变使得工业从业者越发重视城市品质，包括更为现代化的生产空间、更为优质的生活环境与更为便捷的公共服务等，特别是对高技术从业者而言。优化工业用地配置，以土地为媒介构建城市品质与创新之间的互利共生关系，不仅有利于匹配人民日益增长的美好生活需要，还将有效激发工业经济活力，促进产城融合，并推动城市产业结构向高附加值方向转型。其次，破解城镇低效、闲置用地难题是"十四五"时期中国经济高质量发展无法忽视的议题。现阶段，诸多城市的中心区存在一定数量的低效、闲置工业用地，它们曾是城市经济的基石，但因城市功能结构调整、主要产能外迁与自身产业转型升级滞后等原因凋零。这些土地阻断了城市功能连续性，是空间顽疾；但往往位于高价值地段，因此更是稀缺资源。如何通过再配置为其注入发展新理念，以二次开发重塑土地价值，促进城市经济"腾笼换鸟"，是当前城市发展与城市更新亟待考虑的。以深圳蛇口网谷为例，其源于中国首个对外开放产业园区——蛇口沿山工业区，占地面积达到20平方公里，在2010~2015年通过"工改工"方式实施存量更新与工业用地再配置，由以玻璃加工、有色金属等传统产业为核心的低效益老工业区转型成为由电子信息、人工智能等新兴产业为核心的、拥有独具匠心的建筑与景观设计、自成体系的公共服务配套与涵盖近50项园区服务的智慧线上平台的城市经济新增长极。截至2018年末，蛇口网谷已吸引苹果、IBM、中兴等300余家高技术企业的研发部门入驻，地均产值超6万元/平方米。

三、工业用地配置面临的关键问题

工业用地的大规模配置为中国摘得"世界工厂"桂冠提供了不可或缺的基础生产资料支撑。然而，随着中国经济进入高质量发展阶段，现行的工业用地配置路径在规模、结构、效益、监管、体制与模式等多个维度与构建"双循环"新发展格局、创新驱动发展、区域协调发展以及集约节约高效发展等新发展理念存在偏差，并面临一些关键问题。

（一）区域配置规模不经济，"土地—产业"配置结构失衡

整体来看，东部、中部、西部与东北地区等四大经济板块的工业用地配置存在较为明显的规模不经济现象。自2003年起，出于区域均衡发展目的，国家开始实行工业用地指标差异化配置策略，在逐步加大中西部地区工业用地供给力度的同时，有意识地削减东部地区，特别是东南沿海地区的土地配置规模[18-19]。2007~2016年，中部、西部地区工业用地配置规模持续提升，占全国比重由46.0%增至55.16%，与东部地区之比由1.05:1增至1.38:1（见表1）。然而，诸多学者发现中部、西部地区的土地利用效益较低，尤以西部为甚[6][8][20]。反观东部地区，特别是东南沿海地区，其土地利用效益相对较高，产业能效稳定，但土地供需却普遍面临"僧多粥少"困境。

表1 2007～2016年中国四大经济板块工业用地配置规模占全国配置总规模比重　　　单位:%

年份	2007	2008	2009	2010	2011	2012	2013	2014	2015	2016
东部地区	43.64	42.59	44.31	44.37	35.01	35.61	35.60	34.36	37.96	40.10
中部地区	27.00	26.78	21.62	24.36	25.58	24.26	26.50	27.52	25.89	24.10
西部地区	19.00	20.11	23.39	21.47	28.64	33.15	29.78	30.78	30.12	31.06
东北地区	10.24	10.26	10.68	9.80	10.76	6.98	8.12	7.22	5.98	4.73

资料来源：笔者根据中国土地市场网（http://www.landchina.com/）公布数据绘制。

近年来，工业用地市场仍以满足传统工业企业需求为主[21]。举例来说，2007～2016年，全国仅有7.26%的工业用地配置给了高技术产业，即便是在东部地区，其高技术产业土地配置比也仅为7.45%（见表2）。同时，已有学者发现技术密集型工业用地的经济增长贡献显著高于传统工业用地，且在工业化与城镇化仍有一定增量空间的城市，配置结构的技术化将有效提升工业用地的整体配置效益[22]。由此可见，"土地—产业"配置结构失衡不仅无法为中国工业经济的技术赶超与创新转型提供足够支撑，还将抑制土地利用效率提升与经济潜能释放。

表2 2007～2016年全国及四大经济板块高技术产业工业用地配置规模占配置总规模比重　　　单位:%

年份	2007	2008	2009	2010	2011	2012	2013	2014	2015	2016	总量
全国	6.71	5.60	7.11	7.33	7.02	6.46	7.38	8.29	8.73	9.17	7.26
东部地区	5.86	6.58	6.54	7.40	7.52	6.77	7.60	8.79	9.34	9.93	7.45
中部地区	8.69	5.23	8.19	9.34	9.64	9.52	9.31	10.68	11.15	12.09	9.36
西部地区	4.33	4.28	5.01	4.72	4.50	3.96	5.94	6.19	6.62	6.05	5.10
东北地区	8.49	3.03	11.88	7.77	5.90	6.14	5.41	5.06	4.79	8.43	6.71

资料来源：笔者根据中国土地市场网（http://www.landchina.com/）公布数据绘制。

（二）配置效益备受争议，数字化监管程度不高

一是低价格、大规模的工业用地配置模式效益备受争议。众所周知，为了角逐激烈的地区间竞争，部分地方政府偏好通过低价格、大规模的工业用地配置来吸引工业企业进驻，以期在固定资产投资规模、政绩考核评价与长期税源预定上占得先机[4][23]。然而，诸多学者发现该模式效益堪忧。陈淑云和曾龙、李勇刚和罗海艳认为这会带来以中低端制造业为主的产业结构刚性，阻碍产业转型与技术进步[24-25]。Zhang等、余泳泽等认为这会降低招商引资质量与环境监管力度，不仅影响土地利用效益，还会提升社会治理与环境规制成本[26-27]。Liu等则提出工业蔓延（Industrial Sprawl）的概念，其核心构成要素为参差且同质的产业园区，蛙跳式的工业用地配置格局与较低的土地利用效率[28]。同时，根据自然资源部发布的2019年国家级开发区土地集约利用情况可知，作为代表工业经济发展与工业用地配置水平的"国家队"，531个国家级开发区的综合容积率仅为0.96，工业用地综合容积率仅为0.91，建筑密度仅为32.30%，且平均工业用地固定资产投入强度与地均税收均出现下降趋势。"国家队"已然如此，对于超过2000家省级开发区以及各类产业园区而言，工业用地配置效益存在的问题可能更为严峻。

二是数字化监管程度不高。综观国内，即便是在少数已开展工业用地全生命周期监管的城市，以"企业上报—数据录入—信息反馈"为路径，聚焦地块尺度的传统监管模式仍为主流，以大范

围、全过程与实时性为特征的智能化、数字化监管思维尚未系统引入，这使得地方政府在面对不可计数的工业用地配置时可能出现管控纰漏。一方面，土地底数难清。工业用地权属复杂，历史遗留问题多，且大地块分割模式多样，若无缜密精细的整体把控与实时监测，则土地底数难以摸清。笔者曾参与东南沿海地区某市的城市更新规划，在工业用地更新板块，通过不同统计口径得到的工业用地总量（细化到地块尺度）相差近20%，这无疑会对规划编制与实施造成严重影响。另一方面，预警机制缺失。单纯通过企业定期上报来实施效益监管的模式存在一定的时间滞后性，低效、闲置土地并非朝夕而成，违规建设、擅自更改用地性质也不会以"数"上报，若等到问题暴露，则往往是在事后，后续治理成本与难度也会陡然提升。

（三）出让年限与腾退机制不健全，部分新模式亟待规范、完善标准

法定最高出让年限过长，低效、闲置土地退出机制不健全是当前工业用地配置面临的两大难题。就法定最高出让年限而言，1990年颁布的《城镇国有土地使用权出让和转让暂行条例》规定工业用地最高出让年限为50年，并沿用至今。然而，大多数工业企业的存续周期要远远小于50年，部分中小企业的存续周期甚至不足5年[29]。供需两端的周期错配不仅不利于工业用地的高效利用与长效管控，也阻碍了大批低效、闲置土地的流转处置。值得注意的是，在国土资源部于2014年发布的《节约集约利用土地规定》提出可采取先租后让、在法定最高期限内实行缩短出让年限等方式出让土地之后，弹性配置、先租后让等围绕出让年限调整的词汇频繁出现在各级各地政策文件中，但通过对2016~2019年中国土地市场网（http://www.landchina.com/）公布的工业用地配置数据分析可知，出让年限介于45~50年的工业用地宗数占总量之比一直保持在90%以上（见表3）。就低效、闲置工业用地的腾退机制而言，现阶段，两类用地腾退难现象普遍，部分地区虽已开展认定工作，并尝试通过征收土地闲置税、协议有偿收回等多种办法推动腾退工作，但实际效果并不明显。

表3 2016~2019年全国不同出让年限的工业用地配置宗数占配置总宗数比重 单位：%

年限\年份	2016	2017	2018	2019
0~15年	0.52	1.00	1.54	1.45
15~30年	1.63	2.28	3.12	4.18
30~45年	1.78	1.63	1.96	2.54
45~50年	96.06	95.10	93.38	91.83

资料来源：笔者根据中国土地市场网（http://www.landchina.com/）公布数据绘制。

"标准地"与新型产业用地（M0用地）作为近年来工业用地配置模式的重要创新，配置标准亟待规范、完善。就"标准地"而言，自浙江德清于2017年推出全国首块"标准地"以来，这一以"带条件出让"为中心的配置新模式受到广泛关注，且在浙江、上海、广西等多个省区市开始试行或推进。然而，通过研读各地相关政策文件可知，"标准地"重在"事前定标准"，在事后监管上则多倚赖政企双方的契约精神，签订协议书、建立信用监管机制、要求企业承诺长期坚持等监管措施偏"软"，且对于出让条件是否达成，是否需要定期考核等一系列关键问题并未明确。如何让"事前定标准"更加有效、有约束力，是"标准地"模式良性发展的前提。就M0用地而言，其发轫于深圳，已在东莞、无锡、贵阳等20余座城市应用。相比《城市用地分类与规划建设用地标准》规定的一类（M1）、二类（M2）、三类（M3）工业用地，M0用地旨在匹配工业经济创新转型对于生产空间的新需求，在准入条件、容积率、配套占比等指标设定上均有较大突破，短期内也已取得一定成效，上文提到的蛇口网谷项目便是通过M0用地引入。然而，制度设计尚不完善与统一标准缺失使得各地在进行M0用地配置时出现了一些问题。一是准入产业、企业过于宽泛。多地并未严格限定M0用地的配置对象，而是"创新型产业""以产品研发、核心技术产品生产试验为主的产业"等词汇概述，部分城市甚至没有提出要求，这显然无法保证进驻项目的类型、质量与创新能力，且在承载功能上易与商服用地混淆。二是存在"房地产化"风险。容积率高，配套占比高，拿地成本仅为商服用地的20%~30%是M0用地赋予创新型企业的土地红利，但在没有严格准入条件约束的情况下，企业拿地后是否以从事创新型工业生产活动为主，是否会出现"退二进三"的投机行为，这难以预料，特别是在分割销售比高的城市。通过实地调研可知，在部分城市，M0用地被以金融、房地产为主业的企业掌控的情况并不鲜见。

四、工业用地配置优化的现实路径

"十四五"时期，针对工业用地配置面临的一系列关键问题，本文认为应以"自上而下"的制度设计与"自下而上"的市场需求匹配为合力，多维度、多尺度健全工业用地市场化配置体系，通过精明调控配置规模与结构，精准管控配置效益与底线，精细把控配置规则与模式，推动工业用地配置实现效益最大化与效率最优化，为中国经济高质量发展提供产业空间保障。

（一）四级联动，精明调控工业用地配置规模与结构

从配置规模不经济到"土地—产业"配置结构失衡，工业用地配置面临的区域不平衡、不充分问题仍较为严重。"十四五"时期，建立更加完善、更加市场化的区域工业用地配置机制具有重要性与紧迫性。因此，应以战略管理思维加强区域统筹，充分发挥市场、政府等各方优势，从全国、省级、城镇与产业园区等不同尺度联动施策，精明调控工业用地配置规模与结构，以土地为触媒，促进劳动力、资本、技术等重要生产要素有序自主流动。

（1）应按照区域、产业发展需求，对各级土地年度利用计划中的工业用地配置指标予以细化。土地年度利用计划的区域发展与产业经济含义丰富，具有通过具体指标引导土地配置的职能，然而各级计划中的工业用地配置指标大多仅为"工矿仓储用地规模"一项。在国土资源弥足珍贵、产业发展日新月异的今天，单纯依靠"控总数"并不能精确引导工业用地高效布局。"十四五"时期，建议在各级土地年度利用计划中增加区域配置规模指标。例如，在全国层面增加四大经济板块与重点城市群的配置规模指标，在省级层面增加不同类型主体功能区的配置规模指标等。同时，建议明确部分重点发展地区技术密集型工业用地的配置规模指标，从土地要素配置环节引导区域与城市经济的创新发展。

（2）应秉承上下联动、按需分配的原则，在全国、省级层面调控、优化工业用地配置规模与结构。在全国层面，对四大经济板块的配置规模进行差别化调控，一是在落实国土空间开发保护的前提下，适当增加东部地区，特别是东南沿海地区的配置规模，缓解高经济效益地区土地指标紧张的现状；二是减少西部、东北地区的增量配置规模，并出台优先盘活低效、闲置土地的指标要求。在省级层面，恪守主体功能区规划，指标到县，将配置指标大幅向优化、重点开发地区倾斜，优先保证国家级开发区、自贸区等重点产业园区的土地指标，严控限制、禁止开发地区及出现收缩趋势地区的土地配置规模。

（3）应加大技术密集型产业和重点产业产业链、供应链关键环节的土地市场化配置力度。一是鼓励各地以土地集约节约利用为前提，提升技术密集型工业用地配置规模，并有针对性地设计"一地一策"式配置奖励机制，对技术密集型工业用地配置规模占总量比超过奖励线的地区，可采取增加下一年度土地指标、注入产业发展基金等方式予以奖励。二是建议在"十四五"时期以浙江、广东、山东等沿海地区为试点区域，探索以重点产业产业链、供应链安全稳定为导向的定向供地模式，包括由省级政府协调布局重点产业链、供应链关键环节的供地指标与区位，并探索批量统筹供应、优势互补供应、地块关联供应与围绕"卡脖子"技术攻关协同供应等一系列以产业链、供应链为核心的配置模式，对于"高精尖缺"环节的重点、重大项目，可按照优先预支、额外增加等方式保障土地指标配置。

（4）应时空联控，在城镇、产业园区层面优化工业用地配置。城镇与产业园区是工业用地配置的具体执行与落位区域，建议在与之对应的国土空间规划中增加产业用地规划板块，整体把控工业用地配置规模与结构，明确每一块土地的配置区位、主导产业范围与负面准入清单，并将其纳入法定规划体系。同时，构建工业用地配置的长效机制也是有必要的，建议制定符合市场需求与城市发展规律的工业用地配置时序，从供给侧遏制城镇无序扩张、产业发展频繁换向与园区经济不成合力等现象出现。

（二）分段施策，精准管控工业用地配置底线与效益

工业用地配置是一个动态、可持续的过程，且在短期内具有难可逆性。"十四五"时期，应聚焦工业用地配置的全生命周期，以效益为导向，明确配置底线，搭建全息智慧监管平台，最大限度确保每一块土地在配置之始能够找到"对的人"，在配置之后能够贡献长效、稳定税收，在出现低效、闲置问题时能够合法合规整改、腾退。

（1）应严格划定工业用地配置准入、腾退与空间约束三条底线。在准入层面，建议按照三位数产业代码明确可进驻项目的产业类型，确保招商引资与所在区域的产业、空间发展需求匹配，降低土地错配风险。对于部分以创新为引领的产业园区，还应划定每一宗工业用地配置的技术底线，如是否仅允许以战略性新兴产业或高技术产业为主导产业的企业进驻，是否仅允许国家级高新技术产业进驻等，为提升土地，甚至所在区域的技术创新能力夯实基础。在腾退层面，应将低效、闲置工业用地限期整改、腾退的相关内容与刚性处置方式纳入《中华人民共和国土地管理法》，通过营造良好的土地法治环境，为地方政府处置错综复杂的低效、闲置工业用地问题提供法律依据。在空间约束层面，应推行工业用地控制线制度，并出台工业用地开发保护条例，精

划定、保障与保护工业发展空间。这不仅有助于优化工业发展整体布局，引导工业企业高效集聚，还有助于在城镇与产业园区的潜力发展区域合理布局工业储备用地，通过战略留白为重点产业、重大项目以及瞬息万变的工业经济新形势预留高质量增长空间。

（2）应运用数字技术，搭建工业用地配置全息智慧监管平台。"十四五"时期，深度学习、云计算、区块链等数字技术与遥感影像、手机信令、企业用电量等广泛数据源为大范围、全过程、智能化监管提供了契机。建议充分利用时代赋予的技术与数据红利，在城市与区域层面构建涵盖工业用地配置全生命周期的全息智慧监管平台，做到统一接入、集中管理与数据实时分析，以"一口式"治理模式动态监测每一宗土地的演化发育路径，并制定工业用地效益体检、预警机制[30]。同时，通过城市计算方法，构建工业用地配置多情景仿真模拟机制，精准测度不同工业用地配置模式、空间规划方案与招商引资计划的社会、经济与环境效益。客观来说，监管平台的建立将为土地集约高效利用与工业经济发展提供智能化支撑，并为下一阶段工业用地利用计划与指标分配提供决策依据。

（三）刚柔相济，精细把控工业用地配置规则与模式

博弈共赢与双边匹配是工业用地市场良性运转的密匙。随着土地资源的日益稀缺与新产业、新业态、新生产方式的涌现，部分地区已围绕上述两点开始探索土地配置路径创新，"标准地"、M0用地等新概念接连出现，但也不可避免地出现了一些问题。"十四五"时期，应充分审视既有创新的优势与不足，刚柔相济，查漏补缺，精细把控工业用地配置规则与模式，为工业经济提供良好的制度环境与发展空间。

（1）应缩短法定工业用地最高出让年限，并按照承租人规模差异予以一定弹性。现行50年的法定最高出让年限与工业企业的真实生命周期存在较大错配，且现行土地市场普遍存在供需双方明知周期错配与土地资源浪费风险，却仍偏好以

最高或接近最高出让年限进行配置的特征事实。因此，建议对《城镇国有土地使用权出让和转让暂行条例》进行修订，适当、合理缩短法定最高出让年限，并按照企业规模进行梯度化出让年限设定。例如，对重点项目、重大项目以及规模以上企业项目可按照最高出让年限进行配置，对非重点项目与规模以下企业项目则可在详细评估发展潜力与成长空间的前提下，缩短出让年限，并鼓励以先租后让、分阶段出让的模式进行配置。

（2）应吸取"标准地"经验，全面推行工业用地配置模式向"事前定标准"与"事后严监管"并重转型。一是对不同区域、城市的每一宗工业用地配置均按照主导产业与区位设定前置条件，如固定资产投资、容积率、单位最低能耗标准与单位税收等。同时，在双边约定具体出让年限的基础上，实施、强化定期体检机制，若体检不达标，则视为违约，并予以限期整改甚至追责。二是构建工业用地续约机制，为了支持优质项目长效投资与稳定发展，建议拿地后定期体检连续达标的承租人在出让年限到期时，无须招拍挂便可享有土地优先续约权。

（3）应积极响应高质量发展视角下的工业经济创新转型需求，全面推行M0用地。一是建议将M0用地正式纳入《城市用地分类与规划建设用地标准》的工业用地中类，明确界定内涵，以便于其在全国范围内标准化推行。二是针对部分城市在M0用地配置过程中的准入产业、企业过于宽泛与存在"房地产化"风险等问题，建议在"事前定标准"的前提下，严格设定准入与配置条件，如按照三位或四位数产业代码制定准入产业目录，设置M0用地主体的技术门槛，短期内禁止土地分割转让等。三是对M0用地的绿地率、公共服务配套比例、景观设计标准等品质相关指标提出更高要求，以通过塑造高品质的创新型产业发展空间促进知识生产与人才集聚。四是谨防M0用地自身过度混合，工业用地仍应以承载工业经济为核心，商务、商业等功能虽为高技术人才必需，但并无必要纳入M0用地配套范围，而是应在规划阶段便秉承混合功能利用的理念予以整体调控与配置。五是全面鼓励以M0用地为主体盘活城市中心区高价值地段的低效、闲置工业用地，通过"工改M0"推动土地与产业的双重置换，优化城市功能结构，为城市经济发展与创新转型注入新动能。

五、结论与讨论

"十四五"时期，工业用地配置的合理、高效已经成为从供给侧匹配高质量发展要求，推动区域经济结构转型升级，构筑国土空间开发保护新格局以及营造满足人民美好生活需要的城镇空间的重要"抓手"。本文聚焦工业用地配置优化议题，立足国家、区域、城市、地块等不同空间尺度，聚焦配置规模、底线、效益等不同经济维度，从护航实体经济、落实国土空间开发保护要求以及提升城市品质等方面，阐释其在供给侧结构性改革中扮演的关键角色，梳理其在现阶段面临的区域配置规模不经济、配置效益备受争议以及部分新模式亟待规范、完善标准等关键问题。在此基础上，有针对性地提出四级联动，精明调控工业用地配置规模与结构；分段施策，精准管控工业用地配置底线与效益；刚柔并济，精细把控工业用地配置规则与模式等优化现实路径。

近年来，随着创新驱动发展、生态文明建设、新型城镇化以及深化工业化进程的并行，中国的经济增长动力与目标愿景已经发生显著变化。"十四五"时期，如何高效匹配"地"与"用"，务使"地"能尽其"用"，向高质量发展释放新一轮的土地经济红利，实为当务之急。因此，国家应加快建立更加完善的土地要素市场化配置体制机制，为中国经济高质量发展提供更为优质的土地要素保障。

参考文献

[1] 习近平. 推动形成优势互补高质量发展的区域经济布局[J]. 求是，2019（24）：4-9.

[2] 杨继东，杨其静. 保增长压力、刺激计划与工业用地出让[J]. 经济研究，2016（1）：99-113.

[3] 张莉，李舒雯，杨铁轲. 新中国70年城市化与

土地制度变迁［J］. 宏观质量研究, 2019（2）：80 - 102.

［4］Tao R., Su F., Liu M., et al. Land leasing and local public finance in China' regional development：Evidence from prefecture - level cities［J］. Urban Studies, 2010, 47（10）：2217 - 2236.

［5］雷潇雨, 龚六堂. 基于土地出让的工业化与城镇化［J］. 管理世界, 2014（9）：29 - 41.

［6］刘守英, 王志锋, 张维凡, 等. "以地谋发展"模式的衰竭——基于门槛回归模型的实证研究［J］. 管理世界, 2020（6）：80 - 92 + 119.

［7］吕铁, 贺俊. 政府干预何以有效：对中国高铁技术赶超的调查研究［J］. 管理世界, 2019（9）：152 - 163 + 197.

［8］魏后凯, 王颂吉. 中国"过度去工业化"现象剖析与理论反思［J］. 中国工业经济, 2019（1）：5 - 22.

［9］中国社会科学院工业经济研究所课题组. "十四五"时期中国工业发展战略研究［J］. 中国工业经济, 2020（2）：5 - 27.

［10］黄群慧. "十四五"时期深化中国工业化进程的重大挑战与战略选择［J］. 中共中央党校（国家行政学院）学报, 2020（2）：5 - 16.

［11］沈琼, 王少朋. 技术创新、制度创新与中部地区产业转型升级效率分析［J］. 中国软科学, 2019（4）：176 - 183.

［12］习近平. 在深入推动长江经济带发展座谈会上的讲话［J］. 求是, 2019（17）：4 - 14.

［13］李禾. 长江经济带水环境保护道阻且长［N］. 科技日报, 2019 - 02 - 13（003）.

［14］祝培甜, 李蕾, 李树枝, 等. 长江经济带产业用地供应情况分析［J］. 国土资源情报, 2019（5）：40 - 47.

［15］罗遥, 吴群. 城市低效工业用地研究进展——基于供给侧结构性改革的思考［J］. 资源科学, 2018（6）：1119 - 1129.

［16］Chen W., Shen Y., Wang Y., et al. How do industrial land price variations affect industrial diffusion？Evidence from a spatial analysis of China［J］. Land Use Policy, 2018（71）：384 - 394.

［17］杨开忠. 京津冀协同发展的新逻辑：地方品质驱动型发展［J］. 经济与管理, 2019（1）：1 - 3.

［18］陆铭, 张航, 梁文泉. 偏向中西部的土地供应如何推升了东部的工资［J］. 中国社会科学, 2015（5）：104 - 112.

［19］闫昊生, 孙久文, 苏玺鉴. 土地要素：一个中国特色的政策工具［J］. 经济学家, 2019（5）：104 - 112.

［20］Zhou Y., Huang X., Chen Y., et al., The effect of land use planning (2006 - 2020) on construction land growth in China［J］. Cities, 2017（68）：37 - 47.

［21］Zhou L., Tian L., Gao Y., et al. How did industrial land supply respond to transitions in state strategy？An analysis of prefecture - level cities in China from 2007 to 2016［J］. Land Use Policy, 2019（87）：104009.

［22］Zhou L., Tian L., Cao Y., et al., Industrial land supply at different technological intensities and its contribution to economic growth in China：A case study of the Beijing - Tianjin - Hebei region［J］. Land Use Policy, 2021（100）：105087.

［23］范子英. 土地财政的根源：财政压力还是投资冲动［J］. 中国工业经济, 2015（6）：18 - 31.

［24］陈淑云, 曾龙. 地方政府土地出让行为对产业结构升级影响分析——基于中国281个地级及以上城市的空间计量分析［J］. 产业经济研究, 2017（6）：89 - 102.

［25］李勇刚, 罗海艳. 土地资源错配阻碍了产业结构升级吗？——来自中国35个大中城市的经验证据［J］. 财经研究, 2017（9）：110 - 121.

［26］Zhang X., Lin Y., Wu Y., et al. Industrial land price between China' Pearl River Delta and Southeast Asian regions：Competition or coopetition？［J］. Land Use Policy, 2017（61）：575 - 586.

［27］余泳泽, 宋晨晨, 容开建. 土地资源错配与环境污染［J］. 财经问题研究, 2018（9）：43 - 51.

［28］Liu Y., Fan P., Yue W., et al. Impacts of land finance on urban sprawl in China：The case of Chongqing［J］. Land Use Policy, 2018（72）：420 - 432.

［29］刘戒骄. 工业用地出让和利用制度改革分析［J］. 中共中央党校学报, 2015（2）：65 - 70.

［30］黄征学, 张燕. 完善空间治理体系［J］. 中国软科学, 2018（10）：31 - 38.

Optimization of Industrial Land Allocation from the Perspective of High – quality Development During the 14th Five – Year Plan

Zhou Lin

Abstract: During the 14th Five – Year Plan, with China's economy has entered the deepening stage of high – quality development, the transformation of China's development model, take the supply – side structural reform as the main line, optimization of resource allocation as the central task, and transformation of development model with real economy as the focus, has entered deep waterarea. Industrial land, as one of the most important factors of production on the supply side and the core spatial carrier of the real economy, which allocation is not only closely related to the metamorphose of China's real economy, the development, protection and structural optimization of national land and space, but also related to the improvement of urban quality and industrial innovation. In face of some shortages of industrial land allocation such as the diseconomies of scale at regional level, the controversial of allocation effects and the low level of digital supervision, this paper proposes three optimized paths, which include regulate the scale and structure of industrial land allocation, stimulate the bottom line and effects of industrial land allocation, and put forward some new rules and modes of industrial land allocation, in order to provide industrial space guarantee for China's high – quality development during the 14th Five – Year Plan.

Key Words: The 14th Five – Year Plan; High – quality Development; Industrial Land; Allocation Optimization

"十四五"时期电力工业高质量发展的方向与路径

白 玫

摘 要： "十四五"时期是电力工业全面落实高质量发展要求，深入推进电力供给侧改革的关键时期。回顾"十三五"时期电力工业发展历程，清洁低碳、安全高效的现代电力工业体系正在形成，"十三五"时期规划目标基本实现，并呈现以下特点：清洁低碳、安全高效的电力供应能力大大增强；电力工业空间布局有所优化；电力系统效率与调节能力有所改善与提高；电价形成机制不断完善，初步建立了输配电价监管制度；电力技术创新能力与国际合作水平不断提升。"十四五"时期电力工业需着力解决煤电定位与电力电源结构优化的关系问题、电力工业平衡发展与电力工业布局问题、深化电力市场化改革和电力价格改革问题。面向"十四五"，要发挥好煤电在电力工业转型发展的积极作用，优化电力工业空间布局，进一步降低电力成本，将科技创新作为推动电力工业高质量发展的新动能，稳步推进电力体制市场化改革和电力价格改革。

关键词： 电力工业高质量发展；转型升级；电价改革

2020年是"十三五"规划的收官之年，也是科学谋划未来五年电力工业发展的关键之年。面向"十四五"，电力工业发展面临诸多新形势和新变化，存在着诸多不确定性，既有新冠肺炎疫情全球性暴发带来的经济发展不确定性，也有中国电力工业转型升级带来的困难与挑战。在总结"十三五"电力工业发展成就与经验的基础上，把握未来五年电力工业发展，对推动能源转型升级，实现电力工业高质量发展，保障经济社会持续稳定发展具有重要意义。

一、"十三五"时期电力工业发展成就

"十三五"时期是电力工业加快转型发展的重要时期，也是深化电力市场改革的攻坚期。"十三五"时期电力工业发展总体目标是加快调整优化、转型升级，构建清洁低碳、安全高效的现代电力工业体系；着力调整电力结构、优化电源布局、升级配电网、增强系统调节能力、提高电力系统效率和推进体制改革与机制创新；加强统筹协调，加强科技创新，加强国际合作[①]。经过"十三五"时期的发展，中国电力工业实现了电力供应宽松常态化、发电结构清洁低碳化、电力系统智能化数字化、体制机制市场化、经营国际化的态势。

（一）"十三五"时期中国电力工业发展主要目标的实现情况

"十三五"电力规划的具体目标体现在电气

---

* 本文发表在《价格理论与实践》2020年第11期。
[作者简介] 白玫，中国社会科学院工业经济研究所、能源经济研究中心研究员、博士。
① 参见：《电力发展"十三五"规划（2016—2020年）》。

化水平、安全供电能力、电力结构优化、电力系统效率和电能替代等方面。对标电力规划目标，各项指标基本实现（见表1）。

表1 "十三五"时期电力工业发展主要目标与实现情况

类别	指标	2015年	2020年	年均增速	是否约束	2019年	2020年
电气化水平	全社会用电量（万亿千瓦时）	5.69	6.8~7.2	3.6%~4.8%	否	7.23	7.29
	电能占终端能源消费比重（%）	25.80	27	1.2%	否	—	27
	人均装机（千瓦/人）	1.11	1.4	4.75%	否	1.4	1.5
	人均用电量（千瓦时/人）	4142	4860~5140	3.2%~4.4%	否	5359	5300
供电能力	总装机（亿千瓦）	15.3	20	5.5%	否	20.11	21.17
	西电东送（亿千瓦）	1.4	2.7	14.04%	否	—	2.7
	发电量（亿千瓦时）**	5.8	—	—	—	7.50	7.49
	跨区域电量（亿千瓦时）	—	—	—	—	5300	5500
结构优化	非化石能源消费比重（%）	12	15	3%	约束	15.3	
	非化石能源发电比重（%）	26.3%	—	—	—	30.4	30.7
	非化石能源发电装机比重（%）	35%	39%	4%	否	40.8	41.6
	常规水电（亿千瓦）	2.97	3.4	2.8%	否	3.56	3.56
	抽蓄装机（万千瓦）	2303	4000	11.7%	否	>3000	>3000
	核电（亿千瓦）	0.27	0.58	16.5%	否	0.49	0.49
	风电（亿千瓦）	1.31	2.1	9.9%	否	2.10	2.10
	太阳能发电（亿千瓦）	0.42	1.1	21.2%	否	2.05	2.05
	化石能源发电装机比重（%）	65	61	-4	否	59.2	58.4
	化石能源发电装机（亿千瓦）	9.66	12.1	—	—	12.4	11.9
	煤电装机比重（%）	59	55	-4	否	—	—
	煤电（亿千瓦）	9	<11	4.1%	否	—	—
	气电（亿千瓦）	0.66	1.1	10.8%	否	—	—
系统效率	新建煤电机组平均供电煤耗（克标准煤/千瓦时）	—	300	—	约束	300	300
	现役煤电机组平均供电煤耗（克标准煤/千瓦时）	318	<310	-8	约束	308	308
	线路损失率（%）	6.64	<6.50	—	否	—	—
电能替代	充电设施建设		满足500万辆电动车充电		否	—	—
	电能替代用电量（亿千瓦时）	—	4500	—	否	—	1500

注：2020年为估计值，单位为表左侧所列指标单位。

资料来源：笔者根据《电力发展"十三五"规划》及Wind数据库整理。

第一，经过努力，约束性指标非化石能源消费比重、新建煤电机组平均供电煤耗、现役煤电机组平均供电煤耗分别为15.3%、300克标准煤/千瓦时和308克标准煤/千瓦时，实现了电力工业发展目标。但我们也要看到，化石能源装机、核电、抽水蓄能的目标实现起来很困难。

第二，城乡居民生活电气化水平显著提高。通过"十三五"时期电力工业的发展，中国电气化进程进入中期发展阶段，缩小了与美国、德国、日本等发达国家电气化进程的差距。电气化水平是衡量电力现代化的主要依据，可以通过全社会用电量、电能源占终端能源消费比重、人均装机、人均用电量和人均生活用电量等指标进行衡量。①全社会用电量大幅增加。"十三五"时期，中国全社会用电量大幅增加，年均增速约5%。全社会用电量从2015年的5.69万亿千瓦时增加到2020年的7.29万亿千瓦时，实现了"十三五"电力规划目标的6.8万~7.2万亿千瓦时。②电能占终端能源消费比重持续提升。电能占终端能源消费比重由"十二五"末的25.8%提升到2020年的27%，实现了规划目标。③人均装机与人均用电量接近中等发达国家水平。人均装机从2015年的1.11千瓦增加到2020年的1.5千瓦；人均用电量从2015年的4142千瓦时增加到2020的约5300千瓦时，接近中等发达国家水平。

第三，"十三五"时期，城乡居民生活用电持续增长，从"十二五"末的7276亿千瓦时增加到2020年的10941亿千瓦时。居民年人均生活用电量从2015年的529千瓦时增加到2020年的778千瓦时。

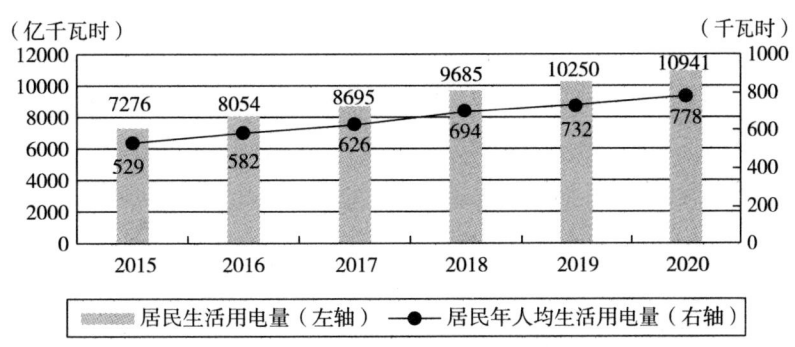

图1　"十三五"时期居民生活用电

资料来源：笔者根据国家数据计算整理。

（二）清洁低碳、安全高效的电力供应能力增强

1. 电力供应能力大大提升

"十三五"时期，新增电力装机5.9亿千瓦，与"十二五"时期新增装机5.5亿千瓦大体相当，对中国目前电力装机规模的贡献约为30%。到"十三五"末的2020年，电力装机规模约21亿千瓦、年均增长5%左右，是"十二五"末的2015年电力装机的1.4倍；发电量约7.5万亿千瓦时，是2015年发电量的1.2倍（见表2）。

表2　"十三五"时期电力供应规模与结构

时期	电力装机（万千瓦）	火电		非化石能源		发电量（亿千瓦时）	火电		非化石能源	
		装机（万千瓦）	占比（%）	装机（万千瓦）	占比（%）		发电量（亿千瓦时）	占比（%）	发电量（亿千瓦时）	占比（%）
"十一五"	96641	70967	73.4	25674	26.6	175360	141145	80.5	31481	19.5
"十二五"	152527	100554	65.9	51973	34.1	267412	206578	77.3	59281	22.7
"十三五"	211722	123579	58.4	88143	41.6	347577	246708	71.0	100863	29.0
2015年	152527	100554	65.9	51973	34.1	58146	42842	73.7	15093	26.3
2016年	165051	106094	64.3	58956	35.7	61332	44371	71.8	16955	28.2
2017年	178418	111009	62.2	67409	37.8	66044	47546	72.0	18498	28.0
2018年	189967	114367	60.2	75600	39.8	71661	50963	71.1	20698	28.9
2019年	201066	119055	59.2	82011	40.8	75034	52201	69.6	22833	30.4

续表

时期	电力装机（万千瓦）	火电		非化石能源		发电量（亿千瓦时）	火电		非化石能源	
		装机（万千瓦）	占比（%）	装机（万千瓦）	占比（%）		发电量（亿千瓦时）	占比（%）	发电量（亿千瓦时）	占比（%）
2020	211722	123579	58.4	88143	41.6	74892	51874	69.3	23018	30.7
2020－2015*	59195	23025	－8	36170	8	16746	9033	－4	7925	4
2020/2015**	1.4	1.2		1.7		1.3	1.2	—	1.5	—

注：*为2020年指标减2015年指标，是"十三五"末与"十二五"末的数量对比，其单位为表头指标的单位。**为2020年指标与2015年指标的比值，其单位为倍，衡量"十三五"末是"十二五"末的多少倍。

资料来源：国家统计局（https://data.stats.gov.cn/）。

2. 电力供应结构不断优化

"十三五"时期，中国电力供应结构不断清洁化。通过积极发展水电，有序开发风电光电，推进沿海核电建设，实现发电结构不断清洁化的目标。

（1）发电装机结构大大优化。到2019年，实现非化石能源发电装机8.2亿千瓦、占比40.8%，提前完成了7.7亿千瓦、占比39%的规划目标。预计到2020年底非化石能源发电装机将达到8.8亿千瓦、占比41.6%。"十三五"时期，新增非化石能源发电装机3.6亿千瓦，较"十二五"末非化石能源装机（5.8亿千瓦）增长了70%。2020年，非化石能源占比（41.6%）较2015年（34.1%）提升了8个百分点。到2020年，煤电装机约10.5亿千瓦，实现了到"十三五"末煤电装机不超过11亿千瓦的规划目标。

（2）发电量结构有所优化。到2020年，实现非化石能源发电量2.3万亿千瓦时、占比约31%，较2015年非化石能源发电量1.5万亿千瓦时、占比26%大大提高。火电发电量占比69.3%，较2015年下降了4个百分点。

3. 清洁低碳、安全高效的现代电力工业体系正在形成

"十三五"时期，清洁低碳、安全高效的现代电力工业体系在电源侧建设方面，得益于以下几个方面的努力：第一，对煤电规划建设的严格控制，取消和推迟煤电建设项目1.5亿千瓦以上。第二，对落后煤电产能的淘汰，"十三五"淘汰煤电落后产能2000万千瓦以上。第三，大力发展非化石能源。到2020年，全国风电装机达到2.1亿千瓦以上，太阳能发电装机达到1.1亿千瓦以上，核电投产约3000万千瓦、开工建设3000万千瓦以上。第四，通过外送通道，跨省区可再生能源消纳4000万千瓦。第五，通过储能（电化学储能和抽水蓄能）设施建设，提高可再生能源的消纳能力。

（三）电力工业空间布局有所优化

1. 电源空间布局优化

电源的布局以优化资源配置为目标，通过输电与输煤、集中式与分布式的成本效益比较，充分发挥西部地区可再生能源的资源富集优势与现有输电线路作用，在全国范围内进行电源布局优化。电力资源跨省（区）配置主要以"西电东送"为主，"西电东送"输电通道新增规模1.3亿千瓦，"西电东送"的送电能力约2.7亿千瓦。2019年，全国跨地区送电量超过5300亿千瓦时，其中南方电网"西电东送"电量超过2250亿千瓦时。预计2020年跨地区送电量超过5500亿千瓦时。

2. 煤电布局得以优化

长期以来，中国煤电布局以就地平衡为主，75%的燃煤电厂分布在东中部地区，造成中东部地区污染严重，输煤压力加重。"十三五"时期，优化煤电布局，在煤炭资源富集的中西部地区建设大型火电项目。到2019年，西部地区火电发电量占比27.6%，较2015年上升了2.2个百分点；

东部地区火电发电量占比44.0%，较2015年下降了2.4个百分点。

3. 电网主网架不断优化，配电网升级改造有序推进

"十三五"时期，不断优化电网主网架，完善区域电网主网架，加强省间联络线建设。已基本形成以特高压电网为骨干网架、各级电网协调发展的电网，跨区跨省输电能力突破200GW，形成全国联网格局。"十三五"时期，新增220千伏及以上输电线路18.7万千米，其中交流线路16.8万千米；新增200千伏及以上变电设备容量11.2亿千伏安。到2020年，220千伏及以上输电线路回路长度约78.5万千米，变电设备容量45.0亿千伏安（见表3）。

表3　"十三五"时期新增220千伏及以上送电线路长度及变电设备容量

地区	2015年	2016年	2017年	2018年	2019年	2020年*	"十三五"时期
新增变电设备容量（万千伏安）	21785	24394	24263	22082	23042	18395	112176
新增送电（千米）	33248	34999	41459	41035	34022	35706	187222
其中：交流（千米）	33152	32043	33120	37710	33428	32066	168367
其中：东部（千米）	11964	12307	12791	10674	12460	11952	60185
西部（千米）	10750	11106	12551	12810	10363	9941	56770
中部（千米）	6602	5921	6096	4950	9444	9059	35470
东北（千米）	2118	2560	1150	7135	1161	1114	13120
东部（%）	36.1	38.4	38.6	28.3	37.3	37.3	35.7
西部（%）	32.4	34.7	37.9	34.0	31.0	31.0	33.7
中部（%）	19.9	18.5	18.4	13.1	28.3	28.3	21.1
东北（%）	6.4	8.0	3.5	18.9	3.5	3.5	7.8

注：*为2020年估计数据。
资料来源：笔者根据中电联相关数据计算。

（四）电力系统效率有所改善

1. 煤电效率进一步提高，清洁化水平大幅提高

新建燃煤发电机组平均供电煤耗低于300克标准煤/千瓦时，煤电机组超低排放改造率已超过70%，煤电机组供电煤耗约308克标准煤/千瓦时。现役燃煤发电机组经改造平均供电煤耗低于310克标准煤/千瓦时。

2. 发电设备可靠性大幅提高

中电联可靠性管理中心数据表明，2019年纳入可靠性管理的各类发电机组等效可用系数均达到90%以上，其中燃煤机组为92.79%，同比增加0.53个百分点；燃气—蒸汽联合循环机组为92.37%，同比降低0.1个百分点；水电机组为92.58%，同比增加0.28个百分点；核电机组为91.01%，同比下降0.83个百分点[1]。

3. 供电可靠性保持较高水平

第一，用户平均停电时间和停电频率不断下降。中电联可靠性管理中心数据表明，2019年全国用户平均停电时间为13.72小时/户，同比减少2.03小时/户，其中，城市地区为4.50小时/户（2018年为4.77小时/户），农村地区为17.03小时/户（2018年为19.73小时/户）。全国用户平均停电频率为2.99次/户，同比减少0.29次/户，其中，城市地区为1.08次/户（2018年为1.11次/户），农村地区为3.67次/户（2018年为4.07

---

[1] 2019年发电设备可靠性指标发布［EB/OL］.［2020-06-05］. http://www.xinhuanet.com/power/2020-06/05/C.1210647506.htm.

次/户）。第二，线损率不断下降、电网运行效率不断提高。电网综合线损率在6.5%以内。新增500千伏及以上交流线路9.2万千米，变电容量9.2亿千伏安。

（五）电力工业市场化改革和电力价格改革取得了重要进展

1. 电力市场建设成效初显

第一，售电侧市场化平稳推进，初步形成了多买多卖的市场竞争格局。第二，以中长期交易为主、现货交易为补充的电力市场体系初具雏形，省间交易致力于落实国家战略、促进清洁能源在更大范围优化配置和消纳，省内交易致力于省内资源优化配置、确保电力平衡和电网安全稳定运行。第三，现货市场建设正在推进，并取得一定成效。8个现货试点地区实施路径、规则彼此不同，市场建设各具特色，在电量市场、辅助服务市场等方面进行了有益的探索，并取得阶段性成果。

2. 电价形成机制不断完善，初步建立了输配电价监管制度

第一，不断放松电价管制，上网电价和销售电价逐步由政府定价转变为由市场竞争形成；输配电价由政府定价。2018年，销售电价由上网电价（49%）、输配电价（30%）、增值税（14%）、政府基金及附加（4%）和线损（3%）构成。第二，输配电价格传导机制更明确，区域电网容量电费纳入省级电网输配电价回收，电量电价按输电量计收。第三，输配电价改革稳步推进。初步建立了输配电价监管制度，首个监管周期输配电价顺利实施，第二轮输配电价核定已启动。第四，输配电价整体下降。区域电网输电价大多有所降低，最大降幅达到0.0335元/千瓦时（四川省容量成本增加至0.0004元/千瓦时、华中区域电量电价无变化）；省级电网输配电价方面，17个省份的输配价格明显降低，最大降幅达到0.159元/千瓦时，其他省份输配电价有升有降。

3. 增量配网改革正在推进

2016年以来，国家发改委、国家能源局先后分四批在全国范围内开展了404个增量配电业务改革试点，鼓励社会资本投资配电业务，第五批试点项目正在评估中。探索了增量配网电价机制。现阶段增量配电网配电定价机制为"用户承担的配电网配电价格与上一级电网输配电价之和不得高于其直接接入相同电压等级对应的现行省级电网输配电价"。

（六）电力技术创新能力与国际合作水平提高

1. 电力技术创新能力大大提升

第一，电力装备技术水平取得了飞跃式的发展，超超临界常规煤粉发电技术达到世界先进水平，空冷技术、循环流化床锅炉技术达到世界领先水平，水电机组的设计与制造能力达到世界先进水平，全面掌握三代核电技术，攻克具有四代特征的高温气冷堆技术。第二，电网技术取得了巨大进步。中国主导制定的特高压、新能源并网等国际标准成为全球相关工程建设的重要规范。特高压输电技术和超临界技术进入世界先进行列，拥有世界电压等级最高的正负1100千伏直流输电和1000千伏交流特高压输电；输变电设备制造能力处于世界先进水平。特高压输电技术的发展改变了中国输变电行业长期跟随西方发达国家发展的被动局面，确立了国际领先地位。

2. 国际合作不断深化

第一，中国电力外投资呈现出爆发式的增长态势。电网、发电、电建、电力装备等电力企业依托丰富的水电工程、火电工程、风电场、光伏电站、电网工程的建设经验，不断探索对外合作的方式，通过并购运营、电力工程总包、电力设备输出、电力国际贸易、电力标准制定与电力规划编写等多种方式，使电力对外合作规模不断增大、合作区域更加广泛、合作领域日趋多元。

第二，电力国际贸易规模不断扩大。"十三五"时期，电力出口的规模略有扩大，但总体平稳。到2019年，电量出口217亿千瓦时，出口金额15.87亿美元，主要向越南（23亿千瓦时）、蒙古（13亿千瓦时）、缅甸（6亿千瓦时）出口；进口电量52亿千瓦时、电力进口金额为1.7亿美元，主要从俄罗斯（35亿千瓦时）、缅甸（15亿千瓦时）进口（见表4）。

表4 "十三五"时期电力进出口情况

年份	2015	2016	2017	2018	2019
出口金额（亿美元）	14.10	14.03	14.06	15.09	15.87
进口金额（亿美元）	3.37	3.20	3.10	2.55	1.74
进出口金额（亿美元）	17.46	17.22	17.16	17.63	17.62
出口电量（亿千瓦时）	186.54	189.09	194.70	209.06	216.55
进口电量（亿千瓦时）	62.10	61.85	83.84	56.88	52.59
净出口电量（亿千瓦时）	124.44	127.24	110.85	152.18	163.96

资料来源：中国海关总署。

二、"十四五"时期中国电力工业发展需要着力解决的主要问题

面向"十四五"的电力工业发展，需要着力解决以下重大问题：煤电定位与电力电源结构优化的关系问题、电力工业平衡发展与电力工业布局问题、深化电力市场化改革问题。

（一）煤电定位问题

"十四五"时期，应明确煤电定位问题，处理好煤电发展与电力结构优化关系。

1. 明确煤电定位为基础性电源，处理好其他电源发展的关系问题

"十四五"时期，煤电将由主体性电源转变为基础性电源。考虑到未来用电仍将保持刚性增长，为保障电力供应，作为托底电源的煤电仍需保持适当增量和储备。降煤电、增可再生能源发电是电力结构优化的主要内容。相比其他发电方式，煤电相对成本较低。考虑到电力工业的发展成本和电力结构优化，需要着重研究不同种类电源发展的比例关系，处理好煤电与清洁能源发电的关系。

2. 明确煤电的调峰作用，持续推进煤电的灵活性改造

灵活性不足制约着我国电力工业低碳转型，进而会影响到实现2030年碳达峰和2060年碳中和的国家承诺。中国电源结构中灵活性调节电源比重低，不足6%，"三北"地区不足4%，远低于欧美国家。美国、西班牙和德国的灵活性调节电源比重分别为49%、34%和18%。

煤电调峰作用显著，对新能源调峰的成本影响较大。煤电灵活性改造单位千瓦调峰容量成本为500~1500元，低于抽水蓄能、储能电站、气电调峰等其他系统调节手段。在抽水蓄能、储能调峰、气电调峰等技术应用范围有限的情况下，煤电仍然是新能源调峰最合理、最经济的方式。为了提高新能源消纳比例，需要对深度调峰（调峰深度为机组最大出力的60%~70%）的煤电机组进行灵活性改造。

"十三五"时期，煤电灵活性改造规划目标2.2亿千瓦时并没能完成。国家电网《服务新能源发展报告2020》显示，截至2019年底，中国累计推动完成煤电灵活性改造约5775万千瓦。该数字仅为2.2亿千瓦改造目标的25%左右。究其原因，一是由于煤电机组灵活性改造技术尚需要在智能控制、自适应控制等方面有突破性进展；二是煤电机组灵活性改造的补偿机制尚不能完全补偿因技改投入的成本，导致煤改造的积极性不高；三是电力辅助服务价格的市场机制尚未形成，不能有效激励煤电灵活性改造。

（二）电力工业发展不平衡与电力工业布局问题

1. 地区电力平衡与电力工业布局问题

"十四五"时期电力工业发展还将面临电力工业布局与地区电力平衡矛盾问题。一方面，中东部地区电力平衡问题还比较突出；另一方面，考虑到资源分布、环境容量和电力需求增长等因素，"十三五"时期中国电力工业布局调整的原则是新增发电装机向中西部地区倾斜。

"十三五"期间，华北、华东、华中都出现了供电紧张局面。究其原因，主要包括受本地区电力需求增长快、本地煤电项目建设控制、跨区特高压通道送端配套电源建设滞后以及跨区域电力交易市场机制不畅。

"十三五"时期，新增发电装机主要布局在东部地区。"十三五"时期，全国电源建设新增产能5.7亿千瓦，其中，东部地区、中部地区、西部地区和东北地区分别为2.4亿千瓦

(41.1%)、1.4亿千瓦(24.1%)、1.7亿千瓦(30.2%)和2594万千瓦(4.5%)。从表5可知,2020年,东部地区电源建设新增生产能力约为42.4%,较"十二五"末的2015年增加了13.1个百分点;西部地区电源建设新增生产能力约为28.3%,较"十二五"末的2015年减少了17.0个百分点。与2015年相比,新增装机2020年有较大规模缩减,全国减少了3935万千瓦,其中西部地区减少了3325万千瓦、中部地区减少了977万千瓦,而东部地区增加了31万千瓦。

表5 "十三五"时期全国分地区电源建设新增生产能力

地区	2015年	2016年	2017年	2018年	2019年	2020年	"十三五"时期总计	2020年与2015年相比变化
全国(万千瓦)	12974	12061	13372	12440	10174	9039	57086	-3935
东部(万千瓦)	3798	4555	5716	5281	4103	329	23485	31
中部(万千瓦)	2911	2575	3379	3497	2355	1934	13739	-977
西部(万千瓦)	5885	4553	3795	3032	3328	2560	17268	-3325
东北(万千瓦)	380	378	482	630	388	716	2594	336
东部(%)	29.3	37.8	42.7	42.5	40.3	42.4	41.1	13.1
中部(%)	22.4	21.3	25.3	28.1	23.1	21.4	24.1	-1.0
西部(%)	45.4	37.8	28.4	24.4	32.7	28.3	30.2	-17.0
东北(%)	2.9	3.1	3.6	5.1	3.8	7.9	4.5	5.0

注:2020年为估计数据。
资料来源:笔者根据中电联统计数据计算。

2. 电力系统效率地区差异还比较大

"十四五"时期,要努力改善电力系统效率地区差异的问题。与"十二五"末相比,尽管各地区电力系统效率有了较大的提升,发电煤耗和供电煤耗都有较大的下降,但是电力系统效率的地区差异还是较为明显的,西部地区电力系统的效率明显低于东部地区。观察表6可以发现,西部地区和东北地区的发电煤耗和供电煤耗显著高于东部地区。以平均供电煤耗为例,2020年,西部地区和东北地区分别为326克标准煤/千瓦时、310克标准煤/千瓦时,高于"十三五"对现役煤电机组平均供电煤耗308克标准煤/千瓦时的约束性目标;东部地区为290克标准煤/千瓦时,大大优于308克标准煤/千瓦时;中部地区为306克标准煤/千瓦时。

表6 "十三五"时期分地区发电煤耗与供电煤耗

效率指标	地区	2015年	2016年	2017年	2018年	2019年	2020年	2020年与2015年相比变化(%)
发电煤耗(克标准煤/千瓦时)	西部	317	312	309	309	306	305	-12
	东北	296	293	293	292	289	290	-6
	中部	298	296	292	290	290	290	-8
	东部	285	282	280	280	277	275	-10
供电煤耗(克标准煤/千瓦时)	西部	342	335	333	333	328	326	-16
	东北	317	315	314	312	310	310	-7
	中部	316	314	309	306	306	306	-10
	东部	302	298	296	296	293	290	-12

注:2020年数据为2020年7月累计数据。
资料来源:笔者根据中电联相关数据计算整理。

（三）深化电力市场化改革问题

1. 计划与市场双轨运行问题

计划与市场双轨运行，影响电力市场化改革的总体推进。计划与市场双轨制主要体现在以下几个方面：第一，市场化电价的煤电与计划体系下固定上网电价的部分核电、水电、新能源发电双轨制，部分核电、水电、新能源发电还不能参与市场竞争。当前，新能源参与电力市场问题突出。一些省份对于新能源参与电力现货市场进行了积极的探索，如甘肃新能源发电采用"报量报价"模式，山西新能源发电采用"报量不报价"模式；浙江、山东、四川、福建新能源发电则采用"全额保障性收购"模式，新能源发电不参与电力现货市场交易。如何设计新能源参与电力市场的机制，既能实现新能源发电保障性收购有序开展，又能让多发新能源发电参与市场交易，对于中国电力结构优化意义重大。第二，市场化的省内电价与部分计划的固定上网电价的跨省区送受电双轨制。目前，跨省区送受电暂时未放开，省间主要是富余可再生能源可以参与市场竞争。放开省间电力市场是更大范围内优化电力资源的重要举措，但省间与省内市场的衔接目前还缺乏一套完善的机制。第三，一部分市场化的经营性用户（大用户）与另一部分计划体制的经营性用户（中小用户）的双轨制，存在发电侧与用电侧放开规模不一致的矛盾。在经营性用户发用电计划全面放开后，对于中小经营性电力用户放开后如何参与市场不明确。第四，市场的经营性用户与计划的居民用电户双轨制。

2. 现货市场设计与市场不公平竞争风险防范问题

现货市场规则过于复杂且各省差异较大，市场运行相关机制不完善，出现现货价格低于中长期合同价格，价格发现作用难以发挥，将影响用户签订中长期合同的积极性。同时，还存在辅助服务市场与电能量市场间不衔接、搁浅成本没有回收的体制机制等问题。

中国发电侧市场竞争结构存在一些问题，需要设计市场不公平竞争防范机制。发电侧市场不公平竞争的现象时有发生，如部分地区部分发电企业市场份额过高可能形成地区垄断优势，不仅影响市场公平竞争，还将推高电力价格，增加用户的用电成本。

3. 深化输配电价改革问题

尽管输配电价改革取得实质性进展，但还存在以下问题：第一，政府电价监管与国资委绩效考核目标不统一、不协调。国务院国资委对电网企业的盈利能力、资产质量、债务风险和经营增长的明确考核，这些考核目标与输配电价核定监管并不完全一致。例如，国资委考核的利润率、资产收益率等指标，在某种程度上与输配电价规制的准许回报率并不一致。第二，各地区输配电价的基金附加水平与监管方式存在较大差异，从而难以形成反映不同地区电力成本和供求关系的价格信号，从而阻碍了电力市场跨区、跨省交易，不利于跨区域电力资源的优化配置。第三，首轮输配电价核定尚存不足。

4. 深化增量配电网改革问题

增量配电网改革是新电改的亮点之一，是打破原电网企业垄断的重要突破点。"十三五"期间，增量配电网改革推进缓慢，来自垄断企业的阻力比较大。2018年国家发改委、能源局的电改督查调研表明，增量配电"试点整体缓慢，一些地方政府和电网企业在改革关键问题、关键环节上认识不到位，与中央改革精神存在偏差，配电业务向社会资本放开的要求未得到有效落实；一些试点项目在供电区域划分、接入系统等环节受到电网企业阻挠，迟迟难以落地"。增量配电网改革缓慢的原因，主要是配电价格机制对配电企业缺乏激励机制、投资回收困难、增量配电网与省级电网之间的结算不畅等影响了社会资本的投资，削弱了配电业务对社会资本的吸引力。

（四）煤电项目建设与煤电企业经营问题

1. 煤电项目建设依然存在一些问题

电力工业建设需要统筹考虑未来市场消纳、送出通道、企业盈利。然而受地方经济发展驱动，存在搭新基建的"顺风车"建设电力项目、为缓解新冠肺炎疫情影响拉动地方经济建设煤电项目

（重启规划多年但未开工建设项目）等现象。

2. 煤电企业经营问题较为突出

"十四五"期间，煤电企业将面临新冠肺炎疫情带来的经济增长放缓、能源转型、煤电产能过剩的压力，企业经营环境将更加严峻。"十三五"时期，煤电企业经营困难问题就比较突出。受煤价快速上涨、煤电产能过剩、市场竞价加剧等因素叠加影响，煤电企业亏损面超过50%。2018年，五大发电集团的煤电企业亏损面达54.2%，亏损金额约380亿元（见表7）。

表7 2018年主要电力公司煤电企业亏损情况

公司	装机容量——煤电（亿千瓦）	电厂户数——煤电（户）	亏损户数（户）	亏损面（%）	亏损金额（亿元）
国能投	1.7	152	77	50.7	113.2
华能	1.1	78	40	51.3	74.1
大唐	0.9	85	50	58.8	56.2
华电	0.9	88	47	53.4	71.9
国电投	0.7	71	43	60.6	64.2
合计	5.2	474	257	54.2	379.6

资料来源：Wind数据库。

三、"十四五"时期电力工业高质量发展的方向与路径

"十四五"时期电力工业要加快转型、实现高质量发展，既要面对错综复杂国际形势和新冠肺炎疫情严重冲击的新形势，也要面临资源条件约束、环境约束、技术水平约束等。

（一）"十四五"时期电力工业展望

"'十四五'时期是中国全面建成小康社会、实现第一个百年奋斗目标之后，乘势而上开启全面建设社会主义现代化国家新征程、向第二个百年奋斗目标进军的第一个五年"。展望"十四五"，中国电力工业将秉承"创新、协调、绿色、开放、共享"新发展理念，构建新发展格局，调整优化、转型升级，逐步建成清洁低碳、安全高效的现代电力体系。

1. 电力需求稳定增长

"十四五"时期，中国电力消费年均增速4.2%左右，略低于"十三五"年均增速。电力需求稳定增长，到"十四五"末，全社会用电量约9.5万亿千瓦时，较2020年电力需求将增加1.5万亿千瓦时。

2. 电力装机规模将有较大增加

"十四五"时期，新增电力装机容量为7.5亿~8亿千瓦，年均新增电力装机容量约1.5亿千瓦。到2025年，电力装机将达到28亿千瓦左右。其中，煤电规模仍呈继续增长的态势，2025年装机达到13.5亿千瓦，占比为48%；水电装机4亿千瓦，新增装机主要集中在南方和西南地区；核电装机7300万千瓦，约占3%；风电未来继续持增长态势，2025年装机达5.1亿千瓦，占比为18%；抽水蓄能、储能、气电都有一定规模的增长。抽蓄、储能、气电到2025年装机达3.7亿千瓦，占比为12%。

3. 电力结构进一步优化

"十四五"时期，煤电装机占比将继续下降，但煤电对中国能源安全依然至关重要。中国煤电装机在电源中的占比有望控制在50%以内，新能源装机达8亿千瓦左右，占比29%，发电量达到1.5万亿千瓦时左右，占比16%。

（二）"十四五"时期电力工业高质量发展的方向

"十四五"时期，电力工业将坚持以推动电力高质量发展为主题，以深化电力供给侧结构性改革为主线，以电力改革创新为根本动力，以满足人民日益增长的美好生活需要为根本目的。电力工业发展将围绕构建以国内大循环为主体、国内国际双循环相互促进的新发展格局，将新发展理念贯穿电力工业各个领域。电力工业高质量发展的方向主要有以下几个方面：一是提升电力安全保障能力与电力系统整体效率；二是加快电能替代步伐，电能占终端能源消费比重将达到30%；三是推进电力绿色转型升级及煤电清洁高效发展；四是大力推动电力供给侧结构性改革；五是促进技术创新与国际电力合作。

(三)"十四五"时期电力工业高质量发展的实现路径

1. 发挥好煤电在电力工业转型发展中的积极作用

"十四五"时期,煤电将继续发挥电力安全保障"压舱石"的作用,需要考虑尖峰负荷抑制、需求侧响应等综合措施。第一,严格控制新上煤电项目,通过节能提效和建设虚拟电厂,满足"十四五"时期电力负荷增长以及系统削峰填谷的需求。第二,推进煤电机组的节能减排。一方面,新增煤电机组,要以建设大容量、高参数、低能耗、零排放和智慧型机组为主,要着重解决好煤炭直接和分散燃烧问题,推行县镇实现集中供热。另一方面,继续对存量煤电机组进行升级改造,以提高存量煤电机组的灵活、低碳和高效。目前还有3.5亿千瓦的亚临界存量机组,要通过改造让其充分发挥作用,如果一味地淘汰,会存在资源浪费问题。

2. 进一步优化电力工业空间布局

"十四五"期间,通过优化电力工业空间布局,增加输电,减少输煤,提高新能源发电跨区交易。第一,重点在西部、北部地区布局外送电源。在西部、北部地区建设综合能源基地,沿特高压跨区输电通道配套建设储能项目和煤电一体化项目,解决弃风、弃光问题,实现西部地区电力外送。第二,在"两湖一江"地区布局路口电源。在"两湖一江"地区依托蒙华铁路布局路口电源,保障"十四五"时期华中地区电力需求。第三,华东、南方地区也需要一定的支撑电源。严格控制东中部煤电建设,支持在东部地区通过关停机组容量、煤炭消费量和污染物排放量等指标交易或置换,统筹安排等容量超低排放燃煤机组项目。第四,在农村和边远地区布局分布式新能源发电。根据初步统计,农村电网交叉补贴平均为0.6元/千瓦时,即电网少供一度电,交叉补贴就减少0.6元。同时,农村建设分布式新能源的土地成本很低。在中东部地区发展电力合作社模式,有利于解决需求侧调节问题,同时重建农村集体经济。

3. 进一步降低电力成本,将科技创新作为电力工业高质量发展的新动能

"十四五"时期,电力工业发展应以降低全社会用电成本目标,优化电源的建设,包括煤电清洁化发展和电力系统灵活性改造。中国的发电规模、电网规模居世界第一位,已经解决了"有没有电"的问题。"十四五"期间,要解决电力降成本的问题。要通过电力技术创新、电力市场化改革、进一步降低供电成本,让社会用户享受电力规模经济带来的"便宜电"。

加强能源开发利用关键技术研究,加快推进能源技术装备自主化进程,力争在能源数字化、大规模储能、氢能、燃料电池等重点领域取得突破,以创新驱动提高全要素生产率,抢占能源转型变革先机。重构电网格局,强化省间电网联络,发挥特高压输电线路的作用,减少因电网阻塞而产生的额外灵活性需求。

4. 深化电力体制市场化改革和价格改革

打破影响电力工业高质量发展的制度障碍,尽快建立完善有效的现货市场、辅助服务市场、容量市场,通过市场形成有效的电价、调峰价格和容量价格,激发市场主体参与电力市场、调峰市场和容量市场的积极性,从而保障绿色电力系统的安全高效运行。深化电力体制市场化改革,着力于建立公平竞争的售电市场、高效的输配电监管体系、多样性的终端零售市场,建设保障电力工业高质量发展的体制机制。第一,建立信号有效、保障有力的电价机制。以保障性上网电量(如新能源保障性收购电量、供热机组保障性上网电量)为基础,确定优先发电规模和电价,确保保障类用户的电价稳定。在保障电网安全和民生用电价格平稳的同时,逐步放开保障性电量的价格,建立不同类型保障性电源的竞争机制。通过电价信号激发电力需求侧用电行为,增加用电侧的灵活性。第二,逐步实现省内电力市场和跨区域电力市场的衔接,建立全国统一电力市场。在充分考虑电源结构、电网结构、调度模式等特点的基础上,尊重省级电力市场的差异性,规范省级电力市场的框架与规则,统一技术标准和接口，逐步实现省内省间市场对接、建立全国统一的电力市场。第三，建立新能源与火电等调峰电源的合理协调机制，探索具有激励作用的调峰电源价格形成市场。为了避免大规模风光电的波动性和不稳定性对电网造成的不利影响，需要火电机组深度参与调峰，甚至是跨省区调峰，这就需要建立火电机组参与调峰的激励机制和价格形成市场，确保大规模消纳风电、光伏发电等新能源。第四，探索利用市场化的手段推动工业节能、能效电厂、能源需求侧管理等节能项目商业化，提高中国电力工业节能水平。第五，建立有效的机制，促进在电源侧、电网侧和用电侧的储能建设。

参考文献

[1] 刘世宇，刘思远. 电力工业高质量发展关键何在？[N]. 中国能源报，2020-04-20.

[2] 史玉波. 促进电力转型改革？实现高质量发展[J]. 中国电力企业管理，2018，543（30）：25-27.

[3] 张晨，朱瑞，乔丰，张琛."十四五"电网规划的逻辑起点及建议：规划需要关注的重大变化[J]. 电力决策与舆情参考，2020（16/17）.

[4] 张宁，汤芳，代红才."十四五"能源电力发展重大问题探讨[J]. 能源，2019（12）：27-31.

The High-quality Development Direction and Path of the Power Industry during the 14th Five-Year Plan Period

Bai Mei

Abstract: The 14th Five-Year Plan period is a key period for the electric power industry to fully implement the requirements of high-quality development and further promote the supply-side reform of electricity. Looking back the development of the electric power industry during the 13th Five-Year Plan period, clean, low-carbon, safe and efficient modern electric power industry system is taking shape, planning goals of the 13th Five-Year Plan period are basically achieved, and there are the following characteristics: clean, low-carbon, safe and efficient power supply capacity has been increased substantially; the spatial layout of the electric power industry has been optimized; the efficiency and regulation capacity of the electric power system has been increased; the electricity price formation mechanism has been improved, and a transmission and distribution price supervision system has been initially established; the creation ability and international cooperation level of electric power technology have been enhanced. During the 14th Five-Year Plan period, the power industry needs to focus on solving the relationship problems about the coal power positioning and the optimization of the power supply structure, the balanced development of the power industry and the layout of the power industry, deepening the reform of the power market and power price reform. For the 14th Five-Year Plan, it is suggested to play a good role in the transformation and development of coal power industry, optimize the spatial layout of the power industry, further reduce the cost of electricity, take technology innovation as a new driving force to promote the quality development of the power industry, and steadily promote the market-oriented reform of the power system and power price reform.

Key Words: Quality Development of the Power Industry; Transformation and Upgrading; Power Price Reform

中国经济社会发展"十三五"时期回顾与"十四五"时期展望

——基于《中国经济学人》问卷调查的分析

陈素梅

摘　要：2020年是中国"十三五"时期的最后一年，是"两个一百年"奋斗目标的历史交汇之年，也是编制"十四五"规划并开启基本实现社会主义现代化新征程的关键之年。整个经济学界对"十三五"时期中国经济社会发展取得的成就，以及"十四五"时期机遇、挑战及对策是怎样判断的？2020年5月，《中国经济学人》杂志就此问题开展了面向经济学人的问卷调查。调查发现，"十三五"时期中国经济社会发展取得显著成绩，工业化和信息化深度融合，新经济快速成长；大众创业万众创新效果显著，高精尖技术研发实力增强；绿色生产、大气污染和水污染治理等成效明显；脱贫攻坚成就突出。展望未来，"十四五"时期中国经济社会发展机遇与挑战并存，且韧性十足；经济学人预判发展形势总体乐观。基于这些回顾与展望，经济学人认为"十四五"时期中国政府工作重点主要包括以下几个方面：加快产业转型升级，培育壮大实体经济，持续挖掘内需潜力；加强前沿基础科学研究，加快关键技术自主攻关；促进基本公共服务均等化；推进消费、生产、流通、创新和金融在内的全方位绿色发展。

关键词："十四五"时期；经济发展；创新驱动；民生福祉；生态环境保护

一、引　言

2020年是中国全面建成小康社会和"十三五"规划的收官之年，是"两个一百年"奋斗目标的历史交汇之年，也是编制"十四五"规划并将进入全面建设社会主义现代化国家新时期的关键之年。评估"十三五"时期中国经济社会发展成就，预判"十四五"时期面临的挑战与机遇并明确今后五年的政府重点工作任务，对于顺利开启基本实现社会主义现代化新征程具有至关重要的意义。

回顾"十三五"时期，中国国内生产总值从2016年的74万亿元增长到2019年的99.1万亿元，年均增速在6%以上，经济总量稳居世界第二位。根据世界银行2020年划分标准，按照Atlas方法，2018年人均国民生产总值超过12376美元为高收入国家，而2018年中国现价人均国内生产总值为9770.8美元，人均国民生产总值（Atlas方法）为9460美元。2019年中国人均国内生产总值按年平均汇率折算达到10276美元，首次突破1万美元大关，但仍未迈过高收入国家的门槛。因此，"十四五"时期是中国努力跨越中等收入陷阱的关键阶段。

---

* 本文发表在 China Economist 2020年第4期。
[作者简介] 陈素梅，中国社会科学院工业经济研究所助理研究员、经济学博士。

为了解经济学人对中国经济社会发展"十三五"时期回顾与"十四五"时期展望的思考和判断，2020年5月，中国社会科学院工业经济研究所《中国经济学人》（China Economist）杂志进行了一次面向中国经济学人的问卷调查。此次调查对《中国经济学人》数据库中的经济学人进行邮件问卷调查和"中国经济学人"微信公众号定向调查，在两周的时间内共收到172份调查问卷。受访经济学人有59.88%为高校老师，16.28%为高校学生，11.05%来自社科院、政府机关、事业单位及科研机构，12.79%来自金融机构、企业及咨询公司等。

根据《中华人民共和国国民经济和社会发展第十三个五年规划纲要》（以下简称《规划纲要》），"十三五"时期中国经济社会发展的主要目标有经济发展、创新驱动、发展协调性、民生福祉、国民素质和社会文明、生态环境保护、基础性制度成熟七项。因此，本文从以上七项目标出发，首先系统评估了"十三五"时期中国经济社会发展取得的成就；其次，展望"十四五"时期，总结提炼经济社会发展面临的机遇、挑战及其韧性，并预判未来五年的发展前景；最后，在此基础上，明确"十四五"时期为促进中国经济社会发展的政府重点工作。

二、"十三五"时期中国经济社会发展成就突出

根据《规划纲要》，"十三五"时期中国经济社会发展的七项主要目标中只在经济发展、创新驱动、民生福祉、生态环境保护四个方面设置了量化考核指标。那么，在这七项主要目标中，中国到底取得了哪些突出成就呢？仅仅依靠常规的数据指标对比，无法开展这一综合性评估。基于此，《中国经济学人》就"十三五"时期中国经济社会发展的成就开展了问卷调查。

（一）经济发展、生态环境保护、创新驱动和民生福祉取得突出成就

本次调查首先邀请经济学人对中国经济社会发展七项主要目标进行了总体评分排序，为"十三五"时期经济社会发展提供了概括性评价。调查结果显示，经济学人普遍认为"十三五"时期中国经济社会发展的主要目标实现程度从高到低排序依次为经济发展、生态环境保护、创新驱动、民生福祉、发展协调性、国民素质和社会文明、基础性制度成熟。如图1所示，按照满分10分、6分及以上为及格的设置，经济学人对这七项目标判定的平均分是7.08分。这表明"十三五"时期经济社会发展总体进展符合预期，完成情况良好。其中，经济发展、生态环境保护、创新驱动、民生福祉四项目标取得突出成绩，经济学人评分分别为7.53分、7.47分、7.35分、7.09分，均在七项目标平均分之上。近年来，中国政府坚持以经济建设为中心，注重创新培育经济增长新动能，践行"绿水青山就是金山银山"的生态环境保护理念，牢牢把握人民群众对美好生活的向往，始终坚持"以人民为中心"的政策出发点和落脚点，这些政策效果受到经济学人们的充分肯定。

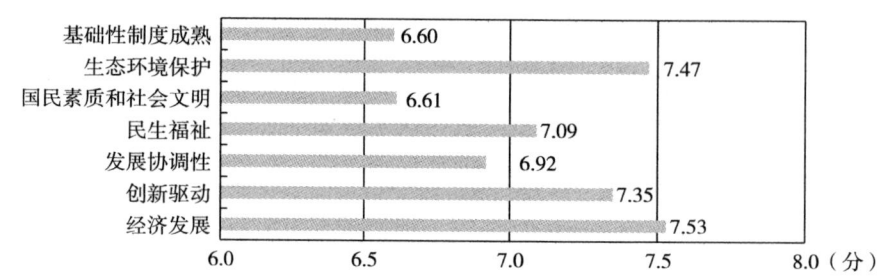

图1　经济学人对"十三五"时期中国经济社会发展七项主要目标实现程度的评分

注：满分是10分，6分及以上为及格。

发展协调性、国民素质和社会文明、基础性制度成熟的评分分别为 6.92 分、6.61 分、6.6 分，均在及格线之上，但仍低于经济社会发展七项目标平均分。这表明政府需要进一步部署实施计划促进经济社会发展协调，加强社会主义精神文明建设，并完善各领域基础性制度体系。

（二）工业化和信息化深度融合、新经济快速成长是中国经济发展取得的突出成就

为进一步掌握经济学人对中国经济发展突出成就的看法，该调查按照经济发展范畴设置了七个选项，并规定每位参与者选择不超过三项。调查结果显示，有 72.67% 的经济学人认为工业化和信息化融合发展水平提高是经济社会发展最突出的成就（见图 2）。"十三五"时期，中国经济发展进入了新常态。围绕供给侧结构性改革，中国以激发制造业创新活力、发展潜力和转型动力为主线，大力促进工业化和信息化深度融合，为制造业转型升级增强新动能。有 66.28% 的经济学人认为最突出的成就是新产业、新业态、新模式不断成长。正如中国社会科学院宏观经济研究中心课题组（2020）指出的，新兴经济活动持续发展壮大，新动能得到有效释放，成为支撑中国经济迈向高质量发展的重要力量。

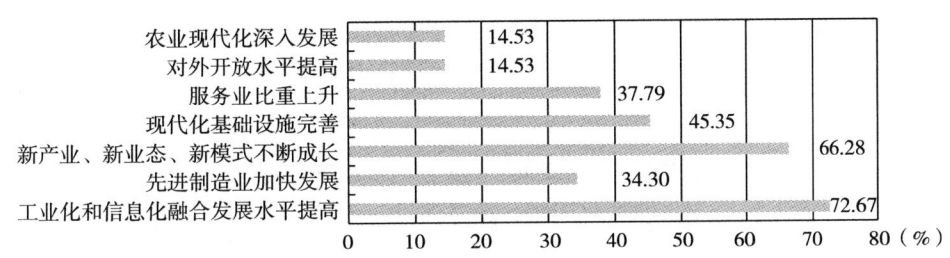

图 2　经济学人对"十三五"时期中国经济发展最突出成就的判断

注：每位参与者选择不超过三项。

选择"先进制造业加快发展""现代化基础设施完善"、"服务业比重上升"的经济学人分别有 34.30%、45.35%、37.79%，这说明"十三五"时期中国经济在这三方面也取得了一定的成绩。相对而言，选择"对外开放水平提高"（14.53%）和"农业现代化深入发展"（14.53%）的经济学人占比十分有限，说明中国在这些方面的经济发展工作仍需加强。

（三）大众创业万众创新和高精尖技术研发是中国创新驱动的显著成绩

创新是引领发展的第一动力，是建设现代化经济体系的战略支撑。"十三五"时期，中国坚持将发展基点放在创新，以创新引领经济高质量发展，具体措施包括以技术创新为核心，以人才发展为支撑，推动科技创新与大众创业万众创新有机结合。那么，经济学人判断哪些成绩最为显著呢？

本次调查显示，在每位受访者选择不超过三项的设置下，过半的经济学人认为"推动大众创业万众创新"（53.49%）和"高精尖技术创新研发实力增强"（50.58%）是中国创新驱动取得的较突出成就（见图 3）。一方面，创新创业支持服务平台不断涌现，扶持创新创业的政策体系逐渐完善，深化改革激发市场活力，促使上文所提到的新经济蓬勃发展，大众创新正成为经济转型升级新引擎。另一方面，中国政府加快实施国家重大科技专项，加强基础研究，强化原始创新、集成创新和引进消化吸收再创新，自主创新能力得到显著增强。而选择"构建激励创新的体制机制"是中国创新驱动最突出成就的经济学人仅有 23.26%。这表明我国在深化科技管理体系改革、完善知识产权市场体系方面仍有进一步提升的空间。

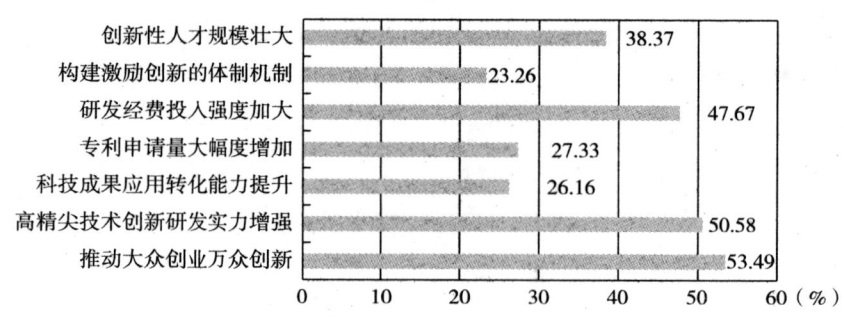

图3 经济学人对"十三五"时期中国创新驱动最突出成就的判断

注：每位参与者选择不超过三项。

（四）绿色生产、大气污染和水污染治理等方面成效明显

"十三五"时期，面对经济增长与生态环境承载力之间的不平衡问题，中国政府坚持"绿水青山就是金山银山"的发展理念，以解决生态环境领域突出问题为重点，积极推进美丽中国建设。本次调查显示，总体来看，经济学人对"十三五"时期中国生态环境保护成效持肯定态度。如表1所示，有89.53%的经济学人认为单位GDP能耗控制得到提升。

表1 经济学人对"十三五"时期中国生态环境保护的评价 单位：%

选项	显著提升	有所提升	保持持平	有所恶化	显著恶化
单位GDP能耗控制	18.60	70.93	9.30	1.16	0
绿色生产	20.93	69.77	8.14	1.16	0
绿色消费	11.05	69.19	18.60	1.16	0
大气污染治理	25.00	59.30	11.05	3.40	1.16
水污染治理	13.37	61.05	20.93	3.49	1.16
土壤污染治理	8.14	54.07	28.49	8.72	0.58
固体废弃物污染治理	8.14	56.98	24.42	9.88	0.58

相对而言，绿色生产成效要显著高于绿色消费。尽管80.24%的经济学人认为"绿色消费水平得到提升"，但有90.70%的经济学人认为"绿色生产水平得到提升"。其中，认为"绿色消费水平显著提升""绿色生产水平显著提升"的经济学人分别占11.05%、20.93%。这一结果与中国目前环境政策多集中于企业主体的生产行为而对生活领域居民消费行为的约束较少（王宇等，2020）的事实相关。消费已成为中国经济增长的主要动力，2018年消费对经济增长的贡献率达76.2%。伴随着新型城镇化建设，中国居民消费增长空间依然巨大，而消费对资源环境的消耗和压力将持续增大。因此，政府亟待将绿色消费摆上生态文明建设的重要位置，强化系统战略部署并推动具体有效的政策措施实施，引导全民参与。

按照污染要素划分，环境污染主要包括大气污染、水污染、土壤污染和固体废弃物污染四类。本次调查邀请经济学人比较了"十三五"时期不同污染类型的治理效果。结果显示，按照判断治理成效得到提升的经济学人占比排序，从大到小依次为大气污染治理（84.30%）、水污染治理（74.42%）、固体废弃物污染治理（65.12%）和土壤污染治理（62.21%）。一方面，相对于其他污染类型，大气污染易于直观感受，治污压力较大，并受到国际层面应对气候变化的协同效应影响，大气污染治理成效显著（史丹、陈素梅，

2019)。另一方面，土壤污染治理难度最大，治理效果也相对不显著。值得注意的是，分别有10.46%、9.30%的经济学人认为"固体废弃物污染治理效果下降""土壤污染治理成效下降"，这表明固体废弃物污染和土壤污染的治理效果还非常有限。

（五）脱贫攻坚是中国增进民生福祉最大的成就

发展的根本目的是增进民生福祉。本次调查发现，75.58%的经济学人认为脱贫攻坚是民生改善最显著的成就（见图4）。这与2017年12月《中国经济学人》关于"中国改革开放40年民生改善最突出的成就"问卷调查结果（秦宇、李钢，2018）一致，中国政府在反贫困斗争中付出了持之以恒的巨大努力，取得了举世瞩目的成就。截至目前，中国有七亿多贫困人口成功脱贫，对全球减贫贡献累计超过70%，在现有贫困标准下将于2020年底消除绝对贫困。① 中国特色减贫事业取得前所未有的辉煌成就，也将为全球贫困治理贡献中国经济与中国智慧（黄承伟、袁泉，2020）。有63.37%的经济学人认为交通便捷是民生改善最为突出的成就。随着社会主要矛盾的变化，多层次、多样化、个性化的出行需求和小批量、高价值、分散性、快速化的货运需求特征增加明显。目前，中国高速铁路和高速公路运营里程均居世界第一，快递业务量连续5年稳居世界第一位，总体实现村村通邮，极大地满足了人民日益增长的交通需求。还有过半的经济学人认为社会治安稳定是民生改善最为突出的成就。面对复杂多变的国际环境形势，中国始终保持社会大局稳定，增强居民安全感，已成为世界上治安较好、人民安全感较高的国家之一。

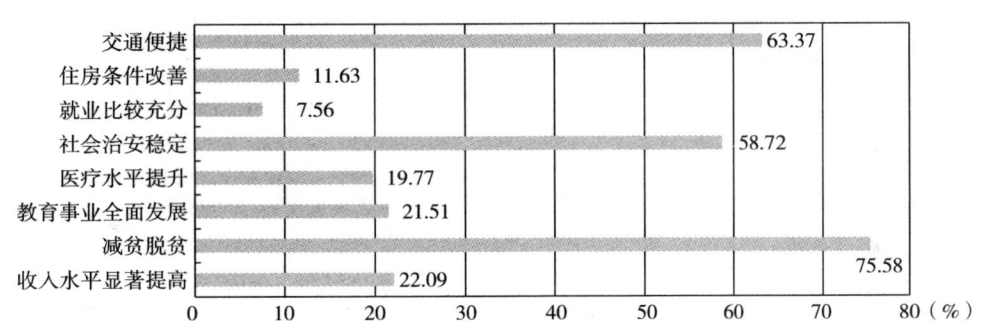

图4 经济学人对"十三五"时期中国增进民生福祉最突出成就的判断

注：每位参与者选择不超过三项。

排在后三位的分别是"就业比较充分"（7.56%）、"住房条件改善"（11.63%）、"医疗水平提升"（19.77%）。可见，经济学人对中国在就业、住房以及医疗等方面显著改善的认可度不高。首先，近年来中国就业局势总体平稳，即使在经济下行压力加大的当下，通过部署实施就业优先政策，持续保持比较充分的就业。2019年1~10月，全国城镇新增就业1193万人，提前实现全年城镇新增就业1100万人以上的目标。因此，经济学人眼中就业形势变化相对不显著并不意味着政府在稳就业方面没有成效。其次，面对居高不下的房价，购买住房在居民资产配置中占据较大的比重，造成住房改善并不太显著。最后，尽管医学技术进步显著，但医疗服务均等化使得基层的居民就近就医并享受到高端稀缺的优质医疗服务仍是接下来政府增进民生福祉的重点内容。

---

① 章念生，李晓宏，杨俊，李凉. 王毅在联合国可持续发展目标峰会上的发言（全文）[EB/OL]. [2019-09-25]. http://world.people.com.cn/n1/2019/0925/c1002-31371571.html.

三、"十四五"时期中国经济社会发展机遇与挑战并存,且韧性十足

当前,新工业革命正在蓬勃兴起,贸易保护主义与逆全球化思潮抬头,加上新型冠状病毒肺炎疫情(以下简称"新冠疫情")的全球蔓延,世界处于百年未有之大变局。从国内看,中国新旧动能正在转换,现代化经济体系正在形成,经济社会发展进入了新的历史时期。为了更加准确预判"十四五"时期的经济社会发展态势,我们需要全面辨析其面对的机遇、挑战及其韧性。因此,本文就此问题对经济学人进行了问卷调查。

(一)以新工业革命为代表的技术红利是中国经济社会发展面临的最大机遇

"十四五"时期中国迈入了全面建设社会主义现代化国家的新时期,处于可以大有作为的重要战略机遇期。如图5所示,调查发现,大多数经济学人(81.40%)认为以新工业革命为代表的技术红利是中国经济社会发展面临的最大机遇。以数字化、网络化、智能化为核心特征的新工业革命日益兴起,在促进全球包容性发展和提升人类福祉的同时,也将为后发国家的竞争与赶超提供难得的窗口期(谢伏瞻,2019)。因此,中国需要努力把握新工业革命历史机遇,在数字经济、人工智能、量子计算、5G等关键领域抢占科技创新制高点。

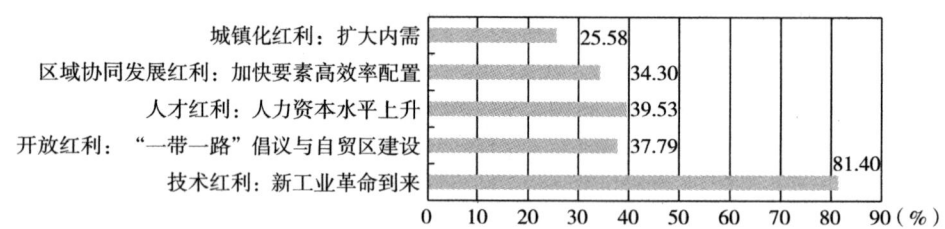

图5 经济学人对"十四五"时期中国经济社会发展机遇的判断

注:每位参与者选择不超过三项。

此外,有39.53%的经济学人指出人才红利是中国经济社会发展面临的最大机遇。21世纪以来,中国高等教育特别是理工科高等教育快速发展,培养了规模庞大的有一定专业知识储备的工程技术人员,人力资本的长期积累将为发挥后发优势奠定基础(中国社会科学院工业经济研究所课题组,2020)。还有37.79%的经济学人认为开放红利是中国面临的最大机遇。高水平对外开放在全球范围内优化资源配置,有利于加速国内产业转型升级,同时拓展国际市场,为国内相关产业发展形成强劲拉动效应。因此,人才红利与开放红利也是"十四五"时期中国经济社会发展面临的重要机遇,需要受到政府的重视。

(二)金融债务风险和"逆全球化"思潮是中国经济社会发展最为严峻的内外部挑战

从国内来看,调查显示,一半以上的经济学人(61.63%)认为较大的金融债务风险是"十四五"时期中国面临的最严峻挑战(见图6)。自中国经济发展进入新常态后,以往高速增长时期积累下来的很多债务问题开始显现。随着2020年新冠疫情向全国甚至全球蔓延,中国中小微企业财务脆弱性风险提高(朱武祥等,2020)。因此,中国政府在金融债务风险上需存忧患意识,前瞻性布局防控化解风险。过半的经济学人(51.16%)认为高精尖技术自主创新能力不足是中国接下来面临的最大挑战。这是在当前"逆全球化"阻碍中国经济参与国际分工的现实背景下经济学人的普遍担忧。此外,认为"低劳动成本优势渐失是中国经济社会发展面临的最大挑战"的经济学人接近一半(48.84%)。中国人口老龄化趋势日渐明显,"人口红利"消失。劳动密集型产业逐渐失去成本优势,已出现向其他低工资发展

中国家转移的趋势。这需要政府从西部承接东部产业转移（中国社会科学院工业经济研究所课题组，2020）、寻找"改革红利"替代"人口红利"（陆旸、蔡昉，2016）等角度入手及时应对。

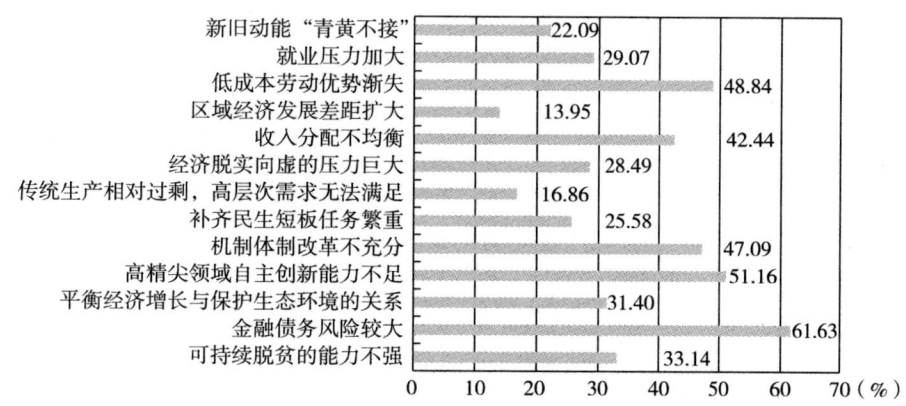

图6　经济学人对"十四五"时期中国经济社会发展内部挑战的判断
注：每位参与者选择不超过五项。

从国际来看，如图7所示，接近六成的经济学人认为"卡脖子"技术封锁力度加大是中国经济社会发展面临最为严峻的外部挑战。还有55.81%、50.00%的经济学人分别选择了"国际反华情绪高涨阻碍对外开放""发达国家制造业回流"。归根结底，这些挑战都是"逆全球化"思潮抬头造成的。其一，"科技冷战"使得中国引进使用国外先进技术的难度加大。这与前文经济学人对国内高精尖技术自主创新能力不足的担忧相吻合，足以说明中国关键技术领域自主创新需要举国体制突破。据统计，95%的高端专用芯片、70%以上的智能终端处理器以及绝大多数存储芯片依赖进口，一旦发达国家"断供"，将给我国产业链安全带来巨大风险。[1] 因此，中国不得不"破釜沉舟"，加快研究实施关键零部件、核心技术的可替代性措施。其二，伴随着中华民族的伟大复兴，西方发达国家反华情绪高涨，正在阻碍中国参与全球分工，中国应有所警惕。其三，国际金融危机发生后，以美国为代表的发达国家重新认识到离岸外包造成的产业空心化的危害和制造业对支持创新、促进就业的重要作用，纷纷出台一系列"再工业化"的政策措施，鼓励制造业回流。而此次新冠疫情的全球蔓延造成部分行业生产中断，全球制造业供应链无法正常运转，这将会加剧全球制造业供应链的重构，促使发达国家强化完善其国内的制造业供应链。

（三）中国经济韧性主要来自经济超大规模性优势和新兴产业快速发展

既然"十四五"时期中国经济社会发展面临着诸多挑战，那么在经济学人的眼中，经济发展的韧性主要来自哪些方面以应对这些挑战呢？在本次调查问卷中，关于该问题设置了七个选项，且规定每个参与者选择不超过三项。如图8所示，调查发现接近70%的经济学人认为中国经济发展的韧性主要来自超大规模人口、国土空间、经济体量和统一市场所形成的经济超大规模性优势。中国是世界上人口最多、经济体量最大的国家，具有规模经济效应超大、范围经济效应超大、空间集聚效应超大、创新学习效应超大、发展外溢效应超大五大特征（国务院发展研究中心课题组，2020）。因此，尽管"逆全球化"抬头使得

---

[1] 工信部副部长．130多种关键基础材料中32%在中国仍空白［EB/OL］．［2018-07-11］．https：//www.thepaper.cn/newsDetail_forward_2271086.

进出口市场不确定性增加，但"十四五"时期依靠庞大的国内市场规模和不断升级的需求结构，中国有能力、有条件、有信心保持经济增长在合理区间内。

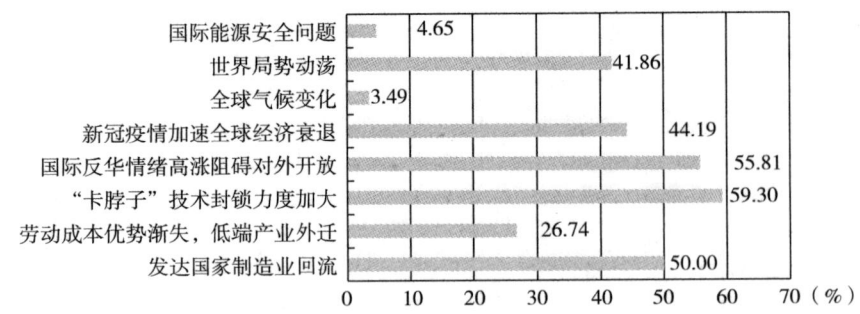

图7　经济学人对"十四五"时期中国经济社会发展外部挑战的判断

注：每位参与者选择不超过三项。

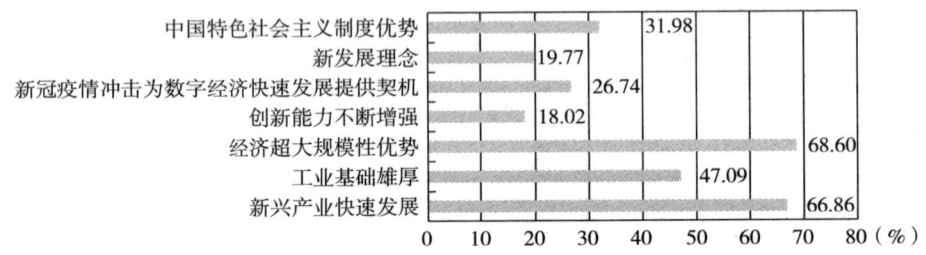

图8　经济学人对"十四五"时期中国经济社会发展韧性的判断

注：每位参与者选择不超过三项。

还有66.86%的经济学人认为以5G、"互联网+"为代表的新兴产业加速发展是中国经济韧性的主要来源。据统计，2019年，中国高技术制造业和战略性新兴产业增加值分别比上年增长8.8%和8.4%，增速分别比规模以上工业快3.1个和2.7个百分点；战略性新兴服务业、科技服务业和高技术服务业企业营业收入分别增长12.4%、12.0%和12.0%，增速分别快于全部规模以上服务业3.0个、2.6个和2.6个百分点。尽管国际"技术冷战"可能会长期持续，但中国新兴产业蓬勃发展，数字经济已成为中国经济增长新亮点、新引擎，也成为向全球产业链中高端迈进的重要动力。

此外，关于中国经济发展韧性从哪来，"雄厚工业基础"（47.09%）、"中国特色社会主义制度优势"（31.98%）、"新冠疫情冲击为数字经济发展提供契机"（26.74%）、"创新、协调、绿色、开放、共享的新发展理念"（19.77%）、"创新能力不断增强"（18.02%）等观点受到部分经济学人的肯定。这充分说明中国经济发展韧性强，回旋余地大，足以应对上述内外部挑战。

四、"十四五"时期中国经济社会发展形势预判：总体乐观

"十四五"时期，世界百年未有之大变局将深度演化，中国将开启全面建设社会主义现代化国家新征程。那么，经济学人对这一时期机遇、挑战和韧性进行了全面评估后，对整个经济社会发展又持有怎么样的看法呢？基于此，本次问卷从年均增速、能否进入高收入国家行列、与发达国家差距三个角度来开展调查。

（一）中国经济年均增速将在5%及以上

如图9所示，本次调查发现有6.98%的经济

学人认为"十四五"时期中国经济年均增速在6.5%以上;有19.19%的经济学人认为年均增速将在6%~6.5%;有45.93%的经济学人认为经济年均增速在5%~6%,也就是说,有七成以上(72.10%)的经济学人认为"十四五"时期中国经济年均增速在5%及以上,而经济年均增速在2%以下的选项无人选择。这说明经济学人对未来五年中国经济稳定增长充满信心,唱衰中国经济的论调不符合实际情况。同时这也说明,我国受新冠疫情冲击的负面影响是暂时的,并不会改变经济长期向好的基本面。

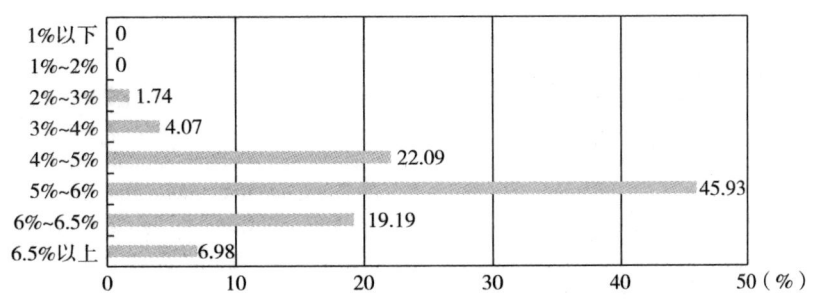

图9 经济学人对"十四五"时期中国经济年均增速的预判

(二)虽有不确定性,但中国仍有望迈入高收入国家行列

正如前文所提到的,"十四五"时期是中国努力跨越中等收入陷阱的关键阶段。调查显示,有接近一半(45.93%)的经济学人认为"十四五"时期中国能够迈入高收入国家行列,还有32.56%的受访者表示无法确定(见图10)。这表明大多数经济学人判断"十四五"时期中国能否成为高收入国家还存在一些不确定,可以说有风险,但更有希望。值得说明的是,由于中国能否成为高收入国家取决于多种因素,比如经济增速情况、收入差距、价格水平、世界其他国家发展情况、人民币对美元的汇率等,因此,迈入高收入国家行列并非是中国政府制定政策的直接目标,而是集中精力促进包容性发展和经济高质量发展、持续增进居民福祉的必然结果。基于此,可以判断,经济学人对"十四五"时期中国经济包容性发展、高质量发展、增进居民福祉充满着信心。

(三)中国部分领域将达到或超过发达国家水平

尽管社会主要矛盾发生变化,但中国是世界最大发展中国家的国际地位没有变。为了能够对"十四五"时期中国的国际地位有一个明确判断,本次调查就2025年中国与世界其他国家相比所处地位开展调查。如图11所示结果显示,76.16%的经济学人认为2025年中国部分领域将达到或超过发达国家水平,这比经济学人判断2017年中国处于此类国际地位的选择率高出41.59%(秦宇、李钢,2018)。此外,18.02%的经济学人认为2025年中国将处于发展中国家中上游水平,但仍然全面落后于发达国家,4.65%的经济学人认为中国多数领域将达到或超过发达国家水平,1.16%的经济学人认为中国处于发展中国家中游水平。该结果说明"十四五"时期中国有望进一步缩短与发达国家在经济发展、创新驱动、民生福祉、发展协调、国民素质等方面硬实力和软实力差距,这也是建设社会主义现代化国家的必然要求。

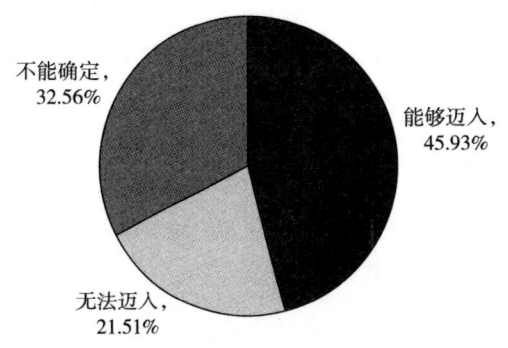

图10 经济学人对"十四五"时期中国能否迈入高收入国家行列的判断

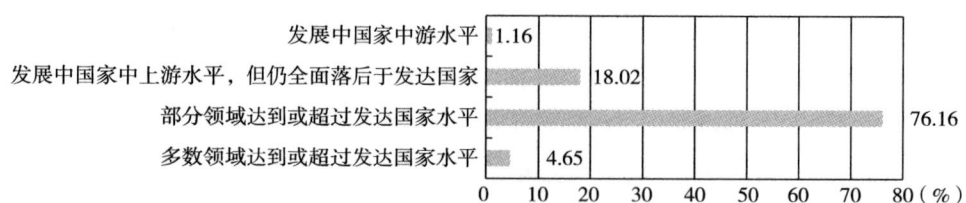

图 11　经济学人对 2025 年中国发展阶段的判断

五、"十四五"时期中国经济社会发展的重点任务

为推动"十四五"时期中国经济社会健康持续发展，政府最需要采取哪些措施呢？本次调查立足于经济学人对"十四五"时期中国经济社会发展挑战、机遇和韧性的思考，分别从经济发展、创新驱动、民生福祉和生态环境保护四个方面就政府工作重点开展调查。每个问题设置了7~9个选项，受访者选择不超过三项。

（一）加快产业转型升级、培育壮大实体经济、持续挖掘内需潜力是促进中国经济高质量发展的重要举措

调查结果显示，为促进"十四五"时期中国经济发展，接近八成的经济学人认为中国政府应抢抓新工业革命机遇，推进产业转型升级（见图12）。诚然，正如上文所提到的，新工业革命为后发国家提供了弯道超车的历史机遇。而中国拥有全球最齐全的产业门类，具有完善的产业供应链体系和雄厚的工业基础，规模经济优势显著，为广泛参与新一轮工业革命奠定了发达国家及其他发展中国家难以超越的产业体系优势。因此，将传统产业与新一代信息技术的深度融合推进产业智能化、自动化、高端化，节约成本，降低能耗，提高劳动生产率和生产质量，提升产品附加值，是促进中国产业转型升级的有力抓手，也是构建现代化经济体系的重中之重。

一半多的受访者表示"十四五"时期中国政府需要壮大实体经济，增强经济抗风险能力。这与上文经济学人认为"金融债务风险是中国严峻的内部挑战"相对应。当下，全球经济发展存在巨大的不确定性，尤其是新冠疫情仍在全球持续蔓延，由此带来了前所未有的经济风险。因此，中国政府需要突出金融服务实体经济的能力，推行财政扶持政策，帮扶实体企业渡过难关；坚持创新驱动，提升产业核心竞争力，壮大实体经济，增强其抵御市场风险能力。

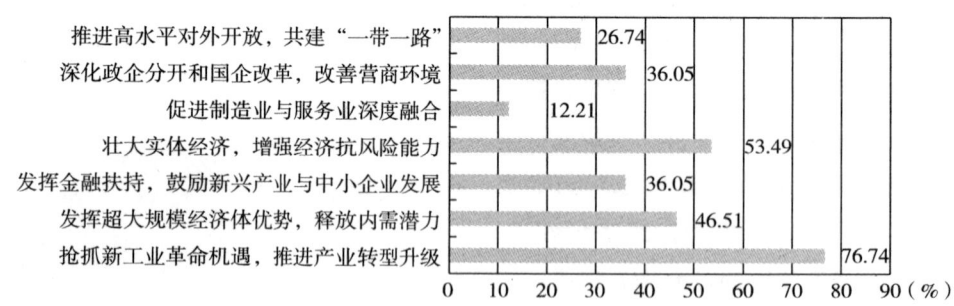

图 12　经济学人对"十四五"时期中国经济发展重点任务的判断

注：每位参与者选择不超过三项。

接近一半的经济学人认为中国政府需要发挥超大规模经济优势、释放内需潜力。这同样与上文大多数经济学人判断"中国经济韧性主要来自超大规模经济优势"相吻合。伴随新型城镇化，中国具有庞大的国内市场规模和不断升级的需求结构。因此，在全球经济增长乏力的背景下，

"十四五"时期政府应充分挖掘国内市场潜力，扩大内需，弘扬工匠精神，创造多元化、高品质的产品和服务，并加快教育、医疗、公共设施、社会保障等方面的传统基础设施建设；以消费需求升级为引领，积极培育新兴产业发展，前瞻性布局大数据、人工智能、工业互联网等新型基础设施建设。

此外，选择"深化政企分开和国企改革，改善营商环境""发挥金融扶持，鼓励新兴产业与中小企业发展""推进高水平对外开放，共建'一带一路'""促进制造业与服务业深度融合"的经济学人占比分别为36.05%、36.05%、26.74%、12.21%。这些政策措施也是"十四五"时期中国经济高质量发展所必不可少的。

（二）加强前沿基础科学研究、加快关键技术自主攻关是中国创新驱动的重点

如图13所示，调查结果表明，经济学人对中国创新驱动重点任务的看法比较集中，认为"加强前沿基础科学研究""加快重大领域关键技术自主攻关"的经济学人分别占比71.51%、65.12%。这与前文经济学人对"自主创新能力不足""卡脖子技术封锁力度加大"的担忧相呼应。面对新一轮科技革命的蓬勃兴起，一些基本科学问题孕育重点突破，政府需要从创新环境、人才培养、国家科技计划原创导向、企业自主创新等方式入手，大力支持从0到1的原创性成果，充分发挥基础研究对科技创新的源头供给和引领作用，提升原始创新能力。面对"技术冷战"长期持续的可能性，发挥举国体制优势加快重大领域关键技术自主攻关，突破关键技术瓶颈，助力中国经济社会发展。

此外，有42.44%的经济学人认为政府应加速创新要素开放流通，32.56%的经济学人认为应强化企业在技术创新中的主体地位。调查结果说明进一步深化科技管理体制改革势在必行。政府应进一步完善科技成果转化和收益分配机制，以市场需求为导向促进科技成果转化，以价值为导向实施成果转化激励，引导各种创新要素得到有序流动与融合共享，确保科技成果转化落地顺畅；发挥市场对技术研发、路线选择及各类创新要素配置的决定性作用，在关键环节以关键共生技术、前沿引领技术、现代工程技术、颠覆性技术的创新等为突破口，引导企业加强研发攻关与应用推广。

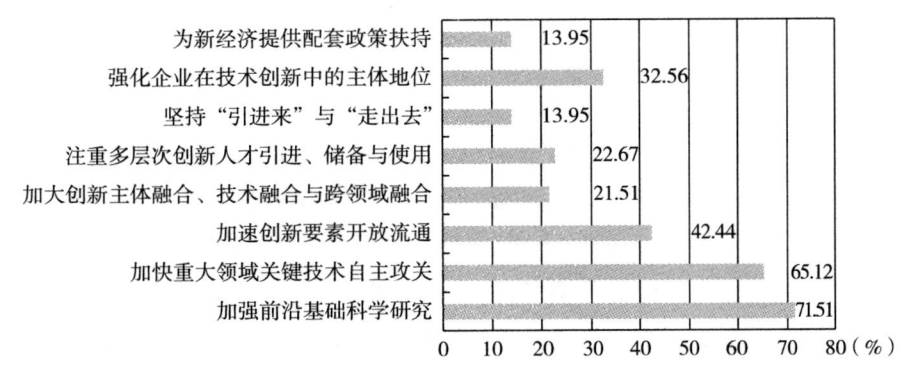

图13 经济学人对"十四五"时期中国创新驱动重点任务的判断

注：每位参与者选择不超过三项。

此外，选择"注重多层次创新人才引进、储备与使用""加大创新主体融合、技术融合与跨领域融合""坚持'引进来'与'走出去'""为新经济提供配套政策扶持"的经济学人占比分别为22.67%、21.51%、13.95%、13.95%。这些举措对"十四五"时期中国创新驱动也起到了促进作用。

（三）基本公共服务均等化是中国增进民生福祉的重要任务

如图14所示，调查结果显示，接近七成的经济学人认为"十四五"时期政府在增进民生福祉上最需要促进基本公共服务均等化。继"十三五"时期脱贫攻坚是最大的民生福祉后，中国已基本满足人民对物质文化的需求，社会发展中的不平衡不充分问题日益突出，而教育医疗住房等基本公共服务均等化是人民对美好生活向往的重要内容，是建设社会主义现代化国家的应有之义，对于促进社会公平正义、增进人民福祉、增强全体人民在共建共享发展中的获得感都具有十分重要的意义。因此，"十四五"时期，政府应进一步完善国家基本公共服务体系，统筹各区域各层级公共资源，推进均衡配置和优化整合；加大基本公共服务投入力度，向贫困地区、薄弱环节、重点人群倾斜，让更广泛的居民能够充分而公平地分享发展成果，切实提升居民生活幸福感和获得感。

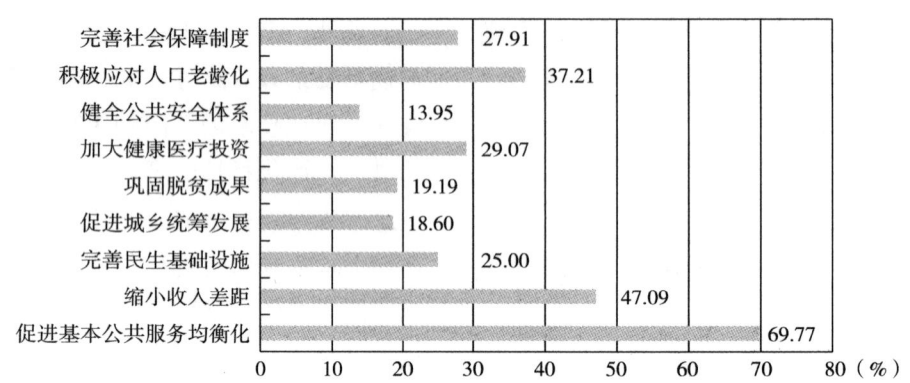

图 14 经济学人对"十四五"时期中国增进民生福祉重点任务的判断

注：每位参与者选择不超过三项。

对于"十四五"时期政府改善民生的措施，选择"缩小收入差距"的经济学人占比高达47.09%。当下，中国贫富收入差距在扩大（Piketty et al., 2017）。2020年中国即将在现行贫困标准下消除绝对贫困，但相对贫困依然存在，缩小收入差距将成为中国未来减贫的重要攻坚方向。因此，"十四五"时期，政府应深化收入分配改革，规范初次分配，加大再分配调节力度，扩大中等收入者比重，健全扶贫济困的社会保障兜底机制。

此外，选择"积极应对人口老龄化"的经济学人占比达到37.21%。这表明人口老龄化已成为"十四五"时期关乎民生的大事。因此，一方面，政府需要完善妇幼保健、托幼等公共服务体系，鼓励生育，并实施渐进式延迟退休年龄政策，弥补劳动力缺口；另一方面，政府应建立健全养老服务体系，加强专业化养老服务护理人员和管理人才队伍建设，推动医疗卫生和养老服务结合，真正实现"老有所养"。

（四）消费、生产、流通、创新和金融在内的全方位绿色发展是中国生态环境保护的重要方向

如图15所示，调查结果显示，有62.21%的经济学人认为"十四五"时期中国政府在生态环境保护方面应加强消费、生产、流通、创新和金融在内的全方位绿色发展。绿色发展包括但不限于传统生产领域节能减排和资源高效利用，同时还包括绿色消费、绿色流通、绿色创新和绿色金融。因此，完善全方位的绿色经济体系是中国生态环境保护的重要方向。尤其是新型城镇化建设使得居民消费增长空间依然很大，绿色消费也是中国生态文明建设的应有之义。"十四五"时期，中国应从与资源能源节约和环境质量改善密切相关的绿色产品供给、垃圾分类回收、公共交通设施建设、节能环保建筑、技术创新及其金融扶持等多角度入手，加强顶层设计，提升公众环保意识，全方位推进绿色发展。

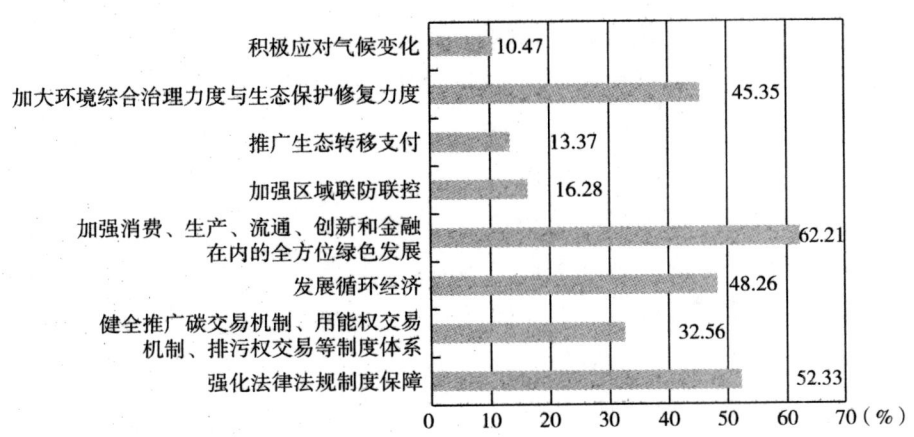

图15 经济学人对"十四五"时期中国生态环境保护重点任务的判断

注：每位参与者选择不超过三项。

有52.33%的经济学人认为中国政府应强化相关法律法规制度保障。保护生态环境必须依靠法治，才能真正让制度成为刚性约束和不可触碰的高压线。因此，政府应进一步完善生态文明制度的法律保障，在顶层制度层面逐步形成完整的更具有法规功能的相关条例和实施细则。同时，应加强相关严格执法的法治机制，确保生态文明制度体系能够真正落地。此外，选择"发展循环经济""加大环境综合治理力度与生态保护修复力度""健全推广碳交易机制、用能权交易机制、排污权交易等制度体系""加强区域联防联控"的经济学人占比分别为48.26%、45.35%、32.56%、16.28%，表明这些措施也是中国生态文明制度体系中必不可少的组成部分。

六、研究结论

"十四五"时期是中国由全面建成小康社会向基本实现社会主义现代化迈进的关键时期，也是两个百年奋斗目标的历史交汇期。为了解经济学家们关于中国经济社会发展"十三五"时期回顾与"十四五"时期展望的看法，《中国经济学人》就此展开了问卷调查。结果显示，大部分经济学人主要有以下几点共识：

第一，"十三五"时期中国经济社会发展取得了显著成就。总体来看，经济发展、生态环境保护、创新驱动和民生福祉成绩较为突出。具体而言，在经济发展领域，表现为工业化与信息化融合发展和新经济快速成长；在创新驱动领域，表现为大众创业万众创新和高精尖技术研发实力增强；在生态环境保护领域，绿色生产、大气污染和水污染治理等方面成效明显；在增进民生福祉领域，脱贫攻坚成绩最为突出。

第二，"十四五"时期中国经济社会发展机遇与挑战并存，且韧性强。在经济学人看来，中国面临最大的机遇是以新工业革命为代表的技术红利；较为严峻的内外部挑战分别是金融债务风险和"逆全球化"思潮抬头；尽管如此，经济发展韧性十足，主要来自于经济超大规模性优势和新兴产业的快速发展，具有发达国家和其他发展中国家无法超越的优势，中国有能力、有条件、有信心保持经济增长在合理区间内。

第三，"十四五"时期中国经济社会发展形势预判总体乐观。经济学人普遍认为2021~2025年中国经济年均增速在5%及以上；中国迈入高收入国家行列虽具有不确定性，但希望更大；中国部分领域将达到或超过发达国家水平，有望进一步缩短两者间硬实力和软实力差距。因此，总体上，经济学人对"十四五"时期中国经济社会发展充满信心。

第四，"十四五"时期中国经济社会发展的重点任务需要进一步明确。具体而言，在经济发展领域，中国政府应抢抓新工业革命机遇，加快产业转型升级，推进产业智能化、自动化、高端化；着力培育壮大实体经济，增强经济抗风险能力；发挥超大规模经济体优势，持续挖掘内需潜力。在创新领域，中国政府应着重加强前沿基础科学研究，发挥举国体制优势加快关键技术自主攻关。在增进民生福祉领域，中国政府应着重促进基本公共服务均等化，优化配置各区域各层级公众资源，注重基本公共服务向贫困地区重点人群倾斜。在生态环境保护领域，推进消费、生产、流通、创新和金融在内的全方位绿色发展是政府工作的重要方向。

参考文献

［1］Piketty T., Yang L., Zucman G. Capital Accumulation, Private Property and Rising Inequality in China［J］. American Economic Review, 2017, 109（7）: 2469 - 2496.

［2］国务院发展研究中心课题组，马建堂，张军扩. 充分发挥"超大规模性"优势推动我国经济实现从"超大"到"超强"的转变［J］. 管理世界，2020，36（1）: 1 - 7 + 44 + 229.

［3］黄承伟，袁泉. 全面建成小康社会：习近平扶贫论述与中国特色减贫道路［J］. 中国经济学人，2020，15（1）: 2 - 23.

［4］陆旸，蔡昉. 从人口红利到改革红利：基于中国潜在增长率的模拟［J］. 世界经济，2016，9（1）: 3 - 23.

［5］秦宇，李钢. 经济学人对改革开放40年成就与问题的判断——基于《中国经济学人》调查问卷的分析［J］. 经济与管理研究，2018，39（11）: 10 - 28.

［6］史丹，陈素梅. 公众关注度与政府治理污染投入：基于大数据的分析方法［J］. 当代财经，2019（3）: 3 - 13.

［7］王宇，王勇，任勇，俞海. 中国绿色转型测度与绿色消费贡献研究［J］. 中国环境管理，2020，12（1）: 37 - 42.

［8］谢伏瞻. 论新工业革命加速拓展与全球治理变革方向［J］. 经济研究，2019，54（7）: 4 - 13.

［9］中国社会科学院工业经济研究所课题组. "十四五"时期中国工业发展战略研究［J］. 中国工业经济，2020（2）: 5 - 27.

［10］中国社会科学院宏观经济研究中心课题组. 未来15年中国经济增长潜力与"十四五"时期经济社会发展主要目标及指标研究［J］. 中国工业经济，2020（4）: 5 - 22.

［11］朱武祥，张平，李鹏飞，王子阳. 疫情冲击下中小微企业困境与政策效率提升——基于两次全国问卷调查的分析［J］. 管理世界，2020，36（4）: 13 - 26.

Economists' Judgement on China's Socio - Economic Development in the 14th Five - Year Plan Period: Based on the Questionnaire Survey by China Economist

Chen Sumei

Abstract: 2020 is the final year of China's 13th Five - Year Plan period and an intersection between the "two centennial goals". It is also a vital year for drafting the 14th Five - Year Plan and embarking on a new journey of socialist modernization. In the opinion of economists, what socio - economic progress has China achieved during the 13th Five - Year Plan period? What are the opportunities, challenges and countermeasures for the 14th Five - Year Plan period? In May 2020, the journal "China Economist" conducted a questionnaire survey for economists. Results suggest that during the 13th Five - Year Plan period, China has achieved remarkable progress in socio - economic development. The industry - ICT integration has been deepened, and the new economy has been rapidly developed; The effects of mass entrepreneurship and mass innovation has been significant, and the R&D capabilities for cutting-edge technologies has been enhanced; The achievements of green production and the air and water pollution abatement have been evident; The achievement of poverty reduction has been outstanding. Looking into the future, in the 14th Five-Year Plan period, opportunities co-exist with challenges for China's socio-economic development, which brims with resiliency. Surveyed economists felt sanguine about China's development outlook. Based on these retrospect and prospect, surveyed economists believed that the Chinese government should focus on the following priorities during the 14th Five-Year Plan period: expediting industrial transition, strengthening the real economy, and exploring domestic consumption potentials; ramping up research in fundamental science, and accelerating the research of critical technologies; increasing equal access to basic public services; and promoting green development in all respects, including green consumption, production, distribution, innovation, and finance.

Key Words: 14th Five-Year Plan Period; Economic Development; Innovation-led Growth; Public Welfare; Environmental Protection

新中国 70 年经济体制变革的统一逻辑

李 钢

摘 要：目前中国思想界经常把改革开放前后的两个时期经济体制对立分析，其重要原因是假定认为两种不同体制只有一种是正确的，另一种是错误的；而没有看到这两种体制其实都在更大程度上适应了当时的生产力水平，促进了中国经济快速发展与产业升级。按照马克思主义的基本原理，生产力决定生产关系，经济基础决定上层建筑。新中国成立初期生产力水平与改革开放后生产力水平有重大差异；基于不同的生产力水平也自然需要不同的生产关系及上层建筑。从这个意义上讲，实行经济改革并不是纠正前30年的偏差，而仅是纠正改革这个时间点上的偏差。本文研究表明，新中国成立初期计划经济是符合国情的选择；而改革反映了生产力对生产关系与上层建筑的要求。从政治的角度出发，为了推进改革，对改革前经济体制进行理想化的反思有其历史的合理性；但当市场经济已经深入人心之时，通过简单否定改革前经济体制来证明市场经济改革方向的正当性已经没有必要，而且目前来看已经越来越弊大于利。如果我们从较长的历史尺度来看，新中国成立70年来所实施的是如何在即有国情下尽快赶超发达国家的经济体制；本质都是根据生产力与生产关系、经济基础与上层建筑相适应的辩证关系探索一条适应不断变革的时代、适应不断发展的国情、适应不断变化的世情的发展道路。中国能成功实现转型，一方面由于中国共产党坚持了正确的理论指导，另一方面也源于中国传统的"求实""重实"的传统。中国的传统文化强调包容、融合，不太相信有绝对正确的真理，因而也就不太相信"教条主义""原教旨主义"，而是愿意根据实际修正与调整理论，从而能坚持"实践是检验真理的唯一标准"，这也是中国经济体制70年变革的统一哲学基础。

关键词：历史唯物主义；经济体制；中国特色社会主义

一、引 言

目前中国思想界有两种思潮，一种用改革开放后的经济体制来否定改革前的经济体制，对改革开放前中国经济建设只见问题，不见成绩；另一种思潮用改革开放前经济体制来否定改革开放后的经济体制，对改革开放后的中国经济建设只见问题，不见成绩。习近平在新进中央委员会委员、候补委员学习贯彻党的十八大精神研讨班开班式上的讲话提出："不能用改革开放后的历史时期否定改革开放前的历史时期，也不能用改革开放前的历史时期否定改革开放后的历史时期。"什么是不能互相否定呢？互不否定，就是你也对，我也对，各美其美；互不否定就是认为前后30年的经济体制都是对的，因而不能相互否定。计划

---

* 本文发表在《首都经贸大学学报》2020年第1期。

［作者简介］李钢，中国社会科学院工业经济研究所研究员，《中国经济学人》副主编、编辑部副主任，经济学博士。

经济有利也有弊，市场经济也一样；因而不能用自己优势与别人的劣势相比较。目前两种思潮互相指责的重要原因是，持这两种观点的学者潜意识里认为改革开放前后实施的经济体制迥异，甚至可以说是对立的，因而其中只有一个体制是对的，"不否定你，我就不正确"。要想说明不能互相否定，就必须要说明两种不同体制为什么都是对的，两种体制是如何统一在中国70年的经济发展史之中。

把中国改革开放前后经济体制割裂对立的重要原因是假定认为两种不同体制只有一种是正确的，而另一种是错误的；而没有看到这两种体制其实都在更大程度上适应了当时的生产力水平。我们知道，按照马克思主义的基本原理，生产力决定生产关系，经济基础决定上层建筑。新中国成立初期的生产力水平与改革开放后中国的生产力水平完全不同，基于不同的生产力水平也自然需要不同的生产关系及上层建筑。从这个意义上讲，实行经济改革并不是纠正前30年的偏差，而仅是纠正改革这个时间点上的偏差，即在1978年前后原来的体制已经不太能容纳生产力的快速发展了。正如资本主义替代封建社会，不能说是纠正封建社会几千年的偏差，而是到了工业革命这个时点，封建社会不能容纳经济增长了。

二、新中国成立初期计划经济是符合国情的选择

（一）计划经济是极端落后国家加速工业化的选择

按马克思的唯物史观，随着生产力水平的不断提高，人类将经过原始社会、奴隶社会、封建社会、资本主义社会、社会主义社会，最后共同走进共产主义社会。只有经过资本主义的充分发展才能进入到共产主义社会。马克思认为，世界资本主义国家（或主要资本国家）会同时进入社会主义。但列宁提出，社会主义将可以在帝国主义链条最薄弱环节的一个或几个国家取得胜利。从当时的实践上看，苏联建立不久就开始实施新经济政策；但列宁去世之后苏联又开始实行计划经济。社会主义在这些国家取得胜利之后，经济体制是什么样的？如果在社会主义刚胜利之时，实施计划就不是更好的选择，列宁提出的新理论实施的必要性与正当性是什么？可以说，生产力决定生产关系，生产关系反作用于生产力的理论提供了对历史发展规律的深入思考方法，但具体到人类社会演化的形态上，又不能持教条主义的观点。正如恩格斯所说，对待马克思的观点，不能教条主义，它是一种方法[①]。

计划经济可以在没有进行产业革命的国家，或工业化前期的国家实施一段时间，从而保证这些国家可以快速实现工业化。新中国成立初期计划经济是符合中国国情的选择。新中国成立初期，工业基础十分落后，1949年全国钢产量仅为15.8万吨，人均不到1斤钢，全国的钢产量才够建两座多南京长江大桥（南京长江大桥全部工程共用钢材6.65万吨）。1952年全国钢产量才达到135万吨，人均不到7斤，也仅够建20座南京长江大桥。1952年的钢产量也就仅能造3000多万发炮弹；而仅上甘岭战役双方就发射了200多万发炮弹。不仅钢铁行业，新中国成立时，其他主要工业产品产量也很低。表1数据表明当时中国的工业基础十分薄弱。

（二）"计划经济+公有制"使加快积累有了更高的正当性

中国作为一个大国，发展经济的资金来源最终只能主要靠自己的积累；而在国力十分薄弱的情况下，加快积累只能是意味着在一定产出的情况下，将更多的产出用于投资而不是消费，而这又意味着要尽量压低工资并把居民有限储蓄的利率压低。

由于中国资金较为缺乏，中国的利率水平应较高。以抗战前为例，农村的货币借款利率为年

---

① "马克思的整个世界观不是教义，而是方法。它提供的不是现成的教条，而是进一步研究的出发点和供这种研究使用的方法。"（参见马克思恩格斯全集（第39卷）[M]. 北京：人民出版社，1975：406.）

表1 中国主要年份工业部门产品产量

年份	原煤（亿吨）	原油（万吨）	发电量（亿千瓦时）	生铁（万吨）	粗钢（万吨）	成品钢材（万吨）	水泥（万吨）	硫酸（万吨）
1949	0.32	12	43	25	16	13	66	4.0
1950	0.43	20	46	98	61	37	141	6.9
1952	0.66	44	73	193	135	106	286	19.0
1953	0.70	62	92	223	177	147	388	26.0
1954	0.84	79	110	311	223	172	460	34.4
1955	0.98	97	123	387	285	216	450	37.5
1960	3.97	520	594	2716	1866	1111	1565	133.0
1965	2.32	1131	676	1077	1223	881	1634	234.0
1970	3.54	3065	1159	1706	1779	1188	2575	291.4
1975	4.82	7706	1958	2449	2390	1622	4626	484.7
1977	5.50	9364	2234	2505	2374	1633	5565	537.5
1978	6.18	10405	2566	3479	3178	2208	6524	661.0

资料来源：《新中国60年统计资料汇编》。

息30%以上，实物借款利率是70%以上①。1938～1942年，中国农村信用较高优惠贷款利率是月息2%左右，折算年息是26.8%；到1946年中国农村信用较高优惠贷款利率是月息7.7%左右，折算年息是243%②。1926年外国银行支付的3～5年期存款利息是9%～11%；同期本土和外国银行贷给工业界的是12%～24%③。新中国成立后，也面临极其严峻的经济形势；首要工作就是把恶性通胀控制住，在新中国成立前夕，人民银行确立的年息252%一直维持到了1950年4月10日，如此高的利率水平很快就帮助国内控制住了物价。新中国成立一年之后，1950年10月20日1年期利率就已经下调到34.8%。在抗美援朝基本取得了胜利，双方进入到谈判阶段后，利率又开始处于下降通道，到1952后5月21日1年期存款利息已经降为14.4%。这一利率水平一直维持到1955年10月1日；可以说这一存款利率水平与新中国成立前正常年份的利率水平接近。而社会主义改革基本完成之后，1955年10月1日，利率快速下降了6.48个百分点，降为7.92%；到1965年更下降到了3.96%。对于工业企业的贷款在1953年就已经下降为5.40%～5.76%；在1955年以后定为7.2%，在1972年又下降为5.40%～5.76%。可以说，除了在初期很短时间高利率外，在新中国成立初期到工商业社会主义改造完成前中国维持了基本正常的存款利率，而社会主义改革基本完成后中国存贷款利率都远低于反应资金价格应有利率水平；而利率水平的大幅压低，有利于降低工业化的成本，加速工业化的进程。

表2 新中国历年储蓄存款利率 单位:%

调整日期	活期	1年	城市居民消费价格指数	实际利率
1949-08-10	60.00	252	—	—
1950-04-10	43.20	156	—	—

① 严中平等. 中国近代经济史统计资料选辑[M]. 北京：中国社会科学出版社，2012：228.
② 严中平等. 中国近代经济史统计资料选辑[M]. 北京：中国社会科学出版社，2012：235.
③ 霍默·西勒. 利率史[M]. 北京：中信出版社，2010：657.

续表

调整日期	活期	1年	城市居民消费价格指数	实际利率
1950-05-01	21.60	86.4	—	—
1950-10-20	12.60	34.8	—	—
1951-03-26	12.60	45.6	112.5	33.1
1951-12-01	9.00	31.2	112.5	18.7
1952-05-21	5.40	14.4	102.7	11.7
1954-09-01	5.40	14.4	101.4	13.0
1955-10-01	2.88	7.92	100.3	7.6
1959-01-01	2.16	4.80	100.3	4.5
1959-07-01	2.16	6.12	100.3	5.8
1965-06-01	2.16	3.96	98.8	5.2
1971-10-01	2.16	3.24	99.9	3.3
1979-04-01	2.16	3.96	101.9	2.1
1980-04-01	2.88	5.4	107.5	2.1
1982-04-01	2.88	5.76	102.7	3.8
1985-04-01	2.88	6.84	111.9	5.1
1985-08-01	2.88	7.2	111.9	4.7
1988-09-01	2.88	8.64	120.7	12.1
1989-02-01	2.88	11.34	116.3	5.0
1990-04-15	2.88	10.08	101.3	8.8
1990-08-21	2.16	8.64	101.3	7.3
1991-04-21	2.16	7.56	105.1	2.5
1993-05-15	1.80	9.18	116.1	6.9
1993-07-11	3.15	10.98	116.1	5.1

资料来源：利率数据来源于新中国建国初期银行存款利率有多高？[EB/OL].[2010-12-28]. http://blog.sina.com.cn/s/blog_54b8b6820100ol0k.html.，城市居民消费价格指数来源于《新中国60年统计资料汇编》。

较低的工资水平加快了资金积累的速度，加速了工业化的进程。新中国成立后工农的收入水平都是比较低的。从表3可以看出，中国当时消费比例较低，而积累比例较高，但这种高积累保证了中国在较短的时间内建立了较为完备的工业体系，具有生产"两弹一星"的工业水平，从而保证了国家的安全，也为改革开放后的经济大发展奠定了良好的物质基础。

表3　1952~1978年中国支出量及结构

年份	支出法GDP（亿元）	最终消费支出（亿元）	资本形成总额（亿元）	净出口（亿元）	最终消费支出占比（%）	资本形成总额占比（%）	净出口占比（%）
1952	692	546	154	-8	78.9	22.2	-1.1
1953	834	644	198	-8	77.2	23.8	-1.0
1954	878	654	227	-3	74.5	25.8	-0.3
1955	935	722	222	-9	77.3	23.7	-1.0
1956	984	723	258	4	73.4	26.2	0.4

续表

年份	支出法GDP（亿元）	最终消费支出（亿元）	资本形成总额（亿元）	净出口（亿元）	最终消费支出占比（%）	资本形成总额占比（%）	净出口占比（%）
1957	1102	816	280	6	74.1	25.4	0.5
1958	1291	853	432	7	66.0	33.5	0.5
1959	1451	822	622	8	56.6	42.8	0.6
1960	1508	933	575	0	61.8	38.1	0.0
1961	1275	995	275	6	78.0	21.5	0.4
1962	1176	986	178	13	83.8	15.1	1.1
1963	1293	1014	265	14	78.4	20.5	1.0
1964	1442	1079	350	13	74.8	24.3	0.9
1965	1629	1159	462	9	71.1	28.4	0.5
1966	1827	1251	570	6	68.5	31.2	0.3
1967	1708	1276	426	6	74.7	24.9	0.4
1968	1709	1269	432	7	74.3	25.3	0.4
1969	1858	1359	486	12	73.2	26.2	0.7
1970	2207	1460	745	2	66.1	33.8	0.1
1971	2393	1558	819	16	65.1	34.2	0.7
1972	2454	1644	791	18	67.0	32.2	0.7
1973	2670	1751	904	15	65.6	33.8	0.6
1974	2739	1810	936	-7	66.1	34.2	-0.3
1975	2950	1887	1062	1	64.0	36.0	0.0
1976	2968	1970	990	9	66.4	33.4	0.3
1977	3166	2058	1098	10	65.0	34.7	0.3
1978	3635	2233	1413	-11	61.4	38.9	-0.3

资料来源：《新中国55年统计资料汇编》。

其他没有走上社会道路但也实现了经济腾飞的国家，如韩国，也是通过军政府的强力控制，压低了两种最重要的生产要素（资金与劳动力）的价格，从而保证了资本的高回报与超强投资。但可以设想，在当时的国情下计划经济与公有制就具有了更高的可行性与正当性；可以更好地调动人民的积极性，减少社会协调的成本。

（三）当时中国所有制结构也决定了实行计划经济是有利的

除了上述原因外，从当时不同所有制的结构来看，实行计划经济也是有利的。目前有些人有种错误的认识，认为新中国成立初期中国的工业企业大部分是民营企业，中国国有企业大部分是公私合营后由民族资本家的企业改造而来的。上述看法是不符合当时的历史事实的。新中国成立之初，国有企业实际已经在关系到国民经济命脉的行业占有了绝对的地位。1949年新中国成立前夕，国家资本约占全国工矿业、交通运输业固定资产的80%；新中国成立后人民政府接受了全部国家资本。即使在轻工业，国家资本所占的比例也很高，例如在1947年仅中纺公司在国民党统治区的布机所占比例为60.1%[1]。1949年，工业领域国有经济的产值占34.7%，到1952年已经增加到56%；商业领域国有经济的批发商业营业总额1949年占23%，到1952年已经增长到60%；银行业基本没有私营经济的成分[2]。从总体上看，

---

[1] 严中平等. 中国近代经济史统计资料选辑[M]. 北京：中国社会科学出版社，2012：112.
[2] 胡乔木. 中国在五十年代怎样选择了社会主义[EB/OL]. [2009-09-11]. http://www.hprc.org.cn/gsyj/llzd/qtldr/200909/t20090911_30643.html.

新中国成立初期国有资本是150亿元,而民族资本只有14亿元左右,国有资本占到91%。也就是说在公私合营以前,国有经济已经占有了绝对多数。在国有经济占90%以上的情况下,实施计划经济就成了当然之选。

(四)国际环境也决定中国要采取"计划经济+国有企业"来加快重工业的发展

"二战"后,美苏两个集团的冷战格局逐步形成,世界舆论普遍认为"美苏必战""第三次世界大战必将爆发"。在这种情况下,主要大国都会十分关注发展工业(军事工业)。对于中国更是如此。由于从1848年以来的百年屈辱史,新中国领导人对于这个新生儿能否健康成长,不被扼杀在摇篮中有着深深的忧虑。因而当时中国不是考虑要不要优先发展重工业,而是考虑如何优先发展重工业,以及如何尽快优先发展重工业,从而在"要到来"的世界大战或局部战争中至少自保。在今天中美冲突的背景下,我们对此会有更加深刻的理解。

新民主主义理论提出中国要在相当长时间内实施新民主主义社会,但毛泽东同志在1952年9月提出,"从现在开始要用10年到15年的时间,随着社会主义因素的不断增加,一步一步地逐渐地由新民主主义社会过渡到社会主义社会,而不是等到10年或15年以后再采取突变的方针向社会主义过渡"。这种变化,主要是由于1950年朝鲜战争爆发后,国际环境发生了较大的变化。一方面,以美国为首的资本主义国家收紧了对中国的封锁,中国与资本主义国家进行交流,利用资本主义的技术与资金的渠道变得更加困难。另一方面,在朝鲜战争后,由于中国在朝鲜战争中的表现,苏联决定大力支持中国工业化进程。

可以说,苏联对中国工业化进程的支持是"前无古人,后无来者"。当时中国领导人决定抓住机遇,加速中国工业化进程,用当下的话说就是加速产业升级的速度,打破比较优势陷阱。当时中国工业的所有制情况可以概括为:重工业民营干不了,轻工业国家不能放。重工业一个特点是资金回收期较长,资金投入较大,特别是军事工业,如果不发生战争,只有投入没有产出,因而当时的民营经济(当时称为民族资本家)既不愿意也没有资金及人才实力发展重工业,重工业仅能依靠当时的国有经济来发展。在轻工业方面,当时的民营经济有一定的实力,应该说也符合当时中国的比较优势,是经济效益比较好的行业。在百废待兴的新中国成立初期,轻工业产品没有销售的问题,供求的主要矛盾是供不应求。从政府角度出发,轻工业也是一个能较多地取得"利润"的行业,从而能取得尽量多的资金支持重工业发展,政府当然也希望自办轻工业,取得"利润"。税收也是一个办法,但一是中国人的纳税意识不强,偷漏税比较严重,以至有了后来的"三反五反";二是基于当时干部的文化程度,以税收的方式把大部分"剩余"集中到国家手中的管理成本也不会低于国营的方式;三是在国家整个运行管理体制下,轻工业也由国有企业经营的总成本也较低。总之,在确定了国家优先发展重工业的战略后,计划经济与公有制也成为了推动国家战略实施的有力手段。

事实表明,当时中央的战略决策是正确的,10年后中苏关系很快恶化[①],而中国抓住了稍纵即逝的战略机遇期为建立自己的工业体系打下了基础。20世纪60年代后中国军事工业基本建立,等中国"两弹一星"成功后[②],困扰中华民族百年的"亡国灭种"危机基本消除,中华民族从此不仅站了起来,而且站稳了脚跟。

到1970年以后,国际环境也开始发生了变化,一方面"二战"后欧洲发达国家的战后重建完成,西方发达国家又发生了经济危机,急于寻找国际市场;另一方面中美关系缓和,中国恢复了在联合国的应有权利,对外交流的渠道也变得畅通。这也是1978年以后能实施对外开放的国际

---

① 1960年7月16日,苏联政府照会中国政府,单方面决定撤走在华的苏联专家,到当年9月1日苏联将1390名专家全部撤回国。
② 1964年10月16日我国第一颗原子弹爆炸成功,1967年6月17日我国第一颗氢弹空爆试验成功,1970年4月24日我国第一颗人造卫星发射成功。

环境，而这些条件在新中国成立之初也是不具备的。

（五）印度在建国之初也选择了计划经济

不仅是中国，而且作为世界人口第二大国的印度在 1950 年也选择了计划经济。印度建国时，虽然经济发展水平高于中国，但工业基础也十分落后，当时印度的钢材自给率为 75%，机械的自给率为 32%。印度的国家计划委员会于 1950 年成立，并于 1951 年开始实施第一个五年计划，并一直延续到 21 世纪。与中国依靠国有企业发展类似，印度也依靠国有企业实现国家的工业化。到 20 世纪 90 年代初，印度在国民经济的重要行业，如矿业、公用事业、铁路、邮电、金融等部门，国有企业占比达到 90% 以上；中央直属企业为 244 家，而邦级国有达到 843 家①。为什么走了不同政治道路的两个人口大国在建国后都选择了"计划经济"，而到 20 世纪 80 年代初又都成功建立了较为完备的工业体系？这很难用一党的指导理论或政治偏好来解释，可能英国经济学家乔安·罗宾逊夫人的意见更能指出计划经济的本质，即它是"一种没有进行产业革命的国家可以用来效仿产业革命的技术成就的手段，一种在一套不同的游戏规则中进行快速积累的手段"。可以说在 20 世纪 50 年代中印选择计划经济正是因为它可以更好地肩负一国实施"技术效仿""技术扩散"和"技术赶超"的战略任务，尽快建立自身的工业体系。

（六）能否容纳生产力的快速发展，是判断一种制度是否适应其的最终标准

对生产力与生产关系的辩证关系上，很容易陷入"公说公有理，婆说婆有理"的争论之中。历史不能假设、重复，因而很难验证选择了另一种制度是否会对生产力有更大的促进。新中国成立后，生产关系与生产力是否适应的判断依据应是生产力是否有快速发展。生产力快速发展可以体现在多个方面，但经济发展与生产能力的发展无疑是最重要的方面。1952~1978 年，国内生产总值指数从 100 增长到 474.4（剔除价格因素），年均增长率为 6.15%。从表 1 可以看出，1978 年粗钢产量是 1952 年的 23.5 倍，原煤是 9.4 倍，原油是 236.5 倍，发电量是 35.2 倍，水泥是 22.8 倍，硫酸是 34.8 倍②。从上面的数据可以看出，新中国成立后的 30 年，中国经济快速增长。若这 30 年生产力与生产关系总体不相适应，按马克思主义的生产力与生产关系辩证统一理论，我们将很难理解长达 30 年的快速增长。

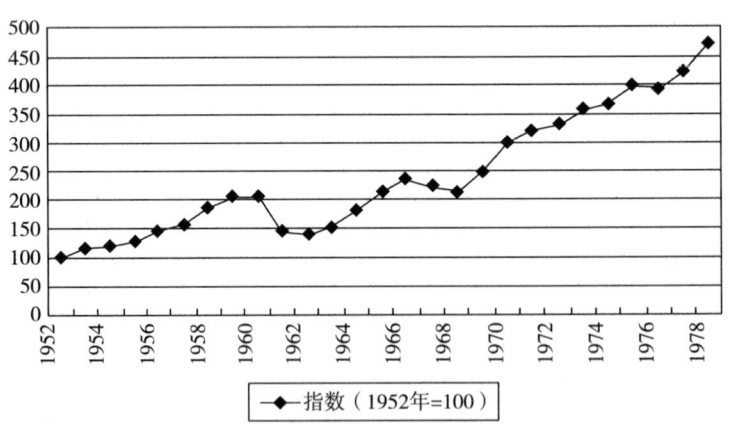

图 1　1952~1978 年国内生产总值指数

资料来源：《新中国 55 年统计资料汇编》。

---

① 李俊江，何枭吟. 印度国有企业及其绩效 [J]. 河南机电高等专科学校学报，2005，13（2）：1-4.

② 若从 1949 年开始计算，增长速度就更快了，1978 年粗钢产量是 1949 年的 198.6 倍，原煤 19.3 倍，原油是 867.1 倍，发电量是 59.7 倍，水泥是 98.8 倍，硫酸是 165.3 倍。本文从 1952 年开始计算，一方面是由于一般在战后各国都有快速的经济恢复，若从 1949 年开始计算，可能会有一定程度的夸大；另一方面是为了与国家统计局公布的历史数据相匹配。

新中国成立以后,不仅生产力快速发展,人民的生活质量也大幅提高。根据联合国开发计划署开发的人类发展指数可衡量一国的经济社会发展水平,其中主要因素是经济水平、健康、受教育程度。这三个方面可以较好地衡量一个国家的经济社会发展水平,从而也可能较好地衡量一国普通民众的生活质量。新中国成立后的30年,居民的健康程度得到较大提升,预期寿命分别净增19.2%、31.9%和12.56%,年均增长率达到2.34%。教育也得到了快速发展,1978年劳动年龄人口中没有完成小学的比重比1952年下降34%,文盲率下降了63.6%。中国人类发展指数的变化可以见图2。从图2中可以看出,新中国成立后的前30年,无论是衡量经济水平的IIC指数,还是衡量教育水平的IIC指数、衡量健康水平的LIC指数,1978年均比1950年有了较大水平的增长①。

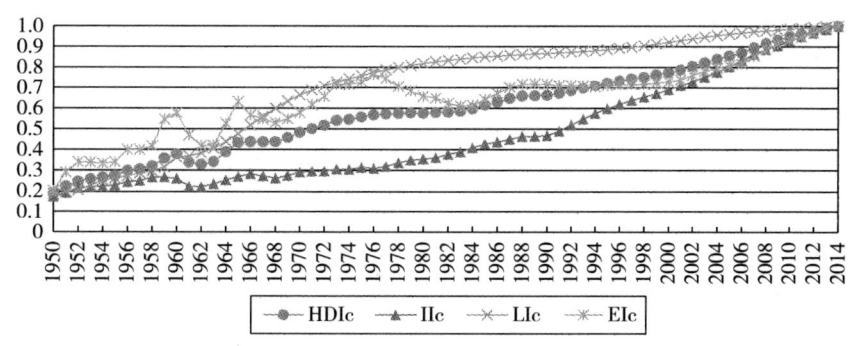

图2 以2014年为基期的中国人类发展指数及构成指标

总之,正如胡乔木1989年在美国演讲时所指出的,"就20世纪50年代中国经济和中国历史的全局而论,重要的是,无论早几年或迟几年,保留多少私有成分,经营管理上和计划方法上具有多大程度应有的灵活多样性,总之,对社会主义的选择是不可避免的"。而且新中国成立后30年的生产力发展也表明这段历史时期经济体制总体上适应于当时的生产力水平,从而促进了生产力的快速发展。

三、改革反映了生产力对生产关系与上层建筑的要求

(一)中国改革是对变化生产力的回应

中国20世纪80年代初期的改革反映了变化的生产力对生产关系及上层建筑变革的要求。经过新中国成立后30年的艰苦奋斗(以经济学的语言就是少消费多储蓄),中国工业化体系基本建成。以钢产量为例,到1978年钢产量已经超过3000万吨,是1952年的23多倍(年均增长13%)。此时,再按传统的计划经济管理已经弊大于利。当时机械行业生产能力利用普通不足,我国机械行业重镇黑龙江机械工业生产能力闲置一半②,其他行业也有类似的情况。当然,生产力是连续变量,生产关系是离散变量,什么时候要转到市场经济难有一个准确的判断。但从当时的国民经济情况来看,生产关系与上层建筑的确需要进行调整,生产力与生产关系已经表现出了很大的不适应性。后来的改革方向大家都很清楚,中国采取了渐进式的改革措施,一方面"计划退市场进",另一方面"国退民进",到1992年最终确定了市场经济的地位。改革的措施,又一次

---

① 本段的数据及图2均来源于:李钢,张建英. 中印两国人类发展指数比较研究[J]. 中国人口科学,2018(2):13-23.
② 《红旗》老编辑宗寒回忆录:八十自述(二)连载[EB/OL]. [2015-05-29]. http://www.hswh.org.cn/wzzx/sdjl/zsfz/2015-05-29/32194.html.

激发了中国经济的活力，中国经济又快速增长40年。可以说，中国渐进改革的真正智慧在于在不知市场与计划合适比例的情况下，让不同所有制的企业替代市场与计划两种方式竞争，找到市场与计划的最佳结合点。

由于生产力是连续变量，而且经济体制与制度是离散变量，因而生产力与经济体制的矛盾总是绝对的，所以改革永远在路上。生产关系在某一时点上，与生产力不相适应，不能因此就推论在过去的一段时间内，生产关系就与生产力不相适应。所以，无论是奴隶社会替代封建社会，还是资本主义替代封建社会，仅能说明在社会形态变更的时点上，生产关系与生产力不相适应了，需要进行变革，而不能说明整个奴隶社会时期或封建社会时期对生产力都是不适应的。因而本质上讲生产关系与生产力是否适应，总是时点问题而不是时期问题。但由于生产关系是离散变量，因而我们才退而求其次地讲在某一段时期生产关系与生产力的适应。如果我们对此有深刻的理解，自然也就能理解改革开放所带来的生产力快速发展，仅能说明这一时点经济基础与上层建筑存在很大的不适应，需要进行变革。这就如同目前一些乡村所推进的土地集体经营，仅是说明改革开放后的"包产到户"制度在今天很多地区已经与生产力所不相适应，需要进行变革，而不能否定改革开放后相当长时间内这一制度对生产力的促进作用。

（二）转向市场经济的改革时点，印度与中国经济发展水平相当

当时进行改革的时机较为合适也可以从印度从计划经济向市场经济的改革来判断。印度在20世纪80年代也开始减弱计划的力量，在1991年时开始确立了市场自由化原则。更加巧合的是中印20世纪90年代初的人均GDP正好相当，而就是此时两国又都确定了市场化的改革方向。

（三）是否能及时改革反映执政能力

我们从"生产力决定生产关系，经济基础决定上层建筑"这一基础原理出发，才能更好地理解中国的主张"各国内部事务应由本国人民自己决定"，因为只有本国人民才能更好地理解自己的国情。从这一原理出发，对各国的争议也会有更清楚的判断。例如，20世纪50年代中期至60年代中期中苏对社会主义道路开始进行争论。目前来看，当时双方的主张都是对的，但都是只适用于自己国家国情的体制模式。当时苏联生产力水平已经相当于中国20世纪80年代的水平，对传统的计划经济模式进行调整当然是应当的，所以苏联在20世纪60年代也有了柯西金的改革（虽然最后夭折了，但当时的改革不仅必要而且紧迫，只是当时苏共没有后来中共的勇气与能力）。但如前所述，中国共产党当时主张的经济体制也是适应于自己当时的生产力水平，有利于中国尽快建立自己的工业化体系。再如，为什么20世纪60年代末捷克斯洛伐克提出市场社会主义的改革主张，最后又导致了苏联干涉的布拉格之春？本质也是捷克斯洛伐克在东欧经济发展水平最高，迫切需要对传统的计划经济模式进行改革。

四、总结与进一步的思考

对改革开放前经济体制的反思是十分必要的，这是改革开放后经济体制能顺利推动的主要保障。但基于当时各方面的原因，过度的反思在所难免。我们可以看到无论是捷克斯洛伐克市场社会主义改革，还是苏联柯西金的改革最后都夭折了；古巴与朝鲜在经济那么困难的情况下，仍旧坚持传统的计划经济模式；除中国、越南以外，向市场经济转型后苏东阵营国家原有的执政党式再没有执政，有些甚至消失或被宣布为非法组织。可以说，目前只有中国与越南在保持政权稳定的情况下基本成功实现转型。这可以看出改革初期的阻力与风险有多么大。当年，从政治的角度出发，为了推进改革，对改革前经济体制进行理想化的反思有其历史合理性。但当市场经济已经深入人心时，通过简单否定改革前的经济体制来证明市场经济改革方向的正当性已经没有必要，而且目前来看已经越来越弊大于利。如果不能在理论上说明中国经济前后两个历史时期的统一性，不能说明 70 年来中国经济体制变化的物质基础与客观必然性,一方面难以协调党内持不同观点同志的意见,从而难以真正统一党内的意见;另一方面也会影响共产党执行的合法性与基础。如果能从理论上讲明中国 70 年来经济体制变革的必然性,就可以团结党内各种力量,以克服各种阻力向前进。

如果我们从较长的历史尺度来看,新中国成立 70 年来所实施的是如何在既有国情下尽快赶超发达国家的经济体制,本质都是根据生产力与生产关系、经济基础与上层建筑相适应的辩证关系探索一条适应不断变革的时代、适应不断发展的国情、适应不断变化的世情的发展道路。在改革开放前,中国与发达国家差距较大,为尽快模仿与利用发达国家产业革命的技术成果,计划经济与公有制保证了"高积累"的可能性与正当性,从而使中国在短短的 30 年内尽快建立起较完备的工业体系。而当与发达国家的技术差距缩小后,市场经济与"多种所有制并存"能发挥各方面(企业与政府、市场与计划)的能动性,从而保证赶超的成本与效率。因而改革开放后,计划与市场的此消彼长,国有与民营的此退彼进,有历史的必然性与合理性。中国是十分幸运的,中国共产党在两个关键的时刻(期)都作出了正确的选择;特别是市场化改革这一步,没有成熟的经验可以借鉴,极易导致社会生产力水平的大幅下降。中国能成功实现转型,一方面由于中国共产党坚持了正确的理论指导;另一方面也源于中国传统的"求实""重实"的传统。中国的传统文化强调包容、融合,不太相信有绝对正确的真理,因而也就不太相信"教条主义""原教旨主义",而是愿意根据实际修正与调整理论,从而能坚持"实践是检验真理的唯一标准",这也是中国经济体制 70 年变革的统一哲学基础。

Consistent Philosophy behind China's Seven Decades of Economic Reforms

Li Gang

Abstract: Chinese intellectuals often carry out antagonistic analysis on China's economic systems before and after reform and opening-up in 1978. An important reason is that they assume that only one of these two systems is correct, while the other must is wrong. However, they did not recognize the fact that both systems were mostly consistent with China's productivity level at the time. According to the basic principles of Marxism, the productivity determines relations of production, and the economic foundation determines the superstructure. China's productivity level in the 1950s was vastly different from that after reform and opening-up in 1978. Different levels of productivity naturally require different relations of production and superstructures. In this sense, China's economic reforms were not intended to address the deviations of the first three decades. Instead, they were only intended to address deviations at the time point of reform. Based on research, this paper indicates that the choice of planned economy in the initial stage after the founding of the People's Republic of China in 1949 was consistent with China's national conditions at the time; and reforms reflected the necessity to change the relations of production and the superstructure in line with changing productivity. From a political perspective, it is justified to make idealistic reflections upon the pre-reform economic system. However, as the market-based economy takes hold in people's mind, it becomes unnecessary to prove the legitimacy of market – based economic reforms by negating the pre – reform economic system – such an attitude now appears increasingly less helpful and more harmful. From a historical dimension, China's economic system over the past seven decades has always been designed to help China catch up with and overtake developed countries with its existing national conditions. In essence, China has been exploring a development path that keeps abreast with changing times, changing national conditions, and changing market conditions. China's successful transition is attributable to adherence to correct theoretical guidance by the Communist Party of China and China's traditions of "seeking the truth" and "respecting facts". China's traditional culture puts a premium on tolerance and integration and does not believe in absolutely correct truth. Therefore, the Chinese do not believe in "documentation" and "fundamentalism" but instead, are willing to adapt theories to the reality and stick to the principle that "practice is the sole criterion for testing truth", which is a consistent philosophical basis for the seven decades of China's changing economic system.

Key Words: Historical Materialism; Economic System; Socialism with Chinese Characteristics

新中国 70 年工业品供求格局的历史演变与改革方向

曹建海　孙亚红

摘　要：新中国成立 70 年来，中国工业品市场经历了前 30 年的极度短缺到当前供给极为充裕的巨变，其根本原因在于国家发展战略由"以阶级斗争为纲"转变为"以经济建设为中心"。在此基础上，通过推进改革开放、引进国外先进技术，特别是利用加入世界贸易组织和 20 世纪 90 年代国际产业转移的契机，推动国内工业化和城市化的协调发展，实现了由工业弱国到工业大国，再到工业强国的嬗变。然而，工业产能迅猛扩张导致的产能过剩，成为困扰中国经济长期增长的一个重大问题。2016 年，通过推进去产能等供给侧结构性改革措施，工业品产能利用率、大宗商品价格及过剩行业的企业盈利能力都出现显著恢复，行业供给的质量和效率都得到了提升，产业结构得到了有效调整。但是，消费结构升级下一些重大消费品的过剩问题仍然十分严峻，中国工业的品牌能力建设和价值链升级任重道远。解决工业品市场不平衡问题，需要通过放松要素市场规制、转变地方政府职能、降低企业进入和退出的成本、加大国有企业改革、发展科学技术、提高经济发展质量等措施来实现。

关键词：工业品市场；工业生产能力；产能过剩；供给侧结构性改革

一、新中国 70 年工业生产能力的巨变

（一）1949～1978 年：工业生产能力从无到有

1949 年新中国成立以后，中国迅速进入了经济恢复和以工业为重心的经济建设中。从 1950 年起，特别是第一个五年计划时期（1953～1957 年），中国集中主要资源，启动以苏联援建的 156 个大型建设项目（以下简称"156 项"）为中心、由 694 个大中型建设项目组成的工业建设。先后经历了苏联援助（1950～1960 年）和自主建设（1961～1969 年）两个阶段，期间由于受到"大跃进""三年困难时期""文化大革命"的影响，到 1969 年才全部建设完成，整整历时 19 年。156 项重点工程建设的意义，在于将中国工业技术水平从落后发达国家一个世纪，迅速提高到 20 世纪 40 年代的水平，由此也打下了此后 20 多年最重要的工业化基础。

1964～1978 年，基于国防战备及工业均衡分布要求，中国开始了史无前例的"三线建设"。1966～1975 年的"三五""四五"时期，中国累计向三线地区投资 1173.41 亿元，分别占到了"三五""四五"时期全国基本建设投资的 52.7% 和 41.1%，涉及 600 多家企事业单位的重建、搬迁、合并，整个工程规模堪称浩大。"三线建设"从经济效益角度看存在许多问题，但从

---

* 本文发表在《财经问题研究》2020 年第 8 期。

［作者简介］曹建海，中国社会科学院工业经济研究所研究员、博士生导师；孙亚红，中国社会科学院大学在读博士。

国防建设和西部地区工业化角度看有着一定的意义。

总体来看，1949~1978年是中国工业填补空白、奠定工业化基础的30年，改变了中国几千年来农业国家的基本面貌。然而，由于长期坚持"以阶级斗争为纲"的总路线，经济建设和工业生产长期处于大起大落状态，工业产品产量虽然有明显增长，但工业产品总量，特别是人均产品产量均处于极低的状态。国家统计局数据显示，除卷烟在1978年达到人均122.8支、布匹达到人均11.5米稍显宽裕外，中国绝大多数工业产出与需求相比，处于极为短缺的状态。以发电为例，1978年中国人均发电量仅为266千瓦时，全国绝大部分农村依靠油灯照明；金属切削机床仅有18万台，大中型拖拉机11万辆，汽车仅有15万辆；家用电器工业基本处于空白阶段。

（二）改革开放以来工业生产能力的巨大飞跃

虽然前30年为工业的发展奠定了基础，但直到改革开放初期，中国工业生产能力仍然极为有限。经过40多年的发展，特别是改革开放政策的巨大推动，很多工业品生产从无到有、从小到大，实现了生产能力的巨大飞跃。国家统计局数据显示，2010年中国已经有220种工业品产量居世界第一位。2018年，中国原煤产量36.8亿吨，比1979年增长6倍；水泥产量22.1亿吨，比1979年增长30倍；粗钢产量9.3亿吨，比1979年增长27倍；平板玻璃8.7亿重量箱，比1979年增长37倍。消费品方面，2018年汽车产量2782万辆，比1979年增长146倍；家用电冰箱为7993万台，比1979年增长2664倍；彩色电视机18835万台，比1979年增长18835倍。2019年中国汽车产销分别为2572.1万辆和2576.9万辆，汽车产量已经连续11年蝉联世界第一。空调、冰箱、彩色电视机、洗衣机、微型计算机、平板电脑和智能手机等一大批在新中国前30年处于生产空白阶段的家电通信产品，目前产量和产能均跃居世界第一位。其中，手机、计算机和彩色电视机等产品占全球总产量的比重为70%~90%。

值得注意的是，自2017年以来，中国原油、卷烟、布、硫酸、化肥、水泥、拖拉机、汽车、电冰箱和移动电话等工业品产量出现了一定程度的下降，但仍然居世界第一位，验证了中国工业发展的巨大潜力和成就。部分工业品产量下降的原因，有需求结构变化推动的产业升级的因素，更重要的是2016年以来中国对重化工业实行去产能、提升经济质量的政策效果。当前，中国大部分工业产品的生产能力处于世界首位，但与工业产品产量相比，除了天然原油存在严重产能不足、主要需要从国外引进因而产能利用率较高外，多数工业产品的生产能力存在利用不足问题。在现代服务业、数字经济和知识产品需求开始占据主导局面的情况下，主要依靠工业产品数量增长推动经济增长，不仅无助于经济效益的提高，而且由此导致的产能过剩和生态环境问题，成为未来经济增长的负担。

二、工业品从极度短缺到充裕的成因分析

中国工业品从极度短缺到充裕的根本原因在于国家发展战略的调整，由"以阶级斗争为纲"转变为"以经济建设为中心"。在此基础上，通过推进改革开放、引进国外先进技术，特别是利用加入世界贸易组织和20世纪90年代国际产业转移的契机，推动国内工业化和城市化的协调发展，实现由工业弱国到工业大国，再到工业强国的嬗变。

（一）改革是推进工业生产能力扩张的最大动力

1978年开始的经济体制改革，主要通过两种方式实现：一是打破了农业资源向工业转移的枷锁，实现了农村劳动力、土地资源由低效率的农业部门向更高效率的工业部门转移；二是经济资源从低效率的国有部门（包括政府财政部门）向更高效率的民营部门配置。通过改革打破计划经济体制，资源在市场价格信号的指导下进行配置，经济效率大幅度提高。这种典型的由市场配置资

源的改革，一直延续到1994年推行中央地方的分税制改革，极大地调动了全社会参与经济建设和生产的积极性。此后随着中央财政所占比例逐年提高，中央政府的宏观经济政策在社会资源配置中开始发挥越来越重要的作用，经济体制由市场主导逐步转向政府宏观经济政策与市场机制并行。党的十八大之后，经济体制改革向纵深方向发展，进一步简政放权，使市场在资源配置中起决定性作用，同时发挥政府的作用。

改革的重要作用在于激活了微观经济机制。在计划经济时期，作为工业经济活动的微观经济单位，国有企业生产什么、生产多少和如何定价等决策都由并不掌握社会需求信息的中央政府部门做出，由此造成的亏损也多由财政补贴弥补，客观上形成了企业挥霍浪费和软预算约束的弊端。软预算约束进一步延伸到投资领域，企业投资盲目追求规模，导致全社会投资规模失控，挤压生活领域的建设和生产，导致传统体制下建设性物资和生活消费品均处于短缺状态。而市场配置资源体制下，企业依据市场信号安排投资和生产，并以最低成本生产必要产出，或者以固定成本生产最大产出，有效避免了各种资源浪费。

20世纪80年代开始兴起乡镇企业办工业的热潮，在巨大的市场缺口引导下，乡镇企业打破所有制形式和经营行业的行政限制，逐步成为改革开放初期中国工业生气蓬勃的新生力量。在乡镇企业的冲击下，国有企业改革也由承包制、公司制和股份制发展到国有控股上市公司，与乡镇企业改制或后期创业而形成的民营公司、上市公司，共同构成了市场竞争主体，国有经济主导基础设施和基础材料产业，以民营经济为主导的非国有经济则在消费品、竞争性投资品、高新技术、互联网等领域投资和发展，共同推动了中国工业生产能力跃居世界第一、成为工业强国的进程。

（二）对外开放拓展了工业资源和市场的范围

对外开放包括市场开放和外商投资准入两个方面。贸易理论说明，即使不存在技术进步，只要企业、个人或国家专注于自身拥有比较优势产品的生产，并与贸易伙伴进行交换，获得自己没有或生产效率相对优势不足的产品，就可以实现来自贸易的收益，进而促进经济增长。中国过去40年的经济快速增长，其主要源泉在于伴随市场规模的扩大而获得的来自贸易的收益。随着中国追赶发达国家的后发优势的发挥，市场规模扩张的同时必然伴随着技术进步，体现在更加专业的分工和更快的专业化水平提升，进一步带动了市场规模扩大的速度和边界。随着市场化过程中叠加市场交易规则的制度改善，曹建海和王帆（2019）认为，"中国奇迹"得以三位一体地实现来自贸易的收益、来自技术进步的收益和来自制度创新的收益，其中，来自贸易的收益是入口和出发点，是获得另外两种收益的必要条件。

市场开放还可以促进或倒逼国内改革。与旨在消除大锅饭、懒惰习惯的承包制等内源性改革不同，曹建海和王帆（2019）指出，外源性改革，即以市场开放倒逼的改革，一直是中国进行经济改革的主要动力。从1978年起，决策层一直尝试通过对外开放来完善体制，从20世纪80年代初期深圳特区的率先开放，到90年代初期中央决定开放浦东新区，再到2001年中国加入世界贸易组织。按照WTO规则要求，中国修改了3000多条法律法规，带动了不少实际性的改革举措，经济、政治、文化和社会等领域有了很大变化。

对中国工业的推动、示范和技术外溢作用最强的是通过对外开放建立外商投资企业。外商投资企业在以下四个方面推动了中国工业发展：首先，外商投资为中国经济建设提供资金，弥补了工业发展过程中的资金缺口；其次，外商投资企业的进入可以强化竞争效应，增强国内企业危机意识和采取先进技术、先进管理经验的动能；再次，外商投资企业进入之后，通过上下游供应链关系，也带动了相关产业和企业按照国际规范经营发展；最后，外商投资企业经营过程中的人才流动，特别是在外商投资企业中掌握先进技术和管理经验的人才流出，有效地实现了先进技术和管理经验由外资向内资的扩散。

（三）工业技术引进及其创新推动工业产能形成

新中国成立后的工业技术水平提高，基本上是建立在技术引进的基础上的。从"一五"时期的156项重点工程，到改革开放后的"四三方案"、"六五"时期引进3000项技术，再到20世纪90年代持续进行的以硬件设备为主导的技术引进。中国加入世界贸易组织以来，技术许可、咨询和服务迅速增加。吴延兵（2008）研究发现，中国的自主研发和国外技术引进对生产率有显著促进作用。尤其是2014年以来，中国的自主研发能力进一步增强，自主创新与技术引进协同发展。

伴随着技术和关键设备引进，外商直接投资也蓬勃发展，成为引进先进技术的重要环节。Jiang等（2018）的研究指出，与国外企业合作的中国企业比其他中国企业规模大、生产能力强、更能获得国家补助；外资企业的技术不仅转让给了合资企业本身，也转向了参与投资的中国企业；技术转让的溢出效应超过了同行业竞争带来的负面效果，因而合资企业给同行业其他中国企业带来了正外部效应。20世纪80年代以来，中国通过设立深圳和上海浦东经济特区，在全国各地兴建工业园区、高新技术开发区、经济技术开发区和自由贸易区等，吸引了全世界的外商投资进入中国市场。

（四）城镇化与重化工业的相互推动

1998年以来，中国推行住宅商品化改革，加上住房消费金融的兴起，推动了21世纪初期房地产市场的繁荣。2003年8月12日，国务院发布《关于促进房地产市场持续健康发展的通知》，提出完善住房供应政策，调整住房供应结构，逐步实现多数家庭购买或承租普通商品住房，将之前作为供给主体的经济适用房纳入保障房范畴。这个政策促进了国内房地产市场的大繁荣，中国城市房价自此节节上涨，买房和房价成为全社会关注的热点。

伴随着房地产市场的繁荣，中国城镇化加速发展，进而推动中国重化工业快速发展。2008年，美国爆发的金融危机影响了中国出口经济，为扩大内需，政府出台新增4万亿投资计划，房地产市场也加大了救治力度，房地产和基建市场拉动下的钢铁、水泥、电解铝、平板玻璃和造船等行业再次步入供销两旺、供不应求的局面。2002~2019年，中国粗钢产量由1.8亿吨增加到9.96亿吨，年均增长率为10.6%。根据世界钢铁协会数据，中国粗钢产量占全球产量的比重从2002年的20.1%上升到2019年的53.3%。钢铁第二大生产国印度2019年粗钢产量为1.1亿吨，在世界粗钢总产量18.7亿吨中占比仅为5.9%。

在中央政府强调绿水青山和绿色发展之前，城镇化与工业化之间的这种互动存在着城镇过度开发、空置率高和基建材料生产导致的严重环境污染问题。这决定了依靠房地产市场拉动的这种重化工业化只能存在于历史的一个时段，不具有长期的可持续性。

（五）地方政府竞争发挥重要作用

在中国工业生产能力形成的进程中，地方政府及其之间的竞争发挥着非常重要的作用。中国地方政府加入GDP竞争始于1994年的分税制，中央政府在财政收入中的比重逐渐提高，地方政府为增加税收源头，通过打造工业园区，与相邻城市竞争投资资源。这不仅事关地方的GDP和税收问题，更是长时期以来地方官员业绩考评获取锦标的依据。

具体而言，地方政府通过给予进驻企业各种补贴和优惠政策，作为招商引资、集聚工业企业的主要手段，由此形成迄今为止仍然长盛不衰的、以工业园区为主流的产业园区热。住房和城乡建设部统计数据显示，2018年中国城市建设用地面积约56 075.9平方千米，比1981年增长7.4倍，年平均增长率为5.6%。在全部城市建设用地中，工业用地占到20%左右，而国际平均水平在8%~10%。城市工业用地增长事实上也成为推动工业增长的一个因素。在注重GDP增长的政绩考核体系下，政府官员倾向于利用土地产权模糊和金融体系软预算约束的制度漏洞，对土地资源进行强有力的控制，以实现招商引资的目标。

不同于商业住宅用地价高者得的土地出让逻

辑，地方政府为了在未来获得税收，通常在土地征用及基础设施开发之后，以很低的协议价格甚至"零地价"提供给工业投资者，诱使大量投资进入工业领域。此外，由于土地使用权的购置成本不属于沉没成本，土地使用权的转让能为投资方提供额外巨额收益，形成对企业投资的实质性补贴，产能投资额越大，企业获取的投资补贴越多。显然，巨额的投资补贴会使企业在产品市场之外获取额外的投资收益，进而扭曲企业的投资行为，增加企业利润最大化时的产能投资和产量。

三、产能过剩问题及治理成效

产能过剩是指建成的生产能力总量超过实际需求总量。在市场经济条件下，在经济增长、产业结构调整升级和淘汰落后产能的过程中，实际生产能力在一定时期内和合理区间内落后于或者高于投资、消费水平和出口需求是一种正常的经济现象；超过一定界限，例如国际上一般认为正常的产能利用率为80%~85%，则可以认为发生了产能过剩问题。超过合理限度的生产能力过剩，不仅导致设备闲置、产能利用率过低和大量建设投资浪费，而且还会使市场供过于求、产品积压、价格下滑，出现行业整体亏损，对区域、产业和企业的持续发展十分不利。

（一）20世纪90年代以来产能过剩的几个阶段

1. 20世纪90年代工业品首次进入相对过剩时代

改革开放初期，中国工业品供给处于全面短缺阶段。20世纪90年代后期，中国经济尤其是工业经济告别了短缺经济，进入了相对过剩的时代。这一时期的过剩经济主要集中于轻工业和日用消费品行业。根据1995年统计数据计算的88个一级工业产品和消费品的产能利用率，低于80%产能利用率的达到63个，占比72%；低于50%产能利用率的达到23个，占比26%。一方面，大众消费品相对需求量过剩，黑白电视机和彩色电视机的产能利用率分别为47.8%和46.1%，印染布产能利用率为23.6%，奶粉产能利用率为44.1%，肥皂产能利用率为42.2%，中成药产能利用率为34.3%，家用洗衣机、家用空调、吸尘器、排油烟机和摄像机的产能利用率分别达到43.4%、33.5%、43.2%、40.2%和12.3%。另一方面，工业产品内部出现明显的结构性过剩。石油加工类的焦化设备产能利用率为83.3%，而加氢精制设备产能利用率为59.4%；炼钢整体产能利用率为81.6%，而电炉钢为56.4%；钢材中中厚钢板和薄钢板的产能利用率达到83.3%和92%，而热轧钢材、冷加工钢材、线材和无缝钢管的产能利用率分别为63.7%、53%、75.1%和68%；化学纤维中粘胶纤维产能利用率为94.7%，而合成纤维产能利用率为74.1%。汽车总体产能利用率为44.3%，其中轿车产能利用率为64.9%，载货汽车产能利用率为35.9%。这一时期，工业品、生产资料和生活资料出现销售困难和价格下跌，主要是因为采取了紧缩性财政政策和货币政策，抑制了有效的投资和消费需求，出现有效需求没有充分释放下的供给过剩。

2. 重化工业迅猛增长时期的产能过剩

这一时期的经济运行的特点是：一方面，重化工业的投资和生产在市场需求引力下迅猛发展，产品市场几乎处于供不应求局面；另一方面，由于生产能力、投资资源、环境承受能力失调，中央政府相关部门突出提出产能过剩及其治理政策。韩国高等（2011）测度了1999~2008年中国重工业和轻工业28个行业的产能利用水平，实证分析了固定资产投资是产能过剩的直接原因。

2006年3月，国务院发布《关于加快推进产能过剩行业结构调整的通知》（国发〔2006〕11号），指出钢铁、电解铝、电石、铁合金、焦炭和汽车等行业盲目投资、低水平扩张导致生产能力过剩，已经成为经济运行的一个突出问题。即使在这种情况下，一些地方和企业仍在这些领域继续上新的项目，生产能力大于需求的矛盾进一步加剧。

这一时期的经济增长已经严重依赖于投资增

长。根据国家发展和改革委员会的统计分析，2004年和2005年国民生产总值分别增长9.8%和9.9%，而全社会固定资产投资增长从2004年的26%上升到2005年的27.2%，全社会固定资产投资对经济增长的贡献由1998年的26.5%上升到2004年的78.2%。出现上述现象的主要原因是企业的竞争主要依靠资源投入、产品数量扩张和价格低廉，而不是企业本身自主创新能力提高和产品质量改善。这一时期的经济快速发展是建立在高投资率驱动下、大量的低水平重复建设上的，消耗了大量的能源、矿藏、土地和水资源，加大了中国经济结构调整和转变经济增长方式的难度，也加大了资源保护和环境治理的难度。

3. "四万亿"投资计划后重化工业严重的产能过剩

为了应对国际金融危机，避免中国经济硬着陆的风险，中国政府推出了"四万亿"投资计划，给国民经济带来了强烈的投资拉动效应。由于产业投资利润率下降，而房地产市场价格攀升，很多中央企业开始进入房地产市场，推动了房地产的新一轮暴涨，向市场释放出了错误的价格信号，导致钢铁、水泥和玻璃等行业纷纷加大投资力度，扩张生产规模，导致原本就存在的产能过剩情况进一步加重，而常年对一些行业的倾向性政策以及地方政府的政绩竞争又进一步加剧了产能过剩。过度刺激带来诸如产能过剩、高杠杆和僵尸企业现象（蔡昉、CFP，2016），导致本轮产能过剩具有范围广、更加严重的特征，从传统产业过剩蔓延到造船、机械，甚至光伏、多晶硅和风电等战略性新兴产业。

国家统计局数据显示，1995年4月至1998年1月，工业生产者出厂价格指数（PPI）连续44个月下滑；2008年11月至2009年8月，由于金融危机的影响，PPI出现快速下滑；2011年11月至2015年底，PPI一直徘徊向下，尤其是2012年3月至2016年8月连续54个月出现负增长。这说明了中国工业产品产能过剩、库存积压、价格下跌和实体经济整体不景气的状况并未得到有效缓解。

（二）供给侧产能过剩治理取得一定成效，但形势仍然严峻

中国从工业大国向工业强国转变的过程，产能过剩的性质已经转化为绝对过剩，并且属于低水平、粗放式的经济发展方式。产能过剩之所以一直存在，与中国的经济体制和激励制度密切相关。2015年12月，中央经济工作会议提出"去产能、去库存、去杠杆、降成本、补短板"五大任务。2016年2月，国务院印发《关于钢铁行业化解过剩产能实现脱困发展的意见》，提出了5年时间化解1亿吨到1.5亿吨的去产能目标。2016年和2017年分别退出产能超过6500万吨和5000万吨，彻底清除了1.4亿吨地条钢，完成"十三五"去产能的底线目标，钢铁行业产能利用率也从2016年中的72%上升至2017年底的77%。《煤炭工业发展"十三五"规划》规定，"十三五"期间必须化解淘汰过剩落后产能8亿吨。2016年和2017年累计共去除产能超4亿吨。煤炭行业产能利用率已从2016年的58%上升至2017年的70%。与此同时，利用资金和技术支持职工再就业，职工安置问题得到缓解，推动建立了中长期合同制度、增减挂钩和减量置换指标交易制度等长效机制。

国家统计局数据显示，自实施供给侧结构性改革以来，工业产能利用率一路攀升，从2016年第一季度的72.9%提升到2019年第四季度的77.5%。由于受新冠肺炎疫情影响，2020年第一季度下降比较明显。总的来讲，受益于产能出清和环保趋严带来的供需格局改善，商品价格和大宗商品盈利都出现显著恢复，行业供给的质量和效率都得到了提升，产业结构得到了有效调整。

分行业来看，各过剩行业均出现不同程度的经营业绩提升、效益改善、资产负债率下降和产业集中度提高。例如，煤炭开采和洗选业2018年较2013年销售净利润提高5.3%，从7.5%增加到12.8%；同期黑色金属冶炼和压延加工业从1.7%增加到6.6%，提高4.9%；化学原料和化学制品制造业则从4.8%增加到7.9%，提高3.1%。

从行业集中度来看，在过剩比较严重的行业出现了产值和企业数量同时减少的情况，如煤炭和钢铁行业；存在严重结构性问题和淘汰落后技术的行业出现了企业数量减少和产品结构性优化同时进行的状态，如电解铝、化工原料、水泥、平板玻璃和火电行业。企业数量减少一是由于落后产能关停并转，二是由于具有实力的大型企业加快兼并重组。去产能后期的特点为通过有控制的产能置换达到从总量性去产能为主向结构性去产能、系统性优产能为主的转变。

经过几轮去杠杆政策的洗礼，过剩行业资产负债情况也有所好转，比较明显得到改善的包括化学原料和化学制品制造业，2018年的资产负债比率比2013年下降了8.9%，有色金属冶炼和压延加工业的资产负债比率下降了6.0%。过剩行业人员分流和安置问题也基本得到了妥善处理，主要过剩行业的员工绝对数量明显下滑。随着员工人数的减少，人均生产总值增长，过剩产能的行业出现了人效提高的良好现象。例如，2018年和2014年人均生产总值相比较，黑色金属和有色金属冶炼和压延加工业分别增长了61%和9%；电力、热力生产和供应业增长了27%；煤炭开采和洗选业及化学原料和化学制品制造业均增长了26%。

此外，当前由于消费结构升级，一些传统消费品出现了较为严重的产能过剩问题。以乘用车为例，根据全国乘用车市场信息联席统计数据，中国乘用车产能利用率从2017年的66.6%降低至2019年的53.7%。仅有广汽丰田、东风本田、广汽本田、天津一汽丰田、四川一汽丰田、华晨宝马、北京奔驰和东风日产8家合资企业产能利用率超过100%，占2019年乘用车总销量的25%，并集中在日系和德系的合资品牌，表明中国汽车行业的自主品牌能力建设和价值链升级任重而道远。

四、通过进一步推进改革开放解决工业品市场不平衡问题

杨继东和罗路宝（2018）检验了重点产业政策对土地资源空间配置的影响，研究发现，重点产业政策容易引发资源空间配置扭曲；地区间竞争是导致重点产业政策引发资源空间配置扭曲的重要原因；地区竞争越激烈，地方保护主义越强，空间扭曲越严重；资源空间配置扭曲是导致产能过剩的一个重要原因。无论是解决产品短缺还是产能过剩必须尊重经济规律。放松要素市场规制，转变地方政府职能，降低企业进入和退出行业的成本；激发微观经济自身的动能，加快调整经济结构，加大国有企业改革力度，发展科学技术，提高经济发展的质量，建立长效防范产能过剩的机制。

（一）深化要素市场改革，充分发挥市场配置资源的能力

深化土地、金融等要素市场的改革，充分发挥市场在资源配置中的决定性作用。土地市场改革要求打通国有和农村集体所有制土地市场界限，加快建立权利平等、增值共享的土地交易制度。各级政府更应主动作为，把好土地关口，管好环保门槛，用好信贷闸门，对遏制产能过剩和推动转型发展负起历史责任。真实地反映土地、资本和环境的价格，增加环境污染的罚款等措施，将不符合标准的企业和产能挤出市场。

金融市场应该妥善推进利率市场化，完善多层次资本市场体系，促进经济脱虚向实，推动经济结构调整，提高实体经济效率，将过剩产能化解在市场竞争之中。同时，去产能和去杠杆是相互联系的。中国的杠杆率偏高，社会总债务率也偏高，其中相当大部分表现在工业企业债务融资偏高，即工业企业股本偏少、贷款和债券融资偏多。杠杆偏高，债权人与债务人之间协调难度更大。因此，如果能够更好地发展直接融资、降低债务杠杆，在一定程度上也有利于未来结构调整和企业重组变革。

（二）深化财税体制改革，促使地方政府向公共服务型政府转变

完善地方政府的考核机制，弱化地方政府的GDP权重，强化资源消耗、环境保护、科技创新和安全生产等综合性指标，健全自然资源和环境

的产权制度和保护措施。编制资源环境资产负债表，明确承载能力的测度和计算，设置生态保护红线，将环境评价加入离任审计，建立损害责任终身追究制度。

深化"放管服"改革，简政放权，以"负面清单"为原则，提高企业的办事效率，减少企业的制度性交易成本。强化地方政府融资风险责任制，实行"谁审批，谁投资，谁决策，谁承担风险"的原则（曹建海，2015）。坚持放管结合，确保监管公平、公正、提高透明度；推进政府服务体系建设，提高服务的能力和效率。

（三）深化国有经济改革，健全市场出清机制

国有企业改革是供给侧结构性改革的重要方面，也是国家产能过剩治理的重要领域。当前，国有企业虽然基本完成了公司制改造和法人治理结构改革，但国有企业借助国家政策进行行业专营以及利用政策优势获得社会绝大部分融资，而在投资、就业和环境保护等方面仍存在不少问题。例如，在钢铁、电解铝和造船等产能过剩严重的领域，国有控股企业盲目、不计代价的投资起了关键作用。在承担政府委托业务与企业亏损补贴之间，国有控股公司仍然存在着较为严重的软预算约束问题。改革国有企业，必须从根本上解决上述弊端，这就不是简单地通过兼并重组和实行混合所有制所能解决的。借鉴欧美国家经验，对真正需要的国有全资企业，可以专门立法管理。对于所有混合所有制企业，割断其与政府的行政关联，由国有资产管理部门通过投资管理，以出资人身份进行管理监督，促进企业按照市场化原则进行经营，健全市场出清机制（纪志宏、纪敏，2018），为新时期中国经济增长带来新动能。

（四）强化技术创新能力，化解低水平产能过剩

根据生产函数分析可知，生产能力是资本能力、技术能力和管理能力的结合。技术能力包括人的能力和生产设备的能力。改革开放初期，中国整体技术水平偏低，主要通过技术引进和模仿创新建立了世界工厂的地位。然而，技术可以通过购买和合资等形式实现转移，而技术能力是有目的的主动学习的结果。路风（2019）认为，技术创新能力是无法脱离开管理、组织和劳动者本身独立存在的，更无法转移，必须经由自身刻苦学习得来。实践证明，技术引进和模仿在技术差距比较大的情况下对后进者能力提高是有效的。当技术差距不断缩小，技术引进和模仿的弊端不断显现。特别是国产化配套投资加重了技术路径依赖，容易被锁定在全球分工价值链的低端，无法形成有效持续的技术积累。

目前国内企业最稀缺的生产要素是核心制造技术，发达国家是先进的技术创新来源国，占据着全球产业竞争的制高点。中国虽然在部分技术上有所突破，整体上仍然落后于发达国家。随着中国经济的快速增长和规模扩张，技术引进和模仿政策与投资驱动型增长模式结合，造成低水平技术重复建设、过分依赖国外技术、自主创新不足和国际贸易摩擦等问题越来越严重，加快自主研发和建立技术积累的创新平台迫在眉睫。

（五）推进直接投资等贸易政策改革，加强全球政策协调

从全球分工来讲，任何国家都有自己的比较优势，在有比较优势的环节，一国的产能是可以过剩的，出口可以化解过剩，关键在于行业和企业要有国际竞争力。大规模的产能过剩，必然推动企业寻找海外市场，一定程度上会影响国际贸易收支平衡，引发贸易争端。近年来，中国通过"一带一路"倡议，支持国产装备走出去，推进产能合作，取得了一定成效。今后需要进一步在知识产权保护、直接投资、技术转让和贸易平衡等方面，积极开展政策研究和国际合作。

（六）完善产业政策体系及功能，从行业选择转变为支持基础研发和重视教育

建议转变目前有选择性的产业政策为无歧视的间接调控手段为主，维护市场的竞争机制和优胜劣汰，推动产业结构的调整。进一步完善环境保护的法律和制度，加强知识产权保护。支持基础性研究，对具有较强外部性和重大影响的应用型研究提供资助。开展教育和专业人才的培养，提供行业信息和技术发展趋势的专业咨询，促进行业内部和外部的交流，等等。

参考文献

[1] 曹建海，王帆. 贸易战、市场开放与中国国有企业改革 [J]. 经济纵横，2019（6）：46-54.

[2] 吴延兵. 自主研发、技术引进与生产率——基于中国地区工业的实证研究 [J]. 经济研究，2008（8）：52-65.

[3] Jiang, K., Keller, W., Qiu, L. D., et al. International Joint Ventures and Internal Versus External Technology Transfer: Evidence from China [J]. Social Science Electronic Publishing, 2018.

[4] 韩国高，高铁梅，王立国等. 中国制造业产能过剩的测度、波动及成因研究 [J]. 经济研究，2011（12）：18-31.

[5] 蔡昉，CFP. 中国为什么难以消化"四万亿"后遗症 [J]. 企业观察家，2016（12）：24-26.

[6] 杨继东，罗路宝. 产业政策、地区竞争与资源空间配置扭曲 [J]. 中国工业经济，2018（12）：5-22.

[7] 曹建海. 重在完善产能过剩的防范机制 [J]. 求是，2015（8）：37-39.

[8] 纪志宏，纪敏等. 中国式产能过剩：风险·症结·治理 [M]. 北京：中国金融出版社，2018.

[9] 路风. 走向自主创新：寻求中国力量的源泉 [M]. 北京：中国人民大学出版社，2019.

The Historical Evolution and Reform Direction of Industrial Supply and Demand Pattern in the 70 Years of New China

Cao Jianhai Sun Yahong

Abstract: In the 70 years since the founding of New China, the industrial product market has witnessed a huge surge from an extreme shortage in the previous 30 years to the current abundant supply. The fundamental reason is that the national development strategy has changed from taking class struggle as the central task to concentrating on economic construction. On this basis, through the promotion of reform and opening up, and the introduction of foreign advanced technology, especially the opportunity to join the World Trade Organization and the international industrial transfer in the 1990s, China promoted the coordinated development of domestic industrialization and urbanization, and achieved the transformation from a country with a weak industrial foundation to a big industrial country and further to a strong industrial country. However, overcapacity caused by the rapid expansion of industrial production capacity has become a major problem that has plagued China's long-term economic growth. Since 2016, through the promotion of supply-side structural reform measures such as capacity reduction, the quality and efficiency of industry supply have been improved. However, the surplus of some major consumer products under the upgrade of the consumption structure is still very serious, and China's industrial brand-building capacity and value chain upgrade have a long way to go. Resolving the imbalance in the industrial product market requires deepening the reform of the factor market, deepening the reform of the fiscal and taxation system, deepening the reform of state-owned enterprises, strengthening technological innovation capabilities, advancing trade policy reform, and improving the industrial policy system.

Key Words: Industrial Product Market; Industrial Production Capacity; Overcapacity; Supply-side Structural Reform

2019年中国工业经济运行分析及2020年展望

张航燕　史　丹

摘　要：2019年，我国工业经济整体呈现"生产放缓、结构优化"的运行特征。具体表现为工业生产增速放缓、企业盈利水平下降，新旧动能转换加速、工业结构优化升级。制造业融资能力不足，中西部地区降耗压力大及区域工业发展不充分、不平衡，是当前工业经济运行中面临的突出问题。2020年，国内外环境和形势严峻复杂，面临不少隐忧和挑战，我国工业经济仍面临较大的下行压力。中国工业经济发展应该充分体现短期积极应对与中长期改革发展相结合思想，一方面扩需求，努力实现工业经济平稳较快发展，另一方面继续保持战略定力和战略耐心，深化供给侧结构性改革，全力推动工业经济高质量发展。

关键词：中国工业经济；运行特征；高质量发展

一、2019年中国工业经济运行分析

2019年，受中美贸易摩擦升级、内需不足、工业品价格降幅扩大等因素影响，工业生产增速放缓，企业盈利空间下降，制造业投资增幅回落。但是随着新兴产业的培育壮大和传统产业的改造升级，新产品产量加速增长，工业结构持续优化提升。

（一）工业生产增速放缓，新兴产业保持强劲增长

工业生产波动显著，呈现较大的下行压力。2019年，规模以上工业增加值同比增长5.7%，比2018年全年和上半年分别减少0.5个和0.3个百分点，呈现出下行特征。分月来看，2019年工业生产较2018年波动明显增加，并且呈现出季末冲高的特征，3月、6月和12月的生产增速达到了8.5%、6.3%和6.9%，显著高于其他月份（如图1所示）。分类别看，2019年，采矿业增加值同比增长5.0%，比上半年和2018年全年分别加快1.5个和2.7个百分点；制造业增加值同比增长6.0%，比上半年和2018年全年分别减少0.4个和0.5个百分点；电力、热力、燃气及水生产和供应业增加值同比增长7.0%，比上半年和2018年全年分别减少0.3个和2.9个百分点。从出口交货值来看，工业出口增速明显放缓。2019年，全部规模以上工业企业实现出口交货值124216亿元，同比名义增长1.3%，较上半年和2018年全年分别减少2.9个和7.2个百分点。受中美经贸谈判预期向好影响，12月工业出口交货值在持续4个月负增长后增速转正，工业出口情况转暖。

---

* 本文发表在《当代财经》2020年第5期。

［作者简介］张航燕，中国社会科学院工业经济研究所副研究员、博士；史丹，中国社会科学院工业经济研究所所长、二级研究员。

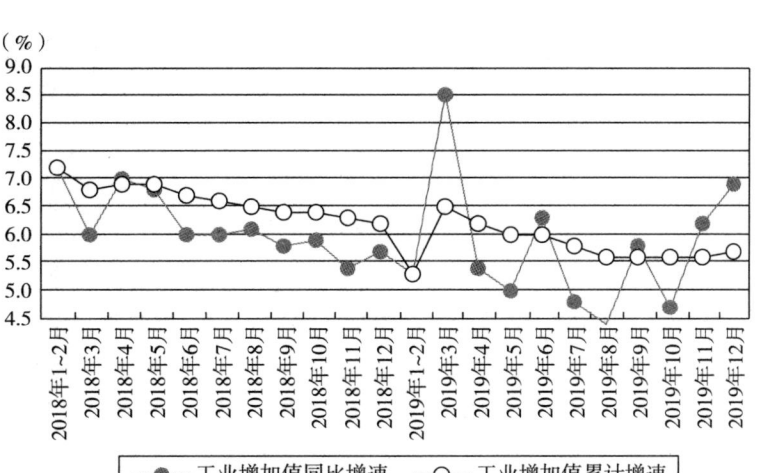

图 1　2018～2019 年规模以上工业增加值增速

资料来源：国家统计局网站。

伴随供给侧结构性改革的推进，新兴产业保持强劲增长势头。2019 年，高技术制造业增加值同比增长 8.8%，快于规模以上工业 3.1 个百分点。其中，医疗仪器设备及仪器仪表制造业增长 13.5%，较 2018 年加快 4.1 个百分点。高技术制造业增加值占规模以上工业比重达到 14.4%，较 2018 年提高 0.5 个百分点，对稳定工业经济增长的支撑作用不断增强。特别需要说明的是，近年来，高新技术产业增加值增速始终高于规模以上工业平均增速，高新技术产业增加值占比从 2015 年的 11.8%增长至 2019 年的 14.4%（如表 1 所示）。

表 1　2015～2019 年高技术制造业增加值增速及占比

单位：%

年份	工业增加值增速	高技术制造业增加值增速	高技术制造业增加值占工业比重
2015	6.0	10.2	11.8
2016	6.0	10.8	12.4
2017	6.3	13.4	12.7
2018	6.1	11.7	13.9
2019	5.7	8.8	14.4

资料来源：各年份统计公报。

（二）工业投资增幅回落，高技术产业投资增长态势良好

工业投资增速出现较大回落。2019 年，工业固定资产投资同比增长 4.3%，增速较 2019 年上半年和 2018 年全年分别减少 1.0 个和 2.2 个百分点。其中，制造业投资增长 3.1%，增速比 2019 年上半年和 2018 年全年分别减少 0.1 个和 6.4 个百分点（如图 2 所示）。虽然工业投资增速放缓，但是投资结构呈现出优化态势。一方面，稳步推进制造业转型升级，2019 年制造业技术改造投资同比增长 7.4%，增速较全部制造业投资加快 4.3 个百分点。另一方面，培育发展高新技术产业，2019 年高技术制造业投资同比增长 17.7%，增速较全部制造业投资加快 14.6 个百分点。其中，医疗仪器设备及仪器仪表制造业投资增长 36.4%，电子及通信设备制造业投资增长 18.7%，计算机及办公设备制造业投资增长 18.7%，医药制造业投资增长 8.4%。从企业注册类型来看，2019 年，民间投资增速同比增长 4.7%，增速较 2018 年全年减少 4 个百分点，较国有控股投资减少 2.1 个百分点。2018 年民间投资增速同比增长 8.7%，增速相对较高的原因主要是前期一系列鼓励民间投资、支持民营企业政策的落地实施引发的。2019 年，民间投资增速下滑除了基数原因，很大程度上受外部经济环境不确定性增加、经济下行压力增大等因素影响。近年来，民间投资增速已由 2015 年的两位数增长（10.1%），降至个位数增长，其中 2016 年增速仅为 3.2%，呈现断崖式

下滑；民间投资占固定资产投资的比重已由 2015 年的 64.2% 下降至 2019 年的 56.4%（如表 2 所示）。民间投资增速下降、在固定资产投资占比减少反映出我国民间投资的活力不强、动力不足。

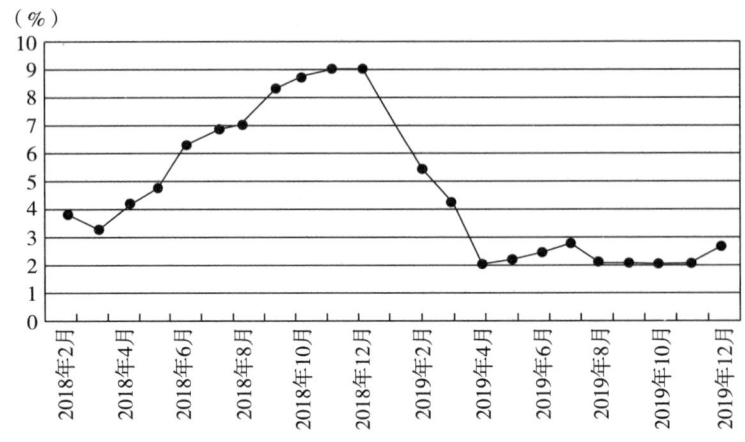

图 2　2018～2019 年制造业固定资产投资增速

资料来源：国家统计局网站。

表 2　2015～2019 年国有控股投资与民间投资比较

单位：%

年份	固定资产投资增速	国有控股投资增速	民间投资增速	民间投资占比
2015	10.0	10.9	10.1	64.2
2016	8.1	18.7	3.2	61.2
2017	7.2	10.1	6.0	60.4
2018	5.9	1.9	8.7	62.0
2019	5.4	6.8	4.7	56.4

注：表中投资是全部固定资产投资（不含农户）。

资料来源：笔者依据国家统计局公布数据整理计算。

（三）企业盈利空间下降，高新技术企业和民营企业效益改善

2019 年，规模以上工业企业实现利润 61995.5 亿元，同比下降 3.3%，降幅较 2019 年上半年提高 0.7 个百分点。这也是自 2014 年以来，工业企业利润再度转为负增长。其中，钢铁、化工、汽车、石油加工行业利润比 2018 年分别下降 37.6%、25.6%、15.9% 和 42.5%，合计影响规模以上工业企业利润增速比上年下降 7.4 个百分点（朱虹，2020）。工业成本费用增加。2019 年，工业企业每百元营业收入中的成本和费用合计为 93.05 元，较 2018 年增加了 0.47 元。尽管 2019 年工业企业利润有所下降，但效益状况呈现出结构性改善。从产业来看，2019 年，高技术制造业和战略性新兴产业实现利润同比分别增长 4.8% 和 3.0%，高技术制造业和战略性新兴产业利润占全部规模以上工业利润的比重较 2018 年分别加快 1.2 个和 1.6 个百分点，呈现较快的增长态势。从企业类型来看，私营企业和小型企业利润保持增长。2019 年，私营企业和小型企业利润比上年分别增长 2.2% 和 5.0%，明显好于规模以上工业平均水平（朱虹，2020）。

（四）中西部工业保持较高增长，东部和东北地区工业增长出现较大波动

2019 年，中部地区和西部地区规模以上工业增加值增速较快，且中部地区增速较为稳健，月增速均保持在 6.5% 以上（如图 3 所示），尤其是 3 月、6 月和 9 月，中部地区工业增加值同比分别增长 9.6%、8.5% 和 7.5%，分别高于工业平均增速 1.1 个、2.2 个和 1.7 个百分点。西部地区规模以上工业增加值增速在 2019 年第三季度相对较快，尤其是 9 月增长最快，增速达到 8.2%。东部和东北地区工业增速出现较大波动，特别是东北地区工业增速波动更为显著。从 2019 年

4月开始,东北地区工业增加值增速连续2个月出现负增长后,6月工业增加值增速实现由负转正,下半年呈现稳步增长趋势,11月和12月工业增速同比增长7.6%和9.0%。东部地区规模以上工业增加值增速在2019年上半年波动幅度比较大,最高点出现在3月,增速为10.3%,最低点出现在4月,增速为2.5%,增速相差7.8个百分点。

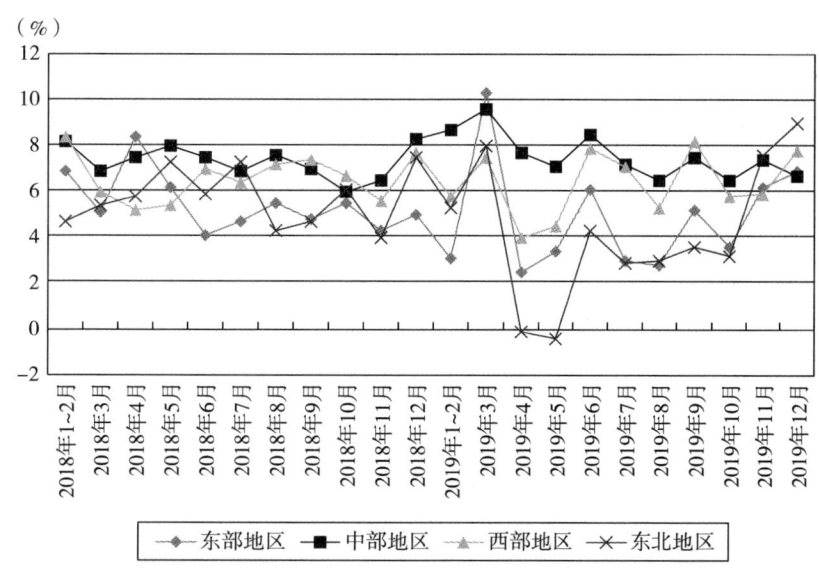

图3　2018年以来地区工业增加值同比增速

资料来源:国家统计局网站。

二、当前中国工业经济存在主要问题

制造业投资回报率低、融资能力不足,中西部地区降耗压力大以及区域工业发展不充分、不均衡,是当前工业经济运行中面临的突出问题。

(一)制造业投资回报率低,融资能力不足

从主要金融机构对工业的本外币中长期贷款增速来看,自2012年以来,工业贷款平均增速仅为5.4%,不足服务业贷款平均增速(12.9%)的一半。从主要金融机构对工业的本外币中长期贷款占比来看,工业占比呈现出逐年下降态势。工业贷款占比已由2012年的29%,减少至2018年的20%、2019年前三季度的19%。工业贷款占比过低(20%)与工业在国民经济中的地位(2019年工业占GDP比重为32%)极不相称。

导致制造业融资能力低的影响因素众多。但从制造业自身来讲,制造业盈利低及其结构特征是造成金融机构放款意愿低的主要原因。制造业利润增速由2017年20%以上的增长转为2019年的负增长,销售利润率由2017年的6.2%下降至2019年的5.5%。传统制造业体量大的结构特征拉低了制造业融资规模。目前,我国制造业呈现出以初级生产要素的投入扩张为动力、以传统产业为主体的外向型产业特征。传统制造业无论是企业数量还是增加值都占据了工业的八成以上。据第四次全国经济普查,全国从事战略性新兴产业生产的规模以上企业法人有6.6万个,占全部规模以上工业企业法人单位的比重只有17.7%,不足1/5。尤其是国际金融危机后世界经济整体低迷,许多传统产业出现较为严重的产能过剩,金融机构"惜贷""少贷""断贷"不可避免地出现。事实上,制造业这种产业结构特征导致,即便金融机构显著增加了对战略性新兴产业的贷款,但也将由于传统产业体量大融资少,而拉低制造业整体融资规模。

（二）高能耗行业比重偏高，中西部地区降耗压力大

2019年，伴随着大气污染防治攻坚任务、减煤替代和电能替代的推进，我国节能降耗取得了积极成效。初步核算，2019年单位GDP能耗同比下降2.6%。其中，规模以上工业单位增加值能耗同比下降2.7%。尽管能源消费增速总体有所回落，但受环境保护、能源"双控"等政策影响，中西部地区仍存在资源利用率不高、能源消费结构有待优化等问题。中西部地区工业用能占我国终端能源消费比重超过60%，且煤炭、钢铁、建材、化工等高能耗行业比重偏高，仍然面临着较大的降耗压力。例如，2019年，湖北和内蒙古高耗能产业增加值占规模以上工业比重分别为29.3%和45.7%；陕西规模以上工业综合能源消费量同比增长8.6%，六大高耗能行业综合能源消费量占规模以上工业的83.6%；宁夏规模以上工业能源消费量同比增长8.2%，其中，化学原料和化学制品制造业和石油、煤炭及其他燃料加工业拉动规模以上工业能耗分别增长5.1个和2.4个百分点，推动单位工业增加值能耗同比上升0.5%。①

（三）工业发展差异大，区域工业发展不均衡

当前中部地区工业增长较快，东北地区工业经济活力仍然不足，区域工业经济分化发展较为明显。四大板块变异系数计算结果显示②，东部地区和东北地区内部增速差异较为明显，而中西部地区内部增速差异相对较小。2019年，东部和东北地区规模以上工业增加值增速差异系数分别为0.57和0.52。在东部地区的10个省份中，规模以上工业增加值增速最快的福建（8.8%）与增速最慢的上海（0.4%）增速相差8.4个百分点；在东北三省中，规模以上工业增加值增速最高的辽宁（6.7%）与增速最低的吉林（2.8%）增速相差3.9个百分点。中部和西部地区规模以上工业增加值增速差异系数分别为0.15和0.25。在中部六省中，除了山西省其他五个省工业增加值增速均在7.0%以上，其中江西和湖南工业增加值分别增长8.5%和8.3%，高于全国工业平均值2.8个和2.6个百分点；在西部12个省份中，贵州、云南、四川三个省规模以上工业增加值增速较快，增速分别为9.6%、8.1%和8.0%，其中贵州规模以上工业增加值增速位居全国第一，而广西和新疆工业增长较慢，分别为4.5%和4.7%。

三、2020年中国工业经济运行环境分析及工业增速预测

从国内外经济环境看，突发公共卫生事件、贸易局势紧张和贸易政策不确定性、金融市场动荡对全球经济持续增长形成威胁。虽然国内经济发展总体平稳，但短期突发事件和一些深层次、长期性问题尚未得到有效解决，都将对我国经济产生影响。2020年，我国工业经济发展的形势依依旧复杂，工业经济面临较大的下行压力。

（一）国外环境分析

受贸易局势紧张和贸易政策不确定性、主要经济体经济下滑、新兴市场经济体出现金融动荡以及突发公共卫生事件等影响，2020年全球经济增长的前景依旧黯淡。2019年，受贸易争端影响，全球经济增长率降至2.3%，为10年来最低水平。经济合作与发展组织（OECD）发布最新世界经济展望，将2020年全球经济增速预期从前期的2.9%下调至2.4%。

受内部和外部需求疲软，主要经济体经济维持低速增长格局。在主要发达经济体中，除日本

---

① 湖北、陕西等省份数据为2019年1~11月数据。
② 变异系数通常有全局系数、平均差系数和标准差系数，常用的是标准差系数，本章也是采用此方法计算的。变异系数为标准差与平均数的比值，记为 $C \cdot V$。变异系数计算公式为 $C \cdot V = \frac{\delta}{\mu}$。其中，$\delta$、$\mu$ 分别为总体标准差、平均数，δ 计算公式为 $\delta = \sqrt{\frac{\sum(x-\mu)^2}{N}}$。

外，其他经济体均出现增速明显回落现象。发达经济体2019年整体GDP增速为1.7%，比2018年下降0.6个百分点。2019年美国GDP增长率从2018年的2.9%回落至2.4%。鉴于美国政策持续的不确定性、疲弱的商业信心和不断减弱的财政刺激措施，预计2020年美国GDP增速将进一步放缓。2019年欧元区GDP增长率从1.9%回落至1.2%。欧元区由于制造业衰退幅度加深，加之受英国脱欧等因素影响，经济恶化风险明显加大，预计2020年欧元区GDP增长率将进一步回落。2019年日本是唯一的经济未出现明显回升的发达国家，GDP增长0.9%，比2018年略微回升0.1个百分点。2019年10月1日，日本消费税率由之前的8%提高至10%，受消费税的增加和全球经济疲软拖累消费支出和出口下降，2020年日本经济运行压力将会加大。新兴市场与发展中经济体2019年也出现了经济增速普遍下降的现象。新兴市场与发展中经济体2019年整体GDP增速为3.9%，比2018年下降0.6个百分点。印度GDP增长率从2018年的6.8%下降到6.1%，俄罗斯、巴西和南非经济明显下行，阿根廷等个别国家甚至出现经济危机。2020年新兴经济体和主要发展中国家供给和需求端均将陷入停滞甚至衰退，加上外部需求减弱，经济增长前景也不容乐观。

全球金融风险呈现趋势性上升态势。发达国家和一些新兴经济体不断将货币政策向偏松方向调整，利率水平不断下降，一些国家已经是负利率，比如欧洲和日本央行利率为-0.5%和-0.1%。低利率环境鼓励投资者过度追逐收益率，往往容易形成更大的风险敞口，使得全球资本市场，尤其是发达国家和主要新兴经济体资本市场的脆弱性上升（莫开伟，2020）。新兴市场货币汇率持续出现动荡。在美元处在相对高位的情况下，新兴经济体市场汇率受到各方面负面因素的影响出现了较大波动，会推动资本外流、投资萎缩和资产价格下跌，给这些国家未来经济运行的平稳性带来负面影响。在美国继续高举贸易保护主义、单边主义大棒的背景下，新兴市场国家的资本流动和本币汇率将进一步承受压力，出现新的动荡的可能性加大。新兴经济体偿债压力持续加重，将引发资本外流和本币汇率动荡，形成新兴市场金融风险。国际金融协会数据显示，2019年全球债务或将创下逾255万亿美元的纪录高位，是全球年度GDP的3倍多。持续走高的杠杆和债务水平将给全球企业部门和发达国家的政府部门带来较大的流动性压力，一些政府偿债发生困难，企业违约事件增多，进而拖累相关的金融体系，酝酿金融风险。

经贸冲突、地缘政治紧张、突发公共卫生事件等问题也将影响全球经济增长。美国等经济体升级经贸冲突将面临更多的报复性措施。美国对印度、越南、欧盟部分出口商品征收关税的风险、日韩贸易争端态势的紧张程度，或将进一步上升。尽管中美已经签署第一阶段协议，但前三批我国对美出口商品被征关税水平并未有实质性减少，中美经贸冲突再次升级的风险仍然存在。英国和欧盟之间、日韩之间以及中东等热点地区也可能出现新的纷争（李大伟等，2020）。而新冠肺炎疫情也给全球经济增长带来了较大的不确定性。

（二）国内环境分析

2019年三大需求表现依然不尽如人意。2019年固定资产投资累计同比增长5.4%，增速低于2018年全年0.5个百分点。受中美贸易摩擦的影响，2019年我国出口承受较大的压力。以美元计，我国2019年全年出口增长0.5%，增速为2016年以来的最低水平；以人民币计，我国出口增速为5%，这在一定程度上受益于人民币汇率贬值，但仍然低于2018年增速2.1个百分点。消费虽然相对平稳，但也难以支撑总需求的反弹。2019年社会消费品零售总额同比增长8%，低于2018年增速0.2个百分点。从先行指标制造业采购经理指数（PMI）来看，2019年制造业PMI均值为49.7，明显低于2018年全年均值50.9。

2020年突发新冠肺炎疫情无疑对我国经济产生了较大不利影响，特别是对旅游、餐饮、娱乐、交通运输等服务行业造成明显冲击。2020年1~2月，社会消费品零售总额同比名义下降20.5%

（扣除价格因素实际下降23.7%）。其中，餐饮收入和商品零售分别为4194亿元和47936亿元，同比分别下降43.1%和17.6%。受到人员流动受限以及延迟开工等的影响，农产品销售、工业生产等第一、第二产业均受到了波及。从生产来看，2020年1~2月，规模以上工业增加值同比实际下降13.5%。虽然多数行业和产品生产出现了下降态势，但民生保障行业特别是防疫物资生产增长较为显著。2020年2月下旬以来，随着企业复工复产的加快，工业生产呈现加快恢复态势。从投资来看，2020年1~2月全国固定资产投资同比下降24.5%。其中，制造业、基础设施、房地产开发投资同比分别下降31.5%、30.3%和16.3%。从出口来看，2020年1~2月，工业企业出口交货值同比名义下降19.1%。2020年2月，制造业采购经理人指数（PMI）更是断崖式下跌至35.7。一般而言，重大突发事件必然会对短期经济发展产生一定负面影响，但在冲击平息后，经济社会活动又将回归正常，因而重大突发事件不会对中长期经济产生实质性影响。新冠肺炎疫情虽然对我国经济运行产生了较大不利影响，但我国经济体量大、产业体系完整，经济发展具有强大的韧性和潜力，整体经济向好的基本面不会因突发事件的冲击而改变。

2020年是我国全面建成小康社会、"十三五"规划的收官之年，更是"三大攻坚战"的最后攻关年，是各项目标任务的"决胜之年"。国家逆周期调节政策将进一步加力和聚焦，助力上述目标的顺利实现。2019年12月召开的中央经济工作会议强调，要完善和强化"六稳"（稳就业、稳金融、稳外贸、稳外资、稳投资、稳预期）举措，健全财政、货币、就业等政策协同和传导落实机制，确保经济运行在合理区间。自2020年1月1日起，调低850余种商品进口关税、减免部分行政事业性收费等政策实施；自1月6日起，下调金融机构存款准备金率0.5个百分点将释放长期资金8000多亿元。2020年1月3日召开的国务院常务会议明确提出，制造业对于稳定经济增长具有基础性支撑作用，通过深化改革和实施市场化措施进一步激发市场主体活力，推动制造业稳增长。2020年1月2日，四川和河南发行地方债，2020年地方债发行进度比上年再提前，地方债加快发行也体现了基建托底稳增长的政策取向。各部门2020年工作会议亦是聚焦"稳增长"。如全国发展和改革工作会议明确，大力促进形成强大国内市场，搞好重大项目储备实施，努力扩大有效投资，积极培育、拓展消费新增长点。全国财政工作会议指出，巩固和拓展减税降费成效。全国工业和信息化工作会议提出，贯彻"六稳"部署，确保工业经济运行在合理区间；着力稳定制造业投资，引导资金投向供需共同受益、具有乘数效应的先进制造、基础设施短板等领域，促进产业和消费"双升级"（孙韶华等，2020）。

（三）工业增速预测

受新冠肺炎疫情等影响，国内外多家机构对2020年中国GDP增长进行了预测。总体来看，国内机构对2020年中国GDP增速的预测较国外机构乐观。如渣打银行研究报告认为由于首季度中国经济下滑的情况超出预期，以及新冠肺炎疫情全球大流行使全球经济衰退的风险增加，将2020年中国经济增长预测由之前的5.5%下调至4.0%。投行野村研究报告认为中国2020年1~2月的经济数据低于市场预期，说明新冠肺炎疫情对中国经济影响严重，预计2020年中国GDP增速为4.8%。国际评级机构标普甚至将中国2020年GDP增长预测下调至2.9%。国内多家研究机构对新冠肺炎疫情对中国GDP影响进行了相应预测。如中国社会科学院李雪松研究团队预计2020年中国GDP全年增速维持在5.5%~5.7%；中国科学研究院智库预计2020年GDP增长速度将维持在5.5%~5.8%；北大智库预测2020年GDP增速将在5.6%左右；恒大研究院预计中国2020年GDP增速乐观估计5.4%，保守估计5.2%，悲观估计5%[①]。

---

① 文中预测数据依据网络信息整理。

无论是国际环境,还是国内环境,都给中国工业经济的稳增长带来了较大挑战,加大了工业经济进一步下行的压力;但也要看到,国际国内环境中存在的积极因素,以及各级政府为了稳增长而采取的积极应对措施。中美经贸关系的缓和、双边或多边自贸协议谈判的进展、"一带一路"倡议的深化落实,都将有助于工业出口的平稳增长;传统工业的持续转型升级、战略性新兴产业与高新技术制造业的加快发展、重大项目的投资开工、居民收入的平稳持续增长,都是推动工业内需增长的利好因素。

综合来看,尽管2020年我国工业经济发展的内外形势较为复杂,整体上面临着较大的下行压力,但增长前景预计规模以上工业增加值增速在5.4%~5.8%的概率较大。

四、推动中国工业经济高质量发展的政策建议

今后一段时间,中国工业经济发展需要平衡短期应对与中长期发展,一方面守住速度底线,通过扩需求特别是内需,努力实现工业经济平稳较快发展;另一方面继续保持战略定力和战略耐心,深化供给侧结构性改革,推动工业经济高质量发展。

(1)统筹疫情防控和经济社会发展,将疫情的影响降到最低。在抓好疫情防控工作的同时,做好"六稳"工作,有序推进各地复工复产。一是因地制宜,靶向施策,明确不同区域疫情防控和复工复产的具体措施。既要坚决防范因复工复产带来疫情扩散风险,也要防止一关了之、一停了之阻碍正常复工复产。二是加强防护物资供应,努力保障已复工和准备复工企业日常防护物资需求。三是加大对重点行业和小微型企业帮扶力度。加大对重点领域企业恢复生产的信贷保障和投放,加大对小微型企业的信贷支持,调低贷款利率,支持企业复工复产。四是用好用足援企稳岗政策。抓好社保费阶段性减免、失业保险稳岗返还、就业补贴等政策落地;鼓励用人单位利用公共就业服务平台及时发布企业招工、复工及就业动态等信息,创新招聘模式,促进劳动者与用工企业精准对接,线上开展职业技能提升培训;加强用工输入地和劳务输出地的对接,帮助农民工返城就业(王一鸣,2020)。

(2)有效扩大内需,实现工业经济平稳增长。扩大需求特别是内需,是应对新冠肺炎疫情冲击和中美贸易摩擦不利影响,实现2020年工业经济平稳增长的有效手段。一是稳定有效投资。加强对公共卫生服务、应急物资保障等基础设施薄弱环节建设,加大对5G网络、数据中心等新型基础设施投资,提高投资的精准性和有效性。进一步调动社会资本的配资热情,提高基建投资使用效率。二是完善促进消费体制机制。完善收入分配制度,提高居民消费能力和预期,打造成熟消费细分市场,满足居民消费需求的多元化、个性化和品质化,营造安全放心的消费环境,让消费者更加"能消费、愿消费、敢消费"。三是加快完善多元化出口市场结构。努力开拓非洲、拉美以及中东等新兴市场,逐步缩减对美国市场的依赖,进一步分散贸易风险。

(3)优化信贷结构,支持实体经济融资。全面支持实体经济特别是制造业融资,不仅可以达到"稳投资"的短期目的,更有助于"提升产业竞争力"长期目标的实现。一是调整信贷结构,加大对实体经济的融资力度,确保对非金融类企业和机关团体的贷款占比超过六成。二是完善信用体系建设,进一步压低银行风险溢价,努力拓展民营企业多元化融资渠道,鼓励金融企业科技创新,降低金融服务成本。三是激励企业加大技术改造投资和研发投入,推动企业劳动生产率持续增长,提高竞争力,促进产业转型升级。四是加快建立各类市场主体和各级政府官员"激励与约束相容"的体制机制,确保产权安全,宽容干部在谋求经济发展过程中出现的工作失误,充分调动民营企业、国有企业、外资企业、地方政府的投资和发展积极性(周子勋,2019)。

(4)转型升级传统产业,创新发展新兴产业。一是依托"互联网+"推动传统产业转型升

级。引导传统产业智能化发展，提高企业研发、生产、管理和服务的智能化水平。推动传统产业由生产型制造向服务型制造转变，促进制造业服务化转型。支持和鼓励传统产业企业利用互联网技术实现商业模式和管理方式创新，提高企业盈利能力。二是集中突破"卡脖子"关键技术，有序推进新兴产业发展。加快构建以企业为主体的产、学、研、用机制，集中破除制约产业进一步发展壮大的关键基础材料、核心基础零部件（元器件）以及先进基础工艺。加强科技研发与市场需求的紧密结合，优化战略性新兴产业空间布局，推动战略性新兴产业高水平产业集群发展，促进战略性新兴产业技术和产品的推广应用。三是优化产业组织结构，形成大中小企业分工合作、协同发展的良好局面。

（5）多措并举，推动区域协同发展。一是借助发挥工业基础较好地区的核心引领作用，引导形成跨区域工业园和重点产业经济带，促进区域间产业协同，推动区域工业产业快速发展壮大。二是坚持生态优先、绿色发展，立足区域资源禀赋和产业基础，科学规划高耗能产业空间布局，做好高耗能产业转移和承接。鼓励企业加大自主研发，改进高耗能产业生产技术，推动传统高耗能产业转型升级。加大环保监察力度，联合周边区域共同完善绿色考评机制。三是建立区域工业一体化体制机制组建跨区域行业协会和行业发展联盟，充分发挥社会组织的推动作用。以市场机制为纽带，探索建立跨区域利益共享机制，整体推进区域产业一体化发展和世界级产业集群建设，促进产业向全球价值链中高端发展。

（6）深化"放管服"改革，进一步优化营商环境。面对当前外部环境不确定、不稳定因素不断增加和国内经济下行压力加大的挑战，优化营商环境已经成为激发市场主体活力以及实现"六稳"目标的重要抓手。一是整合共享政务信息系统，加快国家数据共享交换平台建设，扩大数据共享范围，提升审批服务效率，营造更加便利的政务环境。二是进一步放开市场准入，推动实施市场准入负面清单制度，推动落实"非禁即入"，有效扩大民间投资。三是加强和创新知识产权监管和执法保护，保障各类市场主体的合法权益和公平待遇，发挥法制对信用体系建设的引领和推动作用，营造整个社会依法依规营商办事氛围。

参考文献

［1］朱虹.2019年工业利润有所下降　效益状况结构性改善［EB/OL］.［2020-02-03］.http://www.stats.gov.cn/tjsj/sjjd/202002/t20200203_1724854.html.

［2］莫开伟.防范金融风险一刻也不能放松［N］.环球时报，2020-01-15（015）.

［3］李大伟，季剑军，孔亦舒.2020年世界经济形势分析与展望［J］.中国发展观察，2020（Z1）：20-25.

［4］孙韶华，张莫，班娟娟.政策礼包连发　开年经济"稳"启动［N］.经济参考报，2020-01-06（001）.

［5］王一鸣.统筹推进疫情防控和经济社会发展［N］.人民日报，2020-02-27（001）.

［6］周子勋.稳增长何以变得如此迫切［N］.中国经济时报，2019-10-17（A04）.

Analysis of China's industrial Economy Operation in 2019 and its Outlook in 2020

Zhang Hangyan　Shi Dan

Abstract：In 2019, China's industrial economy as a whole exhibited the operation characteristics of "production slowdown and structural optimization". The specific performance was the slowdown in industrial production growth, the decline in corporate profitability, the acceleration of new and old kinetic energy conversion, and the optimization and upgrading of industrial structure. The insufficient financing capacity of the manufacturing industry, the great pressure to reduce consumption in the central and western regions and the insufficient and unbalanced regional industrial development are the outstanding problems facing the current industrial economy. In 2020, the environment and situation at home and abroad will be severe and complicated. China's industrial economy will still face many hidden worries and challenges, and China's industry will still face greater downward pressure. China's industrial economic development should fully reflect the idea of combining short – term positive response with medium and long – term reform and development. On the one hand, we should expand demand and strive to achieve steady and rapid development of the industrial economy. On the other hand, we should continue to maintain strategic determination and strategic patience, deepen supply – side structural reform, and make every effort to promote high – quality development of the industrial economy.

Key Words: China's Industrial Economy; Operating Characteristics; High – quality Development

专题二

经济高质量发展与生态环境保护

产业结构转型升级与经济高质量发展

史 丹 李 鹏 许 明

摘 要：产业结构变迁与经济增长关系的相关研究是经济学中的重要问题。但是，产业结构转型升级与经济高质量发展是否存在着关联？本文利用2000~2017年我国省级面板数据，通过分别构建产业结构变动指标与经济高质量发展指数，实证考察了产业结构变动对我国高质量发展的影响。结果表明，产业结构变动整体上有利于推动我国实现高质量发展。产业结构转型升级对我国的经济增长存在"结构性红利"，有助于提升绿色全要素生产率增长率，但在一定程度上会导致我国区域经济发展分化。根据研究结论，并结合实际，本文在最后给出了相应的对策建议。

关键词：产业结构；高质量发展；偏离—份额法；NAV分析法；五大新发展理念

一、引 言

改革开放以来，我国经济保持了年均近10%的快速增长，推动我国实现了由计划经济体制向市场经济体制、从落后的农业国向工业国、由低收入国家迈向中等收入国家的成功转型，创造了举世瞩目的"中国奇迹"。然而，这种巨大物质财富的获得，是以经济发展的不平衡不充分为前提的。尤其在产业结构转型方面，产业间、地区间仍存在着一定的非协调性，结构性矛盾与产能过剩并存，要素配置存在扭曲，城乡二元结构矛盾和问题日益凸显等，给经济的持续健康发展带来了隐患。特别是我国于2014年进入经济新常态阶段以来，面临着国内要素禀赋和资源环境的约束以及需求升级的压力，加之受到国外复杂多变的外部环境的影响，经济增速"下台阶"趋势明显，2014~2018年年均增速仅为6.9%，远低于2003~2010年11%的平均增长率，标志着我国经济由高速增长阶段转变为中高速增长阶段。与此同时，我国三次产业结构及其内部之间发生了显著变化。从变化的趋势来看，三次产业结构中第一产业比重明显下降，服务业比重显著上升，而第二产业比重呈波动性下降趋势。长期以来，尽管以第二产业中的工业结构为主的产业结构有效地拉动了我国经济的较快增长，但同时也对经济发展的质量造成了负面影响，例如快速工业化的进程导致高污染高耗能企业比重较高，进而对环境构成威胁，产业价值链在全球经济中仍然处于中低端，进而导致生产供给和消费需求不匹配。面对我国进入新的发展阶段，党的十九大报告明确指出，我国经济已由高速增长阶段转向高质量

---

* 本文发表在《福建论坛（人文社会科学版）》2020年第9期。

[作者简介] 史丹，中国社会科学院工业经济研究所所长、研究员、博士生导师，中国工业经济学会理事长；李鹏，中国社会科学院工业经济研究所助理研究员、经济学博士；许明，中国社会科学院工业经济研究所副研究员、经济学博士。

发展阶段,构建现代化的经济体系是我国未来经济发展的重要任务。与此同时,当前我国的社会主要矛盾业已转化为人民日益增长的美好生活需要与不平衡不充分的发展之间的矛盾。显然,粗放式的经济增长模式已经不再适应新时期新阶段的发展要求。经济高质量发展更加注重质量提升、结构转型和创新驱动,这将是未来我国经济发展的主旋律。而推动高质量发展,重要途径之一就是推动产业结构转型升级。鉴于此,根据新时代的发展要求,有必要从产业结构变迁的视角重新审视我国的经济发展,进而在产业结构转型升级过程中推动经济高质量发展。

本文其余部分的结构安排如下:第二部分是文献综述,简要回顾我国产业结构变迁与经济增长的相关研究,梳理了高质量发展指标的研究脉络;第三部分是产业结构变动指数与高质量发展指数构建;第四部分是模型构建与结果分析;第五部分是结论与政策启示。

二、文献综述

产业结构变迁与经济增长关系的相关研究是经济学中的重要问题。产业结构变迁的相关研究最早出现在配第、克拉克、库兹涅兹以及钱纳里的相关研究中。这些学者利用不同的统计方法给出了产业结构变迁与经济增长的一般规律。与本文研究相关的文献主要分为两类,其中一类是产业结构与我国经济增长的关系。从理论上讲,产业结构变迁通过"结构红利"来影响经济增长。产业结构红利是指在经济发展过程中,劳动力由生产率低的部门逐渐流向生产率高的部门,进而会增加国民的福利水平,推动经济增长。同时,经济增长也会反过来影响产业结构,这是由于不同行业的收入需求弹性存在差异,随着收入水平不断提高,人们对不同商品的消费需求会发生变化,例如由必需品转向收入需求弹性更大的奢侈品(郭凯明等,2017)。因此在研究中,准确识别产业结构与经济增长的因果关系是必要的。

通过梳理发现,多数研究倾向于认为产业结构升级有利于经济增长,但影响效应差异较大。在因果关系识别方面,纪玉山和吴勇民(2006)利用1978~2003年的时间序列数据,发现产业结构与经济增长两者之间存在长期的协整关系,格兰杰因果关系检验表明产业结构是推动经济增长的原因。李春生和张连城(2015)将时间节点延长至2013年,通过建立向量自回归模型研究也发现产业结构与经济增长长期存在协整关系。他们还探讨了三次产业分别与产业结构的因果关系,研究发现产业结构优化仅是第三产业的格兰杰原因。在具体指标方面,干春晖等(2011)具体将产业结构变迁分为产业结构合理化与高级化两种指标,实证考察了产业结构演进对经济增长的影响,结果表明两个指标均有利于我国的经济增长,然而前者的促增效应更大。另外,产业结构高级化指标在不同发展阶段对经济增长的影响具有显著差异。陶桂芬和方晶(2016)也选取了这两种指标,通过使用15个省份的面板数据研究发现,产业结构合理化与高级化表现为明显的区域异质性特征,东部地区要优于中西部地区。陈曦和穆怀中(2014)、于斌斌(2015)也利用类似的指标研究了结构变动对经济增长的影响。在具体的贡献度测算方面,樊胜根等(2002)利用我国1978~1995年的时间序列数据,发现结构变动对经济增长的贡献为17%。刘伟和张辉(2008)利用转换份额法,发现尽管结构变迁对经济增长的贡献大于50%,但随着市场化程度的不断提高,该正向效应逐渐减弱。严成樑(2016)发现产业结构变动对经济增长的贡献约为21%。刘伟和李绍荣(2002)实证研究了我国三次产业结构与经济增长的关系,发现我国的经济增长主要由第三产业拉动,但其对经济规模的效应却为负,认为第三产业存在促进经济增长的最优结构,一旦超过该临界值,会导致经济衰退。另有研究表明产业结构变动抑制了经济增长(高更和、李小建,2006)。此外,有研究表明产业结构升级对全要素生产率的影响可能是非线性的,我国以往能够保持经济高速增长主要源于工业化阶段的"结构性红利",劳动力由农业部门向工业部门转移,然而当进入城市化阶段后，劳动力由工业部门向生产率相对较低的服务业部门转移，从而导致"结构性减速"（于斌斌，2015）。史丹（2015）基于拉美国家的经验和中国经济发展现状，提出产业结构早熟的问题，即发展中国家工业化进程中，制造业没有发展就转向服务业为主的产业结构，从而导致经济增长放缓。可以认为，产业结构变迁对经济增长的影响因样本选择、模型设定的不同而不同，尚未形成一致性的结论。

另一类是经济质量的相关研究。随着经济不断发展，学术界对经济增长内涵的认识逐步加深，从起初单纯关注数量的增长到关注经济增长的效率。例如郭克莎（1996）、沈坤荣（1998）、郭庆旺和贾俊雪（2005）使用全要素生产率来表征经济增长质量。然而，经济增长效率并不能涵盖经济发展质量的全貌（卡马耶夫，1983），特别是仅使用全要素生产率来衡量评价经济增长会造成较大的偏差（郑玉歆，2007）。已有文献从不同层面来衡量经济发展质量，得出了许多有价值的结论。彭德芬（2002）将经济增长质量归结为经济运行质量、居民生活质量和生存环境质量三个维度。马建新和申世军（2007）从经济发展水平、经济效益、增长的稳定性、环境成本、竞争力以及人民生活多个方面来考察。钞小静和任保平（2011）认为经济增长的质量应当包含经济增长的结构、稳定性、福利分配以及资源利用和生态环境等。詹新宇和崔培培（2016）根据"五大发展理念"构建了高质量发展评价指标，研究发现，绿色和共享对经济增长质量的贡献最大。经济质量研究课题组（2017）构建了经济运行、经济结构、微观活力、民生福利四个维度指标分析了我国各区域的经济增长，研究发现"速度型"质量特征较为明显，要素流动对经济增长质量的贡献较大。史丹等（2018）提出了经济高质量发展的企业、产业与国民经济的层次构架，并指出不同层次在高质量发展中的作用。魏敏和李书昊（2018）从机制转变、经济结构优化、开放稳定共享、生态环境和谐和人民幸福五个维度来衡量各区域的经济发展质量。

上述研究从不同视角揭示了我国产业结构变迁与经济增长的关系，取得了丰硕的研究成果，为后续研究的顺利展开提供了参考。多数研究旨在验证我国是否存在所谓的"结构性红利"，这种"结构性红利"被认为是推动我国经济快速增长的重要源泉之一。然而，现有文献仍然存在以下不足：一是现有文献中产业结构的衡量指标多数较为粗糙，大多简单地以三次产业结构比重或者三产与二产比重来表征产业结构变迁，并不能如实地反映结构变迁中的效率演进。二是衡量高质量发展尚未形成统一的指标体系，大多文献对经济高质量指标体系的构建较为粗糙，不能尽可能反映经济增长质量的全貌。三是随着我国经济进入高质量发展阶段，不仅要注重经济增速，更要重视经济发展的质量和效益。其中，产业升级被认为是推动高质量发展的重要抓手。迄今，鲜有文献专门研究产业结构变迁与我国经济高质量发展的关系。本文力求在上述三点不足中取得突破，进一步检验我国经济增长中特别是在高质量发展条件下是否存在"结构性红利"，以丰富现有文献。

三、产业结构变动指数与高质量发展指数构建

（一）产业结构变动指数

本文利用偏离—份额分析法（Shift-share Method）和标准绝对值指数（Norm of Absolute Values，NAV）作为产业结构变迁的度量指标。偏离—份额分析法最早由 Fabricant（1942）提出，并经后人不断发展和完善。Fagerberg（2000）利用该方法测算了各产业部门就业变动对劳动生产率的影响。在此分析框架下，可推导出三次产业结构变动对经济增长的贡献。国内学者李武军和黄炳南（2010）、王蒙和刘刚（2017）分别使用该方法来衡量产业结构变动。根据 Fagerberg（2000），第 0 期至第 T 期劳动生产率变动的具体分解步骤如下：

$$\frac{\Delta L}{L_0} = \sum_{i=1}^{n}\frac{S_{i0}\Delta L_i}{L_0} + \sum_{i=1}^{n}\frac{\Delta S_i L_{i0}}{L_0} + \sum_{i=1}^{n}\frac{\Delta S_i \Delta L_i}{L_0}$$
(1)

其中，下标 0 与下标 i 分别表示第 0 期与第 i 个产业部门；L 与 S 分别表示劳动生产率和三次产业的劳动力份额，劳动生产率为各部门的增加值与相应的劳动力的比值；L_0 为第 0 期的劳动生产率，ΔL 与 ΔS 分别表示 $[0, T]$ 内的劳动生产率和劳动份额的变动。式（1）右边将劳动生产率的增长率分解为三个部分：$\sum_{i=1}^{n}\frac{S_{i0}\Delta L_i}{L_0}$ 为组内生产率的提升，反映了技术进步效应；$\sum_{i=1}^{n}\frac{\Delta S_i L_{i0}}{L_0}$ 表示组间生产率的变化，反映了静态结构效应；$\sum_{i=1}^{n}\frac{\Delta S_i \Delta L_i}{L_0}$ 表示劳动力配置与生产率增长的联合效应，反映了动态结构效应。

尽管偏离—份额分析法能够方便地刻画结构变迁对经济增长的贡献，然而该方法存在一明显缺陷，即假定组间和组内的变动独立于劳动生产率，并未考虑产业部门间结构变动对经济增长的积极影响。而 NVA 法能够同时捕捉某个产业部门引发的结构变动对生产率的影响。根据 Dietrich（2012），NVA 法的核算方法为：

$$NAV = 0.5 \times \sum_{k=1}^{n}|S_{iT} - S_{i0}|$$
(2)

其中，S_{iT} 与 S_{i0} 与上述指标的含义一样，0.5 表示调整系数（Dietrich, 2012）。

将上述两种方法分别核算的结构变动指数与我国改革开放以来的实际 GDP 增长率进行比较，可以发现结构变动指数与经济增长率的走势基本保持一致，在经济增长较快的阶段，结构变动幅度也较大。这表明产业结构变动与 GDP 增速具有较强的联动关系。从图 1 可以看出，改革开放以来，我国 GDP 增长大致经历了三次高峰，分别对应于 1984 年、1992 年与 2007 年；与此同时，GDP 增长的三次低谷分别出现在 1981 年、1990 年与 1999 年。与 GDP 增长率的变动类似，两种产业结构变动指数的走势也呈现出同步的周期性特征。在经济增长较快的时期，产业结构调整幅度较大；在经济增长放缓的时期，产业结构变动趋于减弱。尤其是 2008 年国际金融危机以来，我国 GDP 增长逐步放缓，产业结构调整程度也逐渐走弱。这反映了我国中高速增长阶段的结构变化特征。

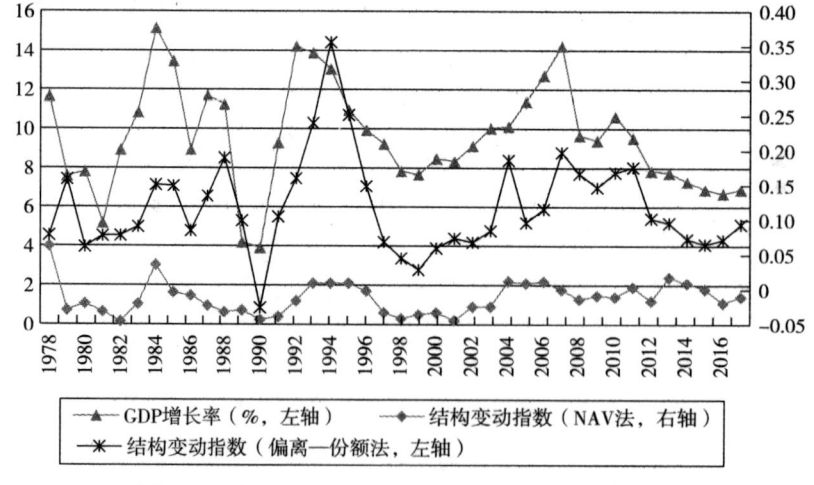

图 1　1978~2017 年产业结构变动与实际 GDP 增速

资料来源：国家统计局，笔者根据计算结果绘制。

（二）高质量发展指标体系构建

科学界定经济高质量发展指标是评价我国以及各地区经济发展质量的关键。党的十九大报告指出，推动经济高质量发展，必须坚持质量第一、效益优先原则，推动经济增长质量变革、效率变革和动力变革。本文认为，高质量发展与习近平总书记在党的十八届五中全会上提出的"创新、协调、绿色、开放、共享"五大新发展理念具有一致性。五大新发展理念是"十三五"时期乃至未来相当一段时期内的发展方向和着力点,是主动适应我国社会主要矛盾的必然要求。高质量发展更强调经济发展的质量和效益。高质量发展摒弃了传统上依赖于要素大量投入获得经济增长的数量型发展模式。从微观上讲,高质量发展更加注重全要素生产率对经济增长的促进作用,资源配置更有效率。从宏观来看,高质量发展更加注重产业、区域、城乡协调发展,是更加稳定、开放、绿色的可持续发展。

创新驱动是实现高质量发展的首要动力。习近平总书记强调实施创新驱动发展战略,并指出,"抓住了创新,就抓住了牵动经济社会发展全局的'牛鼻子'"。创新不仅包括科技创新,还包括涉及管理、体制方面的制度创新。制度创新是软实力,改革开放以来,我国经济之所以能够大幅增长,主要得益于我国对原有经济体制的深刻变革。没有后来建立起的社会主义市场经济体制,便不会有40年经济的快速发展。而技术创新是硬实力,涉及基础科学与技术应用两个方面。基础科学和生产技术应用相互依赖,相互促进,最终为社会提供与人民美好需求相适应的高质量产品。此处,结合数据的现实可得性,本文重点考察生产技术方面的创新,并将其分为增长效率、创新投入与创新产出三个方面。其中,增长效率包括绿色全要素生产率、劳动生产率与资本生产率,反映了经济的生产效率。之所以选择区别于以往的绿色全要素生产率,是因为该衡量指标能够将能源环境的经济外部性成本纳入其中,使得在经济发展过程中,更应注重经济的绿色产出效率。创新投入不仅包括所必备的资金支持等基础投入,还包括劳动力素质等人力资本状况。创新投入具体分为科技投入与人力资本投入,包括研发投入强度、人均教育经费、高等院校入学率、万人研究与试验发展(R&D)人员全时当量。创新产出反映了中间产出结果,本文采用人均专利申请授权数、人均技术市场成交额、高科技产品出口占总出口比重以及人均科技论文数。

协调发展与实现高质量发展目标具有内在的紧密联系。经济体系内部的协调发展不仅包含区域协调,还包括产业结构之间的协调、城乡协调以及投资消费结构的协调等。协调发展尤其是区域协调发展要求构建现代化的经济体系。而现代化的经济体系更加体现了经济体系的内部平衡与协调性,过大的区域发展差距、二元结构失衡是高质量发展所不能允许的。从产业结构来看,产业结构的优化反映了经济系统中各部门间比例关系的变化,以及各部门之间融合程度的加深,结构优化不仅能够形成经济增长的动力,也促进经济发展质量的提高;相反,结构失衡会导致资源配置不合理,经济运行效率低下,例如近年来房地产市场过热不仅导致金融结构失衡,也影响到实体经济部门的发展。从全球视野来看,加快制造业的高质量发展能够提升我国产品的附加值和国际竞争力,将我国推向更高的产业分工链条,最终将推动我国由制造大国向制造强国转变,实现经济高质量发展。由此,协调发展是实现高质量发展的重要前提。本文从产业结构、城乡协调、城镇化、投资消费结构、金融结构以及区域协调六个子维度来考察协调发展。

绿色发展是高质量发展的应有之义。党的十九大报告提出,要把我国建设成为富强、民主、文明、和谐、美丽的社会主义现代化强国,要打好污染防治攻坚战。这标志着绿色生态成为高质量发展的主色调,生态文明建设已成为未来一段时间内各级政府的重点要务之一。以绿色发展为目标是破解我国资源环境约束的必然要求。当前实现我国经济发展的绿色转型迫在眉睫,一方面,传统能源资源要素的供给趋紧,继续依靠高投入高排放维持经济增长难以为继;另一方面,环境污染不仅造成巨大经济损失也带来严峻的社会问题。我国正处在工业化、城市化高速发展的阶段。从发达国家的经验来看,这一阶段仍然会消耗大量的资源能源,造成环境污染,势必对人们的生存环境构成一定的威胁。未来生态环境质量的改善不仅需要依靠技术进步改变要素投入结构,也要充分发挥市场配置作用,依靠市场机制提高能源和资源的利用效率,减少经济活动对生态环境的不利影响。本文从资源消耗、生态环境以及环境治理投入三个层面来衡量绿色生态水平。具体而言，资源消耗包括单位 GDP 能耗与单位 GDP 电耗；生态环境包括单位 GDP 二氧化硫排放量、人均城市公园绿地面积、城市建成区绿色覆盖率、生活垃圾无害化处理率；环境污染治理包括一般固体废物综合利用率与环境污染治理投资占 GDP 的比重。

开放是国家通往繁荣发展的必由之路。随着全球化进程不断深化，各国经济均处于相互联结、相互影响的生产与贸易网络中，你中有我，我中有你。改革开放 40 年以来，我国经济得以快速发展，其中一条极为重要的经验便是坚持改革开放的基本国策。同时，也应注意到，当前全球经济合作格局正在发生深刻变化，面对中美贸易摩擦等不利因素，需要我国继续坚持改革开放的基本国策，不断增强参与国际竞争和合作的实力，同时利用好国际国外两大市场，发展更高层次的开放型经济。以推动共建"一带一路"，加大西部、内陆和沿边开放力度，扩大开放带动创新，推进改革，促进经济高质量发展。另外，我国目前正处于经济转轨和结构调整时期，各地区经济增长难免会表现出一定的波动特征，适度的经济波动是经济结构优化调整的表现，但大幅的经济波动会破坏经济运行的机制，影响经济管理部门和微观经营主体的决策，不利于资源的优化配置，进而造成经济系统紊乱，不利于高质量发展。本文从对外开放程度和经济运行稳定两个层面来进行考察。对外开放涉及外贸依存度、外资依存度以及对外经济合作等；经济稳定包括产出波动率、物价指数波动等。

经济发展的最终目的是增加社会福利和居民的生活水平。共享和谐从福利分配、人民生活以及基础建设三个方面来体现。有效的经济发展会提高居民的整体福利，表现为居民的财富分配更加合理，公共服务供给更加健全，城乡居民收入差距不断缩小。兼顾公平和效率的分配会不断释放现阶段的经济增长动力，居民福利和财富水平的提高反过来也会促进经济发展质量的提高。福利分配和人民生活还通过影响人力资本积累水平来影响经济发展质量。当收入分配不平等时，低收入人群会选择不进行或者少进行人力资本投资；如果收入分配相对趋于平等，这部分劳动力就可以多投资人力资本，从而由传统部门向现代部门转移。另外，共享和谐还应当包含基础设施建设方面。基础设施作为产业升级、自主创新和区域经济发展的基础要素配备，对经济社会发展具有基础性、战略性、先导性的作用。一般而言，基础设施建设需适度超前于经济社会发展，提前规划，为未来经济的高质量发展提供支撑和保障。在所构建的指标方面，福利分配以泰尔指数与劳动者报酬占比来衡量。人民生活水平可分为收入、医疗、教育、养老等，分别以人均可支配收入、万人拥有医院床位数、人均图书印刷数、城镇基本养老保险覆盖率以及农村居民恩格尔指数来衡量。最后，以人均铁路里程、燃气普及率、万人拥有公厕数以及人均长途光缆线路长度来衡量基础设施建设水平。

综上，本文以习近平总书记提出的"创新、协调、绿色、开放、共享"五大发展理念为指引，结合现有最新文献构建的指标以及兼顾数据的可得性，尽可能全面地构建了全国与省级层面详细的高质量发展指标体系，具体包括 5 个维度 50 个基础指标。具体基础指标情况如表 1 所示。本文采用的指标合成方法为主成分分析法。该方法能够根据数据的典型特征来客观获得各指标的权重得分，在一定程度上避免了人为因素的干扰。其逻辑是找出若干个主成分实现降维，通过计算新主成分得分，得到综合指数。简要步骤为，首先使用标准化方法对原始数据进行无量纲化处理；其次进行主成分分析，采用累计贡献率大于 85% 的主成分来确定基础指标权重。①

---

① 囿于篇幅，本文并未列出各省份基础指标对高质量发展的权重部分。如有兴趣，可向笔者索取。

表1 我国高质量发展指标评价体系

一级指标	二级指标	具体指标	计量单位	指标属性
创新驱动	增长效率	绿色全要素生产率	—	正指标
		劳动生产率	—	正指标
		资本生产率	—	正指标
	创新投入	研发投入强度	%	正指标
		人均教育经费	元	正指标
		高等院校入学率	%	正指标
		万人研究与试验发展（R&D）人员全时当量	（人·年）/万人	正指标
	创新产出	人均专利申请授权数	件/万人	正指标
		人均技术市场成交额	元/人	正指标
		高科技产品出口占总出口比重	%	正指标
		人均科技论文数	篇/万人	正指标
协调发展	产业结构	服务业比重	%	正指标
		产业结构高级化	—	正指标
		非国有企业资本总额比重	%	正指标
	城乡协调	二元对比系数	—	正指标
		二元反差系数	—	逆指标
	城镇化	城镇化率	%	正指标
	投资消费结构	投资结构	%	适度指标
		消费结构	%	适度指标
	金融结构	金融服务业增加值/GDP	%	正指标
		股票交易总额/GDP	%	正指标
	区域协调	区域发展差异系数	—	逆指标
绿色生态	资源消耗	单位GDP能源消费量	吨标准煤/万元	逆指标
		电力消费强度	千瓦时/万元	逆指标
	生态环境	单位GDP SO_2 排放量	千克/万元	逆指标
		城市人均公园绿地面积	平方米/人	正指标
		城市建成区绿化覆盖率	%	正指标
		生活垃圾无害化处理率	%	正指标
	环境治理	一般工业固体废物综合利用率	%	正指标
		环境污染治理投资占GDP的比重	%	正指标
开放稳定	开放	外资依存度	%	正指标
		外贸依存度	%	正指标
		在外劳务人数占总人口比重	%	正指标
		对外经济合作新签合同数	份	正指标
		市场化程度	—	正指标
	稳定	实际产出波动率	—	逆指标
		CPI波动率	—	逆指标
		PPI波动率	—	逆指标
		失业率	—	逆指标

续表

一级指标	二级指标	具体指标	计量单位	指标属性
共享和谐	福利分配	泰尔指数	—	逆指标
		劳动者报酬占比	%	正指标
	人民生活	人均可支配收入	元/人	正指标
		万人拥有医院床位数	张/万人	正指标
		人均图书印刷数	篇/人	正指标
		城镇基本养老保险覆盖率	%	正指标
		农村居民恩格尔指数	—	逆指标
	基础设施	人均铁路里程	公里/万人	正指标
		燃气普及率	%	正指标
		每万人拥有公厕数	座/万人	正指标
		人均长途光缆线路长度	公里/万人	正指标

（三）数据来源与说明

本文构建的高质量发展指标所采用的数据主要来源于历年的《中国统计年鉴》《中国能源统计年鉴》《中国环境统计年鉴》《中国劳动统计年鉴》《中国科技年鉴》《中国城乡建设年鉴》《中国城市统计年鉴》《新中国60年统计资料汇编》以及各省份统计年鉴和统计公报等。需要说明的是，对于涉及价格的相关指标使用相应的物价指数进行平减。由于西藏缺失数据较多，因此本文将其从样本量中剔除，本文也未包含港、澳、台等数据样本，最终选取了我国30个省份2000～2017年的数据。

在生产率方面，与现有相关文献不同，本文采用绿色全要素生产率指标来衡量。这是由于传统的基于索罗生产函数框架测算的全要素生产率并未考虑环境污染与资源消耗情况。我国以往经济的高速发展是以资源的大量消耗以及环境污染为代价的，在新的全要素生产率测算框架下有必要将能源和环境的负外部性成本考虑进去，以更加准确地衡量我国经济的高质量发展。该指标采用基于非期望产出分析框架的 Malmquist – Luenberger 生产率指数。其中要素投入分别为劳动力、资本以及能源；期望产出为GDP，而非期望产出为 SO_2 排放量、工业固体排放量、工业烟尘排放量以及废水排放量四个指标。资本生产率为实际GDP（2000年）与实际资本存量的比值。物质资本存量采用传统的永续盘存法计算，估算公式为：$K_{it} = I_{it} + K_{it-1}(1 - \delta_{it})$。其中，$K_{it}$ 与 K_{it-1} 分别表示第 i 个地区第 t 期与第 $t-1$ 期的物质资本存量，I_{it} 表示投资。对于两个重要的参数基期资本存量与折旧率的处理，前者沿用文献中通用做法：$K_0 = I_0 / (g + \delta)$，其中 K_0 表示基期资本存量，I_0 为基期投资，g 与 δ 分别表示投资的年均实际增长率与折旧率，δ 参考张军等（2004）的9.6%。区域发展差异系数采用传统的变异系数法：$CV = \sqrt{(X_i - \bar{X})^2 / N} / \bar{X}$。该值越大，表明各地区经济发展差异越大。需要说明的是，各省份的区域发展差异系数采用各地级市层面的人均实际GDP的差异来计算（四大直辖市使用区级数据）。市场化程度指数来源于王小鲁等发布的《中国分省份市场化指数报告》，为了保持数据的一致性，2017年的缺失数据运用趋势外推法获得。对于产出波动率指标，本文分别利用全国和各省级地区层面的实际GDP数据（以1999年为基年），采用HP滤波法来进行测算，发现目前我国整体及多个省份正处于经济下行通道。泰尔指数是衡量区域内城乡收入差距的重要指标。① 该指数具有较好的统计性质,例如收入零次齐次性,可加可分解性等,该值越大,表明地区间收入差距越大。

四、模型构建与结果分析

(一) 模型构建

为了检验以上构建的产业结构变动指数对高质量指数是否存在影响,本文构建如下面板模型进行验证:

$$Index\_hq_{it} = \beta_0 + \beta_1 struc_{it} + \sum_{i=2}^{n}\beta_i X_{it} + \mu_i + \delta_t + \varepsilon_{i,t} \quad (3)$$

其中,$Index\_hq_{it}$ 与 $Index\_hq_{it-1}$ 分别表示第 i 个地区第 t 期与第 $t-1$ 期的高质量发展指数;$struc_{it}$ 表示产业结构变动指数,是本文所关注的核心解释变量;X_{it} 表示控制变量,加入此项是考虑到我国仍处于经济转型时期,影响经济高质量发展的方面很多,除了产业结构变动外,还包括地方政府的财政能力($fingdp$)、研发投入(rd)、市场化水平($mark\_in$)、金融发展程度($credgdp$)、城镇化率(urb)以及基础设施建设($roadp$)等方面。同时,加入这些变量也是为了考察产业结构变动对高质量发展指数的结果是否稳健。其中,地方政府的财政能力采用财政支出与 GDP 的比值来表示;市场化水平来源于王小鲁等发布的《中国分省份市场化指数报告》中的各地区市场化指数;金融发展程度使用各金融机构存款与 GDP 的比值来表示;城镇化率采用城镇人口占总人口的比重来表示;基础设施建设采用人均公路面积来表征。考虑到解释变量与被解释变量之间可能存在内生性,也就是经济发展质量较高的地区,其产业结构变动可能也较多。为了尽可能消除内生性,本文尝试在式(3)的基础上构建动态面板模型,同时引入被解释变量的滞后一期项来检验高质量增长是否存在一定的路径依赖。

$$Index\_hq_{it} = \beta_0 + Z_1 Index\_hq_{it-1} + \beta_1 struc_{it} + \sum_{i=2}^{n}\beta_i X_{it} + \mu_i + \delta_t + \varepsilon_{i,t} \quad (4)$$

表 2 是各变量的描述性统计部分。表 2 显示,在 540 个所有观测值中,高质量指数进行了标准化处理,均值近似为 0,标准差为 0.97;绿色全要素生产率增长率最大值为 22.48,最小值为 -1,标准差为 2.7,这表明不同省份之间的绿色全要素生产率增长率存在较大差异。对比两种结构变动指数,NAV 结构变动指数的均值与标准差均高于偏离—份额结构变动指数,说明 NAV 结构变动指数可能包含的信息更多。此外,还可以看出,财政能力、城镇化率以及基础建设水平等指标的标准差相对较大,说明这些指标在不同省份之间存在较大差异。作为对比,金融发展水平与研发水平的标准差相对较小。

表 2 变量描述性统计

变量	观测值	均值	标准差	最小值	最大值
index_hq	540	0.0000	0.9727	-2.3605	2.1975
gtfp	540	0.2615	2.7012	-0.9983	22.4841
gap	540	0.1810	0.0786	0.0020	0.4508
struc_nav	540	1.5304	1.2111	0.0395	12.3241
struc_shift	540	0.1077	0.0652	-0.1364	0.5817
fingdp	540	19.7805	9.1394	6.8892	62.6863
rd	540	1.2902	1.0478	0.1514	6.2799
mark_in	540	6.0624	1.8656	2.3700	10.9200
credgdp	540	1.1577	0.3917	0.5372	2.5847
urb	540	49.8566	14.9778	19.6000	89.6000
roadp	540	28.6948	20.2983	2.6880	135.2761

注:$gtfp$ 与 gap 分别表示绿色全要素生产率增长率与区域发展差异系数。

资料来源:笔者整理。

---

① 泰尔指数用于衡量地区之间的收入差距,其概念来源于信息熵。泰尔指数越小,则城乡收入差距也越小。计算公式为 $T = \sum_{i=1}^{2}\left(\frac{p_{it}}{p_t}\right)\ln\left(\left(\frac{p_{it}}{p_t}\right)/\left(\frac{z_{it}}{z_t}\right)\right)$,其中,$t$ 表示时间,$i=1,2$ 分别表示城镇和农村;p_{it}、z_{it} 分别表示 t 时期城镇或农村的收入和人口,p_t、z_t 分别表示 t 时期城镇和农村的总收入和总人口。

（二）实证结果

根据 2000～2017 年我国 30 个省级地区面板数据，本文使用偏差校正 LSDV 法、系统 GMM 以及差分 GMM 三种不同的方法进行了估计。LSDV 法的优点在于能够有效地控制时间固定效应和个体固体效应，进而能够较大程度地避免由于这两种效应带来的估计偏差。然而，这种方法跟固定效应的回归方法类似，仍然无法克服因变量之间存在的内生性而带来的估计偏差。克服变量之间的内生性是计量模型估计中的问题之一。在样本量为大 N 小 T 的情况下，利用基于 GMM 的工具变量估计法往往更加有效。差分 GMM 由 Arellano 和 Bond（1991）提出，其逻辑思路是将变量的滞后项作为工具变量，假设前提是扰动项不存在自相关。然而，系统 GMM 估计法被认为要优于差分 GMM（Soto，2009），这是因为系统 GMM 结合了差分 GMM 与水平 GMM，将两者放在一个系统中进行估计，大大提高了渐进效率，可以估计不随时间变动的工具变量的系数，特别是在存在弱工具变量问题时，系统 GMM 估计更有效。在估计 GMM 的过程中，需要通过两类检验：一是利用 Sargan 检验是否存在过度识别，证明所选取工具变量的有效性；二是 AR 自相关检验，要求差分方程的扰动项存在一阶自相关，但不存在二阶与更高阶的自相关。本文在 GMM 的回归中采用产业结构变动的滞后项作为工具变量。

表3第（2）、第（3）、第（4）列分别给出了 LSDV、系统 GMM 以及差分 GMM 的估计结果。其中，LSDV 法使用了 Blundell - Bond 估计量来进行估计，利用 Bootstrap 法自助抽样 1000 次。从偏离—份额法的回归结果来看，高质量发展指数的一阶滞后项在 1% 的统计水平上显著，说明我国各区域的高质量发展存在较强的动态连续性，即以往的高质量发展也会影响当前的高质量发展水平。从核心解释变量的系数来看，可以发现在三种回归方法下以偏离—份额分析法衡量的结构变动对高质量发展指数的影响均为负，且在系统 GMM 的结果中是显著的。正如 Timmer 和 Vries（2009）所指出的，由于偏离—份额分析法假定每个产业部门的结构变动独立于生产率，因此其核算结果可能存在问题，会导致估计结果发生较大偏差。

表3 以偏离—份额法核算的产业结构变动指标的回归结果

变量	（1）LSDV	（2）系统 GMM	（3）差分 GMM
	index_hq	index_hq	index_hq
l.index_hq	0.872***	0.731***	0.654***
	(0.0293)	(0.0306)	(0.0218)
struc_shift	-0.125	-0.221**	-0.231
	(0.196)	(0.104)	(0.184)
fingdp	0.0142***	0.0423***	0.0387***
	(0.0051)	(0.004)	(0.0045)
rd	0.0788*	0.0177	0.134***
	(0.0477)	(0.0276)	(0.0275)
mark_in	0.0279	0.0903***	0.0703***
	(0.0174)	(0.0069)	(0.0041)
credgdp	-0.0236	-0.114***	-0.0328
	(0.0869)	(0.0438)	(0.0521)
urb	0.0088**	0.0094***	0.0186***
	(0.0044)	(0.0031)	(0.0036)
roadp	0.0003	-0.0004	-0.0003
	(0.002)	(0.0009)	(0.0008)
constant	—	-1.566***	-2.034***
	—	(0.157)	(0.150)
AR（1）-P 值		0.0891	0.0854
AR（2）-P 值		0.6014	0.5678
Sargan 检验	—	1.0000	1.0000
观察值	510	510	480

注：***、**、*分别表示 1%、5%、10% 的显著性水平；括号内为标准误。

资料来源：笔者整理。

接下来重点关注 NAV 指数的回归结果。总体来看，三种方法下产业结构变动对高质量发展指数的影响方向均一致，但在 LSDV 估计下统计上并没有通过显著性检验。由于 LSDV 法存在对于小 N 大 T 的样本估计的偏差，因此仅将其作为对照。表4 给出了 GMM 的详细回归结果，在 10% 的显著水平下，拒绝了差分方程残差序列的一阶自相关系数为 0 的原假设，但无法拒绝其二阶自相关系数为 0 的原假设，表明模型通过了自相关检验。另外，Sargan 检验的 P 值为 1，表明本文选取的工具变量是有效的。从具体回归结果来看，系统 GMM 与差分 GMM 的估计结果显示 NAV 结构变动指数的系数在 1% 的统计水平上均显著为正，这表明 2000 年以来的结构变动在整体上有助于提高我国经济的高质量发展水平。以系统 GMM 为例，NAV 结构变动指数每提升 1 个百分点，则高质量发展指数上升 0.04%。换言之，继续推动产业结构优化升级，将对我国的高质量发展产生显著的积极影响。产业结构升级对经济增长存在"结构性红利"，通过促进经济系统资源的合理配置进而推动经济高质量发展。

对于其他控制变量，财政支出增加有利于提高经济高质量发展水平，财政支出占 GDP 的比重每提高 1 个百分点，则高质量发展指数提高 0.033%。财政支出可通过两种渠道影响高质量发展：一是增加要素投入；二是促进要素使用效率的提升。研发投入强度对高质量发展也具有相对明显的促进作用，在 10% 的显著水平下，研发投入强度每增加 1 个百分点，则高质量发展指数提升 0.106 个百分点。创新作为引领发展的第一动力，是推动高质量发展的关键。此外，回归结果还表明提高市场化程度与基础设施建设水平均有利于高质量发展指数的提升。这一结果为我国继续深化改革开放，让市场在资源配置中发挥决定性作用的制度设计提供了实证支撑。市场化程度提高一方面有利于充分发挥价格机制的发现功能，减少资源错配（白俊红、刘宇英，2018）；另一方面有利于促进国内企业公平竞争，释放微观主体的经济活力，同时也为引入外资企业提供了良好的营商环境。然而，金融发展与城镇化水平提高对高质量发展的回归系数并不显著。这表明当前我国的金融部门可能存在资源错配现象（张庆君等，2016；田卫民，2017），信贷规模的过度扩张不利于经济高质量发展。

为了深入理解产业结构变动对高质量发展可能存在的影响途径，本文进一步考察了产业结构变动对绿色全要素生产率增长率与区域发展差异程度的影响。根据表 5 的回归结果，产业结构变动对绿色全要素生产率增长率的系数为正，但在统计上并不显著，这说明尽管我国存在"结构性红利"，但一旦将能源投入与环境污染成本考虑在内，结构变动对生产率的促增效应便会降低，这从侧面反映了我国能源效率不高的现实。另外，系统 GMM 的回归结果显示，结构变动对区域发展差异的回归系数显著为正，表明 2000 年以来的产业结构变迁扩大了我国的区域经济差距，与严成樑（2016）的研究结果一致。

表 4　以 NAV 法核算的产业结构变动指标的回归结果

变量	(1) LSDV	(2) 系统 GMM	(3) 差分 GMM
	index_hq	index_hq	index_hq
l.index_hq	0.878***	0.776***	0.651***
	(0.0287)	(0.0318)	(0.0462)
struc_nav	0.007	0.0434***	0.0175***
	(0.0103)	(0.0112)	(0.0067)
fingdp	0.0136***	0.0333***	0.0426***
	(0.0051)	(0.0032)	(0.0058)
rd	0.0801*	0.106*	0.159
	(0.0478)	(0.0618)	(0.121)
mark_in	0.0270	0.0739***	0.0638***
	(0.0176)	(0.0105)	(0.0074)
credgdp	-0.0001	-0.0131	0.0176
	(0.0841)	(0.0557)	(0.0490)
urb	0.0078*	0.0001	0.0105
	(0.0043)	(0.0042)	(0.0084)
roadp	0.0004	0.0027**	0.0024***
	(0.002)	(0.0013)	(0.0008)
constant	—	-1.231***	-1.891***
	—	(0.163)	(0.330)
AR(1)-P 值	—	0.0714	0.0857
AR(2)-P 值	—	0.6417	0.5807
Sargan 检验	—	1.0000	1.0000
观察值	510	510	480

注：***、**、* 分别表示 1%、5%、10% 的显著性水平；括号内为标准误。

资料来源：笔者整理。

表5 产业结构变动对绿色全要素生产率增长率和区域发展差异的影响

变量	（1）系统 GMM gtfp	（2）差分 GMM gtfp	（3）系统 GMM gap	（4）差分 GMM gap
l.index_hq	1.012*** (0.0126)	1.007*** (0.0051)	0.939*** (0.0251)	0.489*** (0.0618)
struc_nav	0.0036 (0.0085)	0.0015 (0.0048)	0.0034*** (0.0006)	0.0003 (0.0006)
fingdp	0.0121*** (0.003)	-0.0055** (0.0021)	-0.0007*** (0.00000)	-0.0015*** (0.0003)
rd	0.352*** (0.0372)	0.536*** (0.0407)	0.0014 (0.0018)	0.0111* (0.0065)
mark_in	0.0456*** (0.0055)	0.0169*** (0.0033)	-0.0023*** (0.0005)	-0.0015 (0.001)
credgdp	-0.0763** (0.0355)	-0.0882*** (0.0235)	0.0057* (0.0034)	-0.0119** (0.0052)
urb	-0.0155*** (0.0025)	-0.0043** (0.0019)	-0.000304 (0.0002)	-0.0005 (0.0004)
roadp	-0.0023*** (0.0008)	-0.0035*** (0.0006)	0.0004*** (0.00000)	0.0003*** (0.00000)
constant	0.0142 (0.0822)	-0.1359 (0.0643)	0.0266*** (0.0079)	0.147*** (0.0219)
AR（1）-P值	0.0866	0.0863	0.0329	0.0352
AR（2）-P值	0.2126	0.2468	0.1883	0.1687
Sargan 检验	1.0000	1.0000	1.0000	1.0000
观察值	510	480	510	480

注：***、**、*分别表示1%、5%、10%的显著性水平；括号内为标准误。
资料来源：笔者整理。

五、结论与政策启示

产业结构变迁与经济增长的关系是经济学中的重要问题。随着我国进入高质量发展阶段，产业结构转型升级被认为是未来推动我国经济高质量发展的重要引擎。这也是本文研究的出发点。基于2000~2017年30个省级层面的面板数据，本文引入偏离—份额分析法与NAV分析法来分别表征产业结构变动，并以习近平总书记提出的"创新、协调、绿色、开放、共享"五大发展理念为指引构建了包括50个基础指标在内的高质量发展指标评价体系，进而考察我国产业结构变迁对我国高质量发展指数的影响。动态面板GMM回归结果表明，2000年以来的产业结构变动整体上有利于我国高质量发展水平的提升。产业结构升级对我国的经济增长存在"结构性红利"，能够通过促进经济系统资源的合理配置进而推动经济高质量发展。研究还发现，产业结构变动也促进了我国绿色全要素生产率增长率的提升，尽管统计上并不显著。这也暗含着我国粗放型的发展模式仍然占有一席之地。此外，产业结构变迁在一定程度上导致了我国区域经济发展分化。

根据本文的研究结论，并结合当前实际，本文提出如下对策建议：第一，继续推动供给侧结构性改革，加快推进产业结构升级，保持制造业与服务业均衡发展。产业升级并不意味着必然推动"去工业化"，而是要在大力发展现代生产性服务业的同时，实现我国制造业结构升级，推动制造业向高端化、智能化、绿色化发展，不断提升制造业的产品附加值。第二，产业转型升级必然伴随着产业转移，应充分考虑我国各区域所处的发展阶段的差异，进一步制定合理的差异化产业政策帮助中西部地区根据自身优势实现产业选择，培育优势主导产业，在产业转移过程中实现欠发达地区的产业升级，以实现对发达地区的追赶。第三，积极推动市场化改革，打破行政壁垒，扩大市场准入，消除市场分割，提高资源配置效率。为国内外企业营造良好的公平竞争的市场环境，尤其为外资企业创造良好的营商环境，实施"负面清单"管理机制，助推我国的产业结构升级。第四，以创新驱动发展战略为重要引领，为绿色全要素生产率释放更大的增长空间，进而实现新旧动能转换，推动经济高质量发展。第五，面对新一轮科技革命正在全球范围内兴起的历史机遇，充分利用移动物联网、大数据、云计算等新技术，并出台相关政策带动新技术的发展和创新，生产出更多具有"创造性破坏"功能的新要素，促进产业结构转型升级和高质量发展。

参考文献

[1] 郭凯明, 杭静, 颜色. 中国改革开放以来产业结构转型的影响因素 [J]. 经济研究, 2017 (3): 34 - 48.

[2] 纪玉山, 吴勇民. 我国产业结构与经济增长关系之协整模型的建立与实现 [J]. 当代经济研究, 2006 (6): 47 - 51 + 73.

[3] 李春生, 张连城. 我国经济增长与产业结构的互动关系研究——基于VAR模型的实证分析 [J]. 工业技术经济, 2015, 34 (6): 28 - 35.

[4] 干春晖, 郑若谷, 余典范. 中国产业结构变迁对经济增长和波动的影响 [J]. 经济研究, 2011, 46 (5): 4 - 16 + 31.

[5] 陶桂芬, 方晶. 区域产业结构变迁对经济增长的影响——基于1978—2013年15个省份的实证研究 [J]. 经济理论与经济管理, 2016 (11): 88 - 100.

[6] 陈曦, 穆怀中. 中国产业结构合理化及其与经济增长关系研究 [J]. 经济研究参考, 2014 (46): 20 - 29.

[7] 于斌斌. 产业结构调整与生产率提升的经济增长效应——基于中国城市动态空间面板模型的分析 [J]. 中国工业经济, 2015 (12): 83 - 98.

[8] 樊胜根, 张晓波, Robinson S. 中国经济增长和结构调整 [J]. 经济学（季刊）, 2002, 2 (4): 181 - 198.

[9] 刘伟, 张辉. 中国经济增长中的产业结构变迁和技术进步 [J]. 经济研究, 2008, 43 (11): 4 - 15.

[10] 严成樑. 产业结构变迁、经济增长与区域发展差距 [J]. 经济社会体制比较, 2016 (4): 40 - 53.

[11] 刘伟, 李绍荣. 产业结构与经济增长 [J]. 中国工业经济, 2002 (5): 14 - 21.

[12] 高更和, 李小建. 产业结构变动对区域经济增长贡献的空间分析——以河南省为例 [J]. 经济地理, 2006 (2): 270 - 273.

[13] 史丹. 应重视产业结构早熟的风险 [N]. 人民日报, 2015 - 05 - 11.

[14] 郭克莎. 论经济增长的速度与质量 [J]. 经济研究, 1996 (1): 36 - 42.

[15] 沈坤荣. 中国经济增长绩效分析 [J]. 经济理论与经济管理, 1998 (1): 28 - 33.

[16] 郭庆旺, 贾俊雪. 中国全要素生产率的估算: 1979—2004 [J]. 北京: 经济研究, 2005 (6): 51 - 60.

[17] 卡马耶夫. 经济增长的速度和质量 [M]. 陈华山等译. 武汉: 湖北人民出版社, 1983.

[18] 郑玉歆. 全要素生产率的再认识——用TFP分析经济增长质量存在的若干局限 [J]. 数量经济技术经济研究, 2007, 24 (9): 3 - 11.

[19] 彭德芬. 经济增长质量研究 [M]. 武汉: 华中师范大学出版社, 2002.

[20] 马建新, 申世军. 中国经济增长质量问题的初步研究 [J]. 财经问题研究, 2007 (3): 18 - 23.

[21] 钞小静, 任保平. 中国经济增长质量的时序变化与地区差异分析 [J]. 经济研究, 2011 (4): 26 - 40.

[22] 詹新宇, 崔培培. 中国省际经济增长质量的测度与评价——基于"五大发展理念"的实证分析 [J]. 财政研究, 2016 (8): 39 - 53.

[23] 经济质量研究课题组. 我国省际经济质量比较与评价研究 [J]. 经济纵横, 2017 (12): 44 - 49.

[24] 史丹, 赵剑波, 邓洲. 推动高质量发展的变革机制与政策措施 [J]. 财经问题研究, 2018, 418 (9): 21 - 29.

[25] 魏敏, 李书昊. 新常态下中国经济增长质量的评价体系构建与测度 [J]. 经济学家, 2018 (4): 19 - 26.

[26] Fabricant S. Employment in Manufacturing 1899 – 1939 [R]. NBER Working Paper, 1942.

[27] Fagerberg J. Technological Progress, Structural Change and Productivity Growth: A Comparative Study [J]. Structural Change & Economic Dynamics, 2000, 11 (4): 393 – 411.

[28] 李武军, 黄炳南. 基于偏离—份额分析法的中部地区产业结构研究 [J]. 经济经纬, 2010 (6): 25 – 29.

[29] 王蒙, 刘刚. 中国产业结构与经济增长研究: 一个经济增长分解框架 [J]. 社会科学辑刊, 2017 (4): 65 – 73.

[30] Dietrich A. Does Growth Cause Structural Change, or is it the Other Way Around? A Dynamic Panel Data Analysis for Seven OECD Countries [J]. Empirical Economics, 2012, 43 (3): 915 – 944.

[31] 张军, 吴桂英, 张吉鹏. 中国省际物质资本存量估算: 1952—2000 [J]. 经济研究, 2004 (10): 35 – 44.

[32] Arellano M., Bond S. Some Tests of Specification for Panel Data: Monte Carlo Evidence and an Application to Employment Equations.: Monte Carlo Evidence and an Application to Employment Equations [J]. Review of Economic Studies, 1991, 58 (2): 277 – 297.

[33] Soto M. System GMM Estimation with a Small Sample [R]. Discussion Paper, 2009.

[34] Timmer M. P., Vries G. J. D. Structural Change and Growth Accelerations in Asia and Latin America: A new Sectoral Data Set [J]. Cliometrica, 2009, 3 (2): 165 – 190.

[35] 白俊红, 刘宇英. 对外直接投资能否改善中国的资源错配 [J]. 中国工业经济, 2018 (1): 60 – 78.

[36] 张庆君, 李雨霏, 毛雪. 所有制结构、金融错配与全要素生产率 [J]. 蚌埠: 财贸研究, 2016, 27 (4): 9 – 15 + 23.

[37] 田卫民. 金融发展缘何抑制了经济增长——来自中国省际面板数据的经验证据 [J]. 经济问题, 2017 (1): 27 – 32.

Industrial Restructuring and Upgrading and High – quality Economic Development

Shi Dan   Li Peng   Xu Ming

Abstract: The research on the nexus between industrial structure change and economic growth is an important issue in economics. However, is there any correlation between industrial restructuring and upgrading and high – quality economic development? This paper uses the provincial panel data from 2000 to 2017 to construct the indexes of industrial structure change and economic high – quality development, and empirically examines the impact of China's structural change on its high – quality development. Our results show that the change of industrial structure is beneficial to high – quality development in China as a whole. The transformation and upgrading of industrial structure has a "structural bonus" for China, which helps to increase the growth rate of green total factor productivity. However, it will to a certain extent lead to the divergence of China's regional economic development. According to the conclusions of the study and the actual situation faced by China, this paper finally gives the corresponding countermeasures and suggestions.

Key Words: Industrial Structure; High – quality Development; Shift – share Method; NAV Analysis Method; Five New Development Concepts

供给侧结构性改革对中国经济的影响

——基于一般均衡的视角

陈素梅　李鹏

摘　要：供给侧结构性改革的持续深化对未来我国经济发展造成什么样的影响？这是新时代下我国不得不面对和回答的重大现实问题之一。鉴于此，本文采用动态CGE模型进行了量化评估，发现当降低非高耗能行业生产税税率、提高劳动参与率与创新驱动并行时，2030年我国实际GDP将在基准情景基础上增长0.5%～2.7%，居民收入、总进口和总出口均有所增加，整体物价水平下降；且所有行业产出均会增加，其中，煤炭采选业产出的增长幅度最大。通过单项改革方案的对比，发现劳动参与率的提高会释放更大的红利；若区分供给侧结构性改革方案的优先序，创新驱动对采选业、高耗能行业、制造业、交通运输及仓储业的影响更为显著，而降低非高耗能行业生产税税率对农业、轻工业、其他服务业、公用事业单位更为有利。以上结论表明，应加快从减税降费、提高劳动参与率与创新驱动角度入手全面深化供给侧结构性改革，并根据不同行业调整改革重点，高度关注煤炭采选业的转型升级。

关键词：供给侧结构性改革；CGE模型；实际GDP；行业产出

一、问题的提出

改革开放以来，中国经济持续快速增长，经济体量跃迁世界第二位，经济社会建设创造了世界瞩目的"中国奇迹"。然而，从2012年起我国经济增速明显下滑，从2011年的9.5%下滑到2012年的7.7%，再到2018年的6.6%，进入了经济新常态时期。学界已从增长阶段转换、要素结构变动、人口红利等角度出发，认为当前经济增速的减缓是具有长期性的（刘世锦，2011；郭晗、任保平，2014；陆旸、蔡昉，2014）。正如2019年中央经济工作会议强调的，我国正处在转变发展方式、优化经济结构、转换增长动力的攻坚期，结构性、体制性、周期性问题相互交织，经济增长速度换挡期、结构调整阵痛期、前期刺激政策消化期"三期叠加"影响持续深化，经济下行压力加大。这一经济形势的变化使得我国社会各界普遍关注经济未来的增长走势。基于此，在"十三五"规划纲要中，供给侧结构性改革成为我国政府经济政策的"主线"。党的十九大报告进一步强调，将供给侧结构性改革作为建设现代化经济体系的重要内容。因此，供给侧结构性改革的持续深化对未来我国经济发展造成什么样的影响，是新时代下我国不得不面对和回答的重大现实问题之一，也是谋划"十四五"时期高质

---

* 本文发表在《当代财经》2020年第7期，被《社会科学文摘》2020年第9期转载。

[作者简介] 陈素梅，中国社会科学院工业经济研究所助理研究员、经济学博士；李鹏，中国社会科学院工业经济研究所助理研究员、经济学博士。

量发展至关重要且十分紧迫的课题之一。因此，科学合理地研判未来十年供给侧结构性改革对我国经济的影响，这将为回答为何坚持供给侧结构性改革为主线不动摇提供理论支撑，对实现经济高质量发展具有重要的现实意义。

自供给侧结构性改革提出以来，国内外学术界做了大量的定性研究，大致分为以下两大类：第一类文献是阐述供给侧结构性改革的理论源头或理论依据，包括马克思主义政治经济学（金碚，2017；刘爱文，2018）、新供给经济学（贾康、苏京春，2016）、马克思经济学供给理论（方福前，2017）。第二类文献是探讨如何推进供给侧结构性改革，以全面深化改革为基础，引入经济制度创新和经济调节机制创新提高全要素生产率（刘伟，2016；蔡昉，2016）；主张企业创新生产方式，将过剩的产能转移到中部农村地区的地下管网建设，构建集成创新的核心企业和不同层次的模块化生产企业之间的国内生产网络，努力推进关键部件创新（谢富胜等，2019）；将住房市场作为重构宏观体系的起点，促使供给结构从技术偏向式转向认知偏向式，优先探索新需求是什么和在哪里，解决"供给什么"的问题（周密、刘秉镰，2017）；强调取消企业出于投资目的的预算软约束机制，解决供需资源错配问题（Woo，2019）。

此外，有部分研究量化了供给侧结构性改革对中国潜在经济增长率的影响。例如，在理论阐述供给侧结构性改革对潜在增长率影响的基础上，李平和娄峰（2016）构建了系统动力学—计量经济学—投入产出综合宏观经济模型，研究发现在实施"供给侧结构性改革"下增长较快的情景中，我国潜在经济增长率在"十三五"和"十四五"期间的平均增长率分别为6.5%和5.8%，比历史趋势惯性发展的基准情景中潜在经济增长率分别提高0.2个和0.3个百分点。郭学能和卢盛荣（2018）在此基础上将制度变革、结构调整、产能过剩、人口结构等供给侧结构性改革的关键因素嵌入模型分析框架，研究表明，在基准情景和悲观情景下，2021~2025年潜在增长率分别为6.3%和5.8%。

综上，在供给侧结构性改革问题上，已有研究仍存在明显不足：几乎所有的文献都是从定性和理论角度对推进供给侧结构性改革问题进行分析，并预测了各种改革情景对中国潜在经济增长率的影响；但对于供给侧结构性改革究竟会对经济社会发展带来多大的冲击、对不同行业的影响是否存在差别等关键问题，现有文献并没有给出明确的答案。也正因如此，现有文献尚未提出针对不同行业的供给侧结构性改革路径和应对风险的系统性配套方案。理论上，供给侧结构性改革会通过供给侧的政策冲击引发一系列上下游行业产出和产品价格变动，进而影响居民和出口等需求侧行为。鉴于供给侧结构性改革对经济体影响的广泛性和复杂性，可计算一般均衡（Computable General Equilibrium，CGE）模型适合评估供给侧结构性改革对宏观经济系统不同个体行为的交叉和综合影响。因此，本文将基于一般均衡①的视角，通过构建动态CGE模型，评估并比较2020~2030年供给侧结构性改革各种方案对宏观经济及各行业部门的影响，为深化供给侧结构性改革提供决策参考依据。

本文余下部分的结构安排如下：第二部分描述了所建立的可计算一般均衡模型、数据来源等；第三部分是供给侧结构性改革的情景设置；第四部分是各种供给侧结构性改革方案对宏观经济及各行业产出的影响评估；第五部分为研究结论与启示。

二、模型构建

为基于一般均衡视角开展供给侧结构性改革

---

① 基于一般均衡视角的宏观经济系统不同个体行为的交叉和综合影响考量受到近年来越来越多的国内外学者重视。目前这一做法已在扩张性财政政策（Mabugu et al.，2013）、技术创新（Hong et al.，2014；Schumacher et al.，2007；刘亦文、胡宗义，2014）、制度改革（Bye，2000；陈素梅、何凌云，2012）、去产能（李志俊、原鹏飞，2018）等领域开展了深入评估，但尚未在我国供给侧结构性改革领域得到广泛应用。

的经济影响分析，本文基于 GAMS 软件平台采用动态 CGE 模型预测了 2020~2030 年不同供给侧结构性改革方案对各重要行业部门及宏观经济变量的影响。CGE 模型包括农业、煤炭采选业、石油天然气开发业、金属矿采业、非金属矿和其他矿采产品、食品和烟草、纺织品、纺织服装鞋帽皮革羽绒及其制品、木材加工品和家具、造纸印刷和文教体育用品、石油炼焦产品和核燃料加工品等 34 个行业部门，还包括劳动和资本两种要素、丰富的经济主体（居民、企业、政府以及国外）。具体的模型方程详见 Lemelin 和 Decaluwé（2007）。

在本模型中，商品和要素的初始价格均设为 1，假设一种行业只生产一种商品。主要模块的具体解释详见下文。

（一）生产模块

对于生产方程，本文采用常弹性替代生产函数（Constant Elasticity of Substitution，CES）。该函数在实践中被证明是一个较好的生产函数形式，相对于传统的 Cobb - Douglas（以下简称 C - D）生产函数更加符合实际，且该生产函数的参数也比较容易估计，因此应用广泛。在该模型中假定所有部门的技术都具有规模报酬不变的特性。本部分设定了两层嵌套的生产结构。在顶层，最终产出由复合中间投入与复合增加值的组合以 CES 函数的形式嵌套起来；在第二层中间投入方面，增加值由劳动和资本通过 CES 函数复合得到，各种中间投入商品通过列昂惕夫函数复合起来。

（二）贸易模块

出口服从不变转换弹性假设，即国内生产者在收入最大化的条件下确定国内供给和出口的优化组合。进口服从 Armington 假设，即进口品和国产品是不完全替代的，国内消费者按照成本最小化的原则将收入在进口品和国产品之间进行分配。

（三）收入与支出模块

对于居民而言，收入来自于工资、资本要素收入和各类转移支付；将总收入扣除所得税后的剩余部分将按照线性支出函数用于购买商品和储蓄。对于企业而言，收入来自于资本要素收入和政府转移支付；将总收入扣除企业所得税、企业对居民的转移支付后，剩余的是企业储蓄。对于政府而言，收入来自于各种税收；支出主要包括政府购买、转移支付和政府储蓄三个方面。

（四）闭合模块

闭合模块描述了宏观经济系统的均衡状态，包括要素市场均衡、商品市场均衡、国际收支均衡以及投资储蓄均衡。在商品或要素市场，总需求等于总供给，由产品或要素价格的内生变动实现市场出清。在国际市场，本文假设国外储蓄外生给定，由实际汇率的内生变动来达到国际收支均衡的状态。在投资储蓄均衡方面，本文采用了储蓄外生、投资内生的新古典闭合规则。

（五）动态模块

本文采用递归动态的形式实现未来 10 年供给侧结构性改革的模拟。一些反映经济增长过程的重要内生变量和外生变量随着时间推移而发生变化，这些变化形成了经济增长的路径。这些跨时期间的调整变量包括人口增长、资本积累增长和要素生产力的变化。

模型中人口增长是外生设定的，中国人口数据预测值来源于联合国社会与经济部人口处的《世界人口展望》[①]。当期的资本存量水平是由上一期的资本存量、折旧和当期的总投资额来决定的。在部门水平上，各部门的资本存量则通过部门间的资本相对回报率进行确定。在模型的基准情景中，模型假设整个经济的全要素生产率（Total Factor Productivity，TFP）内生决定，以实现给定的 GDP 增长率。2015~2018 年我国 GDP 增长率和人口数据使用官方发布数据；2019~2030 年 GDP 年均增长率和人口数据预测值分别来自李善同和刘云中（2010）、联合国社会与经济部人口处的《世界人口展望》。在其他情景中，TFP 增长率外生设定，在数值上等于基准情景 TFP 的增

---

① 参见：https://population.un.org/wpp/。

长率，而 GDP 增长率内生。这样的处理以便于对比基准情景和模拟情景之间的冲击效应。

（六）数据来源

社会核算矩阵（Social Accounting Matrix，SAM）是本文 CGE 模型模拟分析的数据基础，反映了宏观经济系统中各行业部门、各经济主体以及要素市场与商品市场之间的关系。本文以中国 2015 年投入产出表为基础，按照研究需求细分为 34 个行业部门，并借鉴《中国统计年鉴》（2016）、《国际收支平衡表 2016》等统计资料数据，构建了初始 SAM 表。由于数据来源的不同，加上可能存在的统计误差，初始 SAM 表并不平衡。对此，本文采用 RAS 法对 SAM 表进行调平。

就模型参数而言，本文通过基准年 SAM 表的校准获取一部分模型参数（如中间投入系数等）。余下的参数（如生产要素替代弹性、固定资本系数等）一般需要通过计量方法去实证估计，目前国内外已有不少学者在这方面做了研究。为简便起见，本文顶层 CES 生产函数中各行业的 TFP 值均为 0.5，其余弹性系数（如国产品与进口品之间的替代弹性、国内生产国内销售与出口贸易之间的替代弹性、劳动与资本要素之间的替代弹性等）参照 Dong 等（2017）的参数设定。

三、改革情景设定

从供给侧的视角观察，经济增长有三个基本动力：劳动力增长、资本增量（即投资）和 TFP 的提高，因此，改革应从提高 TFP 或从生产要素的流动重组和优化配置来解决（吴敬琏，2016）。类似地，蔡昉（2016）指出供给侧因素通过生产要素相对稀缺性和全要素生产率增长率的变化，导致潜在增长率下降，固然是不可逆的，但中国诸多体制性扭曲从供给侧提高了经济活动的制度性交易费用和生产成本，是可以通过结构性改革予以矫正的。基于此，本文重点从资本、劳动力和 TFP 三个视角来描述供给侧结构性改革方案。

（一）减税降费

当企业税收降低时，资本回报率中被税收扣除的部分将会减少，企业真实的资本回报率将会增加，进而有利于资本积累（陆旸、蔡昉，2016；林小玲、张凯，2019）。因此，减税降费是影响企业资本回报率的重要手段，也是供给侧结构性改革的重要内容，旨在减轻企业税收负担的同时，助推产业转型升级。当下，我国经济增长已由高速向中高速转变，原有资源消耗型、环境污染型、高耗能型的"旧动能"已经不可持续。而以新技术、新产业、新业态、新模式为代表的新动能亟须培育。因此，政府应推行结构性减税，鼓励现代制造业、高新技术企业等非高耗能行业发展。考虑到未来 10 年减税力度的不确定性，本文参考 2019 年我国企业增值税税率的下降幅度 10%~19%[①]，假定 2020~2030 年内我国非高耗能行业（即除石油加工、炼焦及核燃料加工业、化学原料及化学制品制造业、非金属矿物制品业、黑色金属冶炼及延展加工业、有色金属冶炼及压延加工业、电力和热力的生产供应业以外的行业）生产税税率下降 10%~50%，为简单起见，本文设置了减税降费强度低、中、高三种情景，即 2020~2030 年我国非高耗能行业生产税税率年均分别降低 1%、3%、5%，以此考察其对宏观经济及各行业产出的影响。

（二）提高劳动参与率

近年来，我国老龄化程度不断加剧，人口红利逐步消失，面临着"未富先老"的风险。为此，延迟退休、促进农民进入城市务工等政策将有助于从供给端进一步"挖掘"劳动力。本文参考陆旸和蔡昉（2016）关于"十三五"中国劳动参与率提高 1~5 个百分点的设定，假定 2020~2030 年我国劳动参与率年均增长率分别为 1%、3%、5% 来描述供给侧结构性改革中劳动供给要素增加的低、中、高三种强度情形。

[①] 2019 年，我国将制造业等行业增值税税率由当前的 16% 减至 13%，交通运输业、建筑业等行业的增值税税率将从原来的 10% 降至 9%，相当于企业税收减少了 10%~19%。

(三) 创新驱动

以创新驱动引领产业升级是供给侧结构性改革的关键。通常，创新分为技术创新和制度创新两类，是提升TFP的主要途径。一方面，无论是国内经济增长驱动力还是日益激烈的大国之争，技术创新是第一生产力；另一方面，通过制度创新实现资源的重新配置，深化国有企业改革，营造公平竞争，清理处置僵尸企业，创造新生企业进入的必要条件，从而提高整个行业的生产率。新加坡政府为了实现经济持续发展，将TFP每年增长2%作为国家目标（蔡昉，2013）。因此，本文参考新加坡TFP增长目标，假定2020~2030年我国TFP年均增长率分别为1%、3%、5%来描述供给侧结构性改革创新强度低、中、高三种情形。

(四) 综合情景

围绕同时减税降费、提高劳动参与率与创新驱动，本文设置了低、中、高三种改革强度的综合情景，具体为：非高耗能行业生产税税率年均降低1%、TFP和劳动参与率的年均提高幅度均为1%；非高耗能行业生产税税率年均降低3%、TFP和劳动参与率年均提高3%；非高耗能行业生产税税率年均降低5%、TFP和劳动参与率年均提高5%。

四、供给侧结构性改革的影响分析

(一) 宏观经济影响

1. 非高耗能行业生产税税率降低的影响

表1归纳了非高耗能行业生产税税率降低对各主要宏观经济变量的影响。模拟结果显示，减税效果总体比较理想，当非高耗能行业生产税税率年均降低1%时，与基准状态相比，2025年和2030年实际GDP将分别增长0.001%、0.002%。当非高耗能行业生产税税率年均降低5%时，2025年和2030年实际GDP将分别增长0.007%、0.008%。这表明减税降费强度越高，越有助于降低企业生产经营成本，促进企业生产规模的扩大，加快资本积累，从而对宏观经济系统的刺激作用将会更强大；长期来看，这种正面影响会随着时间的推移而增强。

表1 非高耗能行业生产税税率降低的影响

（相对于基期的变化百分比） 单位：%

变量	年份	非高耗能行业生产税税率降低		
		1%	3%	5%
实际GDP	2025	0.001	0.004	0.007
	2030	0.002	0.005	0.008
CPI	2025	-0.003	-0.009	-0.015
	2030	-0.004	-0.012	-0.020
居民收入	2025	0.113	0.338	0.564
	2030	0.112	0.336	0.560
总进口	2025	0.014	0.042	0.070
	2030	0.014	0.042	0.070
总出口	2025	0.025	0.075	0.125
	2030	0.025	0.074	0.124

关于居民收入情况，该政策有利于提高居民收入增长。当非高耗能行业生产税税率年均降低1%时，与基准状态相比，2025年和2030年居民收入将会分别增长0.113%、0.112%。而当生产税税率降低幅度越大，居民收入增长效应也会越显著。这主要是由于通过减轻企业税负，降低企业生产成本，提高企业利润并促进资本投资的增长，从而带来了工人劳动收入的上升。

2. 劳动参与率提高的影响

关于物价水平、总进口和总出口变化情况，该政策会降低商品价格，促进总进口和总出口的增长。当非高耗能行业生产税税率降低1%时，与基准状态相比，2025年和2030年CPI水平将分别下降0.003%、0.004%，总出口均会增长0.025%，总进口均会增长0.014%。并且，减税幅度越大，物价下降幅度、总出口和总进口增长幅度也会越大。这主要是由于生产税税率的下降会减轻企业生产成本，通过价格传导机制带来了整体CPI的降低；一旦商品产出价格下降，出口商品的国际竞争力将会增强，刺激了国外市场对中国产品的需求，从而促进总出口的增长；国内居民收入水平的提高会直接刺激居民消费需求，加上国内行业总产出增加带动中间投入的进口商品需求,最终带动了总进口品的消费需求。

表2归纳了劳动参与率提高对主要宏观经济变量的影响。当劳动参与率年均提高1%时,与不采取任何政策相比,实际GDP在2025年、2030年将分别增长0.528%、0.524%;当劳动参与率年均提高5%时,2025年和2030年实际GDP将分别增长2.613%、2.594%。显然,与上述降低生产税、创新驱动改革方案相比,同等幅度的劳动参与率提高将会带来更为显著的改革红利,有效缓解我国人口老龄化的负面冲击。尽管如此,但随着时间的推移,这种正面影响将会轻微减弱。

表2 劳动参与率提高的影响
(相对于基期的变化百分比) 单位:%

变量	年份	劳动参与率上升		
		1%	3%	5%
实际GDP	2025	0.528	1.575	2.613
	2030	0.524	1.564	2.594
CPI	2025	-0.248	-0.736	-1.210
	2030	-0.246	-0.727	-1.197
居民收入	2025	0.218	0.649	1.074
	2030	0.215	0.640	1.059
总进口	2025	0.236	0.703	1.163
	2030	0.236	0.703	1.163
总出口	2025	0.426	1.270	2.105
	2030	0.426	1.272	2.107

关于居民收入变化情况,劳动参与率的提高会显著增加居民的收入。当劳动参与率年均提高1%时,与基准状态相比,2025年和2030年居民收入将分别上涨0.218%、0.215%;当劳动参与率年均提高5%时,2025年和2030年居民收入将分别上涨1.074%、1.059%。这主要是由于在充分就业的假设下劳动参与率的提高尽管会降低单位劳动力工资水平,但仍会增加就业岗位,促进整体居民工资收入水平上升。

关于物价、总进口和总出口变化情况,劳动参与率的提高有利于物价水平的下降、总进口和总出口的增加。当劳动参与率年均提高1%时,与基准状态相比,2025年和2030年CPI水平会分别下降0.248%、0.246%,总出口均会上升0.426%,总进口均会上升0.236%;而且,劳动参与率提高幅度越大,CPI下降幅度、总进口和总出口增长幅度均会越大。显然,劳动参与率的上升促使资源的重新配置,在劳动市场出清的前提下劳动要素价格水平会下降,进而降低单位产出的生产成本,商品价格会进一步下降,从而整体CPI水平会呈下降态势,此外,类似减税的作用机制,企业生产成本的降低会通过国际竞争力的增强推动总进口的增加,居民收入上升和国内产出增加的双重作用刺激进口商品的需求,促使总进口增加。

3. 创新驱动的影响

表3总结了创新驱动对主要宏观经济变量的影响。可以直观地看出,通过技术创新和制度创新使得所有行业全要素生产率年均提高1%时,与基准状态相比,预计2025年和2030年实际GDP将会分别上升0.007%、0.012%;当全要素生产率年均提高5%时,2025年和2030年实际GDP将分别上升0.036%、0.062%。这表明随着时间的推移,技术创新和制度创新对经济增长的驱动效应逐渐增强。

表3 创新驱动的影响(相对于基期的变化百分比)
单位:%

变量	年份	TFP上升		
		1%	3%	5%
实际GDP	2025	0.007	0.021	0.036
	2030	0.012	0.037	0.062
CPI	2025	-0.016	-0.048	-0.080
	2030	-0.022	-0.065	-0.108
居民收入	2025	0.013	0.040	0.066
	2030	0.021	0.064	0.105
总进口	2025	0.020	0.059	0.099
	2030	0.026	0.080	0.133
总出口	2025	0.034	0.104	0.173
	2030	0.046	0.140	0.234

关于居民收入变化情况,创新驱动会促进居

民收入增加。当所有行业全要素生产率年均上升1%时,与基准状态相比,2025年和2030年居民收入将会增加0.013%、0.021%;而且,全要素生产率提高幅度越大,居民收入增长幅度也会越大。这主要是由于技术创新和制度创新会优化资源配置,单位要素投入能够得到更多的产出,从而推动企业生产规模的扩大,居民工资收入也会相应地增加。

关于物价、总进口和总出口变化情况,全要素生产率的提高会降低物价水平、促进总进口和总出口的增加。当所有行业全要素生产率年均上升1%时,2020年和2035年CPI水平将会分别下降0.016%、0.022%,总进口将分别增长0.020%、0.026%,总出口将分别增长0.034%、0.046%。而且,全要素生产率上升幅度越大,物价下降程度、总进口和总出口增长程度也会越大。这主要是由于全要素生产率的提高会降低单位产出的生产成本,商品价格会随之下降;同样类似减税的作用机理,商品价格的降低会刺激国外市场对出口品的需求,推动总出口的增长;居民收入增加和国内产出增加的双重作用导致我国对进口品的市场需求上升,带动总进口的增长。

4. 综合改革的影响

本文之前分别讨论了降低生产税税率、提高劳动参与率、创新驱动对我国未来宏观经济的影响。虽然单项供给侧结构性改革方案对推动经济增长的影响十分有限,但政府可以选择政策组合的方式扩大政策产生的"改革红利"。因此,我们从低、中、高三个改革力度出发,设置了三种供给侧结构性改革综合方案。研究发现,如表4所示,这些政策组合产生的改革红利并非简单的叠加效应。从某种程度上,综合改革红利的效果要大于单项效应加总。例如,当非高耗能行业生产税税率年均降低1%、全要素生产率与劳动参与率年均上升1%时,与基准状态相比,我国实际GDP在2025年增长0.531%。

此外,从表4的模拟结果来看,如果各项供给侧结构性改革方案都能发挥作用,未来十年内我国实际GDP将会在基准情景基础上增长0.5%~2.7%,居民收入、总进口和总出口将分别增长0.3%~1.7%、0.2%~1.3%、0.4%~2.4%。在此期间,随着时间的推移,供给侧结构性综合改革的红利呈现递增趋势。

表4 综合改革的影响(相对于基期的变化百分比)

单位:%

变量	年份	非高耗能行业生产税税率降低、TFP与劳动参与率上升		
		1%	3%	5%
实际GDP	2025	0.531	1.584	2.628
	2030	0.528	1.576	2.615
CPI	2025	-0.248	-0.734	-1.208
	2030	-0.243	-0.721	-1.186
居民收入	2025	0.338	1.012	1.683
	2030	0.339	1.015	1.689
总进口	2025	0.258	0.770	1.276
	2030	0.261	0.777	1.286
总出口	2025	0.465	1.389	2.307
	2030	0.469	1.402	2.328

(二)对各行业产出的影响①

本文基于动态CGE模型模拟了各种供给侧结构性改革方案对34个行业部门产出的影响(如表5所示)。

1. 农业产出的变化

可以直观地看出,与基准状态相比,供给侧结构性改革对农业生产产生了积极的推动作用。其中,由于农业属于劳动密集型行业,劳动参与率的提高对农业产出的刺激最为显著。当劳动参与率年均提高5%时,2030年其产出增长将达3.033%。其次,降低非高耗能行业生产税税率对农业产出的影响较为显著,而创新驱动对农业产出的影响程度相对较小。

当供给侧结构性改革从减税降费、提高劳动

---

① 因篇幅所限,本文只重点讨论了34个行业产出的变化,省略了行业层面价格和进出口等方面影响分析,感兴趣的读者可向笔者索取。

表5 2030年不同供给侧结构性改革情景下各行业产出变动情况（相对于基准状态的百分比变动）单位：%

部门	非高耗能行业生产税税率下降			TFP上升			劳动参与率上升			综合情景		
	1%	3%	5%	1%	3%	5%	1%	3%	5%	1%	3%	5%
农业	0.072	0.217	0.362	0.060	0.179	0.300	0.612	1.827	3.033	0.701	2.101	3.495
煤炭采选业	0.099	0.298	0.498	0.340	1.022	1.710	0.626	1.87	3.102	0.931	2.799	4.675
黑色金属矿采选业	0.033	0.098	0.163	0.079	0.238	0.400	0.548	1.637	2.715	0.558	1.676	2.794
有色金属矿采选业	0.032	0.095	0.159	0.123	0.369	0.62	0.564	1.683	2.792	0.594	1.777	2.950
非金属矿矿采选业	-0.002	-0.006	-0.011	0.051	0.154	0.26	0.581	1.734	2.874	0.653	1.953	3.249
天然气开采业	0.108	0.324	0.54	0.309	0.928	1.55	0.47	1.403	2.324	0.615	1.837	3.049
食品及酒精饮料	0.100	0.301	0.501	0.059	0.178	0.3	0.524	1.565	2.595	0.637	1.909	3.175
烟草制品业	0.132	0.398	0.669	0.082	0.247	0.41	0.425	1.268	2.1	0.574	1.726	2.883
纺织业	0.064	0.193	0.323	0.058	0.175	0.29	0.528	1.577	2.614	0.610	1.826	3.036
纺织服装业	0.076	0.228	0.381	0.041	0.124	0.21	0.485	1.449	2.403	0.574	1.719	2.859
皮革制品业	0.067	0.200	0.334	0.048	0.145	0.24	0.545	1.627	2.697	0.623	1.863	3.096
木制品业	0.023	0.069	0.115	0.065	0.195	0.33	0.522	1.556	2.58	0.570	1.705	2.830
造纸印刷	0.073	0.221	0.369	0.097	0.29	0.49	0.503	1.502	2.49	0.603	1.805	3.003
文教体育用品制造业	0.056	0.169	0.282	0.052	0.156	0.26	0.436	1.299	2.152	0.510	1.527	2.537
石油工业	-0.002	-0.005	-0.009	0.181	0.545	0.91	0.437	1.302	2.158	0.685	2.053	3.420
化学工业	0.038	0.114	0.19	0.103	0.308	0.51	0.543	1.621	2.688	0.658	1.972	3.282
塑料、橡胶制品	0.04	0.121	0.202	0.075	0.226	0.38	0.513	1.531	2.539	0.594	1.776	2.952
非金属矿物制品业	-0.033	-0.101	-0.169	0.035	0.104	0.18	0.559	1.668	2.764	0.563	1.679	2.784
黑色金属冶炼压延	0.004	0.012	0.019	0.061	0.183	0.31	0.542	1.618	2.682	0.583	1.742	2.891
有色金属冶炼压延	0.012	0.037	0.061	0.121	0.363	0.61	0.547	1.633	2.708	0.635	1.902	3.163
电力行业	0.016	0.048	0.079	0.352	1.061	1.78	0.514	1.535	2.545	0.576	1.723	2.862
金属制品业	0.024	0.072	0.12	0.067	0.202	0.34	0.516	1.54	2.552	0.591	1.767	2.935
通用设备制造业	0.015	0.045	0.074	0.069	0.207	0.35	0.543	1.62	2.687	0.604	1.805	2.997
专用设备制造业	0.002	0.005	0.007	0.059	0.177	0.3	0.573	1.71	2.835	0.602	1.799	2.988
交通运输设备制造	0.039	0.117	0.195	0.067	0.202	0.34	0.54	1.611	2.671	0.540	1.614	2.680
电气机械及器材制造业	0.013	0.038	0.064	0.07	0.21	0.35	0.491	1.465	2.428	0.525	1.569	2.606
通信、计算机电子设备制造业	0.019	0.058	0.097	0.021	0.063	0.11	0.491	1.464	2.429	0.575	1.723	2.865
仪器仪表及文化办公用机械制造业	0.038	0.113	0.189	0.039	0.117	0.2	0.516	1.542	2.56	0.312	0.928	1.536
工艺品及其他制造	0.014	0.042	0.069	0.262	0.788	1.32	0.289	0.86	1.421	0.770	2.313	3.862
燃气生产和供应业	0.068	0.205	0.341	0.055	0.166	0.28	0.428	1.276	2.114	0.520	1.556	2.586
水的生产和供应业	0.080	0.241	0.402	0.061	0.184	0.31	0.463	1.381	2.289	0.565	1.689	2.808
建筑业	-0.07	-0.21	-0.351	0.045	0.136	0.23	0.591	1.765	2.927	0.554	1.651	2.735
交通运输及仓储业	0.034	0.102	0.17	0.071	0.214	0.360	0.517	1.542	2.556	0.579	1.732	2.877
其他服务业	0.044	0.133	0.222	0.040	0.122	0.200	0.441	1.316	2.182	0.498	1.488	2.472

参与率、创新驱动三个角度入手时（即综合情景），农业产出将会大幅度上升。相比于不采取任何政策的基准情景，2030年我国农业产出将会增长0.7%~3.5%。这个结果是非常乐观的，为此需要政策制定者高度重视农业劳动参与率、降低非高耗能行业生产税税率、创新驱动等政策设计。

2. 采选行业产出的变化

对于煤炭采选业、黑色金属矿采选业、有色金属矿采选业、非金属矿采选业、天然气开采业等采选业而言，相比于基准情景，供给侧结构性改革对此类行业产出均带来了显著的正面影响。通过各种单项方案的对比，本文发现此类行业受劳动参与率提高的影响最为显著，其次是全要素生产率的提高。

在综合情景下，煤炭采选业是所有34个行业部门中受到正面影响最大的行业，与基准状态相比，2030年其总产出将会上升0.9%~4.7%。这表明在现有以煤炭为主的能源结构下，供给侧结构性改革将对煤炭需求产生强烈的刺激，带动整个煤炭采选业产出的大幅度增加，客观上加大了环境污染防治的难度。

此外，在单项改革方案中，当非高耗能行业生产税税率降低时，与基准情景相比，非金属矿采选业产出将会小幅度下降。主要原因是此行业处于高耗能行业的上游端，其需求会受到相对抑制。这也是供给侧结构性改革中压缩高耗能行业产能的必然结果。

3. 轻工业产出的变化

整体来看，对于食品、烟草、纺织、皮革、木材加工、造纸印刷、文教体育用品等轻工业而言，供给侧结构性改革促进了此类行业的产出。在综合情景下，与基准状态相比，2030年此类行业产出将会增长0.5%~3.0%。

通过单项改革情景的对比，本文发现劳动参与率的提高对轻工业的影响最为显著，其次是降低生产税税率。例如，当劳动参与率年均提高1%时，2030年纺织业产出将会增长0.528%；而当非高耗能行业生产税税率年均降低1%时，此行业产出将会增长0.064%；而全要素生产率年均提高1%时，此行业产出增长0.058%。这一对比结果与上述的采选业有所不同。因此，针对不同行业，供给侧结构性改革的方案优先序是存在显著的差异的，是需要政策制定者注意的。

4. 高耗能行业产出的变化

对于石油加工、炼焦及核燃料加工业、化学原料及化学制品制造业、塑料及橡胶制品、非金属矿物制品业、黑色金属冶炼及延展加工业、有色金属冶炼及压延加工业、电力等高耗能行业产出而言，与不采取政策相比，供给侧结构性改革综合方案带来了正面影响。这表明尽管供给侧结构性改革会压缩高耗能产业，但仍会从供给侧角度刺激整个经济生产系统，间接拉动石油化工品、有色金属加工产品等高耗能产品的市场需求。因此，高耗能行业产品的转型升级将是整个供给侧结构性改革过程中的题中之意，也是不得不面对的难点之一。

若区分单项改革方案的优先序，此类行业与采选业结论相似，总产出受劳动参与率上升、创新驱动的正面影响较大。值得说明的是，本文发现在非高耗能行业生产税税率降低的情形下，生产要素必然会流入到非高耗能行业以谋求高额的投资回报，进而间接降低了所有高耗能行业产出。因此，与基准情景相比，2030年非金属矿物制品业和石油工业产出将会呈现负增长态势。

5. 制造业和公用事业单位产出的变化

对于金属制品业、通用设备制造业、专用设备制造业、交通运输设备制造业等制造业而言，与基准情景相比，供给侧结构性改革有助于此类行业产出的增长。若区分单项改革的优先序，劳动参与率的提高对此类产出影响最大，其次是创新驱动。这主要是由于除了劳动参与率之外，制造业对技术创新和制度创新的依赖程度更高。

对于燃气生产和供应业、水的生产和供应业等公用事业单位而言，产出增长特征与轻工业相似，受劳动参与率提高的影响最大，受非高耗能行业生产税税率降低的影响次之。

6. 服务业产出的变化

对于交通运输及仓储业、其他服务业产出而言，研究发现无论是单项改革还是综合改革方式均带来了显著的促进效应。但与农业和大部分工业相比，服务业受供给侧结构性改革的影响程度相对较小。

若对比单项改革方案的影响，我们进一步发现，对于交通运输及仓储业而言，劳动参与率的提高影响最大，创新驱动的影响次之；而对于其他服务业而言，除劳动参与率的提高影响程度最大以外，其次是降低非高耗能行业生产税税率。

五、研究结论与启示

自2015年11月中央财经领导小组第十一次会议上首次提出供给侧结构性改革以来，从"十三五"规划纲要、党的十九大报告至2019年中央经济工作会议，无不彰显着我国坚定不移深化供给侧结构性改革的决心与恒心。为此，本文基于动态CGE模型模拟评估了我国供给侧结构性改革对未来十年宏观经济系统和各行业部门产出的影响。

我们研究发现，当非高耗能行业生产税税率的降低、劳动参与率的提高和创新驱动均发挥作用时，2030年我国实际GDP将在基准情景基础上提高0.5%~2.7%，增加了居民收入、总进口和总出口，同时对通货膨胀产生一定的抑制作用；所有行业产出均会上升，其中，煤炭采选业产出的增长幅度最大，其次是电力行业，而服务业增长幅度相对较小；与降低生产税、创新驱动方案相比，同等幅度的劳动参与率提高将会释放更大的改革红利；若区分供给侧结构性改革方案的优先序，不同行业存在显著的差异，比如，创新驱动对采选业、高耗能行业、制造业、交通运输及仓储业的影响较为显著，而降低非高耗能行业生产税税率对农业、轻工业、其他服务业、公用事业单位的影响更为有利。

基于上述研究结论，本文提出如下研究启示：

其一，加快从减税降费、提高劳动参与率、创新驱动角度入手全面深化供给侧结构性改革。在我国经济下行压力日趋加大的背景下，这一综合方案可谓是一剂良药，有效缓解了我国经济增速的放缓，通过恰当的制度安排和充足的资金、技术、劳动力投入来促进产业结构的转型升级。具体而言，针对非高耗能行业大幅度减税降费，降低企业生产经营成本，增加企业资本投入，积极培育经济增长新动能；深化完善体制改革，营造公平竞争环境，清理处置僵尸企业，创造新生企业进入的必要条件，优化资源配置；加快技术研发和应用进度，健全以企业为主体的产学研一体化创新机制，提升企业自主创新能力；通过延迟退休、户籍制度改革推进农民工市民化等手段进一步挖掘供给侧劳动力的供给，有效提高劳动参与率。这些措施将是未来十年我国供给侧结构性改革的重点。

其二，供给侧结构性改革的重点需要根据不同行业进行调整。正如前文所提到的，若区分改革方案的优先序，不同行业存在显著的差异。因此，一刀切的供给侧结构性改革政策往往是无效的。政策制定者可以从增长效应更明显的改革领域入手，除了上文强调的要重视提高劳动参与率方案之外，有必要区分不同行业重点推进差异化的改革方案。针对采选业、高耗能行业、制造业、交通运输及仓储业，重点推进创新驱动方案，有效提高全要素生产率；而针对农业、轻工业、其他服务业、公用事业单位，重点推进减税降费方案。

其三，在深化供给侧结构性改革进程中，煤炭采选业的转型升级需要受到政府的高度关注。根据本文的模拟结果，在34个行业部门中供给侧结构性改革对煤炭采选业产出的影响最为显著。当非高耗能行业生产税税率的降低、劳动参与率的提高和创新驱动并举时，2030年此行业产出将在基准情景基础上提升0.9%~4.7%。这表明在现有以煤炭为主的能源结构下，供给侧结构性改革将对煤炭需求产生强烈的刺激，带动整个煤炭采选业产出的大幅度增加，客观上加大了能源结构转变与环境污染防治的难度。因此，这是需要政府提前应对、高度重视的问题之一。

参考文献

[1] 刘世锦. 增长速度下台阶与发展方式转变[J]. 经济学动态, 2011 (5): 3-9.

[2] 郭晗, 任保平. 结构变动、要素产出弹性与中国潜在经济增长率[J]. 数量经济技术经济研究, 2014, 31 (12): 72-84.

[3] 陆旸, 蔡昉. 人口结构变化对潜在增长率的影响: 中国和日本的比较[J]. 世界经济, 2014, 37 (1): 3-29.

[4] 金碚. 基于价值论与供求论范式的供给侧结构性改革研析[J]. 中国工业经济, 2017 (4): 5-16.

[5] 刘爱文. 我国供给侧结构性改革总体关系域的历史向度[J]. 当代财经, 2018 (8): 13-21.

[6] 贾康, 苏京春. 论供给侧改革[J]. 管理世界, 2016 (3): 1-24.

[7] 方福前. 寻找供给侧结构性改革的理论源头[J]. 中国社会科学, 2017 (7): 49-69+205.

[8] 刘伟. 经济新常态与供给侧结构性改革[J]. 管理世界, 2016 (7): 1-9.

[9] 蔡昉. 供给侧认识·新常态·结构性改革——对当前经济政策的辨析[J]. 探索与争鸣, 2016 (5): 13-17+2.

[10] 谢富胜, 高岭, 谢佩瑜. 全球生产网络视角的供给侧结构性改革——基于政治经济学的理论逻辑和经验证据[J]. 管理世界, 2019, 35 (11): 89-101+118.

[11] 周密, 刘秉镰. 供给侧结构性改革为什么是必由之路?——中国式产能过剩的经济学解释[J]. 经济研究, 2017, 52 (2): 67-81.

[12] Woo W. T. China's Soft Budget Constraint on the Demand-side Undermines its Supply-side Structural Reforms [J]. China Economic Review, 2019 (57): 1-8.

[13] 李平, 娄峰. "供给侧结构性改革"与中国潜在经济增长率分析[J]. 中国经济学人(英文版), 2016 (4): 4-21.

[14] 郭学能, 卢盛荣. 供给侧结构性改革背景下中国潜在经济增长率分析[J]. 经济学家, 2018 (1): 29-40.

[15] Mabugu R., Robichaud V., Maisonnave H., Chitiga M. Impact of Fiscal Policy in an Intertemporal CGE Model for South Africa [J]. Economic Modeling, 2013 (31): 775-782.

[16] Hong C., Yang H., Hwang W., Lee J. Validation of an R&D-based Computable General Equilibrium Model [J]. Economic Modeling, 2014 (42): 454-463.

[17] Schumacher K., Sands R. D. Where are the Industrial Technologies in Energy-economy Models? An Innovative CGE Approach for Steel Production in Germany [J]. Energy Economics, 2007, 29 (4): 799-825.

[18] 刘亦文, 胡宗义. 能源技术变动对中国经济和能源环境的影响——基于一个动态可计算一般均衡模型的分析[J]. 中国软科学, 2014 (4): 43-57.

[19] Bye B. Environmental Tax Reform and Producer Foresight: An Intertemporal Computable General Equilibrium Analysis [J]. Journal of Policy Modeling, 2000, 22 (6): 719-752.

[20] 陈素梅, 何凌云. 政府与市场的合理边界——从中国电力市场化改革的视角[J]. 世界经济文汇, 2012 (5): 1-15.

[21] 李志俊, 原鹏飞. 去产能战略的影响评价及建议——基于动态CGE模型的研究[J]. 中国软科学, 2018 (1): 10-18.

[22] 李善同, 刘云中. 2030年的中国经济[M]. 北京: 经济科学出版社, 2011.

[23] Dong B., Wei W., Ma X., Li P. On the Impacts of Carbon Tax and Technological Progress on China [J]. Applied Economics, 2017 (50): 389-406.

[24] 吴敬琏. 供给侧改革——经济转型重塑中国布局[M]. 北京: 中国文史出版社, 2016.

[25] 陆旸, 蔡昉. 从人口红利到改革红利: 基于中国潜在增长率的模拟[J]. 世界经济, 2016 (1): 3-23.

[26] 林小玲, 张凯. 企业所得税减免、融资结构与全要素生产率——基于2012—2016年全国税收调查数据的实证研究[J]. 当代财经, 2019 (4): 27-38.

[27] 蔡昉. 中国经济增长如何转向全要素生产率驱动型[J]. 中国社会科学, 2013 (1): 57-72+207.

The Effects of Supply – side Structural Reform on China's Economy
—Based on General Equilibrium

Chen Sumei, Li Peng

Abstract: How would the sustained deepening of supply – side structural reform affect China's economy in the future? This is one of the critical and practical issues China has to face and deal with in the new era. By employing a dynamic computable general equilibrium (CGE) model, this paper shows that when reducing the production tax rate of non – energy – intensive industries, increasing the labor participation rate and pursuing innovation – driven development, China's real GDP would be increased by 0.5% – 2.7% compared to the BAU scenario in 2030. This reform would also lead to the increases of the residential income, the total import and export, and an decrease of CPI. Moreover, the outputs of all sectors would be encouraged, and among them, the positive effect in coal mining and washing industry is the most significant. Compared with the other single scenarios, the increase of labor participation rate would bring about the most significant dividend; When prioritizing the programs of supply – side structural reform, innovation – driven development would be more effective for mining, energy – extensive industry, manufacturing industry, the transportation and warehousing, and the drop of the production tax rate of non – energy – intensive industries would be more beneficial for agriculture, the light industry, other services and utilities. Therefore, it is suggested to comprehensively deepen the supply – side structural reform by reducing the production tax rate, increasing the labor participation rate and pushing innovation, to adjust the reform focus for different industries, and to pay high attention on the transformation and upgrading of coal mining and washing industry.

Key Words: Supply – side Structural Reform; CGE Model; Real GDP; Industrial Output

粘性、不确定性与中国企业研发投资行为

渠慎宁　吕　铁

摘　要：R&D 投资会同时受到粘性和不确定性影响，考察这两种特性的核心在于测算企业 R&D 收益率和不确定性冲击效果。本文选取中国 A 股市场上市公司相关数据，通过财务分解法测算中国企业 R&D 收益率。测算结果证实 R&D 投资能产生滞后的收益，这种经济效益也使企业在一定程度上难以对其大幅削减，即是出现"粘性"的重要原因。而加入工具变量后，估计不确定性影响的实证结果又表明，每当上一年度上市公司面临的不确定性上升时，会造成本年度 R&D 投资强度下降，同时对 R&D 投资粘性也会造成削弱效应。分行业的进一步分析表明，技术密集型行业的 R&D 收益率较高，使其受到不确定性的冲击较小，R&D 投资粘性的削弱程度较低；而非技术密集型行业的 R&D 收益率较低，导致其受到不确定性的冲击较大，R&D 投资粘性的削弱程度更高。今后，要扭转 2012 年后我国企业 R&D 投资强度不断下降的趋势，必须落实创新驱动和高质量发展战略，引导企业加大研发投入力度，营造"创新 = 收益"的良性循环。

关键词：R&D 收益率；粘性；不确定性；财务分解法

一、引　言

当前，高质量发展已成为中国经济发展的核心战略。除了继续推进"三去一降一补"五大任务之外，着力振兴实体经济、大力开展"创新驱动"也为高质量发展注入了新内涵。作为"五大发展理念"之首，创新是引领发展的第一动力，是推动经济增长的"牛鼻子"。在具体实施过程中，研究与试验发展（R&D）是开展创新驱动的主要载体。近年来，我国 R&D 投资支出不断增长，占 GDP 比重已超过 2%，已达到 OECD 国家的平均水平。其中，企业 R&D 投资支出占所有支出比重近 80%，是我国技术创新的中坚力量[①]。随着我国经济步入中高速增长期，投资和净出口这"两驾马车"对经济增长的贡献率逐步下降，消费成为经济保增长的"胜负手"，这意味着进一步挖掘内需，推动消费高质量发展将成为我国现阶段的重点任务（渠慎宁等，2018）。在此阶段，消费者重视的不仅是商品的基本功能，而更关注商品的创新、质量和品牌。那些在 R&D 方面有投入，并能得到市场支撑的公司将脱颖而出，市场份额也将逐步向头部研发企业集中。然而，通过测算我国最具创新活力的上市公司相关数据，可以发现，2012 年后上市公司的 R&D 投资强度（R&D 投资与上市公司市值之比）不断下降，与

---

* 本文发表在《经济管理》2020 年第 7 期。
[作者简介] 渠慎宁，中国社会科学院工业经济研究所副研究员、经济学博士；吕铁，中国社会科学院工业经济研究所研究员、经济学博士。
① 宁吉喆. 对做好 2017 年经济工作的几点认识 [N]. 人民日报，2017 - 01 - 12 (007).

高质量发展的要求存在差距。这就需要研究中国企业 R&D 投资的影响因素，并对其进行深入分析。

随着我国对技术创新和 R&D 投入的重视程度不断加大，我国学界关注 R&D 相关问题的成果不断涌现，但多聚焦于企业的 R&D 投资影响因素与 R&D 收益率等领域。市场集中度、企业规模、税收优惠、政府补贴、政府科技投入、要素市场扭曲等均被认为是中国企业 R&D 投资的影响因素（吴延兵，2009；白俊红，2011；戴魁早、刘友金，2015）。在 R&D 收益率方面，吴延兵（2008）运用 1993~2002 年中国大中型工业企业的行业面板数据对 R&D 产出弹性进行了测算，发现中国大中型工业企业的 R&D 产出弹性为 0.1~0.3。严成樑等（2010）根据我国 31 个省份 1998~2007 年的数据，通过面板数据模型估算了我国研发投资回报率与最优研发投资规模，发现我国分省 R&D 收益率平均在 20%~60%。国际金融危机后，国内外宏观经济环境的不断变化加剧了经济政策和市场的不确定性，使得学者们开始关注不确定性如何影响企业 R&D 的问题。亚琨等（2018）发现经济政策不确定性加重了企业金融资产配置对 R&D 投资存在的挤出效应。李经路（2019）检验了经济政策不确定性对 R&D 投资的作用机理，发现经济政策不确定性与 R&D 投资存在倒"U"形关系。尽管上述文献对 R&D 收益率和不确定性影响进行了相关分析，但仍存在一些不足。一方面，现有研究对 R&D 收益率的测算未深入至行业层面，且缺乏较新的数据反映近年来中国 R&D 收益率的变化情况；另一方面，现有研究未涉及分析不确定性与 R&D 收益率之间的关系，以及这两者如何相互作用影响企业的 R&D 投资行为。这就导致原有研究难以分析我国不同行业 R&D 投资的最新动态变化，找不到影响 R&D 投资增长或下降的原因。

本文试图对此问题进行边际改进，主要贡献体现在：一是对现有的我国 R&D 收益率测算法进行改进。过往研究对 R&D 收益率的测算普遍基于生产函数法，少数则使用小样本的上市公司财务数据进行计量回归。本文将通过抓取大样本的上市公司相关数据，利用财务分解法进行行业层面的 R&D 收益率测算，力求较以往文献实现更为精准的估值。二是引入 R&D 投资粘性的视角。在测算 R&D 收益率的过程中，挖掘 R&D 投资的滞后性收益，以此来反映出 R&D 投资粘性对企业 R&D 投资行为的影响。三是测算不确定性对企业 R&D 投资强度和 R&D 投资粘性的影响，考察不确定性对企业 R&D 投资的冲击。四是进一步深入到行业层面，分析不确定性、R&D 收益率、R&D 投资粘性、R&D 投资强度之间的相互作用机制，并以此解读我国企业的 R&D 投资行为。

本文结构如下：第二部分为理论分析与研究假设，第三部分为研究方法设计，第四部分为数据处理与实证结果，第五部分为进一步讨论，第六部分为结论与政策建议。

二、理论基础与研究假设

（一）粘性对企业 R&D 投资的影响

企业 R&D 投资与传统实物投资存在较大区别。R&D 花费的较大比重是由受过高等教育的科学家和工程师及其他技术人员的工资构成。研发人员给企业创造了的无形资产和技术积累，会在未来逐步变现为收益。这种知识资本积累更多的是源于企业 R&D 员工的人力资本，而人力资本产生收益需要等待时间。因此，R&D 投资的这一特性导致了其存在较大粘性，即较高的调整成本（Himmelberg and Petersen，1994）。这具体表现在以下三个方面：一是大多数 R&D 投资都较大程度地占用了公司专业培训资源，同时当期投入并不能立即出现回报，存在收益的滞后性（Hall，2002）。因此，减少 R&D 投资就需要解雇相应员工，而且前期投资可能在未来获得的回报也将消失。如果减少 R&D 投资是暂时性的，那在未来某一时间点就需雇用新的员工来补上，从而带来了额外的雇佣和培训成本。已有测算表明，这种 R&D 投资的调整成本非常高，Hamermesh 和 Pfann（1996）通过研究发现企业雇佣和培训带来的财务成本与员工一年的工资成本相近。同时，随着员工技术水平的提高，企业特定培训成本会快速上升，这意味着R&D投资将被迫不断提高。二是一些研发人员掌握公司不想让竞争对手知晓的技术信息，辞退他们将可能外溢企业关键技术信息，对企业的市场竞争优势造成威胁（Brown and Pertersen，2010）。三是R&D通常以团队形式开展，而团队人员的替换会给研发后续推进带来损害，影响未来的预期收益。在这些因素的影响下，R&D调整将显著存在成本，Bernstein和Nadiri（1989）认为R&D调整成本比传统的实物投资调整成本要大得多。正是由于实物投资较为"适中"的调整成本，其波动更为显著，而R&D投资的变化趋势要较实物投资更为平缓（Cooper and Haltiwanger，2006）。可见，企业为了节约R&D调整成本，将有可能延续R&D投资计划性。总而言之，企业之所以会出现R&D投资粘性，是因为其能产生经济上的最优收益：一是企业会要求R&D收益率足够高，来弥补这种投资粘性成本；二是既然企业R&D投资存在粘性，其必然意味着R&D投资会对企业收益有着滞后性的影响，需要加以测度。

基于以上分析，本文提出假设H_1：R&D投资能产生滞后的收益，这种经济效益也使企业在一定程度上难以对其大幅削减，即出现粘性现象。

（二）不确定性对企业R&D投资的影响

R&D投资的第二个重要特点在于其会受到不确定性的影响。通过比较沪深300类下的主要上市公司股票平均波动率和上市公司平均R&D投资强度的变化趋势，可发现沪深300波动率与R&D投资强度之间呈现出滞后的负面关系（见图1）。当上一年度的沪深300波动率上升时，本年度的R&D投资强度便会下降。这个典型事实可为研究中国不确定性对R&D投资的影响程度提供依据。

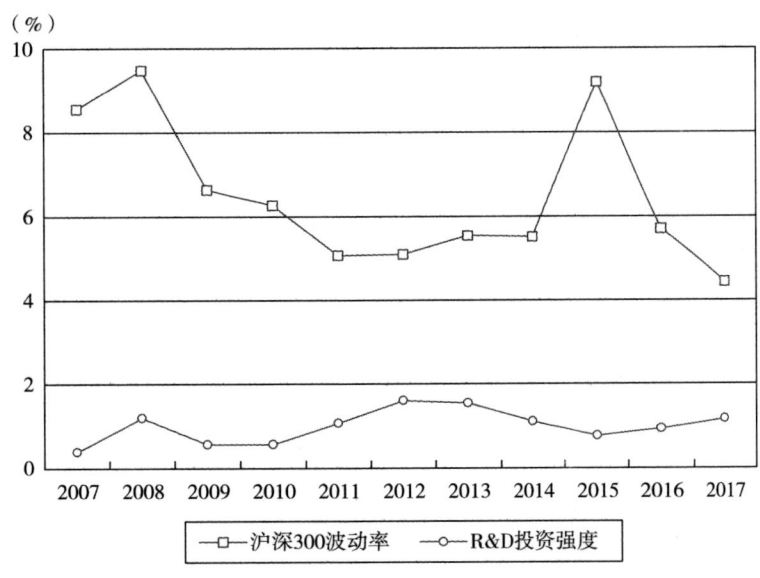

图1　2007~2017年上市公司R&D投资强度与沪深300波动率

资料来源：笔者整理。

从理论上看，不确定性既存在于微观层面，也存在于宏观层面，微观层面的不确定性来源于研发项目本身的成功或失败（Bloom，2009）。同时，不确定性对R&D投资的影响与其对传统实物投资的影响并不相同。在已有的从宏观层面研究不确定性对传统实物投资影响文献中，无论是采用利率期限结构（Term Structure）度量的不确定性（Ferderer，1993），还是商业调查度量的不确定性（Bachmann et al.，2010），实证结果均表明其对总实物投资有着负面影响。在行业或企业层面，学者们采用了投入产出价格波动（Ghosal and Loungani，1996）、股票收益波动（Gilchrist et al.，2014）、公司业绩波动（Ghosal and Loungani，2000）以及金融分析师对企业盈利预测的误差（Bond and Cummins，2004）等来测度不确定性，并得出了与实物投资存在负相关性的结论。然而，当研究不确定性对R&D投资影响时，实证结果分化得更为明显。Goel和Ram（2001）、Czarnitzki和Toole（2007）利用企业数据发现，当不确定性提高时，企业会减少R&D投资。Pindyck（1993）却认为，R&D项目的投资与传统实物投资不一样，不确定性上升时，R&D投资也会上升，这一点也在Stein和Stone（2013）的实证研究中得到了证实。这种分化结果表明，需要在实证研究中对中国企业的实际情况进行验证。

基于以上分析，本文提出假设H_2：企业R&D投资与其面临的市场不确定性显著相关，市场中的不确定性越强，企业R&D投资强度越弱。

（三）不确定性对企业R&D投资粘性的影响

由上述分析可见，粘性和不确定性均会对企业R&D投资行为产生影响，同时也使其内在调整机制与传统实物投资大相径庭。粘性主要表现在R&D投资能产生滞后的收益率，从而保证了R&D投资的连续性，而"不确定性"则会对R&D投资带来负面影响。若要进一步研究R&D投资问题，就必须明确不确定性与粘性之间的关系，即对不确定性与R&D投资粘性之间的相互影响机制进行测度，考察其对R&D投资粘性是否存在削弱或加强效应。从企业面临的风险层面看，宏观经济政策的变化、资本市场的波动、融资条件的松紧、上下游市场的起伏均会导致外部风险增加，对企业的长期R&D投资计划造成影响，从而使得R&D投资粘性被削弱（Pástor and Veronesi，2013）。此外，由于最优的R&D投资策略有着类似投资看涨期权（Call Option）的属性，当外部不确定性增加时，即便某些研发项目成功概率不变，R&D投资在短期内仍可能无法提供令人满意的回报率，从而提高风险溢价和期权价值，迫使企业减少或延缓相应投资以等待不确定性趋于可控（Bhattacharya et al.，2017）。

基于以上分析，本文提出假设H_3：不确定性对R&D投资粘性存在削弱效应，市场中的不确定性越强，其对粘性的削弱效果越明显。

三、研究方法设计

（一）企业R&D收益率与粘性影响测算

考察粘性对企业R&D投资影响的关键在于测度R&D投资存在多大程度的滞后收益，滞后收益率越大，R&D投资粘性越强。在以往文献中，学者们大都通过使用生产函数法测算R&D收益率，这种方法的好处在于理论直接明了，测算方便快捷（吴延兵，2008；严成樑等，2010）。本文选择利用上市公司财务数据来进行R&D收益率测算，与生产函数法相比，财务分解法具备几个优点：第一，各变量统一成财务指标可以减少变量尺度不一带来的扭曲。在传统的生产函数法中，由于不同行业产出标准和产品形态不同，R&D投资带来的"产品质量进步"并不能从产出数据上反映。因此，对某些行业而言，通过生产函数来估计R&D投资对产出的贡献会存在低估现象。第二，避免知识资本存量估算误差较大的问题。生产函数法在回归前必须对知识资本存量进行估算，而知识资本存量的估算通常使用永续盘存法。然而，由于初期资本存量数据的缺失、不同行业知识资本折旧率估计困难，导致永续盘存法估算出的知识资本存量非常不准确。第三，企业通过R&D能获得"各方面的收益"，生产函数法并不能完全覆盖或展示出来。生产函数法通常假定企业开展R&D追求的是最大化利润或产出规模，而在现实中企业的目的并非如此。加大R&D投资力度可以帮助企业打造"创新型企业"的形象，带来较好的市场声誉等无形资产，有助于企业获得政府补贴等诸多"好处"。对于上市公司而言，这种无形资产的增加可以反映到公司的市值上。可见，当使用财务数据后，则可避免生产函数法中存在的这些问题。同时，利用公司市值变化作为 R&D 收益率的指标比利润或产出更为全面，这在一定程度上表明财务分解法比生产函数法更为可靠。

对投资者而言，在给定时间里，其获取收益的信息来源可分为两类：R&D 信息部分与非 R&D 信息部分。R&D 信息部分代表着投资者对公司 R&D 投资给予的评估权重，若公司市值收益与 R&D 投资强相关，这就意味着 R&D 收益率较高。同理，非 R&D 信息部分代表着投资者对其他信息给予的评估权重。本文借鉴 Daniel 和 Titman (2006) 中的方法，并对此进行了拓展和改进，将 $t-\tau$ 至 t 期公司市值收益 $mare_{t-\tau,t}$ 作为因变量，而 R&D 投资强度 $rdmv_{t-\tau}$ 和 R&D 投资增速 $rdi_{t-\tau,t}$ 作为自变量，则有方程（具体推导过程见附录）：

$$mare_{t-\tau,t} = c_0 + c_1 rdmv_{t-\tau} + c_2 rdi_{t-\tau,t} + \mu_{t-\tau,t} = \underbrace{c_1 rdmv_{t-\tau} + c_2 rdi_{t-\tau,t}}_{\text{R\&D收益部分}} + \underbrace{c_0 + \mu_{t-\tau,t}}_{\text{非R\&D收益部分}} \quad (1)$$

可见，式（1）将调整后的公司收益分解为 R&D 部分（$rdmv_{t-\tau}$，$rdi_{t-\tau,t}$）与非 R&D 部分（c_0，$\mu_{t-\tau,t}$）。式（1）表明，一段时期内 R&D 产生的相关收益一方面由同期的 R&D 投资增速决定，另一方面 R&D 投资强度会产生一部分滞后收益。这就意味着，在市场中，投资者对一段时期内 R&D 公司的预期收益与非 R&D 公司存在较大差别，但这种差别并不完全与同期的 R&D 投资增速相关。作为反映公司研发活跃程度的变量，R&D 投资强度可以捕捉到这种信息。因此，只有同时考虑 R&D 纵向指标（投资增速）和滞后水平指标（投资强度），才能更全面地估算 R&D 收益率。

考虑到非 R&D 收益部分 $\mu_{t-\tau,t}$ 包含其他影响公司市值收益的相关变量，本文将加入控制变量，则式（1）可改写为：

$$mare_{t-\tau,t} = c_0 + c_1 rdmv_{t-\tau} + c_2 rdi_{t-\tau,t} + c_j \sum_j controls_{t-\tau,t} + \varepsilon_{t-\tau,t} \quad (2)$$

其中，$controls_{t-\tau,t}$ 为 $t-\tau$ 至 t 期控制变量的变化情况，$\varepsilon_{t-\tau,t}$ 为误差项。系数 c_1 代表滞后的 R&D 投资强度创造的收益，即可反映出 R&D 投资粘性情况。系数 c_2 则代表 $t-\tau$ 至 t 期 R&D 投资增速创造的收益。

（二）不确定性对 R&D 投资强度和粘性的影响测算

已有研究表明，公司投资与不确定性存在负相关性（Leahy and Whited，1996），但 R&D 投资与传统投资存在差别，需要进行实证检验。因此，为了测算不确定性对 R&D 投资强度和投资粘性的影响，构建如下回归方程：

$$rdmv_{i,t} = \gamma_0 + \gamma_1 \sigma_{i,t-1} + \gamma_2 rdmv_{i,t-1} \times \sigma_{i,t-1} + \gamma_j \sum_j controls_{i,t-1} + \varepsilon_{i,t} \quad (3)$$

其中，$\sigma_{i,t-1}$ 为 $t-1$ 期公司股票价格波动率，代表公司层面所面对的不确定性。γ_2 为不确定性与滞后一期的 R&D 投资强度的交乘项 $rdmv_{i,t-1} \times \sigma_{i,t-1}$ 系数，反映了不确定性对 R&D 投资粘性的削弱效应程度。$controls_{i,t-1}$ 为控制变量。

（三）变量定义

1. 公司市值收益 mare

由于在大多数情况下，上市公司的股票增发、配送或回购会影响公司市值的变化（Daniel and Titman，2006）。因此，在计算中必须去除其影响。对于投资者而言，公司市值收益由 $t-\tau$ 至 t 期内每股股票价格变化与公司现金分红构成：

$$mare_{t-\tau,t} = \sum_{s=t-\tau+1}^{t} \log\left(\frac{P_s \cdot f_s + D_s}{P_{s-1}}\right) = \sum_{s=t-\tau+1}^{t} \log\left(\frac{P_s}{P_{s-1}}\right) + \log(f_s) + \log\left(1 + \frac{D_s}{P_s \cdot f_s}\right) = \sum_{s=t-\tau+1}^{t} \log\left(\frac{P_s}{P_{s-1}}\right) + ns \quad (4)$$

其中，P_s 为 s 期公司股票价格，f_s 为 $s-1$ 至 s 期之间由公司股票增发或配送产生的股价折算因子，D_s 为 $s-1$ 至 s 期之间公司现金分红，$ns = \log(f_s) + \log\left(1 + \frac{D_s}{P_s \cdot f_s}\right)$ 为在 t 期新增的股票收益（假定所有分红又再投资股票）。式（4）通过分解可去除因公司股票增发或回购对公司市值影响的误差，从而估计出的收益更为准确。

2. R&D 投资增速 rdi 和 R&D 投资强度 rdmv

同理，为了去除股票增发、配送或回购对

R&D 投资增速造成的估算偏差,采用式(4)的计算方法,则有:

$$rdi_{t-\tau,t} = \sum_{s=t-\tau+1}^{t} \log\left(\frac{RD/share_s}{RD/share_{s-1}}\right) + ns.r \quad (5)$$

其中,$rdi_{t-\tau,t}$ 衡量的是 $t-\tau$ 至 t 间因股票增发或回购调整后的每股 R&D 投资增速,$ns.r$ 是 t 期新增收益带来的 R&D 投资增速。R&D 投资强度的测算则由上市公司 R&D 费用与公司市值之比得出。

3. 不确定性 σ

本文选用上市公司股票价格波动率作为衡量公司所面对的不确定性指标,原因在于股票价格代表了市场对公司的估值,而当公司发展受到各种内部和外部不确定性影响时(如投资项目失败、业绩未达到预期、遭遇系统性风险、国内外经济环境恶化、政治动荡)等,投资者会对公司今后预期产生一定程度的判断,从而反映到公司股票价格上。好的预期会推动股票价格上升,而坏的预期则会导致股票价格下降,股票波动率随之发生变化,而这种预期又会对公司下一期的 R&D 投资决策产生影响。为了测算上市公司股票价格波动率,本文先对每年的上市公司股票价格进行除息除权处理,在此基础上计算上市公司日均股价波动率,再将日均股价波动率年化折现,由此可得出每家上市公司每年面对的不确定性。

4. 其他控制变量

借鉴 Dixit 和 Pindyck(1994)、王红建等(2017)、钟凯等(2017)的研究,选取托宾 Q 值(tq)、企业成长性(gr)、盈利能力(roe)、财务杠杆率(lev)、企业现金流(ca)、公司规模(sz)等作为控制变量。同时为了控制行业层面差异及不可观测时间因素对企业的影响,设定行业和时间虚拟变量。具体变量定义如表 1 所示。

表 1 主要变量定义

变量名称	变量符号	具体测度
公司市值收益	mare	一段时期内扣除股票增发、配送或回购调整后的上市公司每股股票价格变化与现金分红构成的收益
R&D 投资强度	rdmv	上市公司 R&D 费用与公司市值之比
R&D 投资增速	rdi	一段时期内扣除股票增发、配送或回购调整后的上市公司 R&D 投资增速
不确定性	σ	上市公司股票价格波动率
托宾 Q 值	tq	上市公司市场价值与资产总额之比
企业成长性	gr	上市总公司本期主营业务收入与上期主营业务收入之比减 1
盈利能力	roe	上市公司净利润与期末净资产之比
财务杠杆率	lev	上市公司期末负债总额与资产总额之比
企业现金流	ca	上市公司经营活动产生的现金流与期末资产总额之比
公司规模	sz	上市公司期末资产总额的自然对数
行业固定效应	industry	行业虚拟变量,参照中信证券行业分类标准,若上市公司属于该行业取值为 1,否则取值为 0
年度固定效应	year	年度虚拟变量,处于该年度取值为 1,否则取值为 0

资料来源:笔者整理。

(四)工具变量设定

为了评估不确定性对 R&D 投资和粘性的影响,必须先识别两者之间的双向因果关系。一方面,当企业启动一个 R&D 项目时,未知的预期收益要求企业必须考虑这种不确定性;另一方面,当企业正式投资时,这种 R&D 项目的不确定性有时又可能得到解决。因此,这就涉及变量之间的内生性问题。考虑到代表着"二阶矩"的股价波动率有可能内生，引入一个工具变量是必要的。与过往公司微观计量文献中采用变量滞后项作为工具变量不同，本文引入一个更为自然的外部工具变量——公司所处行业对石油价格波动的敏感度，来识别可能的外部冲击对公司不确定性与估值的影响。

参考 Bartik（1991），本文的工具变量设定为各行业对石油价格波动的弹性，且该弹性随时间推移而改变（Time – Varying）。行业对石油价格波动的敏感度由行业内公司市值随石油价格波动的变化程度来度量。例如，当油价上涨时，油气开采与服务行业将会受益，相关公司市值也会随之上涨，这表明该行业与石油市场之间存在较高的正敏感度。与之相反，航空业则会因油价上涨而利空市值，从而表现出较高的负敏感度。可见，油价波动对不同行业的影响不同，油价波动率的上升也会提高各行业的不确定性程度。而对于那些对不受油价波动影响的行业，其行业内公司市值也不随油价波动而波动，从而不会带来不确定性，此时可将敏感度设为0。油价本身的波动，再加上行业对油价的敏感度，构成了油价对上市公司带来的冲击。行业敏感度可由下式回归估计得出：

$$r_{i,t} = \alpha_i + \beta_i \cdot r_t^{SPX} + \sum_c \beta_j^c \cdot r_t^c + \varepsilon_{i,t} \quad (6)$$

其中，$r_{i,t}$ 为 t 期上市公司 i 的收益，r_t^{SPX} 为 t 期市场平均收益，r_t^c 为 t 期油价波动，β_j^c 即为行业 j 中所有公司对油价的敏感度。同时，由于 2007～2017 年存在较多通过 IPO 新上市的公司，因此本文选取的数据属于高度非均衡面板，此时估计行业敏感度相比公司敏感度将更为准确。

在利用工具变量时，需要估计的是各行业对石油价格波动的敏感度。表2列举了对石油价格波动最高与最低敏感度的几个行业。其中，高敏感度行业包括石油化工、基础化工、交通运输、新能源、煤炭等行业，表示股价随着油价变化大幅波动。低敏感度行业包括计算机、传媒、商贸零售、通信、银行等行业，表示股票价格几乎不随油价变化而变化。

表2 油价高敏感度和低敏感度行业

油价高敏感度行业（>0.5）	油价低敏感度行业（<0.1）
石油石化	计算机
基础化工	传媒
交通运输	商贸零售
新能源	通信
煤炭	银行

四、数据处理与实证分析

（一）数据处理

本文数据选取的中国A股市场上市公司相关数据，主要从Wind数据库、同花顺、巨潮网及历年上市公司年报中抓取获得。本文参照中信证券行业分类标准，将所有上市公司分为29个行业：石油石化、煤炭、有色金属、电力及公共事业、钢铁、基础化工、建筑、建材、轻工制造、机械、电力设备、国防军工、汽车、商贸零售、家电、纺织服装、医药、食品饮料、餐饮旅游、农林牧渔、银行、非银行金融、房地产、交通运输、电子元器件、通信、计算机、传媒和综合。其中，由于银行、非银行金融、餐饮旅游行业R&D数据较少，无法作为测算R&D收益率的有效数据，故从样本中剔除。同时，由于中国上市公司R&D费用公布年限较短，再加上每年都有新的公司通过IPO上市，导致上市公司R&D费用数据的可获得时间与每年可查询的上市公司数量均不同。对此问题，本文就历年已上市公司的数量与公布R&D费用的上市公司数量进行统计，按照时间序列尽可能长与截面数据尽可能多的标准筛选，确定以2007年作为计量分析的起点（因为2007年可查询的上市公司R&D数据达到931家，而2006年仅为577家），数据时间段选取为2007～2017年。截至2017年底，26个行业中有3364家公司上市，其中公布R&D费用的公司达到2860家。

通过整理各上市公司历年R&D投资强度相关

数据,并加权汇总得出各行业类下的数据,可发现各行业R&D投资强度存在显著差异。R&D投资强度最高的行业是钢铁行业,近年来均保持在2%以上的水平。其他诸如汽车、计算机、通信、电子元器件等行业也大多保持在1%以上的水平。然而,这与同期美国上市公司平均达到8.5%的R&D投资强度仍存在较大差距①。从时间上看,R&D投资强度各年存在一定程度的波动,并在2008年和2012年达到阶段性的高点。主要变量的描述性统计情况见表3。

公布R&D费用数据的上市公司总数从931家增长到2152家,4年间增长了2倍多,特别对某些细分行业而言,上市公司数量增长甚至超过3~4倍。可见,若在此期间进行模型回归,不均衡且时间序列较短的面板数据难以保证回归的准确性。相比之下,2011~2017年公布R&D费用数据的上市公司数量增长相对稳定,数据平稳性相对较好。因此,对于1年滞后期,本文选择了2011~2017年和2007~2017年的回归。回归结果如表4所示。

表3 主要变量描述性统计

变量	N	均值	标准差	中位数	最小值	最大值
mare	26201	0.377	0.779	0.197	-0.789	3.063
rdmv	26201	0.012	0.007	0.008	0.001	0.065
rdi	26201	0.832	0.686	0.616	-0.261	3.991
σ	26201	0.077	0.032	0.061	0.015	0.744
tq	26201	3.012	1.792	2.149	0.817	10.763
gr	26201	0.133	0.286	0.091	-0.602	1.451
roe	26201	0.072	0.151	0.086	-0.935	0.483
lev	26201	0.589	0.282	0.536	0.072	0.953
ca	26201	0.049	0.076	0.051	-0.167	0.269
sz	26201	23.854	1.406	23.117	19.022	27.184

资料来源:笔者整理。

表4 R&D收益率回归结果

时间段	2007~2017年	2007~2017年	2011~2017年
变量	$mare_{t-1,t}$ (1)	$mare_{t-3,t}$ (2)	$mare_{t-1,t}$ (3)
$rdmv_{t-1}$	0.124*** (5.216)	—	0.095*** (2.803)
$rdi_{t-1,t}$	0.052*** (3.401)	—	0.031** (2.262)
$rdmv_{t-3}$	—	0.213*** (21.114)	—
$rdi_{t-3,t}$	—	0.091*** (11.369)	—
controls	控制	控制	控制
constant	0.163** (2.479)	0.512*** (8.193)	0.106** (2.305)
industry	Yes	Yes	Yes
year	Yes	Yes	Yes
R^2	9.13	23.08	7.54

注:括号内数值为T检验值;***、**和*分别表示在1%、5%和10%水平下显著。
资料来源:笔者整理。

(二)实证结果与分析

1. 企业R&D收益率与粘性影响的实证结果

鉴于随着时间的推移上市公司数量不断增加,同时公布R&D费用数据的公司数量也不断增加,故本文选取2007~2017年、2011~2017年这两个时间段分别进行回归,检验模型的稳健性。由于R&D投资可能存在滞后性的影响问题,本文将在2007~2017年中分别选取1年滞后期和3年滞后期对式(2)进行考察。对于3年滞后期,必须相对保证时间长度,从而保证样本数据长度,因此回归区间选择2007~2017年。对于1年滞后期的研究,本文考虑的是尽可能用更平稳的数据,以此保障回归结果更为准确。在2007~2011年,

在控制相关因素影响后,尽管不同时期与不同滞后期回归数值大小不一,但可发现$rdmv_{t-\tau}$和$rdi_{t-\tau,t}$均对公司市值收益有着积极的影响,同时

---

① 数据来源于Wind数据库。

$rdmv_{t-\tau}$ 的回归参数显著要高于 $rdi_{t-\tau,t}$，这表明 R&D 滞后的水平指标（投资强度）要比纵向指标（投资增速）对公司市值收益有着更大的作用。具体而言，2007～2017 年，在 1 年滞后期考察下，R&D 投资强度每提高 1%，可带动公司市值收益提高 0.124 个百分点；R&D 投资增速每提高 1%，可带动公司市值收益提高 0.052 个百分点。

通过梳理各行业上市公司回归所得的固定效应残值偏差，可发现，计算机、电子元器件、汽车、通信等行业的 R&D 收益率要明显高于平均水平，是 R&D 投资受益较为显著的行业。相比之下，交通运输、电力及公用事业、石油石化、钢铁、煤炭等行业的 R&D 收益率则低于行业平均水平（见图 2）。

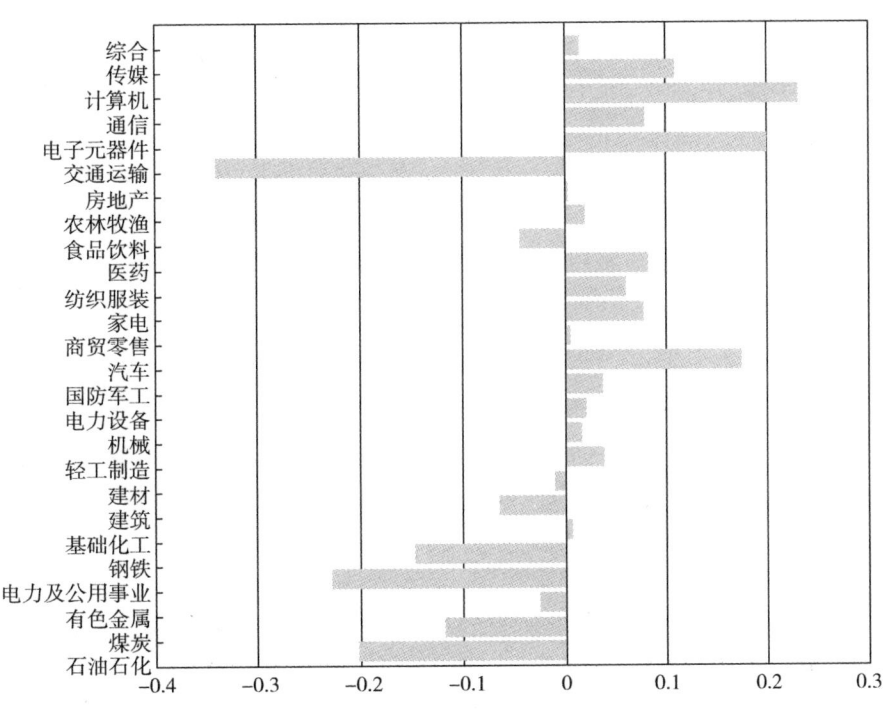

图 2　各行业 R&D 收益率比较

注：图中各行业 R&D 收益率表示基于总体平均水平的偏离程度，正值代表高于平均水平，负值代表低于平均水平。
资料来源：笔者整理。

在 3 年的滞后期考察下，R&D 投资强度每提高 1%，可带动公司市值收益提高 0.213 个百分点；R&D 投资增速每提高 1%，可带动公司市值收益提高 0.091 个百分点。这表明，R&D 投资强度的滞后影响较长，并不只影响下一年的市值收益变化，在 3 年内均有见效，且越发显著，这证实了其粘性特质。而将时间段缩减为 2011～2017 年后，由于上市公司数量的增多样本量显著扩大，表 4 的回归结果表明与 2007～2017 年的估计结果差别并不大，这表明本模型具备较好的稳健性。可见，H_1 得证。此外，还可发现 2011～2017 年 $rdmv_{t-\tau}$ 和 $rdi_{t-\tau,t}$ 的回归参数均要低于 2007～2017 年的结果，这表明近年来我国 R&D 收益率不仅并未较过去有所提高，反而出现了下降态势，同时也意味着 R&D 投资粘性也出现了下降。这种情况的出现表明存在其他因素削弱了 R&D 投资强度和投资粘性，即需要论证 H_2 和 H_3。

2. 不确定性对 R&D 投资强度和粘性影响的实证结果

得到工具变量相关数值后，即可实证考察不确定性对 R&D 投资强度的影响，本文的工具变量法通过两阶段最小二乘法（2SLS）实现，对于式（3）第一阶段和第二阶段的回归结果如表 5 所示。由统计检验可见，第一阶段的回归结果满足工具变量的相关性假设。从本文设定的工具变量有效性来看，Durbin Wu Hausman检验（简称DWH检验）认为模型存在一定的内生性问题。此外，在第一阶段的Kleibergen - Paaprk Wald F检验（简称RKF检验）统计量为139.323，明显大于F值在10%偏误水平下的16.39临界值，说明不存在弱工具变量问题。

表5　OLS与2SLS回归结果

2SLS第一阶段回归结果		
	$\sigma_{i,t-1}$	
	系数	
工具变量	0.085***	
	(19.312)	
OLS与2SLS第二阶段回归结果		
	OLS	2SLS
变量	系数	系数
$\sigma_{i,t-1}$	-0.129**	-0.198***
	(-2.568)	(-5.362)
$rdmv_{i,t-1} \times \sigma_{i,t-1}$	-0.096**	-0.135***
	(-2.162)	(-3.897)
controls	控制	控制
constant	0.174*	0.213**
	(1.683)	(1.985)
industry	Yes	Yes
year	Yes	Yes
RKF检验	—	139.323
DWH Chi²值(p-value)	—	89.119 (0.000)
R²	0.129	0.261

注：括号内数值为T检验值；***、**和*分别表示在1%、5%和10%水平下显著。

资料来源：笔者整理。

本文还采用了最小二乘法（OLS）对式（3）进行回归，将两种不同方法的结果进行比较。OLS回归中并未考虑不确定性与残差之间的潜在内生性，结果显示不确定性$\sigma_{i,t-1}$与滞后一期的R&D投资强度的交乘项$rdmv_{i,t-1} \times \sigma_{i,t-1}$均具备较高的显著性。用股价波动率来度量的不确定性与R&D投资强度之间存在较为显著的负相关性，这表明当上一年度经济环境较好、企业面临的不确定性较低时，公司会在本年度增加相应的R&D投资，提高R&D投资强度。随后，本文通过使用工具变量来分离不确定性与其他变量间的内生因果关系，回归结果如2SLS第二阶段所示。加入工具变量后的负相关性要较最小二乘法更强，这也表明R&D投资强度本身的变化确实也会带来一定程度的不确定性，从而对最小二乘法估计值造成正向的偏差。利用工具变量法的回归结果显示，每当上一年度上市公司面临的不确定性上升1%时，会造成本年度R&D投资强度下降0.198个百分点。此外，回归结果还显示出不确定性对R&D投资粘性存在一定程度的削弱效应，不确定性每上升1%，会导致上一年度R&D投资强度对本年度的影响下降0.135个百分点，即意味着不确定性的上升将对企业原本计划开展的R&D投资造成负面影响。同样，加入工具变量后$q_{i,t-1}$和$rdmv_{i,t-1} \times \sigma_{i,t-1}$参数的显著性也较OLS法有所提高。可见，$H_2$和$H_3$得证。

五、进一步讨论

（一）不确定性对不同行业R&D投资和粘性的影响

为了进一步分析市场不确定性对不同行业R&D投资和粘性的影响，本文根据中国上市公司分行业R&D投资强度，将上市公司所处行业分为技术密集型和非技术密集型行业，并分别进行回归分析。技术密集型行业主要包括计算机、通信、电子元器件、家电、汽车、国防军工、电力设备、机械等行业，而非技术密集型行业主要包括房地产、农林牧渔、食品饮料、传媒、纺织服装、商贸零售、轻工制造、建材、煤炭、电力及公用事业等行业。回归结果显示，不确定性对非技术密集型行业R&D投资的负面影响明显高于技术密集型行业（见表6）。同时，$rdmv_{i,t-1} \times \sigma_{i,t-1}$项的回归系数表明，不确定性对非技术密集型行业R&D投资粘性的削弱效应也明显高于技术密集型行业。

这充分展现出了不确定性对不同行业 R&D 投资影响的差异性。

表6 技术密集型与非技术密集型行业回归结果

	2SLS 第二阶段回归结果	
	技术密集型行业	非技术密集型行业
变量	系数	系数
$\sigma_{i,t-1}$	-0.136***	-0.232***
	(-3.218)	(-5.780)
$rdmv_{i,t-1} \times \sigma_{i,t-1}$	-0.087*	-0.159***
	(-1.682)	(-4.372)
controls	控制	控制
constant	0.118**	0.194**
	(2.003)	(2.535)
industry	Yes	Yes
year	Yes	Yes
RKF 检验	121.362	148.274
DWH Chi²/值	83.781	91.266
(p-value)	(0.000)	(0.000)
R^2	0.192	0.245

注：括号内数值为 T 检验值；***、**和*分别表示在 1%、5%和 10%水平下显著。

（二）不同行业影响差异性的原因

表6回归结果显示，计算机、通信、电子元器件、汽车等技术密集型行业的 R&D 收益率较为明显，这表明这些行业的 R&D 投资可以带来较好的公司市值表现。而 R&D 收益率表现不佳的都是交通运输、电力及公用事业、石油石化、农林牧渔、煤炭这些非技术密集型行业。而表6的回归结果表明，技术密集型行业受到不确定性的冲击较小，同时 R&D 投资粘性的削弱也较传统周期性行业而言更低。对于这种不同行业间的差异性，主要原因有以下几点：

首先，市场对不同行业的 R&D 投资行为关注不一。一直以来，市场主要关注的研发创新行为主要集中于计算机、电子元器件、通信、汽车等技术密集型行业和战略性新兴产业，对于传统周期性行业的研发创新关注度较低。这一方面是由于技术密集型产业和新兴产业的 R&D 投资创造出的新技术、新产品和新模式想象空间较大，能够刺激公司市值出现较大幅度的增值；另一方面是由于传统周期性行业长期以来给人"粗放型"的印象较深，再加上我国大规模基础建设阶段已过，行业本身大幅发展空间较为有限，靠 R&D 投资开创"新蓝海"的难度较大。尤其是作为 R&D 投资强度最高的钢铁行业，R&D 收益率却不尽如人意，这表明市场对钢铁行业的 R&D 投资认可度和期望并不高。

其次，产能过剩环境下的利润下降导致非技术密集型行业 R&D 投资收益难以显现。近年来，尤其是自2010年后，受前期行业盲目扩张影响，我国周期性工业产能严重过剩，行业利润下降幅度较大。同时，周期性行业的产品供给体系与需求侧严重不配套，总体上是中低端产品过剩，高端产品供给不足。2010~2016年，主要周期性行业规模以上企业利润总额甚至连续几年出现负增长，行业逐步陷入困境。因此，非技术密集型行业的股票市值表现不佳，由此导致了 R&D 投资的收益率较低，面板回归所得的各行业固定效应残值偏差低于所有行业平均水平。

再次，差别化的 R&D 收益率使不同行业 R&D 投资受到的不确定性冲击程度不一。技术密集型行业较高的 R&D 收益率，在一定程度上保证了当面临不确定性冲击时，其 R&D 投资受到的负面影响较小，R&D 投资计划仍然能够在一定程度上正常运转，因此 R&D 投资粘性的削弱效应较小。相比之下，对非技术密集型行业而言，较低的 R&D 收益率让其在面临不确定性冲击时受到的负面影响较大，企业对 R&D 投资获得收益的信心不足，原先的 R&D 投资计划难以执行，导致 R&D 投资粘性遭到的削弱效应较大。这也表明，较高的 R&D 收益率能够让行业 R&D 投资有着更强的稳健性。

最后，供给侧结构性改革下的行业整体 R&D 收益率有望提升，对抗不确定性负面影响的稳健性将得到加强。为解决周期性行业结构的供需错位问题，我国于2016年全面实施供给侧结构性改革，深入推进"三去一降一补"，对传统重化工业的"僵尸企业"进行大规模出清。受此影响，

2016年后周期性行业开始扭转利润总额下滑势头，呈现出新一轮增长态势。行业也从原先的粗放型增长模式，转变为更加注重创新和效益的提高，全面进入以高质量发展为目标的转型发展期。因此，随着供给侧结构性改革推动周期性行业发展模式出现根本性改变，未来周期性行业R&D收益率有望得到不断改善。随着行业整体R&D收益率的提升，整个产业经济R&D投资体系对抗不确定性风险的稳健性将得到加强，R&D投资计划和执行也将更为合理。

（三）不确定性对R&D投资影响的反事实分析

为了进一步突出近年来不确定性上升对企业R&D投资强度的扰乱影响，本文进行如下反事实分析：若市场中企业面临的不确定性保持在2012年的水准，则2013~2016年我国R&D投资会有怎样的表现？对此，本文先对原方程中的变量值进行重新设定，即将方程中的不确定性使用2012年数值，其余变量均使用实际数值，参数数值则利用回归结果，则可求出不确定性保持在2012年水平上的我国2013~2016年R&D投资强度值。

$$rdmv_{i,t} = \gamma_0 + \gamma_1 \sigma_{i,2012} + \gamma_2 rdmv_{i,t-1} \times \sigma_{i,2012} + \gamma_j \sum_j controls_{i,t-1} + \varepsilon_{i,t} \quad (7)$$

利用式（7）测算出的结果如图3所示。可见，当2013~2016年的不确定性维持在2012年的水平时，2013~2016年的R&D投资强度下降速度明显放缓。尤其是在2014~2016年，R&D投资强度模拟值较实际历史数据显著提高。这表明，在2014~2016年，不确定性的上升是导致R&D投资强度下降的重要因素，而这主要通过两种机制进行影响：一方面，不确定性的上升会直接对下一年度的R&D投资产生负面影响，降低企业R&D投资强度；另一方面，不确定性的上升会削弱企业的R&D投资粘性，即削弱上一年度R&D投资对下一年度的影响，使得原先投资计划遭到一定程度的扰乱。因此，我国整个产业经济R&D投资体系亟待增强稳健性，这进一步证实了上文的分析。

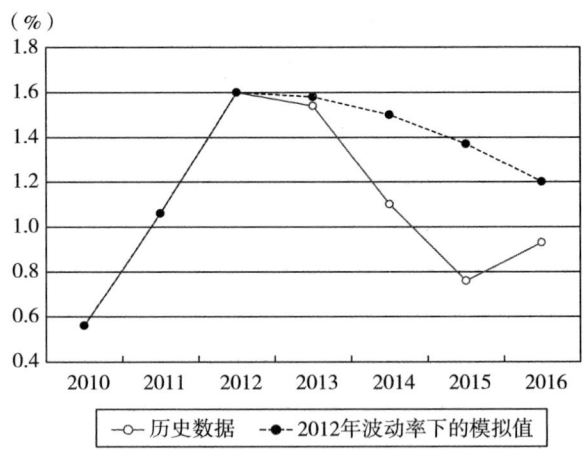

图3 2010~2016年反事实分析下的R&D投资强度比较

资料来源：笔者整理。

六、结论与政策建议

已有研究表明，R&D投资会同时受到粘性和不确定性影响。粘性表明R&D投资一般是一种长期计划，并会给企业带来滞后的收益。不确定性则表明R&D投资会受到各种外在和内在不确定性因素影响，导致企业R&D投资存在波动。本文选取中国A股市场上市公司相关数据，通过财务分解法测算中国企业R&D收益率。测算结果发现，2007~2017年，在1年的滞后期考察下，R&D投资强度每提高1%，可带动公司市值收益提高0.124个百分点；R&D投资增速每提高1%，可带动公司市值收益提高0.052个百分点。在3年的滞后期考察下，R&D投资强度每提高1%，可带动公司市值收益提高0.213个百分点；R&D投资增速每提高1%，可带动公司市值收益提高0.091个百分点。测算结果显著证实了R&D投资能产生滞后的收益，这种经济效益也使企业在一定程度上难以对其大幅削减，即这是出现粘性的重要原因。而加入工具变量后，估计不确定性影响的实证结果又表明，每当上一年度上市公司面临的不确定性上升1%，会造成本年度R&D投资强度下降0.198个百分点，且会削弱R&D投资粘性的影响。对于技术密集型行业而言，由于R&D

收益率相对较高，其受到不确定性的负面影响较小，R&D投资粘性被削弱的程度较轻；而对于非技术密集型行业而言，较低的R&D收益率使得不确定性的负面影响和R&D投资粘性被削弱的程度均较大。

通过评估这两种特性的影响，可以解读近年来我国企业R&D投资行为的变化：既然R&D投资存在粘性，那为何2012年后我国企业R&D投资强度还会不断下降？这一看似矛盾的问题实质是由R&D收益率大小和不确定性共同决定。在我国，不仅R&D投资强度较低，而且收益率也较低。我国上市公司中R&D投资强度最高的行业是钢铁行业，但也仅保持在2%左右的水平。其他诸如汽车、计算机、通信、电子元器件等"理论上"被看作的"高研发"行业也大多保持在1%以上的水平，这与美国上市公司平均达到8.5%的R&D投资强度存在较大差距。而较低的R&D收益率使得R&D投资强度即便提高100%，也仅能带动一年后公司市值收益上涨12.4%，从而加剧了我国R&D投资强度一直维持在较低水平，上市公司提高R&D投入的动力不足，因此R&D的投资粘性并不强。此外，随着近年来国外经济复苏乏力、国内经济呈现"L"形走势，经济社会环境中不确定性因素的上升也影响了企业R&D投资的决策。当企业对今后经济环境产生悲观判断，或无法预期形势变化时，往往会出于保守策略减少对未来的投资，企业的R&D投资计划也被打乱，导致R&D投资粘性遭到削弱。在这两方面因素影响下，2012年后我国企业R&D投资强度出现较大幅度下降。

2018年底召开的中央经济工作会议强调要"着力振兴实体经济，要坚持以提高质量和核心竞争力为中心，坚持创新驱动发展，扩大高质量产品和服务供给"。在中国经济面临下行压力、国内外形势复杂多变的情况下，落实创新驱动战略、振兴实体经济已成为我国今后一两年内经济发展的主基调。要落实创新驱动战略，就必须引导企业加大研发投入力度，营造"创新=收益"的良性循环。然而，就最能代表中国企业的上市公司数据来看，近年来R&D投资强度不升反降。对此，本文认为应从以下三点进行改进：第一，营造出稳定的政策与经济环境。本文研究表明，不确定性的提高抑制上市公司R&D投资强度，作为不确定性的重要来源，政策变化是造就这一问题的重要原因之一。如2012年后，我国宏观调控变化速度加快，政府在宽松和紧缩之间反复调节，导致企业在融资等方面无法做到预见性，从而给企业经营带来较大潜在风险。同时，一些优惠政策在落地过程中"只打雷不下雨"，造成企业普遍难以有所期待。因此，政府在今后应给市场营造稳定的政策环境，尽可能减少对市场的干预，真正实现"让市场起决定性作用"，给予企业稳定的政策预期。第二，激发企业创新活力，努力提高创新收益，增强R&D投资的稳健性。本文研究结果表明，R&D收益率的提高可以显著增强应对不确定性风险的能力，提高R&D投资的稳健性和延续性。鉴于当前我国企业R&D收益率并不高，想要引导企业加大研发投入力度，就必须通过相关优惠政策加以激励。有关部门应继续加强企业研发费用税前加计扣除、技术转让以及高新技术企业等税收优惠政策的宣传，简化办事流程，建立企业研发费用优惠政策落实情况的跟踪检查制度。各地区重大高新技术产业化项目、重大技术改造项目、科技支撑计划项目、科技型中小企业创新计划等，要优先支持研发投入占主营业务收入比重高、产品有市场、研发能力强的企业。第三，鼓励传统产业的创新技术改造，加大传统产业的数字技术研发力度。为解决传统周期性产业R&D投资强度不足、收益率较低的问题，应通过利用人工智能、物联网、云计算、大数据、区块链等新技术新手段改进传统产业，提高传统产业生产率，获取更高的创新收益，以此激励其加大研发投资强度。以这些手段为抓手，全面推进中国产业走向高质量发展之路。

附录 R&D收益率财务分解法推导过程

本文借鉴Daniel和Titman（2006）的方法，

并对此进行了拓展和改进，将 R&D 投资强度（$rdmv_t$）对数化分解为：

$$rdmv_t = \log\left(\frac{RD_t}{MV_t}\right) = \log\left(\frac{RD_{t-\tau}}{MV_{t-\tau}}\right) + \Delta\log\left(\frac{RD_{t-\tau,t}}{MV_{t-\tau,t}}\right) \quad （附1）$$

$$= \log\left(\frac{RD_{t-\tau}}{MV_{t-\tau}}\right) + \log\left(\frac{RD_t}{RD_{t-\tau}}\right) - \log\left(\frac{MV_t}{MV_{t-\tau}}\right) \quad （附2）$$

则有：

$$\log\left(\frac{MV_t}{MV_{t-\tau}}\right) = \log\left(\frac{RD_t}{RD_{t-\tau}}\right) + \log\left(\frac{RD_{t-\tau}}{MV_{t-\tau}}\right) - \log\left(\frac{RD_t}{MV_t}\right) \quad （附3）$$

其中，RD_t 为 t 期 R&D 投资，MV_t 为 t 期公司市值。式（附1）、式（附2）表明当期 R&D 投资强度可分解为 $t-\tau$ 期的 R&D 投资强度与两期中 R&D 投资强度的变化之和，而后者可进一步分解为 R&D 投资增速与公司市值增速之差。可将式（附3）改写为：

$$mare_{t-\tau,t} = rdi_{t-\tau,t} + rdmv_{t-\tau} - rdmv_t \quad （附4）$$

由此，可以得到关于 $t-\tau$ 至 t 间公司市值收益 $mare_{t-\tau,t}$ 与 R&D 投资强度 $rdmv_{t-\tau,t}$、$rdmv_t$ 和 R&D 投资增速 $rdi_{t-\tau,t}$ 之间的关系等式。

在估算 $t-\tau$ 至 t 间公司市值收益 $mare_{t-\tau,t}$、R&D 投资增速 $rdi_{t-\tau,t}$ 时，本文采用每股变化的测度方法。由于公司市值收益涵盖了 $t-\tau$ 至 t 间投资者所掌握的能影响股价的所有信息，这既包括了 R&D 方面的信息，也包括非 R&D 方面的信息（如公司现金流变化、资本花费、盈利预期的变化、所面临风险的变化等）。因此有必要将影响公司市值收益的 R&D 信息与非 R&D 信息分离出来。由式（附1）可知，由于 $rdmv_t$ 是 $t-\tau$ 期 R&D 投资强度 $rdmv_{t-\tau}$ 与 $t-\tau$ 期至 t 期中 R&D 投资强度的变化之和，因此 $rdmv_t$ 必然涵盖了 $t-\tau$ 期至 t 期中影响市值变化的非 R&D 方面的信息，可以被分解 R&D 信息部分与非 R&D 信息部分，从而即对 $t-\tau$ 至 t 间公司市值收益 $mare_{t-\tau,t}$ 进行分解。在此本文选择的分离方法是线性回归，将公司市值收益 $mare_{t-\tau,t}$ 作为因变量，而 R&D 投资强度 $rdmv_{t-\tau}$ 和 R&D 投资增速 $rdi_{t-\tau,t}$ 作为自变量，则有回归方程：

$$mare_{t-\tau,t} = c_0 + c_1 rdmv_{t-\tau} + c_2 rdi_{t-\tau,t} + \mu_{t-\tau,t} = \underbrace{c_1 rdmv_{t-\tau} + c_2 rdi_{t-\tau,t}}_{\text{R\&D收益部分}} + \underbrace{c_0 + \mu_{t-\tau,t}}_{\text{非R\&D收益部分}} \quad （附5）$$

需要指出的是，式（附5）中的经验性回归设定不仅未遗漏重要影响变量，还存在以下几个好处：

首先，将所有影响公司市值的信息分解为两个完全正交变量——R&D 收益部分与非 R&D 收益部分，可以避免公司市值与解释变量之间的相关性被遗漏掉的其他相关变量给扭偏，同时又保证变量与残差——$t-\tau$ 期至 t 期中影响市值变化的非 R&D 方面信息 $\mu_{t-\tau,t}$ 之间不存在相关性，规避了估计中的内生性问题，这也被 Daniel 和 Titman（2006）所肯定。

其次，使用以每股测度的 $rdi_{t-\tau,t}$ 而非总量测度的 $\Delta\log(RD_{t-\tau,t})$ 作为衡量 R&D 投资增速的指标，可以较好地避免股票增发带来的 R&D 投资增长估算误差。假定在 $t-1$ 期至 t 期间公司通过增发将总股票数目增加一倍，随着增发带来的收益，其也将 R&D 投资扩大一倍，那么此时期内 $\Delta\log(RD_{t-\tau,t})$ 的测算结果即为 100%，而用 $rdi_{t-\tau,t}$ 的测算结果却为 0。

最后，在回归方程因变量设定上，本文并没有选择净利润、账面价值等标准的会计标度变量，这是因为这些测度对 R&D 公司而言存在偏差（Lev et al.，2005）。由于企业的 R&D 投资会创造出很多的无形资产，而净利润、账面价值等会计标度变量通常不会体现出这种投资的有效性。Barth 和 Kallapur（1996）还认为这些标准变量产生的偏差会导致异方差性和系数估计偏差，从而造成标准差估算失灵。相比之下，在此选择的变量为公司市值收益 $mare_{t-\tau,t}$，避免了出现这些问题。

参考文献

[1] 渠慎宁，李鹏飞，吕铁. "两驾马车"驱动延缓了中国产业结构转型？——基于多部门经济增长模型的需求侧核算分析 [J]. 管理世界，2018（1）：66－77.

[2] 吴延兵. 中国工业 R&D 投入的影响因素 [J].

产业经济研究, 2009 (6): 13-21.

[3] 白俊红. 中国的政府 R&D 资助有效吗?——来自大中型工业企业的经验证据 [J]. 经济学 (季刊), 2011 (4): 1375-1400.

[4] 戴魁早, 刘友金. 要素市场扭曲、区域差异与 R&D 投入——来自中国高技术产业与门槛模型的经验证据 [J]. 数量经济技术经济研究, 2015 (9): 3-20.

[5] 吴延兵. 中国工业 R&D 产出弹性测算 (1993-2002) [J]. 经济学 (季刊), 2008 (3): 869-890.

[6] 严成樑, 周铭山, 龚六堂. 知识生产、创新与研发投资回报 [J]. 经济学 (季刊), 2010 (3): 1051-1070.

[7] 亚琨, 罗福凯, 李启佳. 经济政策不确定性、金融资产配置与创新投资 [J]. 财贸经济, 2018 (12): 95-110.

[8] 李经路. 经济政策不确定性、会计稳健性与公司研发投入 [J]. 北京社会科学, 2019 (2): 90-110.

[9] Himmelberg C. P., Petersen B. R&D and Internal Finance: A Panel Study of Small Firms in High-Tech Industries [J]. Review of Economics and Statistics, 1994 (76): 38-51.

[10] Hall B. The Financing of Research and Development [J]. Oxford Review of Economic Policy, 2002 (18): 35-51.

[11] Hamermesh D., Pfann G. Adjustment Costs in Factor Demand [J]. Journal of Economic Literature, 1996 (34): 1264-1292.

[12] Brown J., Petersen B. Public Entrants, Public Equity Finance and Creative Destruction [J]. Journal of Banking and Finance, 2010, 34 (5): 1077-1088.

[13] Bernstein J., Nadiri M. Rate of Return on Physical and R&D Capital and Structure of the Production Process: Cross Section and Time Series Evidence [C] //Raj B. Advances in Econometrics and Modelling. Kluwer Academic Publishing, 1989.

[14] Cooper R., Haltiwanger J. On the Nature of Capital Adjustment Costs [J]. Review of Economic Studies, 2006 (73): 611-633.

[15] Bloom N. The Impact of Uncertainty Shocks [J]. Econometrica, 2009, 77 (3): 623-685.

[16] Ferderer J. The Impact of Uncertainty on Aggregate Investment Spending: An Empirical Analysis [J]. Journal of Money, Credit and Banking, 1993, 25 (1): 30-48.

[17] Bachmann R., Elstner S., Sims E. Uncertainty and Economic Activity: Evidence from Business Survey Data [J]. NBER Working Paper 16143, 2010.

[18] Ghosal V., Loungani P. Product Market Competition and the Impact of Price Uncertainty on Investment: Some Evidence from U. S. Manufacturing Industries [J]. Journal of Industrial Economics, 1996, 44 (2): 217-228.

[19] Gilchrist S., Sim J., Zakrajšek E. Uncertainty, Financial Frictions, and Investment Dynamics [J]. NBER Working Papers 20038, 2014.

[20] Ghosal V., Loungani P. The Differential Impact of Uncertainty on Investment in Small and Large Businesses. Review of Economics and Statistics [J]. 2000, 82 (2): 338-349.

[21] Bond S., Cummins J. Uncertainty and Investment: An Empirical Investigation Using Data on Analysts' Profits Forecasts [R]. FEDS Working Paper, 2004.

[22] Goel R., Ram R. Irreversibility of R&D Investment and the Adverse Effect of Uncertainty: Evidence from the OECD Countries [J]. Economics Letters, 2001, 71 (2): 287-291.

[23] Czarnitzki D., Toole A. Business R&D and the Interplay of R&D Subsidies and Product Market Uncertainty [J]. Review of Industrial Organization, 2007, 31 (3): 169-181.

[24] Pindyck R. A Note on Competitive Investment under Uncertainty [J]. American Economic Review, 1993, 83 (1): 273-277.

[25] Stein L., Stone E. The Effect of Uncertainty on Investment, Hiring, and R&D: Causal Evidence from Equity Options [EB/OL]. Available at SSRN: https://ssrn.com/abstract=1649108, 2013.

[26] Pástor L., Veronesi P. Political Uncertainty and Risk Premia [J]. Journal of Financial Economics, 2013, 110 (3): 520-545.

[27] Bhattacharya U., Hsu P., Tian X., Xu Y. What Affects Innovation More: Policy or Policy Uncertainty? [J]. Journal of Financial and Quantitative Analysis, 2017, 52 (5): 1869-1901.

[28] Daniel K., Titman S. Market Reactions to Tangible and Intangible Information [J]. Journal of Finance,

2006 (61): 1605-1643.

[29] Leahy J., Whited T. The Effect of Uncertainty on Investment: Some Stylized Facts [J]. Journal of Money, Credit and Banking, 1996, 28 (1): 64-83.

[30] Dixit A., Pindyck R. Investment under Uncertainty [M]. Princeton: Princeton University Press, 1994.

[31] 王红建, 曹瑜强, 杨庆, 杨筝. 实体企业金融化促进还是抑制了企业创新——基于中国制造业上市公司的经验研究 [J]. 南开管理评论, 2017 (1): 155-166.

[32] 钟凯, 程小可, 肖翔, 郑立东. 宏观经济政策影响企业创新投资吗——基于融资约束与融资来源视角的分析 [J]. 南开管理评论, 2017 (6): 4-14.

[33] Bartik T. Who Benefits from State and Local Economic Development Policies? [R]. Upjohn Institute for Employment Research Working Paper, 1991.

[34] Lev B., Sarath B., Sougiannis T. R&D Reporting Biases and Their Consequences [J]. Contemporary Accounting Research, 2005 (22): 977-1026.

[35] Barth M., Kallapur S. The Effects of Cross-Sectional Scale Differences on Regression Results in Empirical Accounting Research [J]. Contemporary Accounting Research, 1996 (13): 527-567.

Stickiness, Uncertainty and China's Enterprises R&D Investment

Qu Shenning   Lv Tie

Abstract: The paper's theoretical analysis shows that, R&D investment will be affected by both "stickiness" and "uncertainty". Investigating these two characteristics is to measure the return of R&D investment and the impact of uncertainty. This paper chooses relevant data of listed companies in the stock market of China and calculates the R&D return of China's enterprises by financial decomposition method. The calculation results confirm that R&D investment can produce lagging returns, and this economic benefit will make it difficult for enterprises to reduce the R&D investment substantially to a certain extent, which is an important reason for the "stickiness". After adding instrument variables, the empirical results of estimating the impact of uncertainty show that once the uncertainty faced by listed companies increases in the previous year, the R&D investment intensity will decrease in the current year, and the R&D investment stickiness will also be weakened. Further analysis of different industries shows that the R&D return of technology intensive industries is higher, which makes them less impacted by uncertainty, and the weakening degree of R&D investment stickiness is lower; while the R&D return of non-technology intensive industries is lower, which makes them more impacted by uncertainty, and the weakening degree of R&D investment stickiness is higher. In the future, to implement the innovation driven strategy, it is necessary to guide enterprises to increase R&D investment and create a virtuous cycle of "innovation = revenue".

Key Words: R&D Return; Stickiness; Uncertainty; Financial Decomposition Method

美国制造业复兴困境与启示：保护主义政策失灵的现实考察

刘戒骄

摘　要：美国制造业政策是鼓励创新、加强关键产业链、提升劳动者技能和公共采购等内容的混合体系，特朗普政府将其加快推向保护主义。由于保护主义政策片面强调发展国内制造业，削弱国内企业参与国际分工的能力，美国没有如其所望成为世界制造业更有吸引力的国家，国内制造业产出和就业、结构变化和劳动生产率等指标没有出现结构性改善，制造业面临的困难和问题没有得到解决。特朗普政府将保护主义措施融入制造业政策的教训值得吸取，但其从供给和需求双侧发力，尤其是支持技术创新、重视关键产业链和加强 STEM 教育等做法值得借鉴。中国应该响应经济全球化的历史趋势，进一步改善制造业要素供给条件和市场需求环境，在更深度融入国际分工体系、支持创新体系建设和保障高素质劳动力供给等方面形成协同一致的合力。

关键词：美国制造业；保护主义；再工业化；产业政策

制造业崛起是美国在 20 世纪成为世界第一强国的主要驱动力，制造业及其创造的高薪和相对稳定的就业造就了美国庞大的中产阶级。今天，美国仍然将制造业视为重要的创新和高薪岗位来源。20 世纪七八十年代开启并在 21 世纪持续的"去工业化"，引起经济学者对制造业的讨论。很多人将美国制造业增加值占 GDP 比重和就业人数占总就业人数比重的降低以及传统制造业集聚地区的衰退归因于去工业化，主张通过再工业化改变"在美国研发、在外国制造"的产业格局。在这一背景下，贝拉克·奥巴马和唐纳德·特朗普政府史无前例地支持制造业发展，制定了复兴制造业的政策。国内有不少关于美国制造业及相关政策的文献，分析多聚焦于再工业化与制造业国际分工[1]、特朗普制造业政策性质[2]与保护主义影响[3]等理论问题和税改、支持创新等具体政策。现有文献缺乏对奥巴马和特朗普政府制造业政策的总体分析，对美国联邦政府复兴制造业发展措施和政策效应的研究不够深入。本文以上述研究为基础，分析了奥巴马任期（2009～2016年）和特朗普任期前三年（2017～2019年）美国制造业政策和发展状况，发现美国制造业政策是鼓励创新、加强关键产业链、提升劳动者技能和公共采购等内容的混合体系，特朗普政府将其加快推向保护主义。由于相关政策含有大量违背国际分工规律的保护主义措施，美国没有如其所望成为世界制造业更有吸引力的国家，制造业产出和就业、结构变化和劳动生产率等指标没有出现结构性改善，制造业面临的困难和问题没有得到解决。分析研究美国制造业复兴困境与保护主义政策

---

* 本文发表在《北京工业大学学报（社会科学版）》2020 年 5 期。
[作者简介] 刘戒骄，中国社会科学院工业经济研究所研究员。

失灵,吸取其中的经验与教训,对于中国完善制造业发展政策和促进制造业高质量发展很有帮助。

一、奥巴马和特朗普复兴制造业政策的内容

奥巴马政府和特朗普政府均制定实施了复兴制造业的政策。奥巴马2009年就任总统后,在尽快摆脱金融危机冲击的驱使下,制定实施了以振兴传统制造业、发展新兴产业和支持科技创新为主要内容的再工业化政策,相关政策聚焦于支持创新和基础设施建设,避免美国经济再度陷入大萧条。其中影响最大的是《美国复兴和再投资法》(American Recovery and Reinvestment Act,ARRA),该法批准开展大规模基础设施建设,由此间接拉动国内制造业发展。特朗普在2016年竞选期间,提出扭转制造业就业长期下降趋势、复兴国内制造业并将工作岗位带回国内的主张。2017年就任美国总统后,在重商主义信条支配下,特朗普有选择性地抛弃和继承了奥巴马任期的经济政策并将美国经济的去工业化问题政治化,片面强调全球化和国际贸易关系的负面效应,认为美国财富、影响力的相对降低和贸易赤字的增加源于其他国家相反的变化。这一理念在经济政策上体现为快速将美国制造业政策推向保护主义,不惜加剧与主要贸易伙伴的贸易摩擦和对抗,退出或修改多个已经签署的自由贸易协定,甚至威胁退出世界贸易组织。

(一)加强联邦政府对创新活动的支持,更好地发挥政府作为创新推动者的作用

尽管私人部门在美国新技术开发和应用中发挥主体作用,但政府支持在整合创新资源,降低新技术商业化的成本和风险,弥合实验室技术与市场商业化应用之间的鸿沟等方面发挥积极作用。奥巴马就任总统后多次强调加强政府对创新的支持,在一些场合反复指出美国经济增长和国际竞争力取决于创新能力。其理论逻辑是,在科学研究不能使私人部门盈利时,政府要给予科学家和发明者所需的支持[4]。奥巴马政府通过联邦政府赠款建立了一批制造创新研究所(IMI),形成制造业创新国家网络(NNMI)。每个IMI具有独特持续的重点领域,与相关企业、学术界、国防部、能源部、国家科学基金会和州政府等利益相关者组成产学研合作机制,制造业企业可以申请加入NNMI,成为制造业区域创新枢纽和创新国家网络的一部分。特朗普上台后继承了奥巴马政府的这一做法,继续为以上项目提供支持。从几年来的实践看,NNMI和IMI已经实现了多项预定目标,在降低识别合作伙伴的搜索成本、提高产学研合作的协同能力、加快基础研究和应用研究的商业化开发等方面成效尤其突出。

奥巴马政府和特朗普政府支持先进制造业的措施极为相似:直接资助企业的早期R&D投资,制定知识产权保护等创新友好政策,资助建立世界级实验室和研发设施,发展教育培养科学和技术人才。联邦政府对基础研究的资助,主要通过卫生和公众服务部、国立卫生研究院和国家科学基金的R&D拨款实现,由此促进新兴制造业发展。对基础研究和早期应用研究的资助,主要通过国防部、能源部、国家航空航天局、商务部国家标准和技术研究院、农业部的R&D拨款和采购实现。美国国家安全技术加速器(NSTXL)提供早期融资,支持初创企业开发具有战略意义的商品和服务,将其推向政府和商业市场。被联邦政府选定的研究机构和企业,通过联邦资助形成了世界级R&D能力,进而间接促进先进制造业发展。实际上,航空、武器、芯片、制药等美国领先的制造业,长期依靠联邦政府在研发方面的大量投入创造的技术和人才。

在奥巴马和特朗普任总统期间,联邦政府R&D投入总体保持较快增长,是美国基础研究的主要资助者。联邦投资通过公私合作伙伴关系在协调组织利益相关者合作研发,搭建研究和商业化开发通道方面发挥更积极作用。特朗普就任总统后进一步加大联邦资助力度。表1表明,联邦R&D投入从奥巴马任期最后一年的1158.3亿美元增加到2019年的1415.0亿美元,2017~2019年联邦R&D投入连续三年增长,且增速越来越

高，2019 年比上年增长 9.3%。从结构上看，基础研究、应用研究和技术开发的投入同样连年增长，产业、大学和联邦资助的研发中心获得的联邦 R&D 资助均保持增长。

表1 2016～2019 财政年度美国联邦政府研发支出

项目	2016 年（亿美元）	2017 年（亿美元）	2018 年（亿美元）	2019 年（亿美元）	2017 年比 2016 年增长（%）	2018 年比 2017 年增长（%）	2019 年比 2018 年增长（%）
R&D 总额	1158.3	1189.7	1294.2	1415.0	2.7	8.8	9.3
产业	358.1	378.8	397.5	435.8	5.8	5.0	9.6
大学和学院	282.0	289.6	315.3	333.6	2.7	8.9	5.8
FFRDCs	114.2	116.9	124.6	148.7	2.4	6.5	10.6
基础研究	322.9	332.7	362.0	396.8	3.0	8.8	9.6
应用研究	348.1	366.0	383.9	437.6	5.1	4.9	14.0
技术开发	487.3	491.0	548.4	580.6	0.8	11.7	5.9

注：FFRDCs 为联邦资助的研发中心（Federally Funded Research and Development Center）。
资料来源：参见 https://www.nsf.gov/statistics/2020/nsf20308/。

（二）基于安全原因，加大支持国内发展关键产业链

奥巴马政府的产业政策主要关注促进美国经济的创新能力，特朗普政府认为离岸外包致使美国企业和消费者变得容易受到供应链中断和不稳定的冲击，进而对国家国防能力产生不利影响，因而主张在国内发展关键产业链。特朗普政府成立了一个部际工作组来辨别关系国家安全的制造业部门和能力，提出更具目标性的政府对关键部门的投资和补贴建议。美国国防部将国内工业基础划分为私营部门和公共部门两类[5]。私营部门又称为商业部门，包括各种规模公司构成的系统集成商、子系统供应商、组件供应商和服务提供商。在供应链的各个层次上，私营公司生产国防专用产品，包括平台、武器系统以及为国防用途而加固的组件。私营部门公司还可能生产专门指定为"双重用途"的产品，这些产品既有军事用途也有非军事用途，并可能受到出口管制，以及未经明确国防用途的商业项目。公共部门又称为有机国防工业基地，特指为国防部提供特定商品和服务的政府设施，由资源提供者、购置和维持计划人员、兵工厂和弹药厂的制造和维护人员组成。公共部门的设施既可以由政府运营也可以由承包商根据合同运营。根据法律，某些生产和维护活动必须由公共部门执行。

（三）加强 STEM 教育，解决制造业劳动力的结构性短缺问题

美国制造业岗位需求发生新的变化，制造业越来越需要劳动力掌握科学、技术、工程和数学知识与技能，熟悉机器人和计算机集成制造系统，能够融通软件和硬件等能力，但劳动力拥有的技能与制造业需求之间存在差距。为满足先进制造业工作岗位需要的计算能力和技术技能，避免由于劳动者的技能不匹配会减缓先进制造业发展，奥巴马政府在《复兴美国制造业框架》中提出，教育系统必须使劳动者获得可以竞争的工作和行业所需的技能，加大了教育和培训工人技能的投资[6]。针对先进制造业所需要的 STEM 知识和技能劳动力短缺问题，特朗普政府建立了联邦、州和地方政府协同机制，支持初中、高中、职业学校、高校和企业面向制造业未来需求开展 STEM 教育和培训，培养拥有学位、证书和更高技能的工人，如软件开发人员、计算机程序员和工程师的政策。联邦政府还鼓励各州制定战略计划，建立一支受过教育和有技能的劳动力队伍，同时帮助求职者获得行业认可的就业资格证书。联邦政府通过支持研发和教育与劳动力发展在促进先进制造业发展方面发挥关键作用。美国加强教育和培训的措施对于青年和未来劳动者具有积极效果，但对于缺乏学习和掌握新知识、新技能的失业者和中老年劳动者很难产生积极作用。美国制造业还面临合格劳动者数量不足的挑战，因为潜在合格劳动力越来越有限，将制造业作为职业选择的人越来越少。

（四）利用"购买美国货"法律，保护国内企业

尽管美国加入了《WTO政府采购协议》，但其在确定向外国供应商开放政府采购范围上有很大的自由权利，美国国防制造业尤其受益于这一点。为支持国内行业，美国法律限制外国公司获得美国公共采购合同。自1933年"购买美国商品法"提出以来，多届政府一再制定类似法律，要求联邦和州政府优先购买美国国内生产的商品和服务。当采购超过特定阈值时，购买国产产品和服务是联邦机构的法律要求。2009年，奥巴马政府在ARRA中插入了"购买美国货"条款，要求任何由ARRA资助的公共基础设施或公共工程项目只能使用美国国内生产的钢铁和其他制成品。其目的是确保ARRA用于基础设施建设的投资被用来促进美国制造业发展。特朗普则直接颁布"购买美国货、雇佣美国人"的行政命令，将"购买美国货"实施领域扩大到所有联邦资助项目和公共采购，明确要求上述项目和采购必须优先采购国内生产的产品，并且只有在没有国内生产的情况下才能采购进口产品。尽管相关政策声称在不违反现有贸易协议规定的义务条件下适用，但许多国家认为该条款是保护主义措施，要求美国纠正。美国国内还有一些呼声，要求退出世界贸易组织的《政府采购协议》。

美国经常利用其强势地位要求对方向美国公司开放政府采购市场，而自己则利用"购买美国货"法律保护本国企业。当然，许多国家和地区通过多边和双边贸易协定豁免某些"购买美国货"条款。但是，这些豁免仍然受美国法律、行政决定和法规的约束，联邦机构能够通过许多机制在公共采购活动中优先支持美国公司，至今仍然这样做。在政府采购中，其他国家很少像美国这样拥有严格而明确的购买国货法规。美国巨额军费支出提供了大量与军事有关的公共采购合同，包括航空航天、舰船、核能和远程控制。公共采购合同为新技术和新产品提供了一个可预期、有保证的市场需求，促进美国在相关领域的私人投资和飞机、通信、电子和计算机产业快速发展。美国具有国际竞争力的许多企业都是通过联邦政府的研发资助和公共采购而发展起来的，这些企业至今仍然在很大程度上依赖于这些合同。

二、美国制造业复兴困境和政策失灵的表现

奥巴马和特朗普政府都认识到制造业的重要性，强调恢复和重建国内制造能力，包括改造提升现有制造业和发展新兴制造业。他们复兴制造业的努力标志美国持续实施了十多年的再工业化战略。其核心目标是提高制造业的结构地位，扭转制造业增加值和就业比重持续下降的趋势，即提高制造业增加值占GDP的比重和制造业就业人数占总就业人数的比重。与美国曾经经历的工业化过程相比，奥巴马和特朗普复兴制造业努力实际上是一种扭转去工业化和开启再工业化的战略。奥巴马第二任期和特朗普任期前3年，尽管美国经济总体保持复苏态势，GDP增长和就业指标明显好转，但由于科技创新、关键产业链建设、政府采购等政策加快转向保护主义，制造业复兴仍然没有起色。

（一）从制造业产出和就业比重看，趋势性降低的态势没有得到扭转

由表2可见，美国制造业增加值除2009年以外，总体呈现增长态势，但制造业增加值占本国GDP的比重由2000年的15.12%降低到2008年的12.24%。在奥巴马任总统的8年和特朗普任期的前3年，这一比重始终徘徊在略高于11%的水平。制造业增加值占世界GDP的比重从2000年的4.61%降低到2008年的2.82%，奥巴马和特朗普政府时期始终稳定在这个水平之下。2000年以来美国总就业人数从13769万人增加到2008

年的14286万人，但同期制造业就业人数却从1729万人降低到1341万。奥巴马和特朗普政府时期这种总就业人数增长而制造业就业人数降低的态势没有改变，结果美国制造业就业人数占本国总就业人数的比重从2000年的12.56%降低到2008年的9.39%，接着又从2009年的8.67%降低到2018年的8.19%，制造业就业占比降低趋势至今未能得到扭转。白宫顾问纳瓦罗试图将美国制造业就业占总就业比重提高到20%达到与德国相当水平的计划再次流产[7]。

表2 美国制造业就业与产出指标

年份	2000	2008	奥巴马8年任期		特朗普任期前3年		
			2009	2016	2017	2018	2019
世界GDP（亿美元）	336206	637818	605052	760190	807892	85693	—
美国GDP（亿美元）	102523	147128	144489	187150	195194	205802	214277
美国制造业增加值（亿美元）	15502	18008	17021	21012	21851	23212	23599
美国国内总就业（万人）	13769	14286	13651	15020	15215	15466	
美国制造业就业（万人）	1729	1341	1184	1234	1244	1267	
美国制造业增加值占世界GDP比重（%）	4.61	2.82	2.81	2.76	2.70	2.71	
美国制造业增加值占本国GDP比重（%）	15.12	12.24	11.78	11.23	11.19	11.28	11.01
美国制造业就业占美国总就业比重（%）	12.56	9.39	8.67	8.21	8.18	8.19	

资料来源：参见 https://www.bea.gov/data/industries。

美国流行一种观点，认为企业离岸外包导致中间产品进口增加，减少美国制造业就业。美国国家经济研究局使用美国人口普查数据，发现没有证据表明中国进口竞争导致美国净工作机会损失。在人力资本较低的南部和中西部地区，工厂萧条和关闭导致大量失业。但在人力资本较高的西海岸和新英格兰地区，服务业就业增加显著多于制造业工作机会减少，制造业就业损失被服务部门就业增长所抵消[8]。因此，中国进口竞争导致就业结构变化，产业层面就业从制造业转移到服务业，区域层面就业从美国中心地区转移到沿海地区。Novta和Pugacheva发现美国制造业失去的岗位转向服务业。公司层面的数据显示，几乎所有制造业工作岗位的损失都来自大型跨国公司，这些公司在制造业就业岗位减少的同时增加了服务业就业岗位[9]。此外，今日美国制造业与20世纪七八十年代以前完全不同，蓝领工人的岗位基本被机器人和高技能专业人员取代，制造业新的发展不可能为高中毕业后未继续接受教育的劳动者和结构性失业的蓝领工人带来大量工作岗位，因为制造业需要具有更高水平教育和培训的劳动者。为获得低成本劳动力和贴近市场，美国企业仍有动力将生产转移到发展中国家。美国与其试图扭转全球化和技术发展的趋势，不如采取从国际分工中受益的策略。

从产出构成看，劳动报酬占增加值的比重降低，营业盈余占比提高，表明制造业新创造财富的分配向资本倾斜，劳动者分配的份额降低。由表3可见，2009年以来美国制造业增加值率保持在37%的高水平。2018年与2000年相比，尽管中间投入占比降低了1.21个百分点，增加值率提高了1.21个百分点，但劳动报酬占比却降低了3.63个百分点，而营业盈余占比提高了4.5个百分点。

表3 美国制造业产出构成　　单位:%

年份	2000	2008	2009	2016	2017	2018
增加值率	36.13	32.78	37.73	37.85	37.55	37.34
劳动报酬占比	21.40	16.96	18.51	18.25	18.17	17.77
税减补贴占比	1.09	1.19	1.67	1.53	1.51	1.42
营业盈余占比	13.64	14.63	17.55	18.07	17.88	18.14
中间投入占比	63.87	67.22	62.27	62.15	62.45	62.66

续表

年份	2000	2008	2009	2016	2017	2018
能源投入占比	2.47	2.67	2.09	1.27	1.26	1.29
材料投入占比	50.27	56.03	49.83	51.60	50.51	50.97
购买服务占比	11.14	8.52	10.34	9.28	10.67	10.40

注：表中各比例均为占制造业总产值的比重，税为生产税和进口税。

资料来源：参见 https://www.bea.gov/data/industries。

（二）从行业结构看，制造业结构调整缓慢

由表4可见，2000~2019年，耐用品占比降低了2.76个百分点，非耐用品占比降低了2.76个百分点，这个变化主要出现在2009年之前。2000~2019年，耐用品和非耐用品比重变化不大。2019年与2000年相比，纺织、服装和纸制品等占比有较大下降，原油和煤炭、化学产品占比有较大提高，联邦政府大力支持的计算机和电子产品、电气设备和零部件、汽车和零部件等先进制造业占比变化不大，有的还略有降低。尽管上述结构变化分析不能反映美国制造业在产业链、价值链中所处的位置，即在同一细分行业美国倾向于生产和出口高质量产品，但总体上仍然可以看出美国制造业结构相对稳定。联邦政府重点支持的战略性行业，特别是通信和计算机产业、国防工业发展未能实现政策期望的目标。

表4 美国制造业产出的行业结构变化　　　　单位：%

年份	2000	2008	2009	2016	2017	2018	2019
耐用品	59.66	55.51	51.76	56.66	56.32	55.85	56.90
木制品	1.83	1.42	1.25	1.68	1.77	1.75	1.76
非金属矿产品	2.75	2.48	2.28	2.73	2.71	2.66	2.71
初级金属	3.03	3.82	2.42	2.69	2.66	2.75	2.74
金属制品	7.83	7.39	6.89	6.94	6.84	6.88	7.04
机械	7.29	7.31	6.97	6.82	6.78	6.71	6.80
计算机和电子产品	14.54	12.89	13.14	13.05	12.86	12.81	13.29
电气设备、电器、零部件	2.95	3.08	2.98	2.77	2.91	2.86	2.90
汽车、车身和拖车及零件	8.87	5.02	2.81	7.37	7.23	7.00	7.04
其他运输设备	4.59	6.36	6.90	7.04	6.97	6.97	7.09
家具和相关产品	2.16	1.55	1.34	1.44	1.34	1.30	1.30
杂项制造产品	3.82	4.19	4.78	4.15	4.25	4.17	4.22
非耐用品	40.34	44.49	48.24	43.34	43.68	44.15	43.10
食品、饮料和烟草制品	10.53	11.06	13.97	12.53	12.08	11.59	11.54
纺织制品	1.81	0.99	0.89	0.87	0.84	0.81	0.79
服装和皮革及相关产品	1.43	0.64	0.58	0.46	0.43	0.40	0.40
纸制品	4.01	2.85	3.48	2.77	2.53	2.45	2.46
印刷和相关支持产品	2.82	2.51	2.33	1.95	1.82	1.74	1.74
原油和煤炭	3.40	8.58	6.51	4.03	5.87	7.42	6.05
化学产品	12.12	14.74	16.94	16.94	16.57	16.29	16.65
塑料和橡胶制品	4.23	3.11	3.55	3.79	3.53	3.45	3.46

注：表中比值为某一行业增加值占制造业增加值的百分比。

资料来源：参见 https://www.bea.gov/data/industries。

（三）劳动生产率增长停滞，加剧劳动力成本劣势

表5表明，2019年与2000年相比，劳动生产率有一定增长。其中，2000~2007年增长较快，2010~2014年变化不大，2015~2019年还略有降低，奥巴马任期的2008年、2012年、2014~2016年和特朗普任期的2017年都出现了负增长。在制造业产出和就业占比徘徊情况下，提高生产率成为美国制造业复兴的重要途径。生产率的持续提高能够在就业减少的情况下使制造业产出得以持续增长。长期以来美国劳动力成本明显高于中国、印度和墨西哥，但相对高的制造业生产率弥补了这一差异。2011年之后，劳动生产率的停滞徘徊，加剧了美国制造业的劳动力成本劣势，使美国难以成为一个吸引制造业投资的地方。劳动生产率停滞不增，可能促使特朗普政府维持削减中产阶级工资和福利的政策，加剧收入和财富的不平等，阻碍美国制造业复兴和经济长期发展。

表5 美国制造业劳动生产率变化 单位:%

年份	劳动生产率（比上年变化）	劳动生产率（与基年比较）	单位劳动产出（与基年比较）	单位劳动成本（与基年比较）	总产出（与基年比较）
2000	3.4	69.472	68.853	100.610	99.139
2007	4.8	93.577	92.308	95.822	107.458
2008	-0.4	93.222	91.348	99.013	102.55
2009	1.0	94.200	90.634	101.214	90.301
2010	6.4	100.232	99.197	96.326	96.067
2011	0.8	101.036	100.577	97.328	98.707
2012	-1.0	100	100	100	100
2013	1.1	101.147	101.298	99.416	101.934
2014	-0.4	100.721	101.126	102.578	103.113
2015	-1.8	98.868	98.987	107.109	102.199
2016	-0.2	98.654	98.809	107.897	102.023
2017	-0.4	98.225	98.443	112.225	102.601
2018	0.4	98.584	99.076	114.255	104.933
2019	0.1	98.680	97.876	117.816	104.938

注：2012年为基年，基年为100。

资料来源：参见 https://www.bea.gov/data/industries。

美国制造业结构地位下降从现象上看是全球化导致的，但全球化动力在于资源禀赋和技术进步。正是由于资源禀赋和技术进步的综合作用，企业在全球生产能够比一国生产更有效地利用资源禀赋差异。相对于劳动力，美国的资本禀赋条件更好，全球生产能够提高资本回报率并降低劳动力回报率。尽管美国复兴制造业的努力收效甚微，但其制造业规模稳居世界第二位，拥有高生产率、高技能的劳动力和先进装备，作为世界制造业主要引领者的地位没有改变。从结构地位看，美国制造业占国内生产和就业份额下降，主要源于服务业更快的发展，而不是制造业增加值的绝对降低。事实上，美国制造业增加值除受美国金融危机冲击影响的2009年以外，其余年份均保持一定速度的增长。

三、对美国复兴制造业政策的讨论

加强政府支持是奥巴马和特朗普制造业政策的重要理念和内容。奥巴马在第一任期颁布的多项法规含有直接支持制造业增长、增加研发补贴、降低国内制造商使用的原材料和中间产品关税、

国内制造企业优先获得公共采购合同以及促进制造业出口等措施。特朗普政府在指责其他国家实施产业政策和干预经济发展的同时，自己却对国内制造业采取选择性保护主义促进政策，加强了联邦政府在确定支持哪些产业和如何使用联邦资金方面的作用。特朗普政府的制造业政策引起发达国家对产业政策的再次热论。

（一）关于去工业化的讨论

最近几年美国各界对去工业化问题的讨论十分激烈。支持去工业化的逻辑是，去工业化是一种合理变化，是发达国家工业化进程的自然阶段。持这一观点的经济学家主要从生产专业化、消费结构变化和技术进步等内生因素解释这个现象[10]。从生产专业化看，国际分工导致发展中国家利用自己的资源和劳动力优势将部分制造过程吸引到本国，发达工业化国家的优势已经从工厂转移到办公室、管理网络和贸易谈判桌上。与新兴工业化国家相比，美国企业在制造环节的优势减弱，与制造业相关服务的优势增强，结果企业将核心能力转向掌握品牌、营销渠道和知识产权。反对去工业化的观点重新梳理了经济史上的产业结构转换，强调由于农业增加值占GDP比重下降速度比就业下降速度快，服务业增加值占GDP比重的增长速度慢于就业比重增长。相比之下，制造业增加值占GDP比重下降速度慢于就业比重下降，说明制造业劳动生产率增长速度高于全国平均水平。从劳动生产率的这一差异可以推断，劳动力传统农业向制造业转移会加快经济增长，从制造业向服务业转移会减缓经济增长。

尽管讨论还在继续，但很多研究认为去工业化是经济发展内生的结构变化，是经济发展到一定阶段不可避免的现象。各经济体制造业在国内生产总值和就业中的份额变化遵循如下规律，即随着人均收入增加而提高，在人均收入达到较高水平后开始下降。Felipe 注意到一些人均收入相对较低的发展中国家制造业产出和就业占比存在下降趋势，并将其视为去工业化现象[11]。Felipe等揭示了全球竞争和劳动替代技术减少了发达国家的制造业就业。制造业产出和就业占比两个指标，就业占比更重要[12]。除石油输出国外，高收入经济体在其发展历史上，制造业就业占总就业的比重都曾经保持在18%以上，都是在人均收入增加到某一个高水平后才出现下降。过早出现去工业化是近期的一种现象。

由于全球化和信息技术进步的推动，科技、金融和专业服务的市场范围快速扩张，服务业出口增长很快。消费者对服务需求的收入弹性较高，服务业长期发展前景乐观。经济增长使经济体系变得更复杂，需要消耗更多的服务。联合国工业发展组织在《2020年工业发展报告》中分析了过去50年经济结构的变化，发现长期经济发展存在从农业到工业再到服务业的转换趋势，且这种转换与财富、经济发展、技术领导力、政治能力和国际影响力正相关，工业特别是制造业增长及其引发的技术变革是推动这一转换的主要驱动力[13]。Baily 和 Bosworth 指出，强大的国内制造业可以为国际经济和政治冲击提供一定程度的保护，制造能力薄弱以及由此导致的过度依赖进口面临供应链中断的风险较大[14]。Haraguchi 和 Kitaoka（2015）通过实证研究进一步证实，经济增长与结构转换具有正相关关系，制造业生产率高于其他产业，能提供更高收入的工作岗位[15]。通过溢出和间接效应，制造业增长可以促进其他产业的就业。无论是当今的发达国家还是发展中国家，产业结构转换都是经济增长、就业和提高生活水平的关键驱动力。Anderson 和 Ponnusamy 的实证分析发现，经济增长必然伴随去工业化的发生，旨在减慢去工业化速度的保护性政策是徒劳的[16]。政策应该聚焦如何以更有效和公平的方式来支持选择或被迫离开衰退行业的人们。

（二）关于政策过于迷恋国内制造业的讨论

美国制造业政策具有不顾资源禀赋条件和国际分工要求，过度迷恋和强调发展国内制造业，相关措施主要有关税、非关税壁垒和政府采购。关税方面，对从许多国家进口的商品加征关税，加征关税的产品涵盖原料、中间产品和最终产品。利用关税保护国内产业面临一个无解循环，即对中间产品征收关税会增加国内最终产品生产成本，关税因而转向最终产品，对最终产品征收关税相当于直接对消费者征税，会降低消费者购买力。非关税壁垒方面，以国家安全、反垄断等为借口，阻止外国企业获得技术和交易，甚至对欧盟和中国企业进行制裁。政府采购方面，不顾 WTO 规则约束和贸易对方反对，出台购买本国产品、为本国企业和出口企业提供金融支持，将购买国货要求扩大到所有联邦政府投资或资助建设的基础设施项目。阻止技术获得和限制交易方面，2012 年奥巴马政府采取措施限制中国科技公司与联邦机构签订合同。2018 年，特朗普政府宣布动用行政权力禁止中国公司进行与技术相关的收购，并对关键技术实行新的出口管制。加强技术出口管制使美国高科技公司失去不断增长的中国市场，减少其可以用于进一步研发的利润。美国联邦政府一些机构也对特朗普政府不顾客观规律过于迷恋国内制造业的做法感到担忧。例如，美中经济和安全评估委员会认可离岸外包对美国公司的生产率具有显著的积极影响，美国从开放向自给自足的转变将导致生产率下降[17]。与许多较小的经济体不同，美国在研发新技术和新产品时较少依赖全球生产体系。但是，在规模化生产阶段则需要依靠国际分工保持竞争优势。全球生产体系使美国公司能够将精力集中在最有生产率的研发、设计、营销等服务化环节，而将效率较低的环节转移到更具优势的国家和地区。Robert 等指出，尽管他警告公司外包和将工作岗位转移到墨西哥占据了经济新闻头条并受到嘲讽，但特朗普的政策"完全是微不足道的""将永远不会起作用""选择赢家只会减少经济福利"。明智的美国制造业战略应关注哪些问题对美国经济未来至关重要。特朗普政府的制造业政策存在过度反应的风险，使事情变得更糟而不是更好。关于制造业是否可以重返美国，该文认为将任何制造业带回国都是愚蠢的，因为这只能带回美国不具有竞争优势的企业和低工资、低技能的工作岗位，强制制造业回归还会导致更高的价格。从消费者福利看，大多数消费者也是工人，并且返工带来的更高工资将被消费成本增加所抵消。

（三）关于产业政策非中性性质与全球生产网络的讨论

奥巴马政府和特朗普政府的制造业政策都包含支持特定产业和技术、改变要素投入成本和产出价格、规制改革等影响资源跨部门配置的政策。Stensrud 研究了美国的产业政策，发现对特定制造业给予特殊支持是美国制造业政策长期存在的鲜明特征。由于战略意义以及工会政治力量强大，美国钢铁行业在整个发展史上都获得了保护。20 世纪七八十年代以来，美国制造业面临日本、德国等国家企业的挑战，历届总统都利用政府政策和公共资金支持企业应对这些挑战[18]。Tucker 更清晰地指出，与财政政策和货币政策不同，产业政策不是中性政策，而是具有使命目标并影响劳动力和资本等要素跨产业配置的政策，能够对一些活动提供正向激励，对另外一些活动提供负向激励。与美国的盟友和竞争对手不同，美国政治的最大神话之一是美国不实行产业政策，而是按纯粹新自由主义和自由市场原则运行[19]。然而，美国确实有一些特别政策，如资助生物医学研究促进制药公司产品开发，采购国防承包商的战斗机和核武器。这些企业享有参与从国际贸易协议到国内税改在内的公共政策讨论和制定特权。Cozzolino 使用"特朗普主义"一词，并将其视为一种国家间贸易关系的经济民族主义和加强国内新自由主义宏观经济政策的结合。该文对这种政治经济学理念持批评主张，认为尽管特朗普政府在国际贸易方面秉持"零和博弈"和冲突愿景，但就国内领域而言，2018 年及以后显示出有利于企业和高收入者的倾向[20]。基于此，特朗普政府减少社会支出和增加国防项目支出的做法，被认为是新自由主义的进一步演变，可能进一步发展为更为激烈的新自由主义政策与经济民族主义元素的结合。

由于全球生产网络的形成，不少制造业产品都是中国产品中有美国零部件，美国产品中有中国零部件。Prema - chandra 和 Athukorala 研究了中国在全球生产网络中的角色演变及其影响[21]。该研究基于零部件和最终产品全球生产共享，表明中美贸易现状是由中国在全球生产网络作用驱动的结构性现象。美国跨国公司的全球竞争力取决于他们能否利用中国作为向世界其他地区供应产品的生产基地，而中国现在已成为美国制造业中重要的零部件供应商。鉴于全球生产网络中两个经济体之间这种错综复杂的相互依存关系，对中国征收惩罚性关税必然面临美国商业利益的强大反对。即使贸易保护主义威胁成为现实，其影响也不会像通常认为的那样具有破坏性，因为全球生产共享大大削弱了相对价格与贸易流之间的联系。正如 Bown 所强调的，全球生产网络将供应链上所有企业的利益紧密联系在一起，特朗普关于贸易赢家和输家的判断无视这一现实[22]。Coka 等指出，世界经济秩序旨在减少经济壁垒并避免单方面的贸易保护主义措施，美国已不再是可靠的国际政治和经济合作伙伴[23]。Edwards 写道，毫无疑问，美国正在政策和做法上寻求重大变化，试图阻止中国参与全球经济。美国和中国将在未来几十年争夺技术领导力，自由经济秩序和 WTO 都不能解决这个问题。与之前的冲突不同，美国和中国的斗争不是为了领土、文化、宗教、民族至上，甚至不是为了争夺意识形态的胜利。两个伟大竞争对手中的任何一个都没有威胁对方的生存。任何一方都不能对另一方行使经济否决权。这场斗争从根本上讲是关于向包括中国在内的家庭销售商品和服务的竞争[24]。这不是第一次而是以往争夺世界消费者的继续。明智地处理很容易解决，不明智地处理则会威胁全球繁荣。

四、若干启示

从奥巴马到特朗普，美国制造业政策越来越具有保护主义倾向。美国复兴制造业的努力和困境说明，无论科学技术和经济结构怎样进步提升都不能忽视制造业的发展，政府对制造业的支持必须遵循国际分工规律。政府可以采取横向和纵向措施支持制造业发展，但保护主义措施无助于制造业复兴。中国应该响应经济全球化的历史趋势，进一步改善制造业要素供给条件和市场需求环境，在更深度融入国际分工体系、支持创新体系建设和保障高素质劳动力供给等方面形成协同一致的合力。

（一）更深度融入国际分工体系，以开放抵消保护主义和对抗性遏制措施的影响

由于特朗普政府的制造业政策转向保护主义，"二战"后形成的以 WTO 为代表的自由贸易体制受到挑战，世界经济一体化特别是资本、技术和商品的跨国流动必将面临新的阻碍，必须对美国保护主义逆全球化措施及其影响给予关注。但是，从根本和长期看，只有有效率的企业和产业才能生存。保护主义的逆全球化政策，阻止美国企业将价值链的一些环节向发展中国家转移，必然削弱其利用全球资源提升国际竞争力的能力。由于技术变得更加复杂和综合，企业几乎没有动力将生产地点保持在高成本地点，任何一个国家都不可能独立完成复杂产品制造的所有环节，制造商转向专注于特定领域的专家和分包商，各国制造业已经发展成一个相互依赖和融合的体系，包括美国企业在内的任何企业都不能独善其身。特朗普试图重现 20 世纪大型垂直一体化制造商自行构建完整产业链的想法，必然受到国际分工规律和企业追求国际分工利益的制约。

由于数字化推动信息化和模块化造就的全球生产网络，以及市场需求、劳动力资源、营商成本的不均衡分布，美国企业仍然具有在综合成本较低和市场需求机会较好地区投资建厂的强大动力。政府采取支持措施阻止企业参与国际分工的措施，由于片面强调国内化并试图由国内企业组成完整产业链，违背了经济全球化趋势和国际分工要求，必然引起美国制造业成本上升和国际竞争力减弱。从中国出口到美国的产品中包含大量亚洲、欧洲和北美等许多国家的中间产品和技术，贸易保护措施使包括实施贸易保护国家在内的多个国家遭受损失。如果考虑到美国大公司的国际化程度更高，美国进口的大多数制成品多由跨国公司在发展中国家生产，美国制造业对增长放缓和贸易不确定性更敏感，关税造成的损失更大。对他国征收关税使本国和其他国家受损，每个国

家受损程度取决于其为最终产品提供的中间产品和技术占比。中国可以利用全球生产网络企业利益紧密联系的性质，坚持和扩大开放，更深入地融入国际产业分工体系，通过干中学提高吸纳国际先进技术和资本的能力并激励创新，打造具有全球竞争力、以创新为基础的制造业，从而抵消美国保护主义和对抗性遏制措施的影响。

（二）依靠制造业规模和体系优势，加强自主创新能力建设

锁定追赶者并打压其获取技术的空间是领先者惯用的措施。美国等许多发达国家都在谋求在半导体、人工智能、机器人技术、超级计算机、量子计算、自动驾驶汽车、5G和下一代通信以及生命学科和生物技术等领域的领先地位。发达国家普遍认为这些技术对国家安全和产业国际竞争力至关重要。美国在先进制造业领域将继续采取领先者策略，技术封锁可能成为美国一项逐步加强的长期干预措施。以往从发达国家引进技术、国内吸收、消化和再创新获得先进技术的空间在收窄，通过国际合作和并购获得技术的渠道也将受到拦截。由于外部性效应，投资于知识创造的企业很难获得由此创造的全部经济利益，知识创造还具有风险和不确定性。政府为基础研究和高风险应用研究提供资金，可以降低私营部门投资于此类研究的风险，并加强私营部门从事知识创造的激励。政府不仅应当支持高风险基础研究和应用研究，而且应当成为许多关键技术商业化开发的源头促进者。在创新组织方式上，应当进一步聚焦协同创新，构建产学研深度融合和融通基础上的新型创新组织，解决关键核心技术过度依赖国外的问题。中国制造业零部件制造和产品组装规模大、体系完整，有利于在空间上实现制造与研发、设计邻近布局，开展持续不断的正反馈与融通互动，锻炼培育工程师和企业管理者。为此，除激励外国企业自愿进行技术转让外，还要依托制造业体系最全、规模最大的优势，通过制造与研发的紧密联系强化技术创新能力，培育从事知识密集、高技术产品制造的企业，提高从低附加值向高附加值攀升的能力。

（三）积极响应制造业就业岗位的新要求，增强劳动者数字知识和技能

新一轮工业革命正在颠覆传统的职业结构，推动就业向新的职业岗位转换。尽管具体影响还在发展和有待于观察，但数字技术在制造业的应用，使越来越多的岗位要求劳动者具备与科学、技术、工程和数学相关的知识与技能和分析能力。掌握高级软件、人工智能、机器学习等数字知识和技能的劳动者面临令人兴奋的机会，缺乏这些知识和技能的人们意味着不确定性和无法应对的挑战。数字技术正在引发制造业的根本变化，数字技术及广泛深度应用，嵌入式传感器、物联网和分布式计算能力与先进信息传输结合在一起，采集和储存前所未有的数字数据量，由高性能计算（HPC）支持的人工智能（AI）将使人们能够处理和分析这些数据。基本的数字素养将成为绝大多数岗位的绝对要求，因为随着制造业向数字化、智能化和网络化发展，人机交互更普遍，人类劳动价值向提供机器无法轻易复制的创造力和个人触觉转变。中国应该顺应以数字技术和软件操作为代表的软技能变得越来越重要的趋势，大力培养更多掌握数字新知识和技能的劳动者，更好地满足制造业不断变化的职业需求。

参考文献

[1] 刘戒骄. 生产分割与制造业国际分工——以苹果、波音和英特尔为案例的分析 [J]. 中国工业经济, 2011 (4): 148-157.

[2] 贾根良, 楚珊珊. 产业政策视角的美国先进制造业计划 [J]. 财经问题研究, 2019 (7): 38-48.

[3] 郭凛, 余振. 美国贸易政策的历史逻辑与时代特征：特朗普与里根政府政策比较 [J]. 当代美国评论, 2020 (1): 72-87.

[4] Barack Hussein Obama. Remarks by the President in State of Union Address [EB/OL]. [2011-01-25]. https://obamawhitehouse.archives.gov/the-press-office/2011/01/25/remarks-president-state-union-address.

[5] Office of the Deputy Assistant Secretary of Defense for Industrial Policy. Assessing and Strengthening the Manufacturing and Defense Industrial Base and Supply Chain Resiliency of the United States [EB/OL]. [2018-10-05]. Ht-

tps：//Media. Defense. Gov/2018/Oct/05/2002048904/ - 1/ - 1/1/Assessing - and - Strengthening - the - Manufacturing - and%20defense - Industrial - Base - and - Supply - Chain - Resiliency. pdf.

［6］Executive Office of the President. A Framework for Revitalizing American Manufacturing［EB/OL］. ［2009 - 12 - 16］. https：//obamawhitehouse. archives. gov/sites/default/files/microsites/20091216 - maunfacturing - framework. pdf.

［7］Matthew J. Trump's Point Man on Trade：We Envision a More Germany - Style Economy［EB/OL］. ［2017 - 01 - 25］. http：//www. cnbc. com/2017/01/25/trumps - point - man - on - trade - we - envision - amore - germany - style - economy. html.

［8］Bloom N., Handley K., Kurman A., et al. The Impact of Chinese Trade on U. S. Employment：The Good, The Bad, and The Debatable［J/OL］. ［2019 - 07 - 01］. https：//nbloom. people. stanford. edu/sites/g/files/sbiybj4746/f/bhkl_ posted_ draft. pdf.

［9］Novta N., Pugacheva E. Research Department Manufacturing Jobs and Inequality：Why is the U. S. Experience Different?［J/OL］. ［2019 - 09 - 13］. IMF Working Paper, https：//www. imf. org/en/Publications/WP/Issues/2019/09/13/Manufacturing - Jobs - and - Inequality - Why - is - the - U - S - 47001.

［10］刘戒骄. 美国再工业化及其思考［J］. 中共中央党校学报, 2011（2）：41 - 45.

［11］Felipe J. Asia's Industrial Transformation：The Role of Manufacturing and Global Value Chains（Part1）［J/OL］. Adb Economics Working Paper Series No. 549 July 2018. http：//dx. doi. org/10. 22617/WPS189457 - 2.

［12］Felipe J., Mehta A., Rhee C.. Manufacturing Matters…but It's the Jobs that Count［J/OL］. Cambridge Journal of Economics. https：//doi. org/10. 1093/cje/bex086.

［13］United Nations Industrial Development Organization, 2019. Industrial Development Report 2020：Industrializing in the digital age［EB/OL］. Vienna.

［14］Baily M. N., Bosworth B. P. US Manufacturing：Understanding Its Past and Its Potential Future［J］. Journal of Economic Perspectives, 2014, 28（1）：3 - 26.

［15］Haraguchi H., Kitaoka K. Industrialisation in the 2030 Agenda for Sustainable Development［J］. Development, 2015, 58（4）：452 - 462.

［16］Anderson K., Ponnusamy S. Structural Transformation to Manufacturing and Services：What Role for Trade?［J］. Asian Development Review, 2019, 36（2）：32 - 71.

［17］U. S. - China Economic and Security Review Commission. Report to Congress of the U. S. - China Economic and Security Review Commission［EB/OL］. November 2019. https：//www. uscc. gov.

［18］Stensrud C. Industrial Policy in the United States［J］. Institute for the Study of Civil Society, 2020, 6（2）：219 - 414.

［19］Tucker F. Industrial Policy and Planning：What It is and How to Do It Better［EB/OL］. July 2019. Report from the Roosevelt Institute. https：//rooseveltinstitute. org/wp - content/uploads/2019/07/RI_ Industrial - Policy - and - Planning - 201707. pdf? utm_ source = rss&utm_ medium = rss.

［20］Cozzolino A. Trumpism as Nationalist Neoliberalism. A critical Enquiry into Donald Trump's Political Economy［J］. Interdisciplinary Political Studies, 2018, 4（1）：47 - 73.

［21］Athukorala, Prema - chandra：China's Evolving role in Global Production Networks：Implications for Trump's Trade War［EB/OL］. Discussion Paper Series, No. 34, University of Freiburg, Department of International Economic Policy, Freiburg. 2017. https：//www. econstor. eu/bitstream/10419/175870/1/890438382. pdf.

［22］Bown C. P. Economics and Policy in the Age of Trump［DB/OL］. A VoxEU. org Book, Centre for Economic Policy Research Press. 33 Great Sutton Street London, EC1V 0DX UK. http：//giovanniperi. ucdavis. edu/uploads/5/6/8/2/56826033/ageoftrump_ june2017. pdf.

［23］Coka D. A., et al. Learning from Trump and Xi? Globalization and Innovation as Drivers of a New Industrial Policy［EB/OL］. 2020. GED Focus Paper. http：//aei. pitt. edu/102551/1/MT_ Learning_ from_ Trump_ and_ Xi_ 2020_ ENG. pdf.

［24］Edwards J. Economic Conflict between America and China：A truce declared, the Talks Begin［EB/OL］. 2018. https：//www. lowyinstitute. org/sites/default/files/Edward s_ Economic%20conflict%20between%20America%20and%20China_ WEB_ 0. pdf.

The U. S. Manufacturing Recovery Dilemma:
An Analysis of the Failure of Protectionist Policies

Liu Jiejiao

Abstract: The U. S. manufacturing policy is a hybrid system that encourages innovation, strengthens key industry chains, improves worker skills, and public procurement. The Trump administration has accelerated its push toward protectionism. Due to the one-sided emphasis of protectionist policies on the development of domestic manufacturing and weakening the ability of domestic companies to participate in the international division, the United States has not become a more attractive country in the global manufacturing industry as it hopes. No structural improvement has occurred, and the difficulties and problems facing the manufacturing industry have not been resolved. The lessons of the Trump administration's integration of protectionist measures into manufacturing policies are worth alertness, but its efforts from both supply and demand sides, especially to support technological innovation, attach importance to key industrial chains, and strengthen STEM education are worth learning. China should responding to the historical trend of economic globalization, further improve the manufacturing element supply conditions and market demand environment, and form a synergistic joint force in integrating the international division system more deeply, supporting the construction of innovation systems, and ensuring the supply of high-quality labor.

Key Words: U. S. Manufacturing; Protectionism; Re-industrialization; Industrial Policy

工业发展如何破解产业扶贫的困境？

——基于南康家具产业"产业+就业"扶贫模式的研究

秦 宇 钟群英

摘 要：实现全面脱贫后，中国减贫工作将由消除绝对贫困向减少相对贫困和实现高质量脱贫转变。本文通过对赣州市南康区家具产业扶贫机制进行研究，阐述了工业产业扶贫如何有效破解现阶段我国产业扶贫中存在的产业选择非可持续性、参与主体关系界定不清晰和脱贫工作短视等问题。研究发现，通过"产业+就业"的工业产业减贫模式，赣州市南康区依托家具产业有效化解了短期扶贫目标与地区可持续发展、贫困户短期收益与产业长期发展、贫困人口被动式脱贫与贫困地区人力资本长期提升及高质量脱贫等长期与短期利益矛盾。该扶贫模式不仅给既有政策导向提供了新的扶贫思路，也为工业产业扶贫实践提供了可以借鉴的成功案例。

关键词：工业产业；扶贫；南康；产业+就业

一、引言

2020年是中国决胜脱贫攻坚的关键时点，党的十九大报告指出，"确保到2020年中国现行标准下农村贫困人口实现脱贫，贫困县全部摘帽，解决区域性整体贫困"。①在现行标准下，我国农村贫困人口从2012年底的9899万人减少到2019年底的551万人，贫困县从2012年底的832个减少到2020年初的52个。②按照党和国家的部署，2020年底，我国必将高质量实现脱贫攻坚既定目标，补齐全面建成小康社会的"突出短板"。这一历史时刻的到来也标志着长期困扰中国的绝对贫困问题将得到根本解决。但贫困人口是陷贫与脱贫两种不同类型的贫困人口的动态变化过程[1]，脱贫攻坚取得伟大胜利并不意味着扶贫工作的完结，未来中国减贫事业仍将面临诸多挑战。

进入新时代的中国扶贫事业要实现高质量、高标准推进，不仅要构建包容性的扶贫机制，提升贫困人口自身发展能力，也要因地制宜，培育贫困地区可持续性特色产业，继续把培育产业、促进产业兴旺作为贫困地区脱贫的重要抓手[2]。因灵活性和"造血式"扶贫特征，产业扶贫在我国精准扶贫中被广泛推广，因为中国的贫困主要是农村的贫困[3]，农村固有的农业资源及农业劳动者人力资本相对较低、生产力相对落后、基础

---

* 本文发表于《企业经济》2020年第12期。

[作者简介] 秦宇，中国社会科学院工业经济研究所编辑、博士；钟群英，江西省社科院产业经济研究所副所长、研究员。

① 习近平. 决胜全面建成小康社会 夺取新时代中国特色社会主义伟大胜利——在中国共产党第十九次全国代表大会上的报告[M]. 北京：人民出版社，2017.

② 国务院新闻办就决战决胜脱贫攻坚有关情况举行新闻发布会[EB/OL]. [2020-03-12]. http://www.gov.cn/xinwen/2020-03/12/content_5490339.htm.

设施不完善等天然属性使得农业产业成为我国产业扶贫的重点产业。相应地,我国扶贫政策也多集中于促进农业产业发展、农业现代化建设、农村基础设施完善和农村人口收入提升等领域[4]。但农业产业的局限性使得我国多数地区产业扶贫面临扶贫资源错配、产业自生能力不足、贫困人口增收不显著、返贫风险大等低水平脱贫困境[5-6]。

纵观中国扶贫历程,伴随改革开放以来的快速工业化及城市化进程,农民从相关的非农产业活动中受益良多,在农民家庭收入水平提高的同时,收入来源也渐趋丰富[7],非农收入的提升可以分担农业生产风险带来的收入和消费波动,在推动农户收入稳定提升的同时也反哺农业活动得以顺利开展[8],工业产业的发展显著缓解了我国农村地区的贫困。我国仍然有许多贫困地区处于农业向工业化过渡或工业化发展初期阶段,工业产业难以支撑地区脱贫乃至形成可持续的自生发展动力。其原因有三:一是我国贫困地区多集中于农村,尤其是老少边穷的农村地区,长期二元经济体制影响导致这类地区的资源禀赋多为农业资源及低人力资本劳动力,资本、技术欠缺,地区工业产业发展十分滞后,短期内难以形成体系。二是贫困地区剩余劳动人口素质偏低,短期内难以培育出从事现代工业体系生产的人力资本。三是产业扶贫投资的急功近利与工业产业体系建设的长期性矛盾使得工业扶贫多为政府行为而缺乏市场规律,工业产业扶贫"造血"功能无法显现。

基于以上原因,现有关于产业扶贫的理论研究及案例探讨更多地聚焦于农业产业发展和乡村旅游开放及其相关产业链。在实践中,基于区域比较优势而构建工业产业实现减贫的案例相对较少,理论研究也仅是指出工业产业对于减贫的重要意义,现有具体的案例分析和理论构建不足。本文试图从工业产业扶贫视角,以江西省赣州市南康区家具产业扶贫为案例,分析贫困地区如何依托自身发展优势和产业基础,通过建立可持续发展的工业产业,带动贫困人口脱贫,并形成稳定的脱贫内生动力与能力。

本文存在两方面的创新:一是研究视角的创新。现有文献多集中于研究农业及旅游业发展及其扶贫经验,对于工业产业发展推动地区扶贫的研究相对不足,本文从工业产业发展的视角切入,研究工业产业对于地区脱贫的有效路径与经济成效,完善了产业扶贫的理论研究体系。二是研究对象的创新。以往案例研究很少关注贫困地区如何通过工业产业实现脱贫,这既是因为相关案例及经验相对较少,也是因为农业产业脱贫是当前政策倾斜的领域,本文以江西赣州南康区家具产业扶贫为案例,介绍当地如何通过培育家具产业这一富民产业实现带动域内及周边地区贫困人口脱贫,不仅给既有政策导向提供新的扶贫思路,也为工业产业扶贫实践提供可以借鉴的成功案例。

二、产业扶贫的现存困境及工业产业扶贫的必然趋势

(一) 现阶段产业扶贫模式及其困境

随着"输血式"扶贫和市场经济的深入结合,产业扶贫为贫困人口建构参与市场化的基础,通过扶植产业推动地区发展并脱贫已逐步成为我国开发式扶贫的主导政策与实践形态,并在各贫困地区探索出多种产业扶贫模式[9]。但各模式均需处理好三个关系:首先,特色产业的选择。因为资源禀赋与技术能力约束,贫困地区特色脱贫产业选择多集中于种植、养殖等生产环节,对产后加工、销售环节支持不足[10],部分贫困地区依托自身农业资源、自然资源、文化特色、历史遗迹,通过特色旅游业推动产业脱贫,但资本、人才和特色性的不足导致现阶段我国旅游扶贫总体水平偏低[11-12],贫困户收入提升有限,认可度低[13]。目前选择工业产业扶贫的地区还十分有限[4],而工业化却是提升人民收入的有效途径。其次,脱贫参与主体之间的关系。既包括政府如何从产业组织者、资金提供者向企业、贫困户脱贫的服务者和产业维护者转变,也包括企业如何参与产业扶贫,如何处理好与政府、贫困户及合

作社之间的关系，如何有效依托扶贫政策及资金实现经济效益与产业规模，从而实现自生及带动地区产业发展。更包括贫困户如何从产业的被动接受者向产业技能的掌握者转变，如何摆脱对政府扶贫资金的依赖，成为脱贫的主动方乃至企业的经营者等[14-15]。最后，平衡短期利益和长期利益的关系。其包括三个层面的含义：一是短期扶贫目标与地区可持续发展之间的关系[16]；二是贫困户短期收益与产业长期发展之间的关系[17]；三是农户被动式脱贫与贫困地区人力资本长期提升及高质量脱贫的关系。

现阶段，我国产业扶贫在处理以上三种关系的过程中面临诸多困境。首先，在产业选择中，农业产业存在附加值低、农村劳动力持续减少[4]、农业生产同质性高、市场竞争压力大等困境，加之农业产业抗突发风险能力弱、市场波动大[10]，将持久脱贫的希望寄托于农业并不符合经济规律。而由于专业人才、基础设施的供给不足，信息闭塞、环境承载力和环境资源保护压力等问题造成贫困地区旅游产品开发技术落后、水平不高[18]，旅游产业扶贫效果并不理想。其次，在参与主体关系方面，作为产业扶贫的主体部门，自上而下的行政化推动容易导致决策越位现象，政府越位决策往往伴随较强的行政干预和市场弱化，导致产业发展主体之间缺乏长效性的利益联结机制，扶贫产业难以经受市场的考验，持续性差[10]。过强的行政推动导致产业扶贫项目出现"水土不服"和"精英俘获"现象，贫困群众从产业项目中获得收益十分有限且难以持续。由于地方政府的主观思维，强力干预推动贫困户参与产业扶贫，本应作为扶贫产业参与主体的贫困群众主体地位被忽视，导致被动参与扶贫[16]。作为市场行为主体，盈利性与扶贫公益性矛盾是企业作为扶贫参与方所需要平衡的，富裕的企业与贫困户之间资源博弈和利益分配机制的缺位、现代工业文化与传统农业文化形成的文化冲突矛盾以及企业建设与当地环境保护之间的矛盾是产业扶贫进程中企业与农民的主要矛盾[19]，帮扶企业容易陷入高投入资本、高管理成本与对政府资源的高度依赖的"三高困境"[17]。最后，在行政绩效考核和产业发展长期性的双重压力下，很多地方片面强调利用经济补偿手段达到脱贫要求，忽视产业扶贫的"造血"功能，在产业选择上主要选择投资小、见效快的"短平快"产业，主要集中于种植、养殖等生产环节，或只是产业的简单引进，忽视了产业培育和长期产业发展的规划性，无法有效推进精准扶贫与地区发展、脱贫攻坚与乡镇基层政权建设的协调发展，影响稳定脱贫、长效脱贫[10]。而这种沿袭了小农特色的产业扶贫模式和地区产业规划的短视造成了产业扶贫对贫困人口的技术和能力培训收效甚微[16][20]，贫困人口人力资本提升不明显，对产业扶贫的获得感和认同感不高。

（二）工业产业为产业扶贫提供动力

为破解上述困境，提升产业扶贫绩效需要把握四个关键：一是产业发展选择既不能急功近利，亦不可好高骛远，应基于自身特色培育具有长期、稳定发展潜能的优势产业。二是贫困人口的产业有效参与，贫困人口有效参与产业发展是其提升自身人力资本水平和分享发展收益的关键所在。三是产业要素的集聚并逐步形成规模效应，扶贫产业应具备吸引外部资源和有效整合本地资源的能力。四是产业体系的构建，强化纵向产业延伸与横向产业融合。中国持续的工业化进程和工业体系的区域转移为破解产业扶贫困境提供了工业产业扶贫契机。改革开放以来，农村工业化和国家整体的工业化以及迅速的城镇化构成了中国大规模减贫的基本动力[21]，农民从农业生产向非农生产的转移以及非农收入的提升不仅快速提高了农民的收入水平[22]，还增强了农民抵御经济波动风险的能力[23]。工业化发展为农村剩余劳动力的转移提供了机遇，不仅拓宽了农户收入来源，而且分担了农业生产风险带来的收入和消费波动，有效降低了贫困发生率。相对于外出务工人口，劳动技能的缺失和人力资本水平的不足使得贫困人口更受益于本地工业化的发展[24]，而工业产品高附加值和扶贫工业制造的低技能劳动需求特性使得在部分贫困地区从事工业生产的农民收入提升较快，表现出较其他产业更突出的减贫效应[25]。

贫困地区工业产业扶贫不仅能直接通过带动贫困人口工业产业就业而提升其收入水平，更为其提升人力资本，积累资金、技术、经验，自主创业与经营提供了培训途径，真正实现"造血"式扶贫。与此同时，基于地区优势而长期培育起的工业产业集聚形成的规模需求既能带动当地发展，也可以向周边辐射，增加辐射区域居民财富，实现区域脱贫[26]。当前扶贫政策也为地区实现工业产业扶贫提供了支撑：一方面，持续的扶贫和农村建设为贫困地区工业产业发展提供了较高素质的人才和基础设施条件；另一方面，扶贫工作的深入也为工业企业生产要素补充和产品市场扩展创造了良好环境。

然而，工业产业扶贫也面临一定的挑战。首先，短期内工业产业建设难以形成体系和规模，工业产业布局需要对区域优势进行清晰的认知与科学的规划。其次，工业产业建设需要相应资源的投入，包括人力资本、基础设施、土地、资金等。最后，工业产业布局与地区环境之间的平衡是地区可持续发展应重点关注的领域。多重因素导致了我国扶贫政策普遍倾向于农业、旅游业及其相关产业的发展，相应的产业扶贫实践与理论研究也自发地聚焦于贫困地区农业产业发展以及基于农业资源的产品加工、旅游资源的开发以及相关产业链的延展。

三、南康家具产业及其扶贫成效

（一）南康家具产业

南康是江西省赣州市辖区之一，是中国实木家具之都。因人多地少，"男做木匠，女做裁缝"成为南康人主要的谋生手段，"木匠之乡""做木匠活"是千百年来客家人的老行当并为南康留下了技艺传承和产业基础。20世纪90年代末期，南康区政府积极支持和引导当地外出务工人员返乡创业，南康区的木匠技艺传承实现了"出口转内销"，人才是南康家具产业发展的基石和关键，也是南康家具产业最重要的要素市场[27]。历经20余年的发展，南康已经成为中国最大的实木家具制造基地，2019年产值达1807亿元，全区拥有家具企业9000余家，其中规模以上企业达1022家，标准化厂房达1000万平方米，带动相关从业人员50余万人，域内专业家具市场销售面积260万平方米，家具销售店面12000余间，建成营业面积和年交易额均位居全国前列，"南康家具"品牌价值估值达100亿元。在家具产业带动下，南康现代服务业快速发展，2019年物流企业达700余家，其中规模以上企业达30余家。全国第八个内陆城市开放口岸赣州港的建成开通推动赣州融入"一带一路"建设，南康家具从世界50多个国家和地区进口木材，产品销往世界100多个国家和地区，实现"买全球、卖全球"。电商平台及大数据的应用、家具特色小镇的高标准规划建设推动南康家具不断向产业链纵深、自主创新领域拓展。依托木匠技艺传承，持续培育和壮大产业，南康家具产业实现了"无中生有、有中生特、特在其人、人联四方"的发展路径。

（二）南康贫困状况及家具产业扶贫成效

南康人口86万，属原中央苏区县和罗霄山脉集中连片特困地区，累计建档立卡贫困户24516户、90652人，其中贫困劳动力有43340人。截至2019年底，南康共有未脱贫在档贫困户1673人，主要分为两类人群，一是2019年新增贫困人口及返贫人口，二是农村中无劳动能力、无生活来源、无法定赡养扶养义务人或虽有法定赡养扶养义务人，但无赡养扶养能力的老年人、残疾人和未成年人等由政府托底的贫困人口。

南康依托家具产业这一千亿产业优势，开展"产业+就业"扶贫工作，并于2019年4月28日实现全区脱贫摘帽。90652名贫困人口中已有20201户、40843名贫困劳动力实现就业，其中法定劳动年龄内贫困劳动力就业34887人，法定劳动年龄外贫困劳动力就业5956人，法定劳动年龄内贫困劳动力就业率达到93.3%，户均就业人数1.66人，全区有劳动能力且有就业意愿的"零就业贫困家庭"基本实现了动态清零，使有就业能力的贫困劳动力实现了充分就业。家具产业吸纳贫困户就业人口达 13161 人，占已就业贫困劳动力总数的 32.35%，人均工资每月可达 3000 元左右。依托成熟的家具企业为后盾，南康积极推进扶贫车间建设，全区现有在运营的扶贫车间 43 家，吸纳建档立卡贫困劳动力 330 人务工就业。

四、南康家具工业"产业＋就业"深度融合脱贫模式

产业扶贫不仅要将产业引进贫困地区，在贫困地区形成产业，更要重视产业的可持续性和可发展性。南康依托本土技艺传承，"无中生有"地不断培育和扶持家具产业，做到注重特色、扬优成势，把千亿家具产业作为脱贫攻坚的最大优势和最强支撑，通过"产业＋就业"深度融合脱贫模式，依托家具这一首位产业实现了工业产业扶贫，通过家具产业创造的就业岗位为贫困群众提供持续的脱贫机会，不仅有效地激发了贫困群众的内生动力，更走出了一条"产业＋就业"的高质量脱贫之路。

（一）家具产业有效解决南康扶贫进程中的产业选择问题

1. 贫困地区工业产业选择与培育机制

工业产业所依赖的要素资源与大多数贫困地区固有要素禀赋不相匹配，培育地区工业产业也多需要从无到有逐步构建与扶持，而工业产业——尤其是工业产业集群培育的长期性使得地区构建工业产业的试错成本极高。因此，选择工业产业扶贫需要依托地区特色，从地区资源禀赋、文化传承、社会网络等维度选择具有相对比较优势的产业进行培育。同时，不应过度追求产业的高级化，工业产业的选择也应兼顾劳动力吸纳和贫困人口技能适应性。在工业产业扶贫中，产业的发展是前提，而产业的可持续性是发展目标和扶贫的持续动力。围绕"产业"这一核心要素，政府是工业产业的主要规划者、引导者和推动者。依托地区禀赋优势，规划产业发展方向和长期路径，通过政府资源调配优势及政策制定权力引导和扶持产业发展，推动地区工业产业逐步壮大，不仅实现工业产业发展进程中的地区经济带动作用，也逐步培育出地区工业产业的自生性发展动能，不仅为贫困人口提供稳定的就业机会和提升非农就业收入，也逐步构建起地区特色工业产业以推动地区可持续性和高质量脱贫。企业是工业产业的主要投入者和参与者。企业是工业产业活动的主体，且兼具工业产业发展所需技术要素及资金要素，可持续性的工业产业不应是地区政府持续性投入的"输血式"产业，而应依托于企业（既可以是本地成长型企业，也可以是域外引进型企业）构成产业主体，不断发展，逐步形成产业集群并带动上下游产业发展。通过参与扶贫，工业企业可以为贫困人群提供相应的就业岗位、公益性岗位，提供培训，建设工业园区和开办扶贫车间等。贫困人口是贫困地区工业产业发展的直接受益人。贫困人口从工业产业发展中获取稳定的就业机会，相较于农业就业，工业就业的稳定性、抗风险性和相对高收入性是贫困人群逐步摆脱贫困状态的有效推动力。

2. 南康家具产业培育及其减贫经验

从南康的经验看，如图 1 所示，从 2013 年开始，南康区借助《国务院关于支持赣南等原中央苏区振兴发展的若干意见》颁布的历史机遇，出台了一系列扶持政策，多措并举打造千亿家具产业集群，推动产业转型升级，扶持和引导家具产业发展。2019 年，南康家具产业集群产值已达 1807 亿元，同比增长 11.9%，主营业务收入达 1714.9 亿元，同比增长 9.5%。家具产业已成为南康的富民产业、扶贫产业，为脱贫攻坚提供了强大支撑和持续动力。

在家具产业的带动下，南康积极规划和扶持发展现代金融、物流、商贸、电商等生产性服务业，拓宽贫困人口就业空间。其中，以家具销售为主的电商运营体通过电商产业帮助贫困户实现创销增收。借助"国家电子商务进农村综合示范县""全国十强国家电子商务示范基地""中国电商示范百佳县江西首位""京东南康家具线上馆"的电商平台优势，依托南康家具"买全球、卖全球"的实体产业基础和遍布全国的立体物流网络

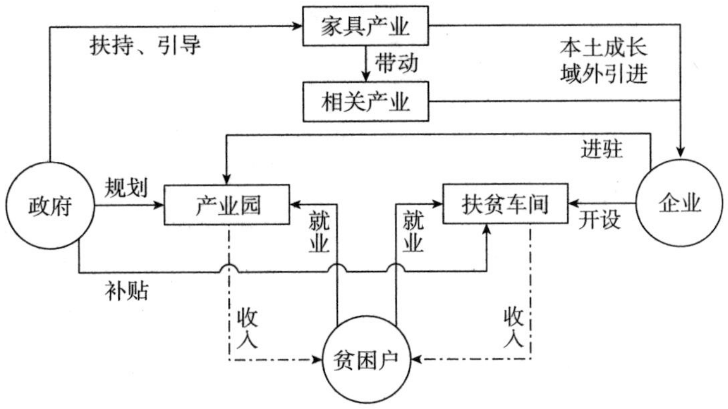

图1 南康家具产业发展及扶贫机制

和直通全球的内陆口岸——赣州港打造南康"跨境电商产业园"。2019年，跨境电商企业从最初的20家发展到197家，电商企业总数从3810家发展到4932家，电商交易额从301亿元增长到506亿元。同时，南康依托家具电商企业开展贫困户子女电商技能培训，并通过电商企业的集聚为贫困人口提供就业岗位，与电商平台合作为贫困人口提供创业辅导和支持，包括销售培训、开店辅导和产品供应链资源支持等，通过实施电商平台创业扶贫，带动当地贫困人口脱贫增收。

南康依托全区各家具产业聚集区规划建设家具产业园及易地扶贫搬迁安置点，对搬迁贫困户进行劳动力职业技能培训和实用技术培训，提升搬迁贫困户就业创业能力，增强搬迁贫困户内生动力，并充分引荐贫困户到附近家具企业务工，有效解决贫困户易地搬迁之后的就业增收问题。同时，依托产业园和安置点，建设相应的公共配套设施及移民服务中心，既能助力贫困户搬迁后享受后续帮扶措施，提供就业、就医、就学便利，提升贫困人群人力资本水平，也能为搬迁贫困户提供环卫、家政、保洁等低技能扶贫岗位，帮扶低技能及弱势群体就业。鼓励有条件的家具企业在扶贫搬迁安置点周边及乡镇设立扶贫车间吸纳贫困劳动力就业，截至2019年底，南康有在运营扶贫车间43家，吸纳建档立卡贫困劳动力330人务工就业。鼓励企业围绕家具生产、配套、物流三大主力行业，提供压板、上胶、拼接、搬运等岗位，有效吸引贫困人口就业，提升贫困户收入水平。政府给予扶贫车间按照一次性补助和吸引就业人数补助提供扶贫资金支持，2019年政府补贴达255.77万元。

（二）家具产业就业成为南康政府、企业、贫困户联系的纽带

1. 以就业为核心的政府、企业、贫困户角色定位

围绕工业产业，以实现贫困人口工业产业就业为核心目标的扶贫逻辑是解决产业扶贫进程中各参与主体角色定位偏离和关系模糊的有效路径之一。围绕工业产业有效就业这一核心目标，贫困户始终作为扶贫工作的核心主体，其在政府帮扶和企业融入进程中提升自身人力资本水平、掌握就业技能、提高就业收入、享受优惠政策，激发其脱贫的内生动力，从而实现稳定就业和高质量脱贫。工业企业是就业岗位的供给方和劳动力的需求方，劳动力密集型工业企业吸纳贫困人口就业的作用显著，工业性生产对于劳动技能的要求推动企业在吸纳就业的同时完成了对于贫困人群劳动技能的培训（包括岗前培训和在岗培训），提升了贫困人口的劳动技能和生产能力，从而提升了贫困人群脱贫的内生动力与能力。对于低技能劳动者，企业也可通过提供非技能岗位给予援助和帮扶。

在扶贫进程中，政府的功能定位主要包括五个方面：一是提供就业供需平台，帮助贫困户与企业进行对接；二是给予具有自主创业和外出就业意愿的贫困人口资金补贴和政策引导；三是为

贫困户提供就业培训，帮助贫困人口尽快适应工业生产的技能要求和生产方式；四是提供社会公共服务及社会保障，给予贫困人口融入工业生产体系的医疗、教育、社会保障服务；五是扶贫资金的使用，这是产业扶贫进程中需要解决的关键矛盾。既要解决贫困人口及企业对于扶贫资金的依赖性，又要使政府扶贫资金能够投给有需要且有意愿脱贫的贫困人口。基于此，政府的扶贫资金在使用上应以促进贫困人口就业为激励目标，主要包括三个方面：一是推动企业提供就业岗位和岗位培训的资金补贴，该类补贴是通过投给企业所对应的贫困岗位而间接补贴给贫困人口，企业并非是扶贫资金的最终受益人，贫困人口也无法通过"等靠要"形式直接获得补贴，企业获得了生产所需劳动力且并未显著增加生产成本，贫困户则在提升了生产技能和就业收入的同时获得稳定的就业机会，这样既提升了企业的扶贫意愿，降低了企业公益行为的支出成本，也促进了贫困人口的就业。二是补贴具有创业及外出就业意愿的贫困户，鼓励贫困人群走出"贫困僵局"，提升自主脱贫的意愿和能力。三是为贫困人群提供社会公共服务和培训等，提升贫困人群的人力资本和生产技能，帮助其跨越工业产业就业壁垒，解决其融入工业社会的后顾之忧。

2. 南康"家具产业+就业"的脱贫经验

习近平总书记强调扶贫要同扶智、扶志结合起来，"脱贫致富终究要靠贫困群众用自己的辛勤劳动来实现"。围绕"家具产业+就业"，南康区有效地激发了贫困群众的内生动力。如图2所示，南康政府通过企业设岗补贴及贫困户激励补贴有效运用扶贫资金，鼓励贫困户消除"等靠要"思想，通过就业带动贫困户脱贫。在设岗补贴方面，首先，南康政府通过鼓励家具生产企业设立扶贫岗招收贫困人口就业，从2017年开始，南康为企业所设各扶贫岗均提供工资补贴300元/月，社保补贴50元/年（企业购买社保费用平均120元/年）。其次，鼓励企业设立扶贫车间，并根据扶贫车间所吸纳的贫困劳动力就业人数，每月给予场地租金及水电费补贴450元/人，同时给予扶贫车间一次性建设补助资金10万元，对地处边远、产业基础薄弱的贫困村开办的扶贫车间，可再给予5万元补助。扶贫资金通过就业形式，以企业设置扶贫车间和提供扶贫岗位的方式补贴给贫困人口，有效推动贫困人口由被动脱贫向主动脱贫的转变。与此同时，企业吸纳贫困人口就业，既解决了劳动力来源问题，也通过政府补贴降低了扶贫压力。贫困户激励补贴的设计也是基于鼓励贫困户主动就业创业，变被动脱贫为主动脱贫，激发内生动能。例如，南康给予外出务工的贫困劳动力交通补贴，年工作满6个月，区内务工补贴1000元/人·年，区外务工补贴1500元/人·年。

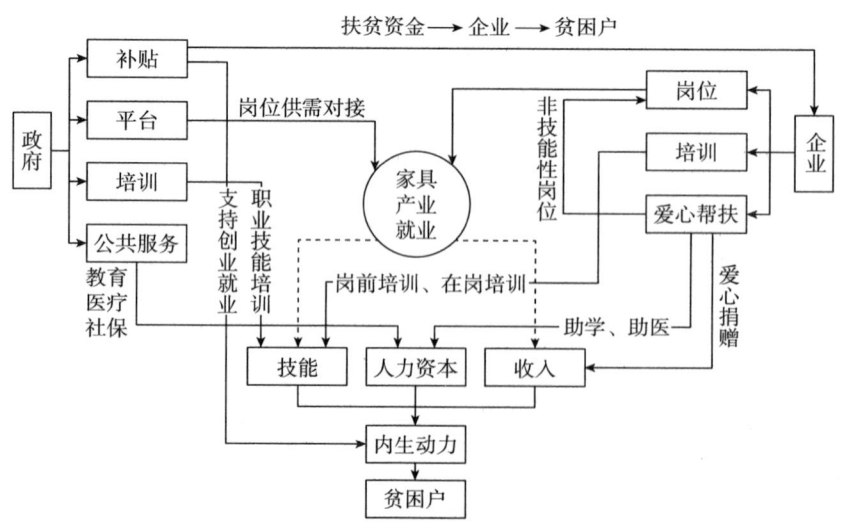

图2 南康家具产业扶贫参与主体关系逻辑

实现稳定、长期脱贫不仅是贫困户收入水平的提升，更要求贫困户具有一技之长，能够胜任工业生产所需技能要求。南康政府及家具企业相继提供了多种的技能培训模式，帮助贫困户提升技能水平。围绕千亿家具产业及相关配套产业链，南康政府与企业合作，开展了贫困劳动力培训意愿摸底调查，并按照意愿采取针对性的职业技能培训、岗前培训、企业在岗培训等，提高培训与就业的匹配度，提升劳动者就业水平，转变就业理念。仅2019年，南康已完成贫困劳动力扶贫培训人数3321名，并对参加规定的职业技能培训的贫困户劳动力，培训期间给予30元/人·天的生活补贴（累计不超过300元/人），取得职业资格证或培训合格证的，给予500元/人的一次性求职补贴。

南康还积极搭建就业服务平台，帮助失业贫困劳动力充分就业。集中在家具重点乡镇和家具产业园区搭建产业扶贫平台，鼓励企业打造扶贫车间吸纳贫困劳动力就业。在家具生产、家具配套、家具物流三大主力行业上通过"设立专岗安置一批、技能培训带动一批、师傅带徒帮扶一批、交通补助引导一批、结对励志影响一批"等方式鼓励贫困人口就业。为解决工业产业就业的贫困人口及其亲属生存压力，南康出台了相应的医疗、教育、住房保障等扶贫政策。保证贫困人口有病可医、有病能医，对贫困家庭子女各教育阶段学费减免，发放奖、助学金，提供住宿、生活费、交通、实习补助和助学贷款等，有效提升了贫困人口的人力资本水平。此外，家具企业通过设立非技能岗位带动低技能和低人力资本贫困人口就业。爱心企业、爱心人士也相继结对帮扶贫困村、贫困户和贫困学生，帮助贫困户提升"造血"能力。截至2019年10月，南康家具企业累计捐资捐物超过2200万元，帮扶贫困学生2458名，帮助贫困村发展特色产业、改善基础设施，营造了全社会支持、参与脱贫攻坚的浓厚氛围。

（三）家具产业与就业有效化解南康扶贫的长期与短期利益选择

2020年是我国脱贫攻坚的决胜之年，目标紧、任务重的情况下，不少地区扶贫工作难免出现短期扶贫目标和长期发展利益相冲突的问题。南康的经验显示，如图3所示，通过发展和培育家具这一千亿产业、优势产业，有效地解决了扶贫目标与地区可持续发展之间的矛盾，家具产业的发展不仅带动了南康的经济发展，构建起以家具产业为核心的产业体系，并紧跟技术进步提出产业的信息化与数字化，逐步实现产业升级，这一优势产业体系将是南康长期经济增长的重要动力。而家具产业的劳动密集性和低技能性特征又给产业扶贫带来了机遇，通过就业带动，家具产业的发展有效解决贫困户就业问题，同时，依托南康家具产业集群成长起来的当地企业也会回馈社会，帮助贫困人口脱贫。依托"家具产业+就业"，南康有效地将扶贫目标与地区长期产业规划与发展相结合，为我国其他贫困地区通过工业产业脱贫提供了借鉴。

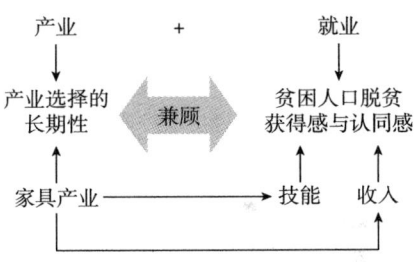

图3 "产业+就业"的扶贫长效机制

同时，工业产业就业所带来的收入普遍高于农业生产收入，南康家具产业从业贫困人口月均工资可达4000元，家具关联产业如包装、物流产业可吸纳低技能劳动力和妇女劳动力就业，月均工资可达3400元，企业所雇佣保洁员、安保员等公益性岗位也按照南康最低工资标准提供薪资。工业产业受季节性和突发性外生冲击影响较小，相对农业、旅游业有更为稳定的就业保障和收入水平，贫困人口收入显著提升。南康人多地少，劳动力丰富，家具产业发展所需的劳动力成本低，加之政府对于贫困人口就业予以岗位补贴和培训补助，既实现了企业扶贫的社会公益目标，也有效地保护了企业参与市场竞争的盈利性目标，有效地处理了贫困户短期收益和产业长期发展的矛盾。

贫困人口在工业产业就业不仅带来工资收入的提升，也需要具备工业生产所需技能与相应的人力资本水平。南康依托家具产业链，对贫困人口开展就业培训，帮助贫困人口掌握一技之长，使得贫困人口具备了脱贫的劳动技能基础，而相对较高的收入水平及其带来的生活水平和生活方式的改变也提升了贫困人口的脱贫意愿，做到了扶志与扶智相结合，提升了贫困人口的获得感。政府出台的激励政策和提供的社会公共服务、企业提供的就业培训和扶贫岗位也有效解决了贫困人口家具产业就业的后顾之忧，提升了贫困人口的认同感。南康"家具产业+就业"的扶贫模式解决了贫困人口的被动脱贫激励困境，也提升了贫困人口的人力资本水平，降低了脱贫人口返贫的可能，实现高质量脱贫。

五、结论与启示

本文以南康家具产业"产业+就业"扶贫模式为例，阐述了工业产业在产业扶贫中如何解决地区产业选择，各主体之间及长短期利益选择的实现路径。通过建立可持续发展的工业体系，南康有效解决了脱贫产业与地区长期经济发展之间的利益关系，围绕贫困人口就业所提出的家具产业扶贫政策使得各参与主体定位清晰，"产业+就业"的扶贫模式有效地化解了短期扶贫目标与地区可持续发展、贫困户短期收益与产业长期发展、农户被动式脱贫与贫困地区人力资本长期提升及高质量脱贫等长期与短期利益矛盾。南康模式为工业产业扶贫提供了可参考的成功案例。

基于上述研究结论，本文可以得出以下政策启示：

第一，因地制宜地培育特色工业，构建可持续性、抗风险性扶贫产业。农业扶贫往往存在主体产业抗风险性较低、扶贫参与主体关系界定不清晰、产业的地区长期经济带动能力不足等问题，使得贫困人群参与脱贫的获得感和认可度不高。因此，有条件的地区应依据自身资源禀赋，选择通过发展工业带动地区脱贫。但贫困地区需要清晰定位自身工业化发展阶段和基础禀赋，不应急功近利，通过政府引导、资源汇聚、企业扶持与引进、农户培训与就业等阶段逐步构建地区特色工业。同时，不应好高骛远，一味追求高端产业，工业体系建立与培育应注重结合自身优势与发展传承，劳动密集型工业既能有效解决贫困人口就业，又适应贫困地区工业基础，对于贫困地区工业化起步往往更为适宜。

第二，让贫困人口成为脱贫主体，为其提供稳定的就业机会。工业就业是实现贫困人口增收最有效、最稳定的途径，而贫困人口脱贫的本质是实现增收与提质。所谓增收，即是为其提供更高水平、可持续的收入来源，地区政府应为贫困人口创造进入工业生产，进而实现就业增收的就业机会；所谓提质，即是在贫困人口工业就业中提升自身人力资本水平，地区政府可以通过岗前培训及与企业合作开展在岗培训的形式提升贫困人口进入工业就业的能力，此举既提升了本地区人口素质，为工业发展提供合格的劳动力队伍，也有效改善了贫困人口劳动技能与自生能力，建立脱贫内生动力，实现地区高质量脱贫。

第三，合理使用扶贫资金，调动各主体积极性。贫困地区在扶贫资金使用中应避免政府主导的资金投放，并形成企业对扶贫资金的依赖性和贫困户"等靠要"的脱贫惰性。应以培育产业、激励企业、提供稳定就业、调动贫困人口积极性为扶贫资金使用目标。贫困地区政府应通过扶贫资金的投入推动本地工业体系建设、增加就业机会、减轻境内企业扶贫压力以及提升贫困人口人力资本水平。鼓励企业在接收资金的同时，增设贫困人口就业岗位、设立扶贫车间、提供就业培训，既实现了企业扶贫的社会公益目标，也有效地保护了企业参与市场竞争的盈利性目标。建立贫困人口扶贫资金鼓励机制，引导贫困人口通过主动脱贫获取资金奖励与扶持，由被动脱贫向主动脱贫转变。

参考文献

[1] 叶初升,张凤华. 政府减贫行为的动态效应——中国农村减贫问题的 SVAR 模型实证分析(1990-2008)[J]. 中国人口·资源与环境,2011(9):123-131.

[2] 范和生,武政宇. 相对贫困治理长效机制构建研究[J]. 中国特色社会主义研究,2020(1):63-69.

[3] 汪三贵. 在发展中战胜贫困——对中国 30 年大规模减贫经验的总结与评价[J]. 管理世界,2008(11):78-88.

[4] 王书斌. 国家扶贫开发政策对工业企业全要素生产率存在溢出效应吗?[J]. 数量经济技术经济研究,2018,35(3):22-39.

[5] 梁栋,吴惠芳. 农业产业扶贫的实践困境、内在机理与可行路径——基于江西林镇及所辖李村的调查[J]. 南京农业大学学报(社会科学版),2019(1):49-57+164+165.

[6] 杨龙,李宝仪,赵阳,汪三贵. 农业产业扶贫的多维贫困瞄准研究[J]. 中国人口·资源与环境,2019(2):134-144.

[7] 朱玲,何伟. 工业化城市化进程中的乡村减贫 40 年[J]. 劳动经济研究,2018,6(4):4-32.

[8] 钟甫宁. 劳动力市场的调节是农民增收的关键——评《农村发展与增加农民收入》[J]. 中国农村经济,2007(5):78-80.

[9] 翟军亮,吴春梅. 农村贫困治理的范式转型与未来路径——兼议产业精准扶贫的推进路径[J]. 西北农林科技大学学报(社会科学版),2019(4):44-51.

[10] 郭晓鸣,虞洪. 具有区域特色优势的产业扶贫模式创新——以四川省苍溪县为例[J]. 贵州社会科学,2018(5):142-150.

[11] 王凯,林惠,甘畅,邓楚雄. 集中连片特困区旅游扶贫效率与经济发展水平的时空耦合关系——以武陵山片区为例[J]. 经济地理,2020(2):200-208.

[12] 陈超凡,王赟. 连片特困区旅游扶贫效率评价及影响因素——来自罗霄山片区的经验证据[J]. 经济地理,2020(1):226-233.

[13] 谢双玉,李琳,冯娟,乔花芳. 贫困与非贫困户旅游扶贫政策绩效感知差异研究——以恩施为例[J]. 旅游学刊,2020,35(2):80-92.

[14] 陆远权,蔡文波. 产业扶贫的多方协同治理研究——以重庆市 X 县为例[J]. 重庆社会科学,2020(1):17-27.

[15] 林艳丽,杨童舒. 产业精准扶贫中企业、贫困户和地方政府行为的演化博弈分析[J]. 东北大学学报(社会科学版),2020,22(1):40-48.

[16] 黄承伟,邹英,刘杰. 产业精准扶贫:实践困境和深化路径——兼论产业精准扶贫的印江经验[J]. 贵州社会科学,2017(9):125-131.

[17] 刘芳,徐兴文. 西南少数民族地区产业扶贫的现实困境与提升路径——基于云南 M 彝村的经验[J]. 湖北民族学院学报(哲学社会科学版),2019(6):117-123.

[18] 林移刚,杨文华. 我国乡村旅游精准扶贫困境与破解研究:基于生产要素视角[J]. 云南民族大学学报(哲学社会科学版),2017,34(2):121-127.

[19] 张琦. 企业参与扶贫开发的机理与动力机制研究——以陕西省"府谷现象"为例[J]. 中国流通经济,2011(4):58-63.

[20] 陆汉文,李文君. "有用无效":贫困人口能力建设的结构性困境——以豫西 Y 县农村实用技术培训为例[J]. 贵州社会科学,2017(4):161-168.

[21] 李小云,于乐荣,唐丽霞. 新中国成立后 70 年的反贫困历程及减贫机制[J]. 中国农村经济,2019(10):2-18.

[22] 张凤华,叶初升. 经济增长、产业结构与农村减贫——基于省际面板数据的实证分析[J]. 当代财经,2011,(12):14-21.

[23] Ruben R., Marrit V. D. B. Nonfarm Employment and Poverty Alleviation of Rural Farm Households in Honduras [J]. World Development, 2001, 29(3):549-560.

[24] 陈菁,贺达水. 经济增长与农村扶贫绩效的区域差异[J]. 中国延安干部学院学报,2015(4):120-126.

[25] 杨水根,王展. 人口抚养水平影响住房消费的溢出效应研究——基于省际面板数据的空间计量分析[J]. 消费经济,2019(1):77-85.

[26] 张立群,陈宇宙. 以新型城镇化推进减贫研究:一个文献综述[J]. 社科纵横,2015,30(10):38-42.

[27] 朱捡发,陈旭明. 基于钻石模型视角下南康家具产业集群效应研究[J]. 东方企业文化,2019(S2):27-28.

Research on the Poverty Alleviation Model of "Industry + Employment" Based on the Furniture Industry of Nankang

Qin Yu　Zhong Qunying

Abstract: After the comprehensive poverty alleviation, China's poverty alleviation will change from eliminating absolute poverty to reducing relative poverty and achieving high - quality poverty alleviation. Through the research on the poverty alleviation mechanism of furniture industry in Nan kang District of Ganzhou City, this paper expounds how to effectively solve the problems existing in China's industrial poverty alleviation, such as the unsustainability of industrial selection, the unclear definition of the main body relationship and the shortsighted work of poverty alleviation. We find that Nan kang District of Ganzhou City has effectively solved the long - term and short - term interest contradictions relying on the furniture industry, such as the short - term poverty alleviation goal and regional sustainable development, the short - term income of poverty and the long - term development of industry, the passive poverty alleviation of poverty and the long - term improvement of human capital and the high - quality poverty alleviation through the industrial industry poverty alleviation mode of "industry + employment". This poverty alleviation model not only provides new poverty alleviation ideas for the existing policy orientation, but also provides successful cases for the poverty alleviation practice of industrial industry.

Key Words: Industrial Industry; Poverty Alleviation; Nan Kang; Industry + Employment

人力资本相对超前投入及对经济增长的影响

李 钢 秦 宇

摘 要：构建相对指标，将中国与世界各国的人力资本相对超前投入程度进行比较，得出中国人力资本相对超前投入程度的真实评判。研究方法：利用经人均 GDP 调整后的预期寿命及预期受教育年限构建相对指标，即人力资本相对超前投入（HCRAI）指数，以测量一国的人力资本相对超前投入的程度。研究发现：2014 年中国 HCRAI 指数排名远高于人均 GDP 的排名，也远高于美国 HCRAI 指数排名，表明中国更加注重人力资本投入；1970 年以来中国 HCRAI 指数排名呈现了先上升后下降的 U 形曲线，1980 年中国 HCRAI 指数排名世界第一，这说明了中国改革开放后的发展在一定程度上弱化人力资本投入；跨国的数据分析表明，HCRAI 指数可以在很大程度上解释一国经济的长期增长率，这也表明我国前后两个 30 年发展的连贯性。研究创新：通过相对指标替代现有绝对指标，测度国家对人本关怀的程度，更好地体现"公平"的概念。研究价值：HCRAI 指数跨国比较及长期的演变为我们理解中国经济的新常态及供给侧改革提供了新的视角；近 30 年来中国 HCRAI 指数不断下降也迫使我们转换发展思路，寻求更加以人为本、更加包容的可持续发展路线。

关键词：人力资本；相对超前；教育；健康；长期增长

引 言

经过 40 年的改革开放，中国已成长为世界第二大经济体、世界第一出口国、世界最大制造业国家。作为一个人口超过 14 亿的大国，如此成就令世人瞩目，堪称"中国奇迹"。而在耀眼经济数据的背后，中国却面临着越发凸显的社会问题，诸如贪污腐败、贫富不均、阶层固化等问题，不仅关系到社会的长治久安，更关乎人的长期发展。为应对转型时期的发展不平衡和社会不公平问题，中国提出"以人为本"的发展理念，不断加强对社会公平和人的发展的关注，指出实现人的全面发展是社会主义发展观的核心要义，经济发展是人的发展的前提和基础，而人的发展则是经济发展的根本目的（张小媚，2010）。

这一经济发展转变的思路是将自改革开放以来的快速物质投入与资本积累的发展方式向更加注重人的关怀和人力资本投入的发展方式转变。中国能够在 70 年的时间内从积贫积弱的落后国家发展为世界第二大经济体，并保持 40 年的高速及中高速增长并非偶然，这源于我国长期对人的发展的关注。所谓对人的关注，就是在特定发展阶段下，将更多的资源投入到对人的关怀和发展中，

---

* 本文发表在《数量经济技术经济研究》2020 年 5 期。
［作者简介］李钢，中国社会科学院工业经济研究所中国经济学人编辑部副主任、研究员、经济学博士；秦宇，中国社会科学院工业经济研究所编辑、经济学博士。

即更加注重以生存权和发展权为基础的人力资本投入。本文认为，中国能够实现长期快速发展源于其相对超前的人力资本投入。

所谓"相对超前的人力资本投入"，即是超越该国发展阶段所应有的人力资本投入水平。[①] 要实现相对超前的人力资本投入，要求社会发展成果惠及更广泛民众，要求在承认社会成员对社会贡献存在差距的前提下，充分尊重弱势群体的基本需求，从而使得绝大多数社会成员可以公正地享有生存权和发展权这两大基本权利。换句话说，即将更大比重的有限资源投入到人力资本发展中，体现为社会对最广泛民众的更多关怀。

作为重要的经济增长推动因素，对人力资本投入的重视与否成为国家间经济增长差异的重要原因（李海峥等，2010；Barro and Sala-i-Martin，1992；Lucas，1989；Romer，1986；Acemoglu and Johnson，2007）。但遗憾的是，现行的人力资本测算方法未能涵盖对于人力资本投入重视程度的相对概念，无论是基于收入法、成本法测算的人力资本水平还是以平均教育年限、非文盲率等指标作为代理变量而表示的人力资本都只是存量的概念。绝对值的呈现难以反映出对人力资本投入的重视程度，即难以体现出对人的关怀程度的概念。由此，越来越多的研究基于人力资本提出了关于人的关怀程度的评价体系。由SGI（可持续治理指标）项目公布的The Bertelsmann Stiftung on Social Justice（BS）数据库[②]是国际上广泛使用的衡量一国对人关怀程度的评价体系，该指标体系从五个维度（预防贫困、教育公平、劳动市场包容性、社会凝聚力和公平、代际公平）衡量各国对人的关怀程度。现有跨国比较文献多依赖于该指标对各国人类发展程度进行测算（Merkel and Heiko，2009；Kauder and Potrafke，2015；Bertelsmann Foundation，2011）。Helmy（2013）对Bertelsmann数据进行了提炼与修改，测算了40个发展中国家的公平系数，虽然他将数据进行了标准化处理，同时选取比例数据（单位多为百分比），但并未考虑该国的发展水平（没有与该国GDP相联系），故而仍然是绝对指标。Tridico（2010）在分析新型转型经济体的经济增长问题时，考虑到不均衡因素，将不均衡用教育（Literacy）、公共投资（Public Expenditure）和健康（Life Expectancy）来衡量。与Tridico的研究相似，联合国开发计划署的人类发展指标（HDI）是另一被广泛采纳的衡量一国人类发展水平的国际指标，指标由健康长寿（出生时预期寿命）、知识（成人识字率与毛入学率分别占2/3和1/3权重）、体面生活（人均GDP）三项指标各占1/3权重构成，虽然该指标考虑到国家发展程度（人均GDP），但却是将国家发展程度作为一个维度加权而构成人类发展指数，仍然是将各次级指标绝对数值加权而构成的绝对指标。[③] 可见，在衡量国家对人的关怀程度时，现有指标都选用了绝对量评价体系。而这种衡量体系并不能真正体现该国对人力资本投入的重视程度，更难说是对人的发展的关注水平，反而更像是人力资本投入绝对值的代理变量。这样的测量方法存在一定偏差，即绝对指标更有利于发达经济体的评价，由于长期的经济积累和社会体制建设，发达国家人口的受教育程度和人口寿命显然比发展时间较短的发展中国家要好，但这并不表明发展中国家就一定不重视人文关怀，也不能表明发展中国家较发达国家不重视人力资本投入。[④] 与现行测算体系不同，本文更关注国家对于人力资本投入的重视程度，而不仅仅是人力资本积累的绝对数值。人力资本相对超前投入是一个相对指标，而人力资本却未能很好地涵盖这一概念。如果发展中国家将其有限的资源更多地投入到人力资本中，则可以认为

---

① 本文所提出的"人力资本相对超前投入"为相对概念，所谓"相对超前"，即相较于该国所处经济发展阶段的国家平均水平而言，其人力资本投入是高于这一平均水平的。同理，如果该国人力资本投入水平低于其经济发展阶段平均投入水平，则是投入滞后的。具体概念界定及测算将在后文具体阐述。
② SGI数据库网址为：http://www.sgi-network.org。
③ 可参见历年《人类发展报告》。
④ 本文的"一国"不仅包括一国政府，也包括该国的民众及企业等各类社会组织。

该国更加注重人力资本投入，如果这一重视程度超过其经济发展阶段人力资本投入所应有的平均水平，则认为该国的人力资本投入是相对超前的。

可见，人力资本投入的超前与否是一个与本国的国情高度相关的概念，衡量一国是否坚持超前的人力资本投入的指标是该国对普通大众人本关怀所作努力的程度，这也正符合了中国传统智慧"百善孝为先，论心不论迹，论迹寒门无孝子"。通俗地说，所切蛋糕的比例，而不是所切蛋糕块的大小更好地衡量了一国人力资本超前投入程度。① 国家将更多的精力投入到对人的关怀上，则该国较其他国家而言，具有更多的社会公平感和对人的关注程度，也就有了相对超前的人力资本投入。

因此，本文试图构建相对指标，将中国与世界各国的人力资本相对超前投入程度进行比较，得出中国人力资本投资程度的真实评判。一是分析中国是否有跨越"中等收入陷阱"、保持经济持续稳定增长的动力；二是考察中国是否真如西方国家指责所言，对于人的关注不够，不重视人的发展；三是从历史的角度看中国随其发展策略的改变，人力资本相对超前投入的变化，为我国"以人为本"的发展策略提供参考。

一、人力资本相对超前投入指数

基于上述考虑，本文试图构建新的指标体系，基于经济发展水平，从对人力资本重视程度和对人的关怀角度测量一个国家的人力资本投入相对超前水平。

（一）健康、教育是人力资本投入的两个基本要素

自1990年起联合国开发计划署开始发布《人类发展报告》（以下简称《报告》），从第一份关注人类发展选择权开始，每年会有一个突出的主题，到1997年，《报告》始终将注意力投入到贫困问题上，这里的贫困不仅指收入低下，而且是广义的贫困，包括人权的不被尊重，基本生活条件（水、食品、空气等）的不被保障，医疗、教育等生存发展要求不被重视。1998年，《报告》在对消费权的关注中，着重讨论了基础教育、医疗保障、住房就业等最低消费，进而对人权发展的影响（李伟峰，2003）。2000年关注人权，2001年关注科技进步对于人类生活的影响，2002年关注深化民主，② 再到近年来，2013年《报告》放眼全球，关注多元世界的共同进步，该报告承袭了前期报告的一个重要成果，即经济增长并非人类进步的全部，不是衡量一国进步与发展的唯一指标，而应该将关注重心投入到对教育、健康、生存技能等方面的扶贫和对人权及自由的提升中，才能保证人类持续进步，而这也是世界均衡发展（共同富裕）的保证。2014年《报告》关注人类生存的脆弱性，尤其是贫困人群的脆弱性，对人类生存空间、生活保证、生命周期、工作压力、社会抗逆力等方面进行了脆弱性评价。而2015年《报告》进一步提出各国应为所有人提供平等的工作，重视劳动者的健康、教育、工作能力等人力资本的培养。

纵观20余年的《报告》，联合国对于人类关怀和社会发展的关注，虽逐年各有重心，但是其中两点却是不可或缺的。其一，对人生存权利的关注，包括水、空气、土地、基础设施、医疗条件等与人类健康息息相关的保障，本文用预期寿命来测量该维度，预期寿命集中体现了社会对当代人最重要生存权利的关注。其二，对人力资本获取权利的关注，包括人的平等受教育权、劳动技能的获取，以及社会尊严与自由权利的保证，这些权利都直接或间接地可以从教育水平中获取。本文用预期受教育年限来测量人力资本提升，而

---

① 值得说明的是，本文所讨论的绝对指标和相对指标区别不在于是否将国家发展程度指标纳入指数构建，而在于是否将指数构建所包含的指标用国家发展程度（如人均GDP）进行处理调整，从而形成可以用于不同发展阶段国家间发展理念比较的指数，将各国置于同一发展阶段下进行比较，即相对指标是衡量国家在特定发展阶段时对人力资本投入的相对重视程度（比例值），而绝对指标是衡量一国家在某一时点发展过程中的人力资本积累（绝对值）所达到的水平，本文将在后文对相对指标构建做具体阐释。

② 限于文章篇幅，各年报告内容不再一一赘述。

预期受教育年限也反映出社会对人的长远发展的关注。

之所以选择这两个指标，不仅是因为健康、医疗保障权和受教育权是人类发展的基本生存权利，更是衡量社会对人的关怀、体现国家对人力资本投入关注程度的重要指标。发展不再被简单地归结为经济增长，更应该注重人的发展以及发展成果的普遍分享，即人力资本的有效提升以及由此带来社会效益溢出的公平分享。强调发展是"以人民为中心"的发展，社会高效而有质量的发展是人类发展的前提保障；充足的营养、完善的医疗延长了人们的预期寿命，公平地享有教育资源和机会增加了人们受教育年限，进而为个人带来体面的生活和应对各种风险的能力，人力资本普遍提升，并由此带来社会效益的全面发展，这不仅是发展的应有之义，也是人的发展权利（肖巍、钱箭星，2015）。

健康是人类发展的前提，更是人类实现自身社会价值、追求社会地位的必要人力资本要素。随着经济的增长，当个人物质资本积累到一定水平之后，更倾向于关注自身健康资本的追求（刘长生、简玉峰，2011）。享有公平的医疗保障，不仅关乎个人的发展，也是涉及全社会和谐发展的重大问题。一个具有较长人口预期寿命的社会，往往意味着这个社会具有较为稳定的社会制度和较为完善的灾害防御体系，同时也说明该社会为其社会成员提供了先进的医疗服务水平，包括发达的医疗技术和健全的医疗保障（张启良，2015）。这样的社会往往更关注其社会成员的发展，保证人人平等享有幸福而有尊严的生活。

从受教育程度看，一般认为，劳动者从事劳动的复杂程度与其受教育的程度呈正相关，相应地，其所获得报酬也要高于受教育程度相对低的劳动者（王秀刚、程静，2012），这又为劳动者带来了更广阔的发展空间和更完备的生存能力。

而具备较高教育水平及生存能力的父母，往往又能为子女提供较优越的受教育环境和机会，进而提升了子女发展空间（赵丽秋，2006）。此外，教育是工业化国家社会流动的主要通道，获得公平的教育权利是人们争取自身权利的前提，通过自身努力而拥有尊严而体面的生活，一定人力资本投入得到相应回报是社会公平的体现。因此，个人的受教育年限，可以作为教育投入成本有效衡量人力资本的投入产出比，教育年限越长，自然应该获得更多的社会机会、更高的社会收入以及相适应的社会地位，而具有越高社会经济地位的社会成员往往认为当前分配状况越具有公正性（李颖晖，2015）。教育的重视程度，可以突出地表现在个人受教育年限上（魏延志，2013）。一国预期受教育年限越长，相应地代表了该国更加重视人民的教育水平，人们可以通过教育实现自身价值的提升，并得到相应的社会认可。

基于以上讨论，本文选择出生时预期寿命（Life Expectancy at Birth）及从小学至大学预期受教育年限（School Life Expectancy, Primary to Tertiary）两个维度来计算人力资本相对超前投入指数，数据来源：世界银行世界发展指标数据库[①]，联合国开发计划署人类发展报告数据库[②]以及联合国教科文组织UIS数据库[③]。

（二）人力资本相对超前投入指数构建

首先，构建人均GDP与预期寿命和预期受教育年限的回归关系，即考虑以人均GDP为自变量，分别对预期寿命和预期受教育年限进行回归，并进而通过回归方程，得出预期寿命与预期受教育年限的拟合值。

考虑到预期寿命的增长会受到人类寿命极限的限制，随着人均GDP的递增，预期寿命的增长速度会逐步放缓（苟晓霞，2011）。比如，在人均GDP较低的社会，人均预期寿命也往往较低（比如40岁），此时，通过发展经济将预期寿命

---

① 世界银行世界发展指数数据库参见：http://data.worldbank.org/products/wdi。
② 联合国开发计划署人类发展报告数据库参见：http://hdr.undp.org/en/data-explorer。
③ 联合国教科文组织UIS数据库参见：http://data.uis.unesco.org/Index.aspx?DataSetCode=EDULIT_DS&popupcustomise=true&lang=en。

提升 10 岁也许不是太难的事情，而随着经济增长，预期寿命必定会随之增长（如 70 岁），而此时，提升同样数量的人均 GDP 就很难将预期寿命提升 10 岁。因此，在构建回归关系时，不能选择线性关系，考虑到预期寿命随人均 GDP 递增而呈现出增速递减的增长趋势，本文选取对数形式的回归关系。预期受教育年限具有同样的特征。随着人均 GDP 增长，预期受教育年限的增长速率也会逐步放缓，针对这个特点，现有文献在做教育水平和经济增长关系的实证分析中，也多采用了对数形式的回归模型（陈永清、韦焕贤，2010；刘长生、简玉峰，2011）。故而构建人均 GDP 的自然对数对预期寿命和预期受教育年限的回归模型（见式（1））。① 图 1、图 2 分别是 2014 年世界各国人均 GDP 对预期寿命和预期受教育年限的散点图，从图中样本点分布特征也可以直观地看出，回归模型选取对数形式较为合适。②

$$\begin{cases} \exp edu_i = \alpha + \beta \ln GDP_i + \varepsilon_i \\ \exp life_i = \varphi + \lambda \ln GDP_i + \mu_i \end{cases} \quad (1)$$

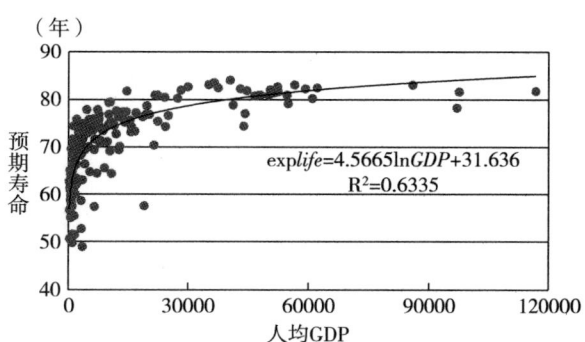

图 1　2014 年各国人均 GDP 对预期寿命样本分布及拟合结果

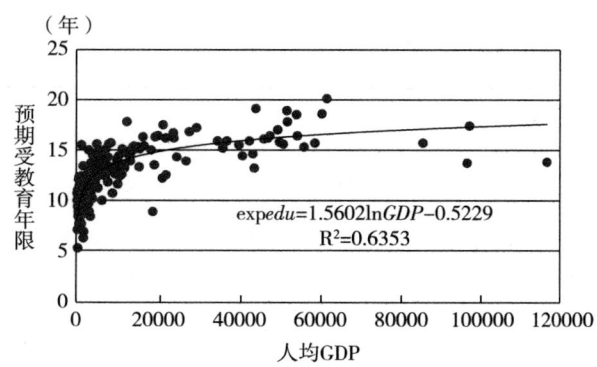

图 2　2014 年各国人均 GDP 对预期受教育年限样本分布及拟合结果

其中，$\exp edu_i$ 与 $\exp life_i$ 分别代表预期受教育年限与预期寿命，$\ln GDP$ 是人均 GDP 的自然对数值，i 代表国别。通过式（1）可以分别得到 $\exp edu_i$ 与 $\exp life_i$ 的拟合值 $E(\exp edu_i)$ 和

---

① 通过比较各非线性模型的拟合优度 R^2，对数函数模型的 R^2 最高，也说明该回归具有较强的拟合程度。而且更加重要的是对数函数具有一阶导数大于零，而二阶导数小于零的特点。从而一方面能保证随人均 GDP 的增长，人均预期寿命不断增长；另一方面也能保证随人均 GDP 的增长，人均预期寿命增长速度越来越慢。

② 由于篇幅所限，此处仅给出 2014 年数据散点图，其余测算年度样本分布呈同样趋势，不再列举。图中，最高四个样本点（由高到低）依次是：卢森堡、挪威、卡塔尔、瑞士。剔除四个离散样本之后重新测算，其函数形式依然遵循对数形式（图 1、图 2 中 R^2 分别变为 0.6235、0.6353），且其排名与未剔除离散样本时排名高度相似。相关性检验显示，相关系数为 0.998，$P = 0.000$，故而可以认为本文指标具有稳健性。

$E(explife_i)$，并用真实值与拟合值之差来衡量一国对于人力资本投入相对超前程度，该国若更注重人力资本投入，更关注人的发展，其真实值会高于平均拟合值，差值为正且较大，反之则较小。而本文人力资本相对超前投入指数（Human Capital Relatively Advanced Investment，HCRAI）考虑将预期受教育年限差值和预期寿命差值加权相加，但由于两个差值为不同概念数据，不能直接进行合成，故先对两个差值进行标准化处理，即得到$S[expedu\_E(expedu_i)]$和$S[explife\_E(explife)]$，再对两标准化数值加权相加，即可得各国HCRAI指数，考虑到生存是人的最基本权利，是对人的关怀的最基本考量，故而赋予70%的权重，受教育程度占30%的权重①，HCRAI指数计算公式见式（2）：②

$$HCRAI_i = 0.3S[expedu_i - E(expedu_i)] + 0.7S[explife_i - E(explife_i)] \quad (2)$$

值得注意的是，本指标与现有研究测算方法的不同在于构建了相对值代替绝对值，现有研究对于教育和健康的比较多以绝对值进行分析，而本文是通过计算预期寿命（或预期受教育年限）与其人均GDP的拟合值差异的方法得到HCRAI指数的分项数据。简单地说，本文是将一国预期寿命（或预期受教育年限）与相同发展阶段国家（相同的人均GDP的国家）预期寿命（或预期受教育年限）均值进行比较。如此便可避免因各国发展阶段的差异而导致的个体异质性。比如，发达经济体经过长期的经济和社会发展，较新兴经济体具有更好的医疗、教育水平，单纯地比较人口预期寿命和预期受教育年限，其绝对值较欠发达地区有显著优势。然而，绝对数值的优势只能表明该国具有人力资本积累的绝对优势，却无法体现该国更加注重人力资本投入的意愿和倾向。本文的指标避免了"蛋糕"体量的直接比较，而更注重"蛋糕"的分配方式，即一个较小经济体，尽管具有相对落后的医疗、教育绝对水平，但只要其对健康、教育的关注程度相对于自身经济发展体量具有较大的比重，就可以说明该社会制度更注重对人的关怀，人力资本投入相对超前。因此，本文的HCRAI指数更准确地描述出现阶段各国发展的理念是否更注重人力资本的积累，是否拥有更多人力资本投入的意愿。

本文的HCRAI指数沿用现有研究中以预期寿命和预期受教育年限分别来衡量健康和教育水平，以此来代表社会成员在国家发展中享有的生存权和发展权；并以国家发展阶段对健康和教育指标进行处理，从而构成衡量一国民众在发展中分享程度的相对指标，用民众权益的实际改善这一"结果变量"衡量在该发展阶段下，该国民众得以在生存权和发展权两大基本权利方面分享发展成果的程度。也就是说，HCRAI指数越高说明在同一发展阶段该国普通民众享有的生存权和发展权更被重视，而这一指数的提高需要一国在经济发展的同时该社会中绝大多数人的预期寿命和预期受教育年限相应程度或更快程度地得到提升，发展成果为更多人共享，更加重视人的发展和对人力资本积累的相对超前投入。

二、各国HCRAI得分及比较分析

根据式（2）可以计算出世界各国HCRAI指

---

① 本文同时按照健康和教育分别占60%和40%权重以及两者各占50%权重构建HCRAI指数，通过对比，我们认为：第一，中国排名出现先上升后下降的"U"形趋势并未改变；第二，中国排名领先于美、英等主要经济体的整体判断没有改变；第三，各权重计算HCRAI高度相关，以2014年为例，预期寿命和预期受教育年限分别按照7:3权重与6:4权重计算得分相关性系数为0.993和0.971，且高度显著。所得结论并非是权重选定而造成的偶然现象，HCRAI指数计算具有一定的稳健性。

② 本文HCRAI指数在构建过程中同时考虑到了比值法计算，其公式为$HCRAI_i = 0.3 \frac{expedu_i}{E(expedu_i)} + 0.7 \frac{explife_i}{E(explife_i)}$，而之所以选择差值法而非比值法，主要是考虑到比值法可能会减少人均GDP最高的那部分发达国家的得分，从而不利于其排名，而差值法可以有效避免该问题。同时，本文测算了差值法和比值法两种方法计算所得HCRAI指数的相关性系数，其相关系数很高，以2014年为例，相关系数达到0.977，且高度显著（P=0.000），说明两种方法计算所得指数具有很高的相似度，从而说明本指标及研究结果的稳健性，而非特定计算方法所致。

数得分，并以此为依据分析各国对于人的关怀和人力资本投入的重视程度，具体得分如表1所示。关于本文 HCRAI 指数计算结果，有两点需要说明：第一，本文数据是基于各国经济发展阶段计算的相对指标，但其得分与人均 GDP 不相关，相关性检验显示，HCRAI 指数与人均 GDP 不存在相关性（ρ = -0.066, P = 0.384，以 2014 年为例）。可以认为，某些发达国家得分较低与其较高的人均 GDP 不相关。第二，考虑到本文 HCRAI 指数与人类发展指数 HDI 均选取了预期寿命和预期受教育年限作为核心指标，故本文分析了两者的相关程度，结果显示两项指标具有一定相关性（ρ = -0.323, P = 0.000，以 2014 年为例），这也从侧面印证了本文的 HCRAI 指数构建具有一定科学性，而同时 HCRAI 和 HDI 计算结果及各国排名相差较大，也说明 HCRAI 的贡献性。图3、图4 分别给出 HCRAI 指数与人均 GDP 和 HDI 的关系。

表1　G20 成员国 HCRAI 指数比较

国家	预期寿命（年）	预期受教育年限（年）	人均 GDP（美元）	HCRAI 指数	排名
阿根廷	76.3	17.9	12510	0.861	19
韩国	81.9	16.9	27970	0.735	30
澳大利亚	82.4	20.2	61925	0.661	39
意大利	83.1	16	34909	0.545	46
印度	68	11.7	1582	0.503	50
日本	83.5	15.3	36194	0.446	55
中国	75.8	13.1	7590	0.409	62
墨西哥	76.8	13.1	10017	0.297	72
土耳其	75.3	14.5	10515	0.289	75
法国	82.2	16	42733	0.239	81
巴西	74.5	15.2	11384	0.229	84
印度尼西亚	68.9	13	3492	0.139	92
加拿大	82	15.9	50235	0.048	101
德国	80.9	16.5	47822	0.045	102
英国	80.7	16.2	46332	-0.006	107
沙特阿拉伯	74.3	16.3	24161	-0.285	123
美国	79.1	16.5	54629	-0.323	128
俄罗斯	70.1	14.7	12736	-0.565	139
南非	57.4	13.6	6483	-1.898	169

注：该表包含国家为 G20 成员国（除欧盟）；表中数据为 2014 年数据。

资料来源：联合国开发计划署 HDI 数据库以及世界银行 WDI 数据库。

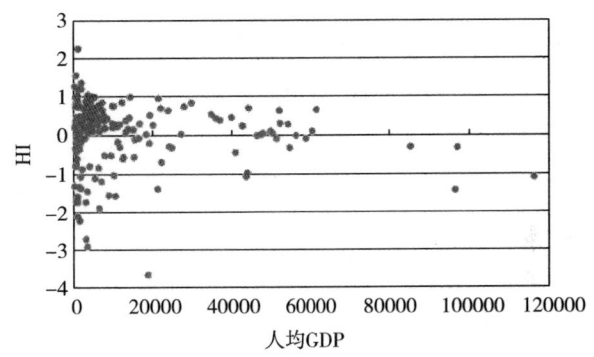

图3　HCRAI 与人均 GDP 的关系

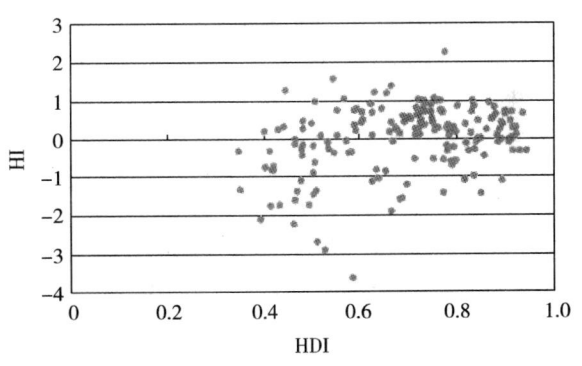

图4　HCRAI 与 HDI 的关系

参考表1 中的数据及排名，本文提出的 HCRAI 指数对现有研究及国际时政具有以下几点重要贡献：

第一，中国 2014 年 HCRAI 指数排名在 174 个国家中位列第 62，其排名高于美国（第 128 位）、英国（第 107 位）、德国（第 102 位）、加拿大（第 101 位）、法国（第 81 位）等西方主要发达国家。2016 年 3 月 10 日，美国等西方 12 国再次在联合国人权理事会以发表联合声明的方式对中国人权发难，而相关指责自20世纪90年代开始便屡见不鲜。①而本文HCRAI指数的排名清楚地显示，中国在以健康、教育为核心的人力资本上的投入并不比西方国家差。相反，与西方国家相比，中国更加注重对人的关怀。当然，此处所指的更加注重人本关怀，并非是我国人口健康及教育水平的绝对高水平，仅以绝对数值相比，中国都低于西方发达国家，如表1所列G20成员国基本状况，我国人口预期寿命和预期受教育年限都低于西方发达经济体。但单纯以绝对值而不考虑一个国家的发展阶段来判断一个国家是否更加关注人力资本投入、是否有人本关怀是不全面的。鉴于中国所处的发展阶段，针对其自身人均GDP而言，中国将有限资源投入到人的发展的比重较大，而西方国家更注重追求经济效率的提升。从得分看，我国较西方国家更注重对人的生存和发展，中国将更大比重的资源投入到健康、教育事业，这也是本文HCRAI指数中国排名优于西方发达国家的主要原因。

第二，因本指标并非绝对数值的排名，因此与人类发展指数排名具有较大的出入，全球主要发达经济体的HCRAI指数排名并不一定高。这与我们现有主观认识存在一定差别。如图5所示，目前世界上较富有国家（2014年人均GDP在50000美元以上）的HCRAI指数得分除了澳大利亚和冰岛，其余国家并没有其绝对值计算排名那样具有优势。包括斯堪的纳维亚国家（被公认为高福利、高社会保障）在内的欧美国家得分都排在后半部分。究其原因，主要是这些国家虽然有发达的健康、教育体系，人口预期寿命和预期受教育年限远高于其他国家（这也是其在人类发展指数中排名靠前的主要原因），但是相较其很高的人均GDP而言，这些国家对于人力资本的投入比重并不领先。换句话说，这些国家以其较少的GDP比重投入便可以维持较高的人口寿命和教育年限，而更大的比重则用来追求经济效益。这类国家表现出来的领先于世界的预期寿命和预期受教育年限更大程度上是其较高的经济发展水平的成果。

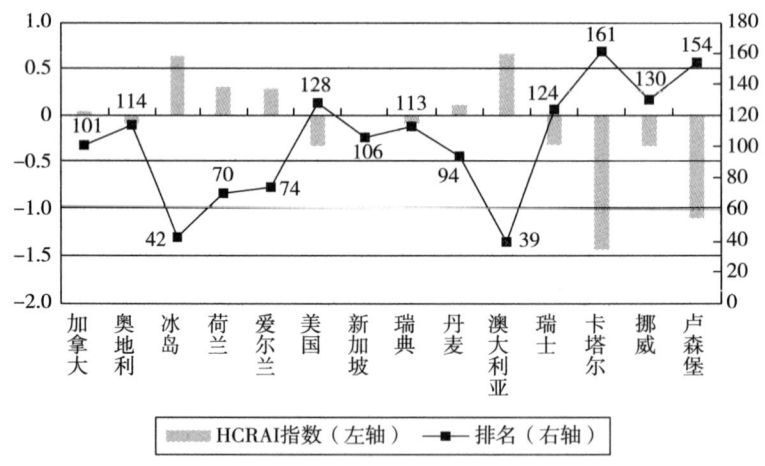

图5　人均GDP在50000美元以上国家的HCRAI结果

与此相似的是，世界主要石油输出国的HCRAI指数排名也相对靠后，如表2所示，除突尼斯、伊朗、厄瓜多尔、阿尔及利亚和埃及外，其余国家的排名都相对靠后，甚至排名末端。而与西方发达国家不同的是，主要石油输出国不仅HCRAI指数得分较低，绝对指标也不够好，预期寿命和预期受教育年限都远远落后于西方发达经济体。这也从侧面反映出这些国家的经济发展主

---

① 中方严厉回击12国"人权声明"[N].环球时报，2016-03-12（003）.

要依赖于石油这样的自然禀赋，国家的富有并非是真正的富有，而是对能源和资源的过度依赖。正是石油这一战略资源的支持，掩盖了这些国家人力资本发展相对滞后的问题，这也为其长期经济发展埋下隐患。

表2 世界主要石油输出国HCRAI指数比较

国家	预期寿命（年）	预期受教育年限（年）	人均GDP（美元）	HCRAI指数	排名
突尼斯	74.8	14.6	4421	1.018	9
伊朗	75.4	15.1	5443	1.000	13
厄瓜多尔	75.9	14.2	6346	0.775	25
阿尔及利亚	74.8	14.0	5484	0.720	32
埃及	71.1	13.5	3199	0.608	44
印度尼西亚	68.9	13.0	3492	0.139	92
利比亚	71.6	14.0	6573	0.116	93
沙特阿拉伯	74.3	16.3	24161	-0.285	123
巴林	76.6	14.4	24855	-0.323	129
伊拉克	69.4	10.1	6420	-0.843	148
阿联酋	77.0	13.3	43963	-0.972	150
科威特	74.4	14.7	43594	-1.080	152
卡塔尔	78.2	13.8	96732	-1.430	161
加蓬	64.4	12.5	10772	-1.582	164
尼日利亚	52.8	9.0	3203	-2.696	172

注：表中所列国家为石油输出国组织（OPEC）成员国或前成员国；表中所列数据为2014年数据及计算结果。

相较于西方资本主义经济强国，受到社会主义影响的国家排名普遍较高，表3所列是现阶段社会主义国家及曾经的社会主义阵营国家HCRAI指数排名。考虑到计算时点样本量的不同，本文用各国当年排名比上该年总样本数，计算该国所居样本国家位次。以2014年数据为例，25个统计样本国家中，17国的得分排在当年世界前50%。而以1990年东欧突变之初的数据分析，13个样本国家中，竟有11个国家排在当年世界前50%。同时，考察纵向变化，可以发现随着社会主义阵营瓦解时间的延续，曾经排名靠前的国家普遍出现排名下滑的趋势。图6为部分受社会主义制度影响国家的排名趋势，大部分国家在2014年的排名落后于1990年的排名，这也从侧面反映出国家经济体制变化及宏观政策调整给人力资本发展带来的影响。

表3 社会主义国家HCRAI指数排名

年份	1970	1978	1980	1985	1990	1995	2000	2005	2010	2013	2014
中国	0.130	0.014	0.012	0.047	0.032	0.057	0.105	0.069	0.132	0.286	0.356
老挝	—	—	—	0.929	0.532	0.793	0.571	0.431	0.698	0.747	0.626
古巴	—	0.041	0.024	0.059	0.096	0.103	0.076	0.017	0.009	0.044	—
越南	—	—	—	—	—	0.011	—	—	—	—	0.017
阿尔巴尼亚	—	—	—	—	0.035	0.021	0.023	0.067	0.129	0.038	0.011	0.098
亚美尼亚	—	—	—	—	—	—	0.048	0.095	—	—	0.178

续表

年份	1970	1978	1980	1985	1990	1995	2000	2005	2010	2013	2014
白俄罗斯	—	—	—	—	0.074	0.126	—	—	0.538	0.484	0.511
克罗地亚	—	—	—	—	—	0.448	0.590	0.534	0.509	—	0.362
捷克	—	—	—	—	0.394	0.402	0.314	0.526	0.500	0.396	0.282
埃塞俄比亚	—	—	—	—	—	0.920	0.800	0.491	0.425	—	0.397
格鲁吉亚	—	—	—	—	—	0.011	0.029	0.043	—	0.055	0.040
匈牙利	—	—	—	—	—	0.517	0.429	0.612	0.613	0.560	0.517
哈萨克斯坦	—	—	—	—	0.245	—	0.295	—	0.890	—	0.805
吉尔吉斯斯坦	—	—	—	—	0.043	0.046	0.010	0.009	0.028	0.033	0.034
立陶宛	—	—	—	—	—	0.276	0.200	0.457	0.557	0.670	0.632
蒙古	—	—	—	—	0.628	0.655	0.286	0.207	0.415	—	0.391
黑山	—	—	—	—	—	—	—	0.224	0.179	—	0.115
莫桑比克	—	—	—	—	—	0.954	0.924	0.914	0.915	0.934	0.833
罗马尼亚	—	—	—	—	—	0.448	0.590	0.534	0.509	—	0.362
俄罗斯	—	—	—	—	0.404	0.701	—	0.819	—	0.879	0.799
斯洛伐克	—	—	—	—	—	0.391	0.486	0.629	0.726	0.703	0.592
斯洛文尼亚	—	—	—	—	—	0.644	0.543	0.379	0.274	0.154	0.236
塔吉克斯坦	—	—	—	—	—	0.080	0.019	0.026	0.047	0.088	0.092
土库曼斯坦	—	—	—	—	—	—	—	—	—	—	0.937
乌克兰	—	—	—	—	0.149	—	0.057	0.155	0.160	0.220	0.103
乌兹别克斯坦	—	—	—	—	0.053	—	0.086	0.034	0.208	—	0.420
也门	—	—	—	—	—	—	—	0.707	0.858	—	—

注：表中数值为各国当年排名与该年份纳入统计国家总数之比。

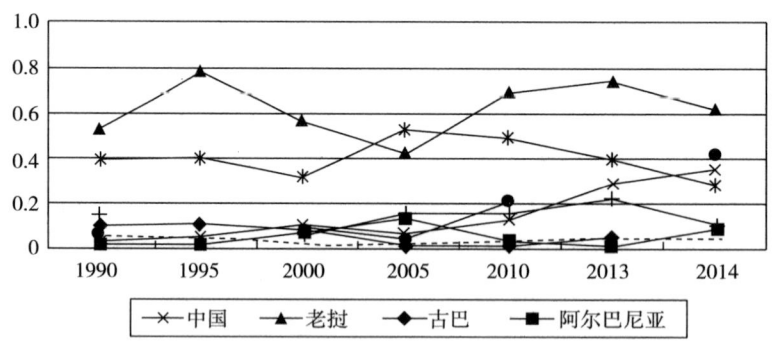

图6 1990~2014年部分（原）社会主义国家排名变化

注：纵坐标数值代表该国家排名与该年份纳入统计国家总数之比。

这些发现也印证了社会主义制度和资本主义制度发展方向的差异，诞生于工业革命与机器大生产的资本主义追求效率的提升，个人权利的发展则是伴随着社会化大生产而出现的工人群体权利诉求（孙劲松，2013），也是社会主义政党所推崇的执政理念——更高的公共投入与更健全的社会保障体系，为今天欧洲国家福利社会奠定了基础，这也是其人力资本积累的源泉。虽然人力资本投入并没有资本主义和社会主义之分，但是资本主义有其难以克服的体制弊端，导致其所谓对普通民众的关注并非是真正的重视，而是在追求效率最大化的基础上，缓解不可调和社会矛盾而提出的社会福利的提升，是一种以私有财产的积累为基础的有限分享（刁建欣，2007）。社会主义的发展也注重效率，但是其更注重分配的再调节和收入差距的缩小（吴涌汶，2008），使更多民众分享发展成果，更广泛的民众权益得到维护。

第三，中国HCRAI指数排名呈现出"U"形趋势。① 如图7所示，中国在改革开放前，不断强化对人力资本投入的重视程度，虽受困于国家经济现状，但政府仍将有限的资源用于医疗和教育。新中国成立伊始，为缓解全国疾病丛生、缺医少药的严重局面，政府高度重视，迅速在全国建立起公共卫生体系，形成了遍及全国的卫生防疫网络，有效缓解了地方疾病的发生，妇幼保健问题得到改善，城市卫生面貌得到有效提升，城乡环境进一步优化（李玉荣，2011）。在农村普及合作医疗制度，设点到基层，有效预防农村疫情发生，农民得到初级卫生保健服务（曹普，2006）。同时，在边远及乡村地区实行赤脚医生制度，有效地解决了基层群众对医疗服务的迫切需求。联合国也大力赞扬新中国这一出色的医疗制度，称其为"发展中国家解决卫生经费的唯一典范"，新中国人口寿命也大幅提升。中华人民共和国成立初期，百废待兴，教育优先，培养人才是重中之重。当时的教育主管部门提出"两条腿走路"，即国家与群众办学并举，号召全民办学。在农村及偏远地区，出现耕读小学、送教上门、巡回小学、马背小学、船上小学以及农业中学等诸多灵活办学形式，有力地促进了我国教育事业的发展（曲铁华、樊涛，2011），大力提升了全民受教育水平，保障人人享有受教育的权力。正因为如此，在国家财政资金紧张、经济实力不足的局面下，中国人口预期寿命及预期受教育年限得到大幅度提升，HCRAI指数排名也不断攀升。

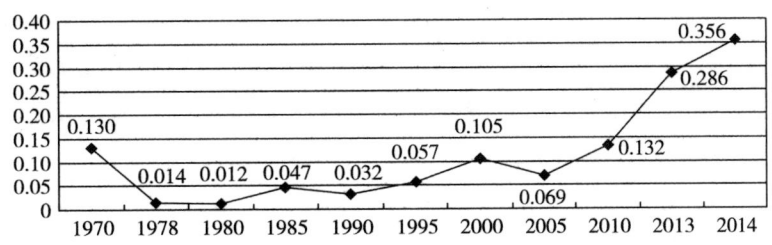

图7 1970～2014年中国HCRAI指数排名变化趋势

以1980年为转折点，我国HCRAI指数排名开始下滑，且下滑速度明显加快。不难看出，中国的人力资本投入相对超前的程度从改革开放伊始领先于世界的地位逐步下降到世界中游水平，这一"U"形轨迹与我国改革开放前后所推行的经济政策高度吻合。随着改革开放的深入，国家将工作中心转移到经济建设上，实现了我国经济总量和综合国力的大幅度提升，科技、国防实力显著增强，人民生活实现了从温饱不足到总体小康的历史性跨越。如此一个人口大国，在如此短时间内实现快速发展，确实令世人瞩目。但正如邓小平同志所指出的，伴随中国经济飞速发展，会面临较之前更多的困难和问题。在面对改革开放所取得的诸多成就时，也必须重视发展为我国带来的种种失衡，如环境恶化、贪污腐败、社会不公、资源禀赋不足、核心技术落后、贫富分化、社会诚信缺乏、政治体制改革滞后等（方松华、杨起予，2014）。正如本文HCRAI指数所显示的结果，我国在注重效率优先的过程中对人本的关怀正逐步弱化，丧失了人力资本投入的相对超前

---

① 在剔除人口小于500万以下的国家之后，中国HCRAI指数排名的变化趋势与之前保持高度一致，仍呈"U"形。

地位。从我国数据来看,预期受教育年限的全球优势逐步丧失是导致排名下降的主要原因。如图8所示,我国在改革开放前预期受教育年限的增长快于经济发展水平所应有的速度;而改革开放之后,恰好相反,我国预期受教育年限的增长速度开始慢于中国经济发展所应有的速度,甚至在近年我国预期受教育年限开始低于相同人均GDP国家的水平。对教育,尤其是初等与中等教育投入不足导致我国HCRAI指数排名不断下滑。国家已经认识到过度注重发展速度,忽略人本关怀的增长方式的弊端,在21世纪之初便提出"以人为本"的发展理念,党的十八大报告中也强调更自觉地把"以人为本"作为核心立场,坚持"以人民为中心的发展";"以人为本"也贯穿于"十三五"规划建议始末,始终将人本导向作为其第一理念,把人的发展作为经济社会发展的根本出发点和落脚点。

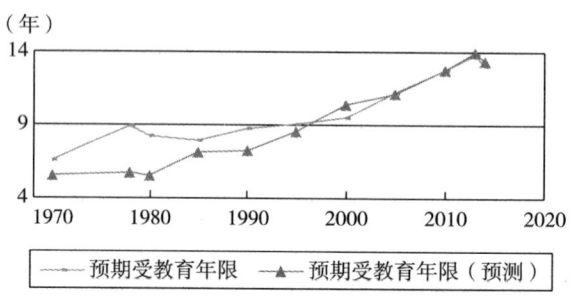

图8　1970~2020年我国预期受教育年限实际值与预测值变化趋势

需要说明的是,本文结论并不否定改革开放以来40年的成绩,中国HCRAI指数排名的不断下滑,并不代表我国对人力资本投入水平的降低,只是当对人本关怀程度不及对效率的关注度时,以经济建设为中心使得更大比重的资源由人力资本投资转向物质资本积累,我国的HCRAI指数排名不断下滑就成为"效率优先"的难免之痛。针对当时最主要的社会矛盾,我国做出了艰难但正确的发展策略;坚持效率优先,先将"蛋糕"做大,待"蛋糕"做大后,即使所切部分不如原来大,但是达到的效果却可以与之前相同,甚至远远优于之前。而不区分发展阶段,一味坚持将人力资本投资放在发展的首要地位,未必会达到最优的结果。如表3所列社会主义国家,古巴和越南自1990年至今,始终维持着很高的HCRAI指数得分,但究其发展结果却明显不如中国。① 从发展结果看,我国人民获得的实惠显然要大于以上两国。从这种意义上讲,只有在发展的基础上,谈不同的发展理念才有意义;也只有在发展的基础上,谈是否坚持了以人为本才是有意义的。长期的经济停滞,普通民众健康水平与教育水平的止步不前甚至倒退,无论如何也谈不上正确的发展观。

三、HCRAI指数与长期经济增长

如前文所述,我们认为改革开放前30年,中国的人本关怀以及在人力资本投入中的努力使得我国在有限的经济发展条件下,给予人的发展更多的关注和倾斜,而这一发展方式是否对改革开放后中国经济腾飞产生了影响呢?从表1中1978年HCRAI得分看,各国大致可以分为三个组别:第一,排名前段的国家,多是在20世纪80年代前经济较为落后,或刚刚起步的国家,这些国家在之后的10~30年中呈现出领先于世界的经济增长速度,成为新兴经济体的主要构成;第二,以

---

① 2014年越南人均GDP为2052.29美元,2013年古巴人均GDP为6789.85美元,均低于中国同期水平。

欧美发达经济体为主的国家组成 1978 年榜单的中间区段，这些国家在当时已经具备了较强的经济实力，并在之后数十年中保持了平稳的发展进程；第三，排名尾端的国家多是经济欠发达地区，通过我们的计算，很多国家在 1980 年后的 20 年及 30 年的发展中出现了负增长现象。具体数据如表 4 所示。

表 4 1978 年各国 HCRAI 指数及未来 30 年增长率

国家	1978 年 HCRAI 指数	未来 10 年增长率	未来 20 年增长率	未来 30 年增长率	国家	1978 年 HCRAI 指数	未来 10 年增长率	未来 20 年增长率	未来 30 年增长率
中国	2.447	0.021	0.019	0.018	瑞典	0.090	0.021	0.019	0.018
汤加	2.146	0.024	0.028	0.021	挪威	0.075	0.024	0.028	0.021
古巴	1.383	0.023	0.023	0.016	丹麦	0.069	0.023	0.023	0.016
巴拿马	1.321	0.019	0.023	0.018	荷兰	0.068	0.019	0.023	0.018
菲律宾	1.180	0.030	0.024	0.020	芬兰	0.007	0.030	0.024	0.020
塞浦路斯	1.104	0.026	0.024	0.018	美国	-0.068	0.026	0.024	0.018
马耳他	1.014	0.008	0.003	-0.018	津巴布韦	-0.081	0.008	0.003	-0.018
泰国	0.973	0.021	0.019	0.014	法国	-0.093	0.021	0.019	0.014
智利	0.968	-0.019	-0.009	-0.001	委内瑞拉	-0.167	-0.019	-0.009	-0.001
约旦	0.915	0.021	0.020	0.017	比利时	-0.191	0.021	0.020	0.017
毛里求斯	0.856	—	—	—	乌干达	-0.260	—	—	—
哥伦比亚	0.769	-0.023	-0.016	0.005	赞比亚	-0.268	-0.023	-0.016	0.005
印度尼西亚	0.746	0.022	0.013	0.010	伊拉克	-0.273	0.022	0.013	0.010
阿根廷	0.728	0.026	0.026	0.026	尼泊尔	-0.302	0.026	0.026	0.026
叙利亚	0.676	-0.007	0.001	0.008	洪都拉斯	-0.356	-0.007	0.001	0.008
以色列	0.675	0.027	0.020	0.026	摩洛哥	-0.379	0.027	0.020	0.026
葡萄牙	0.666	-0.021	-0.056	-0.032	刚果（金）	-0.438	-0.021	-0.056	-0.032
肯尼亚	0.632	-0.017	-0.014	-0.007	中非共和国	-0.471	-0.017	-0.014	-0.007
埃及	0.627	-0.016	-0.011	0.010	卢旺达	-0.505	-0.016	-0.011	0.010
韩国	0.621	-0.018	0.000	0.003	危地马拉	-0.511	-0.018	0.000	0.003
西班牙	0.574	0.050	0.043	0.033	卢森堡	-0.598	0.050	0.043	0.033
莱索托	0.557	-0.023	-0.002	0.005	马拉维	-0.603	-0.023	-0.002	0.005
墨西哥	0.483	0.034	0.027	0.026	土耳其	-0.633	0.034	0.027	0.026
印度	0.398	0.002	0.008	0.007	贝宁	-0.779	0.002	0.008	0.007
巴基斯坦	0.363	—	—	—	科威特	-0.830	—	—	—
希腊	0.319	-0.132	-0.067	-0.050	利比里亚	-1.237	-0.132	-0.067	-0.050
博茨瓦纳	0.291	-0.005	-0.001	0.004	塞内加尔	-1.258	-0.005	-0.001	0.004
爱尔兰	0.290	0.010	0.018	0.021	布基纳法索	-1.266	0.010	0.018	0.021
日本	0.273	-0.039	-0.022	0.006	尼日利亚	-1.315	-0.039	-0.022	0.006
意大利	0.268	-0.034	-0.021	-0.016	科特迪瓦	-1.392	-0.034	-0.021	-0.016
基里巴斯	0.264	—	—	—	阿富汗	-1.447	—	—	—
英国	0.215	-0.056	-0.030	-0.041	阿联酋	-1.515	-0.056	-0.030	-0.041
冰岛	0.196	-0.010	-0.009	-0.009	加蓬	-1.535	-0.010	-0.009	-0.009
所罗门群岛	0.182	-0.017	-0.023	-0.006	塞拉利昂	-1.583	-0.017	-0.023	-0.006

续表

国家	1978年HCRAI指数	未来10年增长率	未来20年增长率	未来30年增长率	国家	1978年HCRAI指数	未来10年增长率	未来20年增长率	未来30年增长率
多哥	0.161	0.008	0.011	0.016	马里	-1.589	0.008	0.011	0.016
突尼斯	0.129	0.046	0.035	0.024	阿曼	-1.783	0.046	0.035	0.024
萨尔瓦多	0.092	-0.032	-0.024	-0.013	尼日尔	-2.089	-0.032	-0.024	-0.013

注：增长率基期为1980年，未来10年增长率为1980~1990年增长率，以此类推；各国增长率均以2010年为基期不变价美元计算；表中国家排序以1978年HCRAI指数得分由高到低排序。

资料来源：世界银行、世界发展指数数据库。

（一）模型建立及数据选取

鉴于以上发现，以及对于中国改革开放40年经济成就成因的探索，本文检验了HCRAI指数对长期经济增长的贡献，建立如下模型：

$$Growth_{it} = \alpha + \beta_0 HCRAI_i + \beta_1 Control_i + \varepsilon \quad (3)$$

其中，$Growth$代表增长率，$HCRAI$代表1978年各国HCRAI指数得分，$Control$为控制变量；i代表国家，t代表时间，$t=10$、20、30。① 控制变量选取参照Summers和Heston（1988）以及Barro和Sala-i-Martin（1992）关于跨国经济增长截面回归的研究，以政府实际投资和劳动力增长率为主要控制变量。其中，政府实际投资参照Summers和Heston（1991）的研究，以1978年实际国内投资（私人投资加公共投资）与实际GDP之比衡量；劳动力增长率参照Gregory等（1992）的研究，以1977~1978年劳动人口（15~64岁年龄人口）增长率衡量。参照Gregory等（1992）以及Barro和Lee（2001）的研究将人力资本代入回归，以Summers和Heston所测算佩恩表（Penn World Table）中人力资本指数（Human Capital Index）1978年数值衡量。参考Barro和Sala-i-Martin（2010）以及Acemoglu和Johnson（2007）考虑国家政治形态对长期经济增长的影响，包括法治环境与民主程度。法治环境源自Knack和Keefer于1995年提出的《国家风险指南》（International Country Risk Guide），该数据包含政府稳定程度（Government Stability）、经济社会状况（Socioeconomic Conditions）、投资状况（Investment Profile）等12项指标，本文选取1984年法律指标（Law and Order）衡量国家法治状况。民主变量选用Freedom House提供的主观量度，包括参政权（Political Rights）和公民自由权（Civil Liberties）两个维度，本文选取1978年两项指标加权平均值衡量国家自由程度。② 参考Barro和Sala-i-Martin（2010）选取1978年各国进出口总额与GDP之比衡量该国国际开放度，选取女性平均生育次数来反映一国生育率。

（二）回归及结果分析

根据前文所选变量，考察HCRAI指数对长期经济增长的影响，回归结果如表5所示。

由表5结果可知，HCRAI指数得分对长期经济增长具有正向促进作用，一国的HCRAI指数得分越高，则该国具有相对超前的人力资本投入，即更多的对人的关注，维系长期经济增长的潜力越大。我们不难得出结论，人力资本的相对超前投入有利于一国经济的持续增长，一个真正可持续发展的社会应该注重人的全面发展。经济发展

---

① 本文参考Sala-i-Martin等（2004）衡量长期经济增长时所选指标思路，选取1980~1990年、1980~2000年及1980~2010年的人均GDP平均增长率作为衡量长期经济增长的被解释变量。同时参考Barro和Sala-i-Martin（1992，2010）、Islam（1998）、Gregory等（1992）在关于面板数据经济增长问题中的指标方法，选用1980~1990年、1980~2000年以及1980~2010年人均GDP增长率衡量长期经济增长，进行稳健性检验。我们认为长期的经济增长具有一定的稳定性，即选取年均增长率和实际增长率对实证的结果并不产生严重影响，回归结果验证了本文在衡量长期经济增长变量选取时具有一定的合理性。

② 由于该项指标最早统计年限为1984年，因此，本文选取1984年指标值来衡量1978年各国政治状况，由于法治变量具有明显的时间稳定性，因此，该做法也存在一定的合理性，这一做法也与Barro和Sala-i-Martin（2010）的做法相同。

是人的发展的前提和基础,而人的发展则是经济发展的根本目的和有力保障。在保证人的全面发展和基础之上,我们有理由相信,这样的社会应具备持续发展的潜力。

表5 1978年HCRAI指数得分对长期经济增长的回归结果

	(1)	(2)	(3)	(4)	(5)	(6)
	10年增长率	20年增长率	30年增长率	10年增长率	20年增长率	30年增长率
HCRAI得分	0.020*** (0.004)	0.017*** (0.003)	0.015*** (0.002)	0.009 (0.005)	0.009** (0.004)	0.007** (0.003)
劳动力增长	—	—	—	0.001 (0.004)	0.001 (0.003)	0.003 (0.002)
投资率	—	—	—	-0.072** (0.033)	-0.029 (0.025)	-0.014 (0.019)
法治水平	—	—	—	0.005 (0.004)	0.003 (0.003)	0.003 (0.002)
民主程度	—	—	—	-0.025 (0.022)	-0.009 (0.016)	-0.005 (0.013)
国际开放度	—	—	—	0.007 (0.011)	0.006 (0.008)	0.004 (0.006)
生育率	—	—	—	-0.009* (0.005)	-0.008** (0.004)	-0.009*** (0.003)
1978年GDP	—	—	—	-0.040*** (0.014)	-0.026** (0.011)	-0.025*** (0.008)
人力资本	—	—	—	-0.012 (0.012)	-0.011 (0.009)	-0.011 (0.007)
常数项	0.011*** (0.004)	0.014*** (0.003)	0.015*** (0.002)	0.251*** (0.067)	0.171*** (0.049)	0.152*** (0.038)
观测值	68	68	68	49	49	49
R^2	0.242	0.308	0.345	0.451	0.498	0.604

注:***、**、*分别表示在1%、5%、10%显著性水平下通过检验;括号内数字为标准差。

在表5的控制变量中,投资率对未来10年的经济增长具有负向作用。这也从侧面验证了一次性的投资对短期经济增长可能具有一定的拉动作用,但是对长期经济增长却可能起到负向作用(刘向农,2002)。从人口规模对经济增长的影响看,以生育率衡量的人口增长状况对长期经济增长产生负向影响,负的回归结果显示,人口规模越大的国家,越不利于其经济增长。现阶段,学术界对于人口增长对经济增长的影响尚不存在统一观点,悲观派认为,过大的人口负担,过度占用了资源,迅速的人口增长是"贫困化的增长"(杜鹏等,2005);乐观派认为,人口增长可以刺激需求和投资(桂世勋,2008),带来规模效应,为经济增长提供必要的人口红利,同时迫使技术和体制的不断创新(左学金,2012)。此外,也有许多学者认为人口增长对经济增长没有显著的作用(李建新,2009;杨菊华,2009)。考虑到本文只是选取了人口总体规模进行考察,没有引入人口结构及质量因素,故并不能得出人口增长对经济增长一定产生负向影响的结论。当然,这也并非本文核心议题,这里我们只是指出,相较于人力资本相对超前投入对经济长期增长所起到显著的积极作用而言，人口负担可能会是一个不利于经济长期增长的因素。此外，初始经济发展程度对长期经济增长速率起到负向作用，这与Barro（1991）以及Makiw等（1992）研究中所提出的条件收敛相符，他们认为，当其他变量保持不变时，更高的经济增长对应于相对较低的初始经济水平。表5中其他控制变量并不显著，从其结果可得：第一，HCRAI指数相较于国家环境变量（法治水平、民主程度和国际依存度）以及人力资本变量具有更为明显的长期经济增长拉动作用；第二，各控制变量与长期经济增长单独回归时均呈现显著作用，因此不能认为其对长期经济增长不具备影响力，只是相对而言，本文测算HCRAI指数对长期经济增长具有更明显的作用；第三，由于数据的可获得性和工具变量选取的困难，本文并不讨论人力资本相对超前投入对经济增长的贡献究竟多大，而是探讨相对超前的人力资本投入是否影响长期经济增长，如实证结果所示，人力资本超前投入的发展方式相较于单纯依靠物质积累、投资、外需拉动等发展方式，对长期经济增长具有更显著的促进作用。这也从侧面印证了短期内的依靠投资和出口拉动的经济高速增长方式很难持续，投资和出口依赖型经济需要向更科学、更合理的经济增长方式转变。

（三）对中国持续发展的启示

通过分析，中国在改革开放前的高HCRAI指数得分和之后的经济腾飞不无关系，甚至可以认为，我国改革开放的高速增长有很重要的原因应归于之前时期对人力资本超前投入的努力，前30年的人力资本积累为后30年的持续增长提供了物质和体制基础，也印证了两个30年的连贯性。值得指出的是，本文并不否认政府投资和外资在改革开放进程中所起到的作用。我国依靠政府的宏观调度，实现了工业化的快速发展，科技、国防、基础设施建设均取得了长足进步，通过对外开放战略，吸收国外先进技术，转化、创新，并积极参与国际合作与竞争，都大大增强了我国的综合国力与国际竞争力。但是，随着我国经济的快速发展，高投资、高外向型经济增长方式所带来的弊端不断显现，产能过剩、资源掠夺、核心技术不足、产业结构不合理、贫富差距拉大、社会矛盾凸显等，迫使我们去思考一种新的、可持续的发展模式。自21世纪之初，"以人为本"不断出现于各发展规划及政府报告中，对"人的发展"的关注不断提升，人是发展的核心载体，只有人的不断进步与发展，才会带来社会的稳定和财富的合理积累，发展不仅是经济的增长，更是文化、制度和社会的发展。这也是本文所要指出的，以人为本的发展方式，更注重对人的关注，保证人的公平权益和自由发展权利，是一个社会稳定、持续的发展方式。若想成功跨越"中等收入陷阱"，需要更加注重以人为本。

但必须看出，相较于物质资本积累和效率提升，对人的关注和人力资本的超前投入是更加不易的发展道路，却是行之有效的发展动力。不是任何一国政府都可以如中国政府般积年如日地实现人力资本相对超前投入，人们更容易因短期利益而摒弃较为难以实现的长期利益。中国的发展走出了一条与西方先物质积累后人类发展所不同的道路，人力资本的相对超前为改革开放腾飞释放出巨大动能，这也是中国得以保持长期经济增长的重要因素。

四、结论

通过构建基于各国发展水平为参照的HCRAI指数，本文进行了纵向和横向的比较，以期得到各国人力资本相对超前投入程度的客观评价。通过本文研究，我们得出如下结论与政策建议：

第一，中国人力资本投入重视程度及对人的关怀程度并不弱于西方发达国家，甚至要远远高于以英、美为代表的发达经济体。任何社会都应遵循其发展规律，中国作为新兴发展中国家，其发展过程中势必会面临许多社会问题，加之起步晚、时间短，我们在人力资本积累上与西方国家确实存在不小差距；但是，我国较西方国家更注重对人力资本的投入比重。虽然我国人口寿命和受教育年限还不如发达经济体，但是我国的发展理念更加注重人，更加以人为本。而西方国家的衡量标准恰恰忽略了相对比重，而夸大绝对数值的差距。我国应对这一偏颇的衡量标准（如WHO成员国卫生筹资和分配公平性排序①）作出回应，向世人展示一个较西方国家更和谐的社会形象。

第二，本文的结论印证了中国前后两个30年发展的连贯性。改革开放前30年为中国经济腾飞创造了良好的人力资本基础。中华人民共和国成立以来，国家在极其困难的情况下，对教育和医疗条件的改善做出了不懈努力，对人的关怀水平不断提高，我国HCRAI指数稳步上升，至改革开放前夕已跃居世界前列。后30年中国取得令世人瞩目的成绩，与前30年的积累密不可分。而正像本文所印证的那样，人力资本相对超前投入程度，即本文HCRAI指数得分的高低对经济长期增长具有显著的正向影响。一个国家越关注人民的生存质量和发展空间，就越具备长期稳定经济增长的潜力。我国在1980年排名世界第一的HCRAI指数得分和之后30年高速经济增长，很好地验证了以人为本发展思路对经济保持持续高速增长的重要性。我国发展的前30年是后30年发展的重要基础，后30年快速增长是前30发展的有效延续。

第三，我国"U"形的HCRAI指数得分趋势与发展中不断涌现出的经济、社会问题要求我们必须思考经济发展方式的转变。以效率优先和GDP标准为目标的发展模式虽然迅速提升了我国的经济总量，但是总量提升的背后却是质量的滞后。面对跨越"中等收入陷阱"的经济换挡期，寻找新的经济增长动力和可持续的经济增长方式迫在眉睫。而本文研究结果也表明，相对超前的人力资本投入对经济持续增长具有显著推动作用。国家也适时地提出"以人为本"的发展理念，而以人为本中的"人"更应该指弱势群体和保证该群体的基本民生，保证人人享有平等权利和生存自由，维护社会公平正义和谐稳定。

第四，作为经济增长的重要投入要素，人力资本的提升是实现我国供给侧结构性改革的有效途径。而人力资本提升不仅指劳动力数量的增加，更是人口质量的提升。因此，我国下一步的发展应该是更注重人口质量，即更加注重以人为本的发展思路。从本文结论可见，HCRAI指数对经济长期增长具有正向推动作用，而预期寿命和预期受教育年限是HCRAI指数的核心指标。以人为本的发展理念要求我们注重人口健康水平和整体受教育水平。而中国之所以会出现U形的HCRAI指数排名，其主要原因是教育水平已经低于相当人均GDP国家的平均水平。因此，下一阶段我国的发展重心应该是提升教育水平和人口受教育年限。这其中，尤以基础教育发展为重中之重。现阶段，我国义务教育存在较为突出的不公平、不均衡现象，地区之间、城乡之间、校际之间教育资源分配不均衡，使得弱势群体（尤以农村及偏远地区人群为主）不能享有公平的受教育权。此外，我国教育投入也严重不足，世界上已有170多个经济体实施了义务教育或免费教育，尽管经济实力有限，许多穷国也在积极推动免费教育。而中国作为第二大经济体，已经具备推广十二年义务教育的客观条件，且教育是提升人力资本和提高HCRAI指数的重要、有效途径，因此，在全国推广十二年义务教育应该被提上日程，这也是提升我国HCRAI指数，进而增强社会公平性和经济增长潜力的重要途径。

第五，本文也从侧面揭示了社会主义和资本主义不同的发展理念和社会公平概念。资本主义的发展更加注重效率和经济利益，一切行动的出发点和落脚点都是以利益最大化为依据，包括公平。资本主义的公平是为了维护资产阶级利益的公平，正如本文分析，虽然西方发达经济体具有较高的人口预期寿命和预期受教育年限，但是其HCRAI指数得分普遍相对较低；资本主义国家的公平和人权是为了追求更高利益和实现效率而做出的让步。马克思、恩格斯指出，一切已往的道德论归根结底都是当时的社会经济状况的产物，

---

① 2000年，WHO进行的成员国卫生筹资和分配公平性排序中，中国位列191个成员国倒数第四，且近年来排名始终未有明显改善。

所以道德始终是阶级的道德。而社会主义的公平则涵盖经济、政治、文化的全面公平，不仅有起点的公平，而更注重过程和结果的公平，如本文所列（原）社会主义国家尽管经济水平和人均绝对指标都不如西方发达国家，但其将有限的资源更多地倾斜于对人的关注中，因此一般具有较高HCRAI指数得分。社会主义对人的关注更加实际，真正采取切实行动和有效措施，以维护人们的公平权益；而资本主义虽然宣称公平，但人们在实际生活中却很难享有真正的公平。

第六，考虑到HCRAI指数是长期经济增长的重要影响因素，我国在推进"一带一路"建设时，应更加注重与HCRAI指数较高的"一带一路"沿线国家关系的建立，如尼泊尔（第2位）、伊朗（第13位）、塔吉克斯坦（第16位）等国。这些国家虽然经济发展程度有限，但其人力资本投入相对超前，更加注重人的发展，具备了社会进步、经济增长的潜力。与我国下一步以人为本的发展战略吻合，应该作为重点合作伙伴。

参考文献

［1］Acemoglu D., Johnson S. Disease and Development: The Effect of Life Expectancy on Economic Growth［J］. Journal of Political Economy, 2007, 115（6）: 925 - 985.

［2］Barro R. J., Sala - i - Martin X. Convergence［J］. Journal of Political Economy, 1992, 100（2）: 223 - 251.

［3］Bertelsmann Foundation. Social Justice in the OECD - How do Member States Compare?［DB/OL］. https://www.sgi-network.org/docs/studies/SGI11_Brochure_EN.pdf, 2011.

［4］Helmy H. E. An Approach to Quantifying Social Justice in Selected Developing Countries［J］. International Journal of Development Issues, 2013, 12（1）: 67 - 84.

［5］Islam N. Growth Empirics: A Panel Data Approach［J］. Quarterly Journal of Economics, 1998, 113（1）: 319 - 323.

［6］Kauder B., Potrafke N. Globalization and Social Justice in OECD Countries［J］. Review of World Economics, 2015, 151（2）: 353 - 376.

［7］Knack S., Keefer P. Institutions and Economic Performance: Cross - Country Tests Using Alternative Institutional Indicators［J］. MPRA Paper, 1995, 7（3）: 207 - 227.

［8］Lucas R. E. On The Mechanics Of Economic Development［J］. Journal of Monetary Economics, 1989, 22（1）: 3 - 42.

［9］Merkel W., Giebler H. Measuring Social Justice and Sustainable Governance in the OECD［J］. Sustainable Governance Indicators, 2014（1）: 187 - 215.

［10］Gregory M. N., David R., Weil D. N. A Contribution to the Empirics of Economic Growth［J］. Quarterly Journal of Economics, 1992, 107（2）: 407 - 437.

［11］Barro J. R., Lee J. W. International Data on Educational Attainment: Updates and Implications［J］. Oxford Economic Papers, 2001, 53（3）: 541 - 563.

［12］Barro J. R., Xavier I. Sala - i - Martin. Economic Growth（2nd Edition）［M］. Massachusetts: MIT Press, 2010.

［13］Romer P. M. Increasing Returns and Long - Run Growth［J］. Journal of Political Economy, 1986, 94（5）: 1002 - 1037.

［14］Summers R., Heston A. A New Set of International Comparisons of Real Product and Price Levels Estimates for 130 Countries, 1950 - 1985［J］. Review of Income and Wealth, 1988, 34（1）: 1 - 25.

［15］Tridico P. Growth, Inequality and Poverty in Emerging and Transition Economies［J］. Transition Studies Review, 2010, 16（4）: 979 - 1001.

［16］曹普：《改革开放前中国农村合作医疗制度》［J］，《中共党史资料》2006年第3期。

［17］陈永清、韦焕贤：《人口受教育程度、ISO9000与区域质量竞争力——基于省际截面数据的实证研究》［J］，《广西民族大学学报（哲学社会科学版）》2010年第4期。

［18］刁建欣：《公平：永无止境的追求——浅谈社会主义公平与资本主义公平》［J］，《时代人物》2007年第12期。

［19］杜鹏、瞿振武、陈卫：《中国人口老龄化百年发展趋势》［J］，《人口研究》2005年第6期。

［20］方松华、杨起予：《改革开放前后"两个30年"关系研究》［J］，《马克思主义研究》2014年第3期。

[21] 苟晓霞:《我国平均预期寿命变动的实证分析》[J],《统计与决策》2011 第 22 期。

[22] 桂世勋:《关于调整我国现行生育政策的思考》[J],《江苏社会科学》2008 年第 2 期。

[23] 李海峥、梁赟玲、Barbara Fraumeni、刘智强、王小军:《中国人力资本测度与指数构建》[J],《经济研究》2010 年第 8 期。

[24] 李建新:《中国人口结构问题》[M],北京:社会科学文献出版社,2009 年。

[25] 李伟峰:《联合国历年人类发展报告述评》[J],《国外理论动态》2003 年第 7 期。

[26] 李颖晖:《教育程度与分配公平感:结构地位与相对剥夺视角下的双重考察》[J],《社会》2015 年第 1 期。

[27] 李玉荣:《改革开放前新中国公共卫生事业的发展及其基本经验》[J],《理论学刊》2011 年第 3 期。

[28] 刘向农:《消费需求与投资需求协调增长》[J],《数量经济与技术经济研究》2002 年第 12 期。

[29] 刘长生、简玉峰:《寿命预期、教育资本与内生经济增长》[J],《当代财经》2011 年第 4 期。

[30] 曲铁华、樊涛:《新中国农村基础教育政策的变迁及影响因素探析》[J],《东北师大学报(哲学社会科学版)》2011 年第 1 期。

[31] 孙劲松:《公正与效率不是社会主义和资本主义的分水岭》[J],《科学社会主义》2013 年第 3 期。

[32] 王秀刚、程静:《从劳动力受教育程度角度看收入分配问题》[J],《新视野》2012 年第 6 期。

[33] 魏延志:《地区经济社会发展水平与城市居民教育不平等(1978 – 2006)——基于 CGSS2006 的多层线性模型的分析》[J],《青年研究》2013 年第 2 期。

[34] 吴涌汶:《资本主义公平观与社会主义公平观》[J],《探索》2008 年第 1 期。

[35] 肖巍、钱箭星:《公平的发展:2015 后议程之"钥"》[J],《复旦学报(社会科学版)》2015 年第 5 期。

[36] 杨会良:《改革开放前我国教育财政体制的演变与特征》[J],《河北大学学报(哲学社会科学版)》2006 年第 4 期。

[37] 杨菊华:《生育政策与人口老龄化的国际比较》[J],《探索与争鸣》2009 年第 7 期。

[38] 张启良:《由寿命长度看生命质量——人均预期寿命指标解读》[J],《调研世界》2015 年第 7 期。

[39] 张小媚:《公平正义视角下以人为本与发展经济的关联》[J],《湖北广播电视大学学报》2010 年第 11 期。

[40] 赵丽秋:《人力资本投资与收入不平等——教育质量不平等的影响》[J],《南方经济》2006 年第 4 期。

[41] 左学金:《21 世纪中国人口再展望》[J],《北京大学学报(哲学社会科学版)》2012 年第 5 期。

Human Capital Relatively Advanced Investment and Economic Growth Effects

Li Gang Qin Yu

Objectives: Create relative indicators to compare the advanced human capital investments of China and other countries and develop a realistic assessment on the degree of China's human capital relatively advanced investment. Research Methods: Relative indicator is created with life expectancy and expected length of education adjusted for per capita GDP, i. e., human capital relatively advanced investment (HCRAI) index, to measure a country's relative advanced human capital investment. Research Findings: In 2014, China's HCRAI index was far above its per capita GDP ranking and the U. S. HCRAI index ranking, which suggests that China attached greater importance to human capital investment. Since 1970, China's HCRAI index ranking has experienced a U – shaped curve, increasing at first and then reducing subsequently. In 1980, China's HCRAI index ranked the first in the world. In the post – reform era, however, China's HCRAI index ranking declined. Analysis of cross – national data also indicates that HCRAI index may largely explain the long – term growth rate of a country's economy. This finding demonstrates the continuity of China's development from 1949 to 1978 and in the post – reform era. Research Innovations: By replacing current absolute indicator with relative indicator, this study measures the degree of importance a country attaches to human capital and better reflects the concept of fairness. Research Value: Cross – national comparison and long – term evolution of HCRAI provide us with a new perspective on the new normal of China's economy and supply – side reforms. China's falling HCRAI index over the past three decades should force us to change our approach to development and seek a more human – centered and inclusive path of development.

Key Words: Human Capital; Relatively Advanced; Education; Health; Long – Term Growth

外出务工经历与返乡农民工创业成功率
——基于倾向得分匹配法的反事实估计

许 明

摘 要：本文基于中国城乡劳动力流动全国性调查数据（RUMIC），采用倾向得分匹配法，在有效控制农民工外出务工自选择问题的情况下，更为准确系统地考察了外出务工经历对于农民工返乡创业成功概率的影响和可能的渠道机制。研究发现：①外出务工经历明显阻碍了返乡农民工创业，有外出务工经历的农民返乡创业的成功概率比从未外出务工的农民显著低9%左右；②主观意愿方面，外出务工经历有助于农民增长见识、拓展视野、提升人力资本以及获取外部资源进而增强其返乡创业的主观意愿，有外出务工经历的返乡农民的创业意愿比从未外出务工的农民显著高7%左右；③客观条件方面，外出务工损害了返乡农民工个人声誉、人缘关系及社会评价等家乡所在地的本地社会资源，具体体现为创业资金从外部筹集的难度更大以及筹资渠道成本更高，以及有外出务工经历的返乡农民工能够获得外界帮助的可能性明显要低。

关键词：外出务工经历；返乡农民工；创业；创业意愿；本地资源

一、引言

党的十九大报告明确提出了要实施乡村振兴战略，要"建立健全城乡融合发展体制机制和政策体系，加快推进农业农村现代化"和"支持和鼓励农民就业创业，拓宽增收渠道"。乡村振兴战略的实施，必将激发农民工返乡创业的热情和积极性。2015年6月，国务院办公厅印发的《关于支持农民工等人员返乡创业的意见》也明确提出支持农民工返乡创业。在此现实背景下，促进外出农民工返乡创业具有重要的理论和现实意义，具体体现在以下三个方面：一是农民工返乡创业打破了农村劳动力长期向城市和发达地区单向转移的旧格局，形成了农村劳动力双向流动的新局面，有助于拓展农民就业渠道、提高农民收入，为城镇化和新农村建设协同发展提供了一条重要途径。二是城乡分割的二元体制下，伴随农村劳动力长期外出务工衍生出了如留守儿童和留守老人等新的突出社会问题，农民工返乡创业在保证生计的同时能够很好地解决子女抚育和老人赡养问题。此外，近年来外出农民工增速呈逐年下降趋势，《2018年全国农民工监测调查报告》数据显示，2018年相比2011年，增速由3.4%回落至0.6%，并且外出农民工占农民工总量比重由62.8%降至59.9%。受惠农政策的影响，越来越多的农民工选择回乡。三是欧美经济震荡疲软，国内经济进入新常态，这也促使外出农民工返乡创业。

---

* 本文发表于《首都经贸大学学报》2020年第4期。

[作者简介] 许明，中国社会科学院工业经济研究所副研究员、经济学博士。

因而，当前农民工回流趋势明显的情况下，如何有效支持农民工返乡创业、拓展其就业渠道关系到社会的稳定以及城镇化和新农村建设的协同发展。如何有效解决农民工返乡创业问题，找出影响这部分特定人群创业行为的关键因素显得尤为重要。影响农民工返乡创业行为的因素有很多，但是这部分人群区别于另外一部分没有外出务工的当地农民来讲，最容易识别的特征则是其拥有外出务工经历。那么，投身于"外面的世界"对于农民工返乡创业来讲到底是一笔财富还是一种阻碍？外出务工经历影响返乡农民工创业的主要渠道机制又是什么？本文旨在研究以上问题。

二、文献综述

关于农村劳动力流动问题国外研究起步较早。国外学者构建了一个关于个体福利最大化的生命周期模型来分析农村劳动力的外流和回流，结论认为，影响农村劳动力回流的主要因素有：家乡和目的地的价格水平差异、迁移者在城市积累的人力资本状况以及迁移者的主观偏好[1]。农民工回流的原因可以归纳为两种：一是由于在城市没有找到合适的工作或在某种情况下失去了原来的工作；二是由于通过外出务工实现了资金积累而需要回乡投资。总体来看，国际上关于农民返乡创业的研究不多，早期多集中探讨随着发展中国家城市化的发展，农民迁移、人力资本和创业三者的关系[2]。从人力资本视角出发，创业成功率的提高是由于人员迁移增加了当地社会资本流动性的缘故[3]。国外学者利用巴基斯坦的数据考察了迁移农民受教育程度和创业是否成功之间的关系，结论认为受教育程度更高的农民更易成为创业者[4]。

近期，国际上有多篇文献开始关注外出经历对迁移者返乡创业成功率的影响。例如，使用埃及1998年和2006年的面板数据，在控制了影响返乡迁移者的不可观测的非随机因素和内生性问题后，研究结论认为外出经历能显著提高返乡迁移者的创业成功率[5]。有研究采用了上述埃及1998年的劳动力市场调查数据，结合理论和实证的方法，同样证明了外出经历对迁移者返乡创业的积极影响[6]，但该研究认为劳动者迁移会导致返乡迁移者当地资源的丧失，这对返乡创业会产生很大的不利影响。类似地，也有学者从本地资本的角度论证了本地人要比外来人更具创业优势[7]。

我国农民工是迁移人群的主体，与国外迁移行为有着巨大的差异，农民工回流创业也是我国特有的一种社会现象，对于该问题的研究要更多地参照我国现实。我国对农民工返乡创业的研究起步较晚，研究主要集中在农民工是否愿意返乡创业，影响农民工返乡创业的因素，农民工返乡创业的原因及意义等方面。通过对四川、安徽两省四县71位回乡创业农民工的案例分析发现，外出务工能够增强返乡农民工人群的主观能动性，并有利于知识、技能的积累，这些都有利于他们创业成功，诱发他们回乡创业的原因还有当地政府的政策支持、家庭需要照顾、沿海发展环境的趋紧以及难以忍受在城市务工受到的不公平待遇[8]。基于安徽省118位"创业之星"的个人资料档案，用统计描述的方法进行研究，发现外出务工经历是这批返乡创业者的创业成功基础，外出务工有利于增长见识、认识市场、积累技术经验，还发现返乡创业成功的农民工一般比较年轻、受教育程度高并具有开拓进取的品质[9]。基于1997年9省的1784份关于回乡农民工的问卷调查反馈信息，研究认为外出务工的过程中农民工易于提升自身的人力资本、带回市场信息和销售渠道以及筹集创业启动资金，这些都有利于农民工返乡成功创业[10]。基于河南省固始县265名返乡农民工的调研数据，应用Ordered Probit模型，从人力资本和社会资本的角度实证探讨了返乡农民工创业的影响因素[11]。通过对2008~2018年CSSCI来源期刊关于返乡农民工创业的文献的收集，发现农民工创业企业的成长缓慢、成长性不足，社会网络可能是其中的主要因素[12]。当然，有外出经济的农民工返乡务工创业并未形成主流，仍然以就业为主，且创业所需要的资金、劳动力、技术等要素条件还有待于政府进一步加强[13]。

综观已有研究，鲜有文献直接考察外出务工经历本身对农民工返乡创业的影响，并且关于外出务工经历到底是促进还是阻碍农民工返乡创业的结论也是不一致的。大多数文献主要考虑外出务工作为人力资本和外部社会资本积累方式给返乡农民工创业带来的正向作用，但也有少数几篇文献认为农民工返乡创业过程中对亲缘、乡缘等以地缘为主的关系网络非常依赖，长期外出务工会导致这部分农民工缺乏当地社会资本和当地信用，与当地政府、金融类机构、同行、亲朋好友关系的疏远很可能导致他们返乡创业资金筹集和信息获取方面相比于扎根当地的农民来讲更为困难，从而导致创业失败。因而，外出务工对农民工返乡创业成功概率的影响实际上是不确定的。此外，上述文献采用的数据和研究方法存在一定的差异，这也有可能导致结论的不一致。对此，本文研究基于中国城乡劳动力流动全国性调查数据，相比于已有研究，样本量和数据质量都更有保障，同时采用倾向得分匹配法能够有效地控制农民工外出务工的自选择问题，在此基础上更为系统可靠地考察外出务工对于农民工返乡创业成功概率的影响和可能的渠道机制。

三、数据、变量和方法

（一）数据介绍

本文数据来自德国劳动研究所（Institute for the Study of Labor，IZA）提供的中国城乡劳动力流动调查数据（Rural - Urban Migration in China，RUMIC）①。该数据由城市住户调查、农村住户调查和流动住户调查三部分组成。其中，农村住户调查覆盖中国农村劳动力流动地的9个省的15个城市，流动住户调查除上述15市之外还包含另外四个城市②。RUMIC的样本来自国家统计局的常规住户调查样本框。该问卷涵盖的信息包括个体人员的家庭构成及成员基本特征、成年人教育水平及就业状况、成年人子女及父母情况以及家庭层面的社会网络、收入、资产、住房情况等。这些信息有利于考察流动人口迁移情况及其影响，尤其适合研究农民工的生存状态。该数据具有样本量大、分布地域广以及涉及外出务工农民的相关信息丰富等优点，近年来得到了广泛的应用[14-18]。该调查公开可获得的数据包括2008年和2009年，2009年是2008年样本的跟踪调查，在2008年的基础上，2009年还增加了对流动人口创业意愿等的调查信息。

由于本文的研究对象是返乡农民工的创业情况，所以从中选取的是RUMIC的农村住户调查个体数据。返乡农民工的创业意愿是本文关注的重点变量，限于变量的可获性，本文选择RUMIC2009年的数据③。在初始样本中，农村居民个体样本总数为32171，其中关于就业类型（受雇还是创业）的反馈信息有部分缺失，剔除后，再把农村居民目前的就业地点限定在本县的农村地区、本省其他县的农村地区以及本省的其他县城，以研究农民工返乡的问题，经过处理后，还剩下10302个样本，这部分在当地就业的农民中，有6225人之前有过外出务工经历，占到了总样本的60.43%。另外，需要说明的是，问卷对于农民创业意愿相关问题的设定针对的人群是尚未成功创业的，剔除缺失值后，共有8208个样本。

---

① RUMIC由来自澳洲国立大学、澳大利亚昆士兰大学、北京师范大学的研究团队发起，IZA支持并负责以科学研究为目的提供的调查数据文件。RUMIC的资助方包括澳大利亚研究委员会、澳大利亚国际发展署、福特基金会、IZA和中国社会科学基金。

② 农村住户调查的9省分别为安徽、重庆、广东、河北、河南、湖北、江苏、四川、浙江；15个城市分别是蚌埠、成都、重庆、东莞、广州、合肥、杭州、南京、宁波、上海、深圳、武汉、无锡、郑州、洛阳；城市和流动住户调查包括的另外四个城市为安阳、建德、乐山和绵阳。

③ 使用截面数据的一个缺陷在于无法很好地考察外出务工经历对于农民工返乡创业的长期影响，但该截面数据本身具有样本量大、样本覆盖面广、数据质量高等优点，大多情况下很难再进一步获取类似数据的长期跟踪调查，现有研究为了研究农民工就业问题，大都使用截面或者两期短面板数据[13,15,16]。

（二）变量定义

本文旨在研究外出务工经历对返乡农民工创业行为的影响，核心被解释变量为创业成功概率，用创业成功与否表示，设定为二值虚拟变量，创业成功为1，未创业成功（即受雇）为0。核心解释变量为农民工的外出务工经历，曾经有过外出务工经历的设为1，否则为0。从现实中和相关研究来看，农民通过外出务工一方面可以开阔眼界，积累经验和更广阔的外部社会资源，但另一方面却很可能由于长期远离家乡而失去重要的当地社会资源，综合导致外出务工经历对于农民工返乡创业成功概率的影响并不确定。此外，本文还将从返乡农民工主观创业意愿和客观创业条件两方面探讨外出务工影响创业的渠道机制。其中，创业意愿强烈程度设定为定序变量（赋值1、2、3），创业意愿随着等级数值变大而增强，客观创业条件包括外部筹资难易程度、外部筹资渠道、获得外界帮助的难易程度等当地社会资源。

倾向得分匹配法使用中涉及的匹配变量包括：人口统计学基本特征如年龄、性别、婚姻状况；人力资本如受教育年限、受到的非农业培训；健康状况如自评健康、身高体重比（BMI）、心理健康；父母情况如父亲的受教育水平、母亲的受教育水平、父亲职业；拥有的社会资源如过去一年内获得的外界帮助次数；务工情况如工作行业和工作所处地域特征，后者用县级虚拟变量表示。表1是主要变量的描述性统计，区分为有外出务工经历和无外出务工经历两组人群。

表1 主要变量描述性统计

变量	有外出务工经历			无外出务工经历			差值
	样本数	均值	标准差	样本数	均值	标准差	
创业行为							
创业成功与否	4180	0.24	0.43	6225	0.09	0.29	0.15***
创业意愿	3073	1.28	0.58	5319	1.20	0.50	0.08***
人口统计学特征							
年龄	4176	44.45	11.83	6217	33	10.45	11.45***
男性	4178	0.61	0.49	6223	0.65	0.48	-0.04***
已婚	4122	0.91	0.29	6192	0.64	0.48	0.27***
人力资本							
受教育年限	4013	8.27	2.63	5911	8.59	2.22	-0.32***
接受非农培训	4180	0.22	0.42	6225	0.27	0.44	-0.05***
自评健康							
非常好	4179	0.27	0.44	6218	0.32	0.47	-0.05***
好	4179	0.53	0.5	6218	0.53	0.5	0
一般	4179	0.17	0.38	6218	0.13	0.34	0.04***
不好	4179	0.03	0.16	6218	0.01	0.1	0.02***
非常不好	4179	0	0.04	6218	0	0.02	0**
BMI	4169	22.74	3.74	6214	21.98	2.47	0.76***
当地社会资源							
过去一年获助次数	4102	6.29	8.36	6149	7.15	8.91	-0.86***
父亲受教育情况							
没上过学	3959	0.36	0.48	5751	0.44	0.5	-0.08***
小学	3959	0.52	0.5	5751	0.47	0.5	0.05***
初中	3959	0.09	0.29	5751	0.07	0.25	0.02***

续表

变量	有外出务工经历			无外出务工经历			差值
	样本数	均值	标准差	样本数	均值	标准差	
高中及以上	3959	0.03	0.17	5751	0.02	0.15	0.01**
母亲受教育情况							
没上过学	3880	0.52	0.5	5656	0.63	0.48	−0.11***
小学	3880	0.44	0.5	5656	0.35	0.48	0.09***
初中	3880	0.04	0.19	5656	0.02	0.13	0.02***
高中及以上	3880	0.01	0.1	5656	0.01	0.08	0**

注：限于篇幅，这里并未列出个体心理健康、本人务工行业和父亲职业这三个变量；***、**、*分别表示在1%、5%、10%的水平下显著。

（三）研究方法

表1对两组人群的统计性描述表明有外出务工经历者和从未外出务工者在多方面都存在着显著差异，两组人群在诸多特征变量上的分布不同容易导致样本外出务工的自选择问题，进而导致简单OLS估计的有偏。在存在源于自选择问题引起的可观测异质性的情况下，通过匹配法能够有效找出两种差异状态下各方面特征相似的两组人群，再比较实验组（即外出务工者）和对照组（非外出务工者）在家乡所在地的创业行为，从而可以减小样本自选择导致的估计偏误。考虑到直接根据两组人群多方面特征信息进行逐一匹配可能陷入"维度诅咒"（Dimension Curse）问题，本文选用Rosenbaum和Rubin[19]提出的倾向得分匹配法（Propensity Score Matching, PSM），首先使用Probit模型估计出样本进入实验组或对照组的概率（即倾向分数），其次基于概率大小进行匹配，最后通常需要计算如下实验组的平均处理效应（Average Treatment Effect for the Treated, ATT）：

$$ATT = E(y_1 - y_0 | M = 1) = E(y_1 | M = 1) - E(y_0 | M = 1) \quad (1)$$

其中，ATT表示外出务工人群如果不外出，他们在家乡所在地的创业成功概率和外出务工返乡创业成功概率的差异。实际上，$E(y_0 | M = 1)$即外出务工人群假如不外出的创业成功概率我们是观测不到的，因而PSM的好处在于可以为实际外出务工人群找到有效的对照组$E(y_0 | M = 0)$代替$E(y_0 | M = 1)$，从而实现所谓"反事实"估计。在匹配变量的选择中，我们尽量考虑到了表1中个体样本的多方面的特征信息，并选用最近邻匹配方法对样本进行匹配，为了保证估计结果不依赖于邻元数的选取，本文采用1:1到1:6的设定分别进行匹配估计。

四、实证结果与分析

（一）基准回归

本文在采用倾向得分匹配法进行严格的估计之前，首先采用简单OLS方法初步考察有外出务工经历人群和从未外出务工人群在家乡所在地创业成功概率的差异，结果如表2所示。

表2 OLS初步估计结果

解释变量	被解释变量：创业成功概率					
	(1)	(2)	(3)	(4)	(5)	(6)
拥有外出务工经历	−0.0992***	−0.102***	−0.0794***	−0.0782***	−0.0754***	−0.0415***
	(0.0088)	(0.0090)	(0.0148)	(0.0152)	(0.0162)	(0.0149)

续表

解释变量	被解释变量：创业成功概率					
	(1)	(2)	(3)	(4)	(5)	(6)
人口统计学特征	是	是	是	是	是	是
人力资本	否	是	是	是	是	是
健康状况	否	否	是	是	是	是
当地社会资源	否	否	否	是	是	是
父母特征	否	否	否	否	是	是
个人工作行业和地区	否	否	否	否	否	是
R^2	0.067	0.069	0.034	0.038	0.043	0.450
观测值	10191	9970	3766	3511	3156	3142

注：括号中为稳健标准误，***、**、*分别表示在1%、5%、10%的水平下显著；控制变量含义请见前文变量部分，限于篇幅估计结果暂未报告。

表2估计结果表明，在控制个体诸多异质特征的情况下，有外出务工经历人群的返乡创业成功概率要显著低于从未外出务工人群，但这只能算作一种偏相关的关系，OLS存在的样本自选择问题可能导致估计结果是有偏的，接下来我们将采用倾向得分匹配法更为准确地估计两者间的因果关系。

（二）匹配有效性检验

匹配法的适用前提和匹配有效性是应用匹配法需要注意的重要问题，对此我们将进行共同支撑（Common Support）假设以及实验组和对照组的平衡性检验（Balancing Test）。图1的共同支撑假设结果表明，两组倾向分数存在重叠区域，这意味着可以使用匹配法分析农民外出务工的影响，这是本文使用匹配法的前提条件。

此外，还需要保证匹配是有效的，即经过匹配后，两组人群在主要特征变量上不应该存在显著差异，或者表述为匹配后各变量在两组的分布应变得平衡。对此，我们将对匹配结果进行平衡性检验。如表3所示，经过倾向得分匹配后，匹配变量的均值在两组间的偏误绝对值基本上都小于20%[19]，并且t检验的结果大多数均不显著，这表明进行匹配后，两组人群在主要特征变量上不再存在显著差异，即匹配是有效的。

表3 平衡性检验结果

变量	匹配后均值		匹配后偏误	t检验	
	处理组	控制组	偏误%	t值	P值
倾向分	0.60422	0.59473	3.9	0.89	0.373
人口统计学特征					
年龄	39.358	40.557	-11.3	-2.87	0.004
男性	0.71755	0.73495	-3.8	-1.02	0.310
已婚	0.82891	0.83297	-1.4	-0.28	0.778
人力资本					
受教育年限	8.2043	8.0149	7.9	2.18	0.030
接受非农培训	0.3149	0.20531	24.6	6.55	0.000
自评健康					
非常好	0.30531	0.22991	17	4.45	0.000
好	0.52729	0.55341	-5.2	-1.36	0.172
一般	0.14897	0.19846	-13	-3.41	0.001
不好	0.0177	0.01792	-0.1	-0.04	0.965

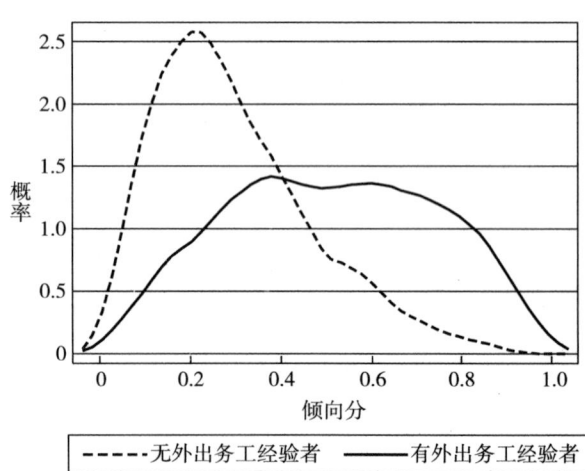

图1 倾向分数密度函数

续表

变量	匹配后均值		匹配后偏误	t检验	
	处理组	控制组	偏误%	t值	P值
非常不好	0.00074	0.00029	1.4	0.51	0.612
BMI	22.614	22.815	-5.4	-2.05	0.040
当地社会资源					
过去一年获助次数	8.4071	10.217	-18.6	-3.88	0.000
父亲受教育情况					
没上过学	0.38348	0.30807	15.7	4.14	0.000
小学	0.50147	0.51286	-2.3	-0.59	0.553
初中	0.08407	0.15724	-25.1	-5.88	0.000
高中及以上	0.03097	0.02183	5.2	1.49	0.138
母亲受教育情况					
没上过学	0.5531	0.53967	2.7	0.70	0.483
小学	0.40708	0.39573	2.3	0.60	0.547
初中	0.0236	0.05752	-19.2	-4.49	0.000
高中及以上	0.01622	0.00708	7.8	2.22	0.026

注：限于篇幅，这里暂未报告个体心理健康、本人工作行业和父亲职业三个变量。

（三）倾向得分匹配估计结果

采用最近邻匹配方法进行估计的过程中，为了保证估计结果不依赖于邻元数的选取，本文采用1:1到1:6的设定分别进行匹配估计。如表4所示，在不同的邻元数设定下，非常一致的结果表明，外出务工经历对农民工返乡创业的成功概率产生了显著的负向影响，即和从未外出务工的当地农民比较而言，外出务工明显阻碍了返乡农民工的创业。从总体效应来看，有外出务工经历的农民返乡创业的成功概率比从未外出务工的农民显著低9%左右。这意味着如果从未外出务工的农民在当地创业的成功率是20%，那么农民外出务工再返乡创业将会导致其成功率降低一半。这一结果与OLS估计结果的方向和显著性是一致的，但与表2列（6）相比负向效应要更大，反映了在未有效控制样本的自选择问题时，OLS的估计结果低估了外出务工对返乡农民工创业的阻碍作用。从现实和相关理论研究来看，农民通过外出务工一方面可以开阔眼界，积累经验和更广阔的外部社会资源，但另一方面却很可能由于长期远离家乡而失去重要的当地社会资源，最终外出务工经历对于农民工返乡创业成功率的总体影响实际上是由上述两方面综合决定的，积极和消极两方面影响孰轻孰重是比较复杂的。接下来，我们将从多个方面对外出务工经历影响创业的渠道机制进行具体探讨。

表4　外出务工经历对农民工返乡创业成功概率的影响

	邻元数					
	(1)	(2)	(3)	(4)	(5)	(6)
ATT	-0.0826***	-0.0826***	-0.091***	-0.0937***	-0.0941***	-0.0928***
	(0.0253)	(0.023)	(0.0226)	(0.0224)	(0.0223)	(0.0222)

注：括号中为稳健标准误，***、**、*分别表示在1%、5%、10%的水平下显著；1、2、3、4、5、6分别是对应的邻元数设定。

五、机制讨论

倾向得分匹配估计结果表明外出务工经历明显阻碍了返乡农民工的成功创业，那么这种效应是通过何种渠道机制产生的呢？厘清影响背后的机制有助于我们更好地认识农民工创业这一重要问题，还有助于相关促进政策的针对性制定。已有理论研究关于外出务工经历对于农民工返乡创业的影响主要有两个方面：一是农民工通过外出务工可以开阔眼界，积累经验和更广阔的外部社会资源，这些因素都有利于创业的成功[5,10,11,13]；二是长期远离家乡在外务工可能会损害这部分农民在家乡所在地的当地社会资源，进而不利于返乡创业[6-7]。对此，我们将从上述两方面具体探讨外出务工经历影响返乡农民工创业的机制。需要说明的是，通常来讲通过外出务工见识的增长、视野的拓展、人力资本提升以及外部资源的获取都能明显激发这部分农民工返乡后创业的主观意愿[20]，加上可获数据变量信息的有限性，这里我们采用主观创业意愿去综合表征外出务工对于农民工人力资本积累等方面的影响。除主观意愿外，客观创业条件是实现成功创业的重要保障，因而我们还将探讨外出务工对于返乡农民工客观创业条件的影响，这里重点关注的创业条件主要包括外部筹资难易程度、外部筹资渠道和获取外界帮助的难易程度三个方面，一定程度上还可以表征这部分返乡农民工拥有的当地社会资源情况。

（一）主观创业意愿

估计外出务工经历对农民工返乡创业意愿的影响，在不同的邻元数设定下，我们得到了相当一致的结果。如表5所示，有外出务工经历的返乡农民创业意愿比从未外出务工的农民显著高7%左右。石智雷等[20]的相关研究表明创业意愿的增强主要源于农民工通过外出务工见识的增长、视野的拓展、人力资本提升以及外部资源的获取，强烈的主观创业能动性是创业成功的先决条件，因而这同时印证了外出务工经历有利于农民工返乡创业的渠道之一。

表5 外出务工经历对农民工返乡创业意愿的影响

	邻元数					
	(1)	(2)	(3)	(4)	(5)	(6)
ATT	0.0709*	0.0789**	0.0757**	0.0758**	0.0782**	0.0795**
	(0.0404)	(0.0378)	(0.037)	(0.0368)	(0.0369)	(0.0367)

注：同表4。

（二）客观创业条件

1. 外部筹资

借贷约束是限制个人创业成功开展的核心因素之一[21]，尤其是对于农民来讲，由于缺乏创业的自有资金，外部筹资困难成为制约其成功创业的最为关键的客观条件。如表6所示，两组人群的外部筹资难易程度存在较为显著的差异，具体表现为，对于有外出务工经历的返乡农民工，在创业资金的筹集过程中感觉到外部筹资困难的比例达到34.31%，要比无外出务工经历的当地农民显著高出7.34%，换句话说，有外出务工经历的农民工返乡创业的外部筹资要比从未外出务工的当地农民更为困难。决定个体外部筹资难易程度的因素有很多，其中对于农民而言，个人声誉、人缘关系及社会评价等当地社会资源在其外部资金可得方面扮演着非常重要的角色[22-24]。在特定的区域和关系网络中，农户的私人借贷以及从非正规金融机构获得资金的行为通常依赖于民间约束机制而非担保或抵押，该情况下个人声誉、亲缘、乡缘等当地社会资源很好地起到了"软信息"的作用[23]。对于本文中的两组人群，外出务工农民由于长期在外往往疏远了和家乡所在地的人缘关系，集中体现为返乡创业外部筹资困难，进而外出务工在客观条件方面大大制约了其成功创业。

表6 两组人群创业外部筹资难易程度比较

	有外出务工经历（%）	无外出务工经历（%）	差值（%）
外部筹资困难	34.31	26.97	7.34

需要指出的是，本地资源缺失主要是通过民间借贷等非正规金融渠道制约外部资金的可得，而银行类正规金融机构的贷款通常依赖于担保或抵押，因而受个人本地资源的影响也相对小得多。对此，我们将进一步区分外部筹资的渠道，更好

地理解返乡农民工创业失败的客观原因。本文将外部筹资渠道主要区分为民间借贷和来自银行类金融机构，银行类金融机构属于正规金融渠道，而民间借贷主要包含私人借贷以及小额贷款公司之类的非正规金融渠道。如表7所示，外出务工返乡农民创业的外部资金来源于民间借贷的比例要明显低于从未外出务工的本地农民。这进一步表明，外出务工返乡农民由于本地资源的缺失导致其外部筹资来自民间借贷的困难要更大，迫使这部分创业者将筹资渠道转向贷款成本更高、便捷性相对较差的银行类正规金融机构，这也从一个侧面反映了农民工返乡创业失败的重要原因。

表7 两组人群创业外部筹资渠道比较

外部资金来源	有外出务工经历（%）	无外出务工经历（%）
民间借贷	59.06	66.35
银行类金融机构	40.94	33.65

2. 获得外界帮助的难易程度

除外部筹资外，在家乡所在当地能够获得的外界帮助更能直接地反映个体人员在当地的关系网络等本地资源的情况。该指标可通过本文问卷信息得到间接度量，具体而言，问卷中包含的信息特指"个体在过去一年所获的外界帮助总次数"，包含从外地可获取的帮助和从本地可获取的帮助，综合体现了个体对于外部资源和本地资源的拥有情况。表8的统计结果表明，有外出务工经历的返乡农民相对于从未外出务工的本地农民，其能够获得外界帮助的可能性明显要低。虽然该指标还包含从外地可获取的帮助，但从前文分析来看，有外出务工经历的农民积累的外部资源通常要高于从未外出务工的本地农民，因此，实际上该结果更突出反映了外出务工农民本地资源的缺失，进而可能阻碍这部分农民返乡创业。

表8 两组人群获得外界帮助难易程度比较

	有外出务工经历（次）	无外出务工经历（次）	差值（次）
过去一年获助次数	6.29	7.15	-0.86

综上所述，在外出务工经历有利于培育返乡农民工创业意愿的积极影响下，客观条件方面，在一定程度上导致这部分农民创业失败的主要原因在于外出务工造成的本地资源缺失。实际上，外出务工经历对于农民工返乡创业成功率的总体影响是由上述两方面综合决定的，孰轻孰重往往还与所处时代背景相关。可以注意到，已有得出外出务工经历有益于农民工返乡创业的相关文献很多都集中在2005年以前，随着时代信息化程度的不断加深，在本研究的窗口期内，外部社会资源获取变得更为容易，因而外出务工经历的积极作用将被大大削弱，从而会更加凸显本地社会资源缺失带来的消极影响。

六、结论与对策建议

本文基于中国城乡劳动力流动全国性调查数据，采用倾向得分匹配法，在有效控制农民工外出务工自选择问题的情况下，更为准确系统地考察了外出务工经历对于农民工返乡创业成功概率的影响和可能的渠道机制。相比于已有相关研究，本文使用的样本更具广泛性，实证方法也更为稳健。在此基础上，本文研究发现，外出务工明显阻碍了返乡农民工创业，从总体效应来看，有外出务工经历的农民返乡创业的成功概率比从未外出务工的农民显著低9%左右。为了解释这一相对新颖的结果，进一步剖析外出务工经历影响农民工返乡创业的机制，研究发现：主观意愿方面，外出务工经历有助于农民增长见识、拓展视野、提升人力资本以及获取外部资源进而增强其返乡创业的主观意愿，有外出务工经历的返乡农民的创业意愿比从未外出务工的农民显著高7%左右；客观条件方面，外出务工经历损害了返乡农民工个人声誉、人缘关系及社会评价等家乡所在地的当地社会资源，具体体现为创业资金从外部筹集的难度更大以及筹资渠道成本更高，此外还体现为有外出务工经历的返乡农民工能够获得外界帮助的可能性明显要低，这些因素都大大阻碍了返乡农民工成功创业。

农民工返乡创业打破了农村劳动力长期向城市和发达地区单向转移的旧格局，形成了农村劳动力双向流动的新局面。在当前农民工回流趋势明显的背景下，如何有效支持农民工返乡创业、拓展其就业渠道关系到社会的稳定以及城镇化和新农村建设的协同发展。对此，本文研究的政策启示在于：①需要一分为二地看待外出务工经历对于农民工返乡创业的作用，在肯定外出务工的人力资本积累和创业意愿培育作用的同时，不能忽视其在一定程度上有损返乡农民工当地社会资源的不利影响；②有效识别当前农民工"返乡潮"背景下创业成功率不高的症结所在，尤其是随着时代信息化程度的不断加深，外部社会资源获取变得更为容易，因而外出务工经历的积极作用将被大大削弱，从而会更加凸显本地社会资源缺失带来的消极影响；③为了尽量规避本地社会资源缺失对于农民工返乡创业的外部信用筹资的不利影响，一方面需要构建农民工返乡创业行为主体的创新信用体系，例如大力实施"农村信用工程"项目，另一方面可以着力推进金融供给侧结构性改革，为这部分拥有高涨创业积极性的返乡农民提供更为灵活、简化、优质的贷款服务。此外，还应着力建立国家财政、社区服务等全方位的返乡农民工创新创业扶持体系。

参考文献

［1］Dustmann C., Samuel B., Riccardo F. Return Migration: The European Experience［J］. Economic Policy, 1996, 11（22）: 213 - 250.

［2］Lucas R. E. B. The Economic Well - being of Movers and Stayers: Assimilation, Impacts, Links and Proximity［R］. Johannesburg: Conference on African Migration in Comparative Perspective, 2003.

［3］Ma Z. Social - capital Mobilization and Income Returns to Entrepreneurship: The Case of Return Migration in Rural China［J］. Environment and Planning A, 2002, 34（10）: 1763 - 1784.

［4］Fafchamps M., Quisumbing A. R. Social Roles, Human Capital, and the Intrahousehold Division of Labor: Evidence from Pakistan［J］. Oxford Economic Papers, 2003, 55（1）: 36 - 80.

［5］Marchetta F. Return Migration and the Survival of Entrepreneurial Activities in Egypt［J］. World Development, 2012, 40（10）: 1999 - 2013.

［6］Wahba J., Zenou Y. Out of Sight, out of Mind: Migration, Entrepreneurship and Social Capital［J］. Regional Science and Urban Economics, 2012, 42（5）: 890 - 903.

［7］Michelacci C., Silva O. Why so Many Local Entrepreneurs?［J］. Review of Economics and Statistics, 2007, 89（89）: 615 - 633.

［8］刘光明，宋洪远. 外出劳动力回乡创业：特征、动因及其影响——对安徽、四川两省四县71位回乡创业者的案例分析［J］. 中国农村经济，2002（3）: 65 - 71.

［9］林斐. 对安徽省百名"打工"农民回乡创办企业的问卷调查及分析［J］. 中国农村经济，2002（3）: 72 - 76.

［10］王西玉，崔传义，赵阳. 打工与回乡：就业转变和农村发展［J］. 管理世界，2003（7）: 99 - 109.

［11］汪三贵，刘湘琳，史识洁等. 人力资本和社会资本对返乡农民工创业的影响［J］. 农业技术经济，2010（12）: 4 - 10.

［12］汪昕宇，陈雄鹰，邹建刚，任启敏. 我国农民工返乡创业影响因素研究的回顾与展望［J］. 北京联合大学学报（人文社会科学版），2018（7）: 86 - 99.

［13］张海鹏，朱钢. 返乡农民工创业的现状、意愿及问题［J］. 中国发展观察，2018（6）: 53 - 56.

［14］李小瑛，赵忠. 城镇劳动力市场雇佣关系的演化及影响因素［J］. 经济研究，2012（9）: 85 - 98.

［15］万海远，李实. 户籍歧视对城乡收入差距的影响［J］. 经济研究，2013（9）: 43 - 55.

［16］王子成，赵忠. 农民工迁移模式的动态选择：外出、回流还是再迁移［J］. 管理世界，2013（1）: 78 - 88.

［17］明娟，曾湘泉. 工作转换与受雇农民工就业质量：影响效应及传导机制［J］. 经济学动态，2015（12）: 22 - 33.

［18］叶静怡，杨洋. 最低工资标准及其执行差异：违规率与违规深度［J］. 经济学动态，2015（8）: 51 - 63.

［19］Rosenbaum P., Rubin D. B. Constructing a Control Group Using a Multivariate Matched Sampling Method that Incorporates the Propensity Score［J］. The American Statistician, 1985, 39 (1): 33 – 38.

[20] 石智雷, 谭宇, 吴海涛. 返乡农民工创业行为与创业意愿分析 [J]. 中国农村观察, 2010 (5): 25 – 37.

[21] Hurst E., Lusardi A. Liquidity Constraints, Household Wealth, and Entrepreneurship [J]. Journal of Political Economy, 2004, 112 (2): 319 – 347.

[22] Nagarajan G., Meyer R. L. Collateral Substitutes: Effect on Loan Access and Size in the Philippine Informal Credit Markets [J]. Asia – Pacific Development Journal, 1998 (5): 133 – 145.

[23] 林毅夫, 孙希芳. 信息、非正规金融与中小企业融资 [J]. 经济研究, 2005 (7): 35 – 44.

[24] 刘成玉, 黎贤强, 王焕印. 社会资本与我国农村信贷风险控制 [J]. 浙江大学学报 (人文社会科学版), 2011 (2): 106 – 115.

The Experience of Migrant Workers and the Success Rate of Returning Migrant Workers' Entrepreneurship: A Counterfactual Estimation Based on Propensity Score Matching

Xu Ming

Abstract: Based on the Rural – Urban Migration in China (RUMIC), the paper uses the propensity score matching method to effectively control the self – selection of migrant workers, more accurately and systematically investigates the influence of migrant workers' experience on the success probability of returning migrant workers and the possible channel mechanism. The results show that: ①the experience of migrant workers significantly hinders the entrepreneurship of migrant workers, and the success probability of farmers who have gone out to work is about 9% lower than that of farmers who have never worked abroad; ②in terms of subjective will, the experience of migrant workers helps farmers to increase their knowledge, broaden their horizons, enhance their human capital and obtain external resources, so as to enhance their subjective willingness to return home and start a business. The entrepreneurial willingness of returning farmers with experience of migrant workers is significantly higher than that of farmers who have never gone out to work; ③in terms of objective conditions, migrant workers experience damages the personal reputation of returning migrant workers, human relations and social evaluation of the local social resources of their hometowns. It is more difficult to raise venture capital from outside and the cost of financing channel is higher, as well as the possibility that migrant workers who have gone out to work can get help from the outside world are obviously lower.

Key Words: Migrant Work Experience; Returning Migrant Workers; Entrepreneurship; Entrepreneurial Intention; Local Resources

基于选择实验法的雾景景观价值评估分析

袁惊柱

摘　要：对市场上不可单独交易、不存在价格的自然资源进行价值评估一直是自然资源进行价值评估分析的难题。本文以雾景作为不可交易自然资源的典型代表，使用实验经济学的选择实验方法获得了2124个观测值，并使用多项逻辑模型评估了雾景的景观价值，研究结果表明：现状情景下，旅游者认为门票价格偏高，在小雾雾景景观属性上的支付意愿为67.55元。要评估不可交易自然资源的价值，需要找到具有市场价格的成本属性，使用选择实验客观地揭示消费者的支付意愿。要保证评估结果的有效性，在价值评估过程中需要注意三个方面：一是实验问卷设计时要保证属性的独立性和属性水平值的效用平衡性；二是基于客观存在的成本属性水平值来揭示旅游者的支付意愿更有效；三是旅游者偏好的同质性与异质性的差异会影响所选择的价值评估模型的合理性，进而影响价值评估结果的有效性。

关键词：不可交易自然资源；选择实验；多项逻辑模型

一、引言

自然提供的生态系统服务和产生它们的自然资本存量对于地球生命维持系统的功能是重要的，它们直接或间接地贡献于人类福利，代表了地球总经济价值中的不可分割的一部分[1]。然而，现实中对自然资源的定价往往只重视市场中可交易的服务流，忽视了许多还没有进入市场、不可单独交易但对人类具有巨大价值的服务流，而且一般关注的是自然资源的当前收益，忽视了自然资源的长期收益。这种定价方式不仅使可耗竭资源被过度使用，而且使可再生资源超过或濒临崩溃的阈值界限，造成的环境反馈给人类带来了巨大的损失，也使得自然提供的生态系统服务流价值减少了[2]。在经济一体化程度逐渐加深的过程中，资源利用的范围会越来越大，过去未曾使用的土地和水源，以及一些在市场上不能交易的生态服务，如果定价不合理或不存在价格而被免费滥用。那么，生态系统服务乃至自然资本存量会因为经济活动产生的环境成本发生空间转移和代际转移而被破坏，如何解决这个问题对于人类社会持续健康发展是一个极大的挑战。要解决这一个问题，必须先解决自然资源定价不合理或自然资源不存在价格的问题。因此，本文以湖南省郴州市资兴市东江湖景区内的雾景为不存在价格的自然资源的典型代表，设计选择实验更加客观地获取旅游者的支付意愿，对不存在价格的自然资源进行价值评估，旨在为研究资源定价和其他产品或服务定价提供科学的研究范式，并通过科学合理的定价，保证自然资源利用的经济效率和生态效率，为生态补偿标准、财富核算标准的确立

---

* 本文发表在《旅游学刊》2020年第5期。

[作者简介] 袁惊柱，中国社会科学院工业经济研究所助理研究员、博士。

与公用事业定价以及自然资源资产负债表的编制提供科学可靠的依据。

二、相关研究回顾

（一）生态服务价值评估方法

关于自然资源的价格，国外的经典研究是1931年Hotelling的《可耗竭资源经济学》一文，他认为可耗竭资源的价格必须满足自然资源的补偿费增长同利率增长相等的条件，并得出可耗竭自然资源的 t 期价格 $P_t = P_0 \cdot e^{It}$（其中，I 为利率，P_0 为基期自然资源的价格）[3]。至此很长一段时间里，对自然资源的价格研究一直都集中在已经进入到市场进行交易的自然资源上，而忽视了没有重视不能在市场上单独交易、不存在价格的自然资源。在市场上不可单独交易、不存在价格的自然资源，价值主要是以生态服务为主，但如何对自然资源的生态服务进行价值评估却成为了一个现实难题。

国外关于生态服务需求偏好显示技术的研究主要从20世纪70年代开始，这些技术可分为间接显示方法、直接显示方法以及实验方法。间接显示方法包括享乐价格法、旅行费用法，直接显示方法又叫条件价值法。间接显示技术比较成熟，应用普遍，但应用范围受到数据的可获得性限制，其准确性则取决于计量模型的选择。直接显示技术不受经验数据的限制，应用范围广，主要由三项关键技术构成：准确、清楚地描述被评估的生态服务或提供服务的产品；合适的出价技术；合适的揭示答卷人真实评价的手段。通常，条件价值法（Contingent Valuation Method，CVM）在评估一项物品的价值时，问卷常采用是或否这样一种二分法，结果容易造成假设偏误，夸大答卷者的支付意愿；而且，由于询问的是答卷人的主观价值判断，其有效性经常受到质疑。如Brookshire等的研究表明，CVM这种直接揭示社会偏好的方法容易产生偏误[4]。首先是策略性偏误，即如果答卷者认为提供某项物品的成本由社会其他成员承担，他可能故意夸大该物品的价值和自己的支付意愿。相反，如果答卷者认为某项物品的成本将由自己承担时，他可能低估该物品的价值，降低自己的支付意愿。其次是信息偏误，即答卷者对评价物品的数量和质量有不同的信息和判断。再次是工具偏误，即调查中意在揭示社会偏好的机制产生的偏误。实验表明，征税方式得到的支付意愿明显不同于直接收费这种方式。此外，调查问卷中一般暗含有支付的起点和范围。最后是假设偏误，即答卷者可能并不相信问卷中关于某物品或资源的增加和减少趋势，也不相信自己的付出能改变这种增加或减少趋势。同时，CVM属于主观判断，缺乏实际数据检验，其准确性也取决于问卷设计、研究者和答卷人的经历、调查的方式、计量模型的选取等多个因素。实验方法通过控制交易规则，更容易辨别偏好的真假，能够更真实地揭示消费者的偏好，相比CVM更为客观。重复实验给了参加实验者学习的机会，而灵活的激励手段也有助于实验者显示自己真实偏好。但如何设计好实验交易规则、选择何种生态服务产品进行交易等，是实验方法运用中的巨大挑战。目前，对非市场价值进行评估的前沿实验方法是选择实验法，由于其完备的理论基础和方法体系，使得它能具有与真实市场情景高度吻合的信息量，但也增加了实验设计的难度和造成偏差的风险[5]。

（二）雾景景观价值评估

作为一种由自然提供的生态服务产品，雾景是一种在市场上不可单独交易、不存在价格的自然景观，它是由自然界天然存在的环境、物质和景象构成，具有游览、观赏等生态服务价值。但是，要评价自然风光的价值和经济效益是不易的，至少存在三个方面的原因：自然风光缺乏一个直接衡量的市场价格；不同欣赏者的社会人口学特征差异导致的价值评价差异；时间序列上社会消费模式的变化造成的价值变化[6]。

对雾景的自然景观价值的评价方法可以追溯到20世纪60年代基于成本效益分析的自然资源货币价值评价理论。虽然从20世纪七八十年代开始，已经形成了一些评价方法，如旅行费用法、享乐价值评估法。但是，直到20世纪90年代，经济学家Barber才将经济学概念引入景观中。在Randall等指出自然景观的旅游、娱乐、健身等生态价值的重要性后，Hanek认为景观生态价值包括两个方面：使用价值和非使用价值，其中，前者是指自然景观被人们消费时满足消费者需求的价值，后者是供将来利用的价值，包括存在价值、选择价值和遗传价值[7-8]。到目前为止，对自然景观价值进行评价的方法有：旅行费用法、享乐价值评估法、条件估值法等，但它们都存在一些明显的问题：旅行费用法对于整个自然景点的景观价值的评价由于旅行者旅行目的的差异和消费者剩余的不同会产生很大的误差，作为整个自然景点中的某一个自然景观，使用旅行费用法进行价值评估的误差将更大；享乐价值评估法要确定消费者关于雾的属性的价格函数，对于雾景这种市场上不可交易的自然景观，它的属性的隐含价格难以确定；条件估值法相对以上方法效果颇佳，但由于其支付意愿的主观性太强，且不受意愿承兑的约束，往往难以得到真实的价值。

要直接确定消费者对雾景的景观价值的支付意愿是不容易的，因为缺少一个直接价格揭示雾景的景观价值。引入一个相关的价格作为成本属性来揭示这种偏好是可行的，选择实验法正是一种这样的方法。成本属性作为真实的市场价格，可以揭示消费者的真实偏好。基于属性设计的选择集为消费者设定了特定的选择环境，能更客观地显示消费者的偏好水平。目前，对雾景景观价值进行评估的文献仅有1篇，即谭秋成使用选择实验方法对东江湖雾景的景观价值进行了评估[9]，笔者认为其评估结果存在虚高的问题。在选择实验的设计过程中，小雾情景属于东江湖雾景属性的现状水平值，在现状情况下，包括所有属性的门票价格为80元，而他的研究表明，游客对小雾情景的支付意愿为132.93元。笔者认为其中存在以下问题：第一，选择实验是基于客观存在的成本属性水平值来揭示消费者的支付意愿，而不是基于根据客观存在的成本属性虚拟的属性水平值来估计消费者的支付意愿。第二，在选择实验的设计过程中，笔者已经考虑了各个属性变量之间的独立性问题，且根据真实的成本属性水平值做出了效用平衡性调整，这是其文章中没有考虑的情况。第三，在模型选择的问题上，他虽然选择了模型1和模型2进行了估计，但估计结果表明，交叉选择项进入模型后的情况并不显著且拟合程度并没有变强，可以判断变量之间不存在相关性，在进一步引入游客特征变量拟合后，可以发现，游客的特征变量全部不显著且模型拟合程度没有变强。因此笔者判断，游客的偏好存在着同质性，相比较于用于异质性检验的随机参数逻辑模型（Random Parameter Logit Model，RPL），使用多项逻辑模型（Multinominal Logit Model，MNL）来进行估计更合理。

三、研究设计

（一）调研地概况

湖南省郴州市资兴市东江湖景区的雾景主要以小东江处为佳，景点名称为"雾漫小东江"。每年的5~10月，游客都会专门在旭日初升或夕阳西下的时刻去小东江观赏这一独特的自然景象。小东江的雾是"温差效应"的结果：它的水是从东江湖大坝100多米深的坝底流出，常年温度保持在8℃~10℃，而水面温度为20℃左右。

东江湖景区共有4条游览路线：A线、B线、C线和环岛游。从表1的游览内容可见，4条线路中都包括了"雾漫小东江"这一自然景观。虽然"雾漫小东江"这一自然景观没有单独制定一个明确的价格，但它作为每条线路的一个景点，是形成每条线路价格的一个基础，无论权重大小，总是在每条线路的总价格中占据一定比例。消费者对雾景的景观偏好会促使其产生支付意愿，这种支付意愿的实现即为对雾景景观价值的购买。

表1 东江湖景区游览路线及票价情况

线路项目	游览内容	门票价格（元/人次）	船艇价格（元/人次）	合计价格（元/人次）
A线	雾漫小东江、猴古山瀑布、东江大坝外景、龙景峡谷、东江湖（观）、赠游奇右馆、摄影馆、人文潇湘馆	80	—	80
B线	雾漫小东江、猴古山瀑布、东江大坝外景、龙景峡谷、东江湖（游）、兜率溶洞、赠游奇右馆、摄影馆、人文潇湘馆	100	24	124
C线	雾漫小东江、猴古山瀑布、东江大坝外景、龙景峡谷、东江湖（游）、潇湘风情水镇—黄草、东江漂流	248	70	318
环岛游	雾漫小东江、猴古山瀑布、东江大坝外景、龙景峡谷、东江湖（乘仿古画舫"回龙舫"环兜第岛游览一圈，需15人以上）	80	120	200

注：①C线东江漂流为季节性线路，仅限4月15日至10月10日开放；②自选免费项目（交通费自理）：寿佛寺、五岭农耕文明博物馆；③雾漫小东江观雾时间：每年4～10月中旬的早晨和傍晚；④以上票价是根据郴州物价局文件，结合东江湖旅游实际情况制定。

资料来源：东江湖旅游网（https://www.dongjianghu.com）。

（二）实验问卷设计

选择实验使用方法中的核心部分是设计选择实验，主要包括四大部分：属性和属性水平值的选择及定义、实验设计、实验背景及问卷的准备、样本选择和抽样策略[10-12]。

1. 属性和属性①水平值的选择及定义

参照Vega和Alpizar对哥斯达黎加一个游客中心的研究，他们确定的属性主要包括游客中心的山水风景、设施以及门票[12]。结合东江湖风景区官方网站上对东江湖景区的介绍，东江湖主要的景点有：雾漫小东江、东江大坝、龙景峡谷等；设施主要包括道路设施、停车场、餐饮服务以及游船等娱乐设施；门票的价格根据不同的线路制定。因此，可以初步获得吸引游客到东江湖景区游玩的重要特征：雾景、主要景点景观、山水风光、设施、门票。同时，可以获得相关属性特征的现实情况：一般情况下，东江湖景区有雾的天数为100天②；东江湖景区内部道路较窄、停车场略小、餐饮服务不太好；山水风光及其他景观好且水质一般在国家Ⅱ类水质以上；门票A线路（基本线路）为80元。选定资兴市科技局长期在东江湖库区调研的工作人员以及长期在东江湖景区从事运输的当地村民作为典型群体，进行相关典型群体问题的询问。最终确定东江湖景区重要的属性特征为：水质、山水风光、雾景、道路、门票。考虑到景区升级的需求以及库区农业生产和农民生活行为的影响，结合选择实验的设计原理，分别将5个属性特征的水平值设定为：水质（Ⅰ类、Ⅱ类、Ⅲ类）、山水风光（非常优美、优美、不优美）、雾（85天、100天、115天）、门票（68元、80元、92元）、道路（专线通达、无专线通达）。在典型群体讨论之后，将选定的属性特征及其相应的水平值介绍给相关的政策制定者③，与他们讨论所选定属性特征及其水平值的可行性。考虑到东江湖库区作为国家重要的水源涵养地，其水质要求保持在国家Ⅱ类水质以上；游客除了观赏雾景之外，还要观赏其他景点的景观；山水风光只是景区提供的一种生态感受，没有具体的景点体现；将水质和山水风光属性合为其他自然景观，将其属性水平值设置为变差、现状、变好。考虑到游客对雾景天数的理解比较抽象，将雾景的水平值变为：没雾、小雾、仙境雾。

---

① 需要指出的是，前文分析中的属性是指功能性，即"有用性"；此处的属性是指特征属性，即"特征性"。
② 景区全年开放，适游期为150天，调研取样的时间正好为适游期，观赏雾景的适游期为100天。
③ 本研究形成政策报告的专家包括科技部研究人员、中国科学院地理科学与资源研究所研究员、中国社会科学院农村发展研究所研究员、中国社会科学院工业经济研究所研究员。

考虑到游客对门票价格的敏感性，以 10 元为等级，将门票水平值设置为：70 元、80 元、90 元、100 元。考虑到道路只是景区设施中的一种，不能全面地反映景区的设施情况，因此将道路属性改为设施属性，并将其水平值设置为：现状、更好。

通过以上三个部分的操作，最终确定了东江湖景区的属性及其水平值（见表 2）。

表 2 东江湖景区的属性及水平值

属性	解释	水平
其他自然景观	主要是指除了雾之外的风光，包括猴古山瀑布、东江大坝外景、龙井峡谷、东江湖景观等，水清的程度，动植物的多样性景观，空气的清新度	变差、现状、变好
设施	包括景区内的餐饮服务、道路状况、停车场以及划船等游乐设施	现状、更好
雾景	雾是吸引游客的一个重要方面，雾的浓度的增多会吸引更多的游客	没雾、小雾、仙境雾
门票	一些游客认为门票价格正好，而一些人认为太贵	70 元、80 元、90 元、100 元

2. 实验设计

实验设计是指如何有效地把属性水平组合成选项（Alternatives），生成选择集（Choice Sets）的过程。标准的方法是使用因素设计，即先将属性水平进行排列组合，列出所有情况，然后根据一些控制性原则选择选项，如每个选择集中的属性值水平是不相关的、不存在占优情况、满足激励相容原则等。对于线性模型，正交性（Orthogonality）是一个主要的设计标准；对于非线性模型，则使用最优 D 标准①（D - optimal Criteria），通过 D 效率的计算来衡量。Huber 和 Zwerina 认为，有效设计的非线性选择实验模型需要满足四个原则，即正交性、水平平衡、最小重合和效用平衡[13]。在本文的研究中，全因素设计的选项个数为 72（$3^2 \times 2^1 \times 4^1$）。根据全因素设计的选项个数进行组合，共有 2556② 种选择集。一般而言，不可能使用全因素设计的选项组成的所有选择集来进行实验，一方面是因为一些组合形成的选择集明显不合理，存在明显占优等情况；另一方面是因为使用全因素设计来进行实验的经济成本太高。因此，会选择一部分选择集进行实验。对于线性模型，正交性常常被作为有效设计的标准；但对于非线性模型，主要以 4 个标准来确保设计的有效性：正交性、水平值平衡、最小重复、效用平衡。根据这一规则，本文选取了 12 个选择集作为实验的主体。

3. 实验背景及问卷的准备

实验背景和问卷是进行实验的工具，在设计问卷时要考虑诸多问题，例如，任务复杂性与设计完善性之间的权衡、词典编纂决策规则的问题、学习和疲劳效应问题、复合作用问题以及是否包含基底情景等。这些问题如果处理不当，则不能通过有效性检验和误差检验。如任务复杂性会影响偏好的稳定性，进而影响模型中的误差项，而设计完善性要求实验包括全部情况，这无疑加大了任务的复杂性。经验研究表明，一个选择集中属性的个数多于 4 个或 5 个则会严重损害调查数据的质量[14]。同时，偏好的稳定性与选择集的顺序之间还会产生复合作用，为了解决这一问题，Carlsson 和 Martinsson 将实验设计成一半人进行选择集的一种排序实验，另一半人进行前一种选择集排序的倒序实验[15]。考虑到被调查者的理解能力和时间成本等问题，笔者将 12 个选择集分为两部分，形成两种类型的调查表，每种类型的调查表包含 6 个选择集。除此之外，每种类型的调查

---

① 存在一个 D 效率：$D\text{-}efficiency = \left[|\Omega|^{\frac{1}{N}} \right]^{-1}$，其中 Ω 是 N 个变量的协方差矩阵。

② $\frac{72 \times 71}{2} = 2556$。

表都包括被调查者的社会人口学特征变量、对旅游景点的看法、旅行成本以及对东江湖景区属性的相关看法。这些关于东江湖景区属性相关看法的问题能够帮助被调查者更好地理解选择实验中选择集的选项，从而减少认知复杂性。同时，关于属性及其水平值，提供相应的照片帮助被调查者加以理解。

4. 样本选择和抽样策略

样本的选择和抽样策略首先要根据研究的目的和视角来考虑，即根据实验估算价值的种类来确定样本人群和抽样策略。在样本规模的选择上，也存在一些规定，主要是关于最小样本规模的规定，Louviere等给出了一个最小样本规模的公式[11]，但也有学者认为，这种方式只适合于随机抽样样本且选择之间是独立的情况[16]。Bennett和Blamey认为，子样本的最小规模为50人[17]。2014年4月30日，课题组一行7人到达资兴。首先，对调查人员进行了统一的培训，并对调查问卷进行了充分熟悉。5月1日上午，课题组到达东江湖景区门口。经商议，由当地科技局工作人员协调，课题组成员搭乘景区观光车进入到景区渡口处，开始实验调查。为了提高被调查者积极性，确保获得数据的可靠性，给予每个被调查者30元现金作为时间补偿。在调查问卷使用上，采用两种类型调查表交叉使用的方法。由于是假期的第1天，进入的许多游客还未游玩完所购买路线的景点，因而笔者只获取了少量几份数据。作为初次实验检验，笔者的问卷不存在认知上的困难，初步证明问卷可行。5月1日下午，笔者返回到景区门口，对游玩完返回的游客进行调查。在样本选择上，笔者以本次在景区游玩完的旅客为主，附带一些以前游玩过的本地游客。在旅客来源上，笔者努力平衡本地游客与外地游客的比例。为了宣传笔者的调查，笔者采用宣传条幅与调查员随机抽样的方式寻找被调查者。调查共进行了4天，于2014年5月4日下午结束。

（三）数据收集

笔者共获得118个被调查者数据，收集到708个选择集①。只有63个选择集的结果是"两个都不选"，即被调查者不愿意在设定的两个选项中做出选择。因此，计量模型包括了645个选择集。

在118个被调查者中，两种类型的调查表正好各占一半。其中，56位被调查者为男性，62位为女性；受访者的年龄范围为18~60岁，平均年龄为34.79岁；在游客来源地上，72位游客来自资兴以外的全国各地，24位游客来自湖南省外；在文化程度上，大多数为大专及以上学历。被调查者具体的社会人口学特征变量情况如表3所示。

表3 样本人群的社会人口学特征统计性描述

变量	解释	观测值个数	均值	标准误	最小值	最大值
性别	男性=1；女性=0	118	0.4746	0.5015	0	1
年龄	被调查者年龄（岁）	118	34.7881	9.2882	18	60
来源地	外地=1；本地=0	118	0.6102	0.4898	0	1
工资	被调查者年工资（元）	118	61878.2600	107511.4000	0	1000000
收入	被调查者家庭年收入（元）	118	132877.2000	157441.6000	20000	1200000
成本	包括交通成本、门票成本、餐饮住宿成本和其他成本（元）	118	448.4254	275.5395	0	1205.5000
教育水平	文盲=1；小学=2；初中=3；高中=4；大专及以上=5	118	4.5932	0.7307	2	5

注：根据调查数据整理，使用Stata 12.0进行统计性描述。

---

① 共有118个被调查者，每个被调查者回答6个选择集，因而可以获得118×6=708个选择集。

从表3数据可以看出，样本人群的工资和被调查者家庭收入及成本存在较大差异。在被调查者工资上，最小值为0元，被调查者可能为学生，没有工资；最大值为10万元，被调查者可能为私营企业主，收入颇丰。在被调查者家庭年收入上，最小值为2万元，家庭条件困难；最大值为12万元，家庭条件优越；在成本上，最小值为0元，被调查者可能为被接待对象，不用支付任何费用；最大值为1205.5元，被调查者为全程自费对象。这种差异性的存在能够保障调查数据的相对科学性。

四、雾景景观价值评估分析

（一）模型选择

雾景作为在市场上不可交易的生态服务，能满足人类在美学上的观赏需求，因而是具有使用价值的。但是，由于雾景的不确定性特征，其给人类提供美学价值的属性的产权难以界定，要对它进行价值评估，必须找到相关属性或替代属性，并满足相关属性或替代属性产权清晰界定的条件。东江湖景区中雾漫小东江处雾景的相关属性是东江湖景区门票价格，通过把在景区经营权的获得成本基础上形成的门票价格加入模型，可以获得雾景属性与门票价格的边际系数，从而对消费者在雾景这种不可交易生态服务上的支付意愿进行揭示。

去东江湖景区旅游的游客在景区选择的偏好上是同质的，只是在不同的人口社会学特征影响下，他们所产生的效用不同。参照Greene关于多项无序选择的分析[18]，本文假设第i个消费者面对j个选项时，选择第j个选项的效用为：

$$U_{ij} = z_{ij}\theta + \varepsilon_{ij} \quad (1)$$

式（1）中，$i = 1, 2, \cdots, n$，$j = 1, 2, 3$，z_{ij}表示第i个消费者选择第j个选项时的属性水平变量，θ表示z_{ij}对随机效用U_{ij}的作用系数，ε_{ij}表示随机扰动项。如果消费者特别选取了第j个选项，那么，笔者可以认为U_{ij}是j个效用中最大的。因此，选择第j个选项的概率后的统计学模型是：

$$\text{Prob}(U_{ij} > U_{ik}), k \neq j \quad (2)$$

式（2）则表示选择最大效用选项的概率，随机变量Y_i表示做出的选项，当j个扰动项是相互独立的且是第1类极值分布时，即：

$$F(\varepsilon_{ij}) = \exp[-\exp(-\varepsilon_{ij})] \quad (3)$$

式（3）表示随机误差项满足独立同分布条件，则存在：

$$\text{Prob}(Y_i = j) = \frac{\exp(z_{ij}\theta)}{\sum_{j=1}^{3}\exp(z_{ij}\theta)} \quad (4)$$

这种模型叫作条件logit模型，或者称作多项逻辑模型（Multinomial Logit Model），效用取决于z_{ij}。z_{ij}可以表示为$z_{ij} = [x_{ij}, w_i]$，其中x_{ij}是选项的属性，w_i是个体的特征。

（二）雾景景观价值评估

对于东江湖景区雾景的价值模型，选项（choice）为因变量，雾景（fog）、其他自然景观（view）、设施（equip）、门票（ticket）为属性变量，游客特征（characteristics）为个体的特征，根据条件logit模型的原理，存在：

$$choice = \{\partial_{fog}\} \cdot fog + \{\theta_{view}\} \cdot view + \{\varphi_{equip}\} \cdot equip + \{\beta_{ticket}\} \cdot ticket + \{\omega_{characteristics}\} \cdot characteristics + \{\varepsilon\} \quad (5)$$

式（5）中，雾景（fog）、其他自然景观（view）、设施（equip）、门票（ticket）和游客特征（characteristics）这些变量的系数为具有多个值的集合。根据实验设计和实验结果，令选项3的价值 = 0，选项1的价值 = 1，选项2的价值 = 2，其中0为基准。特征变量选取雾景、其他自然景观①、设施、门票为属性变量，被调查者年龄、家庭总收入、旅游总花费为人口社会学统计变量，其中雾景分为没雾、小雾和仙境雾，其他自然景观分为更差、现状和更好，设施分为现状和更好。所有变量中，因变量为代码变量，数字不具有任何含义，自变量中除了年龄、家庭收入、旅游总

---

① 其他自然景观指除了雾以外的其他自然景观，包括植物动物等生物多样性、水清的程度、空气的清新度等方面。

花费和门票为连续性变量外,其他均为分类变量,为了使它们更好地进入模型,对这些分类变量进行虚拟化处理,形成新的变量,各变量的统计性描述情况如表4所示。

表4 模型中各变量的统计性描述

变量	解释	均值	标准误	最小值	最大值
choice	选项	0.4459	0.7292	0	2
nofog	没雾	0.1949	0.3962	0	1
lfog	小雾	0.2495	0.4328	0	1
bfog	仙境雾	0.2222	0.4158	0	1
wview	其他自然景观变差	0.2230	0.4162	0	1
nview	其他自然景观现状	0.2222	0.4158	0	1
bview	其他自然景观更好	0.2218	0.4155	0	1
nequip	设施现状	0.3333	0.4715	0	1
bequip	设施更好	0.3333	0.4715	0	1
ticket	门票价格(元)	56.1111	40.2365	0	100
age	被调查者年龄(岁)	34.7881	9.2510	18	60
fincome	被调查者家庭收入(元)	131172.5000	155122.9000	20000	1200000
tcost	旅游总成本(元)	448.4254	274.4341	0	1205.5000
obs	变量个数	2124			

注:被调查者家庭收入缺失数据用调查当年被调查者常住地家庭平均收入插补。
数据来源:课题组实地调研。

一般而言,关于非市场价值评估的计量模型有多项逻辑模型(Multinominal Logit Model,MNL)和随机参数逻辑模型(Random Parameter Logit Model,RPL),差别在于随机误差项是否满足独立同分布条件。为此,笔者在满足独立同分布条件和不满足独立同分布条件下分别使用MNL模型和RPL模型进行了检验,结果表明,变量的交叉项以及游客的特征变量的引入并不能提高模型的拟合程度,同时,这些引入的变量估计结果非常不显著。因此,笔者判断,游客的偏好存在同质性,随机误差项满足独立同分布条件,所以使用MNL模型来估计游客的支付意愿。由于交叉项和游客特征项估计结果不显著,且对模型的拟合程度优化不具有正向促进作用,因此在模型中不再加入。为了揭示游客在实际支付的成本属性框架下对雾景属性的支付意愿,需要基于真实门票的约束下进行支付意愿的估计。为此,笔者选择各个属性的现状水平值进入模型来估计。基于以上分析,雾景价值评估的模型为:

$$choice = C + \alpha_{fog} \cdot lfog + \theta_{view} \cdot nview + \varphi_{nequip} \cdot equip + \beta_{ticket} \cdot ticket + \varepsilon \quad (6)$$

根据式(6),现状情景下使用多项逻辑模型回归后得到雾景和门票价格属性的系数分别为α_{fog}、β_{ticket},则消费者在雾景属性上的支付意愿为:

$$WTP_{fog} = -\frac{\alpha_{fog}}{\beta_{ticket}} \quad (7)$$

若某年东江湖景区接待的总人数为N,则消费者在雾景上的总支付为$N \times WTP_{fog}$,即为雾景的美学观赏价值。

将实验数据中的分类变量进行虚拟化处理后,使用Stata 12.0进行多项逻辑回归分析(见表5)。

表5 现状情景下的多项逻辑回归结果

多项逻辑回归						变量数量=2124	
						卡方统计量=1463.15	
						模型显著性=0.0000	
最大似然估量=−1018.2196						拟合度=0.4181	
选项	变量	系数	标准误	z	P>|z|	95%置信区间	
3				基准结果			
1	lfog	1.3678	0.1640	8.3400	0.0000	1.0462	1.6893
	nview	1.0230	0.1635	6.2600	0.0000	0.7026	1.3434
	nequip	0.8236	0.1798	4.5800	0.0000	0.4712	1.1759
	ticket	0.1016	0.0129	7.8600	0.0000	0.0763	0.1269
	常数	−10.8763	1.1461	−9.4900	0.0000	−13.1227	−8.6299
2	lfog	−19.6107	694.8442	−0.0300	0.9770	−1381.4800	1342.2590
	nview	2.7518	0.3408	8.0700	0.0000	2.0838	3.4198
	nequip	2.6093	0.2849	9.1600	0.0000	2.0507	3.1678
	ticket	0.2903	0.0224	12.9800	0.0000	0.2465	0.3341
	常数	−27.0601	2.0634	−13.1100	0.0000	−31.1042	−23.0159

资料来源：使用Stata 12.0回归所得。

根据式（7）的计算方法，使用表5的回归系数，可以计算出在现状情景下，消费者在雾景的属性上的支付意愿为：在选项1上的支付意愿为−11.79元，在选项2上的支付意愿为67.55元；消费者在其他景观上的支付意愿为：在选项1上的支付意愿为−10.07元，在选项2上的支付意愿为−9.48元；消费者在景区设备上的支付意愿为：在选项1上的支付意愿为−8.11元，在选项2上的支付意愿为−8.99元。可见，在小雾的现状情景下，在选项1上消费者认为门票的价格是偏高的，不愿意为观赏小雾支付相应的价格；在选项2上消费者认为门票的价格是偏高的，但愿意为小雾支付相应的价格。

（三）评估结果分析

研究结果表明，在现状情景下，雾景属性存在没雾、小雾和仙境雾三种属性水平值，选项1情景下游客对雾景的支付意愿为负值，存在的原因可能是游客观赏到的是没雾这种属性水平值的雾景状态，选项2情景下游客对雾景的支付意愿为67.55元，这可能是游客观赏到的雾景状态是小雾和仙境雾都存在的混合估计结果。在现实情况中，由于观赏雾景的时间是短暂的，且观赏到没雾、小雾和仙境雾的概率是递减的，考虑到这些原因，对雾景有特别偏好的游客会有准备地去观赏雾景，对雾景没有特别偏好的游客会选择自己喜爱的景点去观赏和游玩，不同雾景水平值出现的概率是不一定的，但这一系列概率分布都包括在真实的门票价格中，所以基于游客真实支付的门票成本来反推游客对雾景的支付意愿才能更好地吻合消费者的真实意愿。因此，笔者在多水平值的属性控制下，让游客在门票成本的框架下进行选择，能够更好地揭示游客对各种属性的支付意愿。但由于各种属性存在多种水平值，要揭示游客对特定属性水平值的支付意愿，必须保证进入模型进行估计的属性水平值处于同一情景中。如在笔者的分析中，所有的属性水平值都处于现状情景中。这是谭秋成的分析中欠考虑的地方，因此他的估计结果可能存在偏差。在属性水平值的设定中，笔者在进行效用平衡调整后，考虑到各种属性水平值都到达最佳水平的门票价格为100元，此时可以观赏到的雾景水平值为仙境雾；而在谭秋成的分析中，对小雾和仙境雾的支付意愿分别为 132.93 元和 136.59 元，这远远高于所有属性处于最佳水平值情景下的门票价格，这说明成本属性的最高水平值的设置不合理。

除了雾景景观价值评估外，笔者对其他属性的价值也进行了评估，可以发现，不论是在选项 1 情景下，还是在选项 2 情景下，游客都觉得现实的门票价格偏高。进一步研究发现，游客认为，东江湖景区的其他自然景观基本处于未开发的状态，特别是 80 元线路中的其他自然景观，没有突出的特色，因此游客不愿意对其进行支付；而在设施属性上，80 元线路中的设施只包括摆渡车、停车场、小吃店和道路设施情况，游客认为，这些设施属于基本设施，一定程度的改善并不能成为吸引游客前来游玩的重要因素，因此游客不愿意对其进行支付。

五、讨论与结论

（一）讨论

对在市场上不可交易自然资源进行价值评估是自然资源价值评估分析的主要难题，关键是如何客观地揭示消费者偏好。由于消费者对不可在市场上交易的自然资源具有需求，要揭示消费者对这些不可交易自然资源的支付意愿，就必须找到消费者可以支付价格的替代属性或产权清晰的直接相关对象[2]。笔者以东江湖的雾景为例，利用选择实验方法获得数据，估算了雾景的景观价值，作为在市场上不可交易自然资源进行价值评估的典型例子。然而在现实的操作过程中，存在几个容易影响评估结果有效性的重要问题。

1. 属性变量的独立性问题和属性水平值的效用平衡性问题是影响问卷设计有效性的关键问题

属性的选择需结合政策制定者的需求和属性对消费者的重要性进行。以往的经验是通过相关文献综述的阅读、小组讨论、访问政策制定者以及询问专家意见等来获得信息，使用最多的方法是通过典型群体研究（Focus Group Studies）来选择属性。可能会出现互为关系属性和偶尔相关属性的问题，为了满足单个属性之间不相关的原则[19]，需进行相关处理。属性水平值的确定可以通过定量化和定性化的方法来进行，定量化考虑的是选择使用绝对数值还是相对数值，即相对于现实状态（Status Quo）而言，定性方法可以通过影响编码（Effects Coding）和虚拟编码（Dummy Coding）两种方式来处理[11]。属性水平值设计的一种方法是实际值上下 15%，实际值通过典型群体来确定[20]。属性水平值的选择是否成功，可以通过判断实验对象对于水平值是否易于理解、是否可操作和实行以及是否满足激励相容原则[21]。同时，还需要考虑属性的数量、水平值的范围以及水平值的数量等问题。因此，在属性变量的选择上，必须保证属性变量之间的独立性，避免出现互为相关的属性变量。同时，在属性水平值的设计上，必须保证不同属性水平值组成的选择集的效用水平相同，不能出现占优与明显劣势的选择集组合。如果不同时满足这两个条件，设计出的选择实验问卷便不能揭示被调查者的真实意愿，获得的数据便会是有偏的。例如在本文的选择集组合中，门票的最低水平值与其他属性的最优水平值组合明显对于消费者而言是占优的；相反，门票的最高水平值与其他属性的最低水平值组合对于消费者而言是存在明显劣势的，这种组合存在明显的效用不平衡性问题。

2. 基于客观存在的成本属性水平值揭示的消费者支付意愿更有效

从属性水平值设计与组合的原则来看，要保证不同属性水平值组合后的效用是平衡的，最低成本属性水平值则必须与其他属性都变差的水平值进行组合，最高成本属性水平值则必须与其他属性都变好的水平值进行组合，现状成本属性水平值组合包括其他属性变好和变差两种水平值。如果选择实验设计合理，则揭示出的支付意愿应该小于对应的成本属性水平值。在本文的研究中，现实中客观存在的成本属性水平值为门票价格 80 元，则揭示出的消费者对其他属性的支付意愿应该小于 80 元。同理，在最高的成本属性水平值情景下，揭示出的消费者支付意愿应该小于成本属性水平值的最高值，否则存在高估问题。

3. 基于游客偏好的同质性与异质性差异对评估模型选择的影响会影响评估结果的有效性

游客偏好的同质性与异质性差异会影响评估模型的选择，进而会影响评估结果的有效性。如 Brouwer 认为河流不同流域居住的人对于水质提升的偏好是不一样的，设计了基于不同流域居住人对水质提升偏好异质性的选择实验，并选择 RPL 模型对不同偏好的人的支付意愿进行了揭示，研究发现，揭示出的支付意愿可能高出成本属性的最高水平值[22]。这是因为不同偏好的人对于水质提升的效用函数是不同的，因此需要选择合适的模型揭示他们的不同偏好。如吕兴洋等使用改进的"满意—绩效"模型，检验旅游者在追求异质化旅游体验的过程中对目的地的影响[23]。否则在揭示支付意愿的过程中评价客观存在的成本属性水平值是否偏低或偏高是无法实现的。而对于同质性偏好的游客，一般会选择 MNL 模型来对他们的支付意愿进行揭示。两者的差别主要体现在游客的社会人口学特征对模型评估有效性的影响。异质性偏好的游客的社会人口学特征会显著影响模型的评估结果，而同质性偏好的游客则不显著。

（二）结论

对于目前尚无市场价格且不能在市场上交换的生态服务，因为其对人类生存的重要性，需要对其价值进行评估。本文以雾景作为典型性研究对象，使用当前最客观揭示消费者支付意愿的选择实验法对其进行价值评估。主要研究结论如下：

对于东江湖的雾景，虽然没有市场价格，不能在市场上进行交换，但能满足人类在美学上的观赏需求，因而其是具有使用价值的。由于雾景的不确定性特征，其给人类提供美学价值的属性产权难以界定，要对它进行价值评估，必须找到相关属性或替代属性，并满足相关属性或替代性产权清晰界定的条件。东江湖景区中雾漫小东江处雾景的相关属性是东江湖景区门票价格，同时，景区经营权是已经被清晰地界定产权的，通过把在景区经营权的获得成本基础上形成的门票价格加入模型，可以获得雾景属性与门票价格的回归系数，从而对消费者在雾景这种不可交易生态服务上的支付意愿进行揭示。也就是说，景区经营权确定下景区经营收益的实现获取了消费者在雾景上的支付意愿，赋予了在市场上不可交易的雾景相应的价值，即为它的自然资源价格。基于课题组对东江湖景区游客随机抽取的 118 个样本的数据，共获得了 2124 个观测值，使用 Stata 12.0 进入多项逻辑回归后，可以获得雾景的属性与门票价格的回归系数，使用它们可以计算出消费者在小雾雾景属性上的支付意愿为 67.55 元，即为消费者个体在雾景的观赏上愿意支付的价格。按照消费者在雾景属性上支付意愿，可以使用景区接待总人数来估算雾景景观价值。但在长期进行价值评估上，这种方法的科学性还要取决于能够真实揭示消费者个体在成本属性与自然资源进行价值评估属性相关性上的偏好。

选择实验作为目前最客观真实地揭示消费者支付意愿的方法，对于评估没有市场价格还不能在市场进行交换的生态服务的价值十分有效。但在使用的过程中需要把握好几个重要环节，否则会影响结果的有效性。一是要选好属性变量，属性变量之间应保持相互独立性，不重合，不相关。二是要设置好不同属性变量的水平值，水平值的设置要结合理论研究、现实情况与未来发展趋势来考虑；如水质作为东江湖的一个重要属性，没有进入本文研究的属性变量选择中，是因为东江湖水质有明确的国家标准管理，不会发生明显的变化。三是要组合好不同属性变量的水平值，形成合适的选择集，满足效用平衡的原则；如果选择集的设置出现明显的占优或绝对劣势，实验分析结果就是有偏的。四是模型的选择要考虑研究对象偏好的同质性或异质性问题，不同的偏好情况应该选择不同类型的模型进行分析。如本研究中的游客具有同质性的偏好，则选择 MNL 模型进行分析。五是价值评估时，应该以现实情景的成本属性水平值为基础进行评估，否则容易发生价值高估或低估的问题。当然，实验过程中，获取数据的方法也是影响评估结果有效性的一个重要因素。在实验过程中，调查者应该为被调查者做好客观的解说，可以辅助照片等帮助被调查者理解调查问题。此外，也可以使用一定的报偿或小礼品激励被调查者提供真实数据，以便获得可靠的一手数据。

参考文献

[1] Costanza R., D'Arge R., Groots R., et al. The value of the world's ecosystem services and natural capital [J]. Nature, 1997 (387): 253 – 260.

[2] 袁惊柱. 自然资源的定价分析 [M]. 北京：中国社会科学出版社, 2017: 117 – 142.

[3] Hotelling H. The economics of exhaustible resources [J]. Journal of Political Economy, 1931, 39 (2): 137 – 175.

[4] Brookshire D. S, D'Arge R., Schulze W. D, et al. Experiments in valuing public goods [M] //Smith V. K. Advances in Applied Microeconomics. Greenwich CT: JAI Press, 1981.

[5] 全世文. 选择实验方法研究进展 [J]. 经济学动态, 2016 (1): 127 – 141.

[6] 杨宏伟, 陈国阶. 自然风光（景观）价值评价方法研究 [J]. 重庆环境科学, 1991 (3): 14 – 21.

[7] 宗跃光. 城市景观生态价值的边际效用分析法 [J]. 城市环境与城市生态, 1998, (4): 52 – 54.

[8] 成程, 肖燚, 欧阳志云等. 张家界武陵源风景区自然景观价值评估 [J]. 生态学报, 2013 (3): 771 – 779.

[9] 谭秋成. 度量生态服务价值的选择实验：方法介绍及案例研究 [J]. 中国人口·资源与环境, 2016 (7): 46 – 52.

[10] Kjaer T. A Review of the discrete choice experiment with emphasis on its application in health care [R]. Denmark: Syddansk Universitet, 2005.

[11] Louviere J., Hensherd. A, Swaitj. Stated Choice Methods, analysis and application [M]. Cambridge: Cambridge University Press, 2000.

[12] Vega D. C., Alpizar F. Choice experiments in environmental impact assessment: The toro 3 hydoelectric project and the recreo verde tourist center in costa rica [R]. Environment for Development, Discussion Paper Series, 2011.

[13] Huber J, Zwerina K. The importance of utility balance in efficient choice designs [J]. Journal of Marketing Research, 1996 (33): 307 – 317.

[14] Alpizar F., Fredrik C., Peter M. Using choice experiments for non – market valuation [R]. Goteborg: Working Papers in Economics no. 52. Department of Economics, 2001.

[15] Carlsson F., Martinsson P. Do hypothetical and marginal willingness to pay differ in choice experiments? — Application to the valuation of the environment [J]. Journal of Environmental Economics and Management, 2001 (41): 179 – 192.

[16] Anderson D. A., Ben – Akiva M., Lerman S. K Discrete choice analysis: Theory and applications to travel demand [J]. Journal of Business and Economic Statistics, 1988, 6 (2): 286.

[17] Bennett J., Blamey R. K. The choice modelling Approach to environmental valuation [M]. Cheltenham: Edward Elgar Publishing Limited, 2001.

[18] Greene W. H. Econometric analysis [M]. Boston: Pearson Education, 2012.

[19] Hanley N., Adamowicz V. Using choice experiment to value the environment: Design issues, current experience and future prospects [J]. Environmental and Resource Economics, 1998, 11 (3 – 4): 413 – 428.

[20] Bradley M. Realism and adaptation in designing hypothetical travel choice concepts [J]. Journal of Transport Economics and Policy, 1988, (22): 121 – 137.

[21] Ryan M. A role for conjoint analysis in technology assessment in health care [J]. International Journal of Technology Assessment in Health Care, 1999a, 15 (3): 443 – 457.

[22] Brouwer R, Julia M., Julio B. Spatial preference heterogeneity: A choice experiment [J]. Land Economics, 2010, 86 (3): 552 – 568.

[23] 吕兴洋, 邱玮, 刘祥艳. 旅游者异质性对目的地绩效的影响研究 [J]. 旅游学刊, 2016, 31 (9): 72 – 79.

Analysis of the Value of Fog Landscapes Based on a Choice Experiment

Yuan Jingzhu

Abstract: It is a difficult problem to evaluate the value of natural resources which cannot be traded separately and there is no price in the market. This paper uses the fog landscape as a typical example of a nontradeable natural resource. A total of 2,124 observations were obtained using the experimental economics selection experiment method to evaluate the value of the fog landscape, which has no market price. Using a multinomial logit model, the results show that the consumer's willingness to pay for a small fog scene attribute is 67.55 RMB under the status quo scenario. To evaluate the nontradeable natural resource value, a cost attribute with a market price should be found, which can be used in a choice experiment to reveal consumers' willingness to pay objectively. To ensure the validity of the results, three aspects require attention in the value evaluation process. First, the independence of the attributes and the utility balance of the attribute level values should be ensured when designing the questionnaire. Second, it is more effective to reveal the willingness to pay of tourists based on the objective existence of the cost attribute level values, that is, using design principles and the combination of attribute level values. Third, differences in the homogeneity and heterogeneity of tourists' preferences will affect the rationality of the selected value assessment model and, thus, affect the validity of the value assessment results.

Key Words: Nontradeable Natural Resource; Choice Experiment; Multinomial Logit Model

"大雄安"区域产业生态的构建研究

李晓华　陈若芳

摘　要：《河北雄安新区规划纲要》为雄安新区设立了高端高新产业的总体产业定位。雄安新区虽然拥有交通区位优势与政策红利，但其产业发展也明显受到了既有要素供给水平和产业基础的制约。京津冀区域经济发展差距大的主要原因在于河北与京津之间缺乏有效的产业分工与协作。雄安新区的建设必须在"大雄安"这个空间尺度上构建产业生态系统，这不仅能够弥补雄安高端高新产业发展的要素缺失，还能借力雄安以此为龙头带动河北经济发展。本文最后从产业规划、错位竞争、基础设施建设、政府市场关系、产业发展等方面对"大雄安"区域产业生态的构建提出政策建议。

关键词：京津冀；雄安；产业生态；协同发展

2017年4月，中共中央、国务院决定设立河北雄安新区。2018年4月，党中央、国务院批复《河北雄安新区规划纲要》，明确了雄安新区高端高新产业的发展方向。设立雄安新区是实施京津冀协同发展战略、有序疏解北京非首都功能重大决策的有机组成部分，是千年大计、国家大事。其中，产业的选择及其发展路径的确定是雄安新区产业发展、人口聚集，从而支撑千年支撑的根本之所在。《河北雄安新区规划纲要》虽然明确了雄安新区高端高新产业的发展方向，但是产业发展的路径还不清晰，特别是在人均GDP仅为2万多元的地区发展高端高新产业，存在产业与要素供给之间明显的不匹配，这是一个巨大的挑战。本文提出从"大雄安"范围谋划产业发展，跳出雄安构建产业生态，为雄安新区产业发展提供了一条可行的路径。

一、雄安新区的产业定位

设立河北雄安新区是我国区域经济发展史上的一项重大战略部署，其重要性比肩深圳经济特区和上海浦东新区。设立雄安新区不仅是京津冀协同发展的重要内容，而且是未来城市发展方向、发展模式的重大探索。《河北雄安新区规划纲要》提出，雄安新区的建设要"着眼于北京非首都功能的疏解，坚持世界眼光、国际标准、中国特色、高点定位，坚决贯彻绿色、生态的发展理念和高质量的发展要求，创造'雄安质量'，打造一个具有世界影响力的创新样板"[1]。作为京津冀协同发展的重要部署，雄安新区的产业发展必须具有引领性和带动性；作为千年之城，雄安产业发展必须具有前瞻性和可持续性。综合考虑雄安新区的战略定位和生态环境约束，其未来发展的应当是技术先进（前沿）、附加值高、环境友好

---

* 本文发表在《北京工业大学学报（社会科学版）》2020年第1期。
[作者简介] 李晓华，中国社会科学院工业经济研究所研究员、经济学博士；陈若芳，上海交通大学马克思主义学院硕士研究生。

(水耗低、能耗低、排放低)的产业,应当是代表智能化、绿色化、服务化发展方向的产业,应当是符合高质量发展要求的产业[2]。

《河北雄安新区规划纲要》提出,雄安新区应瞄准世界科技前沿,面向国家重大战略需求和自身发展定位和目标,积极承接北京非首都功能疏解,集聚创新要素资源,发展高端高新产业,并明确了未来产业发展的六大重点[1](见表1)。

表1 雄安新区产业发展重点

产业发展重点	具体内容
新一代信息技术产业	包括下一代通信网络、物联网、大数据、云计算、人工智能、工业互联网、网络安全等信息技术产业;区块链、太赫兹、认知计算等前沿技术
现代生命科学和生物技术产业	包括脑科学、细胞治疗、基因工程、分子育种、组织工程等前沿技术;生物医药和高性能医疗器械产业
新材料产业	包括新型能源材料、高技术信息材料、生物医学材料、生物基材料等
高端现代服务业	包括金融服务、科创服务、商务服务、智慧物流、现代供应链、数字规划、数字创意、智慧教育、智慧医疗等现代服务业;创业孵化、技术转移转化、科技咨询、知识产权、检验检测认证等科技服务业;设计、咨询、会展、电子商务等商业服务业;国际仲裁、律师事务所等法律服务业
绿色生态农业	包括以生物育种为主体的现代生物科技农业;创意农业、认养农业、观光农业、都市农业等农业新业态
传统产业的改造升级	发展数字化、网络化、智能化、绿色化产业

资料来源:《河北雄安新区规划纲要》。

《河北雄安新区规划纲要》将以上六大产业作为重点,不仅因为高端高新产业的资源环境负荷小,符合雄安新区绿色生态宜居的城市定位;还因信息技术、生命科学、新材料等产业是正在全球范围内兴起的新一轮科技革命和产业变革的主要驱动产业。当前,以云计算、大数据、物联网、移动互联网、人工智能、区块链、虚拟现实等新一代信息技术为代表的新科技加速成熟和商业化,新模式、新业态、新产业不断涌现并对既有产业产生颠覆性影响。世界主要国家纷纷制定法律、战略和政策支持前沿科技、推动先进制造业的发展,国内许多省区市也在加快在前沿科技和高科技产业的布局。可以说,新科技、新模式、新业态创新活跃的国家和地区也是经济更具有活力、增长速度更快的国家和地区。将上述六大产业作为发展重点,体现了千年之城发展的前瞻性。以高端高新产业为基础能够带动高端人才聚集,进而推动高端高新产业发展,并形成两者之间的良性互动,真正使雄安新区的建设发展步入正轨。

二、雄安新区产业发展的要素条件

高端高新产业代表着新一轮科技革命与产业变革的方向,符合雄安"现代化经济体系的新引擎、推动高质量发展的全国样板"和"全球创新高地"的定位。发展高端高新产业,雄安新区既存在明显短板,又具备一定的优势条件,可谓挑战与机遇并存。

(一)雄安新区产业发展的不利条件

雄安新区前期的产业发展明显受到了很多因素的制约,概括起来主要是产业基础和要素供给水平不足。

1. 经济发展水平低,产业基础薄弱

雄安新区规划范围包括雄县、容城、安新三个县及白洋淀水域范围,以及任丘市鄚州镇、苟各庄镇、七间房乡和高阳县龙化乡,规划面积共1770平方公里[1]。从经济总量和发展的效率上看,2017年雄安新区经济规模只有189.16亿元,工业增加值为90.62亿元,在河北省所占的比重分别为0.56%和0.70%。雄安新区人均GDP约为2万元,是河北平均水平的45.74%;地均GDP为1215.66万元/平方公里,是河北平均水平的67.90%。从产业结构看,雄县、容城、安新2017年的三次产业结构分别为11.5:60.0:28.5、17.2:48.2:34.6、15.1:42.2:42.7,第二产业特别是工业成为了经济的主要组成部分,且工业

以劳动密集型产业为主。雄县的主导产业是橡胶制品、塑料包装、电气电缆，容城县主要发展纺织服装、食品加工、毛绒玩具等初级产品加工业，安新县则主要发展制鞋业。雄安新区三县区域的城镇化水平低，农业人口占有相当高比重。例如，2017年雄县农业人口达21.5万人，占全县人口的54.6%，远高于全国41.5%的平均水平，农业县的特征非常明显。可见，雄安新区目前的经济发展水平较低，产业发展层次较低，发展高端高新产业几乎要从零起步。

2. 基础设施和产业配套不完善

高端高新产业具有技术水平高、产品复杂、产业链长等特点，对上下游配套产业以及研发、测试、金融、法律、营销等生产性服务业存在很高的要求。不仅雄县、容城、安新三县本地没有这些产业基础，即便是周边的保定其他区县，高端高新产业的基础也较为薄弱。2016年，保定市制造业占前五位的行业分别是，汽车制造业占33.25%，电气机械和器材制造业占10.56%，纺织业占9.59%，橡胶和塑料制品业占6.31%，有色金属冶炼和压延业占5.87%。保定的制药、新材料产业虽然也具有一定特色，但制药业主要以中药饮片加工为主，2016年中药饮片加工占规模以上医药制造业工业总产值的58.92%；专用化学品制造仅占规模以上化学原料和化学制品制造业总产值的8.81%，且主要优势在于强化磁记录材料、热敏材料。保定也不是信息技术产业的主要集聚区，2016年信息传输、软件和信息技术服务业增加值仅占GDP的1.65%。

3. 高端人才供给不足

无论对一个国家还是一个城市来说，最关键已经不再是自然资源等初级生产要素，而是集聚科学家、工程师、企业家、金融家等高技能劳动力的能力。哪里环境好，精英就在哪里聚集；知识人群在哪里聚集，哪里就能够创造财富。城市之间的产业竞争，根本上是对高素质人才从而对城市环境的竞争。行业领军型科学家、企业家以及高素质工程技术人才、经济管理人才是高端高新产业发展的基础。雄县、容城、安新三县的城镇化水平低、高等教育和科研资源稀缺、高端产业少，对高素质人才的吸引力不足。因此，雄安新区未来高端高新产业的发展在初期需要依靠北京、天津的人才，吸引全国人才在此集聚。但现实的情况是，雄安新区与北京、天津之间的高铁线路尚未建成，高速公路耗时较长，京津人才到雄安就业和工作的时间成本高；高端人才不仅需要能够发挥自身才能且收入较高的工作岗位，而且对工作生活的环境也有较高的要求。雄安目前还处于起步期，教育、医疗、文化、购物、餐饮等方面的配套设施与北京差距巨大。

4. 非首都功能疏解存在阻碍

雄安新区的一个重要功能就是作为北京非首都功能疏解的集中承载地，而北京非首都功能向雄安新区的疏解也有利于雄安高端高新产业体系的打造。但从实际情况看，仍存在一些阻碍和问题。第一，受经济增长目标、财政支出硬约束影响，北京区县向外疏解产业的动力不足，目前向外疏解的主要是一些商贸流通产业和低端制造业。第二，由于基础设施不完善，即使北京向外疏解高端高新产业，雄安新区目前也缺乏足够的承载力；而且即便企业想向雄安转移，也将面临着由于生活配套不完善来自员工方面的巨大阻力。第三，高端高新产业向外转移，会对北京的产业生态造成破坏，影响"全球影响力的科技创新中心"这一定位的实现。

5. 实际产业发展空间比较有限

2016年，容城县、雄县、安新县农业用地占辖区面积的比例分别为70.41%、70.58%和47.00%[3]，看似有较多的耕地可以转化为可开发的商业、工业用地，但就实际情况看，雄安的土地空间并不像数字所体现的那样充裕。一是起步区规模小，雄安新区规划建设的起步区、中期发展区只有100平方公里和200平方公里，启动区面积20~30公里，产业用地有限，很难形成独立完备的产业体系。二是高水平的规划使城市土地利用的容积率偏低。《河北雄安新区规划纲要》规划了雄安新区"北城、中苑、南淀"的总体空间格局和"一方城、两轴线、五组团、十景苑、

"百花田、千年林、万顷波"的空间意象，并且严格控制城区建筑高度，避免出现到处都是"水泥森林""玻璃幕墙"的现象[1]。三是河北水资源匮乏，雄安所辖的白洋淀湖区生态非常脆弱，也构成对产业和城市发展较为刚性的约束。

（二）雄安新区产业发展的有利条件

雄安新区发展的有利条件主要体现在交通区位优势和政策优势两个方面，一定程度上弥补了高新高端产业基础设施和要素供给条件的不足。

1. 交通区位优势

雄安新区位于北京、天津、保定腹地，处在京、津、石三地的地理中心，与京津构成一个三角形经济圈，三者彼此之间的距离均在110~120公里。雄安在对接利用北京和天津两个直辖市的人才、创新、资金、资讯、产业配套等各种资源，承接产业转移与辐射方面有明显的区位优势。北京是全国科技创新资源最为密集的城市，不仅汇集了众多的科研院所和研发机构，而且人才资源密集；天津以高端装备制造、石化化工为代表的先进制造业在全国处于领先地位，《京津冀协同发展规划纲要》将北京定位为全国"科技创新中心"，天津定位为全国"先进制造研发基地"[4]。随着京雄高铁在2020年建成通车以及其他规划建设中交通网的形成，京津石与雄安之间的"时间距离"将大幅度压缩，形成半小时通勤圈。半小时之内的通勤时间将加快雄安与京津石同城化的步伐，促进生产要素的快速自由流动和优质资源的共享，为城市有序的产业分工和京津冀协同发展提供了有利条件。此外，天津港位于京津城市带和环渤海经济圈的交汇点，交通条件的改善能够畅通雄安新区的出海通道，助力雄安新区在更大范围、更广领域、更高层次上参与全球合作与竞争。

2. 制度政策优势

首先，作为"千年大计、国家大事"，雄安新区集创新发展引领区和综合改革试验区、人与自然和谐共生的试验区、国际科技创新合作试验区、自由贸易试验区为一身，不但能够享受近年来国家赋予新设立的各种新区、综改区、试验区、自贸区等"先行先试"的各种政策，而且"先行先试"方面还被赋予更多的权限，未来许多新的市场化改革开放措施都将在雄安先行先试。例如，创新性的税收政策在雄安新区率先实施，国家级交易平台等重大金融项目在雄安先行先试。其次，雄安新区在起步建设阶段，无论是具有国际视野的高水平规划征集、新区基础设施建设、环境整治和生态恢复还是京津冀区域内的交通互联互通都得到了来自国家与河北省的大力支持，建设水平高、建设速度快，雄安新区的基础设施条件将会在较短的时间内得到改善。最后，雄安新区承担着疏解北京非首都功能、促进京津冀协同发展的重任，成为了高校、科研院所、企业总部等高端要素从北京向外疏解的主要承载地。为配合雄安新区建设，已经有许多高校、科研院所、企业计划搬迁到雄安或在雄安设立分支机构、区域总部。

三、构建"大雄安"产业生态系统的必要性

囿于本地有限的要素供给和发展空间，雄安新区的产业发展必须跳出雄安，在"大雄安"区域范围构建产业生态系统。

（一）产业生态系统理论

对于区域间产业同构性的好坏，学术界有不同的认识。一种观点认为，区域间产业结构相同，容易导致重复建设、过度竞争。而另一种观点认为，区域间产业同构有利于区域间的分工与合作。我们认为，这两种观点都既有合理的地方，也存在它的不足。现代产业的特点是越来越复杂，生产的迂回程度越来越高，分工越来越细化。一件复杂产品多则包括上十万甚至百万的原材料、零部件和组件，涉及门类繁多的产业领域。因此，一个产业的发展需要形成与其他产业之间、产业内部各环节与产业链上下游之间的不同企业的投入—产出关系。从国民经济分类角度来看，某一产业很难独立发展，需要在某个地区形成较为完善的产业配套。对于结构简单、产业链短的产品，

如服装、鞋帽等，可以在一个较小的地域空间形成较为完整的产业配套与分工协作关系，如产业园区以及浙江"一村一品、一乡一业"产业集群。但是对于产业规模大、产品种类丰富或产品结构复杂的产业（如电子信息产业），基于产业园区的空间集群乃至一个城市都很难容纳该产业发展所需的所有配套企业，因此需要在城市群等更大空间尺度上形成区域间的分工与合作关系。由于此类产业的细分门类繁多，具体产品品类数以百万计，因此即使在同一大类产业中，不同城市、园区之间仍然能够在细分产业或产品层面上错位发展，避免产业同质化造成的问题。事实上，在分工与合作高度发达、生产与创新网络蓬勃发展的当下，很少有产品的研发、设计、原料、设备、生产、分销等完整的价值链活动全部集中于一个地区完成，要保证最终产品具有国际竞争力，必须充分利用周边地区、全国乃至全球范围内可获得的最优的资源。在较小空间尺度上聚集的多是支撑该产业发展的主要投入品生产企业。在不同空间尺度上高度集聚的具有产业链联系或投入—产出关系的企业及相关配套条件的整体就构成了产业生态系统。

"生态系统"一词起源于生态学，由于企业或产业也表现出像生物生态系统一样相互依赖、复杂连接、自我修复、共同演化的有机联系，"商业生态系统""产业生态系统"的概念被先后提出[6]。最初"产业生态系统"理论仅关注地理空间上靠近或相连的产业网络中的物质和能量流动，旨在通过生产过程中产生的各种副产品的充分资源化利用以实现产业与环境的和谐[7]。但是产业内部不仅是物质和能量的流动与循环，从产业自身发展演进的角度来看，更重要的是产业内部各类参与者之间在研发、生产、销售等环节形成的投入—产出关系，这是产业生态系统相互依赖、复杂连接、自我修复、共同演化的经济基础。因此后来有学者进一步将产业生态系统的概念从生态经济学或环境经济学的范畴进行了扩展，关注产业生态系统中各构成要素相互连接、依赖与协作的过程，提出产业生态系统是由能够对某一产业的发展产生重要影响的各种参与主体、支撑因素与外部环境构成的产业赖以生存和发展的有机系统[5]。Timmers 在考察技术创新从知识产出到创新产品的生成环节时指出，创新链主要由基础研究、技术研发、实际运用、产业化与市场化四个阶段组成，且每个阶段相互影响[8]。与此类似，创新（科学、技术）、开发（企业）和应用（产业化）构成产业生态系统的三个重要环节。因此，创新生态系统、开发生态系统与应用生态系统三生态群落就构成了产业生态系统的核心层[5]。

就如同生物群落是个有机体一样，完善的生态系统也是产业健康持续发展的重要支撑。在完善的产业生态支撑下，新技术、新模式、新企业和新业态才能更好地培育和成长，高端高新产业才能发展和繁荣[5]。产业生态系统的提出体现了产业发展范式从单体式竞争到链条式合作再到生态网络式协同的转变，它打破了个体、区域的界线，是多元主体间连接、互动、协作、共生共存的全新组织模式，也是提高自主创新能力和产业竞争力的新范式[9]。一个国家或地区产业竞争优势的建立和保持，需重视产业生态系统的构建与协同演进。

（二）京津冀产业发展的反思

长三角、珠三角、京津冀是我国三大城市群，但是与长三角、珠三角地区较为均衡的经济发展不同，京津冀三地之间的经济发展存在巨大差距。2018 年，北京、天津人均 GDP 分别达到 14.02 万元和 12.07 万元，而河北的人均 GDP 只有 4.77 万元。与长三角地区相比，京津冀地区之间缺乏产业内部的分工联系，没有形成区域价值链是河北产业发展滞后的重要原因之一。京津冀之间产业的同质性低，因此很难形成产业内部细分产业之间与价值链各环节之间的分工协作关系，这也就意味着北京、天津的产业优势很难对河北产生溢出和辐射。从表 2 可以看到，在京津冀协同发展战略提出之前的 2012 年，北京、天津与河北不仅在占规模以上工业总产值比重前十位的两位数制造行业存在很大差异，行业间的排序也有很大的不同。例如，2012年，计算机、通信和其他电子设备制造业的工业总产值列北京、天津的第二位，但是没有进入河北的前10名之列（位列第21，仅占河北制造业总产值的1.0%）；在北京规模居第5位的医药制造业，也不在天津、河北的前10名之列（天津、河北均列第15位）。

表2 京津冀占规模以上工业总产值比重前十位的产业（2012年） 单位：%

排名	北京		天津		河北	
	产业名称	比重	产业名称	比重	产业名称	比重
1	汽车制造业	22.81	黑色金属冶炼和压延加工业	19.01	黑色金属冶炼和压延加工业	33.04
2	计算机、通信和其他电子设备制造业	18.59	计算机、通信和其他电子设备制造业	12.94	石油加工、炼焦和核燃料加工业	6.49
3	石油加工、炼焦和核燃料加工业	8.02	汽车制造业	8.75	化学原料和化学制品制造业	5.78
4	电气机械和器材制造业	6.06	化学原料和化学制品制造业	6.09	金属制品业	5.76
5	医药制造业	4.91	石油加工、炼焦和核燃料加工业	5.98	农副食品加工业	5.33
6	通用设备制造业	4.75	金属制品业	5.22	非金属矿物制品业	5.01
7	专用设备制造业	4.62	专用设备制造业	5.11	电气机械和器材制造业	4.22
8	非金属矿物制品业	4.17	食品制造业	4.83	汽车制造业	4.09
9	农副食品加工业	3.16	电气机械和器材制造业	4.30	纺织业	4.03
10	化学原料和化学制品制造业	3.13	通用设备制造业	4.19	专用设备制造业	3.31

资料来源：北京、天津、河北统计年鉴。

长期以来，京津冀三地之间的经济联系松散，各自为战，缺乏分工协作特别是产业链上下游之间的联系。由于地区之间的产业合作、配套水平低，北京的科技优势不但没有转化为京津冀的产业优势，更没有转化为北京自身的产业优势。事实上，由于北京及周边地区制造业发展滞后，造成北京很多高技术成果只能在京津冀之外转化。例如，北京的IT制造企业完成产品设计，不得不在长三角地区生产样品及进行后续大批量生产，这种情况已经对北京的创新能力造成了损害。由于缺乏承接高端制造业的配套能力，河北只能承接首钢、北京焦化厂等京津转移出来的重工业以及商业批发等低端产业，从而错失了产业升级的机遇。

（三）构建"大雄安"产业生态的必要性

高端高新产业的发展不仅仅需要科技创新的支持，包含配套企业、生产服务企业在内的整个产业配套与支撑体系也至关重要。由于受到产业基础薄弱、配套设施不完善、创新要素供需不匹配、产业发展土地空间有限等不利因素的制约，雄安新区的产业发展不能是封闭的孤岛式建设，而是应该对接并最大限度利用北京、天津及河北省内周边地区的资源，在"大雄安"区域内实现产业的分工与协作，发挥各自优势，带动区域产业协同发展。

1. 弥补雄安高端高新产业发展要素缺失

在全球化和知识经济时代，创新已成为经济发展和综合国力增强的关键性因素。产业间的竞争不再局限于单个企业间，而是逐渐转化为供应链间的较量和产业生态系统间的博弈[10]。美国竞争力委员会发布的《创新美国》报告指出，在全球经济一体化进程加快、技术复杂性增强的背景下，创新的本质和创新者间的关系出现了一些不同于以往的新变化，主要体现为由原来彼此对立的关系日益演变为互补甚至共生的关系，因此各创新主体（企业、政府、教育家和工人）间需要构建形成一个21世纪的创新生态系统[11]。因此，新时代下产业竞争优势的保持离不开产业生态系统的协同演进。按照雄安新区的发展规划，高端高新产业主要聚焦于技术含量高、附加价值高、环境污染小的价值链环节。鉴于雄安新区高端要素供给不足、产业基础薄弱以及发展空间有限的现状对大规模加工制造业布局的限制，雄安新区的产业发展必须跳出雄安，在京津冀即"大雄安"范围内统筹规划，围绕雄安的重点发展产业，以雄安为核心在更大的京津冀空间尺度内培育建设较为完善的产业生态，与北京、天津及河北周边地区进行产业的合理分工、优势互补、优化资源配置。打造"大雄安"产业生态，关键是要处理好雄安新区与京津以及河北省其他地区的产业分工关系，总体上应大同小异、有分有合。也就是说，在大类产业的选择上应有较大重合，在细分产业或产业链环节应形成差异；在产业链上形成合作，但在产业链环节间形成分工。一方面，雄安新区要积极对接京津高端创新要素。京津冀协同发展不是北京、天津将传统落后、技术含量低和环境污染严重的低端产业转移到河北，雄安新区的发展不是也不能在京津之外打造一个孤立的产业高地，而是要将京津的科研机构、创新成果、人才、生产性服务机构等要素和资源为我所用，从而弥补雄安高端高新产业发展在高素质人才、产业配套方面的不足。另一方面，雄安新区高端高新产业发展必须利用河北已经形成的原材料、零部件配套条件和充裕的生产空间。按照全球创新高地的定位与高端高新产业的发展方向，雄安侧重于前沿技术研究、新产品研发设计与小试中试、总部功能以及占地集约的现代服务业，而雄安周边的河北地区应围绕雄安的五大高端高新产业，重点发展原材料和零部件制造、加工组装以及占地面积大的仓储、物流、商贸等生产性服务业。通过构建"大雄安"产业生态，改变过去京、津与河北产业割裂的局面，推动区域将潜在的互补优势、集聚优势和协同优势转化为竞争优势，加快雄安新区高端高新产业的发展和创新能力的提升，使之成为推动河北经济发展的新引擎，增强京津冀作为中国经济"第三极"的战略地位。

2. 激活雄安优势、催生河北发展新动能

产业生态就是在一定区域内通过协调各地区、各领域的资源要素，如微观层面的要素流动（人口、资源、技术、信息、资本等）、中观层面的结构优化（交通、产业、城镇、生态、公共服务等布局）、宏观层面的制度创新（体制、机制、政策等），产生新的最优组合方式，达到各子系统相互促进、协调发展的态势，实现系统从低级向高级、从简单到复杂、从有序到无序的动态演化过程，实现区域协同发展[12]。北京是全国创新资源最为集中的地区，在电子信息、生物医药、机械装备等产业具有明显特色和优势，天津也是全国重要的石油化工、机械装备基地，两地的经济发展水平在全国处于领先地位；而河北地区具有广阔的腹地和发展空间，土地、劳动力等要素成本较低。打造"大雄安"产业生态就是要立足雄安的高端高新产业链的核心环节，充分整合利用北京、天津与河北的要素与产业资源，在三地间形成有机的产业链分工关系。北京作为技术创新的源头，主要做好原始创新，但其许多科技创新成果并不适宜在当地转化，雄安新区可以起到承担承接、转化北京科技成果的作用。譬如，雄安新区有条件率先大规模商用5G、率先布局IPv6、区块链、太赫兹、认知计算等技术研发及前期试验。此外，雄安新区还拥有发展无人驾驶汽车非常好的契机，它可以规划一个相对封闭的智能道路系统，包括汽车、道路、交通控制系统等，在河北围绕雄安新区的重点产业培育，发展上下游环节和配套产业。"大雄安"产业生态将有力支撑雄安新区成为河北经济发展的引擎，改变河北"守着金山要饭吃"的窘境，打造升级版的区域协同发展新范式。

四、"大雄安"产业生态构建的政策建议

产业的创新、发展需要完善的产业生态系统

做支持。培育和发展高端高新产业不能仅关注一个局部而忽略其余，必须要促进其所处生态系统的完善与协调。大雄安区域产业生态系统的运行机制就是在政府引导、市场主导下优化内部构成要素结构，培育外部支撑要素和环境资源结构，协调产业生态主体群落与外部环境互动融合的动态过程和作用机理。打造"大雄安"产业生态，关键是要处理好雄安新区与京津以及河北省其他地区的产业分工关系，总体上应大同小异、有分有合。也就是说，在大类产业的选择上应有较大重合，在细分产业或产业链环节形成差异；在产业链上形成合作，在产业链环节间形成分工。

（1）明确京津冀与雄安产业功能定位，共同规划产业发展。基于产业发展的现实差距和各自的比较优势，三地应明确自身的产业重点、产业发展和产业的结构升级，因地制宜地进行产业间合理分工。京津冀产业协同发展应该"一盘棋"综合考虑，将京津冀与雄安新区共同打造"大雄安"产业生态列入京津冀协同发展和雄安新区建设的重点任务，由京津冀协同发展领导小组办公室组织北京、天津、河北与雄安新区发改部门共同研究分析各自的优势，论证确定发展的重点细分产业与价值链环节，实现两市一省一区"十四五"规划、总体规划以及重点产业规划的协同。

（2）做好创新链产业链分工，形成错位竞争发展格局。北京"十三五"规划提出加快构建"高精尖"经济结构，包括都市型现代农业、电子信息、生物医药、新能源、新材料、智能制造、航空航天、新能源汽车、轨道交通等战略性新兴产业以及第五代移动通信（5G）、未来网络、可穿戴医疗设备、基因检测、3D打印、第三代半导体材料、智能机器人等前沿技术产业，以及金融、科技、信息、商务服务、研发设计、节能环保、融资租赁、电子商务、现代物流、会展经济等生产性服务业和文化产业。《河北雄安新区规划纲要》提出的发展重点包括新一代信息技术产业、现代生命科学和生物技术产业、新材料产业、高端现代服务业、绿色生态农业五大产业，雄安新区产业重点与北京市存在很大的重合性。这一方面为北京与雄安新区之间的产业内部的分工协作奠定了基础，另一方面也要注意避免两者产业的直接竞争。北京与雄安新区之间应在细分产业、产品层面与产业链环节之间形成差异。北京作为科技创新的源头，主要承担研发、颠覆性创新，保留科创功能的前段研发环节；而天津、雄安地区作为科技转化和产业市场化的基地，承担科创功能的中后端环节[13]。比如在新能源汽车和智能网联汽车领域，北京侧重于整车开发和制造，雄安侧重于无人驾驶平台系统的开发、测试以及增值互联网服务的开发、运营。雄安新区的发展必须改变过去京津与河北产业割裂的局面，加强两者的产业链联系。具体来说，雄安新区应按照全球创新高地的定位与高端高新产业的发展方向，侧重于前沿技术研究、新产品研发设计与小试中试、总部功能以及占地集约的现代服务业，而雄安周边的河北地区应围绕雄安的五大产业发展重点，重点发展原材料和零部件制造、加工组装以及占地面积大的仓储、物流、商贸等生产性服务业。

（3）加快雄安新区及"大雄安"地区基础设施建设。交通一体化是实现区域产业协同发展的重要前提。便捷高效的交通体系能集聚周边地区的生产要素，进而促进产业生态系统的构建。雄安新区作为京津冀城市群中的重要一极，承担着区域交通枢纽的功能，其产业发展需要依托立体交通体系的完善。交通一体化是大雄安区域产业生态系统构建需要率先突破的重要领域。当前，雄安新区交通体系的完善需要从域外交通和域内交通两方面共同推进。一是以雄安新区为重要节点，加强域外交通体系的网络化、立体化建设，推动公路、铁路、城市轨道、航空、管道等交通基础设施全面发展。特别是要加强与北京、天津、保定、石家庄等京津冀地区重点城市的交通联系，规划建设公交化、便捷化、低成本的轨道交通线路，加强与北京新机场的协调对接，为高素质人才的流动创造条件。二是积极打造雄安新区域内畅通有序的交通体系。雄安新区的三个县域城市虽然开发程度有限，但三个县城所在地也已经有了一定程度的开发，并将成为雄安新区内部建设的重要节点。因此，在借鉴我国城市交通发展经验和教训的基础上，雄安新区域内交通体系建设需要充分考虑新城区建设与老城区改造升级之间的联系，充分考虑未来人口生产、生活的域内交通需求，充分把握先进交通工具的发展趋势并采用前沿的智慧交通技术，实现雄安新区域内交通体系的畅通有序、智慧管理[14]。此外，加快雄安新区市政基础设施、写字楼、居民区、标准化厂房以及医院、学校、商业综合体、住宅、公园及其他配套生活设施建设，吸引高端人才来雄安就业创业和安居乐业。

（4）理清市场与政府的边界，构建富有活力的区域市场体系。作为"千年大计、国家大事"，雄安新区在设立之初的规划、设计就是自上而下推动的，具有政府强力干预的色彩。对此，雄安新区在开发、建设，特别是未来发展过程中应充分认识到市场机制对于要素流动和集聚的基础性作用，尊重客观经济规律，顺应市场和企业的发展趋势[15]。大雄安区域内各政府应尽快破除阻碍产业生产要素自由流动的制度藩篱，建立辐射整个区域的一体化要素市场，积极运用现代信息技术推动共同市场上的信息协同和价格协同，促进人力、资本、技术等各种要素的流动[16]。在人才方面，雄安新区应加强与北京、天津的合作，推动落实各类引智政策以吸引、留住京津优质人才。在资本方面，推动京津冀区域金融市场的建立和发展，共同设立开发基金、银行，形成区域统一的市场交易和结算网络。在技术方面，雄安新区应主动对接京津的前沿技术和高科技产业，加强与京津高校、科研院所及产业园区的交流与合作。同时，京津两地应注重科技创新成果的落地转化，扩大技术的辐射半径，将高科技成果的商业化、产业化纳入到区域协同发展进程中[17]。

（5）增强雄安新区的产业功能。一是吸引高端高新产业上下游配套企业到"大雄安"投资。应围绕雄安重点发展的五大产业加快布局，重点是吸引新一代信息技术、生物医药、新材料三大产业的加工制造龙头企业，进而由龙头企业带动上下游原材料和零部件企业集聚，逐步以雄安新区为核心形成较为完善的产业链条和产业生态，走出一条研发设计和品牌营销在内、加工制造在外的"两头在内中间在外"的产业发展模式。二是鼓励创新型科技企业总部在雄安聚集。一方面，积极承接符合高端高新特点的北京非首都功能疏解，推动与北京形成差异化的细分产业领域的科研成果到雄安落地转化；另一方面，完善孵化器、加速器、创业大街、创客小镇等创新创业载体建设，鼓励高端人才在雄安创新创业。无论是承接高端高新非首都功能疏解还是本地创新创业，都要注意与周边地区协同推进，在河北规划若干专业化园区承载占地大的加工制造项目。

参考文献

[1] 中共中央，国务院. 关于对《河北雄安新区规划纲要》的批复[EB/OL]. [2018-04-14]. https://wenku.baidu.com/view/0c3dfb58dcccda38376baf1ffc4ffe473368fd06.html.

[2] 黄群慧. 京津冀协同发展中的雄安新区产业定位[J]. 经济研究参考，2018（1）：3-6.

[3] 周密，王家庭. 雄安新区建设中国第三增长极研究[J]. 南开学报（哲学社会科学版），2018（2）：19-28.

[4] 中共中央政治局. 京津冀协同发展规划纲要[EB/OL]. [2015-04-30]. https://max.book118.com/html/2018/0710/8003020015001115.shtm.

[5] 李晓华，刘峰. 产业生态系统与战略性新兴产业发展[J]. 中国工业经济，2013（3）：20-32.

[6] Moore J. F. Predators and Prey: A New Ecology of Competition [J]. Harvard Business Review, 1993, 71 (3): 75-86.

[7] Ruth M., Davidsdottir B. Industrial Ecosystems, the Dynamics of Regions and Networks in Industrial Ecosystems [M]. Chelterham: Edward Elgar Publishing Ltd., 2009.

[8] Timmers P. Building effective public R&D programmers [C]. Portland: Proceedings of the Portland International Conference on Management of Engineering and Technology on "Technology and Innovation Management", 1999.

[9] 刘雪芹，张贵. 京津冀产业协同创新路径与策略[J]. 中国流通经济，2015（9）：59-65.

[10] 代明，梁意敏，戴毅. 创新链解构研究[J].

科技进步与对策, 2009 (3): 157-160.

[11] 贺团涛, 曾德明. 高科技企业创新生态系统形成机理研究 [J]. 科技管理研究, 2008 (11): 28-31.

[12] 祝尔娟, 鲁继通. 以协同创新促京津冀协同发展——在交通、产业、生态三大领域率先突破 [J]. 河北学刊, 2016, 36 (2): 155-159.

[13] 陈耀. 基于京津冀协同发展的雄安新区产业定位思考 [J]. 贵州省党校学报, 2017 (4): 34-39.

[14] 李国平, 宋昌耀. 雄安新区高质量发展的战略选择 [J]. 改革, 2018 (4): 47-56.

[15] 刘阳, 王庆金. 京津冀产业协同发展存在的问题与路径优化研究 [J]. 农村金融研究, 2018 (3): 29-33.

[16] 崔铁宁, 黎彬. 首都经济圈一体化协调发展SWOT分析和机制对策 [J]. 北京工业大学学报 (社会科学版), 2014 (3): 33-37.

[17] 张亚鹏. 京津冀产业协同发展反思: 一个整体框架设计 [J]. 区域经济评论, 2018 (2): 75-80.

Research on the Construction of Industrial Ecosystem in Xiong'an New Area

Li Xiaohua   Chen Ruofang

Abstract: "The Planning Outline for Xiong'an New District of Hebei Province" sets up the overall position of high-end and high-tech industries for Xiong'an New District. Although Xiong'an New District has the advantages of traffic regional and policy dividend, its industrial development is also obviously constrained by the supply level of existing production factors and the industrial base. The main reason for the large gap in regional economic development among Beijing, Tianjin and Hebei is the lack of effective industrial division and cooperation between Hebei and Beijing-Tianjin area. Building an industrial ecosystem under the spatial scale of Xiong'an Area is quite necessary to the constructing of Xiong'an New District, which will not only make up for the lack of production factors for the development of high-end and high-tech industries in Xiong'an New District, but also leverage the strength of Xiong'an New District to lead the rapid development of Hebei province. Finally, the paper puts forward policy recommendations for the construction of the industrial ecology of Xiong'an Area from the aspects of industrial planning, dislocation competition, infrastructure construction, government-market relations and industrial development.

Key Words: Beijing-Tianjin-Hebei Region; Xiong'An New District; Industrial Ecosystem; Coordinated Development

"一带一路"产能合作新进展与高质量发展研究

郭朝先　刘　芳

摘　要： 2019年，中国开启了高质量共建"一带一路"新征程，中国与"一带一路"国家产能合作也进入了高质量发展阶段。中国与"一带一路"国家产能合作新进展主要包括：对外直接投资平稳增长，对外承包工程快速增长；对外投资产业结构持续优化，一批重大项目顺利推进；产能合作地域越来越广，第三方合作伙伴进一步增多；境外经贸合作区稳步推进，部分产业园区成双边合作典范；顶层设计加速构建，产能合作政策环境进一步优化。存在的问题主要有：东道国营商环境欠佳，企业运营和投资效益受到影响；高质量人才缺乏，跨文化管理面临挑战；存在融资难和资金汇兑问题，与国际多边金融机构合作不足；商业模式单一，第三方合作机制亟待完善；园区化程度不高，园区开发质量有待提高；对外投资面临多重风险，风险保障能力亟待加强。为促进中国与"一带一路"国家产能合作高质量发展，本文最后提出了对策建议，包括：进一步完善顶层设计，优化产能合作政策环境；开拓新商业模式，创新投融资机制；鼓励企业"抱团出海"，提升园区发展质量；进一步加强与国际组织合作，完善第三方合作机制；实施本土化策略，推进跨文化管理。

关键词： "一带一路"；产能合作；对外直接投资；境外产业园区

自2013年秋季中国提出"一带一路"倡议以来，中国企业"走出去"步伐明显加快，与"一带一路"沿线国家国际产能合作项目迅速开展，新一轮高水平对外开放新格局正在加快形成。[1]作为新时期中国对外产业合作的一种新模式，国际产能合作既是"一带一路"倡议着力推进的发展合作的重要目标之一，也是"一带一路"沿线基础设施建设的重要方式和有力支撑。[2]2019年，中国成功举办第二届"一带一路"国际合作高峰论坛，宣布共建全球互联互通伙伴关系，开启了高质量共建"一带一路"新征程。国际产能合作是共建"一带一路"的重要内容，中国与"一带一路"国家产能合作也进入了高质量发展阶段。本文对近年来尤其是2019年中国与"一带一路"国家产能合作新进展进行了归纳，对中国与"一带一路"国家产能合作高质量发展存在的主要问题进行了分析，最后为促进"一带一路"产能合作高质量发展提出了对策建议。

一、中国与"一带一路"国家产能合作新进展

（一）对外直接投资平稳增长，对外承包工程快速增长

据统计，2013~2018年，中国企业对沿线国

---

* 本文发表在《经济与管理》2020年第3期；被《社会科学文摘》2020年第8期转载。

[作者简介] 郭朝先，中国社会科学院工业经济研究所研究员、产业组织研究室主任，中国可持续发展研究会理事；刘芳，河北师范大学讲师、博士。

家直接投资超过900亿美元，在沿线国家完成对外承包工程营业额超过4000亿美元。[3] 2019年，我国企业在"一带一路"沿线对56个国家非金融类直接投资150.4亿美元，同比下降3.8%，占同期总额的13.6%，主要投向新加坡、越南、老挝、印度尼西亚、巴基斯坦、泰国、马来西亚、阿联酋、柬埔寨和哈萨克斯坦等国家。对外承包工程方面，中国企业在"一带一路"沿线的62个国家新签对外承包工程项目合同6944份，新签合同额1548.9亿美元，占同期我国对外承包工程新签合同额的59.5%，同比增长23.1%；完成营业额978.8亿美元，占同期总额的56.7%，同比增长9.7%。[4] 至此，中国对"一带一路"沿线国家对外直接投资累计金额超千亿美元，对外承包工程累计完成营业额约5000亿美元。

2015～2019年中国对"一带一路"沿线国家非金融类对外直接投资和对外承包工程情况如表1所示。在对外直接投资方面，历年金额大体保持稳定，受国际环境影响增长速度或正或负，占中国非金融类对外直接投资总额比重则是持续上升的；在对外承包工程方面，无论是新签合同额还是完成营业额、增速或是占比，基本呈持续快速增长态势。

表1 2015～2019年中国对"一带一路"沿线国家对外直接投资和对外承包工程情况

年份	对外直接投资			对外承包工程（新签合同额）			对外承包工程（完成营业额）		
	金额（亿美元）	增长（%）	占比（%）	金额（亿美元）	增长（%）	占比（%）	金额（亿美元）	增长（%）	占比（%）
2015	148.2	18.2	—	926.4	7.4	44.1	692.6	7.6	45
2016	145.3	-2	8.5	1260.3	36	51.6	759.7	9.7	47.7
2017	143.6	-12	12	1443.2	14.5	54.4	855.3	12.6	50.7
2018	156.4	8.9	13	1257.8	-12.8	52	893.3	4.4	52.8
2019	150.4	-3.8	13.6	1548.9	23.1	59.5	978.8	9.7	56.7

资料来源：根据历年商务部网站相关资料整理。

（二）对外投资产业结构持续优化，一批重大项目顺利推进

在国内产业结构优化政策的引导下，中国对"一带一路"沿线国家投资的产业结构，在保证重点产业重点发展外，还实现了理性"走出去"、合理布局全球生产。根据波士顿咨询集团和中国发展与研究基金会的研究，截至2017年，中国对"一带一路"沿线的投资集中在八大板块，分别为基础设施与能源开发、制造业、零售业、信息服务、房地产、金融领域、能源产业的保障性服务、其他，占比分别为39%、17%、12%、11%、9%、9%、2%和1%。[5] 早期，中国对"一带一路"的投资集中于国内产能相对过剩的部门，而且契合了沿线国家基础设施建设、推进工业化等发展轨道，但随着投资规模的持续扩大，双方投资合作展现出明显的多元化趋势。据商务部发布的《中国对外投资发展报告2018》，在深入电力、交通、石油石化、建筑建设等基建、能源领域的发展外，鼓励增加租赁和商务服务业、金融业、批发和零售业、信息传输、软件信息技术服务等领域的投资。2019年，中国对外投资结构持续优化，1～11月，制造业、批发零售业对外直接投资占比分别提高了2个和2.7个百分点，房地产业、体育和娱乐业均没有新增投资。[6] 2019年1～10月，中国在"一带一路"沿线完成可再生能源投资23.8亿美元，助力高质量、可持续基础设施建设。同时，跨境电商及相关产业也得到了迅猛发展，2018年通过中国海关跨境电商管理平台进出口商品总额达203亿美元，同比增长50%，进出口产品的机构和品类不断优化，带动了"一带一路"沿线物流、支付、金融等基础设施的加速发展,相关服务日臻完善。[7]

2019年,一批产能合作项目和中老铁路、雅万高铁、匈塞铁路、蒙内铁路以及中巴经济走廊、中缅经济走廊等一大批重大项目稳步推进。几乎每周,都有来自共建"一带一路"项目开工、投产、合龙、贯通、竣工等好消息。5月14日,印尼瓦利尼隧道贯通,雅万高铁建设取得重要阶段性进展。6月4日,同江中俄跨江铁路大桥贯通,将中国东北铁路网与俄罗斯远东铁路干线相连。7月28日,中老铁路琅勃拉邦湄公河特大桥成功合龙。9月16日,南亚最高建筑、斯里兰卡科伦坡地标"网红"建筑莲花电视塔顺利竣工。9月22日,土耳其重点项目胡努特鲁电厂顺利开工。10月16日,肯尼亚内罗毕—马拉巴标轨铁路(内马铁路)一期工程正式建成通车。12月2日,俄罗斯天然气通过中俄东线天然气管道正式进入中国。[8]

(三)产能合作地域越来越广,第三方合作伙伴进一步增多

2019年,又有15个国家加入共建"一带一路",其中,意大利成为首个与中国签署"一带一路"相关合作文件的七国集团成员。就地域分布来看,中国与"一带一路"国家产能合作的地域越来越广。首先,沿交通线路辐射发展,不断向外延伸。例如,东南亚国家处于海上交通要道,距离中国地理位置近,11个东南亚国家中,7个被列为中国投资的首选目的地。[5]同样地,中东欧国家位于联通亚洲与欧洲的陆路要塞,在"一带一路"倡议提出之初就是经贸合作的先锋,很快搭建了"16+1"合作机制,积极推进中欧班列的建设和运行,在商贸和投资规模稳定增长的同时,产品种类、合作方式多元化;2019年希腊纳为新成员,拓展为新的"17+1"合作机制。其次,越来越多的国家和地区纳入进来,并不限于"一带一路"沿线。比如,非洲的马达加斯加、摩洛哥、埃塞俄比亚,中南美洲的巴拿马,以及大洋洲的新西兰等。此外,拉美及加勒比地区作为"21世纪海上丝绸之路"的自然延伸,与中国经济具有较强的互补性,成为产能合作的新区域,2019年1~11月,中拉贸易额达到了2868.3亿美元,同比增长1.8%,双向投资不断扩大。截至2019年11月,我国对拉美地区直接投资存量超过4100亿美元,拉美在中国的累计实际投资超过2200亿美元,累计设立外商投资企业33188家。[6]

2019年,中国与瑞士、奥地利签署了第三方市场合作文件,至此,中国已与法国、韩国、加拿大、葡萄牙、德国、澳大利亚、英国、新加坡、日本、意大利、荷兰、比利时、西班牙、瑞士、奥地利等发达国家建立了第三方市场合作机制。[9]

(四)境外经贸合作区稳步推进,部分产业园区成双边合作典范

境外经济贸易合作区是指在中国境内(不含香港、澳门和台湾地区)注册、具有独立法人资格的中资控股企业,通过在境外设立的中资控股的独立法人机构,投资建设的基础设施完备、主导产业明确、公共服务功能健全、具有集聚和辐射效应的产业园区。

境外经贸合作区是在海外发展比较成熟且被政府认可的一种海外园区。境外经贸合作区已成为促进中国和东道国经贸合作双赢的重要载体,是深化投资合作、移植复制中国发展经验的重要载体。通过建设境外合作园区可为企业"走出去"搭建平台,带动企业抱团出海,为构建较为完整的产业链创造条件,降低海外投资成本并降低风险。

截至2019年4月,中国与"一带一路"沿线国家已建设82个境外经贸合作区,累计投资超300亿美元,向东道国上缴税费累计达20多亿美元,并为当地创造了近30万个就业岗位。[9]目前,中老磨憨—磨丁经济合作区、中哈霍尔果斯国际边境合作中心等一大批合作园区也在积极推进中。其中,通过确认考核的境外合作区如柬埔寨西哈努克港经济特区、泰国泰中罗勇工业园、埃及苏伊士经贸合作区、埃塞俄比亚东方工业园,以及中国—白俄罗斯工业园等工业园区已成为双边合作的典范。

（五）顶层设计加速构建，产能合作政策环境进一步优化

迄今，已经召开了两届"一带一路"国际合作高峰论坛，2017年5月在北京召开的第一届论坛吸引来自29个国家的元首和政府首脑参加，参会代表1600多名，形成了5大类279项务实成果；2019年4月在北京召开的第二届论坛吸引来自38个国家的元首和政府首脑参加、参会代表6000多名，形成了6大类283项建设性成果。第二届比第一届论坛规模更大、内容更丰富、参与国家更多、成果更丰硕。

中国着力推动了与合作基础坚实、合作意愿强烈、合作体量较大的国家联合制定了合作规划，实现了"一带一路"倡议与俄罗斯"欧亚经济联盟"、哈萨克斯坦"光明之路"、印度尼西亚"全球海上支点战略"、蒙古"草原之路战略"、越南"两廊一圈"、菲律宾"大建特建计划"、匈牙利"向东开放战略"等的有效对接。

2019年，又有16个国家和国际组织同中国签署共建"一带一路"合作协议，总数已超过200份。[10]商签范围由亚欧地区延伸至非洲、拉美、南太平洋、西欧等相关国家。其中，2013~2018年中国与50多个"一带一路"沿线国家签署了双边投资协定，促进双向投资升级。目前，中国已同哈萨克斯坦、埃及、埃塞俄比亚、巴西等40多个国家签署了产能合作文件，同东盟、非盟、拉美和加勒比国家共同体等区域组织进行合作对接，开展机制化产能合作。

中国发布了《标准联通共建"一带一路"行动计划（2018—2020年）》，与49个国家和地区签署85份标准化合作协议。中国组织召开"一带一路"税收合作会议，发布《阿斯塔纳"一带一路"税收合作倡议》，税收协定合作网络延伸至111个国家和地区。中国与49个沿线国家联合发布《关于进一步推进"一带一路"国家知识产权务实合作的联合声明》。[3]截至2019年底，14个国家的35家国际机构相继签署《"一带一路"绿色投资原则》，中国金融机构总计发行60.16亿美元"一带一路"绿色债券，绿色金融快速发展。[8]此外，在数字化、能源、农业建设、海上合作、法治合作等专业领域也与部分国家开展了对接合作。

二、"一带一路"产能合作高质量发展的主要问题

（一）东道国营商环境欠佳，企业运营和投资效益受影响

营商环境是多维度的，包括市场环境、政务环境、政商关系、法治环境、诚信环境，甚至舆论环境等。调查显示，在过去5年间，东道国企业运行成本普遍上升，包括人力成本、管理成本、物流成本、营销成本、企业用地/办公租金和企业生产原料六大类成本上升压力较大。其中，人力成本上涨最快，上涨10%~30%的企业占到两成半（24.5%），上涨30%及以上的企业占到7%；管理成本的上涨幅度排在第二位，上涨10%以上的企业约三成（30.9%）。部分东道国政务环境和政商关系堪忧，41.9%的中资企业反映在当地国家经营过程中经常遇到政府审批手续流程长、效率低及后续事项繁杂的问题；14.5%的中资企业认为当地公务人员存在消极怠工、遇事推诿和故意刁难等现象；16.6%的受访企业提及当地国家政府对市场监管不力、政治腐败。部分国家的法治环境和诚信环境不足，有超两成的企业表示在跨国支付、转账、申请信贷服务方面面临限制；超两成的受访企业表示东道国企业商业诚信不足，"当地合作方无法很好地满足企业在采购、销售、售后等环节的需求"。[11]部分国家税务执法的混乱给企业投资经营带来较大不确定性。比如，巴基斯坦一直在酝酿税制体系改革，然而由于国内阻力过大始终未取得实质性进展，只能采取"零敲碎打"方式不断出台临时加征或取消税费的特别法令（SRO），给企业经营带来不稳定政策风险。[12]部分国家舆论环境不好，受访者表示当地媒体曾报道过中资企业"大量雇佣中国工人、未给当地就业带来好处""掠夺当地资源""对当地

相关产业带来冲击"的负面报道均超过三成。

此外，部分东道国"硬件"营商环境——基础设施也欠佳，尤其是电力基础设施建设滞后，影响投资效率。据了解，在巴基斯坦投资的多个发电项目目前均不同程度面临配套送电工程进度落后问题，无法按期发电，极大影响投资经济效益；埃塞俄比亚国家电网较为薄弱，线路故障频繁，已严重影响亚吉铁路沿线供电安全和列车正常运营；塞内加尔电力不仅价格高，而且供应不稳定，中方投资一家钢铁厂（短流程），设计生产能力150万吨/年，受电力供应制约实际上每年仅能生产5万吨，严重影响企业经济效益。

（二）高质量人才缺乏，跨文化管理面临挑战

高质量人才缺乏既表现为中国方面派出的高素质人才不够，也表现为当地高素质人才短缺。据调查，49.2%的企业反映在当地招聘核心管理人员"存在困难"，22.5%的企业则表示"非常困难"；52.8%的企业反映招聘关键性技术骨干"存在困难"，表示"非常困难"的占16%；18.9%的企业反映熟知当地法律政策的人才"存在困难"，表示"非常困难"的也占到了6.8%。此外，26.8%的企业存在当地员工流动性大，难以找到长期员工的问题；21.7%的企业反映，当地员工文化与劳动素质难以胜任所在工作岗位；19.4%的企业反映，当地员工不遵守工作纪律，时常出现考勤问题和消极怠工现象。[11]而当出现劳资纠纷时，诉诸法律解决的比例不太高（8.2%），且诉诸法律解决的成本比申请劳动仲裁等方式解决都要高很多。由于人力资源结构性缺陷与人力成本上升较快、处理劳资纠纷成本较高等问题高度交织，人力资源问题正成为"一带一路"沿线中资企业发展的重要短板。

另外，很多国家对员工本土化有明确要求，严重的甚至禁止使用外来劳工。比如，埃及2003年12号劳动法关于聘用外国员工比例有特殊规定，中方员工的比例不得超过10%，这就要求必须推进企业员工"属地化"；哈萨克斯坦对外国劳务人员实行严格的工作许可制度，在哈萨克斯坦从事有偿劳务的外国公民必须获得劳动部门颁发的工作许可，否则将被罚款、拘留，直至驱逐出境；越南严格限制普通外籍劳务人员数量，对于本国工人可胜任的职位禁止雇佣外籍员工；为保障国内就业，尼日利亚采取了限制外来普通劳动力工作配额和签证制度。[12]那么，在这些国家由于当地高素质劳动力缺乏，本土化存在一定的难度或会影响企业经济效益。

据调研，有29.2%的企业中国员工数量超过当地员工，这说明，人力资源本土化程度确实不高，并由此在部分地区产生了跨文化管理问题。[11]"一带一路"是一项横跨多个大陆的综合经济合作倡议，覆盖了许多具有不同文化、宗教信仰和历史背景的国家。文化差异可能给跨国管理系统以及投资者适应当地市场、遵守当地商业原则和捕捉市场机会等方面带来诸多障碍。据调查，半数企业存在"中外员工之间因文化习俗方面的差异造成相处与沟通方面障碍"等问题；三成企业则反映"当地员工因民族宗教、生活习惯、文化习俗方面的差异对企业正常生产活动造成影响"，其中，印度尼西亚（60.9%）、哈萨克斯坦（63.6%）和马来西亚（50%）比例更高。[11]

（三）存在融资难和资金汇兑问题，与国际多边金融机构合作不足

在部分国家，融资难与资金汇兑问题仍是产能合作中比较突出的问题，这既有中国的原因，也有所在国的原因。部分"一带一路"国家仍处于工业化初中期，此时，资金短缺问题突出，存在国内储蓄缺口和外汇缺口"双缺口"。利用外资是弥补其"双缺口"的重要手段，但是，正因为这一点，也使得参与其中的外资企业经常面临资金周转的窘境。一些国家存在外汇管制条例，如一些东南亚国家的法律允许其政府在特殊时期暂时限制资本外流，若发生外币危机，柬埔寨中央银行可以发布一份最长有效期为3个月的条例，暂停居民持有外币的权利；泰国央行也可以在外汇状况不佳的条件下限制外汇的汇出。[5]据了解，埃塞俄比亚外汇管理特别严格，汇出外汇需要严格审批和到银行排队，企业用汇必须早做安排，这使得部分中资企业面临用汇困难。又如，巴基斯坦法律上允许外国投资者将全部资本、资本所得、红利和利润汇出，但据企业反映，在实际操作中，从巴向外国汇出美元面临较多技术性壁垒，容易导致项目签署的执行协议和巴央行业务操作存在矛盾，企业虽向巴央行提出自由换汇申请，但协调困难，企业面临资金流入流出限制问题和巨额汇损风险。[12]

就中国而言，目前缺乏"外保外贷"和"外保内贷"等服务，固定资产在境外的海外园区入驻企业，无法获得国内商业银行的信贷支持，而中国银行的境外分支机构布局不合理、能力不足、银行全球授信体系不完善，企业的境外子公司不能利用国内母公司的信誉和授信额度，国内母公司不能为其境外子公司在中国银行境外机构贷款提供担保，企业境外投资形成的资产不能作为抵押担保在境内贷款等都使企业面临融资难问题。[13]

当前，世界银行、亚洲基础设施投资银行、亚洲开发银行、欧洲复兴开发银行、欧洲投资银行、非洲开发银行、伊斯兰开发银行、泛美开发银行等国际多边金融机构已经与中国就推进"一带一路"建设展开对话并达成合作共识，但总体合作意向尚未深入到项目层面，未能更广泛地为"一带一路"项目提供有力的融资支持。[9]

（四）商业模式单一，第三方合作机制亟待完善

当前多数国际产能合作项目，存在我方投资比重过大、利用社会资本不够的问题，尤其是与国际私有资本合作不足。这里除了制度和政策障碍之外，我国企业与国际私有资本合作的能力和经验也存有不足。究其原因：一是中国企业参与"一带一路"沿线国家基础设施建设时，多数采用自身熟悉的 EPC 模式（设计—采购—施工总承包模式），缺乏与国际私有资本合作的基础；二是由于大部分国有企业与国际私有资本合作较少，未与其形成相对成熟的合作常态机制、固定渠道和值得信赖的合作伙伴关系；三是国际私有资本对项目的风险管控、实施质量、投资周期等均设有较高的标准以保障投资回报，而大部分中国企业在实施"一带一路"项目过程中尚未具备完全达到这些要求的能力。[9] 由于中国企业目前参与全球投融资活动的比例较低，同时欠缺对复杂国际项目进行深度投融资可行性分析的能力，导致目前产能合作中 BOT 模式和基础设施建营一体化程度都是不够的。

国际多边组织拥有丰富的资源和经验优势，在一定程度上可以弥补我国在推动"一带一路"建设方面的不足，有效发挥引导和协调作用，同时也将有助于带动国际私有资本投资。中国已经与联合国开发计划署和联合国工业发展组织等主要国际多边组织签署了合作备忘录并推进了务实合作，但现有合作机制大部分仍停留在战略对接层面，尚未建立项目实施层面的实质性对接。因此，合作机制、合作模式和项目实施规则等方面均有待进一步完善。[9]

（五）园区化程度不高，园区开发质量有待提高

一般来说，中国企业在海外形成园区集聚发展，有利于"抱团发展"，共享基础设施、争取优惠政策，同时，东道国也乐于借鉴中国园区模式来发展工业，往往给予工业园区和经贸合作区一定的优惠政策，甚至直接设立为经济特区。不过，目前园区化尚未成为海外中资企业对外投资运营发展的主流模式，在受访的民营企业中占比仅为 25.3%。[11] 但是，部分国家中资企业尤其是民营企业对园区化经营有很高的需求，越南、缅甸、印度尼西亚、印度、哈萨克斯坦、柬埔寨、马来西亚、泰国等国家的中资企业认为"比较有必要"或"非常有必要"实现园区化发展的比重均超过 50%，其中，在印度的中资企业表示"比较有必要"或"非常有必要"高达 83.4%。[11]

此外，现有具有一定规模和具有一定影响力的中国海外园区有很多是以农产品加工和资源开发利用为主，缺乏高等科技和高端服务海外园区的建设，且园区布局和选址并非最优，甚至存在不合理布局，有的园区还出现过重新选址的问题。一些境外园区土地、人才、资金要素缺乏，集聚程度不够，加上基础设施不完整、配套服务不完善，入驻企业较少，谈不上集群发展。按照中国国家级境外经贸合作区建设标准，81个海外园区只有20个通过考核，数量不多，占比不高，甚至存在通过考核的再次考核不合格而被取消的现象。[13]这表明，海外园区建设质量需要进一步提高。

（六）对外投资面临多重风险，风险保障能力亟待加强

"一带一路"沿线国家情况复杂，部分国家政局不稳、经济金融条件差、国家信用和商业信用不高、安全状况堪忧，存在多重投资风险。一是政治和法律风险。部分国家政府换届频繁，政府政策连续性差，给投资带来极大风险。国家开发银行、联合国开发计划署的一项调研认为，被访企业认为最高风险来自"东道国政治风险"（风险等级高和较高的合计81%），其次是"东道国过于严格的环境和劳动力保护政策"（风险等级高和较高的合计60%）。[5]二是金融和外汇风险。在一些国家，汇率和利率频繁变动是最主要的风险点，这些国家主要有俄罗斯（30.4%，指被调研的民营企业认为比例，下同）、印度尼西亚（60.9%）、蒙古（36.4%）、印度（41.7%）、哈萨克斯坦（45.5%）和马来西亚（43.8%）。[11]三是社会治安和恐怖袭击风险。比如，2017年以来，巴基斯坦境内安全形势趋紧，特别是针对中巴经济走廊项目和中国人的袭击事件时有发生。[12]

另外，我国海外投资保险能力是不够的。海外投资保险是对外投资企业的母国政府为企业在东道国投资可能遭受的政治风险损失提供的保险，主要包括汇兑限制风险，征用没收或国有化风险，战争革命、暴动风险等。企业投保后，一旦发生风险，保险机构将会向东道国政府行使代位求偿权。近年来，我国的海外投资保险业务虽然呈大幅增长态势，但与我国巨大的出口规模和对外直接投资规模相比仍显不足。并且，当前的海外投资保险仅由中国出口信用保险公司一家负责承保，采用审批与经营合一的模式，缺乏竞争和再保险机构，存在审批不健全、投保流程复杂、产品设计落后等垄断经营问题。[14]

三、促进"一带一路"产能合作高质量发展的对策建议

（一）进一步完善顶层设计，优化产能合作政策环境

进一步推进双边投资协定续签或重签工作。目前，中国与世界上许多国家已经签订了《投资协定》，但是存在签署时间长、保护水平低、条款缺失等问题，亟须谈判推进续签或重签工作。原有《投资协定》中虽然包含了最惠国待遇、国民待遇、公平与公正待遇等条款，但缺乏最新的准入前国民待遇的相关条款，对双边投资的促进作用有限；原有《投资协议》虽然也包含征用与国有化规定等政治风险条款，但缺乏战争、内乱等风险条款。因此，未来的升级谈判应重点完善上述领域条款，再配合以司法协助、领事条约等双边协定，最大化降低中国企业"走出去"风险。[14]

推进与"一带一路"国家跨境投资税收征管协调工作。当前我国与"一带一路"沿线国家在税收征管合作方面仍存在一些问题，包括税收情报交换、税收追索协助均未能得到有效落实等。我国应充分吸收借鉴其他国家和地区税收情报交换的经验，完善我国与"一带一路"国家税收情报交换制度设计，提升我国及沿线国家税收情报交换的能力，适时引入税收追索协助制度，积极塑造"一带一路"区域国际税收合作新秩序。[15]

进一步加强对外投资公共服务平台和风险预警体系建设。相关政府部门、金融机构、行业协会等结合自身职能和优势，为"走出去"企业提供东道国政策、制度、文化方面的全方位信息，及时对各类风险发出预警信息，以帮助企业趋利避害，实现投资目标。

进一步发展海外投资保险，保障海外投资企业资产安全。推动海外投资保险审批与经营的分离，在条件成熟时适当放开经营权。增设海外投

资保险机构，形成竞争性海外投资保险市场格局，完善再保险机制。丰富海外投资保险产品功能，根据形势发展和企业需要设计创新性、个性化的险种和服务，扩展承保项目、降低保险费率，最大限度地为中国企业"走出去"提供风险保障服务。

加快推动区域全面经济伙伴关系协定（Regional Comprehensive Economic Partnership，RCEP）等自贸谈判进程，加快构建面向全球的高标准自贸区网络，与更多"一带一路"相关国家建立包括自由贸易协定在内的各类经贸合作安排，为中国企业海外投资争取公平竞争的市场环境、良好的政策环境和公正的法治环境。

（二）开拓新商业模式，创新投融资机制

考虑多维度将产能合作与资金融通有机结合起来，降低项目投资风险。应以国内资金、中资企业投入为引导，广泛吸引社会资本参与，包括全球公共资金、准公共资金和商业资金，建立多元化、市场化、国际化的投融资体系。

强化与国际多边开发金融机构合作，中国政府和沿线国家政府应鼓励和引导更多国际多边开发性金融机构如金砖国家新开发银行、非洲开发银行、欧亚开发银行、西非开发银行、伊斯兰开发银行等，为"一带一路"基础设施建设运营和产能合作项目提供长期可靠的金融支撑。中国和"一带一路"沿线国家政府还应联合发达国家主导的多边开发性金融机构，如世界银行、亚洲开发银行、欧洲复兴开发银行等，积极引导其开发性资金投资于沿线国家的基础设施建设运营和产能合作项目。此外，还可以考虑设立新的多边开发性金融机构如上海合作组织开发银行等。

探索推进"一带一路"国家政府融资新模式。鉴于多数沿线国家尚未建立本国开发性金融机构，因此可考虑在中国政府、发达国家政府以及国际多边金融机构的协助下设立服务本国基础设施建设运营的开发性金融机构，并推动其与私有资本进行合作，为基础设施项目融资增信，形成多层次的项目融资结构。

发挥国内开发性金融优势，推动中长期领域对外直接投融资合作。发挥国家开发银行、中国进出口银行、丝路基金、中国—中东欧投资合作基金、中非基金、中拉基金等开发性机构专业优势，完善政府融资担保体系，在"一带一路"亟须发展的电力、交通、通信、港口、园区建设等领域，加强前期介入和后续运营，投贷结合推动产能合作。

中资企业要转变海外项目建设运营理念，加强国际业务的资本运作能力，提升与国际私有资本和东道国社会资本合作水平，广泛采用EPC+F（设计—采购—施工总承包+融资）、BOO（建设—拥有—运营）、BOT（建设—拥有—转让）等模式，推进投资—建设—营运一体化，提升中国企业在国际基础设施产业分工体系中的地位，进而在价值链体系中实现从"汗水建造"向"智慧创造"的转变。

调动商业银行积极性，研究开展"外保外贷"和"外保内贷"等服务可行性，可考虑以国家确认的境外经贸合作区资产为抵押，企业以境外资产、股权、矿业开采权、土地等作抵押，开展"外保外贷""外保内贷"试点。将国际产能合作与人民币国际化结合起来，鼓励人民币对外贷款，促进"一带一路"国家使用人民币购买中国机器设备，引导更多国家和地区在贸易中使用人民币结算，增加人民币回流渠道，形成产品流、资金流良性循环局面。

（三）鼓励企业"抱团出海"，提升园区发展质量

鼓励中国企业"抱团出海"，首选境外经贸合作区（工业园区）落户，提高产业集聚发展程度。一般来说，境外经贸合作区（工业园区）基础设施较为完善，在道路通达、电力保障、网络设施等方面相对有保障，还可为企业在工商注册、劳动用工、税收办理、银行服务、法律咨询、仓储物流、货物通关、涉外代理等投资和生产经营活动提供"一站式""一条龙"服务，有利于降低企业与东道国相关政府和机构打交道的"交易成本"。

重视境外经贸合作区的选址，宏观布局上，

尽量在"一带一路"建设主要节点和港口共建经贸合作区和工业园区；微观操作上，应围绕主要交通干线布局产业园区，或者在已有初步成型的工业园区建设连接园区与主要城市的交通基础设施。

整合资源，完善境外经贸合作区开发模式，理想的情形是：国家政府部门负责境外合作区的顶层设计和对接；专业园区开发商负责进行国别研究和产业规划设计，进行产能落位，负责土地谈判和园区开发；产业联盟负责选择合适的企业入驻园区，其他配套企业和配套服务业跟进；园区基金或其他金融机构负责项目的融资及退出机制的设计；由园区开发商负责整体的园区运营管理。同时，加大招商引资力度，尽快促进产业集聚发展。

考虑从三个层面来优化境外产业园区管理机制，优化园区营商环境：第一个层次，签署双边政府间的合作协议；第二个层次，成立关于产能合作园区双边工作委员会，一般都是部级，为园区建设发展遇到的各种投资便利化问题提供一个有效、及时的解决渠道；第三个层次，参照中国国内经验设立园区联合办公室或管委会。[16]

（四）进一步加强与国际组织合作，完善第三方合作机制

我国应进一步加强与国际多边组织和国际多边开发金融机构合作，利用其全球网络和项目信息优势，大力促进中外企业第三方市场合作。充分利用国际多边组织已积累的大量识别和评价风险的方法和经验，从风险评价体系、风险防控网络和风险处置机制等方面共建"一带一路"风险管控系统。加强与多边金融机构合作，利用其资源开展金融咨询、融资增信、产品创新等金融支持服务。

在"一带一路"开展第三方合作，特别推动中国与发达国家跨国公司开展第三方合作，形成"一带一路"的"北—南—南"合作模式，实现"1+1+1＞3"，充分利用发达国家跨国公司先进的技术、管理经验、营销网络，分散中国企业的投资风险，实现三方合作、三方共赢，并展现中国在"一带一路"倡议中所秉持的开放性姿态，推动形成利益共同体、责任共同体和命运共同体。[16]

（五）实施本土化策略，推进跨文化管理

企业"走出去"应提前做好东道国市场、行业、金融、法律、税务等方面的调查研究工作，面对东道国陌生的法律法规、经营习惯、劳工素质、人文环境等问题，中国企业和人员直接出面应对可能困难重重，但如能善用外部力量去解决，则可能事半功倍。[17]实施本土化策略，推进属地化发展，重视与当地有实力的企业、经验丰富的跨国公司、相关金融机构等合作，聘请当地知名咨询机构，对相关投资项目做出有针对性的系统分析与评估，可有效控制"外来者劣势"风险，降低运营成本，提升产能合作成功率。

要把"一带一路"产能合作的"全球化思维"与"本土化行动"结合起来，重视延揽和培养跨文化管理的复合型人才，比如，可以考虑曾经在中国工作或留学的当地员工担任企业经理。应秉持"共商、共建、共享"的"丝路"原则，积极从合作模式、运行机制、管理方式、劳动用工等方面推进本土化经营，努力实现包容性增长，携手东道国打造利益共同体、命运共同体和责任共同体。

推进跨文化管理，一是要增强管理人员的跨文化意识，充分尊重东道国的风俗习惯、生活方式等，提升跨文化交际能力；二是对管理人员进行跨文化培训，企业应该让管理人员全面了解东道国的法律制度、语言、风土人情等，培养管理人员的文化移情能力、换位思考能力，提高跨文化敏感性；三是管理人员应加强与东道国员工的沟通，了解他们的愿望和需求，拉近雇主和员工的心理距离，增强当地员工对企业的认同感和归属感；四是推进社会公益责任属地化，企业主动履行社会责任，积极从慈善、环保、工程质量等方面入手，为促进东道国发展、改善当地经济民生做出贡献，赢得当地员工信任。

参考文献

[1] 郭朝先. 改革开放40年中国工业发展主要成就

与基本经验［J］.北京工业大学学报（社会科学版），2018，18（6）：1-11.

［2］刘艳红."一带一路"国际产能合作促进包容与可持续的工业化［J］.经济与管理，2019，33（4）：14-21.

［3］推进"一带一路"建设工作领导小组办公室.共建"一带一路"倡议：进展、贡献与展望［EB/OL］.［2019-04-22］.https://www.yidaiyilu.gov.cn/zchj/qwfb/86697.htm.

［4］2019年我对"一带一路"沿线国家投资合作情况［EB/OL］.［2020-01-22］.http://fec.mofcom.gov.cn/article/fwydyl/tjsj/202001/20200102932470.shtml.

［5］国家开发银行，联合国开发计划署.融合投融资规则促进"一带一路"可持续发展——"一带一路"经济发展报告（2019）［EB/OL］.［2019-11-06］.https://www.yidaiyilu.gov.cn/wcm.files/upload/CMSydylgw.

［6］商务部外事司.商务部2019年12月26日发布会问答［EB/OL］.［2020-01-09］.http://wss.mofcom.gov.cn/article/sy/202001/20200102929029.shtml.

［7］看"一带一路"上的"丝路电商"［EB/OL］.［2019-04-30］.http://swj.xuchang.gov.cn/kfzs/20190430/496bea56-70f5-4e76-9e1d-f8030873e055.html.

［8］国家发展改革委员会一带一路建设促进中心.共建一带一路这一年［N］.人民日报，2020-01-17（017）.

［9］毕马威中国，国家发改委市场与价格研究所，中国对外承包工程商会.共绘"一带一路"工笔画——吸引国际私有资本参与沿线国家基础设施建设［EB/OL］.［2019-06-06］.http://www.chinca.org/CICA/info/19060620455411.

［10］王毅.开启高质量共建"一带一路"新征程［EB/OL］.［2020-01-21］.http://new.fmprc.gov.cn/web/wjbzhd/t1734422.shtml.

［11］"一带一路"沿线中国民营企业现状调查研究报告［EB/OL］.［2019-08-07］.https://www.yidaiyilu.gov.cn/wcm.files/upload/CMSydylgw/201912.

［12］中国出口信用保险公司.国别投资经营便利化状况报告（2018）［EB/OL］.［2019-02-01］.http://www.sinosure.com.cn/khfw/wytb/tzhzcj/2019/06/197405.shtml.

［13］曾刚，赵海，胡浩."一带一路"倡议下中国海外园区建设与发展报告（2018）［M］.北京：中国社会科学出版社，2018.

［14］张述存，刘晓宁.中国对"一带一路"新兴经济体投资布局优化研究［J］.中共中央党校（国家行政学院）学报，2019，23（5）：128-135.

［15］崔晓静，熊昕.中国与"一带一路"国家税收征管合作的完善与创新［J］.学术论坛，2019，42（4）：61-71.

［16］杨晓琰，郭朝先.加强国际产能合作推进"一带一路"建设高质量发展［J］.企业经济，2019（7）：50-60.

［17］郭朝先，刘芳，皮思明."一带一路"倡议与中国国际产能合作［J］.国际展望，2016，8（3）：17-36+143.

Research on New Progress and High – quality Development of Capacity Cooperation between China and the Countries along the Belt and Road

Guo Chaoxian　Liu Fang

Abstract: In 2019, "the Belt and Road" has embarked in a new stage of high – quality co – construction, and China's production capacity cooperation with "the Belt and Road" countries has also entered a stage of high – quality development. New progress has been achieved in the production capacity cooperation, which mainly including: steady growth of China's OFDI and rapid growth of China's contract foreign projects; sustain optimization of OFDI structure, and smooth progress of a number of major projects; the expansion of production capacity cooperation area, and further increase of third partners; steady promotion of overseas economic and trade cooperation zones, and some zones have been models of bilateral cooperation; acceleration of the top – level design, and further optimization of policy environment. Nevertheless, there are some problems in production capacity cooperation, as follows: unfavorable business environment of host countries, which affects enterprise operation and investment benefits; lack of high – quality talents, and challenges in cross – cultural management; difficulties in financing and money exchange, and insufficient cooperation with international multilateral financial institutions; single business model, and the third – party cooperation mechanism needs to be improved; the degree of park development is not high, and the quality of zones development needs to be improved; foreign investment faces multiple risks, and the ability of risk protection needs to be strengthened. In order to promote the high – quality development of China's production capacity cooperation with "B&R" countries, some countermeasures and suggestions have been put forward finally, including: further improving the top – level design and optimizing the policy environment; exploring new business models and innovating investment and financing mechanism; encouraging enterprises to "go to sea in groups" and improving the quality of zone development; further strengthening cooperation with international organizations, and improving third – party cooperation mechanisms; implementing localization strategy, and promoting cross – cultural management.

Key Words: "the Belt and Road"; Capacity Cooperation; Outward Foreign Direct Investment (OFDI); Overseas Industrial Zone

环境问责与投诉对环境治理满意度的影响机制研究

史 丹 汪崇金 姚学辉

摘 要：近年来，自上而下的环境问责和自下而上的环境投诉之间的良性互动，已成为中国当前环境治理创新的显著特征。本文认为，这种良性互动不仅改善了环境治理的客观绩效，还影响了公众环境满意度，提升了环境治理的主观绩效。本文利用 CGSS（2015）调查数据实证检验了，社会公众对环境问责是否有力和环境投诉是否有效的认知或判断对其环境治理满意度的影响，并运用中介效应模型检验了公众对环境问责的认知是否强化了其对环境投诉的判断，从而进一步提升了环境治理满意度。研究发现：①公众认为环境问责越是有力，环境治理满意度越高，认为环境投诉越是有效，环境治理满意度也越高；②公众对环境投诉是否有效的判断，还在其对环境问责是否有力的认知与环境治理满意度之间发挥着部分中介效应；③进一步的分析还发现，前述中介效应在城乡居民间存在差异性。相对于城市居民而言，农村居民的环境治理满意度更直接依赖于政府的环境问责机制，环境投诉有效性的判断未发挥中介作用，这或许与农村居民环境投诉经验不足有关。本文建议在提升环境治理客观绩效、加强环境问责力度的同时，还应引进柔性治理技术，推进公众环境参与。特别是在农村地区，进一步增强国家监督与社会监督的良性互动，提升公众环境满意度，改善环境治理主观绩效。文章还建议，中国在环境治理、反腐败斗争等领域，探索出的国家监督与社会监督良性互动的经验，还可以推广至社会治理的其他领域，实现共商共建共享的良好局面。

关键词：环境问责；环境投诉；公众参与；环境治理满意度

党的十八大以来，我国环境改善速度之快前所未有，在大气治理领域表现得尤为明显。《中国环境统计公报（2017）》数据显示，2017 年全国 338 个地级及以上城市可吸入颗粒物（PM10）平均浓度比 2013 年下降 22.7%，京津冀、长三角、珠三角区域细颗粒物（PM2.5）平均浓度比 2013 年分别下降 39.6%、34.3%、27.7%。我国在环境保护领域已经探索出了一条具有中国特色的治理之路。一方面，广泛宣传"生态文明"思想、牢固树立"绿水青山就是金山银山"理念，这不仅改变了执政者的执政理念，也影响着全社会的环境意识；另一方面，借助互联网等现代技术，强化信息公开，拓宽公共参与渠道，在国家监督与社会监督的互动中层层压实环境保护责任。就后一方面工作而言，国家相继修改《环境保护法》《大气污染防治法》，开展生态环境保护督察，建立党政领导干部生态环境保护问责制等，国家监督越来越紧；各级环保监管部门也主动公

---

* 本文发表于《中国人口·资源与环境》2020 年第 9 期。

[作者简介] 史丹，中国社会科学院工业经济研究所所长、研究员；汪崇金，中国社会科学院财经战略研究院博士；姚学辉，山东财经大学财政税务学院在读博士。

开环境举报电话和邮箱、开展环境污染"随手拍"等活动,一些环保公益组织还利用新媒体搭建信息平台,方便群众对环境污染问题进行投诉举报监督,社会监督日趋活跃。群众的投诉举报等社会监督为国家监督提供了大量的"地方知识",使得国家监督更为精准有力,进而落实地方政府环境保护主体责任、增加企业环境违规违法行为成本[1-2],倒逼地方政府和企业增加环境治理投资、减少污染物排放,改善环境治理绩效。可以说,中国环境治理特别是大气污染治理取得了举世瞩目的成绩,国家监督与社会监督良性互动功不可没。

中国环境治理创新实践中也就自然衍生出这样一个大命题,即自上而下的国家监督和自下而上的社会监督及其之间的良性互动,是否有助于提升人们对政府环境治理工作的满意度?本文基于中介效应模型的研究发现,如果公众相信政府领导片面追求经济增长而造成环境恶化将会被上级问责,那么他们对政府的环境治理工作更满意;如果公众相信政府对涉及环境违规违法行为的举报,会及时给予有效的回应与落实,那么他们也会更加认可政府的环境治理工作。研究还发现,公众越是相信政府领导对环境治理不力而被问责,则会更加相信社会监督渠道畅通有效,对政府环境治理的满意度也会更高,即公众对环境投诉是否有效的判断,在对环境问责是否有力的认知与环境治理满意度之间发挥着中介效应。进一步分析还发现,上述中介效应在城市居民中效果显著,而在农村居民中不显著。

本文研究深化了人们对环境治理满意度的认识,拓展了学界对公众参与的研究。党的十八大以来,社会监督在社会治理中得到重视和重用。环境投诉举报成为公众参与环境治理的重要渠道,并与国家监督形成了良性互动。在此背景下探讨人们对环境治理领域的国家监督、社会监督的主观认识如何影响其对政府环境治理工作的评价,有助于人们更好理解环境治理满意度以及中国环境治理实践。同时,本文研究也拓展了学术界有关环境投诉的研究。现有文献有以个案研究分析环境投诉及其在环境治理中的作用[3-4];有以环境统计部门定期公布的环境投诉、信访数据,评估公众环境投诉对地方政府环境投资[5]、环境监管强度[6]、环境治理绩效等的影响;还有基于微博等论坛上的文本内容,构建衡量公众对环境投诉或对环境关注程度的指标,解析它们对于城市环境治理的推动机制[7-8]。本文以微观的社会调查数据,分析人们对环境问责、环境投诉等的个人主观感知对环境治理满意度的作用机理,是对现有文献的有益补充。

一、制度创新与研究假设

随着公共服务绩效研究的不断深入和发展,学术界目前已经形成了两种评估模式。一是重视成本效益分析等客观信息的客观绩效模式;二是强调满意度等公众主观判断的主观绩效模式[9-10]。忽视公众主观绩效,可能会丧失公共价值[10]。因此,本文沿着第二种评估模式,基于中国环境治理创新实践,着重回答了人们对环境问责是否有力、环境投诉是否有效的感知是如何影响他们对政府环境治理工作的满意度的。下面将简要介绍中国当前环境治理领域的制度创新以及本文的研究假设。

(一)环境问责与环境治理满意度

近年来,随着生态文明理念的确立与社会治理技术的进步,中国的环保"紧箍咒"越来越紧。改革开放40年来,中国经济持续高速增长,其背后巨大的能源消耗和严重的环境污染给中国经济社会发展带来了空前的压力[11]。党中央和国务院早已认识到环境保护的迫切性,党的十八大更是把生态文明建设纳入中国特色社会主义"五位一体"总体布局。随着生态文明理念的确立,中国相继出台了《环境保护法》《大气污染防治法》《大气污染防治行动计划》等法律法规和行动规划,特别颁布了《党政领导干部生态环境损害责任追究办法》《环境保护督察条例》《环境保护部约谈暂行办法》等党规党纪和部门规章,推动地方落实环境保护主体责任。据统计,刚结束的第四批中央环保督察就问责了 1035 人，其中厅级干部 218 人（正厅级干部 57 人），处级干部 571 人（正处级干部 320 人）。环境问责已成为确保环境法治体系良好运行不可或缺且行之有效的倒逼机制。

学术界常常将环境规制当作地方政府环境治理的外在动力，认为环境问责有利于改善环境治理客观绩效，但对主观绩效的研究尚欠缺。吴建南等[12]利用省级面板数据分析了政府环境考核对环境治理效果的影响，认为自上而下的环境考核与监管具有良好的治理效果。Wang 和 Di[2]基于地区层面的微观数据，通过对中国 85 个乡镇的研究，发现来自上级政府和辖区公众的压力将促使地方政府加强环境规制并提供更多的环境服务。这些都聚焦于客观绩效。在主观绩效方面，陈卫东和杨若愚[13]利用 CGSS（2015）数据，实证分析了政府监管和公众参与对环境治理满意度的影响。他们的研究结果表明，无论是环保问责力度还是环境治理法治化水平都对环境治理满意度具有显著的正向影响，公众参与过程和结果的有效性也会显著地促进环境治理满意度的提升，且后者的显著性高于前者。从满意度模型来看，本文认为这背后的逻辑或许与政府形象或公众对政府的信任有关。如果政府在治理环境问题方面的行为失范，不能得到及时纠正，显然难以得到公众的信任与支持[14]。换言之，如果公众相信在环境治理中失职不力的地方官员会被问责，则更加认可他们的环境治理工作，满意度也会越高。鉴于此，本文提出如下基本假设，并在稳健性检验中增加政府形象方面的变量给予佐证：

假设 H1：公众越是认为环境问责有力，环境治理满意度越高。

（二）环境投诉与环境治理满意度

在国家监督这一环保"紧箍咒"越来越紧的同时，来自公众的社会监督也日趋活跃。自上而下的环境投诉为自上而下的环境问责提供了必要的"地方知识"，在监督上的"上下齐动"也成为新时代中国环境保护和环境治理的新特征。据统计，2018 年全国"12369 环保举报联网管理平台"共接到公众举报 710117 件，同比增长 14.7%，其中电话举报 365361 件，微信举报 250083 件，网上举报 80771 件[15]。广大群众利用通畅有效的社会监督渠道，为打击环境违规违法行为提供了大量的信息，使得国家监督有的放矢、精准发力。

已有文献对环境投诉的环境治理效应进行了实证检验，肯定了环境投诉对于推动地区环境治理客观绩效的积极作用。例如 Dasgupta 和 Wheeler[16]、Warwick 和 Ortolano[3]等指出，公众环境投诉、信访能为监管者提供有效信息并降低监管成本，上级政府能够利用民众提供的信息，通过问责机制激励下级政府更好地为当地公众服务。Lu 和 Tsai[17]发现政府官员担心公众对环境的投诉影响社会稳定，因而增加环境治理支出，改善环境质量。Wang 和 Wheeler[1]通过对中国 3000 家企业数据的分析发现，在那些公众环境投诉越多的地区，政府对企业的排污费征收强度越高。郑思齐等[18]利用中国 2004～2009 年 86 个城市的数据，证实了较高的公众环保诉求会推动地方政府通过环境治理投资、调整产业结构来改善地区环境，并促使环境库兹涅茨曲线的拐点提前到来。杨瑞龙等[19]的研究发现，公众环保诉求的增强能显著改善地区环境质量。当然并非所有的研究都如此乐观，比如李永友和沈坤荣[20]发现，民众环境投诉并未对更严格的环保执法起到推动作用。

与上述研究视角不同的是，本文尝试分析公众对环境投诉是否有效的判断是如何影响环境治理工作满意度的。从满意度模型来看，其中的作用机制也离不开信任等主观认识。例如学者们常常用信任、规范、网络等指标来衡量社会资本，基于这一基本框架，万建香和梅国平[21]在探究社会资本是否对环境保护有促进作用时，使用群众环境来信来访数衡量公众的环保参与度，并发现公众环保参与有助于社会资本的积累，进而实现环境保护与经济增长的"共赢"，从而构建了环境投诉对环境保护的作用路径。另外，一些学者强调公众参与不仅是实现民主和实施"善治"的传统方式，也是环境治理工具的重要补充，与其他政策性工具相得益彰[22]。具体而言，公众参与环境事务还为当事各方提供了一个渠道来表达诉求、交流信息、讨论环境后果，进而减轻社会误解以及误解所带来的损失[23]。这里强调的"善治"或"减轻误解"，很大程度上也是从社会心理的视角定性分析公众参与的深层价值。鉴于此，本文提出如下基本假设：

假设H2：公众越是认为环境投诉有效，环境治理满意度越高。

（三）环境问责、环境投诉与环境治理满意度

在上述两个命题的基础上自然衍生出一个新的命题，即那些认为环境问责力度越大的公众，是不是更相信环境投诉通畅有效，环境治理满意度是不是因此会更高？在中介效应模型语境下，该命题即为公众对环境投诉通畅有效的判断在对环境问责的认知与环境满意度之间具有多大程度的中介效应。学术界尚未有针对性的研究，但也不无论及此话题。例如陈文斌和王晶[24]指出，政府在环境方面的"自我管制"，能够引导公众的"生态美德"，鼓励社会参与环境协同治理。加强监督以规范权力行使有助于提高行政相对人的满意度，几乎已被当作常识，但王福涛等[25]指出，若行政主体对行政相对人缺乏实质性回应，反而会引起行政相对人更大的不满。鉴于此，本文提出如下的基本假设，并运用中介效应模型给予验证：

假设H3a：公众越是认为环境问责有力，越相信环境投诉有效，环境治理满意度也越高。

另外，值得关注的两个城乡有别现象。一是我国的城乡二元体制不仅导致城市和农村在经济发展和基础设施建设方面差异拉大，在生态建设方面的差距也越来越大，出现了"城市环境好转，农村环境恶化"的现象。这可能是因为在中央政府将环境指标纳入地方官员的考核体系后，重污染企业向农村地区转移[26]。二是就环境污染问题，城乡居民的态度或行为也是不一样的。聂伟[27]利用CGSS（2010）调查数据研究发现，城乡二元结构导致了城市居民对于环境关心程度远高于农村居民，并且农村居民大多只关注环境的直接效果，而城市居民掌握更多环境知识，更愿意采取行动解决环境问题。马戎和郭建如[28]的调查还显示，城市受访者会认为自身在环保问题方面可以发挥更大作用，向政府反映身边环境问题的比例会更高，而农村受访者的比例则偏低。Zhang等[29]还指出，由于农村地区特别是中国西部偏远地区的居民收入水平、人力资本等都很低，他们对环境保护的关注度（Awareness of Environmental Protection）与其他地区居民的差异明显。鉴于此，本文提出如下的基本假设：

假设H3b：公众对环境问责是否有力的认知和对环境投诉是否有效的判断，对公众环境治理满意度的影响存在城乡差异。

二、研究设计

（一）数据来源

中国社会综合调查（China General Social Survey，CGSS）是我国最早的全国性、综合性、连续性学术调查项目，始于2003年。该调查系统、全面地收集了社区、家庭、个人多个层次的数据，调查覆盖全国28个省区市、10000多户家庭，不仅包括诸多个人特征的数据，还包括诸如法律、环保、节能、公共服务等方面的调查数据，现已成为研究中国社会最主要的数据来源。本文使用2015年CGSS调查数据［以下简称CGSS（2015）］。受访者年龄分布在18～95岁。其中60岁以下受访者占比72.46%，60岁以上老年受访者占比27.55%。从受教育水平来看，17.14%的受访者接受过大学及以上教育，82.86%的受访者接受过从小学到高中的教育。从居住地来看，受访人群在城市和农村区域的分布较均匀，城市有1690个样本，农村有1139个样本。样本分布较均匀，具有良好的代表性。

（二）变量选取

本文考察的核心变量是公众对环境问责是否有力的认知、对环境投诉是否有效的判断，以及公众环境治理满意度。其中，环境治理满意度（*Satisfaction*）作为被解释变量，该变量对应于

CGSS（2015）问题B158，即"您对政府环境治理方面的表现是否满意？"对应有"非常满意""满意""非常不满意"等五个选项。公众对环境投诉是否有效的判断（简称"环境投诉"，记为"Complaint"）是本文的一个重要解释变量，对应CGSS（2015）问题F9，即"如果在您家附近有一家企业违反规定排放废气或污水，严重损害居民健康。如果向有关部门举报这件事，政府会如何处理？"对应有"政府根本就不会派人来调查处理""政府会立即派人来调查处理"等四个选项；公众对政府环境问责力度的认知（简称"环境问责"，记为"Accountability"）是本文另一个重要解释变量，对应CGSS（2015）问题F253，即"政府领导片面追求产值，对企业排污疏于监管，造成环境恶化是否会被问责？"有"很少""通常""总是"等五个选支。

本文还结合顾客满意度模型，并借鉴吴建南等[12]、陈卫东和杨若愚[13]、Zhang等[29]等的做法，挑选了一些控制变量。具体包括下面两类：一是受访者的个体特质，如性别、年龄、学历、社会地位、所在区域、个人收入、政治面貌以及健康状况等。二是地区层面的控制变量，如受访者所在省份工业废气排放量、工业固体废物排放量、工业废气二氧化硫含量、工业烟尘排放量、工业废水排放量。本文根据研究需要，剔除CGSS（2015）中"无法回答""拒绝回答"等无效样本，最后获得有效样本2829个。相关变量的描述性统计见表1。

表1 变量描述性统计（1）

变量	含义	观测值	平均值	标准差	最小值	最大值
Satisfaction	环境满意度，取原值的相反数	2829	-2.71	0.915	-5	-1
Accountability	环境问责是否有力，取原值	2829	2.615	1.116	1	5
Complaint	环境投诉是否有效，取原值	2829	2.608	0.918	1	5
Area	区域，即城市或农村，城市区域赋值为1，农村区域赋值为0	2829	0.597	0.491	0	1
Age	年龄	2829	49.2	16.816	18	95
Education	教育水平，本专科以上学历赋值为1，以下赋值为0	2829	0.172	0.377	0	1
Politic	政治面貌，党员、民主党派等赋值为1，其他赋值为0	2829	0.106	0.308	0	1
Health	健康状况，数值越大，越健康	2829	3.661	1.06	1	5
Social_rank	社会地位，数值越高，社会地位越高	2829	4.295	1.617	1	10
Per_income	个人收入，取自然对数	2829	6.656	4.709	0	14.509
Gender	性别，男性赋值为1，女性为0	2829	0.481	0.5	0	1
Lnpollutgas	所在省份工业废气排放量（取对数）	2829	9.888	0.708	8.21	11.272
$LnpollutSO_2$	工业废气二氧化硫含量（取对数）	2829	12.974	0.91	10.002	14.015
Lnpollutwater	工业废水排放量（取对数）	2829	11.02	0.816	9.053	12.238
Lnpollutdust	工业烟尘排放量（取对数）	2829	16.826	0.896	14.195	18.074
Lnpollutwaste	工业固体废物排放量（取对数）	2829	8.968	0.935	6.565	10.474

资料来源：个体层面控制变量来自CGSS（2015）调查问卷；地区层面控制变量来自中国环境保护数据库（http://hbk.cei.cn/aspx/Left_DB.aspx?ID=5）。

为更清晰地了解核心变量的关系，本文进行了更细致的统计分析。按照环境治理满意度来分组，对政府环境治理工作"非常满意"和"满意"的被访者占总样本量的47.33%，而认为"一般"以及"不满意"的占52.67%。按照政府对环境问题举报的处理情况来分组，认为政府会立即或很快派人来调查处理的占 17.28%，相信政府会派人来调查处理但会拖延的占 73.39%，而认为政府不会派人来调查处理的占 9.33%。按照政府对环境违法违纪行为的问责处罚来划分，受访者认为政府环境治理失职不力"基本上"或者"通常"会被处罚的被访者占比 51.01%，认为"很少"或者"有时"会被处罚的被访者占比 48.99%。相关数据详见表 2。

表 2 样本描述性统计（2）

变量	含义	分组	样本量	样本占比（%）
$Satisfaction$	环境治理满意度	非常满意	141	4.98
		满意	1198	42.35
		一般	921	32.56
		不满意	477	16.86
		非常不满意	92	3.25
$Complaint$	对于环境问题的举报，政府是否会处理	政府会立即派人调查处理	51	1.8
		政府会很快派人调查处理	438	15.48
		政府会派人调查处理，但不是很快	955	33.76
		政府会派人调查处理，但会拖很久	1121	39.63
		政府根本不会派人来调查处理	264	9.33
$Accountability$	官员片面追求经济增长，造成环境恶化，是否会被问责	总是	114	4.03
		通常	577	20.40
		基本上	752	26.58
		有时	879	31.07
		很少	507	17.92

（三）模型构建

根据前述研究假设，本文首先设定基准回归模型，分别考察公众对环境投诉是否有效的判断和对环境问责是否有力的认知如何影响环境治理满意度。其中，X_{ij} 代表个体控制变量的集合，D_j 表示地区污染变量的集合，ε_i 为随机误差项。

$$Satisfaction = \alpha_0 + \alpha_1 Complaint + \alpha_2 X_{ij} + \alpha_3 D_j + \varepsilon_i \quad (1)$$

$$Satisfaction = \beta_0 + \beta_1 Accountability + \beta_2 X_{ij} + \beta_3 D_j + \varepsilon_i \quad (2)$$

同时，为考察公众对环境投诉是否有效的判断是不是作为中介变量，使得对政府环境问责是否有力的认知进而影响环境治理满意度，本文借鉴 Baron 和 Kenny[30] 的研究，在模型（2）的基础上构建以下中介效应模型：

$$Complaint = \gamma_0 + \gamma_1 Accountability + \gamma_2 X_{ij} + \gamma_3 D_j + \varepsilon_i \quad (3)$$

$$Satisfiction = \delta_0 + \delta_1 Complaint + \delta_2 Accountability + \delta_3 X_{ij} + \delta_4 D_j + \varepsilon_i \quad (4)$$

其中，β_1 表示公众就环境问责是否有力的认知对环境治理满意度的总效应；γ_1 表示公众对环境投诉是否有效的判断这一中介变量的效应；δ_1 表示环境投诉中介变量对环境治理满意度的效应；δ_2 表示环境问责对公众环境满意度的效应。中介效应模型中的控制变量与模型（1）和模型（2）的控制变量相同，ε_i 为随机误差项。

对于中介效应的检验，本文采用逐步检验法进行检验。按照温忠麟和叶宝娟[31] 提出的检验流程，依次检验系数 β_1、γ_1、δ_1 及 δ_2 的显著性。当 γ_1、δ_1 的系数至少有一个不显著时，需要构建 Sobel 统计量进行检验，本文所涉及变量为类别变量，适用 Ordered-Logit 回归。因此，本文借鉴 Laccobucci[32] 的研究，构建 $Z_{mediation}$ 统计量：

$$Z_{mediation} = \frac{\frac{\hat{\gamma}_1}{\hat{S}_{\gamma_1}} \times \frac{\hat{\delta}_1}{\hat{S}_{\delta_1}}}{\sqrt{Z_{\gamma_1}^2 + Z_{\delta_1}^2 + 1}} \quad (5)$$

若 $Z_{mediation} > 1.96$，则证明中介效应存在。

简而言之，本文通过借鉴温忠麟和叶宝娟[31]提出的中介效应检验流程和 Laccobucci[32] 检验多分类变量中介效应的方法，结合李莹和吕光明[33]的研究，使用如下检验流程：①检验系数 β_1，验证主效应是否存在。若不显著，则停止检验，说明不存在中介效应；若显著，则进入下一步。②检验系数 γ_1、δ_1 的显著性。第一种情况是两者中至少有一个不显著，则使用 Laccobucci 法进行检验，若不显著，则中介效应不存在；若显著，则进入下一步，考察系数 δ_2 的显著性。第二种情况是，γ_1、δ_1 均显著，也将进入下一步。③若 δ_2 显著，则根据 γ_1、δ_1、δ_2 的正负号，判断是部分中介效应抑或遮掩效应；若 δ_2 不显著，判断为完全中介效应。

三、实证结果与分析

本文根据研究设计并使用 Stata 14 软件，首先依次分析了公众对环境投诉是否有效的判断和对环境问责是否有力的认知是如何影响环境治理满意的，其次进行中介效应检验，分析公众对于环境问责是否有力的认知会不会通过影响公众对环境投诉是否有效的判断进而间接影响环境治理满意度。

（一）基准回归

首先基于模型（1）、模型（2）进行基准回归。由于本文研究核心变量为离散的有序变量，变量取值具有固定的顺序和含义，因此相较 OLS 估计方法，Ordered-Logit 回归更适用。基准回归的结果如表3所示。

表3 基准模型回归结果（被解释变量：环境治理满意度）

变量	Model（1）			Model（2）		
	（1）	（2）	（3）	（4）	（5）	（6）
$Complaint$	0.394***	0.397***	0.406***	—	—	—
	(0.039)	(0.040)	(0.040)			
$Accountability$	—	—	—	0.128***	0.131***	0.132***
				(0.032)	(0.032)	(0.032)
Age	—	0.010***	0.012***	—	0.012***	0.013***
		(0.002)	(0.002)		(0.002)	(0.002)
$Gender$	—	0.005	0.004	—	0.017	0.016
		(0.073)	(0.072)		(0.072)	(0.072)
$Politic$	—	−0.055	−0.088	—	−0.047	−0.072
		(0.123)	(0.124)		(0.122)	(0.123)
$Health$	—	−0.009	0.022	—	0.038	0.042
		(0.037)	(0.038)		(0.037)	(0.037)
$Social\_rank$	—	0.008	0.017	—	0.025	0.034
		(0.023)	(0.023)		(0.023)	(0.023)
Per_income	—	−0.006***	−0.005	—	−0.010	−0.010
		(0.008)	(0.008)		(0.008)	(0.000)
$Education$	—	−0.509***	−0.470***	—	−0.467***	−0.435***
		(0.106)	(0.109)		(0.108)	(0.107)

续表

变量	Model (1)			Model (2)		
	(1)	(2)	(3)	(4)	(5)	(6)
Area	—	-0.565*** (0.077)	-0.469*** (0.080)	—	-0.564*** (0.076)	-0.480*** (0.080)
Lnpollutgas	—	—	-0.025 (0.161)	—	—	-0.002 (0.160)
$LnpollutSO_2$	—	—	0.215 (0.142)	—	—	0.195 (0.141)
Lnpollutwater	—	—	-0.589*** (0.102)	—	—	-0.461*** (0.102)
Lnpollutdust	—	—	0.355*** (0.172)	—	—	0.371** (0.171)
Lnpollutwaste	—	—	-0.164* (0.087)	—	—	-0.188** (0.087)
N	2829	2829	2829	2829	2829	2829
Pseudo R^2	0.014	0.039	0.045	0.002	0.028	0.033

注：*、**、***分别表示在10%、5%、1%的水平上显著，括号里的值为稳健标准误。

表3第（1）列至第（3）列为模型（1）的回归结果，第（4）列至第（6）列为模型（2）的回归结果。表3第（1）列和第（4）列只是分别检验了对环境投诉是否有效的判断和对环境问责是否有力的认知对环境治理满意度的影响，其他各列分别又加入了个体特征变量和地区环境污染变量。从回归结果可以看出，变量 Complaint 的系数一直为正且在1%的显著性水平下显著，说明公众越是认为政府会及时调查处理环境投诉，环境治理满意度就会越高。变量 Accountability 的系数一直为正且在1%的显著性水平下显著，说明公众越是认为地方领导环境失职将被问责，环境治理满意度也会越高。从控制变量的影响效果来看，个体层面的控制变量年龄、教育水平以及所在区域的系数始终较为显著。年龄与环境治理满意度呈正相关，表明年龄越大的居民环境满意度越高，这可能是由于年龄大的居民相比年龄小的居民拥有更宽容的心态；教育水平与环境满意度呈负相关，表明随着教育水平的提升，受过高等教育的人群对环境更加敏感，环境满意度也越低；受访者所在区域与环境满意度呈负相关，城区往往比农村区域的环境问题更加严重，因而生活在城市中的受访者也往往更加关心环境的质量，环境治理满意度也会越低。

（二）中介效应检验

为检验公众对环境问责是否有力的认知会不会改善公众对环境投诉的判断，进而提升环境治理满意度，本文按照上文提出的改进的中介效应检验流程，对模型（2）、模型（3）、模型（4）进行回归，检验系数 β_1、γ_1、δ_1 及 δ_2 的显著性，考察中介变量效应。回归结果详见表4。

表4 中介模型回归结果

变量	Model (2)	Model (3)	Model (4)
	Satisfaction	Complaint	Satisfaction
Complaint	—	—	0.399*** (0.040)
Accountability	0.132*** (0.032)	0.101*** (0.032)	0.113*** (0.032)
个体特征变量	控制	控制	控制
地区污染变量	控制	控制	控制
N	2829	2829	2829
Pseudo R^2	0.033	0.011	0.046

注：***表示在1%的水平上显著，括号里的值为稳健标准误。

从回归结果可以看出,主要变量系数 β_1 = 0.132、γ_1 = 0.101、δ_1 = 0.399 及 δ_2 = 0.113,且都在1%的显著性水平上显著。按照前文提出的中介效应检验流程,可以认为 Accoutability 这一变量的中介效应是存在的。公众对环境问责是否有力的认知,可以通过影响公众对环境投诉是否有效的判断,进而影响公众环境治理满意度。换言之,政府对环境方面违纪违法行为的问责处理,一定程度上提升了公众对于政府治理行为的认同感,公众会相信参与监督与反馈的途径有效,从而提升了环境治理满意度。

(三) 城乡异质性分析

在我国特殊的城乡二元体制之下,城市与乡村在公共服务方面的较大差异,使得我们不能对环境满意度的考察一概而论。因而,有必要对城市和乡村两组样本进行分别检验。基准模型回归结果与中介效应回归结果显示,受访者所处区域对于环境治理满意度影响较显著。类似地,基于上述提出的中介检验模型考察在城市和农村两个样本中的中介效应是否显著以及是否存在差异,详见表5。

表5 中介模型分样本检验

变量	城市			农村		
	Model (2) Satisfaction	Model (3) Complaint	Model (4) Satisfaction	Model (2) Satisfaction	Model (3) Complaint	Model (4) Satisfaction
Complaint	—	—	0.422*** (0.053)	—	—	0.374*** (0.063)
Accountability	0.131*** (0.040)	0.153*** (0.041)	0.100** (0.041)	0.141*** (0.054)	0.030 (0.052)	0.144*** (0.054)
个体特征变量	控制	控制	控制	控制	控制	控制
地区污染变量	控制	控制	控制	控制	控制	控制
N	1690	1690	1690	1139	1139	1139
Pseudo R^2	0.024	0.014	0.038	0.016	0.015	0.029

注:**、*** 分别表示在5%、1%的水平上显著,括号里的值为稳健标准误。

从表5对中介模型的分组样本回归来看,在城市组中控制个体特征变量和地区环境污染变量后,中介效应依然显著,这进一步证明了公众对政府环境问责是否有力的认知(Accountability),一定程度上对举报渠道是否有效的判断(Complaint)这一中介变量来影响环境治理满意度。然而,如表5第(3)列所示,在农村组别中,模型(3)的变量系数不再显著,根据前文提到的中介效应检验流程,当 γ_1、δ_1 的系数至少有一个不显著时,需要构建 Z 值统计量。经检验,$Z_{mediation}$ = 0.5663 < 1.96,即认为公众对环境投诉是否有效的判断在农村组中没有发挥中介效应。因而公众对政府环境问责是否有力的判断对环境治理满意度的影响是直接的,未通过中介变量发挥作用。

正如 Zhang 等[29]指出的,由于汽车尾气排放和现代工业的集聚,使得城市居民可能更为关注环境污染。类似地,本文对上述差异可能的解释是:由于城市和农村在公众参与的途径、方式的便捷度和多样性上存在较大差异,城市公众越认为环境问题的监督渠道畅通有效,越是能提升他们的环境治理满意度,而农村中监督互动的渠道较为缺乏,公众环境满意度的提升更多依赖于政府直接的环境问责。

(四) 稳健性检验

为提高本文研究的可靠性和可信性,本文通

过两种方法进行检验：一是替换回归方法进行稳健性检验。有研究者认为，普通最小二乘法估计与Order-logit估计方法没有优劣之分，而且OLS解释能力更强，因而本文采用OLS回归方法对模型回归结果进行再次检验。二是将对环境问责是否有力的判断这一变量替换为CGSS（2015）调查问卷中的问题F9，即"违反党规党纪的问题是否都受到了严肃处理？"（记为 Supervise），该变量可认为包含了政府环境监管问责。稳健性检验结果见表6和表7。

表6　稳健性检验：OLS回归

变量	基准模型		中介模型	
	Model（1） Satisfaction	Model（2） Satisfaction	Model（3） Complaint	Model（4） Satisfaction
Complaint	0.176*** (0.018)	—	—	0.173*** (0.018)
Accountability	—	0.061*** (0.015)	0.047*** (0.015)	0.053*** (0.015)
个体特征变量	控制	控制	控制	控制
地区污染变量	控制	控制	控制	控制
N	2829	2829	2829	2829
Adjusted R^2	0.104	0.079	0.028	0.108

注：***表示在1%的水平上显著，括号里的值为稳健标准误。

表7　稳健性检验：替换变量

变量	基准模型		中介模型	
	Model（1） Satisfaction	Model（2） Satisfaction	Model（3） Complaint	Model（4） Satisfaction
Complaint	0.394*** (0.039)	—	—	0.336*** (0.042)
Supervise	—	0.301*** (0.035)	0.538*** (0.036)	0.226*** (0.037)
个体特征变量	控制	控制	控制	控制
地区污染变量	控制	控制	控制	控制
N	2829	2829	2829	2829
Pseudo R^2	0.104	0.041	0.041	0.050

注：***表示在1%的水平上显著，括号里的值为稳健标准误。

稳健性检验结果显示，无论是更换变量还是更换回归方法，模型的回归结果都是稳健的，主要变量的系数尽管大小存在差异，但是符号始终一致，并且在1%的显著性水平上显著，从而进一步增加了本文研究结论的稳健性。

四、结论与启示

当代中国的国家治理秉承"政府负责、社会协同、公众参与"的理念，努力打造形成有为政府、成熟社会和现代公民共同治理的格局[34]。在此社会治理框架下，中国未来环境治理模式将包含：政府严格的环境规制、企业绿色的生产发展和公众广泛的环境参与。当前，政府已经行动、企业也已上路，公众参与的自觉性也有所提高。本文紧扣中国环境治理的实践，从环境治理的主观绩效入手，实证检验了当前环境治理创新对公众环境满意度的影响，不仅拓展了人们对公众参与环境治理的现实意义的认识，而且为今后推进公众参与环境治理、提升公众环境满意度提供了理论支持。简言之，公众环境满意度是一种心理活动，提升公众环境满意度不仅要加大环境保护投入、改进环境治理客观绩效，同时也要根据公众心理活动特征，在政策实施过程中重视交流互动、信息公开等柔性技术的推广运用，增进公众环境满意度，提升环境治理主观绩效。

第一，进一步通畅公共参与渠道。作为一种治理工具，公众参与环境事务同环境监测、环保督查、环保问责等其他政策性工具相互补充、相得益彰，是环境治理取得长足进步的重要法宝。党的十八大以来，无论是环境治理、反腐败斗争还是其他领域的治理创新，引入社会监督、借力地方知识，是国家监督能够有的放矢的保障。中国环境治理已从大气污染防治，到水污染防治、固体废物污染防治等纵深领域推进，也在从显性污染治理向隐性污染治理迈进，国家监督更是需要社会监督为其提供地方知识。因此需要进一步通畅公共参与渠道，激发和利用人们对于环境破坏行为的举报揭发的政治美德。

第二，进一步加大环境问责力度。本文研究显示，公众对国家监督强度的认知以及对环境管理部门形象的认知，都会影响到他们对政府环境治理工作的满意度。这一判断与公共参与相关理论的预测是一致的。本文就城乡异质性的中介效应分析还显示，农村组的公众对政府环境问责是否有力的判断未能影响他们对环境投诉是否有效的判断，进而影响环境治理满意度。简言之，尽管中国国家监督这一环保"紧箍咒"越来越紧，但尚未获得广大群众的普遍认同。中国环境治理任务依然繁重，很难在短时期内释放长期形成的环境污染压力，但进一步加强环境问责力度，在公众中形成国家监督恰当得力、公务人员廉洁勤政，这都有助于赢得公众对政府环境治理等工作的支持和认可。本文的中介效应分析还显示，政府对自身加压，还可以进一步激发群众参与，集聚更多环境治理力量。

第三，进一步推广环境治理经验。环境治理只是中国社会治理的一个缩影，在环境治理领域的成功做法和先进经验同样可以推及社会治理的其他领域，从而提升公众对政府的公共卫生、基础教育、社会治安等公共服务的满意度。环境保护、公共卫生、基础教育等公共服务，从本质上讲都属于公共品的范畴，由于非排他性与非竞争性特征，市场无法提供足够的公共服务，政府责无旁贷地成为这些公共服务的供给主体。但从新近的强互惠理论研究成果来看，在长期的社会互动中，人类形成了关心集体、关注他人的亲社会特质，在环境保护领域则表现为环保社会人。政府在提供各类公共服务的过程中，加强与社会的互动，树立良好政府形象，赢得公众广泛信任，从而更充分调动公众的这种亲社会特质，引导全社会参与到公共产品与公共服务的共建共管进程中来，最终形成公共产品与公共服务共享的良好局面。

参考文献

[1] Wand H., Wheeler D. Financial incentives and endogenous enforcement in China's pollution levy system [J]. Journal of Environmental Economics and Management, 2005, 49 (1): 174 - 196.

[2] Wang H., Di W. The determinants of government environmental performance: An empirical analysis of Chinese townships [R]. Washington D. C.: The World Bank Development Research Gruop Infrastructure and Environment, 2002.

[3] Warwick M., Ortolano L. Benefits and costs of Shanghai's environmental citizen complaints system [J]. China Information, 2007, 21 (2): 237 - 268.

[4] Li Y., Koppenjan J., Verweij S. Governing environmental conflicts in China: Under what conditions do local governments compromise? [J]. Public Administration, 2016,

94(3):806-822.

[5] Lu J., Tsai P. Signal and political accountability: Environmental petitions in China [J]. Economics of Governance, 2017, 18(4):391-418.

[6] 郑思齐,万广华,孙伟增等. 公众诉求与城市环境治理[J]. 管理世界, 2013(6):72-84.

[7] Kay S., Zhao B., Sui D. Can social media clear the air? A case study of the air pollution problem in Chinese cities [J]. The Professional Geographer, 2015, 67(3):351-363.

[8] 倪星,李佳源. 政府绩效的公众主观评价模式:有效,抑或无效?——关于公众主观评价效度争议的述评[J]. 中国人民大学学报, 2010, 24(4):108-116.

[9] 范柏乃,金洁. 公共服务供给对公共服务感知绩效的影响机理——政府形象的中介作用与公众参与的调节效应[J]. 管理世界, 2016(10):50-61.

[10] 黄菁,陈霜华. 环境污染治理与经济增长:模型与中国的经验研究[J]. 南开经济研究, 2011(1):142-152.

[11] 吴建南,徐萌萌,马艺源. 环保考核、公众参与和治理效果:来自31个省级行政区的证据[J]. 中国行政管理, 2016(9):75-81.

[12] 陈卫东,杨若愚. 政府监管、公众参与和环境治理满意度——基于CGSS2015数据的实证研究[J]. 软科学, 2018, 32(11):49-53.

[13] 刘细良,刘秀秀. 基于政府公信力的环境群体性事件成因及对策分析[J]. 中国管理科学, 2013(s1):153-158.

[14] 肖琪. 国家战略不容一省一地自作主张[N/OL]. 北京:中国环境报. 2019-08-23. http://www.qstheory.cn/zoology/2019-08-23/c_112491181.htm.

[15] Dasgupta S., Wheeler D. Citizen complaints as environmental indicators: evidence from China [R]. Washingten D. C.: The World Bank, 1997.

[16] Lu J., Tsai P. Signal and political accountability: Environmental petitions in China [J]. Economics of Governance, 2017, 18(4):391-418.

[17] 郑思齐,万广华,孙伟增等. 公众诉求与城市环境治理[J]. 管理世界, 2013(6):72-84.

[18] 杨瑞龙,章泉,周业安. 财政分权、公众偏好和环境污染——来自中国省级面板数据的证据[R]. 北京:中国人民大学经济学院经济所宏观经济报告, 2007.

[19] 李永友,沈坤荣. 我国污染控制政策的减排效果——基于省际工业污染数据的实证分析[J]. 管理世界, 2008(7):7-17.

[20] 万建香,梅国平. 社会资本可否激励经济增长与环境保护的双赢?[J]. 数量经济技术经济研究, 2012, 29(7):61-75.

[21] Morgan Richard. K. Environmental impact assessment: the state of the art [J]. Impact Assessment & Project Appraisal, 2012, 30(1):5-14.

[22] Voss H., Buckley P. J., Cross A. R. The impact of home country institutional effects on the internationalization strategy of Chinese firms [M]. London: Palgrave Macmillan, 2014.

[23] 陈文斌,王晶. 多元环境治理体系中政府与公众有效互动研究[J]. 理论探讨, 2018, 204(5):154-160.

[24] 王福涛,黄怡茵,潘振赛. 行政许可监督与服务满意度关系研究——基于广东省J市行政许可绩效评价[J]. 中国行政管理, 2017(8):95-101.

[25] 杨健燕. 公众诉求提升政府环境治理绩效的制度改进[J]. 中州学刊, 2015(10):83-87.

[26] 聂伟. 公众环境关心的城乡差异与分解[J]. 中国地质大学学报(社会科学版), 2014, 14(1):62-70.

[27] 马戎,郭建如. 中国居民在环境意识与环保态度方面的城乡差异[J]. 社会科学战线, 2000(1):201-210.

[28] Zhang J., Cheng M., Wei X., et al. Internet use and the satisfaction with governmental environmental protection: Evidence from China [J]. Journal of Cleaner Production, 2019(212):1025-1035.

[29] Baron R. M., Kenny D. A. The moderator-mediator variable distinction in social psychological research: Conceptual, strategic, and statistical considerations. [J]. Journal of Personality and Social Psychology, 1986, 51(6):1173.

[30] 温忠麟,叶宝娟. 中介效应分析:方法和模型发展[J]. 心理科学进展, 2014, 22(5):731-745.

[31] Iacobucci D. Mediation analysis and categorical variables: The final frontier [J]. Journal of Consumer Psychology, 2012, 22(4):582-594.

[32] 李莹,吕光明. 收入公平感、流动性预期与再

Research on the Influence Mechanism of Environmental Accountability and Complaint on Environmental Governance Satisfaction

Shi Dan   Wang Chongjin   Yao Xuehui

Abstract: In recent years, the effective interaction between top – down government environmental accountability and bottom – up public environmental complaints has become a distinctive feature of China's current environmental governance innovation. The paper proposes that this kind of effective interaction not only improves the objective performance of environmental governance, but also affects public environmental satisfaction and enhances the subjective performance of environmental governance. The paper empirically tests the cognition and judgement of the public on environmental accountability and environmental complaints, and the impact of which on environmental governance satisfaction by using the CGSS (2015) survey data, furthermore, this paper explores whether this kind of cognition has strengthened the judgment on environmental complaints, thereby further improves environmental governance satisfaction by employing mediating effect model. Several results are presented in this study: ①The public thinks the stronger environmental accountability is, the higher the environmental governance satisfaction; the more effective the environmental complaint is, and the higher the environmental governance satisfaction. ②The judgement of public on the environmental complaint plays a part of the intermediary effect between the accountability cognition and environmental governance satisfaction. ③ Further analysis also shows that the aforementioned intermediary effects are different between urban and rural residents. Compared with urban residents, the satisfaction of rural residents in environmental governance is more directly dependent on the government's environmental accountability mechanism. The judgment on the effectiveness of environmental complaints does not play an intermediary role, which may be related to the lack of experience of rural residents in environmental complaints. The article recommends that flexible governance technologies should be introduced to motivate the public environmental engagement while improving the objective performance of environmental governance and strengthening environmental accountability. The effective interaction between state supervision and social supervision should be further strengthened to enhance public environmental satisfaction and improve the subjective performance of environmental governance especially in rural areas. The paper also recommends that the experience of effective interaction between state supervision and social supervision in the areas of environmental governance and anti – corruption struggles can also be extended to other areas of social governance to achieve a good situation of extensive consultation, joint contribution and shared benefits.

Key Words: Environmental Accountability; Environmental Complaints; Public Participation; Environmental Governance Satisfaction

自然资源资产负债表研究现状、评述与改进方向

史 丹 王俊杰

摘 要：自然资源资产负债表这一概念是中国的一项重要理论和制度创新，但其研究还存在一些问题和争议，如对自然资源资产负债表中资源类别未能达成共识，对资产、负债和权益的界定不清晰，价值核算还不准确等。此外，其编制实践工作也进展缓慢。本文认为，自然资源资产负债表基础理论和方法都尚不成熟，需要重新诠释自然资源资产负债表，并引入新的核算方法，使其中的资产、负债和权益概念更加清晰，使其中的数量核算和价值核算方法更加科学。因此，本文认为，可以另辟蹊径，借鉴生态足迹的思想，从以下三方面做出改进：第一，将资源类别界定为耕地、林地、草地、湿地、水域、能源矿产和非能源矿产七类，以避免重复核算问题。第二，进一步明确土地和矿产两类资源的资产、负债和权益的含义，可以引入生态足迹方法，用土地生态足迹、生态承载力和生态赤字分别衡量土地资产、土地权益和土地（过载）负债，使得土地过载负债的核算成为可能，且在土地权益核算时能够同时考虑土地面积和质量；可以用已消耗的矿产资源衡量环境负债，以避免环境负债价值的系统性偏误问题。第三，可以将生态足迹方法与生态系统服务价值评估方法结合起来，以估算土地的资产、权益和负债价值，以避免土地价值估算的系统性偏误问题；可以用改进的市场价格法核算矿产或环境的三种价值，避免环境负债价值核算的随意性。本文认为，引入生态足迹方法可以使自然资源资产负债表中的资产、负债和权益概念更加清晰易懂，并使得资源的数量核算和价值核算方法更加科学，结果更加可信。

关键词：自然资源资产负债表；数量核算；价值核算；土地；矿产；生态足迹

自然资源资产负债表是中国提出的一个新概念，它是中国的一项重要理论和制度创新。2013年11月，中共十八届三中全会通过的《中共中央关于全面深化改革若干重大问题的决定》首次提出编制自然资源资产负债表的设想。在这之前，各种文献中均没有"自然资源资产负债表"这一概念，只有"自然资源核算""环境资源核算"等相关概念。由于自然资源资产负债表的提法较为新颖，而且第一次提出就是站在国家战略的高度，因此引起了理论界和实务界的高度关注。在理论上，一些学者对自然资源资产负债表的基本概念、理论根源、数据基础、可行路径、现实意义等基础理论问题进行了初步研究探讨。

随后，一些地方开始探索编制自然资源资产负债表，如深圳市。2015年9月22日，中共中央、国务院印发《生态文明体制改革总体方案》，明确提出：完善生态文明绩效考核和责任追究制度，探索编制自然资源资产负债表；制定自然资源资产负债表编制指南，构建水资源、土地资源、森林资源等的资产和负债核算方法，建立实物量

---

* 本文发表在《中国人口·资源与环境》2020年第1期。
[作者简介] 史丹，中国社会科学院工业经济研究所所长、二级研究员；王俊杰，江西财经大学经济学院博士、副教授。

核算账户，明确分类标准和统计规范，定期评估自然资源资产变化状况。2015年11月，国务院办公厅印发《编制自然资源资产负债表试点方案》，同意在内蒙古自治区呼伦贝尔市、浙江省湖州市、湖南省娄底市、贵州省赤水市、陕西省延安市开展编制自然资源资产负债表试点工作。目前，史丹团队编制了一个粗略的国家层面自然资源资产负债表，中国科学院地理科学与资源研究所团队编制了湖州市和承德市的自然资源资产负债表。但编制自然资源资产负债表在理论和实践方面均有许多问题或难题尚待解决，目前综合性报表尚缺乏统一规范的应用形式，构建可复制推广的自然资源环境综合报表体系仍是一大挑战。

在总结已有研究成果的基础上，学术界对自然资源资产负债表的理解使得它在理论和实践上都面临不少难题，因此有必要另辟蹊径，重新诠释自然资源资产负债表。具体而言，本文认为：第一，现有研究对自然资源资产负债表核算的资源类别界定还不清晰，可能导致重复核算问题。第二，现有研究未能较好地理解并清晰合理地界定资源资产、负债和权益。第三，现有自然资源资产负债表中的价值核算方法不够准确。这些问题导致实践工作进展缓慢。最后，本文提出并阐述了利用生态足迹方法改进自然资源资产负债表编制方法的可能性及优势。

一、研究现状与评述

（一）什么是自然资源资产负债表

资产负债表作为一种重要的会计学工具，已被广泛应用于企业、政府等经济责任主体。但是自然资源资产负债表则是一个新的概念。根据《中共中央关于全面深化改革若干重大问题的决定》，自然资源资产负债表是采用国家资产负债表的方法，将全国或一个地区层面的所有自然资源资产进行分类加总形成报表，显示某一时点上自然资源资产的"家底"，反映一定时间内自然资源资产存量的变化。不过，对自然资源资产负债表含义的解读仍然是智者见智、仁者见仁。正如边晶莹等（2018）、杜文鹏等（2018）所言，学术界对于自然资源资产负债表尚未形成统一的编制理论和方法体系，中国自然资源资产负债表编制的研究还需要更多的探索。

耿建新等（2015）认为，政府文件中的"自然资源资产负债表"接近于联合国等组织共同编制的《环境经济核算体系2012：中心框架》（以下简称SEEA 2012）；但是SEEA 2012只有自然资源资产的概念，并没有自然资源负债和权益的概念。谷树忠（2016）从企业资产负债表的含义来外推自然资源资产负债表的含义，他认为资产负债表是反映一个企业在一定时期（通常是一年）内的资产、负债及其相互关系的会计报表或分析表，那么对应地，可以将自然资源资产负债表理解为反映一个国家或地区在一定时期内的自然资源资产的增加和减少及其平衡关系的分析表格。史丹和胡文龙（2015）基于国民账户体系，认为自然资源资产负债表是采用国家资产负债表的编制方法与技术，综合反映一定时间内编制主体的自然资源资产存量的变化，可视为生态责任主体对所拥有的自然资源资产和所承担的生态环境负债的"快照"。盛明泉和姚智毅（2017）基于政府视角，提出自然资源资产负债表是反映权益主体所拥有的全部自然资源数量、质量和价值量的报表，不仅能反映存量信息，且兼顾流量信息。封志明等（2015）总结认为，自然资源资产负债表是借助资产负债表工具，将一国或地区的所有自然资源资产分类加总而形成的报表，它可以显示某一时点自然资源资产的"家底"，反映一定时期的自然资源使用状况及其对生态环境的影响。

由此可见，自然资源资产负债表有别于联合国等组织推荐的SEEA 2012。理论上，它能够比SEEA 2012更深刻地反映资源与环境状况，因为它试图呈现人类活动对生态环境的影响（即自然资源负债），这种影响能够预示自然资源的未来趋势。SEEA 2012不涉及负债概念，即不涉及人类活动对大自然的负面影响。此外，SEEA 2012侧重有经济用途的资源，或者说侧重资源的经济用途，而并没有较多关注资源的非经济用途（如生态调节功能）。自然资源负债表也不同于国家资产负债表中的自然资源账户。国家资产负债表从属于《国民账户体系2008》（即 SNA 2008），其中虽然也有土地和矿产资源，但不涉及负债概念。可见，自然资源资产负债表是中国首创的概念，它是一项重要的理论和制度创新。

（二）自然资源资产负债表中的资源、资产、负债、权益分别指什么

根据企业资产负债表的概念，自然资源资产负债表应该包含资产、负债和所有者权益三方面。企业资产负债表中只呈现价值，不呈现数量。但是，自然资源的主体或客体具有多样性和复杂性，故不能生搬硬套企业或国家资产负债表的形式（2015）。尽管早期有些学者认为自然资源资产负债表只是价值量表，但目前学术界基本达成的共识是，它应该是一套既包含实物数量又包含价值的量表，而且应该遵循先实物、后价值的方式。闫慧敏等（2017）编制的湖州市自然资源资产负债表，也同时提供了实物量表和价值量表。因此，自然资源资产负债表中的资产、负债和权益都包含两层含义：一是指实物数量，二是指价值。

但是对于自然资源资产负债表应该核算哪些资源，学术界并没有达成共识。封志明等（2014）、江东等（2017）认为，自然资源资产负债表中的资源应包括土地、水、森林和矿产等。耿建新等（2015）认为应该将能够带来经济利益的自然资源确认为资产，包括能源与矿产资源、土地资源、土壤资源、木材资源、水生产品、其他生物资源和水资源。在史丹和胡文龙（2015）编制的中国国家自然资源资产负债表中，资源包括矿产、土地（耕地、林地、草地等）、土壤、木材、水生资源和水资源。在闫慧敏等（2017）编制的湖州市自然资源资产负债表中，资源包括土地（耕地、林地、草地、水域、园地）、水资源和林木资源，没有考虑矿产资源。杨艳昭等（2017）编制的承德市自然资源资产负债表包含土地资源、水资源、森林资源和矿产资源四大类。焦志倩等（2018）编制的十堰市竹溪县自然资源资产负债表包含土地资源、水资源和林木资源三大类。可见，现有研究基本都核算的资源包括土地、水资源和森林。但正如张卫民等（2018）指出的，将林木与林地并列、水资源与水域并列可能存在重复核算，因为它们两两之间分别是相互依存的。

学术界对自然资源资产负债表中的资产、负债和权益这三个重要概念都尚未给出非常合理、令人信服的诠释。学术界一般认为资产是某一地区拥有的资源的数量和价值，但是对自然资源资产负债表中负债和权益的界定没有达成共识，首先体现在对是否应该遵循"资产＝负债＋所有者权益"这一会计学原理上。耿建新等（2017）认为，由于无法确认负债，自然资源资产负债表中不应该有"资产＝负债＋所有者权益"的平衡关系。更多的学者认为应该遵循这一恒等关系，如沈镭等（2018）编制的邓州市土地资源资产负债表以及史丹和胡文龙（2015）、闫慧敏等（2017）等编制的自然资源资产负债表就遵循了这一恒等关系。不过，这三项研究只是利用这一恒等式来推算所有者权益，并不能合理解释推算出的所有者权益的含义。实际上，这是由于现有研究未能较好地区分和界定自然资源资产负债表中的负债、权益和资产，因而不得不利用会计学原理做推算。

对这三个概念的理解差异集中体现在对负债的理解上，如果能清晰合理地界定负债，则其他两个概念自然而然就清楚了。但是，学术界对自然资源资产负债表中负债的理解并没有统一意见。正如胡文龙和王蕾（2017）指出，无论是在理论界还是在各地的探索性实践中，人们对负债的认识分歧较大；而且，无论是中国的国民经济核算体系、联合国推荐的SNA 2008国民账户体系，还是SEEA 2012，都没有资源负债或环境负债的概念。耿建新等（2017）认为，由于不存在资源间的借贷，也就无法确认自然资源负债，因此"自然资源负债"不提也罢。不过，多数学者认为负债项是不可或缺的，如史丹和胡文龙（2015）、封志明等（2017）、徐素波等（2019）。不少学者指出，自然资源资产负债表中的负债是指资源耗减和环境破坏（或者类似说法），但现有研究对于资源耗减和环境破坏的界定也不清晰。史丹和胡文龙（2015）认为，资源耗减负债是指某种土地年末相对年初的减少量，环境负债是环境污染物的治理成本。黄溶冰和赵谦（2015）认为，自然资源负债等于资源的耗减和退化。封志明等（2015）指出，自然资源资产负债表中的负债应该包含资源过耗、环境损害和生态破坏三部分。闫慧敏等（2017）等虽然阐述了资源过耗的概念，但其方法体系无法核算也没有核算资源过耗。薛智超等（2018）将土地资源过耗定义为因建设用地扩张导致的耕地、林地和草地等面积减少。耿建新等（2018）将对土地资源的利用超过其承载能力这种情况称为土地负债，他们是从人口和经济的角度出发，在整体上考虑城市的土地承载力。张晓晶和刘磊（2018）提出，应从代际公平和可持续发展的角度思考环境负债。徐素波等（2019）认为，超出自然资源合理承载范围的利用才是资源负债，因此，资源负债应该采用"资源耗减+环境负债"的表达式。可见，自然资源资产负债表中负债仍未得到较好的诠释，因此，仍需进一步明确负债的含义，从而更好地界定资产和所有者权益。

（三）如何核算自然资源资产负债表中的资产、负债、权益的数量和价值

如何核算自然资源资产负债表中的资产、负债、权益的数量和价值，其重点在于如何核算负债的数量、土地的各种价值以及环境负债价值，其中对负债项的界定和核算很大程度上决定了对其他项的界定和核算。

1. 负债数量核算

对于土地负债数量，本文认为，封志明等（2017）、徐素波等（2019）将自然资源资产负债表中的负债界定为土地耗减负债与环境负债之和是比较合理的。准确地说，土地耗减负债是指过度利用导致的土地质量下降。然而，对于土地耗减负债，现有研究并没有给出较好的核算方式，常常只能将期末相对期初的减少量视为土地耗减，也未能提出合适的核算方法。但是，将土地面积减少量视为土地负债实际上未能考虑土地质量下降问题，土地质量下降可以看作一种负债。此外，现有研究在加总土地面积以计算土地资产时，也是简单地直接相加而没有考虑其质量差异。可见，现有研究忽视了土地质量问题，也未能实际核算土地资源耗减。忽视土地质量会降低核算结果的参考意义，也会影响价值核算的准确性；无法核算土地资源耗减使得理论体系不完整，也无法理解土地权益与土地资产的区别。理解和编制自然资源资产负债表的一个关键之处在于理解土地资源负债，而现有研究虽然注意到土地资源负债是指对土地资源的利用超过了其承载能力，但并未明确定义和核算它。对于环境负债数量，学术界一般用人类排放的各种污染物数量表示。例如，史丹和胡文龙（2015）核算了废水排放负债、废气排放负债、工业固废排放负债和生活垃圾排放负债。使用污染物数量衡量环境负债数量是一个直观且不错的方法，但是污染物的种类和数量难以准确统计，而且估算负债价值将非常困难。

2. 土地价值核算

现有研究核算的土地价值主要是指其资产价值。耿建新等（2015）认为，资产价值是指其直接经济价值，如供给产品价值。不过，大部分学者认为还应该核算自然资源的间接经济价值，包括气候与环境调节、固碳价值等。现有文献常常分开核算土地和其供给产品的价值，如将林地和木材分开核算。不过，分开核算很难避免重复核算问题。对于土地价值核算，由于许多土地常常并不在市场上交易，因此无法用市场价值核算。史丹和胡文龙（2015）主张用农产品产值来核算耕地的价值，但他们的编制实践没有核算土地的间接经济价值。李扬等（2012）使用收益现值法核算耕地价值。这种方法只能核算土地的产品供给价值，无法核算其他生态系统服务价值，因为不能直接估计人类从耕地、草地、林地等获得的生态调节、固碳等"收益"。不过，人类每年从土地上获得的各种生态系统服务"收益"价值可以根据生态系统服务价值评估系列方法得到。通过恢复成本法、机会成本法、显示性偏好法等一系列生态系统服务价值评估方法，科学家们已经能够估计各种土地的生态系统服务价值，包括直接和间接经济价值。现有研究已经可以估算单位面积的每种土地每年生态系统服务的平均价值。其中，Costanza等（2014）估算了各类土地资源的年生态系统服务价值，包括耕地、草地等十余类。谢高地等（2015）在此基础上计算了中国的土地生态系统年服务价值。不过，现有自然资源资产负债表研究中，常常误把生态系统年服务价值直接当成土地价值。

3. 环境价值核算

现有研究一般将环境负债价值定义为环境污染给人类造成的危害价值总和，不过由于人类对许多污染物的认识还不够全面，因此实际上环境污染的危害价值难以核算。于是现有研究一般退而求其次，主张用环境污染物的治理成本来核算环境负债价值。治理成本是指根据现有技术及相应污染物的平均单位处理成本，将当年排放的没有治理的污染物全部治理所需的成本。不过，正如史丹和胡文龙（2015）所言，对各种污染物处理成本的估算具有较大的随意性，估算结果可信性较低。根据现有研究对环境负债的定义，环境负债价值现在并没有更好的核算方法。史丹和胡文龙（2015）指出，更应该核算环境污染治理的机会成本。应该注意到，人类当前对污染物的治理仍然是小规模的，有效治理的污染物只是全部污染物的很小一部分，大规模治理污染物的机会成本无疑将极其高昂。因此，用当前的单位治理成本来估算全部污染物的治理成本存在系统性低估问题。可见，现有研究未能较好地核算环境负债价值。

（四）现有研究评述

综上所述，目前，中国自然资源资产负债表编制仍然处在探索阶段。在探索中，学术界许多学者和团队做出了卓越的理论贡献和实践探索，对于自然资源资产负债表已经取得了一些共识。这些共识包括：第一，一般认为，自然资源资产负债表是借鉴企业资产负债表和国家资产负债表的概念，来呈现一国或地区的资源量。第二，自然资源资产负债表应该是一套既包含实物数量，又包含价值的量表，而且应该遵循先实物、后价值的方式。第三，土地、水和森林是非常重要的且应该核算的资源，它们不仅具有直接经济价值，也具有间接经济价值。第四，自然资源资产负债表中的负债应该包含资源耗减负债和环境负债两部分，应该核算过度利用导致的资源耗减负债以及环境污染造成的环境负债。

不过，现有研究仍然存在以下局限性和不足：

第一，自然资源资产负债表的定义仍不够清晰，特别是对应该核算的资源类别的界定尚不明确，因而不少定义还不得不使用"家底""快照"这样的模糊表达。现有研究常常核算土地（耕地、林地、草地等）、林木、水域、水资源。这样界定可能存在一些问题，如将土地和土地提供的产品并列核算一方面是将存量和流量并列了，或者说将不生不灭的土地与生生不息的产品并列了，另一方面可能导致了重复核算。以林地为例，它的价值主要涉及两个方面：一是提供产品（木材等）；二是调节气候、保持水土、供动物栖息等。这两个方面的价值是相互依存的，且都可以称为广义的生态系统服务。林地的价值应该是从现在到无限的未来期间所有年份生态系统服务价值的净现值。单独核算木材的价值可能并不合理，因为如果砍伐所有森林来获取木材，那么其他价值就无法存在。因此，木材与林地并列核算并不妥当。同理，水资源也不应该与水域并列核算。

第二，现有研究未能较好地理解并清晰合理地界定资源资产、负债和权益。现有研究在核算土地资产时，都未曾考虑土地的质量。不考虑土地质量的面积统计结果将不能准确衡量土地的利用潜力，还会导致价值核算不准确。此外，现有研究都未能合理界定和核算土地负债这个关键概念。现有研究常常把土地面积的减少当作土地负债，并没有考虑过度利用导致土地质量下降及相应的资源供给能力下降这种情况；而且土地面积的减少是资产和权益的减少，是流量而不是存量，不是负债本身。一些研究注意到土地的过度利用是一种负债，但未能明确定义和核算它。现有研究也未能较好地核算环境负债。现有研究一般用环境污染物的治理成本核算环境负债价值，但对各种污染物处理成本的估算具有较大的随意性，估算结果可信性较低。虽然一般都认为环境负债源于矿产资源消耗,但对环境负债和矿产资源的核算方式完全不同,这实际上人为地割裂了环境负债与矿产资源消耗之间的联系,且使得环境负债和矿产资源消耗完全没有可比性,不适合放在同一张核算表格中。

第三,现有自然资源资产负债表中的价值核算方法不够准确。一些研究仅仅核算了土地的直接经济价值,而忽略了土地的间接经济价值。实际上,一些土地的间接经济价值可能大大高于直接经济价值。因此,忽略间接经济价值将导致土地资源价值系统性低估问题,使得自然资源资产负债表编制失去了应有的意义,即促使政府部门和其他经济参与者重视自然资源保护。一些研究将土地的不同价值分开核算,忽视了土地不同用途之间的关联性和不可分割性。因此,分开核算可能造成土地价值的系统性高估问题。一些研究使用农产品产值估算土地价值,但是并没有注意到产品产值中包含的人类劳动贡献部分应该被剔除。一些研究将土地的年服务价值当作土地价值,这类似于将土地的租金当作土地买卖价格,显然是不合适的,这会使得土地破坏的代价被大大低估。在核算矿产资源价值时,现有研究一般直接使用市场价格核算,没有剔除其中的人类劳动贡献部分,因而也存在系统性高估问题。

本文认为,应该重新诠释自然资源资产负债表,对其中的几个关键概念做新的和更合理的界定,使相关概念和理论更加令人信服,这样才能弥合分歧,使自然资源资产负债表被更多地认可和更容易推广。本文认为,可以借鉴生态足迹的思想来理解和编制自然资源资产负债表。下面将介绍生态足迹方法以及它与编制自然资源资产负债表的联系。

二、基于生态方法的改进思路

(一)生态足迹方法简介及其与自然资源资产负债表的联系

1. 生态足迹方法简介

生态足迹这一概念最早由 Rees 于 1992 年提出,他的学生 Wackernagel 和 Rees(1996)随后提出了计算模型,并将其推广应用。人类必须从大自然获取资源才能生存,这些资源都需要土地来供给,或者它们产生的废物需要土地来消化。生态足迹就是生产人类消耗的资源所需的土地面积与消化人类产生的废弃物所需的土地面积之和,它本质上测度的是年产品消耗量。与生态足迹对应的概念是生态承载力,它反映土地的资源供给能力,即可持续的年产品供给量。生态足迹小于生态承载力时,称为生态盈余,表明生态是可持续的;生态足迹大于生态承载力时,称为生态赤字,表明生态是不可持续的。盈余越多,则生态环境越好;赤字越多,则生态环境越恶劣。

生态足迹方法的精髓和优势是将不同类型的土地换算成以"全球公顷"为单位的、可比较的土地,从而可以量化和加总人类消费的生态系统服务和生态系统服务的供给,而其他方式只能分开独立核算。生态足迹方法使用土地的相对生产能力大小来对各种土地进行权重调整。例如,由于耕地是世界上最肥沃的土地,其单位面积能够提供的生物资源(可用卡路里表示)是最多的,因而其权重最大;而草地相对林地和耕地而言,其肥沃程度是最低的,因而权重最小。这个权重称之为等价因子,为了便于计算,将全球土地的平均生物生产能力设定为1。那么,比这个平均生产能力更高的土地,其权重就大于1;反之,则权重小于1。在计算一国/地区土地承载力时,需要对权重进行调整,这个权重称之为产量因子。一种类型土地的产量因子大小取决于该国这种土地的肥沃程度相对世界上这种土地的平均肥沃程度的大小。例如,如果中国的耕地相对世界耕地的平均水平而言更肥沃,那么,一单位中国的耕地的生物供给能力就更高,生态承载力就更高,因而必须赋予一个大于1的权重。通过等价因子和产量因子的调整,就可以把人类(或一国、一地区)的资源索取总量、废物排放总量和实际土地总量都换算成以"全球公顷"为单位的土地面积。

尽管受到一些批评,但生态足迹方法一直在

改进与完善中，并得到了学术界越来越多的认可和应用。历次改进使得该方法的理论基础更加牢固、数据来源更加可靠、结果更加精确可信。Wackernagel等（1997，1999）最早测算了一些发达国家的生态足迹和生态承载力，徐中民等（2000）、Yang和Hu（2018）等则基于生态足迹方法评估了中国一些地区的生态状况。

2. 生态足迹与自然资源资产/负债的联系

笔者也利用生态足迹法测度了中国和各省级地区的生态环境压力和资源利用效率，且提出了借鉴生态足迹方法的思想编制自然资源资产负债表的设想，但当时只是提出可以借鉴生态足迹的思想加总各种土地资源，并没有提出详细方案。

Mancini等（2017，2018）与笔者不谋而合，也阐述了利用生态足迹思想评估生态系统服务价值的可能，而评估生态系统服务的价值正是编制自然资源资产负债表的内容之一。Mancini等（2017，2018）认为，生态足迹可以看作是生态资产需求，而生态承载力可以看作是可获取的生态资产，即前者类似于会计核算中的总资产，后者类似于所有者权益。生态系统服务就是生态资产提供的服务，年生态系统服务的价值就相当于生态资产的租金。因此，很容易通过生态系统服务价值推算生态资产价值。可见，生态足迹思想与自然资源资产负债表确实可能联系起来。

当然，生态足迹与自然资源资产是有差别的。第一，生态足迹和生态承载力本质上核算的是流量而不是存量，而自然资源资产负债表核算的是存量。第二，生态足迹核算的是自然资产的服务量，而不是价值，也无法计算资源价值，而自然资源资产负债表需要核算数量和价值。第三，生态足迹方法只核算二氧化碳而不涉及其他排放物，但造成环境负债的显然不止二氧化碳这一种废弃物；生态足迹也不涉及矿产资源。

但是，生态足迹法与编制自然资源资产负债表又是密切联系的。第一，虽然生态足迹和生态承载力本质上核算的是流量，但衡量它们的都是"土地面积"，而土地面积就是存量。而且，生态承载力是根据土地的年最大可持续产品供给量计算的，是土地的生态系统服务能力，因此，它相当于土地资产的服务流。第二，自然资产服务流量的价值做净现值处理后就可以视为资源存量的价值。Mancini等（2018）利用全球200多个国家的数据发现，林地的承载力与其生态系统服务价值高度正相关，这说明利用生态足迹思想核算资源资产的价值是可行的。第三，既然生态足迹只涉及一种排放物，也不涉及矿产，那么核算矿产资源和环境负债时不用生态足迹方法即可。

因此，生态足迹法应用于自然资源资产负债表编制具有可行性。将生态足迹方法应用于自然资源资产负债表编制的优势在于核算土地的资产、负债和权益。现有研究在核算土地权益时只能简单核算其面积，无法将其质量指标纳入进来；此外，现有研究难以核算土地过度利用导致的资源耗减负债。引入生态足迹方法后将有望解决这些问题，下文将对此做详细阐述。

（二）改进的编制思路

1. 重新界定自然资源资产负债表

本文认为，应该将自然资源资产负债表定义为一套综合核算某一时点自然资源数量和价值的量表。强调"某一时点"能够较大程度上避免核算过程中存量与流量的混淆。首先，应该从资源的用途重要性、是否具有自然和存量属性、是否可度量的角度，确定无须核算取之不尽的可再生资源（如太阳能等）以及用途或价值较低的资源（如沙漠等）；其次，从资源之间依存关系的角度，明确哪些是重复核算和难以分开核算的资源（如林地和林木、水和水域等）。因此，本文认为应该将核算的资源类别确定为土地和矿产两大类，其中土地包括耕地、林地、草地、湿地和水域，矿产包括能源矿产和非能源矿产，共七类。这种界定避免了资源或其价值重复核算问题。水域也被纳入到土地资源中，因为水域可以理解为储存水的土地，包括江河、湖泊、水库等。水域的价值在于储存水资源，水资源的价值体现在土地以及水产品中，故不重复核算。七类资源及其主要用途如表1所示。

表 1　七类资源及主要用途

土地					矿产	
耕地	林地	草地	湿地	水域	能源矿产（煤、石油、天然气）	非能源矿产（各种）
供给农产品和其他生态系统服务	供给木材和其他生态系统服务	供给肉类产品和其他生态系统服务	供给生态系统服务	直接使用、供给鱼类产品和其他生态系统服务	提供能源	提供原材料

本文将水域视为广义的土地资源，且不单独核算水资源。原因和理由如下：将水域也视为土地资源，是因为水域可以理解为储存水的土地，包括江河、湖泊、水库等，其价值在于储水。储存在江河湖泊中的水的价值主要体现在两个方面：一是直接供给人类使用；二是生态功能，包括动植物资源供给、净化环境、气候调节等。将水域和水资源分开核算的难题或不合理之处在于：第一，水域与水的关系就像皮与毛的关系，皮之不存毛将焉附？且各地区水资源的多寡也在一定程度上取决于该地区的储水能力。水的价值已经体现在各种水生资源中，分开核算很难避免重复。第二，许多关于水的统计是流量而不是存量，而资产和负债是要统计存量。水资源量更难统计，各地区也可能会重复统计水资源。第三，水资源的价值也已经体现在耕地、林地、草地、湿地的价值中，因为水资源的多寡会影响这些土地的资源供给和其他生态系统服务功能。第四，水域的生态系统服务价值中已经包含水资源的直接使用功能和生态功能。因此，将水资源与水域并列核算并不合理，不直接核算水资源具有合理性。不单独核算木材与不单独核算水资源的原因完全类似。

明确了两大类资源后，就可以分别定义两类资源的资产、权益和负债。人类对土地的利用或需求可能超过其固有的供给能力，这种过度需求将导致土地退化和耗减。例如，耕地的过度利用可能导致耕地功能下降，即未来供给能力下降。这相当于"从未来借来了一些土地供给"。因此，可以将土地负债定义为对土地的需求超过其固有供给能力的部分；相应地，可以将土地权益定义为土地的固有供给能力，将土地资产定义为对土地的需求（或土地的实际供给）。这种界定使得土地的资产、负债和所有者权益都有了清晰合理的含义，也使得对于土地而言，"资产 = 负债 + 所有者权益"这一恒等式自然而然成立。同时，在这种定义中，土地的权益实际上取决于土地的面积和质量两个方面，土地过度利用造成的负债会影响未来的土地权益。而且，这三个概念都清楚的是存量而不是流量。对于矿产而言，其权益概念较好理解，可定义为可用的矿产资源。矿产负债的概念则较难理解。应注意到，矿产资源是非可再生资源，因此，消耗的矿产资源可理解为人类从大自然"借来"的资源（归还时间在无限的未来），记为矿产负债。那么，相应地，矿产资产就是已消耗的和尚存的矿产资源之和。这些定义使得几个重要概念都能够被核算，且符合会计学原理。

2. 土地资产、权益和负债的核算方法改进思路

本文认为可以将土地资产、权益和负债分别定义为对土地的需求、土地的固有供给能力和对土地的需求超过其固有供给能力的部分。这三个定义非常类似于生态足迹方法中对生态足迹、生态承载力和生态赤字的定义。尽管生态足迹方法核算的是人类每年的资源消耗量以及土地每年的可持续供给量，即是土地服务流量而不是土地存量本身，但生态足迹法也是以"土地面积"来核算人类的资源消耗需求和土地的供给能力，其单位是"全球公顷"，可以理解为标准供给当量。因而，生态足迹方法中的三个概念与土地的资产、所有者权益和负债正好是一一对应的。因此，本文认为，可以使用土地的生态足迹、生态承载力、生态赤字分别核算土地资产、所有者权益和负债数量。这种衡量方式使得土地核算结果中能够体现土地质量，因为当土地质量下降时，土地权益也将下降。而且，这种界定使得土地资产、负债和所有者权益三者自然符合"资产=负债+所有者权益"这一会计恒等式。各概念之间的对应关系可用图1表示。

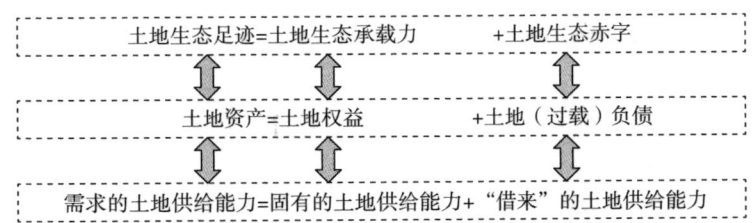

图1 理解与核算土地资产、权益、负债的思路

本文开创性地将生态足迹、生态承载力和生态赤字三个概念分别与土地的资产、所有者权益和负债一一对应起来，这使得土地负债的核算成为可能，且使得土地权益核算能同时考虑质量和面积。这种联系在逻辑上是合理的。土地（过载）负债相当于人类"从未来借来"的土地，或者"借了"土地未来的资源供给潜力。土地过度利用被视为负债是因为过度利用土地相当于是透支了土地当下的供给能力。土地资产是所需的土地，权益是现有的土地，负债是"从未来借来"的土地。生态足迹是从土地实际获得的供给，生态承载力是土地固有的供给能力，生态赤字是"从未来借来"的土地供给能力。土地过载负债和生态赤字相当于人类承诺的在无限的未来"付给"大自然的一笔生态账。这两套概念是对应的。第一，生态足迹方法在加总土地时，考虑了土地的面积和质量，这与自然资源资产负债表的要求如出一辙。第二，尽管生态足迹核算的是流量，但衡量流量的是所需或所供的土地面积，而土地面积就是存量，因此两套概念可以对应起来。第三，尽管生态足迹方法只涉及土地的资源供给服务，但现有研究已证明，土地生态承载力（即资源供给能力）与总的生态系统服务价值是高度相关的，而土地年服务流量的价值做净现值处理后就可以视为土地的价值，因此利用生态承载力估算土地权益价值是可行的。第四，生态足迹方法已经得到了世界范围内的广泛应用和认可。

此外，本文将环境负债定义为矿产资源消耗量（也视作矿产负债），相应地将矿产权益定义为矿产剩余探明储量，将矿产资产定义为矿产消耗量和剩余探明储量之和。其可行性和合理性在于：第一，环境污染物（环境负债）绝大部分是在人类利用矿产资源时产生的，而污染物数量难以统计，因此，用污染物的数量作为环境负债数量存在难题。第二，更重要的是，污染物造成的全部危害难以准确核算，人类对许多污染物危害的认识还远远不够，因此，用污染治理成本或环境污染造成的危害作为环境负债价值也存在难题。第三，矿产资源是非可再生资源，根据物质守恒原理，将环境负债定义为消耗的矿产资源就可以使得矿产资源核算自然地符合"资产=所有者权益+负债"这一会计学原理。这种衡量方法使得环境负债不会被系统性低估。理解与核算矿产或环境资产、权益和负债的思路如图2所示。

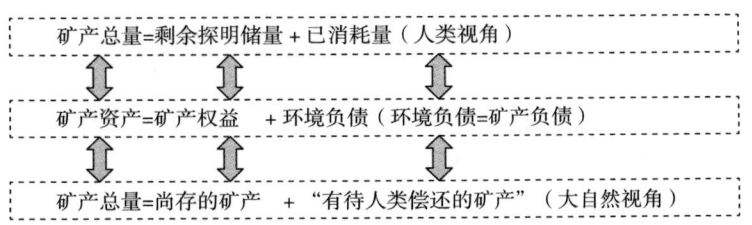

图2 理解与核算矿产或环境资产、权益和负债的思路

土地和矿产资源的数量核算方式见表2。

表2 七类资源的权益、负债及资产数量核算方法

资源	所有者权益 （1）	负债 （2）	资产 （3）=（1）+（2）
耕地	耕地生态承载力	耕地生态赤字	耕地生态足迹
林地	林地生态承载力	林地生态赤字	林地生态足迹
草地	草地生态承载力	草地生态赤字	草地生态足迹
水域	水域生态承载力	水域生态赤字	水域生态足迹
湿地	直接用面积表示	0	直接用面积表示
能源矿产	剩余探明储量	累计消耗量	剩余探明储量与累计消耗量之和
非能源矿产	剩余探明储量	累计消耗量	剩余探明储量与累计消耗量之和

对表2的必要说明如下：①除湿地外，其他四种土地都根据面积和质量加权累计，计算过程中需要用到生态足迹方法中的产量因子和等价因子；湿地并不在生态足迹方法的考虑范围，故假设其赤字为0，只简单核算其面积，单位为公顷。②生态赤字=生态足迹-生态承载力，不过当生态承载力大于生态足迹时，应该将土地负债（本文称之为土地过载负债）记为0。土地生态足迹、生态承载力和生态赤字的单位都是"全球公顷"，其中生态承载力相当于以土地质量为权重的土地面积加总。③各种土地的生态足迹都根据当地相关产品的实际产量计算，而不根据当地的消费量计算；通常，二氧化碳足迹在生态足迹核算中被计入林地足迹，但在核算自然资源资产负债表中并不需要这么做。④矿产的剩余探明储量一般是核算当年年底时刻的剩余探明储量，累计消耗量是指当年以及之前年份的全部消耗量，因此必须设定一个初始年份才能核算两者。但初始年份选择并不重要，因为对于环境负债而言，增量比总量更有参考意义。能源矿产可以折合成标准油当量，各种非能源矿产则只能分别列示。

还需要说明的是，在自然资源资产负债表中，应该重点分析权益和负债项及其变化量，即各指标在前后两个时点的变化量。本文的核算方式避免了存量与流量并列的问题，因此需要通过两个时点的两张自然资源资产负债表的比较来反映流量。土地权益数量反映了土地的资源供给潜力，土地过载负债数量项则反映了当前的过度利用程度及权益项的未来趋势。矿产权益数量反映了可供未来利用的矿产资源，矿产负债增量（即环境负债增量）反映了矿产消耗及对环境的压力情况。此外，这些数量指标还可以与人口、产出等指标结合使用。人均指标能更好地反映资源稀缺程度，而结合产出则能显示资源的利用效率以及经济发展质量。

3. 价值核算方法改进思路

核算土地资产、权益和负债价值时，可以将生态足迹方法、收益现值法与生态系统价值评估方法结合起来使用。首先核算每单位（即表2中土地数量的单位"全球公顷"）各种土地的价值，再根据单价和数量核算其总价值。第一步，明确土地相关用途和价值的关联性，确定每种土地的各种价值整体核算而不是分开核算的原则；第二步，确定将生态系统服务价值（指每年所提供服务的价值）的净现值视作土地单价的基准方法（即收益现值法）；第三步，根据所核算地区每种土地的等价因子以及现有生态系统服务价值的估算结果计算该地区各种土地的单价。此外，也可以根据该地区的耕地年产值估算耕地价值（也是收益现值法），用于佐证或校准基准方法的结果。基准方法中，每"全球公顷"土地 X（X代表耕地、林地、草地、水域）的价格计算公式为：

$$V_X = \frac{P_X}{EQF_X} \cdot \sum_n \left[\frac{1}{1+r} + \frac{1}{(1+r)^2} + \cdots + \frac{1}{(1+r)^n} + \cdots \right] = \frac{P_X}{r \cdot EQF_X} \quad (1)$$

其中，P_X是现有研究计算的全球平均的每公顷X的年生态系统服务价值；EQF_X是X的等价因子；r是贴现率；$\frac{P_X}{EQF_X}$是每"全球公顷"X的年服务价值；V_X是净现值，视作每"全球公顷"土地X的价值。生态足迹方法不涉及湿地，故本文假设所核算地区单位湿地的年服务价值与全球平均水平相同，则每公顷湿地的价值是P_X/r。

根据收益现值法，每"全球公顷"耕地的价值还可以按如下方式计算：

$$V'_A = \frac{V_{products}}{EF_A} \cdot \alpha \cdot \tau \cdot \frac{1}{r} \qquad (2)$$

其中，V'_A 是新方法估算出的一个地区耕地所有者权益价值；EF_A 是该地区的耕地生态足迹；$V_{products}$ 是该地区耕地当年提供的全部农产品产值；α 是耕地租金率，即土地在产品价值中的贡献率，一般设定为 40%，即产值中的人类贡献占 60%，土地的贡献为 40%；τ 是耕地全部服务价值与产品供给服务价值之比，一般设定为 3~4。该方法得出的结果更准确，可以用来佐证或校准基准方法的结果（该方法不太适合其他土地）。

注意：若定义耕地生态承载力 BC_A，则根据式（2）可知，耕地权益价值为 $\left(V_{products} \cdot \frac{BC_A}{EF_A} \cdot \alpha \cdot \tau\right)/r$。其中，$V_{products} \cdot \frac{BC_A}{EF_A}$ 是耕地每年的可持续产品供给价值，其中暗含的含义是耕地可能被过度利用，也可能未能得到有效利用，因此不适合直接用当年的产量计算耕地的权益价值。

需要指出的是，各种土地供给的产品的市场价格中都包含了人类劳动的贡献，而人类劳动的价值不应视为土地的贡献，故在计算土地相关价值时，应该剔除人类贡献部分，否则会造成土地相关价值的系统性高估问题。

利用土地生态系统年服务（收益流）价值估算土地价值，这将避免分开核算直接和间接经济价值时的系统性高估问题。这种方法的可行性在于：第一，利用收益现值法核算资产价值是广为接受的方法之一。第二，Costanza 等（2014）已经估算了全球平均的每公顷各种土地的生态系统服务价值（包括直接和间接经济价值），其估计结果做一些必要的换算即可用于中国。在核算出各种土地的数量之后（单位是"全球公顷"），就需要核算每"全球公顷"各种土地的价值。Costanza 等（2014）估计的是全球平均水平的每公顷各种土地的生态系统年服务价值，注意到全球平均水平的每公顷各种土地与每"全球公顷"土地两者的资源供给能力之比就是各种土地的等价因子；资源供给能力决定生态承载力，而生态承载力与生态系统年服务价值高度正相关。因此，Costanza 等（2014）计算的结果分别除以每种土地的等价因子，就是每"全球公顷"各种土地的生态系统服务价值，该价值做净现值处理后可视为每"全球公顷"土地的价值。因此，利用生态系统服务价值估算土地价值是可行的。

需要指出的是，Costanza 等（2014）核算的土地生态系统服务价值包含了土地提供的产品和服务的价值，这些价值的估算是以已有研究的平均估计结果为基础。已有研究在计算产品价值时主要采用市场价格法；而对于环境权益和负债价值，由于它并不在市场中交易，故已有研究采用的是特征价格法、意愿调查法、修复成本法、旅行费用法等。这些方法在环境经济学中广为应用，故此处不再赘述。

矿产或环境三种价值的核算方法。由于本文将已消耗的矿产数量视为环境负债数量，故矿产权益、环境负债和矿产资产三个指标的数量单位是一致的，因此其价值估算方式也是一致的。矿产或环境的相关价值核算方法相对简单，即运用市场价格法并剔除人类贡献部分即可。矿产资源市场价格中也包含了人类劳动的贡献，因此也应予以剔除。于是，矿产资源的价值计算公式如下：

$$V_{Mi} = P_{Mi} \cdot Q_{Mi} \cdot \alpha \qquad (3)$$

其中，P_{Mi} 为矿产资源 i 的市场价格，Q_{Mi} 为矿产资源 i 的数量；α 是租金率。如果 Q_{Mi} 是矿产权益，则 V_{Mi} 就是权益价值；如果 Q_{Mi} 是环境负债，则 V_{Mi} 就是环境负债价值；如果 Q_{Mi} 是矿产资产，则 V_{Mi} 就是资产价值。

用改进的市场价格法核算矿产或环境三种价值的最大好处是避免环境负债价值核算的随意性——因为环境污染的全部危害难以统计，大部分污染物也未能实际治理，因而使用治理成本来估算环境成本存在系统性偏误。

三、总结

鉴于目前自然资源资产负债表研究存在的问

题以及现有理论和方法均未得到广泛认可这一事实，本文认为其基础理论和方法都尚不成熟，非常有必要另辟蹊径，重新诠释自然资产负债表的相关概念，并引入新的核算方法。本文认为，引入生态足迹方法，可以使自然资源资产负债表中的资产、负债和权益概念更加清晰易懂，并使得资源的数量核算和价值核算方法更加科学，结果更加可信。

第一，本文认为，可以将自然资源资产负债表定义为一套综合核算某一时点自然资源数量和价值的量表。受生态足迹方法启发，本文认为，应该核算土地而不核算土地上的产品。可以将核算的资源类别界定为陆地上的土地和地下的矿产两大类，具体为耕地、林地、草地、湿地、水域、能源矿产和非能源矿产七小类，这可以很大程度上避免现有研究中的重复核算问题。

第二，本文认为，可以将生态足迹方法引入土地资源核算中，将土地资产、所有者权益、负债（数量）分别与土地生态足迹、生态承载力、生态赤字对应起来，使得核算土地时能够同时考虑土地面积和质量；可以用已消耗的矿产资源衡量环境负债，避免环境负债的系统性低估问题。此外，这两种衡量方式将使自然资源资产负债表中资产、负债和权益的概念更加清晰易懂，且自然地符合"资产=负债+所有者权益"这一会计学原理。同时，这种核算方式也将避免核算过程中流量与存量的混淆问题。

第三，本文认为，可以将生态足迹方法、收益现值法和生态系统服务价值评估方法结合起来，应用于土地价值核算，更准确地核算土地资产（权益和负债）价值以避免系统性偏误问题；用改进的市场价格法核算矿产或环境的三种价值，避免环境负债价值核算的随意性。

将生态足迹方法引入自然资源资产负债表编制中是一次大胆的尝试和创新，当然它有待实践的检验。将该方法付诸实践正是本文的后续研究工作。此外，由自然资源资产负债表的概念可以推知，它涉及资源数量、资源价值、生态环境质量、生态环境价值等的统计、核算与应用，将会涉及环境经济学、生态经济学、会计学、审计学、统计学领域，因此自然资源资产负债表编制将促成这些学科的融合发展。自然资源资产负债表的编制将涉及自然资源部、生态环境部、水利部、审计署、统计局等部门或国务院直属机构，因此编制自然资源资产负债表将涉及这些部门之间的协调合作，可能需要和导致一些管理制度方面的创新和改革。

参考文献

[1] 边晶莹, 赵奎涛, 沈镭等. 自然资源资产负债表的编制难点分析 [J]. 中国矿业, 2018, 27 (8): 38 - 41.

[2] 杜文鹏, 闫慧敏, 杨艳昭. 自然资源资产负债表研究进展综述 [J]. 资源科学, 2018, 40 (5): 875 - 887.

[3] 耿建新, 胡天雨, 刘祝君. 我国国家资产负债表与自然资源资产负债表的编制与运用初探——以 SNA 2008 和 SEEA 2012 为线索的分析 [J]. 会计研究, 2015 (1): 15 - 24.

[4] 谷树忠. 自然资源资产及其负债表编制与审计 [J]. 中国环境管理, 2016, 8 (1): 30 - 33.

[5] 史丹, 胡文龙. 自然资源资产负债表编制探索 [M]. 北京: 经济管理出版社, 2015.

[6] 盛明泉, 姚智毅. 基于政府视角的自然资源资产负债表编制探讨 [J]. 审计与经济研究, 2017, 32 (1): 1 - 9.

[7] 封志明, 杨艳昭, 闫慧敏等. 自然资源资产负债表编制的若干基本问题 [J]. 资源科学, 2017, 39 (9): 1615 - 1627.

[8] 封志明, 杨艳昭, 陈玥. 国家资产负债表研究进展及其对自然资源资产负债表编制的启示 [J]. 资源科学, 2015, 37 (9): 1685 - 1691.

[9] 耿建新. 我国自然资源资产负债表的编制与运用探讨——基于自然资源资产离任审计的角度 [J]. 中国内部审计, 2014 (9): 15 - 22.

[10] 陈玥, 杨艳昭, 闫慧敏等. 自然资源核算进展及其对自然资源资产负债表编制的启示 [J]. 资源科学, 2015, 37 (9): 1716 - 1724.

[11] 谷树忠, 李维明. 从自然资源核算到自然资源资产负债表 [N]. 中国经济时报, 2015 - 11 - 20 (014).

[12] 孔含笑,沈镭,钟帅等. 关于自然资源核算的研究进展与争议问题[J]. 自然资源学报, 2016, 31 (3): 363-376.

[13] 闫慧敏,封志明,杨艳昭等. 湖州/安吉:全国首张市/县自然资源资产负债表编制[J]. 资源科学, 2017, 39 (9): 1634-1645.

[14] 封志明,杨艳昭,李鹏. 从自然资源核算到自然资源资产负债表编制[J]. 中国科学院院刊, 2014 (7): 449-456.

[15] 江东,付晶莹,封志明等. 自然资源资产负债表编制系统研究[J]. 资源科学, 2017, 39 (9): 1628-1633.

[16] 杨艳昭,封志明,闫慧敏等. 自然资源资产负债表编制的"承德模式"[J]. 资源科学, 2017, 39 (9): 1646-1657.

[17] 焦志倩,王红瑞,许新宜等. 自然资源资产负债表编制设计及应用[J]. 自然资源学报, 2018, 33 (10): 1706-1724.

[18] 张卫民,王会,郭静静. 自然资源资产负债表编制目标及核算框架[J]. 环境保护, 2018, 46 (11): 39-42.

[19] 耿建新,范长有,唐洁珑. 从国家自然资源核算体系到企业自然资源资产披露——基于石油资产平衡表的探讨[J]. 会计研究, 2017 (1): 5-14.

[20] 耿建新,李志坚,胡天雨等. 自然资源资产平衡表的实践探索——以宁夏永宁的报表编制为例[J]. 会计之友, 2017 (5): 9-25.

[21] 沈镭,钟帅,何利等. 复式记账下的自然资源核算与资产负债表编制框架研究[J]. 自然资源学报, 2018, 33 (10): 1675-1685.

[22] 胡文龙,王蕾. 我国探索编制自然资源资产负债表的挑战及对策[J]. 环境保护, 2017, 45 (11): 23-26.

[23] 徐素波,张山,陈丽芬. 自然资源资产负债表编制探析[J]. 财会月刊, 2019 (1): 79-85.

[24] 黄溶冰,赵谦. 自然资源核算——从账户到资产负债表:演进与启示[J]. 财经理论与实践, 2015 (1): 74-77.

[25] 薛智超,闫慧敏,杜文鹏等. 自然资源资产负债表编制中土地资源过耗负债的核算方法研究[J]. 资源科学, 2018, 40 (5): 919-928.

[26] 耿建新,刘尚睿,吕晓敏. 土地自然资源资产负债表与自然资源资产离任审计——基于土地资源承载能力[J]. 财会月刊, 2018 (18): 113-123.

[27] 张晓晶,刘磊. 新时代编制自然资源资产负债表的重点难点[J]. 城市与环境研究, 2018 (1): 3-20.

[28] 刘向敏. 关于自然资源资产负债表编制中土地资源核算的思考[J]. 中国国土资源经济, 2018 (4): 36-40.

[29] 薛智超,闫慧敏,杨艳昭等. 自然资源资产负债表编制中土地资源核算体系设计与实证[J]. 资源科学, 2015, 37 (9): 1725-1731.

[30] 吴琼,马国霞,高阳等. 自然资源资产负债表编制中的环境成本核算及实证研究——以湖州市为例[J]. 资源科学, 2018, 40 (5): 936-945.

[31] 胡文龙,史丹. 中国自然资源资产负债表框架体系研究[J]. 中国人口·资源与环境, 2015 (8): 1-9.

[32] 姚霖. 论自然资源资产负债表编制的"三瓶颈"——基于自然资源资产负债表国家试点调研[J]. 财会月刊, 2016 (34): 6-9.

[33] 姚霖. 自然资源资产负债表基本概念释义[J]. 国土资源情报, 2017 (2): 25-31.

[34] 孙玥璠,徐灿宇. 自然资源资产生态系统服务价值评估方法探究[J]. 经济研究参考, 2016 (44): 103-108.

[35] 李扬,张晓晶,常欣等. 中国主权资产负债表及其风险评估[J]. 经济研究, 2012 (6): 4-19.

[36] Batabyal A. A., Nijkamp P. Research tools in natural resource and environmental economics [M]. Singapore: World Scientific Publishing, 2011.

[37] Costanza R., Darge R., Groot R., et al. The value of the world's ecosystem services and natural capital [J]. World Environment, 1997, 387 (6630): 253-260.

[38] Costanza R., Darge P., Groot P., et al. Changes in the global value of ecosystem services [J]. Global Environmental Change, 2014 (26): 152-158.

[39] Batker D., Swedeen P., Costanza R., et al. A new view of the Puget Sound economy: The economic value of nature's services in the Puget Sound Basin [R]. Tacoma: Earth Economics, 2008.

[40] Groot R., Brander L., Sander V. D. P., et al. Global estimates of the value of ecosystems and their ervices in monetary units [J]. Ecosystem Services, 2012, 1 (1): 50-61.

[41] 谢高地, 张彩霞, 张雷明. 基于单位面积价值当量因子的生态系统服务价值化方法改进 [J]. 自然资源学报, 2015 (8): 1243-1254.

[42] Wackernagel M., Rees W. E. Our Ecological Footprint: Reducing human impact on the Earth [M]. Gabriola Island: New Society Publishers, 1996.

[43] Galli A., Kitzes J., Niccolucci V., et al. An exploration of the mathematics behind the ecological footprint [J]. International Journal of Ecodynamics, 2007, 2 (4): 250-257.

[44] Borucke M., Moore D., Cranston G., et al. Accounting for demand and supply of the biosphere's regenerative capacity: The national footprint accounts' underlying methodology and framework [J]. Ecological Indicators, 2013 (24): 518-533.

[45] Yang Y., Hu D. Natural capital utilization based on a three-dimensional ecological footprint model: A case study in northern Shaanxi, China [J]. Ecological Indicators, 2018 (87): 178-188.

[46] Wackernagel M., Onisto L., Linares A. C., et al. Ecological footprints of nations: How much nature do they use? How much nature do they have? [C]. Toronto: International Council for Local Environmental Initiatives, 1997.

[47] Wackernagel M., Onisto L., Bello P., et al. National natural capital accounting with the ecological footprint concept [J]. Ecological Economics, 1999 (29): 375-390.

[48] 徐中民, 张志强, 程国栋. 甘肃省1998年生态足迹计算与分析 [J]. 地理学报, 2000 (5): 607-616.

[49] 王俊杰. 中国省级生态压力与生态效率综合评价——基于生态足迹方法 [J]. 当代财经, 2016 (8): 3-15.

[50] 史丹, 王俊杰. 基于生态足迹的中国生态压力与生态效率测度与评价 [J]. 中国工业经济, 2016 (5): 5-21.

[51] Mancini M. S., Galli A., Niccolucci V., et al. Stocks and flows of natural capital: Implications for ecological footprint [J]. Ecological Indicators, 2017 (77): 123-128.

[52] Mancini M. S., Galli A., Coscieme L., et al. Exploring ecosystem services assessment through ecological footprint accounting [J]. Ecosystem Services, 2018 (30): 211-219.

Research Status, Literature Review and Improvement Direction of the Natural Resource Balance Sheet

Shi Dan Wang Junjie

Abstract: The concept of natural resource balance sheet (NRBS) is an important theoretical and institutional innovation of China, but there are still some problems and controversies in the study of it. For example, there is no consensus on the resource categories in the NRBS, the definitions of assets, liabilities and equity are not clear, and the value accounting is still inaccurate. In addition, the practice of compiling the NRBS has also been slow. This paper holds that the basic theory and method of NRBS are still immature, so it is necessary to reinterpret the concept of NRBS, and introduce new accounting methods to make the concepts of assets, liabilities and equity clearer, the quantity and value accounting methods more scientific. Therefore, this paper hold that we can draw on the idea of ecological footprint and make improvements from the following three aspects: First, the resource categories could be defined as seven categories of cultivated land, forest land, grassland, wetland, waters, energy minerals and non-energy minerals to avoid double accounting problem. Second, to further clarify the meaning of assets, liabilities and equity of land and mineral resources, ecological footprint method could be introduced to measure land assets, land equity and land (overload) liabilities by ecological footprint, ecological capacity and ecological deficit of land. This could make it possible to account land overload liabilities and to consider both land area and quality while accounting land equity. Environment liabilities could be measured by mineral resources consumed to avoid systematic biases in the value accounting of environment liabilities. Third, the ecological footprint method and the ecosystem service value assessment method could be combined to estimate the value of the assets, liabilities and equity of land to avoid systematic bias in the estimation of land value. The improved market price method could be used to calculate the three values of minerals or environment, so as to avoid the arbitrariness of environment liabilities value accounting. We believe that introduction of the ecological footprint approach could make the concepts of assets, liabilities and equity in the NRBS clearer and more understandable, and make the quantity and value accounting methods more scientific and the results more credible.

Key Words: Natural Resource Balance Sheet; Quantity Accounting; Value Accounting; Land; Minerals; Ecological Footprint

贫困地区的包容性绿色增长何以可能？
——基于江西省信丰脐橙产业的案例

陈素梅 李 钢

摘 要：在2020年中国即将消除绝对贫困的历史性时刻，本文以江西省信丰脐橙产业为例，阐述了贫困地区包容性绿色增长的实现机制和路径。研究发现，贫困地区可以依托绿色资源实现包容性绿色增长。从实现机制上，"资源—经济价值—减贫—资源再投资"的良性循环确保可持续的包容性绿色增长。从实践模式上，实现资源跨界集约化配置与确保农户与现代经营主体利益共享、风险共担是实现包容性绿色增长的关键因素。就前者而言，包括科技创新引领产业绿色转型、一二三产业融合开辟增收新渠道、借助电子商务平台延伸产业布局三种形式；就后者而言，表现为建立多元化利益联结机制。本文结论对我国贫困地区以及其他发展中国家推进包容性绿色增长具有重要的政策启示。

关键字：包容性绿色增长；产业融合；利益联结机制

一、引言

改革开放以来，中国经济持续快速增长，反贫困斗争取得巨大的胜利。与此同时，我国社会主要矛盾已转化为人民日益增长的美好生活需要和不平衡不充分的发展之间的矛盾，仍面临着发展不平衡不充分、收入分配差距较大、生态环境保护任重道远等突出问题。实质上，这些问题的出现可以归因于传统经济增长方式的"不绿色"、"不包容"和"不可持续"，这也是当今世界各国都不得不面对的发展难题。基于此，包容性绿色增长作为一种新型经济增长方式，已成为世界银行和经济合作与发展组织等国际机构推进经济、环境与社会协调可持续发展的核心理念，并受到世界各国的广泛认可。作为世界上最大的发展中国家，中国政府坚持以人民为中心的发展思想和环保优先的发展理念，明确提出以创新、协调、绿色、开放、共享的发展理念为指引，致力于促进包容性绿色增长。2020年，我国即将向全世界庄严宣告在现有标准下所有农村人口实现脱贫，从整体上消除了绝对贫困。在这一历史性时刻，从理论和实践两个层面总结归纳贫困地区切实可行的包容性绿色增长路径已成为我国新时代高质量发展中无法回避的重要问题之一，也有助于为世界包容性绿色增长提供"中国方案"。

自2012年"里约+20"峰会首次提出包容性绿色增长以来，国内外学界在实现路径的探讨上已有不少，大多从宏观和微观两个层面展开。宏观层面上，Fay[1]阐释了物质资本、人力资本与自然资本对包容性绿色增长的重要意义，指出物质资本是绿色经济增长的支柱，人力资本是创造就业促进社会公平、提高劳动生产率的重要工具，自然资本是可持续发展的重要来源。在微观层面，

---

* 本文发表在《企业经济》2020年第12期。

［作者简介］陈素梅，中国社会科学院工业经济研究所助理研究员、博士；李钢，中国社会科学院工业经济研究所研究员、博士后导师、博士。

中小企业具有较小的生态足迹，创造了大量就业岗位，从而成为包容性绿色增长的重要推动者;[2]绿色减贫是通过产业绿色化和绿色产业化促进贫困地区发展、实现贫困人口脱贫的重要手段[3]，是促进包容性绿色增长的重要途径和具体形式。就绿色减贫的机理和实践等问题，学术界已广泛开始探讨。雷明[4]结合"绿水青山就是金山银山"理念，指出通过帮助贫困群体形成造血机制和将资源向资本和财富的绿色转化机制，能够实现可持续减贫和绿色发展的共赢。张琦和冯丹萌[5]、万君和张琦[6]对近几年绿色减贫的理论和实践创新进行了梳理，为今后中国乃至全球可持续发展提供了一定的经验和启示；黄承伟和周晶[7]、郑新业和张阳阳[8]分别以贵州省石漠化草场畜牧业、革命老区新县的实践为例，总结出绿色减贫的成功模式。

总的来看，包容性绿色增长理论与实践仍处于探索阶段。就目前我国社会主要矛盾来看，包容性绿色增长是新时代背景下的必然选择。现有关于包容性绿色增长模式的进一步细化和实施路径研究还有待提升和加强。由于我国贫困地区与国家重点生态功能区高度交叠，即使2020年后农村贫困人口全部脱贫后仍是低收入群体，经济增长的包容性不高，剖析贫困地区包容型绿色增长路径将变得至关重要。而大部分贫困地区都是农村，增强发展包容性最直接的产业就是农业。江西省信丰县作为赣南脐橙的发源地、著名的"中国脐橙之乡"，有效探索出脐橙产业高质量发展及产业脱贫攻坚新路径，成为赣南脐橙产业高质量发展的标杆，发展经验具有复制推广价值。因此，本文在理论阐述包容性绿色增长内在机理的基础上，将江西省信丰县脐橙产业发展实践放在包容性绿色增长的视角去审视，阐述其实现机制和实践路径，总结经验并深化理论，更好地助推我国包容性绿色增长，也为其他发展中国家减贫提供经验借鉴。

二、包容性绿色增长的内在机理

包容性绿色增长强调经济增长的包容性和绿色性，是一种可持续的经济增长范式。对该增长范式内在机理进行考究需要建立在包容性增长和绿色增长的基础上。

包容性增长的核心要义是机会平等、参与共享，力求让各个经济主体能够公平合理地分享经济增长带来的成果。20世纪80年代以来，部分发展中国家"有增长无发展"的现实困境日益凸显，过度追求经济增长的数量，而忽视了社会公平，致使经济社会发展的成果并没有惠及大多数民众，贫富收入差距随之扩大。如此一来，经济增长对贫困减缓的正向作用被不平等因素抵消。[9]因此，经济增长并不必然会减少贫困，甚至会出现贫困加剧的后果。为此，许多学者和国际组织倡导在追求经济增长的过程中重视平等获得机会的权利，主张通过增加就业机会为个人创造工作岗位，优先开发人力资源，使其能够成为经济发展的受益者，从而实现助贫式增长。[10]

绿色增长是用最小的资源消耗和环境代价创造出最大化产出的经济增长方式，具有资源消耗低、环境污染少的特征。传统粗放型经济增长方式往往具有高度依赖资源、高耗能和高污染的特点，以牺牲资源环境为代价换取经济增长，给生态环境带来了巨大的破坏。尤其是极度贫困地区往往生态环境脆弱，一旦遭受破坏难以修复，并进一步加剧贫困，造成环境贫困陷阱。[11]因此，平衡经济增长和环境保护的关系已成为近年来发展中国家面临的共同难题。习近平关于"绿水青山就是金山银山"的重要论断完美地阐述了两者共赢发展的路径，通过绿色转换机制实现自然资源的市场化、价值化。为此，政府需要强化社会公众对生态环境重要性和价值的认识、扶持绿水青山资源利用新技术的研发和推广。[12]也就是说，制度安排和绿色技术创新是实现绿色发展的关键。

包容性绿色增长是包容性增长和绿色增长两个发展理念的耦合，旨在追求经济、环境与社会协调可持续发展。具体而言，在追求经济增长的同时，既强调所有经济个体平等参与经济增长过程，共享经济增长成果，缩小贫富收入差距，减少社会不平等；又要将资源环境承载力和环境容量纳入经济系统决策中,注重资源效率提升和生态环境保护,减少污染排放。若只追求绿色和社会包容而忽略经济增长,将失去可持续发展的中长期动力;但如果增长不是绿色的,也不具备社会包容性,从长期来看将没有可持续性。而且,绿色增长不一定是包容的,穷人在绿色增长中有可能会遭受更多的不公平,这取决于政府是否制定确保贫困群体能够平等分享经济增长成果的政策。[13]因此,包容性、绿色和增长三者必须同时兼顾,任何一方都无法全面地反映可持续发展要求。

三、江西省信丰县绿色包容的脐橙产业实践

信丰县位于江西省赣州市南部(又称赣南),是著名的革命老区;地处南方红壤丘陵山地生态脆弱区,水土流失问题严重。长期以来,受战争创伤、生态脆弱、交通条件等因素影响,经济发展落后。毁林开荒、传统的陡坡种植、矿产资源的粗放式开采等进一步加剧水土流失,矿山开放污染问题严峻,地质灾害多发频发,导致生态环境进一步退化,形成了"生态脆弱—贫困—掠夺式开发—环境退化—加剧贫困"恶性循环的"贫困陷阱"。信丰县既是国家集中连片特困地区之一,又是生态脆弱区,具有贫困和生态恶化叠加的特征。因此,要使信丰彻底摆脱贫困,就要首先从缓解生态恶化入手,将绿色增长与包容性减贫结合起来,走包容性绿色增长的脱贫之路成为必然选择。

信丰县自1971年引种栽培赣南第一批脐橙以来已有49年发展历史,从而成为赣南脐橙的发源地。由于信丰位于黄金产橙带北纬30°附近,平均日照长达1600小时以上,全年积温达6000℃以上,红壤土质偏酸,含多种微量稀土元素,对果实色素、糖分、维生素C和香气含量起到了其他地区无法替代的作用,脐橙市场前景看好。为此,如图1所示,近年来信丰县践行了"绿水青山就是金山银山"的绿色可持续发展理念,立足

资源禀赋优势,在合理的开发范围内将红壤资源转化经济优势,大力发展脐橙产业;全民平等参与,资源收益又惠及到广大贫困人民,促进社会包容性。同时,贫困人口环保意识增强,将绿色资源转化成的经济价值可以再一次投入到当地的绿色资源保护中,具体表现为有机肥替代化肥,减少使用除草剂,推广水肥融合、大苗上山定植、杜绝毁林种果、禁止在坡度超过25°的山地以及可能导致水土流失的地方建果园等措施,有助于改善当地土壤质量,防止水土流失,有效保证脐橙长期种植水平和产值,增强脐橙产业发展新动能,最终将原有的恶性循环转变为"资源—经济价值—减贫—资源再投资"的良性循环,实现包容性、绿色和增长的有效结合。因此,信丰县脐橙产业建立了将绿色资源向经济和社会价值转化的长效机制,具有内在的包容性绿色增长动力。

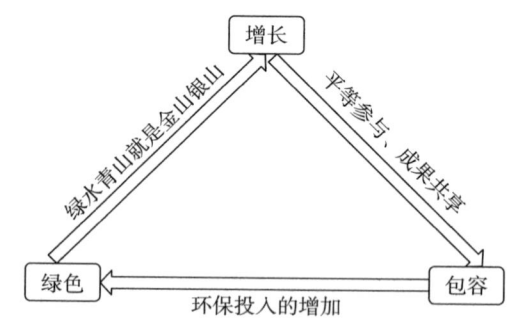

图1 绿色、包容和增长的良性循环关系

信丰脐橙产业是以政府扶植为契机,优化资源配置,保障项目资金,争取技术支撑,通过政府、企业、合作社、农户共同参与实现农户增收、带动就业并保护生态环境的多赢。产业实施前期,受柑橘黄龙病暴发的影响,脐橙面积和产量锐减,果农种植信心受挫。于是,脐橙产业转型升级迫在眉睫。全县通过"引进来、走出去",在疫情防控、标准果园建设、苗木安全、品牌质量保护等方面加强宣传培训,引导全民参与脐橙产业;调优脐橙品种结构,鼓励发展打药、施肥、修剪、采果等社会化专业化服务组织,规范使用"信丰脐橙"证明商品与防伪标识,从根本上提升脐橙品质,不断促进脐橙产业转型升级;先后争取了国家现代农业示范区、国家农产品(脐橙)出口

安全示范区、国家现代农业（脐橙）产业园等项目政策资金，保障病虫害防治与生态建园资金需求；与中国工程院、华中农业大学等高等院校、科研机构建立合作协议，就苗木繁育、果园开发、病虫害监测、脐橙品种资源、市场营销等方面争取技术支持；引进龙头企业农夫山泉、绿萌科技等12家脐橙营销、深加工企业，扶持"互联网+"脐橙销售，对于稳定脐橙收购价格、解决卖果难发挥了重要作用，加速脐橙产业转型。目前，信丰县脐橙产业已从原来的单纯种植业转变成集种植生产、仓储物流、精深加工、旅游休闲于一体的产业集群。

四、脐橙产业包容性绿色增长的路径思考

综合信丰县脐橙产业发展的历程，可以看出包容性增长与绿色增长耦合的实现需要多种实践模式的创新。这些模式将脐橙产业的发展形成一个具备内生增长动力的系统，各自发挥着不同的功能。概括起来，这些实践模式大体分为以下两个层面：第一，受技术进步、三产融合、消费升级等因素影响，传统的脐橙种植业发展成集种植生产、仓储物流、精深加工、休闲旅游于一体的产业集群，在实现绿色增长的同时有力保证了贫困人口拥有平等参与、共享社会发展成果的机会，拓宽农民稳定增收渠道。第二，通过利益联结机制的创新，按照"利益共享、风险共担"的原则不断稳定政府、企业、合作社和农户之间的利益关系，为脐橙产业包容性绿色增长提供内部动力。

（一）产业融合实现资源跨界集约化配置

由于传统农业具有投资大、周期长、回报慢、利润低、"靠天吃饭"等特点，面临着气象灾害、病虫等不确定性因素，难以协调生态与农业生产的关系，带动农民增收脱贫作用有限，从而产业融合脱贫势在必行。信丰县脐橙产业是典型的一二三产业融合案例，是以脐橙种植业为基本依托，通过产业联动、产业集聚、技术渗透、体制创新等方式，将资本、技术以及绿色资源要素进行跨界集约化配置，使脐橙绿色生产、加工、销售以及休闲有机整合在一起，使得农村一二三产业之间、生态与经济之间紧密相连、协同发展，最终实现经济增长、贫困人口更多地分享全产业链价值链增值收益和生态环境保护的多赢局面。

1. 科技创新引领产业绿色转型

随着中国经济逐渐进入新常态，创新驱动已经成为中国经济增长的新引擎，技术进步是关键环节。痛定思痛，信丰在经历柑橘黄龙病暴发、脐橙产量和面积锐减之后，充分考虑资源环境承载力和生态容量，从现代化农业理念出发，以技术创新为抓手，由原来的粗放开发管理向标准化开发、生态建园转变，引导脐橙产业走上生态优先的绿色发展道路。

在技术创新引领产业绿色转型的思想指导下，信丰县政府积极与科研院校建立紧密联系合作，加快在新品种选育、病虫害防治、果业机械推广、标准园建设等方面的科研成果转化。通过组织果业从业人员专业培训、砍病树、杀木虱、种无病毒苗、推广网室假植大苗上山定值、建设生态隔离带等措施，柑橘黄龙病疫情稳定控制在低度流行水平。据统计，2019年，脐橙病株发生率由2013年底的29%下降到1.88%。通过优化品种结构等措施，提高了市场竞争力。将鲜果上市期从原来的2个月延长到7~8个月，将早、中、晚熟结构比例调整为10%、85%、5%，有效规避了恶性竞争、脐橙卖果难等问题，提高了脐橙市场竞争力以及农民收入水平。

为了进一步促进脐橙产业转型升级，信丰县运用财政补贴与社会资本促进标准示范果园建设，提升产业生产率和经济效益的同时，在生产过程中注重生态环境的保护，降低在生产前、中、后对环境的污染程度，从而促进脐橙产业向现代化、绿色化、智能化方向发展。一方面，政府通过财政资金扶持标准化建园，提高从业人员生态环保意识，减少和限制小规模分散经营果园，完善水、电、路等基础设施，增施有机肥，提倡果园美化、绿化。据统计，近年来信丰县财政每年统筹5000万元用于脐橙产业高质量发展。另一方面，引入

社会资本种果，集中发挥资金雄厚、技术领先等优势，极大地提高了脐橙产业的科技含量。截至2019年，全国知名龙头企业农夫山泉公司已建设标准化生态果园2500亩，安装了世界一流的智能化管理果园300亩，推广水肥一体化技术和增施有机肥2.5万亩，改善了种植园土壤质量；江西绿萌公司依托农业部现代柑橘体系示范项目，建设了500亩全程机械化智能化水肥一体化高效省力、生态示范基地，其中包括50亩国际前沿种植技术示范科技园。

此外，以现代农业发展需求为导向，脐橙产业与物联网、大数据等新一代信息技术紧密结合在一起。信丰县政府通过招投标采购的形式，搭建了全县产业信息大数据平台，将脐橙品种资源、苗木繁育管理、果园开发种植管理、病虫害监测预警、采购处理、市场营销等信息囊括其中，已初步完成手机App服务功能，实现果农与专家咨询互动、脐橙产业相关信息网上查找、发布与农产品买卖，较大程度上提升脐橙产业精准化和智能化水平。

2. 与二三产业融合开辟增收新渠道

实际上，绿色资源除了本身具有的生态属性之外，还具有一定的实用属性、观赏属性以及精神属性，为农业与第二、第三产业交叉融合、优化资源跨界配置、形成农村经济新的增长点奠定基础，也为增加就业岗位、增加居民收入实现包容性增长提供了客观条件。

就脐橙资源实用属性而言，信丰脐橙产业链向深加工和销售延伸，提升了脐橙产业经济效益，带动了当地居民稳定就业，增加了其经济来源。由于传统脐橙种植业仍停留在简单的自然季节性非固定务工为主，农户务工流动性大，收入来源不稳定，因此，脐橙深加工与销售行业的引入将会极大地保障稳定收入。自2015年起，农夫山泉在信丰投资10亿元，建成目前全国乃至亚洲规模最大的果品加工厂以及脐橙标准种植园，引进了国际先进的榨汁生产线和鲜果分选流水系统，建立了日处理原料5000吨的橙深加工生产线，陆续推出农夫山泉17.5°橙、常温NFC橙汁和17.5°NFC橙汁三款产品，打通了脐橙种植、加工和销售的全产业链。

就脐橙资源观赏属性和精神属性而言，信丰结合地理条件、生态环境、脐橙发源地、消费需求等因素，创新探索出脐橙种植与文化旅游业交叉融合的新模式，不仅增加了当地贫困人口的经济来源，还有利于赣南脐橙文化资源的输出。依托农夫山泉龙头带动，信丰建成了中国赣南脐橙产业园，2018年被证实评定为国家4A级景区。景区有"三园两馆"（现代农业品种展示园、脐橙标准化示范园、科普研究试验展示园、文化展览馆和生活体验馆），初步建成了赣南脐橙特色小镇，集脐橙文化、旅游、科研、科普、技术示范等要素为一体，初步形成了具有休闲性质的观光体验采摘脐橙模式。

3. 借助电子商务平台延伸产业布局

随着"互联网+"时代的到来，传统的流通模式和交易模式不断创新，电商成为推动农村产业结构转型升级的重要途径，也是贫困地区增加农户收入、实现包容性发展的新渠道。从增长机制来看，农村电商以互联网低成本应用为基础，突破原有市场分割、模糊产业边界、缩短交易距离，成为农村经济增长的新引擎。从增收来源来看，信息的有效供给能够显著提高易腐农产品的销售价格[14]，并通过利润率和销量的提升而促进增收[15]。从辐射效应来看，电商的兴起直接带动了销售、仓储、物流等产业快速发展，纵向延伸了产业布局，拓宽了贫困人口的就业面，进一步促进社会包容性发展。此外，电商对生态环境的破坏是极小的，也符合绿色发展的基本要求。

信丰坚持市场主导与政府推动，通过教育培训、政策扶持、完善基础设施等措施培育电商主体，搭建电商平台以及对接淘宝网、京东商城等第三方电商平台，大力整合本地农村e邮、淘宝网、顺丰快递等资源，完善了电商、物流、冷链运输等配套服务，按照"网商+服务站+贫困户"模式，引导贫困户与电商线上线下合作，为脐橙销售打开市场，让贫困户能够共享电商发展成果。截至2019年底，全县注册登记电子商务、微商近3000家，每年50%以上的脐橙通过电商销售到全国各地。2018年，全县脐橙电商销售交易量达8500万公斤，快递量达860万件，交易额为6.29亿元。

（二）有效的利益联结机制

大部分个体农户受制于资金、技术、营销等生产要素以及生产能力的不足，自主增收能力十分有限，且难以开展规范化、生态化种植经营。因此，让小农户进入企业、合作社或家庭农场这些新型经营主体主导的产业体系中，由有竞争力的经营主体带动农户绿色发展，实现可持续的包容性绿色增长，这是我国在脱贫攻坚战实践中总结的宝贵经验。但正如上文所提到的，绿色增长不一定是包容的。农户持续分享绿色发展红利的关键是建立有效的利益联结机制。

1. "龙头企业+示范园+农户"组织模式

为阐明信丰脐橙产业的"企业+合作社+贫困户"组织模式，本文从龙头企业、辐射带动作用、资金技术实力等方面考量，选用了农夫山泉和信丰政府联手打造的"中国赣南脐橙产业园"作为案例。选择此项目作为分析案例的原因是龙头企业农夫山泉在信丰总投资超过10亿元，每年可以消纳整个赣南1/5的脐橙产量，脐橙分选、榨汁及终端品灌装生产线和中国赣南脐橙产业园的投资建设，对延长信丰脐橙产业链条、加快脐橙产业绿色转型升级、带动农户增收提供强大保障和引领示范作用；而中国赣南脐橙产业园是国家现代农业产业园核心区，集脐橙种植、科研、繁育、旅游、民宿、论坛等为一体，颇具代表性，具有明显的借鉴价值。

为减轻建厂投资成本和风险，农夫山泉积极与信丰政府加强联系，获取了地方政府在土地流转、项目政策、技术、基础设施等方面的政策庇护，其中包括信丰县政府争取的国家现代农业（脐橙）产业园项目资金补助。而公司凭借先进的生产技术、经营管理理念、成熟的市场网络和巨大的品牌价值对地方政府起到增加税收收入、促进脱贫、辐射带动脐橙产业高质量发展等助力作用。如图2所示，地方政府与农夫山泉通过扶持和助力的关系取向实现了合作双赢。

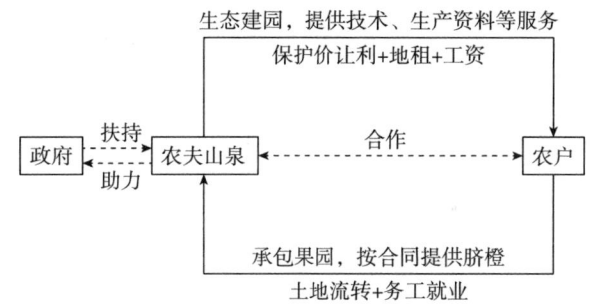

图2 "龙头企业+示范园+农户"组织模式多元主体的关系取向与利益联结

注：虚线表示关系取向，实线表示利益联结。

对于有宜果山地的农户而言，将其土地按照30年期每亩4500元一次性流转给农夫山泉；农夫山泉开展统一规划，建立高标准脐橙种植示范园，采用生态化建园、机械化进园、智能化管园新模式，安装了先进的水肥一体化生产设施以及滴管装置等基础设施，设立了中美柑橘黄龙病研究中心和脐橙产业博士后工作站等，实现产学研的结合；按照50~100亩为单位再分包给具有劳动力的职业果农，租金为每年300元/亩，水肥自负，统一生产管理，统一技术标准，统一进行病虫害防控，推行生态化作业、机械化作业，追求以最小的资源消耗和环境代价创造出最多的脐橙产出；最终，按质按量进行收购，收购价格连续三年稳定在3元/斤以上，平均高出赣南其他县0.5元/斤。此外，农户还可以以务工的形式进入农夫山泉果园种植、果汁加工线、民宿等行业中，获取相应的工资报酬。企业通过契约与农户约定农产品收购的品种、质量、价格等事项，并为农户提供生产资料、技术指导等方面服务；企业还招聘农户就业支付报酬以脐橙产业带动脱贫增收。据统计，农夫山泉深加工厂工人工资月均4000~5000元；2016年农夫山泉和近千户果农建立了合作关系，直接带动至少5000名果农脱贫致富，人均收益达4.8万元，高于赣南平均果农收入0.8万元。

因此，企业、农户等主要参与主体在关系取向上又进一步衍生了"品牌效应+保护价让利+地租+工资"的利益纽带，农户通过生产性收益、工资性收益、资产性收益等途径不断增加收入，同时也以实际的合作行动回馈农夫山泉，使得企业与农户的合作具有内在稳定性，确保了包容性增长的可持续性和绿色增长的可行性，为包容性绿色增长提供了机制保障。

2. "合作社+基地+农户"组织模式

为总结信丰脐橙"合作社+基地+农户"产业组织模式，本文选择了信丰县安西镇橙香脐橙专业合作社（以下简称"橙香合作社"）为案例。这是由于橙香合作社通过提供专业的社会化服务，弥补传统小农户缺乏高效生态农业的生产能力，不仅解决了"谁来种""怎么种""怎么销售"的问题，还延伸了脐橙产业链，将农户、合作社等利益紧密地绑定在一起，为我们研究脐橙产业包容性绿色增长提供了很好的素材。

橙香合作社整合了周边农户零星荒地85亩，辐射带动农户128户。农户以前三年按每株脐橙树分别缴纳40元、50元、65元管理费的形式将土地托管给合作社，合作社提供专业的产加销一体化绿色农业社会化服务，导入绿色生产要素，注重保护生态环境，统一管理田间水肥、统一防控病虫害、统一采果、统一销售；按照市场平均价将脐橙销售收入支付给农户。此外，合作社还探索出了脐橙产业链延伸到旅游业，在旅行社宣传带动旅游的前提下，合作社组织游客采摘体验超过平均价的溢价部分（即增收部分）采取"4222"模式，即农户得40%，村集体、合作社、旅行社各得20%，极大调动各方的积极性。显然，农户以土地入股，而土地统一经营会进一步促使合作社提供农资采购、机械化绿色化作业、营销等产前产中产后服务，极大地降低了生产成本，获得农业社会化服务的规模经济效益，提高了产出效率。为进一步促进脐橙产业增值，合作社拓展其在产后的服务，通过产业链延伸来提高脐橙产业附加值，确保合作社及其成员稳定增收，农户的零星荒地得到高效集约利用。如图3所示，橙香合作社与农户之间建立了"按股分红+旅游溢价收益+工资报酬"的利益联结机制，破解了小农户发展脐橙产业的瓶颈，实现规模化生态经营，

有效确保脐橙绿色生产，同时节省人工成本，为农村劳动力在合作社务工或其他行业务工创造了条件，有助于协同推进社会包容性发展和绿色增长，为我国农业服务型合作社发展模式提供了重要的借鉴价值。

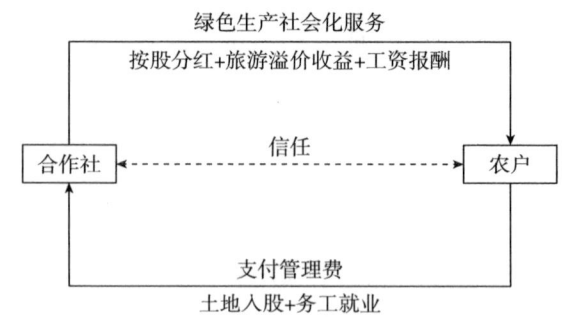

图3 "合作社+基地+农户"组织模式多元主体的关系取向与利益联结

注：虚线表示关系取向，实线表示利益联结。

五、结论与启示

本文以江西省信丰县脐橙产业发展实践为例，阐述了包容性绿色增长的作用机理和实现路径，并得出以下政策启示：

第一，依托绿色资源和技术创新，因地制宜发展特色生态农业。一些贫困地区有着较为独特的绿色资源，包括气候、温度、土地质量、光照等资源禀赋。而要生产高产量高质量的农产品的基本条件就要有特定的资源环境。因此，贫困地区应该根据自身的绿色资源条件因地制宜，发展具有自身区域特色的农业，将生态资源优势转化为具有市场竞争力的生态农业，增加贫困人口收入。为确保"绿水青山就是金山银山"的可持续性，以科技创新为抓手，注重保护"绿水青山"，引导农业生产向标准化、绿色化、智能化转型，有助于促进农业高质量发展，带动贫困人口脱贫致富，同时保护生态环境，从而实现更加绿色、更加包容性的增长。

第二，注重绿色产业化推动的三产融合，尤其是龙头企业的示范带动效应。由于贫困人口大部分居住在农村，生态环境破坏程度较低，其绿

色资源具有比较优势。在尽量不破坏生态环境的前提下，充分挖掘贫困地区的绿色资源，通过一二三产业的交叉融合，最大限度转化绿色资源的实用价值、观赏价值以及精神价值是实现包容性绿色增长的重要途径。立足于贫困地区绿色资源，坚持政府扶持和市场主导相结合，将产业链从农业向深加工、销售、休闲旅游等二三产业延伸，实现绿色产业化，促进资本、技术和劳动要素资源的跨界优化配置。值得说明的是，龙头企业往往具有雄厚的资金、先进的绿色生产技术、现代化的管理与经营理念、巨大的品牌影响力等优势，对于促进贫困地区人口增收、实现包容性绿色增长而言具有显著的示范带动效应。

第三，大力发展农产品电商，助力包容性增长。地方政府要做好电商公共服务体系建设，积极培育县域电商主体，强化电商专业化培训，培养电商人才；政策扶持搭建县域电商平台以及对接淘宝网、京东商城等第三方电商平台，有效整合电商、金融、仓储、物流、冷链运输等配套服务资源；充分发挥市场主体作用，推进标准化建设、品牌培育和认证追溯，稳步促进县域电商品牌高端化；引导合作社、家庭农场、龙头企业等新型经营主体带动贫困农户参与电商，加强电商与当地产业的深度融合；引导低收入群体融入电商产业链条，不仅将农产品与电商对接，实现产地直销，还可以在电商相关行业务工，更多地分享电子商务发展成果。

第四，探索建立合理的利益联结机制，实现农户与现代经营主体利益共享、风险共担。这是贫困地区低收入群体能够持续分享绿色产业发展成果的关键。从信丰脐橙产业发展经验来看，"龙头企业+示范园+农户""合作社+基地+农户"等组织模式的稳定运行需要平衡好企业和农业合作社等现代经营主体与农户之间的利益关系。围绕资源绿色发展，充分发挥龙头企业的示范带动效应和合作社专业的社会化服务，通过订单生产、务工就业、土地流转、入股分红等模式稳定利益主体之间的利益纽带关系，为持续推进包容性绿色增长提供机制保障。

参考文献

[1] Fay M. Inclusive Green Growth: The Pathway to Sustainable Development [M]. Washington D. C.: World Bank Publications, 2012.

[2] Koirala S. SMEs: Key Drivers of Green and Inclusive Growth [R]. Paris: OECD Publishing, 2019.

[3] 张琦. 中国绿色减贫指数报告 2014 [M]. 北京：经济日报出版社，2014.

[4] 雷明. 两山理论与绿色减贫 [J]. 经济研究参考，2015 (64): 21-22+28.

[5] 张琦, 冯丹萌. 构建我国绿色减贫机制的理论及对策 [J]. 甘肃社会科学，2019 (6): 9-15.

[6] 万君, 张琦. 绿色减贫：贫困治理的路径与模式 [J]. 中国农业大学学报（社会科学版），2017, 34 (5): 79-86.

[7] 黄承伟, 周晶. 减贫与生态耦合目标下的产业扶贫模式探索——贵州省石漠化片区草场畜牧业案例研究 [J]. 贵州社会科学，2016, 314 (2): 22-26.

[8] 郑新业, 张阳阳. "两山"理论与绿色减贫——基于革命老区新县的研究 [J]. 环境与可持续发展，2019, 44 (5): 51-53.

[9] 罗良清, 平卫英. 中国贫困动态变化分解：1991~2015 年 [J]. 管理世界，2020, 36 (2): 27-40.

[10] 世界银行. 缩小差距促进平等：实现广东经济的共享式增长 [M]. 广州：广东人民出版社，2011.

[11] Dasgupta S, Deichmann U, Meisner C, Wheeler D. Where is the Poverty-environment Nexus? Evidence from Cambodia, Lao PDR, and Vietnam [J]. World Development, 2005, 33 (4): 617-638.

[12] 王会, 姜雪梅, 陈建成, 宋维明. "绿水青山"与"金山银山"关系的经济理论解析 [J]. 中国农村经济，2017 (4): 2-12.

[13] 郑长德. 基于包容性绿色发展视域的集中连片特困民族地区减贫政策研究 [J]. 中南民族大学学报（人文社会科学版），2016, 36 (1): 115-121.

[14] 许竹青, 郑风田, 陈洁. "数字鸿沟"还是"信息红利"？信息的有效供给与农民的销售价格——一个微观角度的实证研究 [J]. 经济学（季刊），2013, 12 (4): 409-432.

[15] 曾亿武, 郭红东, 金松青. 电子商务有益于农民增收吗？——来自江苏沭阳的证据 [J]. 中国农村经济，2018 (2): 49-64.

What Drives the Poor Area to Achieve Inclusive Green Growth?: An Analysis Based on a Case Study of the Navel Orange Industry in Xinfeng County, Jiangxi Province

Chen Sumei   Li Gang

Abstract: At the historic moment that China will eradicate absolute poverty by 2020, this paper elaborates the mechanism and pathway of inclusive green growth in poor areas with an example of the navel orange industry in Xin feng County, Jiangxi Province. We find that poor area can achieve inclusive green growth based on green resources. In the view of realization mechanism, the virtuous cycle of "resources – economic value – poverty reduction – resource reinvestment" ensures the sustainability of inclusive green growth. In terms of practice style, realizing the cross – border intensive allocation of resources and ensuring the sharing of interests and risks between farmers and modern business owners are two key factors to achieve inclusive green growth. For the former, it mainly includes three practical styles, i. e., leading green industrial transformation through scientific and technological innovation, opening up a new channel for income growth through the integration of primary, secondary and tertiary industries, and extending the industrial layout through the e – commerce platform. For the latter, it is represented by the establishment of diversified benefit – linking mechanisms. The conclusions of this paper have important policy implications for promoting inclusive green growth in China's poor areas and other developing countries.

Key Words: Inclusive Green Growth; Industrial Integration; Benefit – linking Mechanism

专题三

新兴产业培育与公共卫生事件应对

面向智慧社会的"新基建"及其政策取向

李晓华

摘　要：近年来新型基础设施建设引起社会各界广泛关注，地方政府纷纷出台新型基础设施建设计划。新型基础设施具有以数字技术为核心、以新兴领域为主体、以科技创新为动力、以虚拟产品为主要形态、以平台为主要载体等特点，可以划分为数字创新基础设施、数字的基础设施化、传统基础设施的数字化等类型。社会的技术经济形态需要与基础设施相适应，智慧社会需要新型基础设施做支撑，新型基础设施通过支撑创新的智能化、创造新能力发展所需市场、助力新动能的孕育壮大、促进人民美好生活需要实现、赋能政府治理能力等机制助力智慧社会发展。推进"新基建"需要依据新型基础设施不确定性高、价值折旧快、竞争性强的特点，处理好长期与短期、政府与企业、规制与竞争等方面的关系，坚持如下政策取向：面向未来，政府引导；适度超前，小步快走；放松准入，多元参与；合理分工，企业先行；需求引导，竞争推动。

关键词：新型基础设施建设；智慧社会；经济发展新动能

新型基础设施建设常常也被简称为"新基建"。随着中央相关会议中多次提及"新基建"，以及新冠肺炎疫情对经济的冲击急需扩大投资提振经济，2020年以来，关于"新基建"的讨论急剧升温，地方政府也纷纷出台大规模"新基建"计划。当今世界正经历百年未有之大变局，新一轮科技革命和产业变革孕育兴起，国际形势复杂多变。在此背景下，"新基建"不仅是应对经济下行、稳定经济增长的短期举措，而且将在抢抓科技和产业革命机遇、建设智慧社会和实现"两个一百年"奋斗目标中发挥先导和基础性作用。

一、"新基建"的提出与相关讨论

2018年中央经济工作会议提出，"加强人工智能、工业互联网、物联网等新型基础设施建设"。这是"新型基础设施建设"一词在我国第一次被中央正式提出。此后，中央相关会议又多次提到"新型基础设施建设"（见表1）。总体来看，中央相关会议中提到的新型基础设施包括两个层面的内容：一是关于新型基础设施的含义。2020年2月14日召开的中央全面深化改革委员会第十二次会议提出要"统筹存量和增量、传统和新型基础设施发展"；2020年4月17日召开的中共中央政治局会议提出要"加强传统基础设施和新型基础设施投资"。可见，新型基础设施是与铁路、公路、机场等传统基础设施相对应的概念。二是关于新型基础设施的具体内容。2018年12月19日至21日召开的中央经济工作会议提出的新型基础设施包括"人工智能、工业互联网、

---

* 本文发表在《改革》2020年第5期。
[作者简介] 李晓华，中国社会科学院工业经济研究所国际产业研究室主任、研究员、博士。

物联网";2019年7月30日召开的中共中央政治局会议和2020年1月3日召开的国务院常务会议提到的新型基础设施意指"信息网络等";2020年3月4日召开的中共中央政治局常务委员会会议提到的新型基础设施包括"5G网络、数据中心等"。可以看到，中央相关会议中提出的新型基础设施主要是与新一代信息技术、数字技术有关的基础设施。

表1 党中央、国务院会议有关"新基建"的内容

时间	会议	主要内容
2018年12月19日至21日	中央经济工作会议	加快5G商用步伐，加强人工智能、工业互联网、物联网等新型基础设施建设，加大城际交通、物流、市政基础设施等投资力度，补齐农村基础设施和公共服务设施建设短板
2019年3月5日	2019年政府工作报告（2019年3月5日第十三届全国人民代表大会第二次会议）	完成铁路投资8000亿元、公路水运投资1.8万亿元，再开工一批重大水利工程，加快川藏铁路规划建设，加大城际交通、物流、市政、灾害防治、民用和通用航空等基础设施投资力度，加强新一代信息基础设施建设
2019年5月14日	国务院常务会议	把工业互联网等新型基础设施建设与制造业技术进步有机结合
2019年7月30日	中共中央政治局会议	实施城镇老旧小区改造、城市停车场、城乡冷链物流设施建设等补短板工程，加快推进信息网络等新型基础设施建设
2019年12月10日至12日	中央经济工作会议	要着眼国家长远发展，加强战略性、网络型基础设施建设，推进川藏铁路等重大项目建设，稳步推进通信网络建设，加快自然灾害防治重大工程实施，加强市政管网、城市停车场、冷链物流等建设，加快农村公路、信息、水利等设施建设
2020年1月3日	国务院常务会议	出台信息网络等新型基础设施投资支持政策
2020年2月14日	中央全面深化改革委员会第十二次会议	审议通过《关于推动基础设施高质量发展的意见》；基础设施是经济社会发展的重要支撑，要以整体优化、协同融合为导向，统筹存量和增量、传统和新型基础设施发展，打造集约高效、经济适用、智能绿色、安全可靠的现代化基础设施体系
2020年3月4日	中共中央政治局常务委员会会议	要加大公共卫生服务、应急物资保障领域投入，加快5G网络、数据中心等新型基础设施建设进度
2020年4月17日	中共中央政治局会议	实施老旧小区改造，加强传统基础设施和新型基础设施投资

随着中央相关会议中密集提及"新基建"，社会各界对"新基建"的关注急剧升温。2020年1月以来，新冠肺炎疫情的暴发对经济产生严重影响，全国第一季度经济增速同比下降6.8%，大量企业停工甚至关闭，3月全国城镇调查失业率为5.9%。面对新冠肺炎疫情的冲击，加大固定资产投资力度成为应对经济下行，实现"六稳""六保"的重要手段，也为社会各界所期盼。一时间"新基建"成为舆论热点，涌现出大量关于"新基建"的讨论，但现阶段各界对于"新基建"的理解莫衷一是。这些讨论大致从窄口径、宽口径、中口径三个维度来认识"新基建"，每个维度又有不尽相同的看法。一是对"新基建"的窄口径认识。这种观点基于中央相关会议提到

的人工智能、工业互联网、物联网、信息网络、5G网络、数据中心等内容，认为"新基建"是与数字技术、数字经济相关的基础设施。田杰棠认为，数字经济相关基础设施是对"新基建"最准确的理解[1]；闫德利认为，新型基础设施与信息基础设施基本同义[2]。二是对"新基建"的宽口径认识。国家发展和改革委员会有关负责同志在2020年4月20日召开的新闻发布会上回应记者提问时指出，新型基础设施包括信息基础设施、融合基础设施、创新基础设施三个方面[3]（见表2），该观点甫一提出就产生了广泛影响。刘多的观点虽然也属于宽口径，但与国家发展和改革委员会的看法又不尽相同。他认为，新型基础设施的关键是以新一代信息技术和数字化为核心形成的基础设施，主要包含信息网络融合创新演进形成的新型数字基础设施（5G、工业互联网、卫星互联网、物联网、数据中心、云计算等）与信息技术赋能传统基础设施转型升级形成的新型设施（如智能交通基础设施、智慧能源基础设施等新型经济性基础设施，以及智能校园、智慧医院等新型社会性基础设施）[4]。潘教峰、万劲波对"新基建"的理解更为宽泛，提出智能化数字基础设施，数字化科技创新基础设施，现代资源能源与交通物流基础设施，先进材料与智能绿色制造基础设施，现代农业和生物产业基础设施，现代教育、文旅、体育与卫生健康等基础设施，生态环境新型环境基础设施，空天海洋新型基础设施，国家总体安全基础设施，国家治理现代化基础设施十大"新基建"的战略方向[5]。三是对"新基建"的中口径认识。这种观点认为"新基建"的范围介于窄口径与宽口径之间，比新型数字基础设施的范围要大，但是又不包括创新、社会等领域的基础设施。2020年3月1日，中央电视台中文国际频道"新基建"专题提出5G、特高压、城际高速铁路和城际轨道交通、新能源汽车充电桩、大数据中心、人工智能、工业互联网七大"新基建"领域，除包括数字基础设施外，还包括其他新科技发展所推动的新能源、新材料等。由于这种观点在中央电视台专题节目中提出，因而也有比较大的影响。中国工程院院士张平的看法与中央电视台相关专题节目中的观点类似，但做了进一步的分类，他认为"新基建"的核心层是数字基础设施（如5G基站、IDC数据中心），第二层是用智能化软硬件对现有技术进行智能化改造（如工业互联网），第三层是新能源、新材料，如特高压、城市轨道交通的建设[6]。

表2 国家发改委对新型基础设施的分类

类型	子类型	主要内容
信息基础设施（基于新一代信息技术演化生成的基础设施）	通信网络基础设施	5G、物联网、工业互联网、卫星互联网
	新技术基础设施	人工智能、云计算、区块链
	算力基础设施	数据中心、智能计算中心
融合基础设施（深度应用互联网、大数据、人工智能等技术，支撑传统基础设施转型升级，进而形成的融合基础设施）		智能交通基础设施、智慧能源基础设施
创新基础设施（支撑科学研究、技术开发、产品研制的具有公益属性的基础设施）		重大科技基础设施、科教基础设施、产业技术创新基础设施

资料来源：根据有关报道整理。

虽然关于"新基建"或"新型基础设施"的讨论已经不少，但人们对于其内涵和外延远未形成共识，比如有人认为中央电视台相关专题节目所提出的七大"新基建"领域中的特高压、城市轨道交通早已被提出，属于传统基础设施。从理论上看，这些已有讨论缺少基础设施理论的支撑，造成理论深度不够、界定标准与具体类型划分不够科学等问题。因此，对于理解"新基建"的内涵与内容仍有很大的学理探讨空间，"新基建"在经济增长效应之外还有何更深入、长远的影响也值得探究。本文在对有关基础设施理论进行梳理的基础上，剖析"新基建"的内涵、特点和类型，从构建智慧社会的视角分析"新基建"的重要作用及其助力智慧社会发展的机制，最后提出"新基建"需要注意的问题与推动"新基建"的政策取向。

二、"新基建"的内涵与特征

准确把握"新基建"的内涵，有必要深入了解有关基础设施的经济学理论。基于基础设施的一般标准并通过与传统基础设施进行比较，才能够科学界定"新基建"的内涵、特征与具体内容。

（一）基础设施的界定标准

提到"基础设施"，人们通常想到的是为大众所使用的大规模公共物质资产。在我国，由于交通基础设施的持续大规模建设和突飞猛进的发展，人们往往把基础设施与"铁公机"，即铁路、公路、机场联系起来。《现代经济词典》将基础设施定义为"为了使社会、经济活动正常进行所必需的基本建筑和基本设备"，是"一国社会、经济活动的重要物质基础"[7]。但实际上，基础设施所涉及的内容要比建筑、设备，特别是"铁公机"宽泛得多。Underhill 认为，基础设施包括运输（道路、桥梁、隧道、机场、铁路系统、海港、运输、物流中心、城市公交）、通信（电话系统、蜂窝通信发射塔、有线网络、Wi-Fi、卫星、电视、无线电广播）、能源和公共设施（电力生产和输送、燃气储存和输送、供水、废水处理、可再生能源）、社会基础设施（大学、学校、医院、运动场、社区设施、公共住房、监狱、惩教中心）[8]。Weber 等认为，基础设施包括运输、能源、水、垃圾、通信在内的经济基础设施与包括健康、教育/文化、运动、公共行政、安全在内的社会基础设施；也可划分为由物质资产、设备构成的物质基础设施，由随时间推移在社会中发展并确立的规范、规则所构成的制度基础设施，以及由市场经济中人员的数量和质量构成的个人基础设施[9]。

Frischmann 把基础设施划分为商业基础设施、公共基础设施和社会基础设施，同时指出这三类基础设施并不完全排斥，现实世界的基础设施常常同时分属于多个类别。例如，因特网同时属于商业、公共和社会基础设施[10]。任泽平等认为，基础设施包括三个层次：狭义上是指交通运输（铁路、公路、港口、机场）、能源、通信、水利四大经济基础设施；宽泛意义上还包括社会性基础设施（教育、科技、医疗卫生、体育、文化等社会事业）、油气和矿产；最广义还可延伸至房地产[11]。

上述学者或机构列出了基础设施的范围，但是科学界定一项资产是否属于基础设施需要有一个统一的标准。Frischmann 提出，基础设施资源需要满足以下标准：第一，对于一定范围的需求，资源的消费是非竞争性的。消费上具有非竞争性或部分（非）竞争性对应的是纯公共物品或准公共物品。第二，对资源的社会需求主要由以该资源为投入的下游生产性活动所驱动。这一标准强调基础设施资源是资本品，在用于生产用途时能够创造社会价值。与原材料、中间商品或衍生出的投入不同，基础设施在使用时不会用尽、枯竭，也不会被改变或被嵌入其他最终产品。第三，资源可用作广泛范围的商品和服务投入，其产出范围包括私人、公共和社会物品。它不是特定目的资源，不会为了迎合特定下游市场所产生的需求而针对特定用户或用途进行优化，相反，它提供的是基础的、多目的的功能。以上标准并不涉及基础设施的具体形态[10]。从这个意义上说，无论是物质资产，还是支持人类活动的复杂且相互关联的物理、社会、经济和技术系统，无论是实物资产、设备和设施，还是其底层结构、组织、商业模式和规则、法规，都有可能属于基础设施[9]。

从基础设施的三个标准还可以推论出，基础

设施是动态演化的。从基础设施内在的技术看，由于技术产生之初的应用领域非常单一，如早期的因特网主要用于军事和科研机构，但随着技术的发展和成熟，该技术的应用范围会逐步扩大，与该技术相对应的资产就可能转变为基础设施。从基础设施的应用领域来看，一项资源的应用领域从多个缩小到一个，该资源就会从基础设施（通用目的投入）转变为非基础设施（特定目的投入）；当应用领域从公共产品、社会产品、私人产品等多种类型转变为只有私人产品一种类型时，该基础设施就会从混合型基础设施转变为商业基础设施[10]。

（二）"新基建"的内涵

新型基础设施并没有改变基础设施的一般特征和标准，它的"新"是相对于传统基础设施而言的。中央相关会议提到的新型基础设施具体包括人工智能、工业互联网、物联网、信息网络、5G网络、数据中心，这些都属于新一轮科技革命和产业变革的主要领域。由此可见，"新基建"与"老基建"最大的不同就是技术的先进性。当前，新一轮科技革命和产业变革正在全球范围兴起，其核心驱动力是以新一代信息技术或数字技术为代表的新技术簇群。可以认为，新型基础设施是随着新一代信息技术的发展而形成的，经济生产、居民生活、公共服务和社会治理开展所必需的基础设施，包括设备设施、算法代码、软件系统、标准规则等。从中央相关会议提出的"新一代信息基础设施建设""信息网络等新型基础设施建设"等表述中，也可以看出当前语境下新型基础设施主要是数字基础设施或信息基础设施。

数字技术之所以能够发展成为新型基础设施，一个重要的原因是它是典型的通用目的技术（General Purpose Technology，GPT）。"通用目的技术"是相对于特定技术而言的，从整个生命周期的角度来看，它是最初具有很大的改进空间、最终会被广泛使用并具有许多溢出效应的一种通用技术[12]，具有广泛应用、持续改进、促进创新三个特征[13]。作为通用目的技术，数字技术在广泛的领域得到应用，成为一些行业发展不可或缺的投入。许多数字技术及其形成的产品或服务在生产上具有边际成本为零或趋近于零的特点，在消费上具有非竞争性或部分（非）竞争性。5G网络、数据中心等作为基础设施的数字技术、产品虽然以资本品的形式存在，但通常是以服务的形式向其用户提供，不会因作为投入品经过生产过程转变为其他最终产品而耗竭。

通用目的技术与基础设施又不完全等同，许多通用目的技术并不满足基础设施的三个条件。例如，铁路、因特网等通用目的技术属于基础设施，但蒸汽机、计算机因为不具有非竞争性或部分（非）竞争性，就不属于基础设施。Hogendorn和Frischmann指出，在需求侧的特征方面，基础设施与通用目的技术非常相似，都可以赋能广泛的生产性活动并对其他经济部门产生显著的溢出；但是在供给侧，基础设施与通用目的技术有明显不同[14]。以计算机与因特网为例，两者都属于通用目的技术，但因特网基础设施的特征更为明显。其主要原因在于，两者虽然在需求侧都获得了广泛使用，但是从供给侧来看，提供因特网的设施的竞争性比计算机弱得多。有的时候，供给侧具有非竞争性但是需求侧具有特定用途的技术也被称为基础设施。Hogendorn和Frischmann认为这主要是为了强调该技术的重要性或者对于生产活动是必不可少的，为了区别可以把基础设施区分为专用目的基础设施（Special Purpose Infrastructure）和通用目的基础设施（General Purpose Infrastructure），但他们认为基础设施一词应仅用于指后者[14]。当一项通用目的技术被看作基础设施时，不是指该技术本身，而是包含了该项技术产品化之后支撑该技术赖以运行的设备、设施或者系统。当我们说电力是基础设施时，不是特指电力技术，而是指发电厂、输电线路、配电站以及相应控制、调度软件所构成的整体；因特网是基础设施，不是特指因特网相关技术，而是包括支撑因特网运转的各种协议、服务器、传输线路或者无线基站、ISP等。Frischmann认为，因特网由五层构成（见表3），分别是物理基础设施、逻辑基础设施、应用、内容和社会关系。其中，物理基础设施与逻辑基础设施一起构成因特网基础设施，而应用、内容和社会关系只是因特网基础设施的下游产出[10]。

表3 因特网的五层次模型

层次	描述	示例
社会关系	使用者之间的关系和社会连接	社会网络、隶属关系、群组
内容	传递给最终用户的信息/数据	E-mail通信、音乐、网页
应用	最终用户使用的程序和功能	E-mail程序、媒体播放器、浏览器
逻辑基础设施	促进数据通过物理网络传输的标准和协议	TCP/IP、域名系统
物理基础设施	构成相互联系网络的物理硬件	电信、有线和卫星网络、路由器和服务器、骨干网

（三）"新基建"的特征

新型基础设施除了要符合基础设施的基本标准外，还呈现不同于传统基础设施的如下特征：

第一，以数字技术为核心。交通、能源、市政、社会等领域的传统基础设施主要以机器设备、建筑、设施为主，其中虽然也有数字技术产品或服务的投入，但规模不大，占比相对较低。新型基础设施的核心支撑技术是数字技术，是数字技术形成的产品或服务。从产业分类的角度来看，作为新型基础设施的投入品虽然也有部分属于机器设备或建筑物，但主要属于电子及通信设备制造业、软件业、通信业、互联网和信息服务业；从产出来看，新型基础设施提供的是数据采集、存储、传输、处理以及各种软件应用服务，属于软件业、通信业、互联网和信息服务业。

第二，以新兴领域为主体。改革开放40多年来，我国基础设施建设取得了突飞猛进的发展，具体表现在：2018年铁路营业里程、公路里程分别是1978年的2.6倍、5.4倍；高速公路和高速铁路从无到有，2018年高速公路里程达14.3万公里，居世界第一位，高铁运营里程2.9万公里，比全世界其他国家的总和还要多，全球十大港口中有七个来自中国；2018年固定长途电话交换机容量是1978年的2065.4倍，我国是4G移动网络覆盖率最高的国家之一，移动电话普及率达到114.4部/百人。可以说，我国传统基础设施的主体架构已经完成，在部分领域、部分地区甚至已经饱和乃至过剩。虽然基础设施的建设不一定非要追求直接受益，对经济社会发展的溢出效应完全可以弥补甚至超过基础设施本身的建设运营成本，但随着人口、经济活动密集地区的基础设施逐步完善，建设的重点从"热线"转向"冷线"，基础设施的社会收益也会不断递减，直至完全失去经济价值。因此，传统基础设施建设的任务主要是查漏补缺和改造升级，新兴领域将成为基础设施建设的重点。

第三，以科技创新为动力。交通、能源等传统基础设施建设、运营中使用的技术较为成熟，以增量型、渐进式创新为主，因此传统基础设施的发展水平、质量主要取决于投资的规模。新型基础设施建设运营中投入的主要技术具有先导性，而且颠覆性创新不断涌现，其发展水平和质量不仅取决于投资规模，而且受制于科技创新的进展。科技创新的颠覆性越强，新技术工程化和产业化的速度越快，就会有越多的新技术得到应用，新型基础设施的发展水平也就越高。

第四，以虚拟产品为主要形态。传统基础设施虽然也包括规则、规范等制度基础设施，但主要是以物质产品的形态存在。物质产品是人类社会运行的基础条件，新型基础设施同样需要以物质产品为载体，例如数据中心需要建筑物、服务器群、网络交换机、电源设备和数据传输网络等，但数字基础设施是物质或非物质/虚拟的基本深层结构，这一结构将软件、内容、数据、设备连接起来从而实现分布数据的处理、储存、传输和共享[15]，呈现软硬结合、虚实结合的特征。在新型基础设施的硬件架构中运行着各种软件、App，包含着海量的代码、算法、数据，并且遵守行业共同的技术规范和技术标准，更多地体现为虚拟形态[16]。

第五，以平台为主要载体。传统基础设施特别是交通、通信、电力基础设施具有典型的网络特征，无数的社会经济活动主体成为网络的末端节点。在经济社会活动中，公路、铁路、光缆、电线主要起到通道的作用。闫德利认为，基础设施主要由通道及其节点组成，连接是其本质特征[2]。连接以及数据的传输对于数字经济非常关键，因此仍然需要物联网、5G 等起到泛在连接、通道作用的网络型基础设施。但是随着数据成为重要的生产要素，数据的存储、清洗、处理、应用的重要性大大提高，数据中心、云计算中心、工业互联网等基础设施成为提供数据、算法、算力的平台，负责提供标准化的数据相关服务，这类服务也被称为基础设施即服务（Infrastructure as a Service, IaaS）[17]。此外，在数字经济进入下半场后，平台成为许多企业广泛采用的商业模式。这类双边平台一边连接最终用户，一边连接供应商[18]。大量供应商的加入将打破平台企业可以利用的资源范围，平台企业成为供应商开展业务的基础条件。

（四）"新基建"的类型

对于新型基础设施包含的具体内容及其类型划分，国内已有一些初步的探讨。李毅中认为，"新基建"包括数字基础设施建设（数字产业化）和产业数字化两个方面，前者包括5G网络、数据中心、计算中心、工业互联网、信息网络安全、重大研发机构和基地；后者包括利用数字技术提升已有基础设施效能、新兴产业的基础设施、传统产业数字化转型、城市公用基础设施[19]。辛勇飞将新型基础设施分为网络基础设施（如5G）、计算基础设施（如云数据中心）、融合基础设施（如工业互联网）[20]。刘松认为，数字基础设施包括数字技术基础设施（如人工智能）、数字平台基础设施（如购物平台）、物理基础设施智能化[21]。国家发展和改革委员会将信息基础设施分为通信网络基础设施、新技术基础设施、算力基础设施三种子类型[3]。我们认为，对于哪些资源属于新型基础设施，除了要根据其技术属性进行判断外，还需依照基础设施的三个标准进行判断。从数字技术应用领域的差异角度，可将新型基础设施划分为三类：数字创新基础设施、数字的基础设施化、传统基础设施的数字化（见表4）。

表4 新型基础设施的类型划分

类型	子类型	代表性内容
数字创新基础设施		AI素材数据库，开源社区
数字的基础设施化	商业应用基础设施	支撑电商、打车、直播等各种业务开展的行业性数字平台
	系统服务基础设施	以平台即服务（PaaS）、软件即服务（SaaS）形式存在的人工智能、区块链、云计算等系统架构、开发工具和应用软件
	数据应用基础设施	以基础设施即服务（IaaS）存在的数据中心、超算中心等
	通信网络基础设施	5G网络、卫星互联网、物联网
传统基础设施的数字化		智能交通基础设施、智慧能源基础设施、智慧农业基础设施、智慧医疗基础设施

资料来源：笔者整理。

数字创新基础设施，是指支撑数字经济领域技术创新的基础设施。在传统产业，大学、科研机构、公共创新平台等能够为社会创造新科技、新知识，为企业提供研究开发活动的基础条件。数字经济领域的颠覆性创新更加频繁，同时数据产品和服务的创新还具有代码量巨大、高度模块化、后向兼容、以数据为基础等特点，因此数字领域的科学研究和产业创新活动需要新型的创新基础设施作为支撑。例如，为了训练人工智能算法建立的类似ImageNet的人工智能素材数据集，针对各种应用场景开发的类似TensorFlow的开源社区与开源软件库，这些数据集、软件库成为大学、科研机构、企业甚至创客进行创新的重要基础。

数字的基础设施化，是由新一代数字的工程化、产业化所形成的设备、设施等物质资产和标准、算法、软件、系统等无形资产，是科技创新、产业发展、居民生活、公共治理活动开展不可或缺的基础条件。按照在数字经济体系架构中应用的层次又可进一步划分为四类：第一类是通信网络基础设施。它突破了固定网络、3G和4G移动网络等传统通信设施在连接和信号传输方面的瓶颈，使泛在连接、端到端实时响应成为可能，具体包括5G网络、卫星互联网、物联网等。第二类是数据应用基础设施。随着数据成为重要的生产要素，对数据的存储、处理、分析就变得非常重要，相关市场需求规模不断壮大，专业化的数据存储、处理和分析具有规模经济性，从而出现了可供全社会使用的数据中心、超算中心。第三类是系统服务基础设施。它建立在通信网络设施、数据应用基础设施之上，向下游用户提供系统架构、开发工具和应用软件。对于下游用户来说，不再需要投入大量的资金和人力从头开始构建系统架构和各种应用软件，只需要按需向数字服务提供商购买或租用相应的服务。第四类是商业应用基础设施。它往往以双边数字平台的形式存在，为参与各种具体业务、各种商业模式的平台供应商提供了一个即插即用的商业化运营环境。需要注意的是，一些数字基础设施在不同的应用场景下也可以归属于不同的类型或多个类型。以工业互联网为例，在物理资产的基础上，工业互联网平台由边缘层、PaaS层和应用层三个关键功能组成。其中，边缘层提供海量工业数据接入、转换、数据预处理和边缘分析应用等功能；PaaS层提供资源管理、工业数据与模型管理、工业建模分析和工业应用创新等功能；应用层提供工业创新应用、开发者社区、应用商店、应用二次开发集成等功能[22]。工业互联网平台的边缘层可划分为通信网络基础设施和数据应用基础设施，PaaS层属于系统服务基础设施，应用层根据其具体业务不同可划入系统服务基础设施、商业应用基础设施或数字创新基础设施。

传统基础设施的数字化，是指通过数字技术的深度应用，使传统基础设施具有高度数字化、智能化的特征。中央相关会议在提出新型基础设施建设的同时，也提到了传统基础设施的建设，由此可见传统基础设施的数字化同样重要。在物联网、移动物联网、大数据、云计算、人工智能、机器人、区块链等数字技术的推动下，交通、能源、通信、市政、社会等领域的传统基础设施正在发生根本性的改变。智能基础设施能够向其运营者实时反馈自身的状态，从而实现"预测性维护、方案规划和投资决策，以满足不断变化的需求并优化整个生命周期的资产价值"[23]。更为重要的是，智能化的基础设施能够适应产业发展、居民生活、公共服务和社会治理更高的要求。例如，能源基础设施的智能化有助于高效调配能源的生产和传输，提高能源的综合利用效率；交通基础设施的智能化能够缓解交通拥堵、减少交通事故、降低交通领域的能耗和污染物排放。再如，无人驾驶的发展不仅要求车辆通过加载定位导航系统、相机、激光雷达、毫米波雷达、超声波雷达而具备周边环境感知与自主决策的能力，而且要求对道路、路边标志、交通信号系统等传统基础设施进行数字化智能化改造，实现车辆与道路的实时通信。数字的基础设施化在连接、数据、决策等方面的能力也使其成为传统基础设施数字化的基础。

三、"新基建"助力智慧社会发展的机制

随着生产力的发展，人类社会的技术经济范式也在不断演进。每个时代最具颠覆性、影响力的代表性技术转化形成的资源构成了特定技术经济范式下的物质基础。人类社会进入智慧社会，将对基础设施提出新的要求。

（一）社会技术经济形态与基础设施的匹配

党的十九大报告提出"建设科技强国、质量强国、航天强国、网络强国、交通强国、数字中国、智慧社会"，这是党中央文件中第一次提出"智慧社会"的概念。"智慧社会"也被称作"智能社会"，被认为是一个无须人工干预，情境感知机器和技术能够做出决策，从而提高效率和福祉的社会。Chakravorti等在更为实操的层面将其定义为"政府精心部署的数字技术能够改善人民福祉、经济实力和制度效率三方面成果的社会"[24]。建设智慧社会在世界主要国家已经成为

共识。早在2008年11月，IBM就提出了"智慧地球"愿景。IBM认为，随着连接和算力的普及，这个世界正变得日益智能化，电网、食物系统、水管理、医疗、交通等都向着智能化方向发展[25]。2016年1月，日本发布的《第五期科学技术基本计划（2016—2020）》提出了"社会5.0"（Society 5.0）的概念，也即"超智能社会"。"超智能社会"具有"智慧公民"支撑、科技创新推动、认知与决策自动化支持、社会技术生态融合、"网络—物理"在线社区构建、生活智能化等特点[26]，最终将成为一个充满活力、适宜生活的社会。在实践层面，美国通用电气公司和德国政府先后提出"工业互联网""工业4.0"战略，更多的国家和政府则开始推动"智慧城市"战略，如韩国的U-City计划、新加坡的"智慧国家"计划、英国的"未来城市"战略等[27]。

智慧社会是随着生产力的发展特别是以移动互联网、物联网、云计算、人工智能等新一代信息技术的发展和广泛应用而被提出并被付诸实践的。技术的进步不但会推动经济的发展，而且会使人的生活和交往、公共服务和社会管理等各方面发生深刻改变，人类社会的经济技术形态随之也会不断演进。日本提出的"社会5.0"将人类出现后的社会形态概括为五个阶段：狩猎社会、农业社会、工业社会、信息社会和智能社会。基础设施对于经济、社会发展发挥着重要的作用，基础设施的质量和规模对于国家、地区、城市的吸引力、竞争力、可持续性以及经济增长、贸易、公众生活水平等经济社会的各方面都会产生重要的影响[9]。人类文明诞生后的每一种社会形态不仅取决于占有主导地位的新兴技术，而且需要与主导的新兴技术紧密相连的基础设施作为支撑，相应时代的"新型"基础设施成为人类历史上历次工业革命的标志和必要条件[28]。

人类进入农业社会后，定居型的农业对供水、农业灌溉、道路以及维系国家统治的社会基础设施都提出了要求。英国工业革命发生后，人类进入工业社会。以蒸汽、电力驱动的机械动力取代了人力、畜力，推动了经济总量显著扩大，使贸易范围极大拓展，城市规模大幅度扩张，在此背景下，对基础设施的要求亦不断升级。更高等级的道路、铁路、运河、海港、电力、电报、电话等经济基础设施以及污水和垃圾处理、通信系统、医院、学校等社会基础设施成为经济社会发展的基本要求。20世纪下半叶以来，随着可编程逻辑控制器（PLC）、计算机以及因特网的发明，人类进入信息社会，生产过程可以按照预先设定的程序自动运行，计算机大幅度提高了脑力劳动的效率，人与人之间的联系更加高效。在信息社会，由光纤、无线通信、有线网络、电信机房等构成的互联网基础设施成为这一时代最重要的新型基础设施。

进入21世纪以来，随着新一代信息技术的发展，网络空间与物理空间（现实世界）的融合程度不断加深。物联网、移动互联网的发展正在构建一个万物互联的世界，并在产生实时大数据。随着海量数据的积累、算力的快速提升和算法的不断优化完善，人工智能技术开始大规模商业化应用，数据成为贯穿经济社会生活全领域、全流程的生产要素，一个智慧型社会正在浮现。智慧社会是随着云计算、大数据、物联网、移动互联网、人工智能、虚拟现实/增强现实、区块链等新一代信息技术的成熟和广泛利用而出现并深度发展的新型经济社会形态，在科学技术、产业活动、人民生活、社会治理等方方面面都呈现高度智能化的特征。所谓智能化，就是在没有人的干预下，产品、服务及其所构成的各种经济社会系统对系统运行状态实时感知、准确预判、操作执行并不断学习提高。科学技术的智能化不仅包括智能科技的创新，而且包括科学研究、产品开发和工艺设计等过程的智能化；产业活动的智能化，是指产业成为一个"信息—物理系统"，实现横向集成、端到端集成和纵向集成，包括全商业生态、全价值链、全产品生命周期的智能化；人民生活的智能化是指人民群众的衣食住行、娱乐、教育甚至工作都实现智能化，日常生活中充斥着智能化的产品和服务；社会治理的智能化是指提供智能化的公共服务与公共事务管理的智能化。智慧社会同时也是一个更高的社会价值形态，以人民为中心、可持续发展、包容性增长等价值目标通过新的技术手段及其引发的社会关系的变革得以实现。物联网、大数据、人工智能等技术使得能源、资源的利用更加高效，污染物和温室气体的排放大幅度降低。人工智能、区块链、机器人等技术推动老龄化、医疗健康、交通拥堵等社会问题得到解决，实现更加高效、守信的社会治理图景。过去，大量经济活动建立在以铁路、公路、机场等为代表的传统基础设施建设之上。在智慧社会，经济和社会活动需要建立起能支撑数据采集、传输、存储、处理、利用并由新一代信息技术发展形成的新型基础设施的基础之上。

（二）新型基础设施助力智慧社会发展的机制

基础设施被普遍认为是经济增长的基础条件，适度超前的基础设施建设是我国改革开放以来经济快速增长的重要原因。相较之下，一些欠发达国家虽然有丰富的自然资源和劳动力，但是由于缺少足够的资金进行基础设施建设，资源和劳动力优势无法转变为现实的竞争优势，从而陷入"低水平陷阱"而难以自拔。基础设施建设所需资金规模大、建设周期长，其本身也能成为直接带动经济增长的重要力量，特别是在逆周期调节中能够发挥重要作用。在应对1997年的亚洲金融危机、2008年的国际金融危机中，我国通过大规模的基础设施投资，快速扭转了经济下行的态势。世界各国对高水平基础设施之于经济、社会发展的重要作用已经形成共识，2019年的G20大阪峰会达成了《G20高质量基础设施投资原则》，并将之作为共同的战略方向和远大目标。除了作为经济增长的基础条件和直接动力外，"新基建"还能够发挥更为深远的作用，它将成为在新科技革命和产业变革大潮中抢占先机、争夺未来产业竞争制高点的重要抓手，应对"逆全球化"的有力武器，以及智慧社会发展的重要支撑和动力源。

第一，"新基建"支撑创新的智能化。人工智能等数字科技的发展需要海量数据的支撑，而大学、科研机构和中小企业往往缺少数据，也难以承受专门生产、标注数据的成本，开放的AI素材数据库为人工智能理论研究和应用算法的开发提供了极大的便利。汇集各种算法、代码并依靠大量极客不断丰富、提高的开源社区，使许多创新活动不用从零开始，特别是对于非数字科技领域的创新者来说，可以采取"拿来主义"，直接使用现成的算法用于本领域的应用型创新，这就极大地提高了创新活动的效率。

第二，"新基建"创造市场并带动新能力培育。一些规划建设的基础设施中会包含新技术、采用新形式、实现新功能[8]。新型基础设施本身就是由新型或前沿数字技术所推动的，因此新技术、新功能的含量更高。对于一个国家、一个企业来说，技术能力不只是体现在大学、科研机构或企业的科学发现、竞争前的实验室技术之中，在工程化和产业化过程中形成、积累的技术诀窍和专利也是市场竞争力的重要来源。产业化技术的形成和发展必须依赖于足够的生产规模，只有在实际生产中反复试错才能推动技术的进步和成熟。前沿技术虽然发展空间巨大，但是在发展早期技术性能与既有产品往往存在较大差距，以致不能规模化生产，成本居高不下。如果完全依靠市场机制，就可能因市场规模不足，企业不愿意过早进入，即使进入的企业也会耗费漫长的时间才能使技术逐步完善。"新基建"的投资规模巨大，能够为前沿技术的产业化发展提供一个具有相当规模的早期市场，并通过"干中学"机制加快新技术的演进和成熟。当前，新一轮科技革命和产业变革正在全球范围兴起，主要国家的国内政策变化、国际关系调整的核心都是瞄准新一轮科技和产业大潮发力，以抢占未来国际竞争的先机，实现本国经济的快速增长。"新基建"已成为前沿技术产业化的重要拉动力。

第三，"新基建"助力新动能的孕育壮大。作为经济活动开展的支撑条件，基础设施对于产业的发展至关重要，其投资规模和结构能够影响资源要素的配置方式和效率[29]，进而影响不同产业的发展速度，形成产业结构的变化甚至产业的更替。"新基建"投资是面向全局和长远发展的基础性、战略性、先导性、引领性投资[30]。如果支撑新产业的基础设施能够适时规划建设，就能够起到加速新产业、新模式、新业态发展和传统产业转型升级的作用，实现新旧动能转换。4G基础设施在我国的发展就是一个很好的例证。我国拥有全球规模最大的移动通信网络，4G基站实现了包括农村和人烟稀少地区的全面覆盖，加上智能手机价格下降和连续多年的"提速降费"，4G智能终端在我国的普及率很高。4G网络的广泛覆盖方便了人们的日常生活，带动了农村和边远地区农产品和特色产品的线上销售，促进了网购、社交网络、在线直播、短视频、O2O外卖等新模式、新业态的创新，主要服务于终端消费者的消费互联网发展还催生出大数据、云计算、人工智能、金融科技等新的数字科技及相关产业，使我国数字经济规模领先，数字科技水平也居于世界前列。同样，新型基础设施的建设和发展在未来将会继续催生新技术、新模式、新业态，成为新动能发展的重要推动力。在具有广泛连接、状态感知、数据分析等能力的新型基础设施支持下，传统企业不需要大规模投资建设自己的数字化设施和能力，可以按需购买、即取即用数据存储和处理等服务，低成本地实现数字化、智能化转型，如对用户数据的实时监控、分析和预测，对生产线工艺参数的优化等，同时也避免了存储、计算资源的浪费。

第四，"新基建"促进人民美好生活需要的实现。党的十九大报告指出，我国社会主要矛盾已经转化为人民日益增长的美好生活需要和不平衡不充分的发展之间的矛盾。新型基础设施通过支撑产业的智能化，将劳动者从繁重、危险、枯燥、重复的体力劳动中解放出来，有助于提高产业劳动生产率，从而可留出大量的时间用于劳动者享受生活和促进其个人发展。在新型基础设施的支撑下，各行业生产可以更加准确预判消费者的需求，以更低的成本生产定制化产品，更加精细地应对社会各种需求，将所需的物品、服务在所需之时按所需之量提供给所需之人，使每个人都能获得高品质的产品、享受高质量的服务。

第五，"新基建"赋能政府治理能力。高效的公共治理依赖于对数据的获取和数据处理能力。依托普遍存在的数字基础设施，政府管理部门可以获取经济社会生活的海量鲜活数据；利用大数据、人工智能等手段对数据进行分析、挖掘，做出更为精准的判断、预测并据此采取相应决策、实施相应政策，从而切实提高公共服务水平和社会治理能力。区块链去中心化、不可篡改的特性有助于一个更加诚信的社会的出现。可以说，新型基础设施将成为国家治理体系和治理能力现代化的有力支撑。例如，新型基础设施在应对新冠肺炎疫情中发挥了积极的作用：政府部门利用工业大数据，可以及时掌握应急物资的生产能力、库存状况和供应链企业的分布，快速组织口罩、消毒剂等医疗防护用品生产；利用电信运营商和各种数据平台的数据，可以快速锁定感染者的密切接触人群并对其进行隔离，利用定位数据生成"健康码"加快恢复人员流动和复工复产；利用互联网和各种数字平台，开展线上问诊，实施线上会议、远程协作办公，实现"停课不停学"[31]。可以看到，数字化和智能化水平越高、数字技术应用越好的国家，对新冠肺炎疫情的防控越有效。

四、推动"新基建"需要注意的问题及其政策取向

"新基建"既是关系当前"六稳""六保"的重要政策抓手，又是着眼于未来智慧社会建设的重要战略。在推动"新基建"的过程中，需要汲取传统基础设施建设中的经验与教训，依据"新基建"的特性，制定和实施有效的国家战略和政策。

（一）推动"新基建"需要注意的问题

第一，"新基建"的不确定性高。数字技术作为快速演进中的前沿技术，具有高度的不确定性，包括技术的不确定性、市场的不确定性、组织的不确定性[32]。基础设施具有非竞争性或部分竞争性的特点，存在着正外部性和供给不足，因

而政府在传统基础设施的规划建设中往往发挥着主导性的作用。相对于在市场中直接参与技术创新、市场竞争和面对用户的企业，政府对于技术和市场的不确定性更不敏感，因此正确做出新型基础设施技术路线选择和建设规模决策更加困难。一旦决策失误，不但会面临巨额的投资损失，而且会丧失在前沿数字技术领域的发展先机，并因新型基础设施建设的滞后影响经济社会的转型升级。

第二，"新基建"的价值折旧快。与传统基础设施以机械、建筑、设施等物质产品为主要表现形式不同，新型基础设施的主要物质载体是电子信息产品，以及其中蕴含的大量算法、软件和服务。相较于机械、建筑和设施，电子信息产品与软件、互联网服务的技术进步更快、折旧周期更短。《中华人民共和国企业所得税法实施条例》对固定资产折旧最低年限的规定是：房屋、建筑物为20年，飞机、火车、轮船、机器、机械和其他生产设备为10年，电子设备为3年。根据财政部、国家税务总局发布的《关于企业所得税若干优惠政策的通知》，软件的折旧或摊销年限最短为2年。尽管超前的基础设施建设对于经济社会的发展至关重要，但是新型基础设施如果不能适时发挥作用，产生直接经济效益或间接社会效益，就可能造成巨大的资源浪费。

第三，"新基建"的竞争性强。虽然公共产品理论是基础设施建设的理论基石，但并不意味着基础设施必然要由政府来提供。在传统基础设施建设中，政府的参与程度较高，或者由政府进行投资，或者由公共部门直接运营，即使像通信、道路等商业化运营基础设施的准入也受到政府的严格管制。新型基础设施中数字平台的形成是市场竞争的结果，企业可以利用技术突破带来的商业模式变革机遇建立平台，并实现平台规模的迅速扩大。由于网络效应的存在，在同一细分市场中通常最终只能剩下数量很少甚至一两家平台企业，这些平台成为许多第三方供应商甚至个人创业者经营活动开展的支撑条件。例如，电商平台能够给网店提供网店模板、数据存储和分析、金融支持等服务，大幅度降低了开店成本，提高了开店的便利性。在较为成熟的细分数字经济领域，虽然由于"赢家通吃"最终市场的平台数量不多，但彼此之间的竞争仍然非常激烈，同时，入驻同一平台的供应商也需要为争夺稀缺的流量进行激烈的竞争。

（二）推动"新基建"的政策取向

新型基础设施建设需要处理好长期与短期、政府与企业、规制与竞争等方面的关系。为此，推动"新基建"应坚持如下政策取向：

第一，面向未来，政府引导。新型基础设施的规划建设不应仅落脚于短期经济刺激，而要将其作为构建智慧社会、实现第二个百年奋斗目标的先导性工作和重要支撑[33]。通过发布"新型基础设施建设战略"或"新型基础设施建设行动指南"等指导性文件，吸引社会各界积极参与"新基建"，同时要纠正地方政府在"新基建"领域的短期化行为，避免造成新型基础设施的严重产能过剩和资源浪费，避免因盲目大干快上而加重地方政府财政负担、加剧债务风险。

第二，适度超前，小步快走。"新基建"是经济社会智能化转型的基础，如果新型基础设施建设滞后，就会成为经济社会智能化的瓶颈；但如果新型基础设施太过超前，又会造成资源的极大浪费。因此，"新基建"应当适度超前，根据技术成熟程度、市场开发程度"小步快走"地稳步推进。例如，5G投资规模巨大，仅中国的投资规模估计就会超过1万亿元，但是5G相应的市场需求尚未培育起来，还缺少大规模应用5G的场景。此时最好的策略不是一哄而上，而是根据市场需求的发展，在最需要的地区、领域、场景率先启动，逐步推进。

第三，放松准入，多元参与。随着改革开放的深入推进，我国的市场准入管制逐步放松，但仍然存在着限制企业进入和公平参与竞争的"玻璃门""旋转门""弹簧门"等问题[34]。新型基础设施投资规模巨大和公共物品的特性要求有实力的国有企业参与其中，但是新型基础设施技术含量高、技术发展方向高度不确定以及强竞争性的特征要求充分调动民间的投资积极性，吸引大量的企业特别是民营企业、中小微企业的参与。

第四，合理分工，企业先行。新型基础设施建设应处理好政府与市场的关系，把市场愿意做、擅长做的交给市场，市场做不好的政府可以参与[35]。政府的作用主要是从全局着手，制定基础设施发展愿景，并对"新基建"相关科学研究和具有非竞争性的公共物品提供资金支持，通过政府投资的基础设施建设为数字技术的产业化提供市场。在更多的基础设施领域，特别是具有部分竞争性的领域，应更好地调动企业的积极性，具有公共物品性质的基础设施也应该积极采取PPP模式，鼓励私营企业、民营资本参与基础设施的建设与运营。

第五，需求引导，竞争推动。新型基础设施是新兴产业发展的重要支撑力量，但其服务于新兴产业发展，需要新兴产业规模扩大的拉动。例如，充电桩设施的建设取决于新能源汽车的保有量和发展速度。对于新兴产业的发展，政府的重点工作不是提出明确的技术路线和规模目标，而应从公共利益出发设定更大的愿景、创造良好的产业发展环境，引导企业在新兴产业的投资和创新，并随着产业规模的扩大带动对新型基础设施的需求增长。例如在新能源汽车领域，政府要做的不应是选择锂电池路线或燃料电池路线、充电或换电模式，制定规模目标，而应根据可持续发展的要求设定能耗标准和减排目标，对达到能耗标准和减排目标的产品给予补贴，以此激励不同技术路线的竞争，与此同时，基础设施建设也要随之跟进。

参考文献

[1] 田杰棠. 如何理解"新基建"的意义？[EB/OL]. [2020-04-15]. https://www.tisi.org/13371.

[2] 闫德利. "新基建"：是什么？为什么？怎么干？[EB/OL]. [2020-04-15]. https://www.tisi.org/13457.

[3] 国家发展改革委4月份新闻发布会实录[EB/OL]. [2020-04-21]. https://www.ndrc.gov.cn/xwdt/xwfb/202004/W020200420465025588472.docx.

[4] 黄舍予. 中国信通院院长刘多："数字基建"在"新基建"中发挥核心作用[N]. 人民邮电, 2020-04-2 (001).

[5] 潘教峰, 万劲波. 新基建十大战略方向[J]. 瞭望, 2020 (17): 25-27.

[6] 邓聪. 中国工程院院士张平："数字基建"是新时代增强综合国力的必经之路[N]. 人民邮电, 2020-04-28 (001).

[7] 刘树成. 现代经济词典[M]. 南京：凤凰出版社, 江苏人民出版社, 2002.

[8] Underhill M. D. The handbook of infrastructure investing [M]. Hoboken, New Jersey: John Wiley & Sons Inc., 2010.

[9] Weber B., et al. Infrastructure as an asset class investment strategy, sustainability, project finance and PPP [M]. Hoboken, New Jersey: John Wiley & Sons Ltd., 2016.

[10] Frischmann B. M. Infrastructure: The social value of shared resources [M]. New York: Oxford University Press, 2012.

[11] 任泽平, 熊柴, 孙婉莹等. 中国新基建研究报告[EB/OL]. [2020-04-15]. https://mp.weixin.qq.com/s/jwPeeaWiHSMXGvQzX_xAAw.

[12] Lipsey R. G., Carlaw K. L., Bekar C. T. Economic transformations: General purpose technologies and long term economic growth [M]. Oxford: Oxford University Press, 2005.

[13] 布朗温·H. 霍尔, 内森·罗森博格. 创新经济学手册：第二卷[M]. 上海市科学学研究所译. 上海：上海交通大学出版社, 2017.

[14] Hogendorn C., Brett F. Infrastructure and general purpose technologies: A technology flow framework [EB/OL]. [2020-04-15]. http://repec.wesleyan.edu/pdf/chogendorn/2017001_hogendorn.pdf.

[15] Ben S., Bosc R., Jiao J., et al. Digital infrastructure: Overcoming the Digital Divide in China and the European Union. [EB/OL]. [2020-04-15]. http://aei.pitt.edu/92718/.

[16] 吴绪亮. 新基建与数字中国发展的战略逻辑[N]. 中国经济时报, 2020-04-23 (A04).

[17] 李燕. 工业互联网平台发展的制约因素与推进策略[J]. 改革, 2019 (10): 35-44.

[18] 卓越, 王玉喜. 平台经济视野的网约车风险及

其监管[J]. 改革, 2019 (9): 83-92.

[19] 李毅中. 准确把握内涵外延精准有序推进"新基建"[N]. 中国电子报, 2020-04-03 (001).

[20] 辛勇飞. 加快新型基础设施建设, 推动经济社会数字化转型[N]. 人民邮电, 2020-03-11 (003).

[21] 刘松. 数字基础设施建设需兼顾现实和未来[N]. 中国电子报, 2020-04-14 (003).

[22] 工业互联网产业联盟. 工业互联网体系架构 (版本2.0) [R/OL]. [2020-04-30]. http://www.aii-alliance.org/index.php?m=content&c=index&a=show&catid=23&id=1489.

[23] Jackson F. Cities of the future: digitally-transformed infrastructure [EB/OL]. [2020-04-15]. https://www.raconteur.net/digital-transformation/digitally-transformed-infrastructure.

[24] Chakravorti B., Chaturvedi R. S., Troein C. Building smart societies - A blueprint for Action: How the world's most digitally advanced governments offer a strategic choice framework on technology for policymakers [R/OL]. [2020-04-15]. https://sites.tufts.edu/digitalplanet/files/2017/12/SmartSocieties_2017_web.pdf.

[25] IBM. Smarter planet [EB/OL]. [2020-05-01]. https://www.ibm.com/ibm/history/ibm100/us/en/icons/smarterplanet/.

[26] 周利敏, 钟海欣. 社会5.0、超智能社会及未来图景[J]. 社会科学研究, 2019 (6): 1-9.

[27] 赵刚. 从"智慧型经济"到智慧社会[N]. 学习时报, 2017-11-08 (007).

[28] 王晓明, 刘昌新. "新基建"为经济增长提供新动力[N]. 经济日报, 2020-03-01 (012).

[29] 潘雅茹, 高红贵. 基础设施投资的资源错配效应研究[J]. 改革, 2019 (7): 62-72.

[30] 潘教峰, 万劲波. 新基建如何实现代际飞跃[J]. 瞭望, 2020 (16): 39-41.

[31] 渠慎宁, 杨丹辉. 突发公共卫生事件的智能化应对: 理论追溯与趋向研判[J]. 改革, 2020 (3): 14-21.

[32] 李晓华, 吕铁. 战略性新兴产业的特征与政策导向研究[J]. 宏观经济研究, 2010 (9): 20-26.

[33] 郭春丽. 第二个百年目标院全景展望与实现路径[J]. 改革, 2018 (11): 16-29.

[34] 陈小亮. 发展"新基建"应该谨防三大"老问题"[EB/OL]. [2020-04-21]. https://share.gmw.cn/economy/xinxi/2020-04/20/content_33754799.htm?from=timeline&isappinstalled=0.

[35] 杨志勇. 新基建的财政力量与风险[EB/OL]. [2020-04-15]. https://www.thepaper.cn/newsDetail_forward_6488115.

New Infrastructure Construction and Policy Orientation for a Smart Society

Li Xiaohua

Abstract: Recently, the construction of new infrastructure has attracted extensive attention from all walks of life, and local governments have issued new infrastructure construction plans. The new infrastructure has the characteristics of taking digital technology as the core, emerging fields as the main body, scientific and technological innovation as the driving force, virtual products as the main form, platforms as the main carrier, and can be divided into digital innovation infrastructure, digital infrastructure, digital traditional infrastructure and other types. The technical and economic form of the society needs to adapt to the infrastructure, and the smart society needs new infrastructure as support. The new infrastructure helps the development of the smart society by supporting the intellectualization of innovation, creating the market needed for the development of new capabilities, helping the breeding and expansion of new kinetic energy, promoting the realization of the people's good life, enabling the government's governance ability and other mechanisms. To promote new infrastructure construction, we need to pay attention to the characteristics of new infrastructure, such as high uncertainty, fast value depreciation and strong competitiveness, handle the relationship between long – term and short – term, government and enterprise, regulation and competition, and adhere to the following policy orientations: facing the future and guided by the government; moderately ahead of the time and walking fast in small steps; relaxing access and multiple participation; reasonable division of labor and leading by enterprises; demand guidance and driving through competition.

Key Words: The Construction of New Infrastructure; Smart Society; New Driving Force of Economic Development

"新基建"赋能中国经济高质量发展

郭朝先　王嘉琪　刘浩荣

摘　要：自"新基建"提出以来，社会、学术界和政府部门对"新基建"经历了一个逐步深化的认识过程，本文认为"数字基建"是"新基建"的内核。"新基建"具有新技术、新高度、新领域、新模式、新业态、新治理"六新"特征，这是"新基建"具备为中国经济"赋能"的条件。"新基建"具有三重属性，因而有三个途径可以为中国经济高质量发展"赋能"：其一，作为固定资产投资行为，"新基建"具有乘数效应，可以带动经济增长，并且与传统基建相比，"新基建"更能促进经济"包容性"增长；其二，作为现代基础设施，尤其是数字化基础设施，可以为经济数字化转型提供底层支撑；其三，作为数字化平台，"新基建"为中国经济发展提供了新动能，推动产业融合发展、形成产业新生态，为构建现代产业体系和经济体系服务。其中，第一条途径主要是短期效果，而后面两条途径则具有长期效果。为有效发挥"新基建"赋能效应，当前需要正确处理好传统基建与"新基建"、"建"与"用"、政府与市场、创新与治理四大关系，促进中国经济数字化转型和高质量发展。

关键词：新型基础设施建设；赋能；数字化平台；高质量发展

一、"新基建"概念和功能：一个逐步深化的认识过程

（一）什么是"新基建"

自从2018年底中央经济工作会议提出"新型基础设施建设"（简称"新基建"）以来，关于什么是"新基建"，社会上和学术界有不同的理解。

最早，主要是新闻媒体报道，认为5G基建、特高压、城际高速铁路和城际轨道交通、新能源汽车充电桩、大数据中心、人工智能和工业互联网七大领域是"新基建"。不同学者从不同角度对"新基建"进行了论述，吴绪亮[1]认为，传统基础设施是为社会生产和居民生活提供公共服务的物质工程设施，而新型基础设施虽然在某些领域也表现为一定的物质工程设施，比如5G网络和数据中心，但更多的则体现为代码、App、软件、标识和标准这样的虚拟形态，具有数字化、网络化、智能化的特征，这与铁路、公路、机场等传统基础设施的产品形态有很大差异。盛磊和杨白冰[2]认为，新型基础设施是以适应新一轮科技革命变革需要为导向，以连接为基础，以计算为核心，支撑数据的感知、连接、汇聚、融合、分析、决策、执行、安全等各环节运行，并提供智能化产品和服务的新一代数字基础设施体系，具有技术更新迭代快、软硬兼备、协同融合等主

---

* 本文发表在《北京工业大学学报（社会科学版）》2020年第6期。

[作者简介] 郭朝先，中国社会科学院工业经济研究所研究员、产业组织研究室主任；王嘉琪，中国社会科学院大学研究生；刘浩荣，中国社会科学院大学研究生。

要特征。黄群慧[3]认为，新型基础设施应该是新型工业化的基础设施，不仅包括新一代智能信息基础设施，而且还应包括与绿色化相关的各类基础设施；不仅包括"七大领域"，还应包括支撑不断深化拓展的新一轮科技和产业革命的各种基础设施。

2020年4月20日，国家发改委对新型基础设施的范围正式做出了解读，指出新型基础设施是以新发展理念为引领，以技术创新为驱动，以信息网络为基础，面向高质量发展需要，提供数字转型、智能升级、融合创新等服务的基础设施体系，包括信息基础设施、融合基础设施、创新基础设施三个方面。[4]发改委也强调，伴随着技术革命和产业变革，新型基础设施的内涵、外延也不是一成不变的。

显然，社会、学术界和政府对"新基建"认识经历了一个逐步深化的过程。本文认同发改委对新型基础设施的解读，但认为数字化是新型基础设施的核心要素，"数字基建"是"新基建"的内核。

（二）关于"新基建"功能的认识

关于"新基建"对中国经济社会发展具有什么样的作用和功能，社会各界尤其是学术界主要存在"大小""长短""强弱"等方面的讨论。

其一，"新基建"规模的大和小，以及对经济增长贡献的大和小。关于基础设施、新型基础设施促进经济发展已经有了较为充分的论证，但以定性分析为主。马荣等[5]分析了在新型基础设施的构建下，信息化技术示范区带动的区位关联性以及产业高级化的效果将突破普通积累效应，并且通过结构革新对经济行为实现持续强化的乘数式增速。姜卫民等[6]对比我国现阶段总体投资乘数和"新基建"投资乘数，论证了"新基建"政策的必要性，对于经济增长具有促进作用。钞小静[7]认为"新基建"主要通过动能转换、结构优化与效率提升三个层面促进中国经济高质量发展。然而，也有学者认为"新基建"的拉动效果有限，刘世锦在北京大学国家发展研究院朗润·格致论坛上提到，目前各省份出台的数十亿基建投资计划，实际上是多年的投资计划，且大部分内容还是传统基建，"新基建"占比仅为10%，"还是挑不起大梁"（祝嫣然，2020）。[8]

其二，"新基建"主要是长期作用，还是短期作用。"新基建"最早提出于2018年12月召开的中央经济工作会议，但并未受到过多关注，真正热议的时候是2020年上半年，是在新冠肺炎疫情暴发后造成经济"停摆"和大幅下行之际，社会各界广泛认为通过刺激"新基建"，加大投资力度，发挥逆周期调节作用，可以促进中国经济摆脱衰退的阴影；加上"新基建"相关的新经济、"线上"经营活动等在"抗疫"中发挥的出色表现，不少学者认为，"新基建"在短期内刺激经济可以发挥大作用。随着"抗疫"取得阶段性重大胜利，更多学者认识到，"新基建"不仅具有短期刺激经济的作用，而且对中国经济转型具有长期作用，是中国经济数字化转型的重要支撑。刘世锦认为，"新基建"具有长期意义，但是短期内应对疫情、刺激经济需要更加审慎。祝嫣然表示，基础设施主要在于奠定长期发展基础，未必适合用于作为短期调控政策，且2020年"新基建"的投资总量大约在1.1万亿元，体量难以达到有效对冲疫情影响的效果。[8]这些学者肯定了"新基建"的前景，但是认为在后疫情时代，"新基建"作为短期逆周期调控政策有效性难以保证。一些学者则认为，"新基建"既有短期稳投资、稳增长、稳就业、防疫情的作用，也有作为信息社会、数字经济基础，促进传统产业转型升级、释放经济增长潜力、提高国家科技竞争力的长期作用，如朱敏[9]、林火灿[10]、何自力[11]等。

其三，"新基建"需要强刺激，还是弱刺激。"新基建"被提出来的时候，不少媒体将"新基建"与2008年的"四万亿计划"相提并论，既为"新基建"刺激政策的出台欢呼，又担心引发新一轮产能过剩。在学术界，主流意见是不主张对"新基建"搞"强刺激"，不能把"新基建"弄成又一个"四万亿"计划。李克强总理在第十三届全国人民代表大会第三次会议《2020年国务院政府工作报告》中再次强调重点支持新型基础设施建设；并反复强调稳就业、稳投资等"六稳"目标和完成保就业、保民生等"六保"任务；面对疫情，不提出全年经济增速具体目标，这些都表明，我国不再将经济着眼点放在强刺激上，而是将更多注意力集中到就业、民生和经济结构优化工作上。这为避免对"新基建"投资过度刺激提供了良好的社会条件。

二、"新基建"具备为中国经济"赋能"的条件

"新基建"并不是"新的基建"，而是具有"质"的规定性。概括地说，"新基建"具有新技术、新高度、新领域、新模式、新业态、新治理"六新"特征，这是"新基建"具备为中国经济"赋能"的条件。

（一）新技术

"新基建"应用的不是单一的产品技术或工业生产技术，更多的是指以数据为中心，结合信息网络和融合创新并形成循环作用的新技术链。具体来看，"新基建"包括信息基础设施、融合基础设施和创新基础设施三方面内容。其中，信息基础设施的建设源于5G、云计算、区块链、数据中心等新一代信息技术的演化，在此基础上对互联网和人工智能等新技术的深度应用又进一步产生了以智能交通基础设施、智慧能源基础设施为代表的融合基础设施，信息融合得到的创新基础设施反过来还可以继续支撑科学研究、技术开发和产品研制，进而促进新一代的信息技术研究。由此可见，新一代信息技术在这三类基础设施中的作用过程形成了一个从技术开发到产品升级再到配套服务的全新技术链。①

（二）新高度

从战略定位的顶层设计上看，"新基建"的战略目标更加长远。基于以数字化、网络化和智能化为特征的新时代环境，"新基建"瞄准的是未来中长期经济的高质量发展，通过加强网络型基础设施建设推动产业结构化变革，进而占据全球新一轮科技和产业革命的先机，谋取未来国际竞争优势，这与新一轮技术变革浪潮和"数字中国"战略一脉相承。因此，与传统基建着眼于短期需求和经济增长相比，"新基建"更多地立足于高端化、高质量、高附加值的科技创新发展，侧重产业的转型升级和现代产业体系的构建，相关战略和决策具有前瞻性且作用时间更长。

（三）新领域

与以"铁公机"为代表的传统基建相比，"新基建"涉及的领域更加广泛。从横向上看，传统基建主要投资于铁路、公路、机场、港口、水利等基础设施，"新基建"则集中于5G基站、新能源汽车充电桩、大数据中心、人工智能、工业互联网、物联网等建设领域，在补齐传统基建的基础上大力开拓智慧物流、智慧城市、智慧医疗、远程教育等新兴建设。从纵向上看，"新基建"具有关联度高、就业面广的特点，因此具备了"一业带百业"倍扩效应——每个基础投资领域都助益于它们所联系的上下游关联方，可以带动整个行业的产业链发展。如物联网的建设将拉动现代制造业、现代农业、物流业、零售以及金融服务业等一系列相关产业的业务扩展。

（四）新模式

相对于传统基建，"新基建"具有高技术、高收益、高风险的特点，为分散经营风险，"新基建"的投融资模式更加多元化。传统基建基本上是由地方政府、国有企业建设、实施和运营，投资经营趋于"中心化"；而"新基建"涉及的产业范围非常宽泛，基于平台经济，政府鼓励不同民营资本进入，由民营企业主导建设和运营，这将有助于形成更庞大的投资经营群体，整体趋向于"去中心化"开放式包容发展模式。另外，"新基建"的融资来源更加多样，传统基建的资金主要靠地方政府和国有企业募集，但"新基

---

① 中央纪委国家监委一端连接投资与需求 一端连接消费市场新基建催生新业态［EB/OL］.［2020-04-21］. http://www.ccdi.gov.cn/toutiao/202004/t20200421_215721.html.

建"资金可能更多来源于民营企业、产业投资基金等社会化资本。

(五) 新业态

"新基建"本质上是信息化经济的升级发展,与传统基建相比衍生叠加出了更多高科技、低耗能的新环节和新活动。在建设5G、人工智能、工业互联网等新一代信息基础设施的同时,"新基建"在传统基建的框架建设上赋予了实体经济数字化、网络化、智能化的灵魂内涵,开拓出如智能控制、智能机床、智能汽车、云平台、电子商务等新型市场,从而推动生产运输和销售管理等产业环节的创新发展。不仅如此,相比于传统基建,上述智能化的市场活动资源消耗少,环境污染少,更加符合新经济可持续发展的要求,两者结合充分表现出"新基建"以人工智能和绿色环保等为特征的新经济业态。

(六) 新治理

一方面,和传统基建政府发挥主导作用、"大包大揽"或成为基建项目实际上的业主不同,由市场来配置其需要的资源、由企业来完成"新基建"全过程建设的情形越来越多,政府在其中所扮演的角色将与传统基建有很大不同,因而也会带来大量新的社会治理问题。"新基建"与数字经济高度关联,对"新基建"的治理也要与数字经济相适应。比如,数据平台的利益分配涉及隐私保护、知识产权交易和国家安全防范等问题,为此,治理要尽量走到问题的前面。另一方面,以5G、数据中心为代表的"新基建"对于数据收集、处理、分析的几何级提升,为"高质量"决策和治理提供了所需要的数据(包括精度、结构和维度),从而也大力助推了国家治理体系和治理能力现代化的提升。

三、"新基建"赋能中国经济高质量发展的途径

"新基建"具有三重属性:一是固定资产投资;二是现代基础设施;三是数字化平台。不同属性正好从不同角度诠释"新基建"赋能中国经济高质量发展的途径(见图1)。首先,"新基建"是一种固定资产投资行为,投资就具有乘数效应,可以带动经济增长。在当前中国经济下行态势下,通过加大"新基建"投资力度,可以发挥投资的"逆周期"调节作用,这对于当前做好"六稳""六保"工作具有重要意义。但是,仅从投资的角度来理解"新基建"显然是不够的,因为,通过投资来拉动经济增长只具有短期效果。其次,"新基建"属于现代基础设施,并且是数字化基础设施,基础设施是一个经济社会的"地基",作为数字化基础设施的"新基建"可以为我国经济数字化转型提供底层支撑。这一点,显然具有长期的深远意义,这是我国迎接第四次工业革命的依靠和支撑。最后,"新基建"中的"基"与其说是"基础设施",还不如说"平台"更贴切,作为数字化平台,"新基建"为中国经济发展提供了新动能。一方面,新型基础设施的形成促进新技术、新产业、新模式、新业态等新经济的发展;另一方面,新经济发展可以为传统产业进行数字化赋能,使得传统产业"如虎添翼",焕发新的生机活力。这具有长期效果,即新

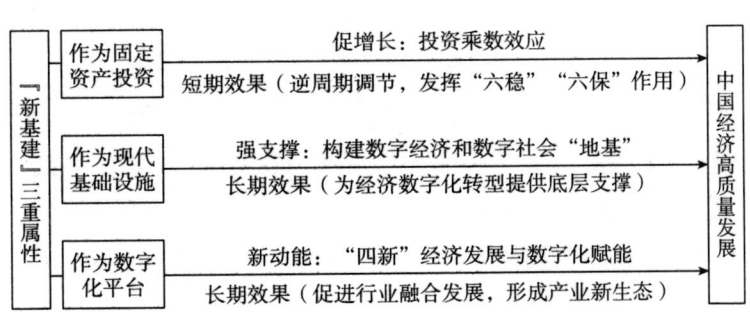

图1 "新基建"三重属性及其赋能经济高质量发展的途径

型基础设施的建设和形成不仅有利于推动制造业高质量发展，而且有利于推动先进制造业和现代服务业融合发展、推动数字经济和实体经济融合发展，从而形成产业新生态，为构建现代产业体系和经济体系服务。

（一）"新基建"投资促进"包容性"经济增长

作为固定资产投资的一种重要形式，基础设施建设首先和直接的作用就是可以带动经济增长。投资将通过一系列复杂的产业关联与传导机制带动经济发展，表述投资增量对经济拉动作用大小的概念是投资乘数。基础设施建设具有"乘数效应"，即能带来几倍于投资额的社会总需求和国民收入。投资乘数有不同的测算方法，本文利用投入—产出法进行测算。

常用的投入产出模型是一种开启式模型，即是以中间产品（第一象限）为核心，以总产品为研究对象，以最终需求为外生变量建立的模型，衡量的是最终需求变动与总产出变动之间的乘数效应。如果将最终需求中的消费及初始投入中的劳动者报酬内生化（所谓"居民部门"），归并到第一象限，则这时所构建的模型称为局部闭模型。① 相对于开启式模型，局部闭模型通过将外生变量内生化，使投入—产出完全经济联系扩展到原本外生的变量，不仅能够反映居民消费、劳动报酬与其他部门之间的相互影响，而且使投资作为外生变量对居民消费的影响更加全面和深入，通过收入与消费的连锁正反馈，使国民经济各部门的产出及收入都得以更大程度的提高，这是传统投入—产出开启式模型所不具备的。[12]

由投入—产出表中的基本关系式 $AX+Y=X$，可以得到局部闭模型：

$$X_{n+1} = (I - A_{n+1})^{-1} Y_{n+1} \quad (1)$$

其中，X_{n+1} 为加入消费部门的 $n+1$ 维总产品列向量，Y_{n+1} 为减去消费列的 $n+1$ 维最终产品列向量，A_{n+1} 为加入消费部门后的 $n+1$ 阶直接消耗系数矩阵，$(I-A_{n+1})^{-1}$ 即为投入产出局部闭模型投资乘数。与常规投入产出乘数 $(I-A)^{-1}$ 相类似，$(I-A_{n+1})^{-1}$ 刻画的是一定量投资对总产品的乘数效应，即对整体经济的带动能力。

进一步有：

$$\Delta X_{n+1} = (I - A_{n+1})^{-1} \Delta Y_{n+1} \quad (2)$$

$$\Delta GDP = A'_v (I - A_{n+1})^{-1} \Delta Y_{n+1} \quad (3)$$

其中，ΔY_{n+1} 为投资列向量，ΔX_{n+1} 为新增产出列向量，ΔGDP 为由投资变动所增加的增加值列向量，A'_v 经由 A_v 添加一个居民部门改写而成，A_v 为增加值系数对角阵，其对角线上的元素分别是各部门的增加值系数。

本文利用最新的全国投入产出表（2017年的149部门投入产出表）进行测算，并比较"新基建"与传统基建在拉动经济增长的差异。假定传统基建的投资构成（即投入产出表中的固定资本形成向量）为：工业∶建筑业∶服务业 = 30%∶60%∶10%；"新基建"的投资构成为：工业∶建筑业∶服务业 = 45%∶30%∶25%。这个假设的依据是"新基建"在有形的建筑物构建方面将显著少于传统基建，这里假设在传统基建中建筑业占比为60%，而"新基建"中建筑业占比下降到30%，相应地，"新基建"将投资更多的新机器、新设备，并需要更多新技术和服务的支撑，因而工业和服务业的比重都将上升，这里假设"新基建"建筑业占比下降30%的份额由工业和服务业分别上升15%来填补。将上述比例按照专家评分法分配到各细分行业部门中，得到更详细的固定资本形成向量，作为测算基建投资对经济增长贡献的数据基础。

我们的测算表明，假设100亿元投资搞基建，投资传统基建将拉动GDP增长200.98亿元，投资"新基建"将拉动GDP增长202.05亿元。"新基建"比传统基建拉动GDP增长仅多出1.07亿元，这个多出的幅度不到1%，几乎到了可以忽略不计的地步。可见，无论投资"新基建"还是传统基建，当前我国投资乘数都约等于2。这个

---

① "中国2007年投入产出表分析应用"课题组. 基于2007年投入产出表的我国投资乘数测算和变动分析［J］. 统计研究，2011，28（3）：3-7.

数值与国家统计局十多年前测算的投资乘数大体相当,当时他们测算我国固定资产投资乘数大体为1.5~2.2,其中,固定资本形成乘数的平均值为2.2。[①]

但在拉动GDP增长结构方面,"新基建"与传统基建呈现出较为明显的差异。同样的基建投资额,"新基建"拉动各产业新增增加值比例为:农业:采矿业:制造业:电力、热力、燃气及水生产和供应业:建筑业:服务业＝7.55%:5.98%:28.36%:3.30%:3.95%:50.87%;而传统基建拉动各产业新增增加值比例为:农业:采矿业:制造业:电力、热力、燃气及水生产和供应业:建筑业:服务业＝7.50%:6.54%:27.26%:3.63%:7.58%:47.49%。可见,传统基建拉动采矿业、电力热力燃气及水生产和供应业和建筑业表现更突出,而"新基建"拉动农业、制造业和服务业更抢眼。从细分行业来看,"新基建"将拉动更多细分行业更明显增长,在149个分行业中,"新基建"比传统基建拉动增长更多的行业达到101个,占比超过2/3,说明"新基建"更能实现"包容性"的经济增长。进一步分析发现,"新基建"比传统基建在拉动农业、轻纺工业、技术密集型制造业、服务业等方面作用更突出,而传统基建比"新基建"在拉动重化工业、资金密集型行业方面更显著。这是因为"新基建"需要投资更具有技术含量的机器、设备、材料、软件、研发设计、商务服务等,更具有生产的"迂回性",因此能带动更多细分行业的增长。考虑到近年来我国产能过剩的行业主要集中在重化工业、资金密集型行业,说明沿用旧思路继续搞传统基建,还容易恶化产能过剩问题,不利于推进供给侧结构性改革,而"新基建"则可以有效避免这种问题发生。

表1 "新基建"与传统基建拉动经济增长效果比较

		资本形成投资（假设100亿元投资）		拉动GDP增长（亿元）		各产业新增增加值占比（%）	
		"新基建"	传统基建	"新基建"	传统基建	"新基建"	传统基建
农业		0	0	15.25	15.07	7.55	7.50
工业	采矿业	0	0	12.07	13.14	5.98	6.54
	制造业	42	26	57.29	54.79	28.36	27.26
	电力、热力、燃气及水生产和供应业	3	4	6.66	7.29	3.30	3.63
建筑业		30	60	7.99	15.24	3.95	7.58
服务业		25	10	102.78	95.45	50.87	47.49
合计		100	100	202.05	200.98	100	100

注:本表是笔者基于149个部门投入产出表计算和汇总而来。

(二)"新基建"为中国数字化转型提供底层支撑

如果说"传统基建"(以"铁公机"为代表,主要指的是铁路、公路、机场、港口、水利设施等建设项目)是工业社会的基础设施,那么"新基建"则是数字社会的基础设施。当我国从工业经济迈向数字经济,基础设施的内涵也随之变化。"新基建"是数字经济的发展基石,可为中国数

[①] "中国2007年投入产出表分析应用"课题组. 基于2007年投入产出表的我国投资乘数测算和变动分析[J]. 统计研究, 2011, 28(3): 3-7.

字化转型提供底层支撑，是传统产业升级和数字转型的重要支撑，也是经济高质量发展的关键要素。

中国工业化成功的一个极其重要的经验就是"基础设施建设先行"，这就是"要想富、先修路"顺口溜的真谛。中国要在数字经济时代实现"弯道超车""变道超车"，"新基建"必须先行。因为，"新基建"将提升我国科技竞争力，加速各行各业向"智慧产业"发展转型。比如，5G网络的建设与应用，将成为"新基建"部署并扩展到产业互联网、智慧城市等领域的"高速公路"。"新基建"还可将一些传统产业从"线下"搬到"线上"，达到为中国经济赋能效果。

"新基建"一端连接着巨大的投资与需求，另一端连接着不断升级的消费市场，对当前中国经济高质量发展具有巨大的带动作用。"新基建"不仅刺激制造业等"生产型"投资，而更多依赖"消费型"投资，以及教育、医疗、社保等民生消费升级领域基础设施。"新基建"连同建立在其上的数字技术应用，将赋能中国经济，推动我国产业转型升级，提升资源配置效率，优化经济结构，推动中国经济发展质量变革、效率变革、动力变革，加快推动我国从"中国制造"到"中国智造"转变。

（三）"新基建""平台化"推动产业融合发展形成产业新生态

在新一轮信息技术革命的推动下，以"数字基建"为代表的"新基建"将向平台经济方向发展，推动产业融合发展。以"新基建"为平台，新一代信息技术将加快与先进制造、新能源、新材料等技术交叉融合，引发群体性、颠覆性技术突破，诱导一系列新技术、新产品、新模式、新业态的大量涌现，这个过程包括制造与服务的战略与业务协同、跨界融合、业态与模式创新等，从而推动先进制造业和现代服务业、数字经济和实体经济融合发展，推动中国经济高质量发展。[13]

"新基建"之"新"，在于它构筑起了"平台"这种新的结构性力量，充分发挥数字对经济发展放大、叠加、倍增、融合等作用，产生网络效应、平台效应和赋能效应，推动形成新的产业体系和产业生态。相对于传统基建而言，"新基建"形成的"平台"产生的应用及其产业生态，产生"一业带百业"倍扩效应，对经济增长和社会生活产生更大的影响，可类比为"冰山效应"，"新基建"产生的应用及其产业生态是其"冰山的水下部分"，每一个细分领域都将产生一个高达至少万亿级规模的大市场。比如，5G的建设将带动产业链的发展，上游主要是基站升级（含基站射频、基带芯片）；中游网络建设（网络规划设计公司、网络优化/维护公司）；下游产品应用及终端产品应用场景（云计算、车联网、物联网、VR/AR）。上中下游里面又可以包括器件原材料、基站天线、小微基站、通信、网络设备、光纤光缆、光模块、系统集成与服务商、运营商等各细分产业链。包括5G在内的"新基建"及其应用，将带动汽车、制造、电网、农业、零售、交通、医疗、教育等领域飞速发展，自适应的智能应用将取代人工驱动的在线应用等，产业新生态将蓬勃发展。

四、发挥"新基建"赋能效应需要正确处理好几大关系

为有效发挥"新基建"赋能效应，当前需要正确处理好传统基建与"新基建"、"建"与"用"、政府与市场、创新与治理等几大关系，促进中国经济数字化转型和高质量发展。

（一）处理好传统基建与"新基建"的关系，构筑现代化基础设施体系

传统基建与"新基建"在很多时候是交叉融合的，更多时候"新基建"是建立在传统基建之上的一个系统。如果把基础设施建设理解为社会公共性平台建设，用两个维度来划分基建市场：一个是基建的两个种类，即物理化（实体）平台和数字化（虚拟）平台；另一个是完成基建的两种手段，即物理化手段和数字化手段。那么，用物理化手段完成的物理化平台属于传统基建，而用数字化手段完成的数字化平台属于"纯新基

建"(纯数字基建),而以数字化手段完成的物理化平台(以数字化方式建设基础设施设备)和以物理化手段完成的数字化平台(为数字化建设基础设施设备)则是"新基建"与传统基建交叉融合的部分,无非就是传统基建是主角,还是数字计算等技术是主角的问题。[14] 在很多时候,"新基建"是建立在传统基建基础之上的,比如,铁路系统可以是一个基建,其上可以嫁接一个订餐系统,它会连接餐食、配送物流等,这也可以看成一个基础设施。

因此,处理好传统基建与"新基建"的关系,关键是要发挥好传统基建与"新基建"的协同作用,以及不同"新基建"类型之间的协同,构建标准兼容、协同融合的现代化基础设施体系。一方面,"新基建"可通过增强对传统基础设施的数字化、网络化与智能化改造,拓展传统基建促进经济增长的作用范围并优化作用机制,提高传统基建的边际报酬或降低其边际报酬递减的速度,从而推动经济的长期包容性增长。另一方面,做好与终端需求的有效衔接,协同推进以新一代网络基础设施为主的"新网络"建设、以创新基础设施为主的"新设施"建设,以人工智能等一体化融合基础设施为主的"新平台"建设,以及以智能化终端基础设施为主的"新终端"建设等,[15]为"新基建"发挥出服务赋能、业态赋能、创新赋能、机制赋能等"赋能效应"提供支持。

最近,政府工作报告提出的"两新一重"建设,加强新型基础设施建设,加强新型城镇化建设,加强交通、水利等重大工程建设,可以理解为就是要发挥传统基建与"新基建"的协同作用,必将为促消费惠民生又调结构增后劲,推动经济发展方式加快转变。

(二)处理好"建"与"用"的关系,形成良好产业生态共同体

"新基建"的价值不仅在"建",更在"用"。要推进"新基建"产业链上下游企业的协同发展,鼓励在技术、资本和市场方面相关性较高的企业共同构建包容开放的产业生态共同体,合力解决"新基建"建设和应用过程中的技术、市场、融资等关键问题。以平台思维去构建应用生态系统,推进"新基建"中的建平台、用平台、测平台协同发展,以测带建、以测促用,促进平台功能丰富与海量使用双向迭代、互促共进的良性循环。

坚持以应用为主导、与场景创新深度融合的基本原则,处理好新型基础设施建设"建"与"用"的关系,可以提高"新基建"的经济效益,以及化解"新基建"技术路线不确定产生的风险问题。培育重点行业应用场景,加快网络化制造、个性化定制、服务化生产发展,推进智慧物流、智能家居、智慧城市、线上教育、互联网医疗、数字贸易、共享经济等应用,以"新基建"应用拉动"新基建"建设。

落实《关于推进"上云用数赋智"行动 培育新经济发展实施方案》(发改高技〔2020〕552号),加快企业"上云用数赋智",建立跨界融合的数字化生态,推动"新基建"产业生态建设。特别是注重推进供应链要素数据化和数据要素供应链化,打造"研发+生产+供应链"的数字化产业链,支持产业以数字供应链打造生态圈。以数字化平台为依托,构建"生产服务+商业模式+金融服务"数字化生态,形成数字经济新实体。

处理好新型基础设施建设"建"与"用"的关系,还要考虑"新基建"日后使用维护问题,警惕"建易管难"问题。无论是"新基建"还是传统基建,前期建设都需要大量资金。但是,与传统基建所不同的是,"新基建"后期还需要大量的运营维护资金。这是因为"新基建"一般需要使用各类电力、电子设备,其使用寿命较短,技术更新换代较快且后期运营对能源需求比较大,如数据中心对能源需求极大。因此,"新基建"后期的运营维护成为一个非常重要的内容,要保持"新基建"发挥作用,需要在开始的建设阶段就要把后期的运营管理、维护等工作和费用考虑进来,防止出现"建易管难"问题。

（三）处理好政府与市场的关系，构建多元化投融资体系

新型基础设施建设"准公共物品"属性和当前地方政府财力紧张的现实，决定了当前我国搞"新基建"需要发挥政府和市场两个方面的积极性，即既要发挥政府在"新基建"发展规划、政策设计和财政资金方面的导向作用，又要充分利用市场机制投融资，调动包括民间投资在内的各类社会资本参与"新基建"的积极性。政府要降低"新基建"投资的进入门槛，破除对民营企业进入新型基础设施投资的隐性障碍，积极鼓励和引导民间资本进入新型基础设施建设；厘清"新基建"的产权属性，完善政府、国企和民企之间的投资合作机制；政府应采取包括税收减免、融资优惠等多种政策措施激励多种市场主体参与"新基建"，让市场充分发挥在资源配置中的决定性作用，拓宽"新基建"的融资渠道。

完善银企对接机制，支持设立以未来收益权、知识产权抵押为主的金融产品，实行与项目建设、收益期相匹配的长期信贷期限，为新型基础设施建设"量身定制"精准信贷扶持。大力发展直接融资，支持"新基建"相关企业在资本市场开展股权融资。充分发挥科创板与注册制试点的作用，积极推动较成熟和典型的企业上市。充分发挥产业投资基金的引领带动作用，引导相关产业投资基金投向新基金领域。创新政府和社会资本合作（PPP）模式，支持民间资本参与"新基建"。应根据项目性质、风险分配基本框架、融资需求和期满处置等各项因素，选择适当 PPP 运营模式，如 BOT（建设—运营—转让）、BOO（建设—拥有—运营）、委托运营等，同时，鼓励灵活运用如基金、信托等多样化、结构化融资工具参与 PPP 项目，有效降低社会资本自身的资产负债率，减少项目投资压力。

基础设施领域不动产投资信托基金（Real Estate Investment Trusts，REITs）是国际通行的配置资产，具有流动性较高、收益相对稳定、安全性较强等特点，基建 REITs 通过盘活存量资产，实现对政府资金的替代，避免地方政府通过新增负债扩大基建。要按照 2020 年 4 月底中国证监会、国家发展改革委联合发布的《关于推进基础设施领域不动产投资信托基金（REITs）试点相关工作的通知》（证监发〔2020〕40 号）精神，积极推进"新基建"REITs 试点工作，拓宽社会资本参与"新基建"投资渠道，解决"新基建"投融资问题。进一步优化"新基建"投融资机制，将 REITs 与 PPP 有机结合起来，通过试点深化改革，着力解决当前国内基础设施 REITs 需要通过"公募基金 + ABS（资产证券化）+ 项目公司"的复杂结构所产生的融资产品设计成本高、通道费高、重复征税和投资回报率降低等问题，提高社会资本参与基础设施建设的积极性。

（四）处理好创新与治理的关系，提升网络信息安全治理水平

"新基建"具有平台经济特性，容易产生网络效应和"马太效应"，在产生巨大的需求方规模经济的同时，容易产生垄断问题；"新基建"又是与数据高度关联的，由于数据所具有的外部性、非结构性、非标准化等特征使得数据的权属界定、价格形成、交易流通、开发利用等各个环节均存在诸多待解决的问题和挑战。垄断与数据安全问题，要求我们对"新基建"要加强监管。但是，由于"新基建"具有"六新"特征，传统监管方式对"新基建"是不适用的，因此，要坚持"包容审慎"原则，推进"新基建"监管和治理变革。

对"新基建"的监管和治理的总体思路是秉持"包容审慎"的态度，树立"自治 + 法治"的理念，采用"互联网 + 治理"的模式。其中，"包容审慎"主要指新问题和新制度要齐头并进，具体政策以问题需求为导向，不断依据新出现的矛盾探寻合适的解决方法；"自治 + 法治"主要指在数据流动频繁的"新基建"行业中，要建立公众尽责、政府负责、法治保障、社会协同的治理体系，打造共治共建共享的治理格局；"互联网 + 治理"主要指依据网络支撑和利用大数据平台打破各治理层之间以及治理主体和民众之间的壁垒，及时共享有效信息和反馈问题，实现精准化、智能化管理。

参考文献

[1] 吴绪亮. 新基建与数字中国发展的战略逻辑[N]. 中国经济时报, 2020-04-23 (004).

[2] 盛磊, 杨白冰. 新型基础设施建设的投融资模式与路径探索[J]. 改革, 2020 (5): 49-57.

[3] 黄群慧. 从高质量发展看新型基础设施建设[N]. 学习时报, 2020-03-18 (003).

[4] 发改委首次明确"新基建"范围[J]. 中国总会计师, 2020 (4): 11.

[5] 马荣, 郭立宏, 李梦欣. 新时代我国新型基础设施建设模式及路径研究[J]. 经济学家, 2019 (10): 58-65.

[6] 姜卫民, 范金, 张晓兰. 中国"新基建": 投资乘数及其效应研究[J]. 南京社会科学, 2020 (4): 20-31.

[7] 钞小静. 新型数字基础设施促进我国高质量发展的路径[J]. 西安财经学院学报, 2020, 33 (2): 15-19.

[8] 祝嫣然. 新基建争议中存共识推动产业"软转型"[N]. 第一财经日报, 2020-03-25 (A06).

[9] 朱敏. 以"新基建"为契机构筑新竞争力[J]. 通信企业管理, 2020 (3): 11-13.

[10] 林火灿. "新基建"到底新在哪[N]. 经济日报, 2020-03-20 (001).

[11] 何自力. "新基建"助力抗疫情稳增长正当其时[N]. 光明日报, 2020-03-13 (002).

[12] 陈璋, 龙少波, 黄彪. 基于局部闭模型与乘数分析的投资对消费影响研究——以北京市42部门投入产出分析为例[J]. 统计与信息论坛, 2014, 29 (3): 47-52.

[13] 郭朝先. 产业融合创新与制造业高质量发展[J]. 北京工业大学学报(社会科学版), 2019, 19 (4): 49-60.

[14] 丁荣贵. 新基建的新思维、新项目、新人才和新治理[J]. 项目管理评论, 2020 (3): 52-57.

[15] 郭晓蓓. 以"新基建"激活经济转型新动能[N]. 经济参考报, 2020-05-12 (001).

New Infrastructure Construction Empowers High-quality Development of China's Economy

Guo Chaoxian　Wang Jiaqi　Liu Haorong

Abstract: Since the new infrastructure construction was proposed, the society, academia and government departments have experienced a gradual deepening process of understanding the new infrastructure. We believe that "digital infrastructure" is the core of the new infrastructure. The new infrastructure has the characteristics of new technologies, new heights, new areas, new models, new business formats, and new governance. There are the preconditions for the new infrastructure to "empower" the Chinese economy. The new infrastructure has three attributes, corresponding to three approaches to "empower" the high-quality development of China's economy: Firstly, as a fixed asset investment, the new infrastructure construction has a multiplier effect that can drive economic growth; and compared with traditional infrastructure, the new infrastructure can promote more "inclusive" growth of economy. Secondly, as a modern infrastructure, especially digital infrastructure, it can provide the underlying support for the digital transformation of economy. Thirdly, as a digital platform, the new infrastructure provides a new driving force for China's economic development, promotes the integrated development of industries, forms a new industrial ecology, and serves the construction of a modern industrial and economic system. Among them, the impacts of first approach are mainly short – termed, while the latter two have long – term effects. To effectively play the role of new infrastructure in promoting the digital transformation and high – quality development of China's economy, it is necessary to properly handle the four sorts of relationships between traditional infrastructure and new infrastructure, "construction" and "utilization", government and market, and innovation and governance.

Key Words: New Infrastructure Construction; Empowerment; Digital Platform; High – quality Development

中国信息基础设施建设：成就、差距与对策

郭朝先　刘艳红

摘　要：信息基础设施是国家战略性、先导性、关键性的基础设施，是国家基础设施的重要组成部分，也是新时期新型基础设施建设的核心内容。以20世纪90年代美国启动国家信息高速公路计划为肇端，信息基础设施开始纳入各国国家基础设施建设范畴，中国也及时启动了以"三金"工程为代表的国家信息化示范工程。本文首先阐述了信息基础设施的定位与性质，回顾总结了中国信息基础设施建设的三个发展阶段，即20世纪90年代的通信基础网络建设时期、21世纪初的互联网和移动通信快速发展时期和21世纪10年代以来新一代信息基础设施建设时期。其次分析了中国信息基础设施建设的成就与差距，主要包括：中国宽带普及率已位居世界前列，但服务能力仍有较大差距；中国在移动通信领域竞争优势突出，但空间与海底设施能力还有较大差距；中国高度重视信息基础设施对经济发展的驱动作用，但面临技术短板制约。最后从加强关键核心技术攻关、加大社会资本参与力度、强化以"用"促"建"、提升信息网络治理水平等角度提出了高质量推进新一代信息基础设施建设的对策建议。

关键词：信息基础设施；新型基础设施建设；国家基础设施；高质量发展

新型基础设施建设（"新基建"）是当前的一个热点话题，而信息基建是"新基建"的内核。本文从信息化发展的视角，对信息基础设施进行了深度分析，从一个侧面加深大家对"新基建"的理解。

一、信息基础设施的定位与性质

2018年12月，中央经济工作会议首次提出"新基建"的概念，明确提出加快5G商用步伐，加强人工智能、工业互联网、物联网等新型基础设施建设。2020年以来，为应对新冠肺炎疫情和中美贸易冲突等外部冲击造成的经济持续下行压力，在中央和国家多次重要会议都重点提及"新基建"，"新基建"的内涵在不断丰富、完善，从最初的5G网络、人工智能、工业互联网、物联网扩增到数据中心、充电桩、换电站等。与此同时，社会各界对"新基建"广泛关注，进行了热烈讨论和多元化的解读，出现了"七大领域说""三个方面说""新技术驱动说""新要素说"等。[1]

在大家对"新基建"众说纷纭之际，2020年4月，国家发改委给出了权威解释，认为新型基础设施是以新发展理念为引领，以技术创新为驱动，以信息网络为基础，面向高质量发展需要，提供数字转型、智能升级、融合创新等服务的基础设施体系。在目前阶段主要包括：①信息基础

＊ 本文发表在《企业经济》2020年第9期。
［作者简介］郭朝先，中国社会科学院工业经济研究所研究员、产业组织研究室主任、博士；刘艳红，中国社会科学院大学公共政策研究中心研究员、博士。

设施；②融合基础设施；③创新基础设施。其中，信息基础设施主要是指基于新一代信息技术演化生成的基础设施，包括以5G、物联网、工业互联网、卫星互联网为代表的通信网络基础设施，以人工智能、云计算、区块链等为代表的新技术基础设施，以数据中心、智能计算中心为代表的算力基础设施等。融合基础设施主要是指深度应用互联网、大数据、人工智能等技术，支撑传统基础设施转型升级，进而形成的融合基础设施，比如，智能交通基础设施、智慧能源基础设施等。创新基础设施主要是指支撑科学研究、技术开发、产品研制的具有公益属性的基础设施，比如，重大科技基础设施、科教基础设施、产业技术创新基础设施等。可见，以新一代信息技术为基础，以信息网络、新技术和算力为主要内容的新一代信息基础设施在"新基建"中居于首要地位，不仅对经济社会的数字化转型和高质量发展提供基础性支撑，而且对交通、能源等传统基础设施的数字化、网络化与智能化转型升级提供技术支持。

事实上，信息基础设施始终是国家信息化发展的重要内容。2016年我国发布的《国家信息化发展战略纲要》从增强国家信息化发展能力和夯实信息经济发展基础的角度，对新时期信息基础设施的建设范围进行了界定，分别是：①覆盖陆地、海洋、天空和太空的陆海空天一体化信息基础设施；②包括数据中心、云计算和物联网在内的应用基础设施；③电力、民航、铁路、公路、水路、水利等公共基础设施的网络化与智能化改造；④包括安全支付、信用体系、现代物流等在内的新兴商业基础设施。可以看出，"新基建"与《国家信息化发展战略纲要》所要着重发展的基础设施之间具有很高的重合度，"新基建"中的①②大致对应着支持信息化发展的基础设施①②③。

进一步往前溯源，信息基础设施的重要性则体现为"国家基础设施"，这个概念最早来源于美国的"信息高速公路"计划。1992年，参议员、前任美国副总统阿尔·戈尔提出美国信息高速公路法案。1993年9月，美国政府宣布实施《国家信息基础设施行动计划》（*The National Information Infrastructure*：*Agenda for Action*），从五大方面阐述了国家，特别是联邦政府在国家信息基础设施（National Information Infrastructure，NII）建设和发展方面的主要职责和拟采取的行动，并计划通过推动全球信息基础设施（Global Information tion Infrastructure，GII）建设，促进全球信息通信市场的开放与公平竞争。[2]

美国的NII行动计划迅速得到了包括中国在内的世界各国的积极响应，欧洲、亚太及南美地区的主要国家均在短期内推出了各自的政府行动计划。尽管不同国家在政治经济体制、经济技术实力以及NII建设的战略意图等方面存在差异，但总体来看，各国均把信息网络建设、信息资源的开发，以及信息应用系统的建设作为NII的重点内容，并呈现出以下几方面的共性：一是多数国家和地区均制定了跨世纪的中长期建设规划，建设周期为10~20年；二是投资规模巨大，从数亿美元到千亿美元不等；三是在20世纪90年代经济自由化的大背景下，通过破除垄断促进电信行业的竞争成为了国际社会NII建设的一种共识，因此民间投资成为NII建设的主导或重要力量。[3]

从对信息基础设施相关的概念辨析和各国对信息基础设施建设的重视程度来看，信息基础设施对一个国家经济社会发展具有独特的重要性。当前，我国信息基础设施的定位实际上是国家基础设施和"新基建"的交集，是国家战略性、先导性、关键性的基础设施。其实，这也意味着人们对信息基础设施的认识经历了两次质的飞跃：一是将其定位于国家基础设施，是国家基础设施重要组成部分，或者说是主角；二是定位于"新基建"，并且是"新基建"的核心（见图1）。

一般而言，基础设施是指为社会生产和居民生活提供公共服务的物质工程设施，是用于保证国家或地区社会经济活动正常进行的公共服务系统。从经济学角度看，基础设施具有基础性和准公共物品特性。基础性意味着它是社会赖以生存发展的一般物质条件，基础设施所提供的公共服务是所有的商品与服务的生产所必不可少的，若缺少这些公共服务，其他商品与服务（主要指直接生产经营活动）便难以生产或提供。基础设施类似于公共物品，绝大多数基础设施所提供的服务具有相对的非竞争性和非排他性，因而一般是"准公共物品"。

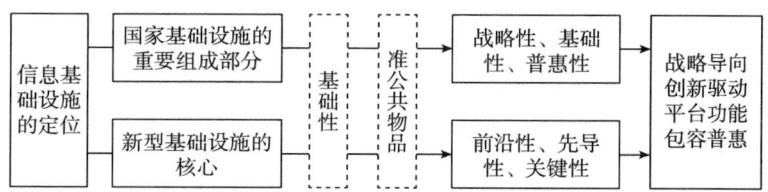

图1 信息基础设施的定位与性质

将信息基础设施定位于国家信息基础设施，突出了信息基础设施的战略性、基础性和普惠性，其中，"国家"意味着"战略性""普惠性"，"基础设施"意味着"基础性""普惠性"。将信息基础设施定位于新型基础设施，并且新一代信息基础设施在"新基建"中居于首要地位，凸显了信息基础设施的前沿性、先导性和关键性。

"新基建"不仅是新建的基础设施，而且具有质的规定性，即运用先进技术和管理手段、建设具有时代前沿的基础设施建设，才是"新基建"。也就是说，"新基建"必须是新建的基础设施，而新建的基础设施则不一定是"新基建"。我国在各个历史时期兴建的郑国渠、秦直道、都江堰、京杭大运河等，均属于当时的"新基建"，而当前我国在建的普通铁路、高速公路、桥梁隧道等在今天来说则不能称之为"新基建"。在当前人类进入信息社会、数字经济和互联网时代大背景下，今天的"新基建"一定是信息化、数字化的基础设施建设，或者是建设全新的信息基础设施，或者是融合信息化、数字化手段建设的基础设施，或者是运用信息化、数字化手段改造既有的基础设施。而处于技术前沿的新一代信息基础设施，作为新时期国家信息发展能力建设的重要组成部分，是提升国家经济信息化水平、促进经济转型发展，实现数字中国和网络强国战略的重要基础。

由信息基础设施的定位就可以很容易知道其重要特性：一是信息基础设施具有战略导向，是国家战略性基础设施；二是创新驱动发展，投资驱动已不是信息基础设施建设的重点，而以创新引领发展，将前沿的技术应用于新一代信息基础设施才是重点；三是平台功能，借助于"数字化平台"这种新的结构性力量，充分发挥数字对经济发展放大、叠加、倍增、融合等作用，产生网络效应、平台效应和赋能效应，推动形成新的产业体系和产业生态，这是信息基础设施可以赋能经济高质量发展的根本；[4]四是包容普惠，这是国家基础设施所要求的，即信息基础设施建设和使用要惠及全体民众，要提供普遍服务，避免出现"数字鸿沟"。

二、中国信息基础设施建设的发展历程

在美国政府发布国家信息基础设施行动计划的当年，中国的信息化进程正式启动。这一年，中国成立了由副总理邹家华牵头的"国家经济信息化联席会议"，并正式启动"金桥"（国家公用经济信息通信网）、"金卡"（国家电子货币工程）和"金关"（国家对外经济贸易信息网络工程）三大国家信息化示范工程（又称"三金"工程）。①

---

① "三金"工程试图通过率先在国家政务，特别是金融、外贸等经济管理事务中实施信息化应用系统，带动信息产业的发展和经济社会的信息化水平。此后，政务信息化作为国家信息化工作的一个重点，进一步扩展到税收、国有企业、农业、教育等领域，形成了"一站两网四库十二金"的国家信息化建设体系。"一站"是指政府门户网站；"两网"是指政务内网和政务外网；"四库"是人口库、法人单位库、空间地理和自然资源、宏观经济库四个基础数据库；"十二金"工程是金税工程、金贸工程、金关工程、金企工程、金宏工程、金卡工程、金卫工程、金桥工程、金智工程、金安工程、金社工程、金农工程，大多数项目都服务于政府行使经济领域监管职能。

在随后几年中，随着信息化领导体制的逐步建立和完善以及国家信息化"九五"规划和2020年远景目标（纲要）的编制，中国完成了国家信息化建设和发展的首个顶层设计。作为国家信息化发展的重要任务之一，信息基础设施建设也在"统筹规划、国家主导；统一标准、联合建设；互联互通、资源共享"的方针指导下，进入了发展的快车道。从技术进步推动基础设施迭代升级的角度看，中国的信息基础设施建设和发展大体经历了三个发展阶段。

（一）20世纪90年代的通信基础网络建设时期

尽管20世纪90年代以来电子信息、通信和广电三大产业的发展非常迅速，但信息基础设施的总体状况还是比较落后。截至1995年，全国共有电话5400万部，话机普及率仅为4.7%；全国移动电话的用户只有350万，有线电视的用户也刚超过5000万户。[5]1994年，中国首次接入国际互联网。1995年，当时的邮电部开始面向社会提供互联网接入服务；这一年年底，其所服务的用户数仅为4000个。[6]针对这一落后面貌，国家明确了"九五"期间信息基础设施建设的一个主要任务，是对"七五""八五"期间已经建成的、碎片化分布的光缆网进行延伸和对接，组成一个能覆盖全国主要城市的纵横交错、经纬互织的干线网，为电话、广电和互联网等通信服务的普及和发展奠定物理基础。根据这一部署，1998年，被誉为中国通信建设史上施工难度最大的兰西拉（兰州—西宁—拉萨）工程竣工；2000年，广昆成（广州—昆明—成都）干线实现贯通。至此，历时15年、造价高达170亿元人民币的贯通全国的"八纵八横"光纤通信骨干网正式建成。作为改革开放后在国家主导下完成的中国通信发展史上的超级工程，"八纵八横"光缆干线网的建成具有划时代的意义，不仅使中国的通信网络实现了全国省会城市的全覆盖，而且在网络规模和技术水平上赶上甚至超过了部分发达国家，为此后国家信息化进程的快速推进奠定了坚实的网络基础。[7]

（二）21世纪初的互联网和移动通信快速发展时期

进入21世纪以后，中国电信基础网络的建设规模和传输质量进一步提升，光缆线路长度从2000年的158万公里增加到2010年的995万公里，十年增长了5.3倍。在此基础上，随着宽带应用技术的不断成熟，我国于2002年正式启用宽带接入互联网的方式，不仅极大提升了互联网的普及程度，而且开启了数据通信的宽带化时代。据统计，2000年，中国的网民数量仅为2250万，2005年超过一个亿，达到1.1亿人；2008年达到2.98亿，网民数量超过美国，居世界第一位；2010年达到4.57亿人，互联网普及率提高到34.3%。与此同时，2002~2010年，中国宽带用户数量从660万增加到4.5亿，宽带用户占到网民总数的98.4%。[8]

另外，随着移动通信技术的迅速迭代升级，移动通信取代固定通信，成为我国电信基础设施投资、技术攻关以及电信业务发展的主要方向。2001~2010年，固定电话网络局用交换机容量从1.6亿门发展到4.7亿门，10年增长1.94倍。同期，移动通信网络交换机容量从2.4亿户发展到15.1亿户，增长了5.3倍。[8]1997年中国移动电话用户达到1000万户，2001年即达到1亿户。2003年10月，移动电话用户首次超过固定电话用户，达到2.57亿户（固话用户2.55亿户）。2009年，移动电话用户达到7.47亿户，在电话用户中占比超过70%。① 在移动通信业务迅猛发展的这十年中，中国移动通信在技术上实现了从第一代模拟信号传输到第二代数字语音传输再向第三代高速数据传输的转变，从移动语音通信跨入移动多媒体时代。在此期间，随着2009年国家工信部正式向中国移动通信公司发放基于TD-SCDMA技术标准的3G牌照，中国在通信技术上

---

① 工业和信息化部. 2009年全国电信业统计公报［EB/OL］.［2010-02-03］. http：//www.gov.cn/gzdt/2010-02/03/content_1527080.htm.

首次实现了由"无芯"到"有芯"的突破，第一次拥有了具备自主知识产权的 3G 国际技术标准并成功实现了商用。[①] 中国在第三代移动通信技术上所取得的突破，结束了我国在这一关键信息技术领域长期"跟跑"的处境，为下一个十年中国在移动通信技术上实现赶超打下了坚实的技术、人才和产业基础。

（三）21 世纪 10 年代以来新一代信息基础设施建设时期

进入 21 世纪第二个十年，信息技术的发展取得新的突破。以物联网、云计算、下一代互联网、新一代移动通信技术为代表的新一代信息技术突破了传统的应用边界，由信息系统向物理和生物系统延伸，构建起一个万物互联的新的信息和产业生态，进而引发了新一轮产业革命和国际竞争。各国针对新一代核心信息技术的发展与应用纷纷制定战略规划，试图抢占新一轮科技和产业竞争的制高点。在信息技术的应用范围和前景急剧扩展的情形下，高速、可靠、安全的网络基础设施的重要性也日益凸显。在此背景下，国务院于 2010 年颁发《关于加快培育和发展战略性新兴产业的决定》，将新一代信息技术作为国家重点培育和发展的七大战略性新兴产业和国民经济的四大支柱产业之一。在此基础上，《通信业"十二五"发展规划》和《"十二五"国家战略性新兴产业发展规划》等规划性文件先后提出构建宽带、融合、安全、泛在的下一代信息基础设施的发展目标，并在光纤宽带、移动通信、下一代互联网等信息网络的演进升级和云计算、物联网等新型应用基础设施的公共服务能力提升方面做出了具体部署。

2013 年 8 月，国务院出台《"宽带中国"战略及实施方案》，第一次将宽带明确为国家战略性公共基础设施，并从宽带网络的接入速率、用户普及率以及产业支撑能力等方面制定了分阶段发展目标。提出到 2020 年，我国的宽带网络服务质量、应用水平和宽带产业支撑能力达到世界先进水平。具体目标包括：固定宽带用户达到 4 亿户，家庭普及率达到 70%，光纤网络覆盖城市家庭；3G/LTE 用户超过 12 亿户，用户普及率达到 85%，行政村通宽带比例超过 98%，城市和农村家庭宽带接入能力分别达到 50 Mbps 和 12 Mbps，50% 的城市家庭用户达到 100 Mbps，发达城市部分家庭用户可达 1 Gbps，LTE 基本覆盖城乡；互联网网民规模达到 11 亿，宽带应用服务水平和应用能力大幅提升等。《2018 年通信业统计公报》显示，截至 2018 年底，中国三家基础电信企业的固定互联网宽带接入用户总数达 4.07 亿户；其中，光纤接入用户 3.68 亿户，占固定互联网宽带接入用户总数的 90.4%，接入网络基本实现光纤化。从宽带接入速率看，100 Mbps 及以上接入速率的固定互联网宽带接入用户总数达 2.86 亿户，占固定宽带用户总数的 70.3%。移动宽带用户（即 3G 和 4G 用户）总数达 13.1 亿户（其中 4G 用户总数达到 11.7 亿户），占移动电话用户的 83.4%。上述数据表明，"宽带中国"战略中提出的宽带普及率和速率目标已提前两年实现。

值得强调指出的是，进入 21 世纪第二个十年以来，国际通信网络的布局也开始纳入信息基础设施的发展规划。《通信业"十二五"规划》专门制定了关于国际通信的子规划，从提升国际通信网络能力、优化布局、保障安全等方面明确了发展目标。《"十三五"国家信息化规划》在提出"信息基础设施达到全球领先水平"的发展目标的同时，也对国际通信网络的建设目标提出了新的要求，即"国际网络布局能力显著增强，互联网国际出口带宽达到 20 太比特/秒（Tbp/s），通达全球主要国家和地区的高速信息网络基本建成，建成中国—东盟信息港、中国—阿拉伯国家等网上丝绸之路。北斗导航系统覆盖全球"。

[①] 回望在改革开放中发展起来的中国移动通信 [EB/OL]. [2018-11-15]. http://www.techwalker.com/2018/1115/3113089.shtml.

三、中国信息基础设施建设的成就与差距

上述信息基础设施的发展历程表明，在过去的1/4个世纪里，信息基础设施不仅经历了由语音通信向数据和多媒体通信、由固定通信向移动通信、由信息通信向万物互联的升级和转变，呈现出高速、融合、安全、泛在化的发展趋势；而且极大突破了传统的信息服务功能，也已成为支撑网络化、数字化、智能化生产和服务，成为建设智慧政府、智慧社会和智慧地球的物理和技术基础。在这一历史进程中，中国始终把信息化看作经济社会现代化的主要驱动力量和实现跨越式发展的历史机遇，不仅建成了世界规模最大的信息通信网络，而且在信息基础设施的建设水平上已进入全球领先方阵，在移动通信、卫星导航等领域形成了明显的竞争优势，在运用新一代信息基础设施促进产业融合发展也有了长足进步，但从国际比较的视角看，中国在宽带服务性能、空间和海底设施能力、关键核心技术能力等方面，与国际先进水平尚有较大差距。

（一）中国宽带普及率已位居世界前列，但服务能力仍有较大差距

进入21世纪以来，国际社会普遍认识到信息基础设施对于促进经济包容性、可持续增长的重要性，纷纷以宽带建设为抓手，以扩大信息网络覆盖率和提升服务性能为目标，加大对农村偏远地区宽带建设力度，致力于缩小"数字鸿沟"、提升电信普遍服务水平。根据国际电信联盟统计，截至2017年，全球已有156个国家推出了国家宽带计划。中国自2013年提出"宽带中国"战略，将宽带明确为战略性公共基础设施以来，采取了一系列加快信息基础设施重大工程建设、提升电信普遍服务水平，以及推进电信服务"提速降费"等行动计划，宽带普及率和服务性能不断提高。2014～2019年，中国农村宽带接入用户从4874万户增加到13477万户，农村地区宽带普及率达到76%。截至2019年底，全国固定宽带用户达4.49亿户，其中速率在100Mbps以上用户3.84亿户，占比超过了85%；4G用户达到12.8亿户，在移动电话用户中的占比超过80%。从国际比较角度看，作为世界人口规模最大的发展中大国，中国在固定和移动宽带的普及率方面均已超过世界平均水平，与发达国家的差距日益缩小，在移动网络的覆盖率和固定宽带速率等方面的指标已处于世界领先水平（见表1）。

但同时也要看到，近年来，尽管中国的电信服务价格有了大幅度下调，但与宽带可持续发展委员会提出的2025年发展中国家入门级宽带资费不超过人均国民收入2%的标准还有一定距离，与美国、日本、英国、德国等电信发达国家仍有不小的差距。根据国际电信联盟数据，2017年，中国固定宽带套餐价格占国民收入的比重为2.17%，世界排名第72位（见表1）。而根据M-Lab的一项统计，2018年，中国大陆的宽带平均下载速度仅为2.38Mbps，在全球宽带网速排名中居第141位。[9]

表1 信息基础设施普及率和服务性能国际对照情况

关键指标（2017年）	中国	美国	德国	英国	日本	印度	世界
固定电话签约（用户数/百人）	13.7	37.0	54.1	50.1	50.2	1.7	13
移动电话签约（用户数/百人）	104.6	123.3	129.1	119.6	133.5	87.3	103.6
固定宽带签约（用户数/百人）	28.0	33.9	40.5	39.3	31.7	1.3	13.6
速率大于等于10Mbit/s固定宽带签约比例（%）	96.6	85.6	84.0	93.1	93.5	47.7	82.6
移动宽带签约（用户数/百人）	83.6	132.9	78.9	88.1	133.2	25.8	61.9
3G/LTE覆盖率（占人口%）	98.0	99.8	96.5	99.3	99.0	88	87.9/76.3*

续表

关键指标（2017年）	中国	美国	德国	英国	日本	印度	世界
使用互联网个人比例（%）	54.3	75.2	84.4	94.6	90.9	34.5	48.6
使用互联网家庭比例（%）	59.6	87.0	87.9	94.0	96.2	25.4	54.7
使用计算机家庭比例（%）	55.0	88.8	92.9	91.7	76.8	16.5	47.1
每位互联网用户国际带宽（Kbit/s）	27.9	125.4	54.1	421.6	25	25.9	76.6
固定宽带套餐价格占人均国民收入比重（%）/国际排名	2.17/72	1.03/32	1.09/33	1.03/31	0.99/26	4.48/103	—
移动宽带套餐价格占人均国民收入比重（%）/国际排名	0.61/46	0.45/27	0.47/29	0.46/28	1.47/93	1.83/105	—

注：*两个数据分别代表3G和LTE网络覆盖率。

资料来源：国际电信联盟. 衡量信息社会报告2018 [EB/OL]. [2018-12-10]. https://www.itu.int/en/ITU-D/Statistics/Pages/publications/misr2018.aspx.

随着"宽带中国"战略的实施，显著解决了城乡"数字鸿沟"问题，农村宽带普及率从2012年的88%提升到了2018年的98%，提前完成了2020年的建设目标，但在本次疫情期间全国教育系统实行"停课不停学"的替代方案，偏远贫困地区"用网难"问题却依旧较为突出。可见，如何通过加大电信服务业供给侧改革力度，在提高宽带普及率的同时进一步降低资费、提升服务性能，真正实现电信服务的"可获得、非歧视和可购性"普遍服务，将成为下一步中国信息基础设施建设发展的一个重点方向。

（二）中国在移动通信领域竞争优势突出，但空间与海底设施能力还有较大差距

自2009年中国在移动通信技术方面取得TD-SCDMA自主知识产权并成为国际公认的3G标准以来，中国在移动通信领域集中资源、提前布局，致力于在5G的需求培育、技术研发、频谱分配以及标准制定等领域获得先发优势和主导地位，在激烈的国际竞争中确立了明显的优势地位。根据Iplytics的研究，2018年全球主要通信企业的5G标准技术贡献排名中，华为公司以1.14万项贡献名列第一。[9] 埃信华迈（IHS Markit）的一项研究表明，2020~2035年，中美两国在5G的研发和资本性支出方面将占据全球的半壁江山，投资规模分别达到1.1万亿美元和1.2万亿美元，分占全球5G投资总额的24%和28%。到2035年，5G相关产业链的全球总产值将达到3.5万亿美元，在全球创造2200万个就业机会；其中，中国的产值规模（9840亿美元）将超过美国（7190亿美元），位居世界第一。[9]

同时也要看到，近年来，为满足大数据和云计算等新一代信息服务的业务需求，以及弥补地面通信网络在偏远地区的技术短板，包括谷歌、微软、脸书、亚马逊等在内的国际互联网巨头纷纷投身新一代信息基础设施建设，在卫星互联网和超高速海底光缆方面取得了重大进展。2010年以来，谷歌已联合多国投资者启动了十多条超高速海底光缆的建设工程，包括两条连接美国和亚洲的跨太平洋海底光缆。2017年9月，微软和脸书联合完成了长达6600公里的跨大西洋海底电缆Marea，传输速度高达160Tbps。① 2015年，美国太空探索公司启动"星链"（Starlink）计划，打算在十年内建成一个由1.2万颗卫星组成的星链网络，向地面网络难以覆盖或服务价格昂贵的地区提供高速宽带网络。2020年4月，太空探索公

---

① 快科技. 秒速160Tb！微软全球第1海底光缆闪电完工：跨越大西洋 [EB/OL]. [2017-09-26]. https://baijiahao.baidu.com/s?id=1579610012240307183&wfr=spider&for=pc.

司在完成420颗近地低轨卫星的部署后，宣布将在年内正式启动卫星互联网的公测，加速其商用进程。反观中国，我们的卫星互联网项目还处于起步阶段。2018年，由航天科技和航天科工两大军工集团主导的低轨通信互联网项目刚实现第一颗卫星入轨的零突破，预计到2022年才能完成组网运营，填补国内低轨卫星通信系统的空白。在海底电缆方面，中国目前只有上海、青岛和汕头建立了五个海缆登陆地点，且仅有三大电信运营商具备参与国际海缆建设和运营的资质。登陆地点少、准入门槛高、审批流程长等方面因素严重制约了国内互联网企业参与跨国通信网络竞争的能力和中国海底光缆的建设进程。据了解，全球已建成的400多条海底光缆中，在中国登陆的只有9条。根据国际电信联盟的统计，2017年，中国每位互联网用户的国际带宽仅为27.9Kbit/s，不仅与英美等国存在显著差距，而且也远远低于76.6Kbit/s的世界平均水平（见表1）。

（三）中国高度重视信息基础设施对经济发展的驱动作用，但面临技术短板制约

金融危机以来，为应对美国、德国等经济发达国家利用新一代信息技术重塑制造业竞争优势的战略部署，中国进一步明确了以信息化和工业化融合发展推动中国制造业由大变强的发展主线，先后出台了《关于积极推进互联网＋行动的指导意见》《信息化和工业化融合发展规划（2016—2020）》等文件，要求进一步完善包括自动控制与传感技术、工业互联网、工业云与智能服务平台等在内的应用基础设施体系，提升对融合发展和制造业转型升级的支撑服务能力。

对于有"新工业革命的关键基础设施"美誉的工业互联网，2017年国务院出台了《关于深化"互联网＋先进制造业"发展工业互联网的指导意见》，制定了面向21世纪中叶的工业互联网发展目标和路线任务。尽管在政府部门大力推动下，我国工业互联网的发展获得了十分积极的市场预期，但从目前发展实际看，我国工业互联网产业链从边缘层、网络层到平台层和应用层的四个环节中，除了网络层，即数据存储和计算环节拥有优势外，在其他环节均面临缺乏自主技术、服务能力不足等问题。[10]这与美国推进工业互联网、德国推进工业4.0存在明显的差距。据了解，当前国内领先的工业互联网平台仍建立在国外基础产业体系之上，94%以上的高档数控机床、95%以上的高端PLC、95%以上的工业网络协议、90%以上的高端工业软件被欧盟、美国、日本企业垄断。[11]工信部副部长陈肇雄在"2019工业互联网峰会"上也坦承，中国工业互联网的发展存在着企业数字化基础薄弱、平台支撑能力不足和安全隐患突出三大短板。[12]

四、高质量推进新一代信息基础设施建设的对策建议

高质量推进新一代信息基础设施建设，应锚定其作为国家基础设施的主角、"新基建"核心的定位，针对当前存在的突出问题，推动其朝"战略导向、创新驱动、平台功能、包容普惠"方向发展。

（一）加强关键核心技术攻关，突破技术瓶颈

国家应加大关键核心技术和基础研究的投入，解决信息基建所涉及"卡脖子"问题，彻底摆脱国家信息基础设施建设建立在别国"沙滩"上的尴尬状态。加强信息基建相关的企业国家重点实验室建设，支持企业与高校、科研院所等共建研发机构和联合实验室，加强面向信息基建和行业共性问题的应用基础研究，联合开展关键共性技术攻关。

贯彻落实《国务院关于全面加强基础科学研究的若干意见》（国发〔2018〕4号）和科技部、发展改革委等《加强"从0到1"基础研究工作方案》精神，对信息基建关键核心技术中的重大科学问题给予长期支持。比如，支持5G和6G通信、卫星互联网、人工智能、工业互联网、云计算和大数据、高性能计算、网络安全技术、集成电路、光电子器件及集成、微波器件等重大领域科研，推动关键核心技术突破。支持国家重点实

验室在特定信息基建优势领域长期持续开展科技创新，加大对国家重点实验室稳定支持力度，聚焦前沿、长期积累、突出原创。

高度重视信息基础设施网络信息安全问题，以先进技术推动"可设计、可验证"的新一代信息基础设施的内生安全建设。着眼于网络安全技术研发从"外挂式"向"内生性"转变的技术变革，从一开始就重视信息网络安全，构建"新基建+新安全""双轮驱动"的新型内生安全信息基础设施建设运行格局。重点面向基础通信、公共服务、金融、数据中心等重要行业和领域，建立内生安全信息基础设施标准化构件平台，推广内生安全域名服务器、路由器、交换机、Web服务器等核心设备，提供内生安全信息基础设施整体解决方案。

（二）优化投融资机制设计，大力激发社会资本参与

以往的成功经验表明，中国充分发挥"集中力量办大事"的制度优势，以国家主导模式，实现了信息基础设施建设的赶超和一些关键信息技术领域的重大突破。但在完成技术赶超，进入技术引领的新发展阶段后，传统的"集中力量办大事"的技术攻坚模式可能无法适应引领式创新的需要。美国以太空探索公司为代表的民营科技企业在卫星互联网等领域所取得的一系列突破，谷歌、微软、脸书等互联网巨头公司引领跨洋海底光缆建设等现象也在一定程度上证明，与国家力量相比，社会资本能够以更加有效率的方式实现尖端科技的突破，引领新一代信息技术和信息基础设施的进步。因此，在新一代信息基础设施领域，除继续发挥传统制度优势外，应采取有效措施进一步激发民间资本参与信息基建投资和创新。

拓宽投融资渠道、优化投融资机制设计，大力激发民间资本参与：一是完善银企对接机制，鼓励金融机构以间接融资方式加大力度支持信息基础设施建设，研究设立以未来收益权、知识产权抵押为主的金融产品，实行与信息基础设施项目建设、收益期相匹配的长期信贷期限。二是大力发展直接融资，支持信息基础设施相关企业在资本市场开展股权融资，充分发挥科创板与注册制试点的作用推动相关企业上市。三是充分发挥产业投资基金的引领带动作用，引导相关产业投资基金投向新一代信息基础设施建设领域。积极推进基础设施领域不动产投资信托基金（REITs）试点工作，拓宽社会资本参与"新基建"投资渠道，解决信息基础设施投融资问题。

创新政府和社会资本合作（PPP）模式，根据项目性质、风险分配基本框架、融资需求和期满处置等各项因素，选择适当PPP运营模式，如BOT（建设—运营—转让）、BOO（建设—拥有—运营）、委托运营等推进信息基础设施建设。同时，鼓励基金、结构化融资工具等参与PPP项目，将REITs与PPP有机结合起来，一方面降低社会资本自身的资产负债率，另一方面提高项目长期盈利水平，更好吸引社会资本参与。

（三）丰富应用场景，推进以"用"促"建"

坚持以应用为导向、与场景创新深度融合的基本原则，处理好信息基础设施"建设"与"使用"的关系，培育重点行业应用场景，加快网络化制造、个性化定制、服务化生产发展，推进智慧物流、智能家居、智慧城市、线上教育、互联网医疗、数字贸易、共享经济等应用，以信息消费和网络应用促进信息基建。当前，注重落实《关于推进"上云用数赋智"行动培育新经济发展实施方案》（发改高技〔2020〕552号），丰富应用场景，加快企业"上云用数赋智"，建立跨界融合的数字化生态，推动信息基建产业生态建设。

准确识别早期市场，协同推进网络基础设施和下游应用场景在某些领域的垂直整合，迅速吸引领先用户或最早应用新产品的消费者，对于新技术的扩散和商业化具有战略意义，不仅可以提高信息基建的经济效益，而且可以化解信息基建技术路线不确定产生的风险问题。由于新产品在应用初期的技术成熟度较低，因而领先用户在使用过程中能够向创新者反馈各种改进信息，从而帮助创新者加快完善新技术和新产品。同时，早期应用者能够帮助扩散该新产品有关价格、功能、性能等方面的技术经济特征信息，且如果其产生积极的消费体验，会促使其他的消费者产生模仿性购买行为。因此，应当将市场竞争和产业政策的焦点由价格转向下游垂直应用的培育和创新方面，特别是通过开发能够形成消费示范效应的"爆品"来带动消费，促进信息基础设施建设，从而最终形成信息基础设施和下游应用相互增强的发展格局。[13]

丰富应用场景需要强化研发支持，要大力推进以企业为主体、"产学研用"相结合的开放式协同创新，借助开发领先用户跨越高技术产品商业化的"鸿沟"，在"研发—反馈"的动态过程中使现有服务和应用获得持续的生命力。

（四）提升信息网络治理水平，促进普遍服务

坚持"包容审慎"原则，推进包括信息基建在内的"新基建"监管和治理变革。树立"自治+法治"的理念，采用"互联网+治理"的模式，提升信息网络治理水平，这是信息基建高质量发展的重要支撑。其中，"包容审慎"主要指新问题和新制度要齐头并进，以问题需求为导向，不断依据新出现的矛盾探寻合适的解决方法；"自治+法治"主要指为保证数据和信息安全，建立公众尽责、政府负责、法治保障、社会协同的治理体系，打造共治共建共享的治理格局；"互联网+治理"主要指依据网络支撑和利用大数据平台打破各治理层之间以及治理主体和民众之间的壁垒，及时共享有效信息和反馈问题，实现精准化、智能化管理。[4]

提升信息网络治理水平不仅要保证数据和信息安全，还要促进信息基建提供普遍服务，避免出现"数字鸿沟"，实现可持续发展。"数字鸿沟"包括城乡之间、穷人与富人之间、年青一代与老人一代之间等多个维度在获取信息能力方面的不平等，具有"准公共物品"性质的新一代信息基础设施要从促进社会公平为出发点，推进电信服务普遍化、均等化。

针对当前疫情暴露出来的电信服务短板，我国应加快推进"实施数字乡村战略"，加快推进宽带网络向村庄延伸，推进提速降费，缩小城乡数字鸿沟，解决农村"最后一公里"，尤其是"三区三州"地区的信息基础设施建设问题。考虑到不同信息基建因采用不同技术路线而产生的投资差异，可以考虑用国家财政资金弥补和"兜底"。另外，由于信息"新基建"投资主体日益多元化，因此，设立由财政资金支持的专门的普遍服务基金很有必要。

参考文献

[1] 刘艳红，黄雪涛，石博涵. 中国"新基建"：概念、现状与问题 [J]. 北京工业大学学报（社会科学版），2020，20（6）：1-12.

[2] Thomas K. Public Policy and the National Information Infrastructure [J]. Business Economics，1995，30（4）：15-20.

[3] Kraemer K. L.，Dedrick J.，Jeong K.，et al. National Information Infrastructure：A Cross-Country Comparison [R]. Center for Research on Information Technology and Organizations，1996.

[4] 郭朝先，王嘉琪，刘浩荣. "新基建"赋能中国经济高质量发展的路径研究 [J]. 北京工业大学学报（社会科学版），2020（6）：1-9.

[5] 邓寿鹏. 中国信息化基础结构的创新与政府管理 [J]. 管理世界，1996（6）：113-117+124.

[6] 方兴东，陈帅. 中国互联网25年 [J]. 现代传播，2019，41（4）：1-10.

[7] 汤博阳. "八纵八横"干线网筑起中国通信业的脊梁 [J]. 数字通信世界，2009（12）：17-22.

[8] 周宏仁. 中国信息化形势分析与预测 [M]. 北京：社会科学文献出版社，2012.

[9] 尹丽波. 数字经济发展报告（2018-2019）[M]. 北京：社会科学文献出版社，2019.

[10] 智研咨询. 2018年我国工业互联网产业现状及规模预测 [EB/OL]. [2018-05-12]. http://www.chyxx.com/industry/201805/640178.html.

[11] 赛迪智库工业经济研究所. 我国各省区市"新基建"发展潜力白皮书 [R/OL]. [2020-04-20]. http://www.ccidwise.com/uploads/soft/200410/1-200410092U3.pdf.

[12] 夏旭田，陈肇雄：中国工业互联网平台与国际巨头有三大差距 [EB/OL]. [2017-12-17]. https://

m.21jingji.com/article/20171217/herald/abcccf0df0f35c665d518275a03b016a.html.

[13] 贺俊,陶思宇,江鸿.5G规模化商用的障碍和关键:基于大样本问卷调查的研究[J].经济与管理研究,2020(4):3-10.

China's Information Infrastructure Construction: Achievements, Gaps and Countermeasures

Guo Chaoxian　Liu Yanhong

Abstract: Information infrastructure is a national strategic, leading and key infrastructure. It is an important part of national infrastructure and the core content of new infrastructure construction in the new era. Since the United States launched the national information superhighway program in the 1990s, the information infrastructure began to be included in the national infrastructure construction of various countries. China also timely launched the national informatization demonstration project represented by the "three gold" projects. This paper first describes the positioning and nature of information infrastructure, reviews and summarizes the three development stages of China's information infrastructure construction, namely, the basic communication network construction period in the 1990s, the rapid development period of Internet and mobile communication in the 2000s, and the new generation of information infrastructure construction period since the 2010s. This paper analyzes the achievements and gaps of China's information infrastructure construction, mainly as follows: China's broadband penetration rate has ranked the top in the world, but there is still a large gap in service capacity; China has outstanding competitive advantages in the field of mobile communication, but there is still a large gap in space and submarine facilities; China attaches great importance to the driving role of information infrastructure to economic development, but it is faced with technical constraints. Finally, the paper puts forward countermeasures and suggestions to promote the construction of the new generation of information infrastructure with high quality from the perspectives of strengthening the key core technology research, increasing the participation of social capital, promoting the "construction" of information infrastructure by "application", and improving the level of information network governance.

Key Words: Information Infrastructure; New Infrastructure Construction; National Infrastructure; High-quality Development

区块链助推实体经济高质量发展：
模式、载体与路径

渠慎宁

摘　要：当前，区块链已成为全球科技竞争的新高地，其技术应用延伸至实体经济多个领域。积极推进区块链与实体经济深度融合，将有助于我国产业升级，实现高质量发展的目标。区块链是开放式创新的新模式、协调产业融合的新载体和推动绿色发展的新路径，完美契合了"创新、协调、绿色、开放、共享"五大发展理念。尽管区块链实现了堪称"革命性"的技术突破，但在实际应用中仍存在一些问题与挑战。今后，应加强顶层设计和统筹，严格监管区块链技术的不法应用，加快区块链领域的标准体系建设，以此助推实体经济高质量发展。

关键词：区块链；实体经济；产业融合；绿色发展

习近平总书记在中央政治局第十八次集体学习时强调，"我国在区块链领域拥有良好基础，要加快推动区块链技术和产业创新发展"，"要推动区块链和实体经济深度融合"。目前，全球主要国家都在加快布局区块链技术发展，区块链技术应用已延伸到数字金融、物联网、智能制造、供应链管理、数字资产交易等多个领域。区块链可以创新商业模式、协调产业融合、推动绿色发展、打造开放业态、深化共享经济，这些技术特征完美符合"创新、协调、绿色、开放、共享"五大发展理念。积极推进区块链与实体经济深度融合，不仅有利于拓展区块链技术的应用领域和发展前景，也将助力我国在全球科技竞争取得领先优势，推动我国实体经济实现高质量发展。

一、区块链：开放式创新的新模式

区块链是一种去中心化的、由各节点参与的分布式数据库系统。它并不是一款具体的产品，可以理解为一种公共记账的机制（技术方案）。其基本思想是：通过建立一组互联网上的公共账本，由网络中所有的用户共同在账本上记账与核账，来保证信息的真实性和不可篡改性。而之所以叫"区块链"，是因为它使用了一串由密码学方法相关联产生的数据块，每一个数据块中都包含了过去一段时间内的所有交易信息，用于验证其信息的有效性并产生下一个区块。完备可追溯、去中心化和去信用化是区块链技术的三大特点，这让其在金融业中的应用潜力巨大，并成了金融科技（Fintech）的核心技术。随着以比特币为代表的虚拟加密货币不断地被市场热炒，区块链技术引起了各界的高度关注。尽管比特币等虚拟加密货币与区块链绑定在一起同时诞生，是目前区块链技术最知名的应用，但必须指出的是，虚拟加密货币并非区块链的唯一应用，区块链的本质是为了去中心化，这正是未来市场的发展趋势。

---

* 本文发表在《改革》2020年第1期。
[作者简介] 渠慎宁，中国社会科学院工业经济研究所副研究员、博士。

目前，互联网的出现从本质上解决了信息去中心化问题，但却无法实现价值的去中心化。例如，人们现如今可以在互联网上共享自己的生活信息、知识和资料等，但却不敢在互联网上直接与陌生人交易。现有互联网中的金融体系，多是由政府银行提供或者第三方提供的支付系统，还是依靠中心化的方案来解决。在纷繁复杂的全球体系中，要凭空建立一个全球性的信用共识体系非常困难，由于每个国家的政治、经济和文化情况不同，要实现两个国家的企业和政府完全互信几乎做不到，而区块链技术就试图解决这一问题，打破中心化体系的信用枷锁，实现全球节点间的信用与货币互联[1]。因此，从改进金融市场组织管理架构的角度看，区块链技术应用乃是大势所趋。英国、美国、日本等发达国家政府与金融机构正"热火朝天"地参与其中，大型区块链金融组织 R3CEV 等相继成立，力争通过占领区块链技术先机巩固其国际金融中心的地位。

区块链对金融业的"革命性改造"主要集中在支付清算与证券交易领域。在支付清算领域，由于区块链可摒弃中转银行的角色，实现点到点快速且成本低廉的支付，因此在支付清算尤其是跨境支付行业有着显著的优势。通过区块链平台，不但可绕过中转银行，减少中转费用，还因区块链安全、透明、低风险的特性，提高了跨境汇款的安全性与清算速度，大大加快了资金的利用率。未来，银行与银行之间也可以不再通过第三方，而是通过区块链技术打造点对点的支付方式。据麦肯锡测算，区块链技术在 B2B 跨境支付与结算业务中的应用，将可使每笔交易的成本从约 26 美元下降到 15 美元，其中约 75% 为中转银行的网络费用支付，25% 为合规、差错调查以及外汇汇兑成本，成效非常可观。在证券交易领域，可以说，证券交易市场是非常适合区块链技术的应用领域。传统的证券交易需要经过中央结算机构、银行、证券公司和交易所这四大机构协调工作，才能完成股票交易，效率低、成本高。引入区块链后，就可独立地完成"一条龙"式服务。尤其对于私人股权交易而言，其只需要一个可靠的系统来记录股权归属并进行股权交易，不需要具备很强的交易处理能力，区块链技术的特点正好符合这样的需求。目前，美国纳斯达克与英国伦敦证券交易所均在私人股权交易领域开始试水区块链应用。纳斯达克在 2015 年 10 月正式推出了它的区块链平台 Nasdaq Linq。通过 Nasdaq Linq 进行股权交易的用户们将享有一种"数字化"的所有权，给予一个让人容易看懂的历史发行记录，让用户们的记录更容易地进行审核，并在发行治理和所有权转让方面赋予他们更多的权限。今后，在性能问题解决之后，股票等交易频率更高的金融资产可能将迁移到这类公开的平台上进行交易。

二、区块链：协调产业融合的新载体

除了区块链技术之外，云计算、自动化、ERP 系统等传统技术同样可用于提高处理效率，在利益相关者之间建立透明的沟通机制。但与这些传统技术相比，区块链的优势在于其特别适用于协调代表着不同利益的多方群体，以及保障信息和价值交易的安全性与不可篡改性。根据这些特点，区块链可以改变传统产业中的商业模式，使之更趋向于以客户导向中心，因此应用前景非常广阔。由于我国实体经济环境中的信用成本较高，社会信用环境较弱，区块链技术恰恰很好地提供了一个"低信用成本"的平台，这对于降低我国经济社会整体信用成本、促进信用经济发展具有十分重大的意义。习近平总书记指出，"要推动区块链和实体经济深度融合"，"要利用区块链技术促进城市间在信息、资金、人才、征信等方面更大规模的互联互通，保障生产要素在区域内有序高效流动"。因此，作为一个制造业大国，我国应将区块链技术的发展重心放到其在生产性服务业中的创新，以此带动实体经济的生产效率提升。近年来，除了主打的金融领域之外，区块链已广泛应用于实体经济的主要部门，成为协调信息技术与医疗、交通运输、能源等各产业融合的新载体，并在一定程度上改变了这些产业生态系统的发展模式。

（一）区块链 + 医疗

在医疗领域，区块链在认证和隐私保护方面有着广阔的应用前景。由于包括病历在内的很多用户资料极具私密性，这就需要很高的安全措施进行信息保护。然而，当前中心化管理的信息系统在各类网络攻击下常常力不从心，容易出现大规模数据泄露问题。即便是国际上安全技术成熟、采用封闭系统的公司，也曾出现过多次数据泄露，造成了恶劣的影响。区块链高度安全的加密算法与分布式存储认证体系，正适合解决这一问题。比如，目前荷兰飞利浦医疗和 Tieron 公司就展开了合作，通过区块链技术来完成病历资料的认证与隐私保护。通过设立复杂可编程的权限保护，所有数据都无法随意阅读和篡改。即便区块链系统中部分区块遭到攻击，也不会造成任何问题。

（二）区块链 + 交通运输

当前，低效的数据处理过程和数据共享方案制约着交通运输业的进一步发展，原始设备制造商（Original Equipment Manufacturer, OEM）、一级供应商和软件公司都在致力于利用区块链技术解决此问题，基于区块链架构的新型交通生态系统开始形成。2018 年，宝马、博世、福特、通用、雷诺、采埃孚等汽车制造商、供应商及相关公司建立了移动开源区块链协议（Mobility Open Blockchain Initiative, MOBI）联盟，旨在开发区块链技术的潜在用途。MOBI 涵盖的公司与全球 70% 的汽车制造业务相关联，其将创建专门面向汽车行业的区块链生态系统，潜在应用包括车辆识别、供应链追踪、车辆支付、数据市场和基于用户的定价系统。该系统对外开放，同时采用加密保护技术，有效保障交易记录的安全。此外，在物流领域，区块链技术可以记录货物从发出到接收过程中的所有环节。通过创建共识网络，能直接定位到快递中间环节的问题所在，也能确保信息的可追踪性，从而避免快递爆仓丢包、误领错领等问题的发生，还可以有效促进物流实名制的落实。快递交接需要双方私钥签名，每个快递员或快递点都有自己的私钥，是否签收或交付只需要查下区块链即可。最终用户没有收到快递就没有签收，快递员无法伪造签名，这无疑会极大地提高物流的投递效率与准确性。

（三）区块链 + 能源

在能源产业中，近两年涌现出了一批相关中小企业和初创企业，其基于区块链技术尝试就产能、运输、分配、储存、交易、零售这一整套的能源价值链进行系统和应用研发[2]。其中，一个代表性项目为位于美国纽约市的布鲁克林微电网（Brooklyn Microgrid）系统。该项目目标是建立一个点对点的能源交易体系，以此实现居民可将其自产的可再生能源与他人进行交易。另一个代表性项目为能源产业中的区块链联盟——能源网络基金会（Energy Web Foundation）的成立。能源网络基金会至今成员单位数量已逾百个，包括能源开发企业、工程商、研究所、IT 服务提供商、初创企业等。为了给能源产业建立一个开源的专业区块链核心技术平台，能源网络基金会已设立了若干工作组，发起相关技术交流论坛，积极推进区块链技术在绿色能源、需求响应项目、电动汽车网络等市场中的应用。

（四）区块链推动不同产业融合

除了区块链本身与传统产业的融合外，在区块链技术架构的支撑下，原本关联度不高的传统产业之间也在加速融合发展。例如，基于区块链的移动即服务（Mobility as a Service, MaaS）技术，正在加速推进能源与汽车产业之间的融合。随着电动汽车的普及度不断提高，消费者对旅途中涉及的各种交通元素之间的无缝对接要求越来越高，这就对基础设施系统的互操作性提出了挑战。基于区块链技术的 MaaS 方案则可有效解决这个问题，通过帮助消费者预定共享汽车，或对电动汽车进行充电，来协调与出行相关的所有需求，实现一站式无缝衔接定制出行[3]。

三、区块链：推动绿色发展的新路径

作为一种新型基础设施，区块链的作用不仅体现在更有效的数据收集、监督、报告和操控服务，还体现在其对产业绿色发展方面的贡献。区块链主要通过两种理念助推绿色发展：一是依靠区块链技术确保新建基础设施与碳减排目标一致；二是通过创新气候变化损害保险等金融手段，减轻气候变化带来的不利影响。目前，一些涉及这两种理念的区块链相关服务已开始尝试运行，技术模式和市场模型正处于不断完善过程中。在具体实践过程中，区块链主要通过四种路径推进绿色发展（见表1）。

表1 区块链推动实体经济绿色发展中的主要路径

主要路径	具体手段	方案内容
创新绿色融资方式	建立去中心化的绿色金融投资平台	区块链技术下的投资平台，资产标的为可再生能源发电站、自行车道、无土栽培和养耕共生等绿色农业基础设施
	建立碳排放补偿平台	在该平台上企业与公共部门可以就基础设施建设过程中产生的碳足迹承诺一定的补偿额，区块链将严格审计承诺协议使之与正在进行的碳减排措施有效结合在一起
碳排放识别与认证	虚拟碳排放核算	产生碳排放的最终产品和中间产品均要在区块链系统上进行登记，并溯源出所有进出口产品可能产生的碳排放，让管理者采取更有效的手段应对气候变化
	碳排放交易认证	区块链可以记录、储存、追溯和删减现实世界中所有可能产生全球性影响的碳排放，不仅可以把控配额机制和循环认证，还可追溯和交易碳信用额
	绿色能源使用认证	区块链可识别和追溯发电、配电、存储和消费这一整条可再生能源电站的价值链，帮助消费者能够清晰鉴别和获取更能减少潜在边际碳排放的可再生能源标的
吸引消费者参与绿色发展	创立有效的循环经济系统	区块链可建立合理的循环经济奖励系统，对参与循环经济的消费者给予数字货币奖励，而获得的数字货币则可用来购买各种物品
	实现电动汽车充电的无缝衔接	通过区块链平台连接电动汽车车主和大量私有、公共充电站，以付费方式共享家庭充电站，提高电动汽车的使用效率
	食品生产全程可追溯	区块链架构下的食品供应链可以给消费者公开透明的食品生产信息，通过扫描食品上的标签，消费者即可获知食品是否绿色种植、养殖、捕捞或生产
提高当前基础设施系统的使用效率	改进交通管理平台	交通管理部门可以在区块链层面建立一个实施的交通控制系统，将传感器数据、汽车数据和司机账户通过区块链网络整合，并对司机进行货币化的奖励与惩罚，提高交通管理效率
	创新基于P2P交易的电力共享经济平台	利用区块链构建的高度自动化去中心化平台，个体用户可以将其通过家庭太阳能、风能、热电联产系统中产生的过剩电力卖给其他消费者
	提高全球物流承载能力	与传统数据库平台相比，区块链平台保证了不同群体之间数据和订单的真实性、透明性和安全性，使得物流公司不仅可掌控自身数据，还能分析其他合作商和竞争对手的信息，在消耗同样配送资源的情况下配送更多的客户货物

资料来源：笔者整理。

（一）创新绿色融资方式

完善绿色金融模式，为绿色基础设施创造新的融资方式，已成为实现绿色发展的关键因素之一。区块链可为绿色基础设施搭建一个去中心化的融资平台，该平台与当前大多数投资平台类似，但资产标的为可再生能源发电站、自行车道、无土栽培和养耕共生等绿色基础设施。利用区块链透明、快速交割、安全等特点，降低小微融资成本，从广域范围内吸引更多的投资者参与。此外，碳排放补偿项目也可通过去中心化的区块链记账系统实现。在该平台下，企业与公共部门将就其在基础设施建设过程中产生的过量碳排放承诺一定的补偿额。依托区块链提供的专业识别、分配和追踪服务，碳排放补偿协议可同可持续发展项目完美地融合到一起。区块链将对这些平台上的承诺协议严格审计，使其与碳配额、碳交易认证方案等发达国家正在进行的碳减排措施有效结合。与传统平台相比，这些基于区块链架构的解决方案不仅可靠安全，更可以不断降低交易成本，减少传统数字交易市场中的垄断行为。

（二）碳排放识别与认证

为绿色发展提供融资需要可靠、安全的碳排放信息识别与认证支撑。尽管当前已存在一些信息检测平台和工具，但较为有限的互操作性导致交易涉及的信息支离破碎，在一定程度上抑制了市场主体的投资积极性。区块链技术则可较好地弥补这些短板，通过全网认证对碳排放来源、种类、交易和认证进行有效识别，较为全面地记录各种交易信息。区块链透明的、不可篡改的记录保证了其信息具备较高的公信力，从而可在此基础上对工业碳排放行为进行监管、激励与惩处，打造出更加高效和一体化的碳排放交易平台。

目前，区块链进行碳排放识别和认证的主要模式有：一是虚拟碳排放核算。尽管碳排放交易系统（Carbon Emissiang Trading System，ETS）会在一个给定的区域市场范围内通过碳交易认证对公司碳排放进行合理的补偿定价，但其并不能就交易系统权限外的公司碳排放进行核算。为了准确衡量由同一个公司产生的所有碳排放，产生碳排放的产品和服务需要从全生命周期下的价值链中进行追溯。产生碳排放的最终产品和中间产品均要在区块链系统上进行登记，以此溯源出所有进出口产品可能产生的碳排放，让管理者采取更有效的手段应对气候变化。二是碳排放交易认证。依托区块链技术，一个高度自动化、具备自我管理能力的去中心化记账系统可以记录、储存、追溯和删减现实世界中所有可能产生全球性影响的碳排放。一方面，配额机制和循环认证可以通过区块链系统下的智能合同进行把控，由此强化了自动化的交易认证；另一方面，由于某些碳减排的投资（如植树造林和增加湿地）可能成为碳信用额的来源，这就可以通过区块链技术创建可货币化的碳信用额，并进行追溯和交易。三是绿色能源使用认证。区块链可识别和追溯从发电、配电、存储到消费这一整条可再生能源电站的价值链。例如，发电厂提供给电动汽车充电产生的碳排放可以识别和分解到每一次的充电过程。美国能源网络基金会已经开发出开源去中心化的App应用，该应用提供了诸多涉及发电所有权、地址、时间、每千瓦时产生的边际碳排放等精细数据，由此可对可再生能源电站和购电方进行直接、自动化的绿色认证，从而帮助消费者清晰鉴别绿色厂商，购买更能减少潜在边际碳排放的可再生能源标的。

（三）吸引消费者参与绿色发展

除了在产业层面推动碳减排外，区块链还能吸引消费者介入，建立起更具包容性的绿色信息基础设施系统。为了激发消费者的碳减排热情，区块链通过奖励绿色行为，唤醒群众意识，提供稳定合适的基础设施系统减轻消费者负担，提高个体的参与度。同时，区块链技术可以强有力地支撑系统提供关于碳排放和消费者产品选择方面的相关信息，这些信息真实、透明、可审计，能够有效激发消费者减排动力。这主要体现在以下三个方面：一是创立有效的循环经济系统。尽管循环经济能够对可持续发展做出较大贡献，但由于缺乏激励机制，当前循环经济开展热情并不高。对此，区块链技术可建立合理的奖励系统，推广循环经济。如当一个塑料回收体系建立后，消费者可以收集塑料制品并返回至循环经济中心，得到以数字货币为反馈的奖励，而获得的数字货币则可以用来购买各种物品。相比传统现金形式的奖励易滋生腐败与犯罪等问题，利用区块链体系下的数字货币则可较好地避免这一弊端[4]。二是实现电动汽车充电的无缝衔接。受限于高额的电池成本、不完善的充电基础设施、互操作性较差的充电网络，当前消费者对电动汽车的使用热情较低。区块链技术则可在一定程度上实现电动汽车出行的一站式无缝衔接，降低消费者的使用成本，提升用户体验，正向激励消费者选择电动汽车，推广绿色出行。目前，美国清洁能源技术公司 Oxygen Initiative 联合德国能源公司 Innogy SE 联合推出了"Share & Charge"区块链平台，使司机可以处理与电动汽车相关的所有操作。"Share & Charge"平台连接了电动汽车车主和大量私有、公共充电站，依靠以太坊网络运营，提倡以付费方式共享家庭充电站，提高电动汽车的使用效率。三是食品生产全程可追溯。区块链架构下的食品供应链可以给消费者公开透明的食品生产信息。通过扫描食品上的标签，消费者即可获知食品是否绿色种植、养殖、捕捞或生产。由于数据全程透明记录且不可篡改，管理者、NGO和消费者可对是否存在非法砍伐、捕捞与放养问题一目了然。如今，该系统已被广泛应用于农林牧渔业中。

（四）提高基础设施系统的使用效率

借助区块链技术搭建一个蕴含合理市场模型的公共平台，可推动城市电网、公共交通、农业土地等基础设施得到更有效的利用。尤其是在城市电网和交通服务中，区块链可帮助大量用户群体更有效、更安全地进行各种精细交易和微互动，并衍生出平台奖励、惩罚和自动定制消费等行为，以此提高基础设施系统和用户之间的互操作性。从中长期看，未来服务不同对象的数字平台必定将趋于融合，而区块链数字加密货币可以作为不同平台之间的货币载体，实现平台间的共融共通。例如，在加密货币的流通下，面对看似不相关的P2P电力交易平台和消费者绿色出行奖励平台，消费者可通过以骑自行车替代开车获取的绿色出行加密货币奖励，来购买当地社区的点对点可再生电力服务。这些措施可以显著提高当前基础设施系统的使用效率，推动绿色发展。

区块链提高基础设施系统使用效率的具体手段有以下几种：一是改进交通管理平台。在交通网络生态系统中，汽车及其配件制造商、地图导航服务提供商与交通管理部门之间需要不断共享实时数据，以此评判城市路况的动态变化，帮助消费者选择更优路线规避拥堵。交通管理部门可以在区块链层面建立实时的交通控制系统，将传感器数据、汽车数据和司机账户通过区块链网络整合，并对司机进行货币化的奖励与惩罚，有效提高交通管理效率。二是创新基于P2P交易的电力共享经济平台。利用区块链构建的高度自动化去中心化平台，个体用户可以将其通过家庭太阳能、风能、热电联产系统中产生的过剩电力卖给其他消费者。这种P2P的电力共享平台改变了传统发电站到消费者的传输模式，实现了消费者之间点对点的传输。这不仅可以有效提高当地发电站和配电网络的使用效率，减少传统电站和配电网络的基础设施投资需求，还可刺激私人部门投资可再生能源发电站[5]。三是提高全球物流承载能力。受制于分散的数据库和不透明的承载力信息，物流公司的利用效率难以完全发挥，如何有效提高全球物流网络的承载力和利用率成为物流业面临的主要问题。依托区块链开发的开放性物流注册平台，可在消耗同样配送资源的情况下配送更多的客户货物。与传统数据库平台相比，区块链平台保证了不同群体之间数据和订单的真实性、透明性和安全性，使得物流公司不仅可掌控自身数据，还能分析其他合作商和竞争对手的信息。当前，一些船运公司和码头已开始投资区块链解决方案，以此掌控更多信息避免误判[6]。

四、区块链技术存在的问题与挑战

尽管区块链实现了堪称"革命性"的技术突破，但就大范围的商业应用而言，区块链技术仍有待成熟。尽管区块链技术看似不可篡改，但这种安全性高度依赖合理的技术架构，尤其是节点分散化的程度、可靠的共识协议和加密算法，而这些在现阶段仍存在完善空间。当前区块链面临的问题及挑战，主要表现在以下方面：

（一）节点维护存在风险

要维持区块链网络的稳定运营，必须保证一定量的节点接入网络。然而，节点的运行存在一定成本，这就需要有合理的激励机制来吸引更多的节点参与，以确保交易被记录和维护。目前，这种激励机制尚未形成，节点的参与更多是靠自愿或随机性，并未形成一个有序规则。此外，网络节点的分布程度，即某一经济体或决策实体（如公司）中的集中度能够在较大程度上影响区块链的安全性。从理论上看，若一个公司或经济体能够拥有、运营或影响大于51%的给定网络节点，能够控制共识机制的工作证明（Proof-of-work）达成，将意味着其将对整个区块链系统产生安全风险。

（二）共识协议的设计难度较高

在开放网络环境下，要维持区块链数据的安全性与可靠性，就必须让全域节点通过共识协议记账。每当新区块被创建时（如通过"挖矿"产生了新的比特币），只有选择合理可靠的共识协议才能够内在地对系统进行测度与检查，以此保护区块链系统免遭恶意攻击破坏，而设计出合理的共识协议存在一定难度。此外，多个节点的数据共享过程实际上也是一个高耗能过程。目前，比特币提供的"挖矿"方案计算成本极高，由此带来的实际能耗甚至超过单个国家的用电量，每年的经济成本高达数亿美元，导致其很难被广泛使用。

（三）私钥与交互界面存在安全隐患

区块链协议下隐含的加密算法对保证区块链上数据的安全起到了决定性作用。为此，许多重要的密码学工具被用于区块链执行过程中，如著名的密钥对（Key-pairs）算法和哈希函数（Hash Functions）。鉴于这种高度复杂的结构，篡改之前已经进行的处理几乎不可能，因此区块链被普遍认为是具备高度安全性的技术，但这并不意味着其完全没有安全漏洞。尽管建立分散化的网络可以避免严重的黑客袭击，具备相对安全性，但不安全的私钥（Private Key）存储将会给黑客们可乘之机，使其可通过窃取私钥来获取敏感数据。此外，区块链环境外的人机互动用户界面安全性也普遍存在隐患，是黑客们袭击的潜在目标。

（四）数据校正与处理效率较低

由于数据被记录到区块链后就不可篡改，这就导致一旦数据录入错误就会让不正确的数据一直存在，区块链技术本身无法对数据错误进行修改。因此，写入区块链上的数据质量和有效性检验是个需要重点考虑的因素。当信息录入错误后，只能补充一个新区块加以校正，由此将会在较大程度上造成区块链系统数据的臃肿和繁琐，以及较为低效的交易速度。区块链的交易速度与区块副本的数量显著负相关，区块节点越多，交易速度越慢。当前，区块链技术无法处理高流通量，或给定应用下的大量参与者问题。比特币每秒最多只能执行7笔交易，即使是技术相对领先的Hyper Ledger方案，每秒也只能执行200～300笔交易，这与目前银行和第三方支付公司等中心化体系每秒数万笔的运算处理速度相差较远。然而，随着区块链技术的不断创新，可扩展性和处理速度也将日益完善。

五、完善区块链技术推动高质量发展的政策建议

鉴于当前区块链技术存在的这些问题，习近平总书记也强调，要"加强对区块链技术的引导和规范""探索建立适应区块链技术机制的安全保障体系""把依法治网落实到区块链管理中，推动区块链安全有序发展"。为减少区块链可能带来的负面影响，稳步推进我国区块链产业发展，为助推实体经济高质量发展贡献力量，在此提出以下建议：

（一）加强顶层设计和统筹，超前布局区块链技术

针对区块链能耗投入产出比低、"去中心化"替代成本高等弊端，有关部门应发挥统筹协调作用，在电力产能过剩或电力成本较低地区设立区块链技术产业试点基地，组织专家及领军企业研判区块链和分布式记账技术的发展趋势，探索区块链技术潜在用途。重点挖掘可以实现信用互联的区块链在"一带一路"国际产能合作方面的潜在价值，促进国际合作，打破地缘政治，共同构建合作共赢的新型国际关系。加快制定区块链的相关法律法规，通过立法将区块链技术纳入合适的监管框架之内，严格控制虚拟货币发行数量，加强金融等行业的市场监管，防范系统性风险。建议由分管信息化的中央部门牵头，会同发改委、商务部、公安部、"一行三会"等部门，联合商

议区块链技术引发的安全问题，加强安全监管，维护公众利益，确保社会稳定。同时，依托这些部门的协调，尽可能在系统参与者利益与更广泛的社会利益间达成平衡，避免固化的架构阻碍技术创新。

（二）继续严格监管区块链技术的不法应用

由于区块链网络中的价值交换具有匿名性特点，这就给予了不法分子从事洗钱等违法犯罪活动的机会。无论是已经被有关部门禁止的 ICO（首次代币发行），还是近期"新瓶装旧酒"的 IFO（首次分叉币发行），均是基于比特币、以太币等虚拟货币的地下区块链平台交易手段。区块链的技术特征使得匿名用户信息及匿名化服务混淆于区块交易链中，最终导致相关交易数据的可追溯性受到限制，不法分子可借此来隐藏非法所得资金，进行洗钱或恐怖活动。鉴于地下虚拟货币交易的全球性蔓延趋势，我国有关部门应同二十国集团成员和一些国际性的金融机构展开合作，加快制定监管行为准则，为各国建立相协调的监管政策提供依据。同时，在监管方面实现全球协同，共同打击非法加密货币交易和犯罪行为。通过建立区块链网络风险评估模型，对虚拟货币风险进行有效衡量，提高监管体制对犯罪活动的打击力度。

（三）加快区块链领域的标准体系建设

当前，区块链尚未形成统一行业标准和技术准则。鉴于区块链的概念理论晦涩难懂，其应用也较容易被人误解，因此关于区块链技术设计原理及其内涵的普及教育是必须要加强的。考虑到区块链面临的风险和挑战，其共识协议基础在设计过程中尤其需要仔细考虑。在早期的区块链应用中，利用相关者和技术标准之间达成的一致共识是其应用的重要先决条件。然而，随着时间的推移，利益相关群体对处理过程、数据、奖励与义务等方面的条款共识越发出现分歧，从而导致区块链在推广中面临严峻挑战。各机构基于不同协议和需求，创造性开发了各种自成体系的应用。为了占领全球区块链技术高点，我国应当积极参与相关国际标准的研制工作，对接国际化标准的开源机构和社区组织，加强国家标准与国际标准工作间的交流，不断提升我国区块链标准的国际话语权。时刻关注行业的最新动向，围绕我国优势产业发展的重点环节，逐步完善区块链技术应用和标准体系。同时，积极引进国外区块链技术的前沿技术开发人才，积极参与国际重要的区块链技术研讨会，在行业中发出中国的技术声音。组织有关部门成立相关研发实验室，开发区块链相关的应用程序，与大型金融科技公司和互联网公司进行合作，建立属于我国的自主区块链技术联盟。

（四）推动区块链与实体经济协同发展

作为一个底层技术，区块链在金融、物流、医疗等生产性服务业中的应用前景非常广阔。区块链不仅可发挥其技术优势带动实体经济提高效率降低成本，也可依托我国庞大的实体经济市场需求促进区块链产业发展壮大。有关部门可引导软件和信息技术服务业，重视区块链技术在金融、物流、医疗等领域数据存储、管理、使用方式的优化重构作用，通过加强技术储备、加大研发投入，加快推动形成金融、物流、医疗等行业所需应用的解决方案。在此基础上，加快区块链在金融、物流、医疗等行业的试点应用，面向基础条件好、示范应用强的行业方向，加速形成以点带面、点面结合的示范推广效应，鼓励政府部门、企事业单位作为区块链的主要节点参与网络运营，发挥"干中学、学中做"的精神，积极积累一线实战经验，以此推动区块链技术和实体经济的融合发展。

参考文献

[1] Böhme R., Christin N., Edelman B., Moore T. Bitcoin: Economics, technology and governance [J]. Journal of Economic Perspective, 2015, 29 (2): 213 – 238.

[2] 陈浩, 李雅超, 丁羽, 王蓓蓓. 欧美国家能源领域的区块链技术应用现状 [J]. 电力需求侧管理, 2019 (6): 88 – 92.

[3] Goodall W., Fishman D., Bornstein J., Bonthron B. The rise of mobility as a service – reshaping how urbanities get around [J]. Deloitte Review, 2017 (20): 112 – 129.

[4] Glaser F. Pervasive decentralisation of digital infra-

structures: A framework for blockchain enabled system and use case analysis [R]. Proceedings of the 50th Hawaii International Conference on System Sciences, 2017.

[5] Mattila J., Seppälä T. Blockchains as a path to a network of systems – an emerging new trend of the digital platforms in industry and society [R]. The Research Institute of the Finnish Economy, 2017.

[6] Miller R. IBM Teams with Maersk on New Blockchain Shipping Solution [R/OL]. https://techcrunch.com/2018/08/09/ibm-teams-with-maersk-on-new-blockchain-shippingsolution/?guccounter=1.

Blockchain Promoting High – quality Development of Entity Economy: Mode, Carrier and Path

Qu Shenning

Abstract: Nowadays blockchain has become a new highland of global technology competition and its technology application has extended to many fields of entity economy. Promoting the deep integration of blockchain and entity economy will help China achieve the goal of industrial upgrading and high – quality development. Blockchain is a new mode of open innovation, a new carrier of coordinating industrial integration and a new path to promoting green development, which perfectly fits the five development concepts of innovation, coordination, green, opening and sharing. Although blockchain has achieved a revolutionary technological breakthrough, there are still some problems and challenges in practical application. In the future, we should strengthen top – level design and overall planning, strictly supervise the illegal application, and speed up the construction of standard system, so as to boost the high – quality development of the entity economy.

Key Words: Blockchain; Entity Economy; Industrial Integration; Green Development

全球新能源汽车产业竞争格局研究

白 玫

摘 要：本文通过对影响新能源汽车产业竞争力的关键因素分析，得出如下结论：第一，全球新能源汽车替代率仍较低，仍然处于发展初期，但发展迅速、市场前景乐观。新能源汽车产业规模不断扩大，相对于传统汽车的竞争能力有所提升，纯电动汽车的市场竞争能力强于插电式混合动力电动车。第二，在新能源汽车产业链条中，中美欧在终端市场销售上拥有优势，中日美三国在生产制造环节具有竞争优势，中日韩在产业配套上具有竞争优势；中国在公共基础设施方面具有竞争优势，挪威在新能源汽车替代传统汽车方面表现突出。第三，中美两国新能源汽车产业的发展路径不同，各自的竞争优势也不同，竞争优势差异主要表现在：美国在核心技术创新能力、新能源汽车市场对外开放程度和单一车型市场占有率等方面具有显著的优势；中国则在政策支持力度、产业规模、市场规模、产业配套、政策综合效果等方面优势显著。

关键词：新能源汽车；插电式电动汽车；电池电动汽车；插电式混动汽车

新能源汽车是汽车大国未来竞争的重点产业。大力发展新能源汽车产业，不仅有助于减少温室气体排放、改善全球生态环境，还为各国经济增长注入了新动能。通过对新能源汽车产业发展市场规模、新能源汽车制造业能力、新能源汽车产业配套能力、核心技术创新能力、重点新能源汽车企业的国际化能力等影响新能源汽车产业竞争力的关键因素和环节的研究分析，将有利于解决中国新能源汽车产业发展中存在的大而不强、市场单一、核心技术水平缺乏竞争力、品牌建设能力不强等问题，从而推动中国从新能源汽车大国到新能源汽车强国的转变，促进中国新能源汽车产业的高质量发展，实现中国汽车产业的弯道超车、跨越式发展。

一、全球新能源汽车产业发展现状与趋势

（一）全球新能源汽车产业正在快速发展

全球新能源汽车[①]保有量突破500万辆。受政府激励政策、不断改善的公共充电网络、技术成熟、成本下降、汽车企业积极为消费者提供更多车型选择的影响，全球新能源汽车呈井喷状发展。从保有量来看，2018年，全球新能源汽车保有量超过510万辆[②]，较2017年增加了200万辆。其中，纯电动汽车（Battery Electric Vechicle，

---

* 本文发表在《价格理论与实践》2020年第1期。
[作者简介] 白玫，中国社会科学院中国社会科学院工业经济研究所能源经济研究中心研究员、博士。
① 本文所指新能源汽车，特指插电式流动汽车，即 Plug-in Hybrid Electric Vehicle（PHEV）。
② 本文中新能源汽车保有量510万辆，是指电动乘用车。2018年，还有近25万辆的电动轻型商用车（Light Commercid Vichick，LCV）保有量，其中中国居全球第一位，电动LCV保有量为13.8万辆，占全球的57%；电动LCV的第二大市场是欧洲，占全球电动LCV保有量的38%，为9.2万辆（法国电动LCV保有量4.1万辆，德国电动LCV保有量16500辆）。

BEV）保有量329万辆、插电混合式电动汽车（PHEV）保有量183万辆，分别增加了140万辆和60万辆，增速分别为69.1%和52.4%（见表1）。根据国际能源署（International Energy Agency，IEA）分析，到2030年，全球新能源汽车保有量将达到1.3亿辆。新能源汽车保有量的45%在中国。

从新能源汽车销售情况来看，全球新能源汽车产业进入快速增长通道，新能源汽车销售规模不断扩大。2018年，新能源汽车的销量近200万辆，较2017年增长68.2%。从2011年到现在，新能源汽车销量一直保持较高增速，平均增速超过60%。全球新能源汽车销售量从2011年的5.1万辆增长至2018年的201.8万辆，7年时间销量增长近40倍。

表1 2005~2018年全球新能源汽车规模及增速

年份		2005	2010	2015	2016	2017	2018
新能源汽车保有量	PEV（千辆）	1.9	15.0	1254	2005	3147	5122
	增速（%）	—	100.1	76.1	59.8	57.0	62.8
其中：纯电	BEV（千辆）	1.9	14.6	737	1198	1946	3291
	增速（%）	—	95.1	77.3	62.6	62.4	69.1
	占比（%）	—	97.5	58.7	59.8	61.8	64.2
插电混合	PHEV（千辆）	—	0.4	518	806	1202	1832
	增速（%）	—	—	74.5	55.8	49.0	52.4
	占比（%）	—	2.5	41.3	40.2	38.2	35.8

资料来源：根据IEA全球电动汽车统计数据计算。

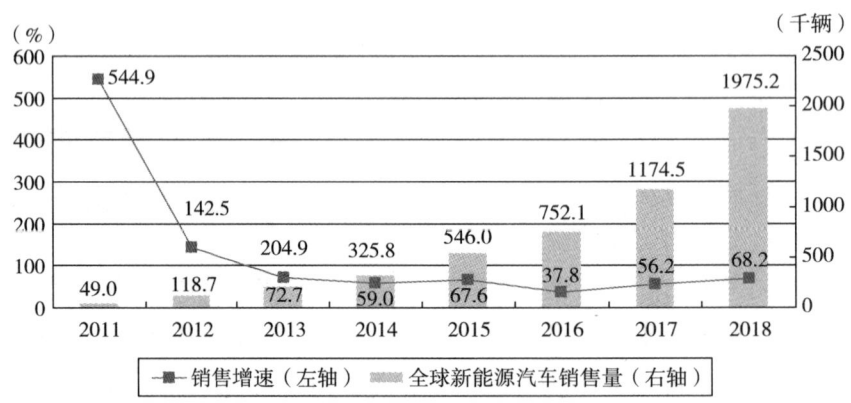

图1 2011~2018年全球新能源汽车销售量及增速

资料来源：根据IEA全球电动汽车统计数据计算。

未来新能源汽车发展空间巨大，预计2022年全球新能源汽车销量将达到600万辆，相比2018年约增长2倍。彭博新能源财经预计，2025年，全球新能源汽车销量将达到1100万辆/年。IEA分析判断表明，2030年全球新能源汽车销量达到2300万辆/年。也有权威机构有更加积极的估计，到2030年全球新能源汽车销售量将达到4500万辆/年。

（二）新能源汽车替代效应开始显现

在世界各国对以电动汽车为代表的新能源汽车的支持下，新能源汽车产业市场竞争能力不断提升，消费者的认可和接受程度不断提升，新车占比不断提升。

新能源汽车对传统汽车的替代作用开始显现，

但就全球而言，这种替代作用还不大。从新能源汽车销售量占比来看，新能源汽车产业在整个汽车产业中所占份额仍然较小。2012年，新能源汽车销售量占比仅为0.09%；到2018年，新能源汽车销售量占比为1.2%，是2012年的13倍（见图2）。尽管新能源汽车销售占比增长较快，但新能源汽车产业还处于初期发展阶段，对传统汽车的替代不够显著。

挪威新能源汽车的替代一直处于世界领域地位，2018年的新能源汽车销售占比为46.4%，渗透率接近50%，较2017年提高了近10个百分点。2018年新能源汽车渗透率，瑞典、荷兰和芬兰分别为7.9%、6.6%和4.7%；中国、美国和德国分别为4.5%、2.5%和1.1%；德国为2.0%（见图3）。

2018年，新能源汽车保有量占汽车保有量比重高于1%的国家只有：挪威（10%）、冰岛（3.3%）、荷兰（1.9%）、瑞典（1.6%）和中国（1.1%）。

（三）公共充电设施条件不断改善

新能源汽车基础设施不断改善。2015年，世界范围内充电桩总数约为180万个，其中30%为公共充电桩。2018年，世界公共充电桩数量达到近53.9万个，比2017年增长24%。与前几年相比，公共充电桩建设速度有所放缓，2015年为70%、2016年为81%、2017年为31%（见图4）。

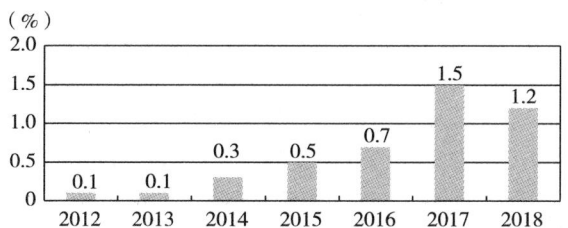

图2　2012~2018年全球新能源汽车销售量占比变化

资料来源：hybridcars.com 和 EV Sales。

个别国家的新能源汽车替代效应已十分显著。

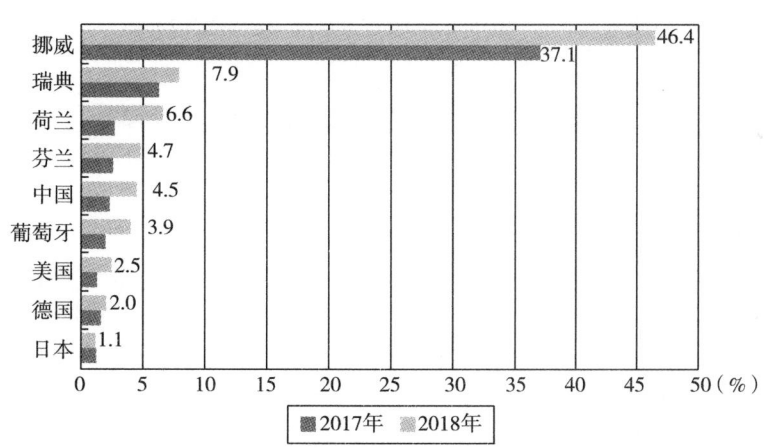

图3　2017年、2018年新能源汽车销售量占汽车销售量比重

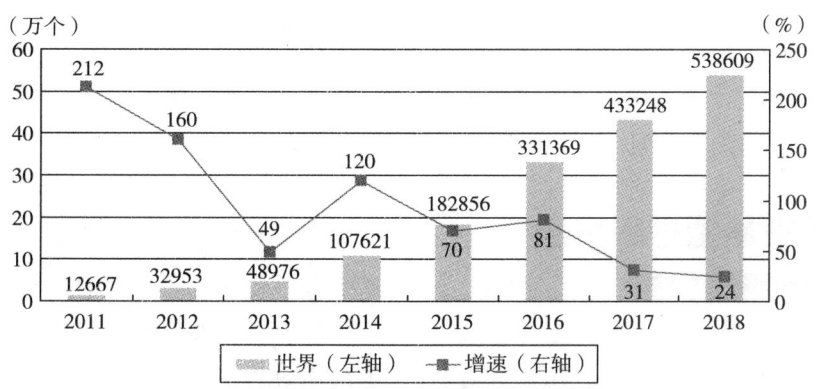

图4　2011~2018年世界公共充电桩数量及增速

（四）新能源汽车技术发展趋势

动力电池成本持续下降。动力电池技术进步大幅降低新能源汽车的生产成本，使新能源汽车有望在价格上相比燃油汽车具有竞争力。与燃油汽车相比，当动力电池价格达到200～250美元/千瓦时，BEV就具有成本竞争力。2018年，安装动力电池成本已从2010年的约1000美元/千瓦时降至205～350美元/千瓦时。动力电池成本下降的关键因素是电池化学技术发展和动力电池生产规模的扩大。

从全球新能源汽车市场来看，技术路线以纯电动汽车为主，插电式混合动力电动汽车为辅，BEV较PHEV更具有市场竞争优势（见图5）。

不同国家的技术路线是有差异的。按国别分析BEV和PHEV市场占有率发现，英国、芬兰和瑞典是以PHEV为主的替代路线；其他国家如中国、美国、德国、韩国、挪威和荷兰等，则是以BEV为主（见图6）。

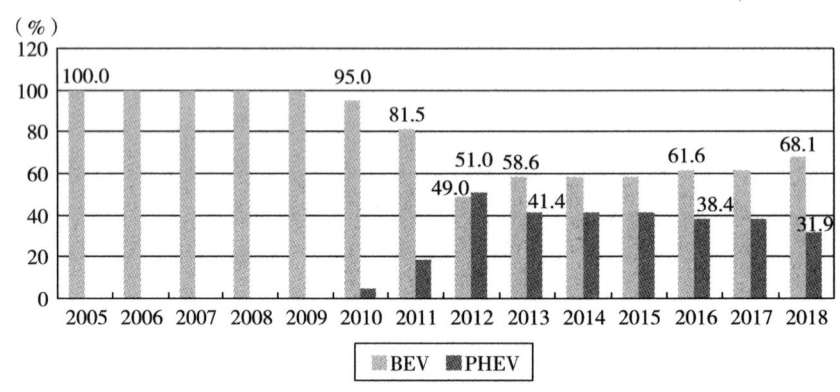

图5　2005～2018年全球新能源汽车市场结构分析

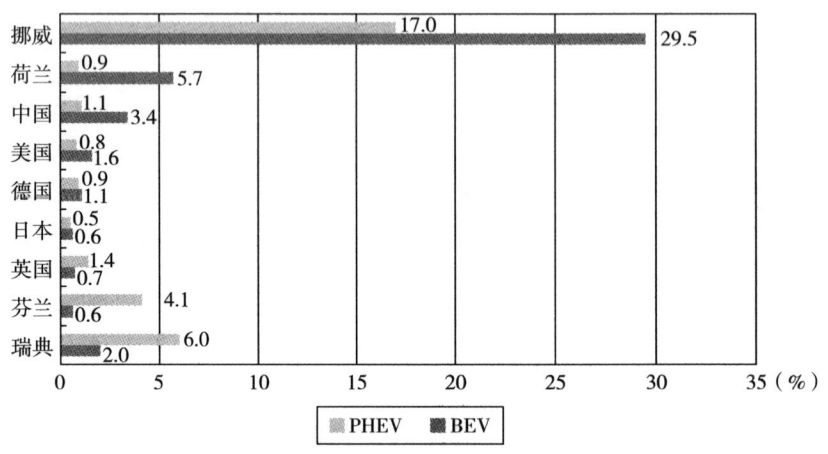

图6　2018年各国BEV和PHEV市场占有率

二、全球新能源汽车产业竞争格局分析

新能源汽车产业链可以分为以下几个部分：新能源汽车服务、新能源汽车生产制造、新能源汽车生产配套和原材料。其中，新能源汽车配套又可以分为核心配套环节和传统配套环节，核心配套环节包括动力电池、电机和电控。

（一）中国、美国和欧洲是新能源汽车最重要的市场

从年销售量来看，中国、美国、欧洲是世界

最重要的新能源汽车市场，2018年中国、美国和欧洲新能源汽车销售量占全球新能源市场销售量的比重分别是54.6%、18.3%和15.7%，这三个市场集中销售了全球88.6%的新能源汽车（见图7）。2011年，美国、日本和欧洲是世界三大新能源汽车消费市场，这一格局持续到2013年。2014年，中国超过日本，成为全球三大新能源汽车消费市场之一。从2015年起，中国、欧洲和美国依次列前三大新能源汽车消费市场，这一市场格局已持续4年。

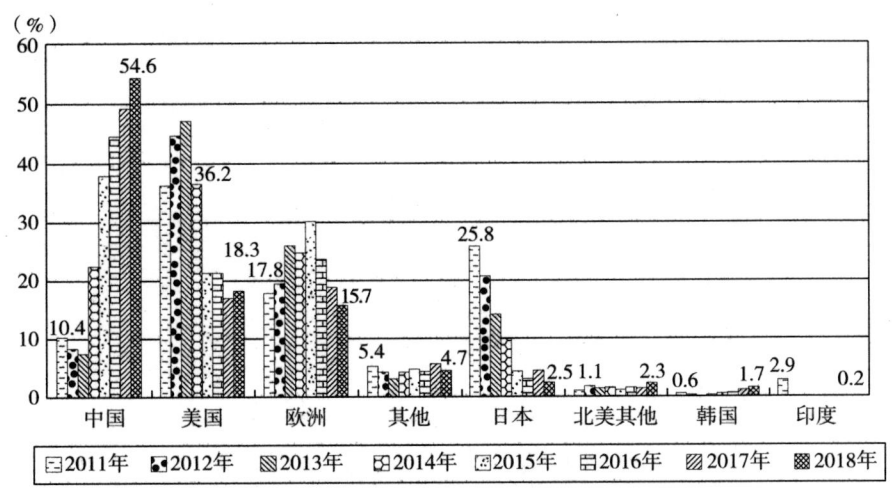

图7 2011~2018年主要国家新能源汽车销售量占全球份额

从新能源汽车保有量来看，近年来主要集中在中国、美国和欧洲，2018年中国（45.0%）、美国（21.9%）和欧洲（20.1%）三个市场的新能源汽车保有量达87%（见图8）。其中，BEV的保有量集中在中国（53.7%）、美国（19.5%）和欧洲（15.8%）（见图9）。

从公共充电桩数量来看，中国仍然是拥有最多公共充电基础设施的国家。2018年，中国充电桩数量为275000个，占世界总量的51.1%；欧洲、美国、日本充电桩数量分别为126039个、54500个和29971个，占世界总量的比重分别为23.4%、10.1%和5.6%（见图10）。

（二）中国、美国、日本具有新能源汽车生产制造优势

新能源汽车生产制造主要指的是产业链的整车生产制造和电池包生产制造。新能源汽车整车生产制造主要集中在中国、欧洲、美国和日本；电池包生产制造主要集中在中国、日本和韩国（见图11）。中国电动汽车产量最高，占全球产量的50%，其次是欧洲21%、美国17%、日本8%、韩国3%。

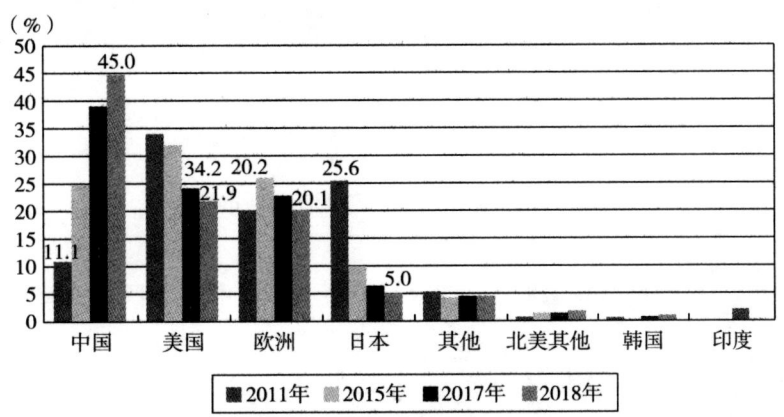

图8 2011~2018年主要市场新能源汽车保有量

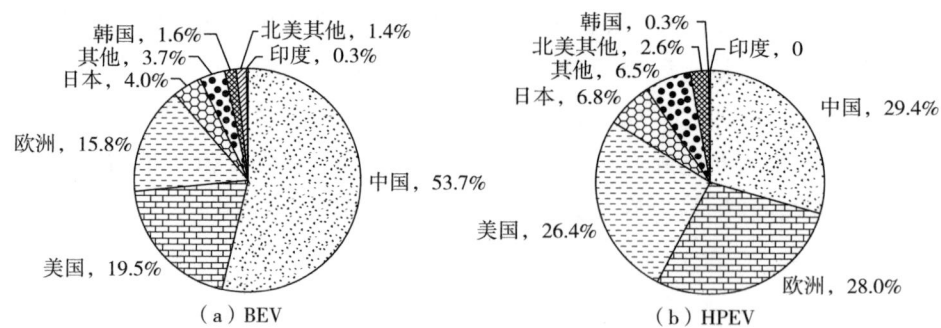

图9 2018年BEV保有量与HPEV保有量的空间分布

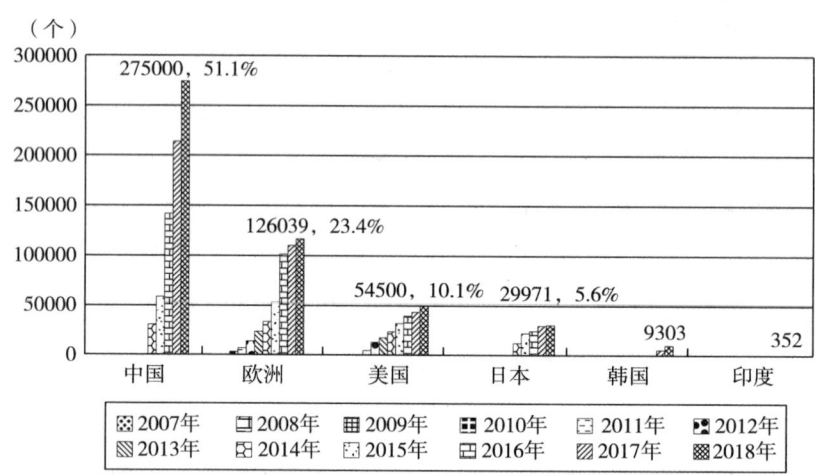

图10 2007~2018年主要新能源汽车市场公共充电桩情况

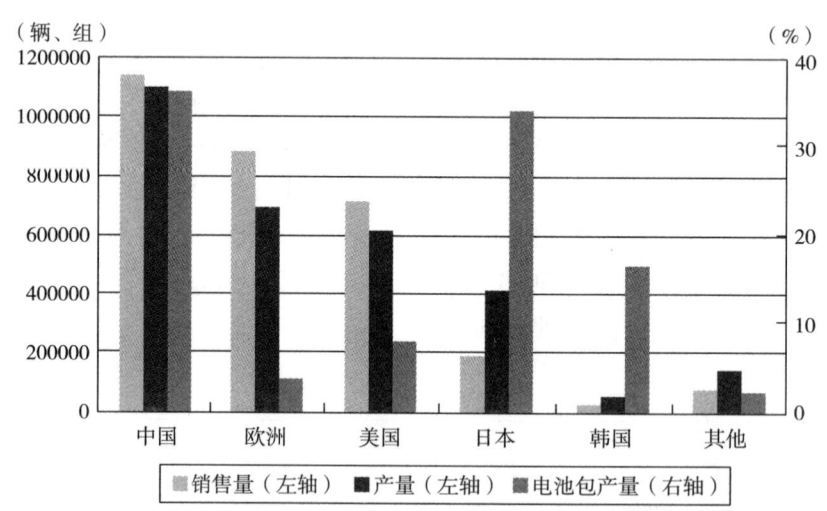

图11 新能源汽车生产制造空间分布

生产电动汽车超过20000辆的20家领先汽车制造商占电动汽车产量的94%。在前20大电动汽车制造商中,有9家总部设在中国,4家在欧洲,3家在美国,3家在日本,1家在韩国。

(三)中国、日本、韩国拥有明显的产业核心配套优势

产业核心配套,是指新能源汽车产业链上的动力电池、电机电控,以及核心材料。在新能源汽车成本构成中，动力系统占50%。其中，电池成本又占到了76%，占汽车总成本达1/3以上。动力电池产业环节由正极、负极、隔膜以及电解液组成，正极材料种类较多，包括磷酸铁锂、钴酸锂、锰酸锂以及三元锂，其中，三元锂主要指镍钴锰酸锂NCM，也包括小部分的镍钴铝酸锂NCA，对应上游原材料主要为锂矿、钴矿、镍矿以及锰矿等；负极主要以石墨材料为主，包括人造石墨与天然石墨等；隔膜主要以聚烯烃材料聚丙烯PP以及聚乙烯PE为主；电解液主要成分为六氟磷酸锂。电机电控环节主要是控制类硬件与线速，电机材料主要是永磁材料与硅钢片，原材料分别为稀土与铁矿石。

在动力电池方面，中国、日本、韩国呈三角鼎力之势。动力电池是新能源汽车的关键配套环节，处于前列的有中国、日本和韩国。2011~2015年，日本是世界上最大的电动汽车电池组生产国。2016年，中国的电动汽车电池生产量超过了韩国和日本。规模最大的前13家动力电池生产企业的产量占据全球动力电池产量的94%，其中7家总部设在中国，3家在日本，3家在韩国。

中国拥有以宁德时代、比亚迪、亿纬、孚能、比克、国轩高科等为代表的100多家动力电池企业，其中，搭载量超过100MWh的电池厂商达30家，超过1GWh的电池厂商有4家：宁德时代新能源（CATL）、比亚迪、国轩高科、沃特玛，产能集中度较高。日本则有松下、日本锂能源等动力电池生产企业，韩国有LG化学、三星SDI、SK Innovation等知名动力电池企业。

在电池材料方面，中国市场竞争充分，具有产能优势。2018年，中国电池材料行业呈结构性产能过剩。磷酸铁锂材料的产能利用率为14.5%，三元正极材料的产能利用率为33%；负极材料产能利用率为43%；隔膜行业2018年名义产能利用率为33%；电解液行业产能利用率降至42.8%。

中国动力电池及电池材料企业正在积极寻求进入欧系车主流供应链条。宁德、亿纬、孚能等已进入欧系主流供应链，当升科技（正极）、璞泰来（负极）、星源材质、恩捷股份（隔膜）、天赐材料、新宙邦（电解液）、新纶科技（铝塑膜）也在进入欧系车产业链条。

在压铸零部件方面，日本、瑞士和德国居领先地位。目前国际上规模领先的汽车压铸零部件企业包括日本RYOBI株式会社、日本Ahresty公司、瑞士GeorgFischer公司、瑞士DGS压铸系统股份公司、德国PIERBURG公司、德国handtmann公司等。国内压铸行业企业数量众多，龙头企业主要有广东鸿图、派生科技、春兴精工、文灿股份、爱柯迪、旭升股份和重庆渝江压铸有限公司和鸿图制造厂等。从世界范围来看，新能源汽车轻型材料是竞争充分的行业，国外压铸企业数量较少、单个公司规模较大、技术实力较强、客户资源丰富，在市场中占据领先地位。

（四）中国拥有公共充电基础设施的优势

2018年，世界公共充电桩安装率为0.11，即每10辆电动汽车拥有公共充电桩率为1.1个。与2017年的0.14相比，公共充电桩安装率有所下降。公共充电桩的安装率，不仅与工作场所是否有公共充电桩、居住环境是否具有安装充电设施的条件、电价政策，以及人口密度等因素紧密相关，也与公共充电桩使用效率紧密相关。

充电桩主要分为："慢速"充电装置（最高3kW），最适合隔夜6~8小时；"快速"充电桩（7~22kW），可在3~4小时内为某些型号充满电；"快速"充电装置（43~50kW），能够在30分钟内提供80%的充电。

中国拥有世界上50%的公共充电桩和75%的快速充电桩。荷兰和丹麦每辆电动汽车的公共充电桩数量相对较多，每4~8辆电动汽车约有1个充电桩；美国、挪威公共充电桩安装率相对较低，每20辆新能源汽车拥有1个公共充电桩。

三、中美新能源汽车产业竞争力比较

新能源汽车产业竞争力可以从市场竞争能力、产业链的完整性、公共基本设施保障能力、创新能力、市场开放程度等视角进行研究。研究表明，目前中美新能源汽车产业具有高度互补性，合作大于竞争。中美两国新能源汽车产业的发展路径不同，各自的竞争优势也不同，竞争优势差异主要表现在：美国新能源汽车产业在核心技术创新能力、新能源汽车市场对外开放程度和单一车型市场占有率等方面具有显著的优势；中国在政策支持力度、产业规模、市场规模、产业配套、政策综合效果等方面优势显著。

（一）新能源汽车市场：中国较美国具有显著的市场竞争优势

从市场占有率、保有量、市场增速和市场影响力变化等多个角度分析中美两国的市场竞争能力。研究发现，中国新能源汽车产业较美国具有显著的市场竞争优势。

中美是世界最重要的新能源汽车市场，中国市场的重要性逐年提升。近10年来，两国新能源市场占全球市场的份额始终超过30%，且呈逐年上升的趋势。特别是2012年以来，两国市场规模始终占全球市场规模的50%以上；2018年，两国市场总和占全球新能源汽车销售量的72.8%。美国的新能源汽车市场对全球市场的影响力曾在2013年达到高峰（47.2%），此后开始减弱，2018年美国新能源汽车市场占全球的份额为18.3%。中国新能源汽车市场对全球市场的影响力逐年提高，到2018年达到最高，占全球新能源汽车市场份额为54.5%。

新能源汽车保有量：中国是美国的2倍。中美两国新能源汽车保有量从2009年的0.31万辆增加到2018年的343万辆；中美两国新能源汽车保有量占有率从2009年的40.9%增长到2018年的67.0%，呈持续上升趋势。

中国新能源汽车保有量从2009年的0.05万辆增加到2018年的231万辆；保有量全球占有率从2009年的6.4%增长到2018年的45.0%。美国新能源汽车保有量从2009年的0.26万辆增加到2018年的112万辆，持续上升；美国新能源汽车保有量全球占有率从2009年的34.5%下降到2018年的21.9%。

美国新能源汽车保有量从2009年是中国的5.38倍下降到2018年的0.49倍；中国新能源汽车保有量从2009年只有美国的0.19，到2016年超过美国15%，到2018年，中国新能源汽车保有量是美国的2.05倍（见表2）。

表2 近10年来中美两国新能源汽车保有量比较

指标	国家	2009年	2010年	2011年	2012年	2013年	2014年	2015年	2016年	2017年	2018年
保有量占全球份额（%）	中国	6.4	12.8	11.1	9.2	8.3	14.8	24.9	32.4	39.0	45.0
	美国	34.5	25.2	34.2	40.9	44.3	40.7	32.2	28.1	24.2	21.9
	小计	40.9	37.9	45.2	50.1	52.6	55.5	57.1	60.5	63.2	67.0
新能源汽车保有量（万辆）	中国	0.05	0.19	0.70	1.69	3.22	10.54	31.28	64.88	122.78	230.63
	美国	0.26	0.38	2.15	7.47	17.14	29.02	40.41	56.37	76.21	112.34
	小计	0.31	0.57	2.85	9.16	20.37	39.56	71.69	121.25	198.98	342.97
中国/美国（倍）		0.19	0.51	0.32	0.23	0.19	0.36	0.77	1.15	1.61	2.05
美国/中国（倍）		5.38	1.97	3.08	4.43	5.32	2.75	1.29	0.87	0.62	0.49

资料来源：根据IEA, Global EV Outlook 2019 统计数据计算。

中美两国新能源汽车市场增长迅速。中美两国新能源汽车市场规模始终以超过2位数的增速逐年扩大。2011年增速为770%，2012年为177%，2013年为77%，2018年为85%。2010年以来，中国新能源汽车市场年均增速为109%，高于全球新能源汽车市场增速102%；美国为89%，低于全球市场增速。近年来，中国新能源汽车市场对全球市场贡献大于美国。

中美新能源汽车市场影响力对比发生重大变化。近10年中美新能源汽车市场影响力对比发生重大变化。2013年，中国新能源汽车销售量1.5万辆，美国新能源汽车销售量9.7万辆，美国新能源汽车市场规模约是中国市场的 6.3 倍。2018 年，中国新能源汽车市场是美国的近 3 倍，中国新能源汽车销售量 107.85 万辆，美国新能源汽车销售量 36.13 万辆，中国新能源汽车市场规模约是美国市场的 3 倍（见表3）。

表3 近10年来中美两国新能源汽车市场影响力对比

指标	国家	2009 年	2010 年	2011 年	2012 年	2013 年	2014 年	2015 年	2016 年	2017 年	2018 年
占全球市场份额（%）	中国	20.69	18.84	10.36	8.34	7.49	22.46	37.98	44.68	49.30	54.60
	美国	0	15.7	36.2	44.9	47.2	36.5	20.9	21.2	16.9	18.3
	小计	20.7	34.5	46.6	53.2	54.7	58.9	58.8	65.9	66.2	72.9
市场规模（万辆）	中国	0.05	0.14	0.51	0.99	1.53	7.32	20.74	33.60	57.90	107.85
	美国	0	0.12	1.77	5.32	9.67	11.88	11.39	15.96	19.84	36.13
	小计	0.20	0.26	2.28	6.31	11.20	19.20	32.13	49.56	77.74	143.99
中国市场增速（%）		109*	198	255	95	55	377	183	62	72	86
美国市场增速（%）		89*	—	1390	200	82	23	-4	40	24	82
中美市场增速（%）		102*	446	770	177	77	71	67	54	57	85
中国市场/美国市场（倍）		—	1.20	0.29	0.19	0.16	0.62	1.82	2.10	2.92	2.98
美国市场/中国市场（倍）		—	0.83	3.50	5.38	6.30	1.62	0.55	0.48	0.34	0.34

注：*为2010年来的平均增速。
资料来源：根据 IEA，Global EV Outlook 2019 统计数据计算。

（二）产业链完整性：中国比美国具有竞争优势

中国现已拥有全球最完善的新能源汽车产业链。包括：①原材料供应商，如赣锋锂业、华友钴业、寒锐钴业。中国在关键原料上具有资源垄断性。②动力电池生产制造商，如宁德时代、比亚迪。中国是全球最大的动力电池生产制造国。2017年，中国轻型电动汽车的电池生产量是美国的11倍。③整车制造业，如比亚迪、北汽等。美国新能源汽车产业的相关配套产业在市场上的份额较低，本地配套能力较低，严重制约了产业发展。

中国是全球最大的新能源汽车市场，新能源汽车销售量突破100万辆。从新能源汽车销售量看，中国新能源汽车销售量继续保持世界第一。2018年，中国新能源汽车销售量107.9万辆，较2017年增加了50万辆，同比增长86.3%。

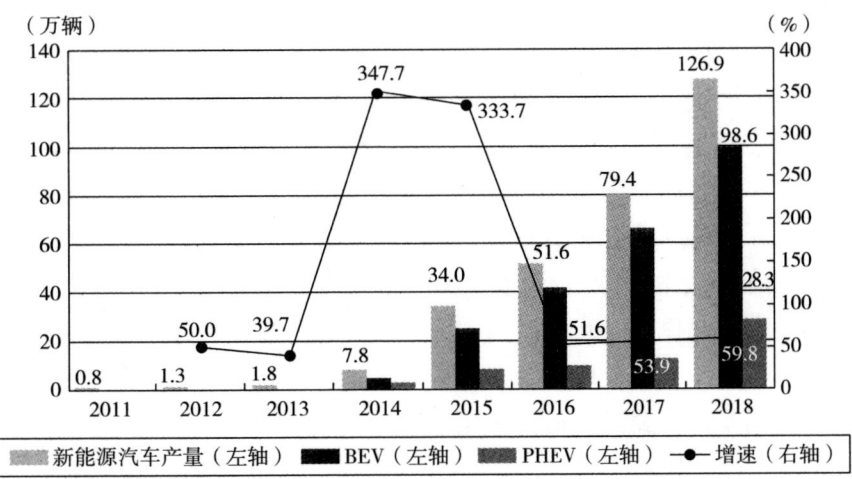

图12 2011~2018年中国新能源汽车产量及增速

(三)公共基础设施保障能力:中国是美国的5倍

公共充电桩数量反映的是新能源汽车公共基础设施的保障能力。分析2010~2018年中美两国新能源汽车公共基础设施保障能力,不难看出:中美两国新能源汽车公共充电桩数量从2011年的542个增加到2018年的256940个。其中,中国新能源汽车公共电充桩数量从2015年的30000个增加到2018年的213903个;美国新能源汽车公共电充桩数量从2011年的542个增加到2018年的43037个(见表4)。2018年,中国充电桩数量是美国的5倍,公共基础设施保障能力中国具有明显的优势。

从占全球公共充电桩比重来看,中美两国新能源汽车公共充电桩占全球份额2011年为34.7%,2018年为61.2%。其中,中国新能源汽车公共充电桩占全球份额2014年为27.9%,2018年为51.1%;美国新能源汽车公共充电桩占全球份额2011年为34.7%,到2018年为10.1%。

从增长速度看,中美两国新能源汽车公共充电桩数量增速2011年为710.3%,2018年为28.2%。其中,中国新能源汽车公共充电桩数量增速2015年为95.9%,2018年为28.6%;美国新能源汽车公共充电桩数量增速2011年为710.3%,2018年为26.6%。

表4 2011~2018年中美两国公共基础保障能力比较

指标	国家	2011年	2012年	2013年	2014年	2015年	2016年	2017年	2018年
公共充电桩数量(个)	中国	—	—	—	—	30000	58758	141254	213903
	美国	542	4392	13160	16867	22633	31674	38168	43037
	中美两国	542	4392	13160	16867	52633	90432	179422	256940
增长速度(%)	中国	—	—	—	—	95.9	140.4	51.4	28.6
	美国	710.3	199.6	28.2	34.2	39.9	20.5	12.8	26.6
	中美两国	710.3	199.6	28.2	212.0	71.8	98.4	43.2	28.2
公共充电桩数量占全球比重(%)	中国	0	0	0	27.9	32.1	42.6	49.4	51.1
	美国	34.7	39.9	34.4	21.0	17.3	11.5	9.9	10.1
	中美两国	34.7	39.9	34.4	48.9	49.5	54.1	59.3	61.2

资料来源:根据公开资料整理。

(四)市场开放程度和国际化能力:美国较中国具有更强的竞争优势

美国新能源汽车市场开放程度高于中国。美国的新能源汽车市场是面向世界市场开放的,中国的新能源汽车市场不仅对外开放不够,还存在严重的地方保护壁垒。美国新能源汽车市场开放程度较高,销售量进入前10名的车型有日本日产Leaf、日本丰田普锐斯、德国宝马i3和宝马330e、德国奥迪e-tron、英国捷豹(Jaguar)I-Pace、德国Smart EQ fortwo等。日本Leaf是第一款在美国上市的新能源汽车,在美国的销量多年排在前列。

中国新能源汽车市场开放度相对较低,大约96%市场是由国内新能源汽车分享,大约3%市场是由特斯拉Model S.、特斯拉Model X.占据,特斯拉车的销量进不了前20名。地方政府往往根据本地车企的特点有针对性地制定补贴标准,限制外地车企进入。

美国新能源汽车重点企业的国际化能力高于中国。第一,从生产空间布局看,美国车企的全球产业链控制能力高于中国。中国主要新能源汽车厂家生产布局在中国,生产配套也在中国;美国主发新能源汽车厂商的整车生产在美国、动力电池生产在日本和韩国。第二,从市场布局看,美国车企的国际市场开拓能力高于中国。中国生产的新能源汽车,销售市场面向中国;美国生产的新能源汽车，销售市场面向美国本土、加拿大、欧洲和中国（见表5）。

表5 中美两国主要新能源汽车车型生产空间布局与销售市场分布

国家	车型	类型	主要销售市场	车辆生产	电池生产
美国	特斯拉 Model S.	BEV	加拿大、中国、欧洲、美国	美国	日本
	特斯拉 Model X.	BEV	加拿大、中国、欧洲、美国	美国	日本
	雪佛兰博尔特	BEV	加拿大、美国	美国	韩国
	雪佛兰 Volt	PHEV	加拿大、美国	美国	韩国
中国	北汽 EC 系列	BEV	中国	中国	中国
	比亚迪宋	BEV、PHEV	中国	中国	中国
	比亚迪 e5	BEV	中国	中国	中国
	比亚迪秦	BEV、PHEV	中国	中国	中国
	荣威 eRX5	BEV	中国	中国	中国
	Zhidou D2	BEV	中国	中国	中国
	奇瑞 eQ	PHEV	中国	中国	中国
	JAC iEV	PHEV	中国	中国	中国
	吉利帝国	PHEV	中国	中国	中国

资料来源：根据公开资料整理。

（五）技术创新能力和品牌认知度：美国较中国具有竞争优势

美国新能源汽车具有显著的技术优势。美国在新能源汽车领域继续发挥其技术优先，以创新和改革保证其产品在市场上的差异性，满足市场上高需求消费者。以美国领先企业特斯拉为代表，其电动汽车在质量、安全和性能方面均达到汽车行业最高标准，具有空中升级服务等尖端技术、最先进的电池管理技术和完备的充电解决方案。以充电技术为例，美国特斯拉超级充电器为最先进的充电技术，它为 Model S. 充电的速度远高于大多数充电站。特斯拉充电技术特点主要表现在：特斯拉充电站加入了太阳能充电技术，可利用清洁能源，减少对电网的依赖与干扰；充电时间短，20 分钟充到 40%，就能满足续航要求，且不会影响电池寿命。

中国新能源汽车关键技术逐渐实现突破，纯电动汽车技术水平与国际先进水平同步，续驶里程、可靠性、安全性、动力性水平不断提高，经济性和综合效益水平持续优化。

在品牌方面，美国拥有特斯拉等高端品牌。特斯拉品牌已与高端豪华车、电动汽车相关联，品牌认知程度远远高于比亚迪、北汽等。

（六）政策有效性：中国好于美国

政策对电动汽车的发展有重大影响，中美两国都有促进新能源汽车产业发展的政策，如目标类政策、补贴政策、促进投资。美国联邦和州政府采取了一系列政策，旨在推动新能源汽车的发展。例如，纽约电动汽车扩张计划（Evolve NY），美国能源部为先进电动汽车项目提供资金的机会，电动汽车充电的退税计划。

中国新能源汽车相关政策：一是车企双积分政策，限制对新的燃油汽车制造工厂的投资，对原始设备制造商（Original Equipment Manufacturer, OEM）的"新能源汽车"信贷授权。这些政策调动了汽车厂商研发生产新能源汽车的积极性，吸引了外资投资新能源汽车领域。二是根据电池特性对车辆采用差异化激励措施，鼓励车企生产高性能新能源汽车。续航在 250 公里以下的车型无补贴，250~400 公里续航的车型享受 1.8 万元的补贴，400 公里以上的车型享受 2.5 万元的补贴。三是市场开放政策，如国务院办公厅发文督促取消限购，支持新能源汽车消费等。四是取消地方补贴，转为补贴充电，即买车的时候不补，用车的时候才补，以防止车企骗补。

通过对传统汽车的替代能力的观察，比较两国新能源汽车政策综合效果。如果将新能源汽车对传统汽车的替代能力定义为新车销售中新能源汽车的市场占有率，简称新能源汽车替代能力，用CP新/传表示，即CP新/传=新能源汽车销售量/新车销售量×100%。则中国新能源汽车替代能力为4.5%，美国为2.4%，中国新能源汽车政策综合效果好于美国（见图13）。中美BEV替代能力都高于PHEV，BEVS相关政策的综合效果好于PHEV的政策效果。

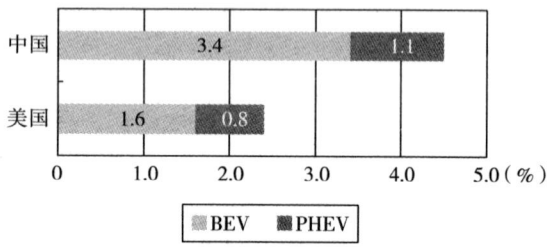

图13 2018年中美新能源汽车市场替代能力比较

四、促进新能源汽车产业发展的几点建议

展望未来，新能源汽车产业发展将有以下新的变化：一是新能源汽车发展将从政策驱动型市场逐步向市场驱动型转变；消费重点将转向乘用电动车，消费主体将逐渐向私人购买转变；二是面临补贴力度减小、技术门槛提高、外资限制逐步松绑的新的竞争环境；三是新能源补贴政策转向扶优扶强，推动形成优胜劣汰的市场机制；四是新冠肺炎疫情、中美关系等将对新能源产业竞争格局变化产生深远影响。为此本文提出以下建议：

（一）充分研究、提前布局，应对欧美车企制定不利于中国的新规则

欧美新能源汽车产业发展受制于动力电池产业配套能力不足，例如，特斯拉的生产规模受电池供应能力的限制，大众也在寻求办法以解决受动力电池供应保障问题。随着宝马、戴姆勒和大众等主要汽车制造商向电动汽车转型，需要动力电池保障，动力电池的供应以及原材料成为发展的关键环节。美国、欧洲正在研究如何就原材料和动力电池方面的国际规则提出要求，制定新规则以保障其电动汽车产业发展的持续性、稳定性和获利能力。例如，欧洲汽车供应商协会估计，欧洲车企在欧洲生产每辆电动车都需要向中国支付5000~8000美元用于购买动力电池。这表明欧美国家对电动汽车产业链生态的担忧和不满。

（二）加强合作，相互学习与借鉴

发展新能源汽车产业是主要汽车大国的共同选择，各国都认识到发展新能源汽车在节能减排、国家能源安全、国家能源转型等方面具有重大意义，各国政府对于支持电动汽车产业发展、促进电动汽车产业创新都具有浓厚的兴趣。中美欧日韩可以在包括初始成本、续航里程、充电基础设施等制约电动汽车产业发展的关键领域进行交流与合作，相互学习，取长补短。

尤其是中美两国应继续加强新能源汽车产业合作。"中国制造"将给美国特斯拉带来成本竞争优势，中国新能源汽车优惠政策将进一步提升特斯拉的全球竞争力。特斯拉上海工厂一期产能为25万辆/年，全部投产后产能将达到50万辆/年。美国可以借鉴中国的新能源汽车产业规划的做法，保障新能源汽车政策的稳定性和一致性，以吸引投资；中国可以借鉴美国市场化运作的管理能力，不断开放市场。在新能源汽车技术方面，加强与美国阿贡国家实验室、美国蒙罗等的联系与合作。

（三）苦练内功，不断增强中国新能源企业核心竞争力

随着日产、起亚、特斯拉进入中国，以及大众、宝马、奔驰等传统车企转型进入新能源汽车领域，竞争将日益激烈。在以往的竞争中，中国新能源汽车竞争赢在车型多。例如，比亚迪从轻型乘用车、商务车、SUV，到客车、物流车等一应俱全，就赢在一个"全"字。尽管比亚迪新能源汽车销售量位列世界第一，但就单一车型而言，其销量远远赶不上特斯拉，存在单一车型不具备规模经济的问题。如果说中国车企赢在"全"字，那么美国车企赢在"精"字。以特斯拉为例，特斯拉主要有 Model S/3/X/Y 四个车型，单一车型具有十分显著的规模经济。国内车企应向特斯拉学习，加强技术研发能力的培育，提高国际化运营能力。

参考文献

［1］Dana Lowell and Alissa Huntington. Electric Vehicle Market Status, Manufacturer Commitments to Future Electric Mobility in the U. S. and Worldwide［R］. M. J. Bradley & Associates, 2019, May.

［2］International Energy Agency. Global EV Outlook 2019: Scaling – up the Transition to Electric Mobility［R］. International Energy Agency, 2019, June.

［3］Nic Lutsey, Mikhail Grant, Sandra Wappelhorst, and Huan Zhou. Power Play: How Governments are Spurring the Electric Vehicle Industry［R］. ICCT White Paper, 2018, May.

［4］Paez, D. The Tesla Semi has Almost Arrived: Launch Date, Pre – orders, and Sightings［R］. Inverse, 2019, January.

Comparison of Competition between China and the US in EVS Industry

Bai Mei

Abstract: This chapter analyzes the competition of Global Electric Vehicle (EV) industry, and studies the key factors and links that affect the EV industry competitiveness, such as policy and market environment, the automobile industry foundation and the industrial supporting capacity of EV industry, core technological innovation competence and the internationalization ability of the key EV enterprises. The research finds that: First, the global EV industry still accounts for a small share of the entire automobile industry. The industrial life cycle is still in the initial stage of development, but it is developing rapidly. The scale of EV industry continues to expand, and the global competitiveness of the new energy automobile is improved, compared with the traditional automobile. The market competitiveness of pure electric vehicles is stronger than that of plug – in hybrid electric vehicles. Second, in EV industry chain, China, the United States and Europe have advantages in terminal market. China, the United States and Japan have competitive advantages in the production of new energy vehicles. China, Japan and Korea are strong in supporting capacity of new energy vehicle, China has a competitive advantage in public infrastructure of new energy vehicles while Norway has a prominent performance in replacing traditional vehicles with new energy vehicles. Third, the development paths of EV industry in China and the United States are different. and their respective competitive advantages are also different. The differences in competitive advantage are mainly reflected in three aspects: the Unites States has significant advantages in core technological innovation capability of EV industry, the openness of EV market, and overwhelming share of the single – model vehicle market; China has remarkable advantages in terms of policy support, industry scale, market size, a complete system of industries and overall policy effects.

Key Words: New Energy Vehicles; Electric Vehicles (EVS); Battery Electric Vehicles (BEV); Plug – in Hybrid Electric Vehicles (PHEVS)

宅经济：内涵、演进与驱动因素

李晓华

摘　要：宅经济是近年来呈现快速发展的一种经济现象，是居民在住宅中参与产品或服务的价值创造活动，或者是与居民在住宅中完成商品或服务交易相关的经济活动，呈现出与传统经济活动显著不同的特征。宅经济的发展可以划分为网民涌现、剁手族出现、产销者实现、自由工作四个阶段。宅经济的发展受到信息技术发展、IT设备家庭普及、数字基础设施完善等供给侧因素，需求层次提高、人力资本升级以及企业降本增效需要等需求侧因素以及外部冲击的影响。宅经济的发展空间巨大，将会成为推动我国经济增长的更加重要力量。为推动宅经济更好的发展，应加大数字经济研发投入、支持数字新模式新业态创新、推广智能家庭产品、鼓励采用远程工作模式、推动"新基建"建设。

关键词：宅经济；数字经济；产销者；SOHO

宅经济是近年来呈现快速发展的一种经济现象。随着信息技术特别是互联网的兴起和发展，人们将越来越多的时间花在互联网上消费各种数字产品和服务，由此带动了与宅在家中相关的生产经营活动的发展。2020年初，新冠肺炎疫情暴发后，人们出门的时间减少，待在家中的时间大幅度增加，进一步带动了数字消费的发展，不仅互联网线上活动的参与人数、参与频率大幅度提高，而且从传统的线上数字消费活动扩展到在线会议、远程办公等生产性质的活动，宅经济热度大升。虽然宅经济已经日益成为一种重要的经济现象，但目前对宅经济的学术研究仍旧非常匮乏。本文拟对宅经济进行探索性的研究，解析宅经济的内涵，剖析宅经济发展的动因，分析宅经济的演变过程，并对宅经济未来的发展进行展望和提出相关建议。

一、宅经济的内涵

（一）内涵

理解宅经济，首先要厘清"宅"的含义。根据《现代汉语词典》的解释，"宅"有两种含义。传统上，"宅"是个名词，意指住所、住宅；近年来又出现一种新的含义，作为动词，意指"待在家里不出门"。从这个意义上说，宅经济就是与居民待在家里相关的经济活动。宅经济的提法起源于日本的"御宅族"，在日语中被称为"Otaku Economy"，主要是指"以电子商务、在线娱乐、游戏等为代表的网上经济以及产业链上的关联行业"。[1]

宅经济是根据开展场所对经济活动进行的分类。在过去2000年的大部分时间里，世界经济的发展是由独立工作者推动的，直到工业革命之后，

---

* 本文发表在《企业经济》2020年第5期。

［作者简介］李晓华，中国社会科学院工业经济研究所研究员、博士。

工业的发展要求企业将员工聚集在同一个地方工作。[2]在生产力比较低的小农经济社会，独立性质的生产活动许多是在居民的住宅中进行的；随着工业革命后生产力的极大发展，机械和蒸汽动力被引入生产活动，居民的住宅在规模上无法容纳大型的生产设备，居民本身无力承担生产设备的巨额投资，家庭这一自给自足的单位也无法满足随着生产规模扩大后形成的分工深化及其对集体协作和各种专业技能劳动力的需求，因此，专门生产场所出现，家庭与生产活动分离，创造价值的经济活动主要在企业经济组织所处的场所中开展。近年来，越来越多的生产性活动或者可以由独立的个人实施，或者可以不在企业经营场所中而进行远程协作，生产活动再次回归住宅成为趋势。

虽然经济价值或国民财富是由生产活动创造的，消费活动不直接创造价值，但是生产与消费是一对矛盾的两个方面，具有不可分割性，生产活动产出的商品实现从商品到货币"惊险的一跃"根本上离不开消费。实际上，在宅经济这一现象出现的早期，主要就是指的与互联网相关的消费活动。消费同样可以根据发生的场所进行划分。在宅经济出现之前，虽然居民在住宅中要完成吃饭、穿衣、休息、学习、娱乐等各种活动，但是支撑这些活动的物质产品却需要在住宅之外（如商场、集市、餐馆等）购买，货币衡量的价值创造活动在交易完成之时就已经实现，住宅只不过是让产品的使用价值最终得到实现的地方。在宅经济模式下，虽然产品或服务的使用价值仍然是在住宅中实现的，但价值的实现则由住宅之外转移到住宅之内，通过信息技术手段，居民不需要到商品和服务出售的现场，可以在住宅中远程完成购物、订餐、游戏、娱乐等各种交易并对完成交易的产品和服务进行消费。

从以上分析可以看到，宅经济既包括生产活动也包括消费活动。实际上，在早期关于日本宅经济的一些研究中已涵盖了生产生活，认为宅经济包括"居家办公，从事全职或兼职的商务工作，或利用电视、电话、网络等进行消费的行为"。[3]据此，我们可以把宅经济划分为生产型宅经济与消费型宅经济两种类型。生产型宅经济是指居民在住宅中所从事的生产性质的经济活动，这是一种新的工作模式，如远程办公、在线主播、自媒体创作、百科词典编写等；消费型宅经济是指居民在住宅完成商品或服务的交易过程，并由此直接带动的经济活动，如在线购物、在线游戏、观看视频、在线学习等。综上，可以将宅经济定义为：在互联网等信息技术的支持下，居民在住宅中参与产品或服务的价值创造活动，或者是与居民在住宅中完成商品或服务交易相关的经济活动。

（二）特点

宅经济是伴随着信息技术在家庭的普及与向各行业的渗透出现的一种新的经济现象，表现出与以往经济活动显著不同的特点，这些特点可以概括为五个转变。

一是从现场转向线上。传统的经济活动主要是在具体的实体场所进行的，即使在信息和互联网技术出现后，线上活动在很长一段时间也主要起到支撑经济活动开展的作用，如通过电话、传真、电子邮件等方式进行联络。数字技术的发展创造了丰富多彩的在线服务，使消费与生产活动在互联网上完成成为可能，互联网相关活动成为宅经济的主要部分，互联网技术的进一步发展、扩散将推动宅经济不断发展壮大。

二是从接触式到零接触。现场的生产活动需要人员之间的交流与协作，现场的交易活动更需要面对面地提供服务，都少不了人与人之间的接触。生产和消费活动转到线上后，都可以通过网络这一中介加以实施，减少甚至避免了人员接触。即使以前有一些环节需要面对面完成的消费活动，如电商送货、O2O外卖等，在新冠肺炎疫情期间转为"无接触配送"的方式来完成。

三是从集中化转向分散化。在传统的经济模式下，无论生产活动还是消费活动，都要求人员在空间上的高度聚集。从生产的角度，劳动力在工厂、卖场等公司生产经营场所的聚集有利于生产的组织、人员的分工协作和沟通交流；从消费的角度，商场、饭店、影院等各种消费场所也呈现出人流大量聚集的特点。在宅经济模式下，无论生产还是消费活动，高度聚集的人群被分散到各自的住宅，形成高度分散化的经济活动。

四是从大规模到个性化。传统上，物质产品生产企业采取大规模生产方式，以此深化分工、降低成本，并向用户提高标准化的产品；服务企业达到一定的规模后，可以提供更为丰富的消费选择，吸引更多消费者，发挥规模经济，提高坪效。宅经济模式下虽然存在着网络的正外部性，但数字产品的生产或消费由于分散到住宅中，并且数字产品由软件定义的特点，使得居民可以根据自己的意愿有选择参与社会化生产或消费更加定制化的数字产品。

五是从有时限到全天候。在传统的生产模式下，无论是在企业参与生产活动还是在服务现场消费，大多数情况下都要受到企业生产或营业时间的限制。虽然有些工业企业可以做到连续生产，"人歇马不歇"，但具体到每个员工工作的时间不是随意的，要服从企业的安排。在宅经济模式的许多场景中，由于互联网及各种应用服务自动化、智能化运营的特点，无论是参与生产活动还是在线消费，时间可以由居民自由选择，具有全天候性。

二、宅经济的演进

工业革命之后的很长时期，住宅是生活的场所，在住宅之外才是人们开展生产活动的地方，在住宅中既不创造统计到GDP中的经济价值，各种经济活动也很少与住宅中的消费活动直接联系在一起，人们在住宅之外进行购物、餐饮、娱乐、出行等各种消费活动。信息技术的发展逐渐使住宅与经济活动产生直接联系。对宅经济现象的描述最早可追溯到1992年Faith Popcorn出版的《爆米花报告：生活形态新预言》，该书提到未来会出现一群不愿出门、喜欢待在家里的新人类，在网络科技和信用体系的支持下，他们足不出户就能办妥绝大部分事情[4]。可以说，作为一种有众多人参与的经济现象，宅经济伴随着信息技术的发展而出现，并随着互联网技术的高度发展和普及呈现涵盖范围不断扩大、参与人数不断增长、参与深度不断加强、涉及经济活动不断增加的趋势。

由于各个国家互联网发展进度、特点、消费和生活习惯不同，宅经济的发展既有共性也存在差异。本文主要以中国情况为例，来分析宅经济的演变过程，并根据有代表性的宅经济现象，把宅经济的发展划分为四个阶段：网民大量涌现阶段、"剁手族"开始出现阶段、产销者成为现实阶段和自由工作成为趋势阶段。需要说明的是，这四个阶段的划分及其名称主要强调了在相应阶段快速发展的宅经济活动，并不意味着不存在其他宅经济活动。一般来说，上一阶段的宅经济活动会由于技术的发展、收入的提高等进一步发展壮大。表1是对宅经济四个发展阶段的抽象概括。

（一）第一阶段：网民大量涌现

随着信息技术的发展，经济活动逐渐与住宅中的消费产生较为直接的联系，比如与在住宅中听广播、看电视相关的广播影视制作与相关广告业务，但这些宅经济活动相对比较单一，且相关经济活动在经济中的比重很小。互联网的发展进一步加强了住宅与经济活动的直接联系。互联网起源于1969年美国国防部高级研究局组件的阿帕网（ARPANET），万维网公共服务在1991年出现，20世纪90年代中后期开始进入爆发式发展期并在我国开始普及，美国商务部称之为"浮现中的数字经济"。[5]在TCP/IP协议、网络浏览器技术发展的支撑下，涌现出门户网站、网页聊天室、BBS论坛等商业模式，即时聊天工具也开始出现，传统服务活动开始向互联网迁移。

互联网商业化之初，网络的价格高、网速慢，整体普及率较低、用户规模小。最先使用互联网的是一些IT相关公司和从事国际业务的公司职员、大学生群体以及一些对互联网这一新事物感兴趣的"领先用户"，其中不乏互联网的拥趸。在对互联网的迷恋者中，一小部分是对于ICT技术有狂热兴趣并投入大量时间钻研的极客（Geek），

表1 宅经济发展的四个阶段

阶段		网民大量涌现	"剁手族"开始出现	产销者成为现实	自由工作成为趋势
时间		20世纪90年代后期至2002年	2003~2008年	2009~2019年	2020年至今
支撑技术		个人电脑、TCP/IP协议、浏览器	互联网、在线支付、线下物流	智能终端、移动互联网、移动支付、4G、大数据、人工智能	5G、虚拟现实、3D打印、区块链
主要形式	消费	新闻、文学、BBS和聊天室聊天	网上购物、博客、社交网络、在线音乐、网络视频、在线游戏	团购、O2O、手游、微博、移动社交、在线直播、短视频、共享经济	网上教学、云医疗、云政务、云旅游
	生产	网络文学、站长	网店、博主、开源代码开发	自媒体、主播	远程办公、网上会议、3D打印

更多的是喜欢宅在家里（宿舍里），泡在网络上浏览新闻、聊天、参与BBS讨论、沉迷于互联网难以自拔的"网虫"。《现代汉语词典》在解释"宅"的第二种含义时，还特别加括号注明待在家里不出门"多指沉迷于上网或玩电子游戏等室内活动"。"网虫"更多的是指以数字消费者的状态参与宅经济的人。

在这一阶段，生产型宅经济也有所发展。在住宅中工作的现象虽然长期存在，但主要局限于作家、艺术家等独立性较强、不太依赖于分工协作的少数工作，是很小众的存在。随着ICT技术的不断发展，电话、个人计算机、互联网的日趋普及为编辑、撰稿人、设计师、艺术家、股票交易、会计师等对集体协作要求不高的工作在家里开展提供了更大便利。互联网作为一个产业的发展壮大还带来分工的深化与新工作岗位的创造，一些适合在家里开展的工作独立出来，如网络写手、网站策划、网游设计、彩铃设计、短信写手、DV创作等。[6]

（二）第二阶段："剁手族"开始出现

2001年全球互联网泡沫破灭，互联网发展陷入低谷，但新的技术和商业模式也在不断孕育发展，电子商务进入快速发展期。国外著名的电商网站Amazon和ebay均创立于1995年，在创立之初，前者只经营图书线上销售，后者则是一个物品拍卖网站。我国电商平台的代表淘宝于2003年成立。电商网站大致可以分为自营型和平台型两类，前者销售自有商品，如早期的当当网和京东商城；后者不直接销售商品，但是提供开设网店的技术和基础设施、发挥支持买卖双方交易的媒介撮合作用。平台一边连接用户（消费者），一边连接供应商（网店），打破了企业自身资源和能力对发展的限制，只要平台两侧的用户和供应商增长较快，平台就能实现高速成长。相对于实体店，电商平台具有明显的价格优势，而且使长尾端商品获得展示的机会，为消费者提供了丰富的选择。在淘宝推出支付宝等手段解决供需双方的信任问题以及物流配送体系逐步完善后，电商平台吸引了越来越多的供应商和用户，进入快速发展的轨道。2008年，中国电子商务市场交易规模达到2.9万亿元。沉溺于逛网店购物成为许多网民特别是女性网民的日常爱好，"剁手族"开始形成。

除了电子商务外，其他新型的商业模式不断涌现，如博客、社交网络、在线音乐、网络视频、在线游戏等。由于互联网产业存在显著的网络效应，最终往往形成"赢家通吃"的市场格局，因此每当一种新型的商业模式退出后，互联网企业会通过免费，甚至给予大量补贴的模式吸引用户的增长，这些新型商业模式很快就能吸引大量用户，御宅族的宅居消费内容日益丰富多彩。另外，由于沉溺于互联网造成的网瘾、社交障碍等负面问题也开始引起关注。在住宅中工作的广度和深度不断扩大和深化。原来已存在的、不需要集体协作的创造型工作的参与者越来越多，如网络文学作家、博客专栏写手、开源代码开发等。与电子商务的高速发展相适应，许多个人开始兼职或专职参与开设运营网店。

（三）第三阶段：产销者成为现实

2007年苹果第一代Iphone的发布开启了移动互联网时代，2012年4G开始商业化，2016年AlphaGo打败世界围棋冠军李世石标志着人工智能技术开始成熟，这些新的技术突破进一步加快了数字经济领域的创新步伐，不但催生团购、O2O、移动社交、在线直播、短视频、共享经济等新模式、新业态，而且使得生产活动发展的底层驱动力发生根本改变，原本依靠人工参与和决策的机制转变为数据和算法驱动。也就是说，企业的商业活动通过核心业务在线化和业务环节自动化实现智能化。[7]

与新技术、新模式、新业态相伴的是一场"平台革命"，[8]不仅是在电商领域，大多数新业务的运营商都采用了平台这一商业模式，平台企业无论是数量还是规模都呈高速增长之势。世界10家市值最高的公司中，2007年第四季度只有微软一家是平台企业，到十年之后的2017年第四季度则有七家是平台企业，而且估值超过10亿美元的独角兽企业也以平台企业为主。平台企业自己不直接提供商品和服务，需要大量为其生产和提供商品与服务的供应商，这些供应商中有企业，但也不乏个人或家庭。单一个人的力量虽然微不足道，但聚沙成塔、集腋成裘，大量个人的参与不但能够成为平台的供应商，而且作为供应商的深度参与本身就使他们天然成为平台业务的消费者。托夫勒在1981年出版的《第三次浪潮》一书中就预言，生产者和消费者的界限日渐模糊，我们的社会继"为使用而生产"和"为交换而生产"之后转变为"产销合一"的社会，消费者（Consumer）变为产销者（Prosumer）。[9]在平台经济中，产销者普遍存在，而住宅则成为生产和消费合一的主要场所。以微信为例，微信用户既是微信服务的消费者，同时也是微信内容的生产者，他们通过朋友圈展示自己的日常动态、所思所想，甚至还有微信用户直接进行微信公众号、视频号的内容创作和小程序的开发。同样，百科词典、慕课、在线直播、短视频也有大量的御宅族作为它们内容的开发和提供者，成为流量主、主播、网红。一些数字内容本身就向用户收费（如知识付费），另外一些免费的内容则可以通过广告、购物导流等形式创造经济价值。

从消费的角度看，在这一阶段，电子商务又获得进一步发展，不仅使用人数更多、覆盖范围更广（如农村电商），而且又出现许多新的电商领域（生鲜电商）和新的电商模式（直播电商）。我国电子商务交易额从2008年的3.14万亿元增加到2018年的31.63万亿元，其中网络零售市场交易规模从1300亿元增加到90065亿元；天猫"双11"的日交易额从2009年第一年的5000万元飙升到2019年的2684亿元；我国生鲜电商规模从2013年的126.7亿元增长到2018年的2045.3亿元。在物联网、大数据、人工智能等技术的支撑下，互联网企业能够全本收集用户的使用数据，通过数据挖掘和分析，给用户精确画像，进而向用户智能推荐与其兴趣爱好相符的内容和服务，比如现在的新闻、影视、短视频、知识解答等平台都已广泛应用了人工智能推荐算法，这会进一步强化消费者的使用，使其沉溺于其中。

（四）第四阶段：自由工作成为趋势

2019年6月，工信部向三大运营商和中国广电发放了5G牌照，标志着我国5G时代的开启。5G包括eMBB（增强型移动宽带）、mMTC（大规模机器类通信）、uRLLC（超可靠低时延通信），具有大带宽、光连接、低时延的优势，可以支撑高清视频、虚拟现实/增强现实、无人驾驶、智能制造等新的应用。人工智能技术更加成熟，应用领域越发广泛；云计算以及相关IaaS、PaaS、SaaS基础设施不断完善；虚拟现实/增强现实、3D打印逐步进入商业化应用阶段，且相关产品和服务的价格持续下降，为更广泛的居家生产和消费提供了可能。

居家生产的范围进一步扩展，SOHO工作模式向自由工作者模式演变。SOHO工作模式出现于20世纪80年代中后期。随着电话、传真机、电脑、打印机等具有生产力功能的设备在家庭中的普及，人们在家工作条件大为改善，SOHO族的规模不断扩大。据调查，2001年有3200万美国人属于SOHO一族，占全体劳动人口的24%，2004年进一步提高到4000万人即全部劳动人口的28%。[10]传统观点认为，需要集体协作的工作只能在企业内部完成，但是在更高速、更安全、无处不在的互联网支持下，zoom、钉钉、企业微信、腾讯会议、华为welink、飞书等远程办公系统的功能日益丰富和强大，宅经济的生产活动范围从不需要协作的自由职业扩大到企业内部的工作，原本需要到企业经营场所开展的紧密协作型工作可以在住宅中通过电话会议、云端文件共享、远程会议等方式完成，未来虚拟现实和增强现实技术的进步将会使远程会议更加身临其境。3D打印技术的成熟不但使家庭能够成为数字化产品或物质产品原型设计的生产场所，还可以使每个家庭成为物质产品的制造中心，消费者依托3D打印机等功能强大的数字桌面制造工具可以自己完成产品零部件的制作和完整产品的组装，[11]使"创客"得到更加全面的发展。企业内部的协作性工作不但不一定要在企业的经营地点来实施，而且也不一定要由企业自己的全职员工来完成，自由工作时代正在到来。[2]

在消费领域，随着大数据和人工智能技术的进一步提高，移动支付的进一步普及，物流体系的进一步完善，虚拟现实、物联网和区块链技术的进一步成熟，在线购物更加安全、可靠和便捷，购物体验更好，涉及的产品、使用的人口将会进一步扩大。高清视频、虚拟现实/增强现实的采用以及5G网络的有力支持，将会在改善视频、直播、游戏、教育、健身等数字消费体验的同时，进一步将互联网消费扩大到旅游、医疗等新兴领域。总体来说，未来的消费型宅经济用户体验更好、领域更宽，几乎各种各样的消费需求都可以在住宅中通过互联网来实现，吸引更多人、投入更多时间宅在家中。

三、宅经济的驱动因素

宅经济的发展主要得益于信息技术所推动的产品（服务）和商业模式的创新，这些新的服务和商业模式满足了消费者随着收入水平提高而出现的更高层次的需求，同时外部的冲击也对宅经济的发展起到了重要推动作用。

（一）供给侧的驱动因素

1. 信息技术的发展丰富和拓展了宅经济的内容

宅经济是伴随着信息技术的不断突破、成熟和扩散而发展壮大的。信息技术从两个方面推动宅经济的发展。一方面，互联网、移动互联网、大数据、人工智能等本身就是颠覆性的技术，随着这些技术的成熟和相应市场需求的爆发，会直接形成全新的产品和服务，例如计算机游戏、电子邮件、网络直播、短视频等；另一方面，信息技术作为重要的通用目的技术和使能技术，会对其他产业产生颠覆性的影响，能够以新的模式或业态实现原有方式下可以实现的效用。例如，通过互联网可以把购物、订餐、阅读、学习等活动从线下搬到线上。互联网的发展使人们足不出户就能够办理或消费原来需要在具体场所实现的事物或服务。而且相对于原本人们只能在单向公共媒体（如书籍和电影）和双向个人媒体（如电话）间进行选择，互联网使个人与公众之间的双向交互成为可能，因此更具有吸引力。此外，信息技术产生了更多的短期性工作而不是"标准化"的长期合同，使人们可以"零工"的方式更灵活地获得和承担这些工作。[12]

2. IT设备的家庭普及扩大了宅经济的用户基础

许多IT设备兼具生产力工具与消费资料的双重属性，可以很方便地在生活与生产之间进行用途的转换。例如，电话既可用于朋友之间的联络又可用于工作上的沟通，互联网既可以用于聊天、浏览新闻又可以收发工作邮件和检索工作相关资料。借助于个人计算机，人们可以进行写作、软件代码编写、艺术创作等多种工作。而移动型智能终端的出现使数字生产力工具"飞入寻常百姓家"。与个人电脑相比，以智能手机为代表的智能终端价格更低、适应场景更为广泛和灵活，特别是随着摩尔定律带来的成本下降，以及依托中国强大的制造能力，智能手机的价格下降到千元以下，且功能不断增强，因此快速普及。2000年我国移动电话普及率（部/百人）仅为6.72%，2010年提高到64.36%，2019年达到114.4%。借助功能强大的智能终端，居民不但能够方便地使用各种数字服务，而且也可以将其作为生产力工具参与到数字产品的生产过程之中，既包括文字信息、视频等技术门槛较低的数字内容的创作，也包括专业化的知识、软件代码等知识密集型产品的开发和生产。

3. 数字基础设施的完善使宅经济成为可能

无论是消费型宅经济还是生产型宅经济都需要先进、完善的信息基础设施作为支撑。信息基础设施既可以让广泛地区的居民接入互联网，并享受到价格低、体验好的数据传输服务，也有力支撑了互联网公司的商业模式和业态创新；既推动了传统企业的数字化转型，让许多业务能够上网，又能够使公众有效使用这些数字化工具参与企业的生产经营。根据世界银行的数据，2001~2018年，全球使用因特网的人口比重、每百人固定宽带用户、每百人固定电话用户、每百人移动通信用户分别从8.06%、0.84人、16.66人和15.48人增加到49.72%（2017年）、14.49人、12.81人和106.43人；中国使用因特网的人口比重、每百人固定宽带用户、每百人固定电话用户、每百人移动通信用户分别从2.64%、0.03人、13.88人、11.15人提高到54.3%（2017年）、28.54人、13.45人和115.53人。经过近年来的大规模投入，我国建立起世界上最广泛覆盖的4G网络，同时在国务院多年"提速降费"政策的推动下，网速不断提高，资费不断下降，降低了居民使用互联网的门槛。以4G为例，由于覆盖了广大的偏远山区，不但能够帮助当地农民将特色农产品上线销售，给全国人民更丰富的商品选择，也能够使当地农民方便地获得最新资讯、采购丰富的日常用品。

（二）需求侧的驱动力量

1. 收入增长推动高层次需求的发展

按照马斯洛的需求层次理论，人类的基本需求由基本的生理、安全需求，向更高层次的社交、尊重和自我实现需求逐步演进。随着收入水平的提高，人们的低层次需求满足后，就会产生对更高层次需求的追求。宅经济的演变过程与人类需求的发展是相一致的。如图1所示，网上购物、居家养老主要是满足第一层次的生理需求；在线医疗、视频健身主要是满足第二层次的安全需求；网络游戏、社交网络、在线直播属于第三层次的社交需求；自媒体、主播能够在大众面前展现"自我"，吸引大众的关注和认可；创客、远程办公能够在具体的项目或工作任务中发挥作用、实现自身价值，属于更高层次的尊重和自我实现需求。以居家办公为例，这是一种高度弹性、自由的工作模式，不仅可以解决收入问题，而且能够减少大城市交通拥堵带来的通勤时间，从而有更多的时间陪伴家人、发展兴趣，减少身体上的消耗、增加精神的愉悦；不仅可以自由安排工作时间，而且可以根据个人意愿更自由地选择自己喜欢的工作。自由工作是一种更高层次的需求，代表着未来社会发展的方向。

2. 人力资本升级增强了居民参与的能力

许多宅经济活动不仅是简单地参与，生产型宅经济对参与者的素质提出很高的要求。比如，作为自媒体的博主、流量主、网红、网课讲师，需要拥有文字、艺术或其他专业知识或技能；在家开设网店，需要具备网店设计、物流、经营管理等方面的知识。随着我国对教育投入的持续加大，受过高等教育的人口数量显著提高。1978~2019年，我国普通本科、专科生累计招生数达到1.34亿人，此外还有高达6000万成人及网络本科、专科招生（2004~2018年）。根据美国国家科学基金会发布的"Science & Engineering Indicators 2018"，2000~2014年，中国的科学与工程学专业大学毕业生总人数增加了360.0%，达到

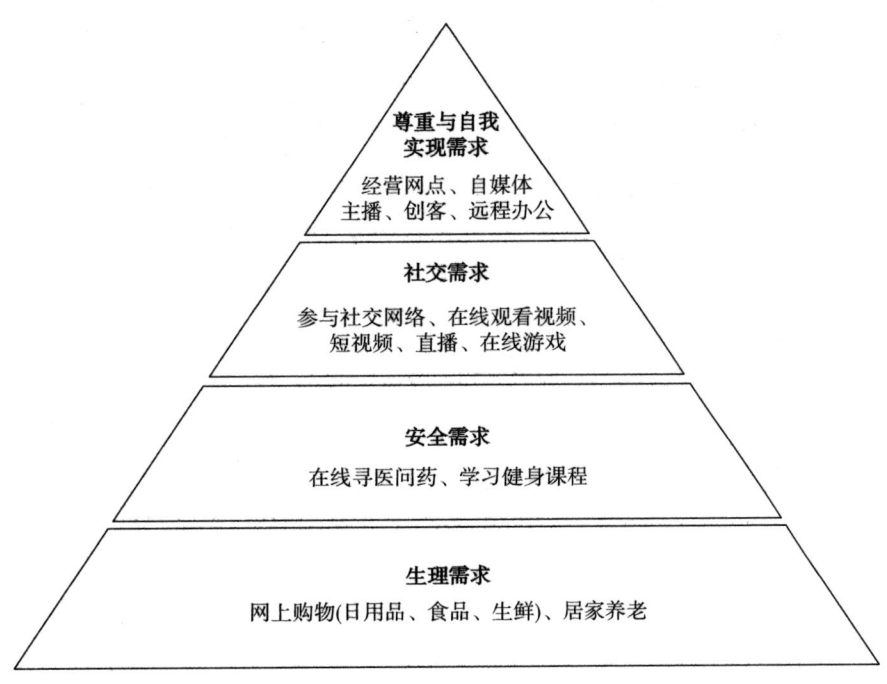

图1 需求层次与宅经济的发展

1478.7万人,是美国的1.65倍。随着生产力的发展,生产性活动总体上劳动强度下降、劳动时间缩短的趋势。这就使得人们有越来越多的闲暇时间,这些工作之外的时间是普遍存在的社会资产。全球受教育人口的自由时间累计高达每年1万亿小时,成为规模巨大的"认知盈余"(Cognitive Surplus)。而且这些受教育人群具有分享知识、技能的欲望,愿意在闲暇时间从事自己喜欢或关心的活动,当这些闲暇时间汇聚在一起时能形成巨大的生产力,成为创造许多产品和服务的重要力量,甚至可以一起完成大型项目。例如,仅维基百科上所花费的用于文章编辑、讨论的时间就超过一亿小时。[13]

3. 企业降低成本和提高灵活性的需求

一般情况下,企业开展生产经营活动需要固定的场地和员工,建设、购买或租用生产经营场所与员工的工资、福利一起构成企业的固定成本。当市场需求减少时,这些固定成本很难在短期内同步削减;而当市场需求扩大时,扩大经营面积和增加员工数量也很难在短期内实现。生产型宅经济作为充分利用分散的社会生产力的途径,能够在降低企业成本、增强柔性和市场反应速度方面发挥重要作用。对于大众参与产品生产的平台企业(如社交网络平台)来说,几乎全国乃至全球每个个体都可以成为平台所提供产品的生产者,支撑平台企业以远少于传统企业的雇员和成本实现高速成长。在开源软件、百科词典等创客模式下,个人的参与往往是出于爱好而不是为了追求经济回报,或者说"内在动机能让行为本身就成为一种回报",[13]因此大众可以低成本地共同开发和运营复杂的产品,甚至免费向用户提供。在居家自由工作模式下,由于员工不用经常性地在企业经营场所工作,因此企业可以减少生产经营场地和办公设备,大幅度削减生产经营的固定成本。鉴于宅经济在降低运营成本、提高市场响应灵活性以及支撑平台高速成长中的作用,随着信息技术的逐步发展,越来越多的企业会尝试和采用宅经济的工作模式。

(三)外部冲击因素

外部冲击因素会通过改变发展条件、影响供求关系来推动宅经济的发展。对宅经济产生较大影响的外部冲击主要有三次,分别是2003年的"非典"疫情、2008年的国际金融危机和2020年的新冠肺炎疫情。

2003年非典疫情期间，由于疫情的影响，各个公司出差取消、展会停办，学校、社区实施封闭管理，传统的贸易方式和零售业受到很大影响。电子商务凭借无人员接触的优越性，吸引了许多企业用其进行市场推广和产品销售，也培养起普通消费者的网购习惯，卓越、当当、易趣等网站的销售额快速增长，淘宝、京东商城的网上销售开始起步，同时也带来了门户网站访问量的暴涨。

2008年美国次贷危机爆发并引发全球金融危机，雷曼兄弟、房利美和房地美等公司破产，全球股市遭受重创，经济增速急剧下行，失业潮爆发以及一批炒房者破产抽干了美国居民的钱袋子，这就促使美国人在开源节流方面做文章。通过将自家闲置的资源交易出去或利用起来，一方面能增加自己的收入，另一方面由于闲置资源的价格更低，也能够节约不菲的支出。因此，分享经济一推出就受到热烈欢迎。在分享经济平台出售、出租自家的闲置物品、车辆、房屋乃至时间，或者搜寻可以利用的闲置资源，成为御宅族的重要生活内容。

2020年1月暴发的新冠肺炎疫情传播速度快、感染范围大、持续时间长、影响程度深。为了抑制病毒的扩散，人员集聚性活动被取消，许多地区采取了封城、封村、封小区等措施，鼓励人们待在家里，避免人员的聚集、减少直接接触。由于人员出行和流动受到限制，餐饮、零售、旅游等行业受到严重冲击，但也由此引爆了宅经济。为了在减少外出的同时满足日常生活需求，许多家庭在网上订购日用品、生鲜食材和食品，美团、饿了么、京东到家等O2O平台适时推出"无接触配送"方式，一些餐饮企业也通过在线销售半成品、外卖的方式降低损失，一度经营难以维持的生鲜电商迎来爆发式增长。为了打发宅在家里的大量时间，人们投入到网游、影视、直播、短视频等娱乐活动中的时间大量增加；在线寻医问药咨询、在线直播健身课程、网络教育等数字服务业获得更多关注和使用。为了解决春节后的"停课不停学"问题，许多学校开展在线授课，老师成为所谓的"主播"，家长也主动给孩子报名网络课程。企业为了加快复工步伐，纷纷采取远程办公、在线会议、云协作的方式开展业务，腾讯、阿里、华为、字节跳动等数字经济巨头也纷纷推出各自的"云办公"软件。可以说，新冠肺炎疫情是对国人数字化转型的一次普及教育，促进了数字经济新业态的发展和用户数量的增长，宅经济也迎来爆发式的增长。数据显示，2020年春节期间，每日优鲜、叮咚买菜春节期间销售额分别增长350%、600%，京东到家蔬果鸡蛋等生鲜食材商品增长300%~790%；[14] 2020年除夕，一天《王者荣耀》游戏的流水从2019年同期13亿元飙升到20亿元；根据Global Workplace Analytics的数据推测，2019年我国远程办公人数只有大约530万人，而2020年春节后的2月3日，全国有近2亿人开启了"云办公"，[15]在线教育、在线会议平台一度因为上线人数太多而出现服务器崩溃。

四、展望与建议

宅经济是随着经济发展，在信息技术进步和广泛应用的推动下而出现、发展的一种生活模式和生产方式，满足了人们需求层次不断提高的要求，也适应了企业降低成本、提高效率、增强灵活性的发展需要。当前，新一轮科技革命和产业变革正在全球范围兴起，新科技、新模式、新业态、新产业不断涌现，成为世界各国产业竞争的重点和国际产业竞争的焦点。随着物联网、人工智能、5G、虚拟现实/增强现实、3D打印等技术的不断成熟，将会有越来越多的数字化新产品、新模式、新业态被创造出来，依托互联网和数字技术，住宅将会成为更重要的消费空间和生产场所。数字经济是我国增长最快的产业领域，是新旧动能转换的重要推动力。其中，随着我国经济继续保持中高速增长、消费水平不断提高，我国将超过美国成为世界第一消费大国，消费在带动经济增长方面将发挥日益重要作用，在住宅中的数字消费增长最快的消费领域之一；同时，人力资本的提升和闲暇时间的增多，将会推动我国居民需求向更高级发展，推动创客经济、自由工作日益普及。可以说，宅经济的发展空间巨大，将会成为推动我国经济增长的更加重要力量。为了进一步促进宅经济的发展，应重点做好以下几个方面的工作：

第一，加大数字经济研发投入。宅经济的发展根本上要依靠技术创新的推动。一方面，应加大各级财政对数字经济领域的基础科学理论研究、产业共性技术研究的投入；另一方面，通过提高研究开发费用税前加计扣除比例等方式，鼓励企业加大对数字技术创新投入的力度，加快推动数字技术的突破和产业化应用。

第二，支持数字新模式新业态创新。通过建立配套和服务更加完善的孵化器和加速器、鼓励各种所有制的风险投资基金和产业投资基金发展、营造包容审慎的发展环境等举措，促进在数字经济领域的新模式、新业态的创新和创业，鼓励大众参与原创网络文学、视频作品创作，不断丰富和拓展数字文化内容。

第三，推广智能家庭产品。在新冠肺炎疫情结束后，可以通过发放消费券、以旧换新等方式，推广智能电视、智能音箱、智能家居、VR头盔新型等数字化智能化家居产品和可穿戴设备，鼓励制造企业与互联网企业深度合作，开展"产品+服务"经营模式，加快先进制造业与现代服务业的深度融合。

第四，鼓励企事业单位采用远程工作模式。鼓励学校和教育培训机构开发在线教育平台，开放慕课资源，采取网络课程、在线辅导等线上线下融合新模式；支持医疗单位推广网上预约、网上支付、在线健康咨询、家居健康服务。鼓励政府机关、企事业单位推广应用在线会议、云协作等远程工作模式。

第五，推动"新基建"建设。加大信息基础设施投入，进一步提高4G和光纤网络的覆盖广度和深度（特别是在农村地区）；支持电信运营商加快5G的商业化步伐，鼓励企业应用5G技术和互联网企业开发5G应用服务；鼓励市场化企业投资建设大数据、云计算中心，并不断完善IaaS、PaaS、SaaS等不同层次的支撑服务，加快开发各种可复用应用。鼓励电商、物流、商贸、邮政等企业进一步完善物流配送体系，积极采用无人配送工具。

参考文献

[1] 李文明，吕福玉．宅经济的发展状况与引导策略[J]．学术交流，2014（11）：112-116．

[2] 约翰·布德罗，瑞文·杰苏萨森，大卫·克里尔曼．未来的工作：传统雇佣时代的终结[M]．毕崇毅，康至军译．北京：机械工业出版社，2016．

[3] 何祎男．宅经济在开花[J]．浙江经济，2009（19）：30．

[4] Faith Popcorn. The Popcorn Report：Faith Popcorn on the Future of Your Company, Your World, Your Life [M]．New York：Harper Business，1992．

[5] U. S. Department of Commerce. The Emerging Digital Economy [R]．Washington D. C.：U. S. Government Printing Office，1998．

[6] 和韵巧，艾丽娟．SOHO人力资源特点刍议[J]．现代经济信息，2013（1）：20-21．

[7] 曾鸣．智能商业[M]．北京：中信出版社，2018：77-80．

[8] 杰奥夫雷·G．帕克，马歇尔·W．范·埃尔斯泰恩，桑基特·保罗·邱达利．平台革命：改变世界的商业模式[M]．志鹏译．北京：机械工业出版社，2017．

[9] 阿尔文·托夫勒．第三次浪潮[M]．朱志焱译．北京：新华出版社，1996．

[10] 木俑．从概念到革命："新SOHO"能为我们带来什么[J]．数码世界，2003（12）：36-37．

[11] 克里斯·安德森．创客：新工业革命[M]．萧潇译．北京：中信出版社，2012．

[12] The World Bank. World Development Report 2019：The Changing Nature of Work [R]．Washington D. C.：World Bank Group，2019．

[13] 克莱·舍基．认知盈余：自由时间的力量[M]．胡泳译．北京：中国人民大学出版社，2012．

[14] 华金证券．宅经济加速推动线上消费，到家业务快速发展[R]．北京：华金证券，2020．

[15] 郜若璇，徐思彦．远程办公时代范式转换后的三大核心变革[J]．互联网经济，2020（3）：68-73．

Residential Economy: Connotation, Evolution and Driving Factors

Li Xiaohua

Abstract: Residential Economy is an economic phenomenon with rapid development in recent years. It includes a series of economic activities that residents participate in the value creation activities of products or services, or that is related to the transactions of goods or services in their residences. Residential economy shows a significant difference from the traditional economic activities. The development of residential economy can be divided into four stages: the boom of netizen, the emergence of online shopaholic, the realization of producers, and the work beyond employment. The development of residential economy is driven by supply – side factors such as the evolution of information technology, the popularity of IT equipment in the home, and the improvement of digital infrastructure, and the demand – side factors such as the improvement of demand level, the upgrading of human capital, and the need for enterprises to reduce costs and increase efficiency, as well as external shocks. The development space of residential economy is huge, and it will become a more important force to promote the economic growth of our country. In order to achieve the better development of residential economy, we should increase the investment in research and development of digital sector, support the innovation of new digital models and formats, promote intelligent family products, encourage the use of remote working mode, and promote the new infrastructure construction.

Key Words: Residential Economy; Digital Economy; Prosumer; Small Office Home Office (SOHO)

突发公共卫生事件智能化应对：
理论追溯与趋向研判

渠慎宁　杨丹辉

摘　要：新型冠状病毒肺炎疫情的暴发给传统"人工为主"的突发公共卫生事件应对方式提出巨大挑战，迫切需要采取更加智能化的应对措施。近年来，人工智能、服务型机器人、无人配送、区块链等新技术在促进医疗技术攻坚、应对突发公共卫生事件、加强公共安全治理等方面发挥重要作用。我国在这些智能化技术积累和应用方面已有一定基础，应对初步具备可行性，下一步要解决的关键问题是在医疗系统乃至整个应急管理体系中推广应用这些智能化技术和设备。要鼓励医疗机构、各类企业在应对新型冠状病毒肺炎疫情中积极试用智能技术和无人设备，全面提升重大突发公共卫生事件的智能化应对水平，推动经济社会高质量发展。

关键词：突发公共卫生事件；智能化技术；公共管理创新

新型冠状病毒的不可知性、快速传染性以及暴发期内各地人群的高流动性等特点给疫情防控带来巨大挑战。面对新型冠状病毒肺炎疫情蔓延之势，提高防控的科学性和有效性，已成当务之急。随着疫情的不断发展，定点收治医院、一线医护人员、急需物资配送系统、重点疫区生产生活承受着越来越大的压力，以"人工为主"的传统防治工具捉襟见肘，迫切需要树立新理念，运用新技术，采取更加智能化的应对措施。目前，国内外一些企业和医疗机构尝试将大数据、云计算、人工智能、无人机、医疗机器人、区块链等智能技术和设备投入疫情应对中，并在疫情信息处理、重点公共场所布防、防控知识宣传、特定人群服务、线上医疗咨询、居家办公保障等方面发挥了一定的积极作用，但总体来看，现阶段智能技术特别是硬件设备在防控一线的应用尚比较有限。要立足当下，着眼长远，以"机器换人减人"为导向，着力打造重大突发公共卫生事件的智能化应对体系，切实降低接触性感染风险，全面提升防控质量和效率。

一、突发公共卫生事件智能化应对的理论基础

突发公共卫生事件智能化应对本质上属于一种公共管理创新行为，理论基础也与公共管理创新一脉相承。公共管理创新理论最早可追溯到熊彼特的相关思想。熊彼特认为，公共管理创新可以起到两个作用：一方面，创新可以改进公共部门管理效率；另一方面，创新可以推动其他部门的发展，即对新产业新市场的直接或间接引导[1]。20世纪60年代后，组织理论的兴起进一

＊ 本文发表在《改革》2020年第3期。
[作者简介] 渠慎宁，中国社会科学院工业经济研究所副研究员；杨丹辉，中国社会科学院工业经济研究所研究员。

步深化了公共管理创新研究，对熊彼特思想进行了拓展。学者们开始聚焦组织架构如何支撑创新性工作，如何推动私人部门创新外溢至公共部门领域，解决公共部门管理者的创新理念在具体执行中落实不力的问题[2]。该类研究重点强调在组织里核心任务和激励的改进对公共管理创新至关重要。Wilson 认为，尽管公共管理部门一直在变化，但多数是在原有基础上进行微调，并未改变核心任务或组织文化，因此最重要的创新是能够改变核心任务的创新[3]。这类创新与公共部门或私人部门组织架构的逐步变化不同，更接近与私人部门生产演进中的技术突破[4]。

进入 21 世纪后，全球一体化不断深入、新技术革命快速推进以及互联网文化的兴起给传统公共管理模式带来了诸多挑战，新形势下如何开展公共服务和治理创新变得尤为重要。学界开始关注公共部门出现的一些新特征（如网络化治理、社区治理和协作创新、去中心化的机构或区域、新技术的使用等方面），讨论产品服务创新、创新生命周期和技术路径等会影响公共治理的新因素，关注其给社会带来的效益，并对在公共管理中采用新一代信息化智能技术给予普遍认可。Hasan 和 Kerr 强调简单的组织变化并不等同于公共管理创新，创新意味着要进行服务方面的改进，如引进一套新的处理程序、创造新的产品或服务、接受一套新的内部组织关系（如产品和服务的分配机制）等[5]。Moore 和 Hartley 指出，成功的公共管理创新必须重视贯彻落实，只有当新产品、新服务、新机制得到了执行，才会对公共管理部门造成显著的影响，并显著提高产出效率和质量[6]。Hartley 认为，公共管理创新将创造出大量的衍生价值，这不仅包括新产品、新服务、新过程、新战略和新治理，还包括这些创新给社会其他生产或服务活动带来的影响，即可能会激发其他领域新的创新或提高了其他部门的生产效率，创造出巨大的正外部性效益[7]。European Commission 指出，公共管理创新的实现主要为两种路径：一是公共管理部门内部的创新，如更多地利用 ICT 工具和现代化的人力资源管理系统；二是营造全社会的创新氛围，如关于创新产品和专利的公共采购、对企业家精神的支持等[8]。

综合 Koch 和 Hauknes[9]、Bommert[10]、Gault[11]等的定义，当前公共管理创新涵盖了以下范围：服务创新（即新服务产品的引进或现有服务产品的改良）、服务传递（Service Delivery）创新（即创新的服务传递或与用户之间的交互方法）、行政和组织架构创新（即对产品生产和服务传递引进的新型组织架构）、概念创新（即一些新技术概念的出现颠覆性改变了现有组织生态）、政策创新（即创新的政策理念或政策改革）和系统创新（即创新的组织交互或知识交流方式）。根据定义可知，信息化智能技术与公共管理创新的结合日趋紧密。目前，公共部门领域存在的大量"共用接口"（Interface）是信息技术创新应用的重要突破口，包括：公共部门与私人部门之间的联络；公共部门与居民之间的联络；公共部门里政府系统内的联络，如政策制定、行政管理等；公共部门里不同地域之间的联络（如县、市、省、中央政府之间）；不同行政管理部门之间的联络（如卫生部门、教育部门、国防部门之间）[12]。

考虑到私人部门是信息技术创新的主要来源，公共部门与私人部门之间的互联成为公共管理创新的有效手段[13]。尤其是选用哪些新一代信息技术，全面推动公私协作创新，进一步提高公共管理效率，降低公共管理成本，创造更多社会福利，是当前相关研究的焦点[14]。ICT、人工智能、互联网等新技术的应用重新定义了公共部门创新给社会与居民创造的价值。在这些新技术支撑下，众包（Crowd-sourcing）、共创（Co-creation）、维基政府（Wiki-government）等新模式蓬勃兴起，让居民更好地参与政策制定与社会生产[15]。老年人可以通过上传他们的健康数据到公共卫生部门系统，更好地管理身体状态。消费者也可通过上传家庭影像、电子信息或照片至公共部门网站，来参与机构组织的公共活动。这些新技术的使用打破了公共部门与私人部门之间的隔断，推动了社会融合与进步[16]。

二、严峻的防控形势凸显智能化应对的必要性和紧迫性

重大突然公共卫生事件以传染性疾病为主，在防治过程中，应最大程度地减少接触性人际传播，而这恰恰需要发挥智能技术和设备替代人工（包括医护人员）的作用。近年来，人工智能、服务型机器人、无人配送、区块链等新技术在产业领域助推各行各业智能化升级，这些技术在促进医疗技术攻坚、应对突发公共卫生事件、加强公共安全治理、提升城市运行效率等关键领域同样大有可为。

（一）数字技术助力试剂研发，提高疫情预测精准度

随着计算能力提升和硬件成本的降低，生命科学与大数据、云计算、人工智能等数字技术深度融合，推动试剂研发，实现个性化医疗，提升治疗和保健效果。发达国家的科技公司在相关领域已开展广泛实践。如在埃博拉疫情肆虐非洲之时，美国Vulcan公司利用人工智能技术模拟埃博拉疫情的传播，并借助超级电脑与人工智能演算法类比制药过程来预测新药品的疗效。据该公司统计，人工智能技术在不到24小时内就成功对7000多种药物进行分析测试，相比传统方法节省至少数月时间。新型冠状病毒涉及野生动物的非常规接触，病毒传播路径复杂，不确定因素多，给疫情预测和防治增添较大难度。在这种情况下，人工智能技术不仅可以为病毒分析提供新手段，而且有助于压缩新药测试周期，降低防控成本。

（二）服务型机器人是减少感染风险、降低工作强度的有效手段

从湖北等重点疫区的情况看，不论是本地医护人员，还是外省市驰援的医疗队伍，已经高强度、超负荷连续奋战多日，感染风险明显加大。要从根本上缓解重大疫情的人力保障压力，必须要依靠科技投入。在这方面，美国的经验有可取之处。2017年，美国为应对埃博拉疫情专门设立了一套无人病房设施，现有配备诊疗机器人的特殊隔离病房2个，且随时还可以再增加10个这种智能隔离病房。一旦重大疫情发生，这些诊疗系统和特殊病房将处于调试和战备状态，并在最短时间内进入防控实战状态。患者被安置在特设的隔离病房中，由传染科医生在病房外操纵机器人，配合摄像、音频等设备进行诊治。这一案例为推动采取智能化手段、抗击全球性疫情起到了积极的示范引领作用。可以预见，服务型机器人将帮助医护人员更加高效、省力、安全地完成病情诊断。另外，从SARS到新型冠状病毒，重大传染性疫情防控中大量的流程化工作耗时费力，利用服务型机器人代替部分人类工作，可大幅降低医护人员病毒感染风险。目前，服务型机器人已在特定场景中胜任辅助医疗工作，分担测量体温、穿衣、消毒、餐食递送、医疗垃圾清理等基本看护及其他重复性劳动，在一定程度上减少医护人员与确诊病患、疑似人员接触的频率，使得医护人员能够优先处理更加紧急的事务，更好地保障一线人员安全健康。

（三）无人化成为改善物资保障的重要方向

随着疫情在全国范围内传播，医疗和生活物资需求激增。提升物资调配效率，以有限资源保障医疗救助工作顺利开展，是当前疫情防控的重点。新型冠状病毒肺炎疫情暴露了物流配送末端的困境，即尽管自动存取系统、自动拣货货架、自动化输送、智能快递柜等技术手段和智能设施已在仓储物流体系中广泛应用，但"最后一公里"仍无法摆脱对人力的依赖。受疫情期间交通管制和人员不足影响，生活物资面临物流断流或配送延时等问题，已对民生造成冲击。此外，为防控疫情蔓延，多地实施出行管制，部分城市公共交通系统停摆，出租车、网约车运力吃紧，加之存在感染风险，给上班人群、感染患者和出行不便人群带来困扰。这种重大危情，正是无人机、无人驾驶汽车发挥作用的"主战场"。高频次、规模化、站到站的无人化运送，不仅有利于确保各类物资精准配发，而且可以有效减少物流配送人员的接触性感染。事实上，国外企业筹划无人配送已有数年。2013年，美国亚马逊公司提出无

人机送货计划，继 2016 年实现无人机第一笔订单之后，2019 年又在加利福尼亚州推出无人配送车测试送货，而在美国网约车平台上无人驾驶汽车也已投入商业运营，技术和商业模式趋于成熟。我国应以此次疫情应对为契机，加紧研究突破交通物流系统无人化的制度和法律障碍，加快推动稳定可靠的产业化、规模化应用。

（四）区块链是实现公益物资有效分配的有力保障

新冠肺炎疫情暴发后，公益医疗与生活物资的有效分配是医院和社区抗疫的重要保障。作为一种分布式记账系统，区块链是能让全社会最快达成共识、最易产生公信力的有力抓手[17]。区块链可让生产厂商、捐赠机构或个人、医院、社区、街道、政府部门、仓储部门、快递公司等所有涉及物资的利益相关方均"上链"，根据各自角色担任特殊节点。各节点之间实时共享物资数据，对物资处理流程共同监控，对已经分配到位的物资进行验证，对存在问题的地方集体审核。区块链这种互通、互证、互享的机制保障了物资处理信息的公开透明、不可篡改、不可撤销，无论是对捐赠善款的追踪，还是对食品药品的溯源和用途，都有迹可查，从根本上解决公益信任问题。近年来，区块链已在全球公益项目上大施拳脚。联合国粮食计划署就建设了 Building Blocks 项目，改进其一直开展的粮食援助项目。在传统的粮食援助过程中，联合国粮食计划署需要把物资转移到为数众多的难民手里，不仅难以核实受益人的难民身份，而且会存在贪腐行为。此外，一些发展中国家银行系统不稳定，物资传递过程缓慢、成本较高。而 Building Blocks 项目使用基于以太坊客户端的 PoA 共识算法，可为每个受益人在区块链上建立一个虚拟银行账户，利用虚拟货币进行购物。通过记录每一笔受益人购买物资的记录，帮助联合国粮食计划署核实难民是否得到援助，不仅减少了银行手续费用，还大幅降低了物资运输成本。据估计，在引入区块链技术后，粮食援助项目的交易成本下降了 98%。

三、我国突发公共卫生事件的智能化应对具备可行性

突发公共卫生事件的智能化应对需要一定的产业基础和技术积累支撑。近年来，我国在人工智能、服务型机器人、无人配送、区块链等新技术部门的研发投入力度持续加大，相关产业快速发展，应用领域日益丰富。这些条件奠定了我国智能化应对突发公共卫生事件具备一定可行性。事实上，在本次新型冠状病毒的疫情防控中，一些智能化技术应用已开始"崭露头角"，取得了较好的成效。

（一）人工智能已在疫情防控中发挥积极作用

当前，我国已成为全球人工智能技术创新和资本运作最活跃、产业基础和市场应用前景较好的国家之一。海量的消费端应用数据、迅速成长的人工智能创新型企业，为我国利用人工智能技术应对疫情提供了有力保障。作为人工智能公司最核心的技能储备，算力的重要作用在这次疫情战中得到检验。鉴于新药和疫苗研发期间需要进行大量数据分析、文献筛选和科学超算工作，百度、腾讯、阿里巴巴、华为等企业相继开放了公司内部的亿级计算资源，帮助疾控中心和科研单位可将疫情的数据检测以几何倍数缩短。其中，百度开发的线性时间算法 LinearFold，可以使此次新型冠状病毒的全基因组二级结构预测从 55 分钟缩短至 27 秒，提速 120 倍，节省了两个数量级的等待时间。此外，寻找流动场景的"发烧者"是控制病毒传播的有效方式。我国人工智能图像识别技术在国际市场处于领先地位，可以借助人像识别及红外传感技术为基础，在公共区域摄像机范围内，根据疑似发烧者的人脸信息与公安人脸库进行比对，快速鉴别人群中的高温人员，满足对目标人员快速检索、比对和关联的需要。以旷视科技、海康威视为代表的人工智能公司建立了"公共场所应急医疗寻人系统"，针对大量市民穿戴口罩出行，给人脸识别造成辨识困难的问题，通

过多模态算法识别体态特征，形成全域感知、可管可控的精准定位。这些研发和应用实践为应对重大突发公共卫生事件储备了技术、人才和经验。

（二）服务型机器人市场快速成长

近年来，我国服务机器人市场规模快速扩大。2018年，中国服务机器人市场规模约为18.4亿美元，同比增长43.9%，成为机器人市场颇具亮点的领域。目前，国内一些企业针对医院的特殊应用场景，开发出能实现无人化操作的智能医疗机器人，可无需防护设备在污染区和隔离区作业，并代替医护人员完成部分高风险任务，节省大量防护服、口罩等重要物资，这些设施在临时收治医院和方舱医院中尤为适用。例如，达闼科技向武汉协和医院捐赠的5G智能机器人，可进行远程看护、测量体温、消毒、清洁和送药等工作，检测医院环境的实时数据，监控和追踪相关数据的动态变化，帮助医护人员在第一时间应对突发状况，提升病区隔离管控水平。而在语音服务机器人领域，我国处于世界领先地位，涌现出科大讯飞、思必驰等代表性企业。语音服务机器人可以很好地代替人工开展疫情防控知识的普及和宣导，大幅减轻相关人员工作强度，缓解医疗资源紧缺，避免交叉感染风险。科大讯飞等公司通过采用语音识别、自然语义理解等技术，推出了机器人在公共场所针对疫情状况、防护措施进行宣传普及和问题答疑，取得良好效果。总体来看，我国高端医疗器械设备产业与国外先进水平存在较大差距，要在重大疫情防控中，充分发挥国内机器人产能优势，加紧智能传感器等关键零部件攻关，开发应用于医疗、安防、养老等领域的服务型机器人，大规模采用机器人替代危险、繁重、重复性、薪酬低的工作，带动医疗设备产业全面提质升级。

（三）无人配送体系具备生产端和消费端的"双向支撑"

无人配送属于前沿交叉技术的融合领域，我国市场潜力巨大，产业发展环境逐步成熟。我国不仅已形成全球最大的汽车产能，而且随着互联网技术快速普及和平台经济的繁荣发展，在车联网、汽车传感器、下一代移动通信、图像识别等技术领域同样有一定积累，而在无人驾驶方面，国内互联网巨头和汽车企业已突破技术障碍，一些城市和大型园区开展试点，来自生产端和消费端的支撑体系不断完善。目前，大疆、百度、华为、阿里巴巴、美团、京东等智能技术领军企业和全球电商巨头均已积极布局无人配送领域。其中，大疆创新与顺丰、沃尔玛联合研发无人机送货；百度成立阿波罗智行科技公司，在长沙建立无人驾驶出租车队；华为利用其5G技术优势，联合上汽、中国移动打造5G网联无人汽车；美团、京东等电商巨头开启无人配送产品的测试运营。在此次抗击新型冠状病毒的防控战中，无人配送"初试身手"。例如，广东省人民医院引进的无人车承载餐食或物资，自动前往各个隔离区房间进行配送。这种免接触配送的方式，阻断"人传人"的病毒传染链条，降低了隔离区内部病毒传播概率。

（四）区块链技术已为实体经济发展提供有力支撑

我国区块链产业尽管起步较晚但发展迅速。截至2019年10月，我国开展区块链业务或以区块链为重点业务的企业已逾1000家。国内区块链应用已从最开始的加密货币、转账汇款、证券发行等金融领域，逐步拓展至医疗卫生、交通运输、供应链金融、能源配送、节能减排等实体经济诸多领域，市场应用日趋成熟。我国政府部门一直积极支持区块链技术发展。习近平总书记在中央政治局第十八次集体学习时特别强调，"要加快推动区块链技术和产业创新发展""要推动区块链和实体经济深度融合"。而在此次新型冠状病毒的抗疫过程中，区块链公开透明、便捷高效、完备可追溯等技术优点已有所展现。中国雄安集团和趣链科技联合推出了基于联盟链技术的疫情捐款平台，将"发起捐赠—捐赠对接—捐赠分配—物资配送—接受确认"这一整套公益捐赠流程全部上链，接受作为参与节点的所有利益相关方监督审核。这种防篡改可追溯的平台特征有效解决了传统公益中的暗箱操作和贪污腐败问题，得到了市场的高度认可，目前捐赠总额已超过7亿元，捐赠数量逾500个。此外，区块链还在疫情缓解后的复工复产中发挥着重要作用。中国联通推出了基于区块链的企业复工复产平台，将防控指挥部门、政府监管部门、业务办理部门、企业等相关方作为节点上链，企业备案、业务审核、卫生监管、复工统计等均可在链上完成，各节点可随时同步查询，确保公开公正，从而实现防疫下的精细化复工治理。

四、我国突发公共事件智能化应对的实现路径

一些观点认为，现阶段智慧医疗发展处在起步阶段，尚不成熟，在应对重大疫情中是"解不了近渴的远水"。这类观点明显缺乏长远意识。应该看到，我国人口众多，生活习惯差异大，经济发展不平衡矛盾突出，社会治理综合能力有待增强，重大突发公共卫生事件隐患长期存在，系统性防控难度大。实际上，随着人口老龄化进程加快和人力成本攀升，利用人工智能、服务型机器人、无人配送、区块链等智能化技术实现"机器换人"成为我国必将面对的战略选择和市场趋势。新型冠状病毒肺炎疫情的暴发使得实现智能化、无人化应对更为迫切。从供给层面看，我国已基本具备相关技术和设备的供应能力，下一步要解决的关键问题是在医疗系统乃至整个应急管理体系中推广应用这些智能化技术和设备。为此，要鼓励医疗机构、各类企业在应对新型冠状病毒肺炎疫情中积极试用智能技术和无人设备，并对提供效果良好、具有推广价值技术和产品，为抗击疫情做出突出贡献的科研机构和生产企业给予一定的奖励。在此基础上，统筹规划，加大投入，加紧研发，重点突破，积极试点，全面提升重大突发公共卫生事件的智能化应对水平，推动经济社会高质量发展。

（一）加大投入力度，提高智能化产品研发能力

制定"十四五"专项规划，聚焦医疗健康机器人、配送机器人、协作机器人等重点方向，瞄准国内外技术发展趋势，整合细分领域优势资源，着力提升服务型机器人的使用寿命和质量稳定性。支持有能力有条件的企业与医院、科研院所共建研发机构，搭建技术研发和工程化平台，提高产品的场景适用性，突破关键共性技术及核心部件瓶颈，增强自主产品供给能力。引导医疗机构、快递公司、电商企业、零部件企业、主机（装备）企业、系统集成商等多方力量联合攻关，"一条龙"推进服务型机器人研发应用，建立上下游互融共生、分工合作、利益共享的一体化组织新模式，推进产业链配套发展。

（二）加快产业化发展，激活市场需求

综合运用财税、投融资政策工具，完善新产品新技术服务体系，促进人工智能、服务型机器人、无人配送、区块链等领域产业化，尽快释放潜在市场需求。率先在公立医院和养老机构推广智能产品应用，拓展5G远程操控手术机器人实时手术应用场景，将智能设备优先纳入政府采购目录，支持互联网企业积极参与先进医疗装备、智慧健康养老等重点项目。开展机器人应用宣传普及活动，支持消毒配送等服务机器人、安全应急等特种机器人在医院、机场、火车站、居民社区等地示范应用，拓展市场空间。在慈善系统的物资捐赠和配送过程中逐步开展区块链应用试点，提高物资捐赠的公信力，改进物资配送的精准度。

（三）试点示范，建成一批高水平智能化的无人病房

"十四五"时期，借鉴国际先进经验，重点依托大中城市的专科医院（传染病医院、胸科医院等）和部队医院，探索建立配备智能医疗系统和无人化服务体系的新型隔离病房。以建设无人病房为抓手，积极推广人工智能、服务型机器人、无人配送等新技术，尝试在一般病房逐步普及人工智能辅助诊疗、机器人智能护理、无人车智能配送等新应用，全面提升病房的智能化水平。创造性地开展前期预案、运行测试、技术培训等工作，稳步推出可复制的方案，大幅减少一般性传染疾病防治的人力投入，提高重大突发公共卫生

事件智能化应对的实战能力和综合水平。

（四）推动政策创新，修订完善相关法律法规

坚持立法先行，广泛吸收专家学者及消费者的意见建议，加紧修改完善现行《传染病防治法》《突发事件应对法》《道路交通安全法》《道路运输条例》等法律法规，合理界定智能设备在应对重大公共卫生事件中的责权，允许在重大疫情和突发事件发生时，无人驾驶汽车和无人配送设备享有"道路通行权"。以实际需求为导向，要求主管部门和各级政府加快形成智能化救援力量。鼓励地方政府将智能化应用作为建设和改造公共卫生设施的重点，引导各级疾病预防控制机构将智能化设备应用于监测传染病的发生流行，分析典型病例，识别影响传播的关键因素。

（五）加强人才培养，组织开展专项培训

面向智慧医疗系统，积极组织医院、公安、城市管理、物流运输等部门人员，就人工智能、服务型机器人、无人配送、区块链等智能化技术使用展开专题培训，增进"人机互动"体验。在公共卫生、医疗、护理等专业，增设面向在校生的智能技术知识课程，普及智能医护的新理念新模式，强化人机协同意识。根据科学实用原则，适应不同层次培训的需要，编写智能化技术应用相关教材，加大实务与案例教材编写力度，积极开发社会组织教育培训示范性教材。为医疗机构和疾控部门开发在线课程，开展网络远程教育，扩大教育培训覆盖面。尊重社会从业人员职业特点，丰富培训方式，突出实践教学，运用现场观摩等途径提高解决实际问题的能力。

（六）深化国际合作，促进智能化应对成果国际共享

加强与世界卫生组织等国际机构的合作，共同推进国际重大公共卫生事件的智能化联防联动机制，实现信息共享，构建互利共赢的智慧医疗和公共卫生安全合作网络。积极推动基于人道主义的国际抗疫合作，创新医疗援助模式，搭建多元化合作平台，为发展中国家提供重大传染性疫情智能化应对的中国经验，在国际疫情防控中发出中国声音，贡献中国智慧。加大产品标准建设投入，主导形成公共卫生领域智能技术和产品的国际标准，推动我国人工智能、服务机器人、无人配送、区块链等领域部分成熟技术产品的对外出口，提高我国企业在智慧医疗市场中的国际影响力。

参考文献

[1] Schumpeter J. Business cycles: A theoretical, historical, and statistical analysis of the capitalist process [M]. New York: McGraw-Hill, 1939.

[2] Mintzberg H. Managing government – governing management [J]. Harvard Business Review, 1996, 74 (3): 75-83.

[3] Wilson J. Bureaucracy: What government agencies do and why they do it [M]. New York: Basic Books, 1989.

[4] Clark J., Guy K. Innovation and competitiveness: A review [J]. Technology Analysis & Strategic Management, 1998, 10 (3): 363-395.

[5] Hasan M., Kerr R. The relationship between total quality management practices and organizational performance in service organizations [J]. The TQM Magazine, 2003, 15 (4): 286-291.

[6] Moore M., Hartley J. Innovations in governance [J]. Public Management Review, 2008 (10): 3-20.

[7] Hartley, J. Innovation in governance and public services: Past and present [J]. Public Money and Management, 2005, 25 (1): 27-34.

[8] European Ccommission. Powering European public sector innovation: Towards a new architecture [R]. European Union Report 13825, 2013.

[9] Koch P., Hauknes J. Innovation in the public sector [R]. EU 5th Framework Program Report No. D20, 2005.

[10] Bommert B. Collaborative innovation in the public sector [J]. International Public Management Review, 2010 (11): 15-33.

[11] Gault F. User innovation and the market [J]. Science and Public Policy, 2012 (39): 118-128.

[12] Salge T., Vera A. Benefiting from public sector innovation: The moderating role of customer and learning orientation [J]. Public Administration Review, 2012 (72): 550-560.

[13] Bason C. Leading Public Sector Innovation: Co-creating for a better society [M]. Bristol: The Policy Press, 2010.

[14] Osborne S., Brown L. Innovation, public policy and public services delivery in the UK: The word that would be king [J]. Public Administration, 2011 (89): 1335-1350.

[15] Rolfstam M., Philips W., Bakker E. Public procurement of innovations, diffusion and endogenous institutions [J]. International Journal of Public Sector Management, 2011 (24): 452-468.

[16] Mohnen P., Hall B. Innovation and Productivity: an update [J]. Eurasian Business Review, 2013, 3 (1): 47-65.

[17] 渠慎宁. 区块链助推实体经济高质量发展: 模式、载体与路径 [J]. 改革, 2020 (1): 39-47.

Intelligent Response to Public Health Emergencies: From Theory to Implementation

Qu Shenning, Yang Danhui

Abstract: The outbreak of Corona Virus Disease 2019 (COVID-19) poses a great challenge to the traditional response measures of public health emergencies, so that it is urgent to adopt more intelligent measures. In recent years, new technologies such as artificial intelligence, service-oriented robots, unmanned distribution, and blockchain have played an important role in promoting medical technology, responding to public health emergencies, and strengthening public security governance. China has a certain foundation in the accumulation and application of these intelligent technologies, which can help China cope with novel coronavirus epidemic. The next key problem to be solved is to promote the application of these intelligent technologies and equipment in the medical system and even the whole emergency management system. Therefore, government should encourage medical institutions and enterprises to actively use intelligent technology and unmanned equipment to enhance the intelligent coping level when facing major public health emergencies in the future, which can promote high quality development of the economy and society.

Key Words: Public Health Emergencies; Intelligent Technologies; Public Management Innovation

新型冠状病毒肺炎疫情对中国经济的影响评估与财政支出对策

陈素梅　李　钢

摘　要：在我国经济下行压力加大的背景下，及时预判新型冠状病毒肺炎疫情的经济损失是一项非常重要而且十分紧迫的课题。对此，本文基于 CGE 模型开展了量化评估。研究发现：此次疫情对我国 2020 年生产、投资、进出口贸易以及居民福利等产生了显著的负面溢出效应，影响程度取决于疫情持续时间的长短；当持续时间从 2020 年 3 月底延长到 6 月底时，实际 GDP 损失要大约多出 12000 亿元，实际出口损失将大约多出 2000 亿元；分行业来看，除卫生行业以外的其他行业产出损失均会受损，其中，娱乐、住宿餐饮、农业损失最为严重；为对冲上述经济损失，农业、其他服务业和教育等民生领域的财政支出效率最高。基于此，本文提出争取最短时间内打赢疫情防控阻击战、采用减税和跨区域联动生产机制鼓励企业尽早尽快满足国外供货需求、疏通农业和制造业供应链并解决用工缺口、适度加速超前基础设施建设等政策启示。

关键词：新型冠状病毒肺炎疫情；经济损失；CGE 模型

一、问题提出

2020 年 1 月初，新型冠状病毒肺炎疫情迅速向全国甚至全球蔓延。截至 2020 年 2 月 15 日 20 时，我国此次疫情已经累计感染 66580 例，死亡人数达 1524 人，治愈人数仅有 8547 人。根据现有医学知识的判断，与"非典"相比，新型冠状病毒肺炎疫情致命性更弱但传染性更高，治愈时间较长，占用了大量的医疗资源。就国内而言，我国政府举全国之力抗击疫情，采用居家隔离、学校延迟开学、部分工厂延迟开工等防控措施减少人口大规模流动和聚集；国际上，世界卫生组织已将此列为全球突发性公共卫生紧急事件（Public Health Emergency of International Concern，PHEIC），世界各大航空企业停飞或减少来往中国航班。毫无疑问，对于经济下行压力较大的中国而言，这不仅仅是一场公共卫生危机，还有可能会造成严重的经济损失。对此，及时预判此次疫情对宏观经济和各产业部门的影响并提出相应对策，是制定科学有效疫情应急配套政策中一项非常重要而且十分紧迫的课题。

有关新型冠状病毒肺炎疫情对我国的经济影响，现有文献大多通过比较此次疫情与 2003 年"非典"疫情的相同与不同之处，进而从可观察"非典"疫情对经济的影响路径和程度出发做了一些初步分析。恒大研究院任泽平等（2020）认为需求和生产骤降，投资、消费、出口均受明显

---

* 本文发表在《经济与管理研究》2020 年第 4 期。

[作者简介] 陈素梅，中国社会科学院工业经济研究所助理研究员；李钢，中国社会科学院工业经济研究所研究员。

冲击，短期失业上升和物价上涨，餐饮、旅游、电影、交运等行业冲击最大，医药医疗、在线游戏等行业受益。张明（2020）判断若疫情在2020年3月底结束，2020年第一季度GDP增速可能会在5.0%上下，城镇失业率创新高。陈锡康等（2020）认为由于我国政府采取了强力有效的应对措施，再加上国际社会的支持，倘若疫情在2020年第一季度得到有效控制，全年GDP增长速度将维持在5.5%~5.8%。郑世林（2020）根据"非典"疫情的实证结果，研究发现发生疫情城市相对未发生疫情城市的企业出口总值下降了8%~10%，第三产业企业主营业务收入下降了21.9个百分点，进而判断此次疫情对我国出口和第三产业造成显著的负面冲击。中国社会科学院工业经济研究所《中国经济学人》2020年2月的调研显示，从影响程度看，2020年第一、第二季度中国经济将受到疫情较大影响，而下半年经济将逐步恢复，全年经济增速预计为5.32%；与2013年"非典"疫情相比，本次疫情对中国经济的影响更为严重。

理论上，新型冠状病毒肺炎疫情不仅会抑制居民对第三产业的消费需求，带动卫生医疗服务需求的上涨，引发一系列上下游行业产出的变动，还会通过感染群体、疑似病例群体、过早死亡等影响劳动生产力，这些都会对经济系统造成不可忽视的影响。然而，现有研究并没有充分考虑上述疫情对经济系统的冲击机理，也忽略了2020年我国产业结构、感染人数[①]与2003年"非典"时期存在巨大差异的现实国情，更没有深入探讨此次疫情对各行业产出和全社会福利水平会产生怎样的影响。

鉴于传染病疫情对经济体影响的广泛性和复杂性，可计算一般均衡（Computable General Equilibrium，CGE）模型更适合量化评估新型冠状病毒肺炎疫情对不同个体行为的交叉和综合影响。实际上，国内外运用CGE模型评估传染病的经济损失已有不少。针对2003年"非典"疫情，Lee和McKibbin（2004）采用G-Cubed模型评估了SARS对全球商品贸易以及资本流动的影响，得出疾病所带来的真实损失要远远大于医疗成本上升所带来的结果；Ji等（2004）评估了SARS疫情对中国大陆、台湾和香港地区经济的影响。针对2009年甲型H1N1流感疫情，Dixon等（2009，2010）、Verikios等（2010）分别评估了甲型H1N1流感对美国和澳大利亚的分季度经济影响，发现疫情暴发后短期内经济体将受到严重的打击，但次年经济仍会呈现正向的增长态势。基于此，本文将基于CGE模型重点分析新型冠状病毒肺炎疫情对我国宏观经济和各行业产出的短期影响程度，为我国政府掌握潜在的经济风险提供信息支撑；并提出针对性的对策方案，以降低经济损失，从而为决策部门制定和完善疫情应急政策体系提供科学的决策依据。

本文其余的内容安排如下：第二部分描述所建立的CGE模型设置和数据来源；第三部分介绍了未来疫情发展的情景设置；第四部分是分析各种情景下我国宏观经济和各行业产出的变动；第五部分是财政支出政策的对冲效果分析；第六部分是结论和政策建议。

二、模型设置与数据来源

（一）CGE模型

本文采用经典的CGE模型框架，采用一系列联立方程来描述宏观经济系统中企业、居民、政府与国外四个经济主体相互作用的行为。具体而言，对于生产者而言，本文采用多层嵌套的生产函数描述企业按照成本最小化原则使用各种中间投入、劳动和资本要素的生产行为，形成国内总产出。对于居民而言，采用线性支出函数刻画居民按照效用最大化行为，以确定居民消费品的选择如何随收入、价格变化而改变。对于政府而言，各种税收构成政府收入，将收入扣除外生给定的政府购买和转移支付后，剩余部分是政府储蓄。

[①] 据统计，我国"非典"时期感染病例累计5327例，死亡349人；而截至2020年2月15日20时，我国此次疫情已经累计感染了66580例，死亡人数达1524人。显然，后者感染人数已是前者的12倍之多。

对于国际贸易而言，本文采用小国假设，即我国是国际价格的接受者，采用常弹性转换函数来描述国内总产出在出口和国内供给的最优分配组合；采用常弹性替代函数来描述进口品和国产品之间的替代关系，从而形成的复合品用于满足居民、政府、投资和中间投入的需求。本文假设短期内劳动力价格是具有粘性的，劳动力价格是外生给定的。对于模型的闭合而言，通过价格的变动来实现资本要素市场和商品市场出清，国际收支平衡采用实际汇率内生、国外储蓄外生的闭合规则，投资储蓄均衡采用储蓄内生、投资外生的乔根森闭合。计算机求解是通过 GEMPACK 软件实现的。具体的方程和模型参数等可详见 Chen 和 He（2014）。

（二）数据来源

本文编制的社会核算矩阵（Social Accounting Matrix，SAM）数据主要来源于《2017 年中国投入产出表》以及相关年份的《中国统计年鉴》《国际收支平衡表》。根据以往研究文献可知，受到传染病疫情最为严重的是第三产业，这也将成为本文关注的重点之一。为此，本文将《2017 年中国投入产出表》中 149 个部门集结合并为农业、采掘业、制造业、公用事业单位、建筑、批发和零售、运输仓储、住宿餐饮、金融、房地产、卫生、娱乐、其他服务业 13 个生产部门。由于数据来源的不同，SAM 表的行和和列和并不相等，因此，本文采用 RAS 法做平衡处理。

三、未来疫情发展情景设置

Fan（2003）、Hai 等（2004）、Beutels 等（2008）的研究发现，传染病疫情对经济系统的影响机理主要有以下几点：①居民和政府的医疗卫生需求急剧上升，加重医护工作者负担。②过早死亡、感染隔离或为防止交叉感染的活动受限造成劳动力供给数量减少。③为了防止疫情进一步扩散，中小学校延期开学使得部分工作人员不得不留在家中照看未成年子女，即使在家办公也会影响劳动生产率，降低企业的劳动力投入。④由于传染病疫情往往缺乏有效的治疗疫苗，居民会成为感染风险的规避者，进而改变一系列生活习惯，尽量降低面对面接触的消费行为（如旅游、商务出行等）。结合我国新型冠状病毒肺炎疫情的传染之广、感染人数之多，本文将基于上述影响机理量化评估此次疫情的经济冲击。

尽管我国政府反应迅速，充分发挥制度优势，坚持全国一盘棋，对口支援，汇聚合力抗击疫情，但新型冠状病毒肺炎疫情的控制时间仍具有很大的不确定性，取决于病毒传播速度和变异程度、医学治疗方案有效性等多个因素，非常有必要围绕疫情控制时间的长短来设置多个情景。目前来看，全国现有确诊人数每天减少 2000 余人，全国现有重症人数每天减少 400 余例。本文假设工人返城高峰的防控措施高效、医学治疗取得重要进展，疫情将会于 2020 年 3 月底结束，即为乐观情景；假设工人返城高峰的防控措施不力，疫情控制难度加大，疫情将会于 2020 年 4 月底结束，即为中性情景；假设病毒变异使得传染性更强、毒性更大，国际公共卫生安全合作的加强与政府高效到位的疫情防控使得疫情将会于 2020 年 6 月底结束，即为悲观情景。

基于上述分析，本文三个情景下外生冲击设置如表 1 所示。

表 1 未来疫情发展的情景设置

模拟情景	具体情景设置
乐观情景（疫情持续到 2020 年 3 月底）	劳动投入减少 0.7%，政府购买卫生服务需求增加 2.76%，旅游业居民消费和出口分别下降 30%、35%，餐饮住宿和娱乐居民消费需求均下降 23.75%
中性情景（疫情持续到 2020 年 4 月底）	劳动投入减少 1.05%，政府购买卫生服务需求增加 3.94%，旅游业居民消费和出口分别下降 38.33%、43.33%，餐饮住宿和娱乐居民消费需求均下降 30%
悲观情景（疫情持续到 2020 年 6 月底）	劳动投入减少 1.75%，政府购买卫生服务需求增加 6.31%，旅游业居民消费和出口分别下降 55%、60%，餐饮住宿和娱乐居民消费需求均下降 42.50%

（一）乐观情景

由于目前缺乏 2020 年 3 月底疫情感染人数的

预测数据，本文在 2020 年 2 月中下旬可能达到疫情的高峰前提下，假设在乐观情景下疫情感染人数将达 90000 例。①按照目前疫情可观察数据得出的死亡率 2.2% 计算，最终死亡人数将达 1980 人。统计资料显示，此次疫情病死人数中有 80% 以上是老年人。①因此，本文粗略地假设 20% 的疫情病死患者为 18～60 岁的劳动力，疫情将会造成 435 例的工人死亡。按照一年工作 260 天计算，2020 年疫情病死人数将会造成 11.32 万的工作天数。②对于确诊感染并康复者（88020 人）而言，本文假设平均每位感染者需要 10 天时间住院治疗②、2 周时间院外隔离疗养，即平均每人将损失 20 天的工作时间，最终此类群体将会损失 176.04 万天的工作时间。③对于未感染但需接受医学观察的密切接触者而言，根据我国疫情防控实践，密切接触者不需要住院治疗，但需要进行隔离医学观察 14 天。本文假设此类人群是感染人数的 5 倍③，因活动受限造成的 10 天工作日中劳动生产率下降 20%，也就是说，有效劳动工作天数将会减少 90 万的有效工作天数。④对于为照看未成年子女在家办公的工人而言，2017 年我国城镇（0～14 岁）未成年有 13127 万人④，按照每个家庭要生 1.86 个孩子的原则⑤，相当于有 7058.78 万个家庭需要照看孩子；按照每户家庭可有一名职工在家看护未成年子女的政策⑥，在扣除一个月寒假假期后，7058.78 万个工人将会额外花费 40 天的工作日来陪同孩子；本文借鉴 Molinari 等（2007）的设定，每个在家看护孩子的工人只能提供一半的工作时间，从而此类群体将会损失 141155.06 万个工作日。综上，以上四类群体工作日损失共有 141432.97 万天。最终，按照 2017 年我国就业总人数 77640 万人一年工作 260 天估算，相当劳动力投入减少 0.70%。

在疑似病例和确诊患者医疗费个人负担部分由财政负担的政策背景下，政府购买的卫生服务需求将会急剧上涨。据统计，截至 2020 年 2 月 14 日下午 2 点，我国政府各级财政累计下达疫情防控补助资金 805.5 亿元，但实际支出仅 410 亿元。倘若疫情将在 2020 年 3 月底结束，本文假设政府购买卫生服务实际支出增加 700 亿元，按照《2017 年中国投入产出表》，卫生行业的政府消费需求为 25336 亿元，相当于政府购买卫生服务增长 2.76%。

传染病疫情的暴发将会改变居民外出行为，显著抑制旅游、餐饮住宿和娱乐等第三行业消费需求。中国社会科学院工业经济研究所《中国经济学人》2020 年 2 月的调研显示（见图 1），作为与民生活动息息相关的行业，服务业是受到本次疫情影响最为严重的行业，选择服务业的被调查者占比达 84.97%，显著高于其他行业。从服务业内部看，住宿、餐饮、文体、娱乐、零售批发等行业是受到疫情影响最为显著的行业。其中，93.03% 的被调查者认为住宿、餐饮业受影响最大，显著高于其他行业，而选择文体娱乐业，批发、零售业，交通、仓储和邮政业，租赁和商务服务业的被调查者比重也相对较高。基于上述调查，本文假设 2020 年 1～3 月国内旅游消费腰斩，伴随疫情的结束后 2020 年 4～6 月消费需求相对于往年同季度下降 20%，之后逐渐恢复正常，相

---

① 资料来源：http://3g.163.com/news/article_cambrian/F52M8NSB05373TVG.html。
② 据国务院联防联控机制新闻发布会介绍，500 多例疫情治愈出院患者中，平均住院时间是 10 天左右。资料来源：国家卫健委：治愈病人平均住院时间为 10 天左右［N/OL］．新京报，［2020-02-07］．https://news.sina.cn/gn/2020-02-07/detail-iimxyqvz1110959.d.html?vt=4。
③ 根据 2020 年 2 月 13 日 24 时公布数据，我国现有确诊病例 55748 例，累计追踪到密切接触者 493067 人，进而估算出未感染但密切接触者人数是确诊病例的 7.84 倍。考虑到未来我国疫情防控措施更严格，社会公众更加愿意通过减少外出支持疫情防控，本文假设密切接触者人数是确诊病例的 5 倍。资料来源：全国新增新冠肺炎确诊病例 5090 例［EB/OL］．［2020-02-14］．https://tech.sina.com.cn/roll/2020-02-14/doc-iimxyqvz2748554.shtml。
④ 根据《中国统计年鉴》（2018），2017 年抽样调查数据中城镇 0～14 岁未成年人数占城镇村的 56.22%，而 2017 年我国 0～14 岁未成年人数为 23348 万人，进而可估算出 2017 年城镇 0～14 岁未成年总人数有 13127.47 万人。
⑤ 借鉴中国社会科学院《2011 年中国社会状况综合调查》。资料来源：李晓宏．调查称全国每个家庭平均想要生 1.86 个孩子［EB/OL］．［2013-11-17］．http://www.chinanews.com/gn/2013/11-17/5510952.shtml。
⑥ 针对因疫情延迟开学的未成年子女看护问题，北京和上海等地政府指出，企业可以安排职工看护未成年子女期间在家办公。

当于整个年度国内旅游消费下降30%。① 就入境旅游行业而言，本文假设2020年1~3月入境旅游消费需求腰斩；考虑到疫情结束后外国居民会比我国居民更为顾虑控制疫情的彻底性，4~6月入境旅游消费需求相对于往年同季度下降40%，相当于整个年度旅游业出口需求下降35%。② 对于餐饮住宿和娱乐行业，本文假设2020年1~3月居民消费需求降低75%，4~6月居民消费需求降低20%，相当于整个年度居民对餐饮住宿和娱乐行业的消费需求均会降低23.75%。

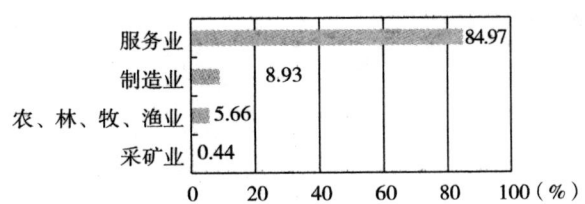

图1　被调查者对不同行业受影响程度的判断

资料来源：中国社会科学院工业经济研究所《中国经济学人》2020年2月的调研结果。

（二）中性情景

当疫情在2020年4月底结束，本文假设疫情感染人数将达12万例。按照上文的假设，疫情过早死亡病例会造成损失13.72万天工作日。确诊感染并康复者因住院治疗与康复疗养造成的工作日损失234.72万天。未感染但需接受医学观察的密切接触者因活动受限造成劳动投入损失117.36万天。为照看未成年孩子在家办公的工人将会损失211733万天的工作时间。综上，劳动投入共损失212099.22万天数，相当于劳动投入将会减少1.05%。

本文假设疫情在2020年4月底结束时，政府疫情防控补助资金实际支出1000亿元，相当于政府购买卫生服务需求上涨3.94%。就国内旅游行业而言，本文假设2020年1~4月国内旅游消费腰斩，5~7月消费需求相对于往年同月份下降20%，相当于整个年度国内旅游消费下降38.33%。就入境旅游行业而言，假设2020年1~4月入境旅游消费需求腰斩，5~7月入境旅游消费需求相对于往年同月份下降40%，整个年度旅游业出口需求将下降43.33%。对于餐饮住宿和娱乐行业，本文假设2020年1~4月居民消费需求降低75%，5~7月居民消费降低20%，相当于整个年度居民对餐饮住宿和娱乐行业的消费需求均会降低30%。

（三）悲观情景

新型冠状病毒肺炎疫情若在2020年6月底结束，期间必然会有多个累计感染病例峰谷，我们假设疫情感染人数将达16万人。相应的过早死亡病例会造成本年度损失18.30万天的工作日；确诊感染并康复者、未感染但需接受医学观察的密切接触者将分别损失工作日312.96万天、156.48天；为照看未成年子女在家办公的工人将会损失352889.02万天。合计上述工作日损失将达353376.76万天，相当于整个年度劳动投入减少1.75%。

鉴于疫情持续时间越长，疫情防控难度越大。本文假设政府疫情防控补助资金实际支出1600亿元，整个年度政府购买卫生服务需求上涨6.31%。就国内旅游行业而言，本文假设2020年1~6月国内旅游消费腰斩，后三个月消费需求相对于往年同月下降20%，相当于整个年度国内旅游消费下降55%。就入境旅游行业而言，假设1~6月入境旅游消费需求腰斩，后三个月入境旅游消费需求相对

---

① 由于《2017年中国投入产出表》149个产业部门分类中并未包括旅游业，为此本文按照《2002年中国投入产出表》中旅游业的居民消费额占其他服务行业的6.2%调整了外生冲击，即其他服务行业的居民消费需求下降1.86%。

② 类似于旅游业的国内消费需求，本文按照《2002年中国投入产出表》中旅游业的出口需求占其他服务行业的5.8%做了外生冲击，即其他服务行业部门出口需求下降2.03%。

于往年同月份下降 40%，整个年度旅游业出口需求将下降 60%。对于餐饮住宿和娱乐行业，本文假设 1~6 月居民消费需求降低 75%，后三个月居民消费降低 20%，相当于整个年度居民对餐饮住宿和娱乐行业的消费需求均会降低 42.50%。

四、疫情经济损失评价

（一）宏观经济变动

由表 2 可以直观地看出，新型冠状病毒肺炎疫情对我国宏观经济系统短期内产生了一定的负面冲击。当新型冠状病毒肺炎疫情在 2020 年 3 月底结束（乐观情景）时，与不发生疫情相比，整个年度实际 GDP 将减少 0.55%，相当于损失 6567.87 亿元。这主要是由需求抑制和供给减少两方面因素所造成的。一方面，需求上，新型冠状病毒的传染性高使得居民成为感染风险的规避者，需要外出活动的消费行为受到显著抑制，旅游、餐饮住宿、娱乐等服务业消费需求急剧下降；另一方面，供给上，此次疫情通过过早死亡、住院治疗、亲密接触者隔离以及为看护未成年子女在家办公造成有效劳动生产力降低，从而直接影响各行业正常生产经营，进一步损害企业利润，企业缩减生产规模，实际资本投资将会下降 0.78%。最终，居民收入会减少 0.63%，从而抑制了居民对所有产品的消费需求，进一步加重了疫情对宏观经济系统的负面冲击。值得说明的是，尽管新型冠状病毒肺炎疫情会拉动卫生服务的市场需求，但仍不足以抵消其他行业产出受损，最终造成小幅度的实际 GDP 损失。基于此，面对此次疫情的负面冲击，我国政府急需从需求侧和供给侧两个角度入手制定应对方案。

表 2 新型冠状病毒肺炎疫情对主要宏观经济指标的影响

	乐观情景		中性情景		悲观情景	
	（%）	（亿元）	（%）	（亿元）	（%）	（亿元）
实际 GDP	-0.55	-6567.87	-0.89	-10553.12	-1.56	-18526.12
资本投资	-0.78	-2394.50	-1.16	-3563.18	-1.93	-5899.15
实际进口	-0.84	-1265.82	-1.25	-1870.79	-2.06	-3079.64
实际出口	-0.77	-1257.93	-1.17	-1899.12	-1.96	-3180.71
CPI	0.11	—	0.36	—	0.88	—
居民收入	-0.63	-2859.59	-0.74	-3368.67	-0.96	-4374.68
居民消费	-2.40	-7695.56	-3.20	-10261.68	-4.79	-15372.40
居民福利[①]	-2.56	-5322.43	-3.47	-7221.26	-5.43	-11293.25

众所周知，中国已成为最重要的"世界工厂"，受疫情期间工人劳动投入减少的负面冲击，外贸出口企业难以及时复产供货；面对面接触的服务型贸易（如旅游）也会受到重创，最终造成 2020 年我国实际出口减少 0.77%，损失 1257.93 亿元。受国内总产出减少直接带来居民收入的降低，实际进口也减少了 0.84%。但无论何种情景下，模拟结果显示疫情对中国净出口的影响有限。由于 3 月底疫情结束后，消费需求会迅速恢复，但本年度国内产出受劳动和资本要素投入减少的影响难以及时恢复生产，供给不足，最终 CPI 水平会呈现微小的增长，上涨 0.11%。居民由于收入降低和物价上涨的双重因素，最终本年度居民消费会下降 2.40%，由此造成的居民福利水平会减少 5322.43 亿元。因此，短期来看，新型冠状病毒肺炎疫情对我国公众健康与居民福祉造成了严重的损失。

倘若疫情持续时间拉长到 2020 年 4 月底（中

---

① 本文借鉴 Smith 等（2005）的做法，采用希克斯等价变量 EV 来衡量居民福利水平的变动。

性情景),我国本年度实际 GDP 损失达 10553.12 亿元,要比乐观情景多承担约 4000 亿元损失。若疫情持续时间从 2020 年 3 月底拉长到 2020 年 6 月底(悲观情景),我国承担的实际 GDP 损失要比乐观情景多出约 12000 亿元。因此,必须坚决在最短时间内打赢疫情防控阻击战。值得注意的是,实际出口会随着疫情时间的延长受到更加严重的打击,悲观情景下我国 2020 年实际出口将会减少 3180.71 亿元。正如洪永森和张兴祥(2020)所指出的,这一打击将有可能继用工成本上升和中美贸易摩擦后使外商进一步将生产链转移到东南亚国家,如此一来,疫情对出口的短期打击将会转化成长期影响。① 此外,若疫情持续到 2020 年 6 月底,CPI 将会上涨 0.88%。也就是说,悲观情景下,物价水平将会承受一定的上涨压力,需要政府密切关注物价变化趋势,及时施策稳定物价。

(二)各行业产出变动

表 3 描述了新型冠状病毒肺炎疫情对各行业产出的影响程度。直观来看,疫情持续时间越长,除卫生行业以外的其他行业产出损失就会越严重。在三个不同情景中,受损程度最大的前四个行业基本没有变化,依次为娱乐、住宿餐饮、农业、房地产。当疫情在 2020 年 3 月底结束时,与不发生疫情相比,这些行业产出将会分别减少 13.54%、10.42%、0.90%、0.72%。若疫情持续到 2020 年 4 月底,这四个行业产出损失分别为 17.21%、13.29%、1.32%、1.09%。若疫情持续到 2020 年 6 月底,这四个行业产出将会分别减少 24.50%、18.97%、2.16%、1.82%。其中,此次疫情会减少居民外出休闲活动,娱乐和住宿餐饮首当其冲受到冲击;农业作为典型的劳动密集型行业,受疫情期间居家隔离、活动受限等造成的用工缺口以及上下游行业产出受损的影响,其产出损失相对加大,需要政府及时采取措施保障农产品稳定生产;由于房地产属于主要面向消费者的服务业,受消费者收入减少的影响,房地产行业产出也会受到一定的冲击。此外,作为旅游、娱乐和住宿餐饮行业的上下游行业,批发和零售、运输仓储业也受到了新型冠状病毒肺炎疫情较为严重的冲击;由于建筑业的主要用途是用于固定资产投资,短期内受到的冲击并不大。

当下,在制造强国战略背景下,制造业成为我国经济高质量发展的重中之重。此次疫情对制造业影响程度也是政府和社会公众高度关注的焦点之一。如表 3 所示,在乐观、中性和悲观情景中,与不发生疫情相比,整个年度制造业产出将会分别减少 0.53%、0.87%、1.53%。显然,制造业将会受到一定的负面冲击,但冲击程度取决于疫情持续的时间长短。当疫情在 2020 年 6 月底结束时,制造业产出的受损程度已超出一个百分点。因此,无论如何,我国政府应尽快疏通上下游产业链,解决招工难问题,才能够及时避免制造业产出损失。

表 3 新型冠状病毒肺炎疫情对各产业产出的影响

单位:%

产业	乐观情景	中性情景	悲观情景
农业	-0.90	-1.32	-2.16
采掘业	-0.56	-0.90	-1.58
制造业	-0.53	-0.87	-1.53
公用事业单位	-0.69	-1.06	-1.79
建筑	0.20	-0.01	-0.43
批发和零售	-0.61	-0.96	-1.65
运输仓储	-0.62	-0.96	-1.63
住宿餐饮	-10.42	-13.29	-18.97
金融	-0.60	-0.94	-1.61
房地产	-0.72	-1.09	-1.82
卫生	1.47	2.08	3.30
娱乐	-13.54	-17.21	-24.50
其他服务业	-0.61	-0.91	-1.50

---

① 据报道,受此次疫情的影响,中国零部件制造商无法及时复产供货,造成国外许多车企处于停工或半停工状态,如韩国现代汽车宣布从 2020 年 2 月 10 日将全部暂停生产,丰田汽车在中国的所有工厂持续停工至 2 月 16 日,菲亚特克莱斯勒在欧洲的一家工厂也将面临停产。

五、财政支出政策的对冲效果分析

面对我国经济下行压力与疫情冲击的叠加,短期内能够行之有效、立竿见影地稳住经济基本面的仍是总需求政策。由于货币政策受制于汇率与金融去杠杆等因素将趋于中性偏稳健,而疫情集中暴露了我国民生领域基础设施建设的缺口,当下非常有必要以增加政府财政支出提振总需求。① 正如习近平总书记强调的那样,"宏观政策重在逆周期调节,节奏和力度要能够对冲疫情影响,防止经济运行滑出合理区间,防止短期冲击演变成趋势性变化"。鉴于不同领域单位投入所能拉动的经济增长效果存在差异,本文利用CGE模型测算了单独增加每个政府财政支出细分项目的金额以对冲掉疫情带来的实际GDP损失。

如表4所示,当2020年3月底能够基本控制疫情时,为完全对冲疫情造成的实际GDP损失,政府需要额外增加财政支出5000亿～7000亿元,相比2019年财政支出提高了2～3个百分点。就财政支出细分项目而言,政府需要额外增加农业领域财政支出5013.28亿元,或额外增加包括教育、科技、社会保障、环保在内的其他服务业领域财政支出5766.19亿元,或额外增加卫生领域财政支出6334.23亿元,或额外增加金融领域财政支出7022.26亿元,或额外增加交通运输支出7238.61亿元,才能抵消掉疫情带来的实际GDP损失。由此可见,农业、其他服务业和教育三项是对经济刺激最有效率的支出项目,而金融和交通运输则是效率最差的支出项。以其他服务业为例,当疫情在2020年3月底结束时,财政支出额外增加5766.28亿元将会抵消掉6567.87亿元的实际GDP损失,相应的财政支出乘数为1.14。因此,为对冲此次疫情带来的经济冲击,当下应在农业、其他服务业和教育等民生领域推出积极的财政支出政策变得十分有必要。而且,上述三个领域投入对于全面建成小康社会,解决新的历史时期中国主要矛盾也有十分重要的意义,从而应成为政府扩大支出的重点领域。为避免积压其他民生和稳增长支出,有必要扩大赤字规模和增发地方政府专项债券。

表4 单独增加每个项目财政支出金额以完全对冲疫情实际GDP损失　单位:亿元

财政支出项目	乐观情景	中性情景	悲观情景
农业	5013.28	6498.70	9655.22
交通	7237.61	9288.26	13570.52
金融	7022.26	9094.40	13353.81
医疗卫生	6334.23	8107.81	11908.36
其他服务业	5766.19	7533.26	11160.39

注:其他服务业包括教育、社会保障、公共设施管理、科技、文化传媒、环保等。

当疫情在2020年4月底结束时,与不发生疫情相比,政府需要额外增加6000亿～9000亿元的财政支出,相比2019年财政支出提高了2.5～4个百分点,才能对冲掉疫情带来的实际GDP损失。当疫情在2020年6月底结束时,政府需要额外增加9000亿～12000亿元,相比2019年政府财政支出提高了4～5个百分点,才能对冲掉疫情带来的实际GDP损失。由于我国经济增速下行导致税收收入减少,而2008年后一系列反危机的财政扩张政策导致政府杠杆率和政府偿付比率节节攀升,财政政策的空间受到进一步挤压,因此,政府应当密切关注疫情动态和经济社会发展形势,财政支出的力度需要视疫情对经济的影响情况而及时调整。

六、结论与政策建议

毫无疑问,2020年新型冠状病毒肺炎疫情迅速向全国蔓延,不可避免会对经济社会造成较大冲击。尤其在我国经济下行压力加大的背景下,

---

① 考虑到疫情期间受抑制的居民消费需求(如旅游、餐饮等服务业)会在疫情过后反弹,"促居民消费"不必成为应对疫情冲击的重点工作。

如何应对此次疫情对我国经济的冲击已成为政府、企业和社会公众关注的焦点之一。为此，本文以《2017年中国投入产出表》为主要数据来源，通过CGE模型量化评估了不同疫情发展情景下主要宏观经济变量和各行业产出的变动，并分析了财政支出政策的对冲效果。

本文研究发现新型冠状病毒肺炎疫情对我国2020年企业生产、投资、进出口贸易以及居民生活质量都产生了负面的溢出效应，影响程度取决于疫情持续时间的长短。具体而言，与不发生疫情相比，当疫情在2020年3月底结束时，我国实际GDP损失有限，将会下降0.55%，实际资本投资下降0.78%，实际出口和进口分别减少0.77%、0.84%，同时，居民收入下降0.63%，整体CPI上涨0.11%，居民消费下降2.40%，由此造成的居民福利水平会减少5322.43亿元；倘若疫情持续时间从2020年3月底延长到6月底，实际GDP损失要大约多出12000亿元，实际出口损失将大约多出2000亿元；分行业来看，除医疗卫生以外的其他行业产出均会受损，其中娱乐、住宿餐饮、农业等行业损失最为严重；为对冲此次疫情造成的实际GDP损失，政府在农业、其他服务业和教育等民生领域的财政支出效率最高。基于上述研究结论，可以得出以下政策建议：

（1）争取最短时间内打赢疫情防控阻击战，以降低经济冲击。通过本文的量化评估发现，倘若疫情持续时间从2020年3月底延长到6月底，实际GDP损失将从6567.87亿元增加到18526.12亿元，居民福利损失将从5322.43亿元增加到11293.25亿元。这足以反映出疫情时间长短对经济损失影响的重要性。因此，在党中央集中统一领导下，充分发挥制度优势，凝聚各方力量抗击疫情，加快科研攻关，争分夺秒地打好疫情保卫战，尽快结束疫情来减少经济冲击和人民福祉损失。

（2）采用减税手段鼓励企业尽早尽快满足国外供货需求，必要时采用跨区域联动生产机制。由于此次疫情通过劳动要素投入的减少直接影响国外订单的生产，难以满足出口需求。本文研究表明当疫情在2020年3月底、4月底和6月底结束时，实际出口损失将分别为1257.93亿元、1899.12亿元、3180.71亿元。因此，在疫情较轻的地区，应通过减税手段鼓励企业以较高的工资吸引劳动力流入，提高出口企业复工复产率，尽可能满足国外订单需求；在湖北等疫情严重地区，可通过跨区域联动生产机制，从其他区域及时调货来满足出口需求。虽然CGE模拟结果显示疫情对中国净出口的影响有限，但政策制定者应高度关注此次疫情导致的全球供应链重塑及其对中国出口的长期影响。

（3）注重疏通农业和制造业等上下游产业链，尽快解决劳动力缺口。考虑到疫情期间受抑制的居民消费需求（如旅游、餐饮等服务业）会在疫情过后反弹，"促居民消费"不必成为应对疫情冲击的重点工作，但供给侧上下游产业链的疏通和用工缺口非常有必要成为政府的重点工作内容之一。本文研究结果表明倘若此次疫情在2020年6月底结束，农业产出将损失2.16%，制造业产出下降1.53%。实际上，农业是国民经济的基础，但本身具有生产周期长、抗风险能力弱的特点，而制造业是我国国民经济的支出产业。为此，政府应提前疏通农业和制造业等上下游产业链，以财政津贴、必要的形式鼓励农业从业人员按时到岗，保障农业稳定生产和销售，以满足市场需求。

（4）在医疗卫生、教育、社会保障、公共设施等民生领域开展适当超前的基础设施建设，但财政支出的力度要视疫情发展而定。根据CGE模型测算的结果，政府在农业、教育、医疗等领域加大投资对经济的拉动效果最好，而且上述三个领域投入对于全面建成小康社会，解决新的历史时期中国主要矛盾也有十分重要的意义。因此，首先，针对疫情暴露的医疗卫生资源严重紧缺问题，未来政府应考虑加大医疗卫生领域的财政支出力度，搭建医用物资储备体系；其次，农村基础教育、养老、托幼、老旧小区改造等都是民生领域短期内亟待增加财政支出的方向，这是建设社会主义现代化国家的应有之义，也是有效应对人力资本投资均等化、人口老龄化、鼓励生育、完善城市基础设施等问题的必然选择。但值得注意的是，政府应当密切关注疫情动态和经济社会发展形势，财政支出的力度需要视疫情对经济的影响情况而及时调整。鉴于未来疫情发展存在很大的不确定性，目前制定方案时应有底线意识，针对最悲观情形做出相应预案。

参考文献

[1] Beutels P., Edmunds W. J., Smith R. D. Partially wrong? Partial equilibrium and the economic analysis of public health emergencies of international concern [J]. Health Economics, 2008, 17 (11): 1317-1322.

[2] Chen S. M., He L. Y. Welfare loss of China's air pollution: How to make personal vehicle transportation policy [J]. China Economic Review, 2014, 31: 106-118.

[3] Ji C., Kuo N. F., Peng S. L. Potential impacts of the SARS outbreak on Taiwan's economy [J]. Asian Economic Papers, 2004, 3 (1): 84-99.

[4] Dixon P. B., Lee B., Muehlenbeck T., et al. Effects on the US of an H1N1 epidemic: analysis with a quarterly CGE model [J]. Journal of Homeland Security and Emergency Management, 2010, 7 (1): 1-19.

[5] Fan E. X. SARS: Economic Impacts and Implications, Economics and Research Department Policy Brief Series No. 15 [R]. Asian Development Bank Economics and Research Department, 2003.

[6] Hai W., Zhao Z., Wang J., et al. The short-term impact of SARS on the Chinese economy [J]. Asian Economic Papers, 2004, 3 (1): 57-61.

[7] Lee J. W., McKibbin W. J. Globalization and disease: The case of SARS [J]. Asian Economic Papers, 2004, 3 (1): 113-131.

[8] Molinari N. A. M., Ortega-Sanchez I. R., Messonnier M. L., et al. The annual impact of seasonal influenza in the US: measuring disease burden and costs [J]. Vaccine, 2007, 25 (27): 5086-5096.

[9] Smith R. D., Yago M., Millar M., et al. Assessing the macroeconomic impact of a healthcare problem: The application of computable general equilibrium analysis to antimicrobial resistance [J]. Journal of Health Economics, 2005, 24 (6): 1055-1075.

[10] Verikios G., McCaw J., McVernon., et al. H1N1 influenza in Australia and its macroeconomic effects [R]. Centre of Policy Studies, General Paper No. G-212, 2010.

[11] 陈锡康, 杨翠红, 鲍勤等. 新冠肺炎疫情对中国经济的影响分析与对策建议 [J]. 中国科学院院刊, 2020 (2): 1-5.

[12] 洪永淼, 张兴祥. 2020年中国经济：应对新冠肺炎疫情迫切需要解决"四流"问题 [EB/OL]. [2020-02-12]. http://www.ce.cn/xwzx/gusz/gdxw/202002/12/t20200212_34254279.shtml.

[13] 任泽平, 罗志恒, 贺晨等. 疫情对中国经济的影响分析与政策建议 [D]. 北京：恒大研究院, 2020.

[14] 张明. 应客观评估本次肺炎疫情对中国经济的负面影响 [J]. 财经, 2020 (1).

[15] 郑世林. 新冠疫情对我国行业经济的冲击及政策建议 [EB/OL]. [2020-02-06]. http://finance.sina.com.cn/china/gncj/2020-02-06/doc-iimxyqvz0800667.shtml.

Corona Virus Disease 2019 Pneumonia in China: Economic Loss and Countermeasures

Chen Sumei Li Gang

Abstract: Against the background of the increasing downward pressure on China's economy, it is a very important and urgent task to timely predict the economic loss of novel Corona Virus Disease (COVID-19) in

China. This paper addresses this issue by evaluating these impacts based on CGE model. We find that this COVID-19 epidemic has significant negative spillover effects on production, investment, import and export trade and residential welfare, and these impacts are highly dependent on how long this epidemic persists; when the duration is extend from the end of March to the end of June in 2020 in China, the real GDP loss would be additionally increased by 1.2 trillion yuan, and the real export loss would be increased by 200 billion yuan; all of industries except the health industry would suffer loss, of which the losses of entertainment, accommodation and catering, agricultural are most severe; in order to mitigate these economic loss, fiscal expenditure is most efficient in such areas related to people's livelihood as agriculture, other service and education. Thus, we provide suggestions on striving to win the epidemic prevention and control in the shortest time, encouraging enterprises to meet the foreign demand as soon as possible through tax reduction and inter-regional linkage production mechanism, unclogging the supply chains of agricultural and manufacturing, solving the labor shortage problem, and moderately speeding up the advanced construction on infrastructure.

Key Words: Corona Virus Disease 2019 Pneumonia; Economic Loss; CGE Model